# MES PLUS BELLES
# BALADES EN FRANCE

Du même auteur, chez le même éditeur :

*Jacques-Yves Cousteau, dans l'océan de la vie*, biographie, 1997.
*L'Azur ! L'Azur !*, roman, 1998.
*L'Enchantement des fleurs sauvages*, beau livre, 1998.
*Le Bonheur en marchant*, essai, 2000.

Yves Paccalet

# MES PLUS BELLES BALADES EN FRANCE

## 100 itinéraires sauvages

**JC Lattès**

© 2001, éditions Jean-Claude Lattès.

# Sommaire

Préface .................................................................... 9

### 1. Belgique, Nord, Picardie
1. Ardennes : L'infini des Hautes-Fagnes ...................... 15
2. Pas-de-Calais : La balade des Deux Nez ..................... 25
3. Artois : Les mollières de la Canche ........................... 35
4. Picardie : Les oiseaux d'or du Marquenterre ............... 43

### 2. Alsace, Lorraine
1. Alsace : Les cigognes de Munchhausen ....................... 57
2. Vosges : Le lynx et la tourbière ................................ 67
3. Vosges : Par la Porte de Pierre ................................. 77
4. Vosges : Première neige au Gazon du Faing ................. 89
5. Lorraine : Au bonheur des grues .............................. 101

### 3. Normandie
1. Pays de Caux : Étretat, les falaises du vent ................ 113
2. Vexin : Le lion de Château Gaillard .......................... 123
3. Cotentin : Le Nez de Jobourg .................................. 131
4. Iles Chausey : Grand marnage dans la baie ................. 141

### 4. Ile-de-France
1. Paris : La grande traversée ..................................... 153
2. Brie : Les méandres de la Vieille Seine ...................... 163
3. Fontainebleau : La folie des Trois Pignons .................. 173
4. Fontainebleau : Le clocher de Courances .................... 183
5. Vexin : Le drakkar des Vikings ................................. 191

### 5. Bretagne
1. Côtes-d'Armor : Le vagabond de Bréhat ..................... 203
2. Côtes-d'Armor : Sept-Îles, l'H.L.M. des anges .............. 211
3. Finistère : La diagonale du fou ................................. 221
4. Morbihan : Belle-Île, la vague de pierre ..................... 231
5. Morbihan : Les pulsations du golfe ........................... 241
6. Brocéliande : Les petits génies de la fée .................... 251

## 6. Centre, Pays de Loire
1. Morvan : Dans la forêt gauloise .................. 263
2. Berry : Le rêvassier des ruines .................. 271
3. Brenne : Le vif-argent des étangs .................. 281
4. Grande Brière : Vent d'argent, roseaux d'or .......... 291

## 7. Bourgogne, Franche-Comté, Lyonnais
1. Bourgogne : Le goût des grappes .................. 303
2. Jura : Fumée tonnante au saut du Doubs .......... 313
3. Jura : Saison blanche au mont d'Or .................. 325
4. Jura : Neige au Grand Crêt d'Eau .................. 335
5. Mont Pilat : Le géant endormi .................. 345

## 8. Limousin, Auvergne
1. Millevaches : L'accouchement de la Vézère ........ 359
2. Haut-Allier : Les méandres du saumon .......... 369
3. Sancy : Neige fondante à Chaudefour .............. 379
4. Cantal : Le cri du cœur du volcan .................. 391
5. Aubrac : Le pays en plein ciel .................. 401

## 9. Cévennes, Causses
1. Ardèche : Gorges profondes .................. 413
2. Cévennes : Le psaume du mont Lozère .......... 425
3. Cévennes : Les cent fleurs de l'Aigoual .......... 435
4. Périgord : La stalactite et l'orchidée .............. 443
5. Causses : Les vautours des deux gorges .......... 455

## 10. Alpes de Haute-Savoie
1. Aravis : Vertige du temps à la Tournette ........ 467
2. Mont-Blanc : Face-à-face avec les Jorasses ...... 477
3. Mont-Blanc : L'esprit de Tré-la-Tête .............. 485
4. Mont-Blanc : Le balcon sublime .................. 491
5. Mont-Blanc : L'empreinte des dinosaures ........ 499

## 11. Alpes de Savoie
1. Vanoise : La montagne du Jupiter savoyard ...... 511
2. Vanoise : Le diable des glaciers .................. 521
3. Vanoise : La révélation des lacs Merlet .......... 531
4. Vanoise : Le grand balcon de glace .............. 537

## 12. Alpes du Dauphiné

1. Chartreuse : La musique du silence .................. 545
2. Vercors : La maison de l'ours futur ................... 555
3. Vercors : Combeau, le vallon idéal ................... 565
4. Écrins : Le ventre de la pierre ........................... 573
5. Briançonnais : L'esprit des deux cols ............... 583
6. Queyras : Sa majesté le mont Viso .................. 595
7. Queyras : Les papillons de Furfande ............... 603

## 13. Alpes du Sud

1. Baronnies : Les vautours de Saint-May .......... 613
2. Lure : Bleu lavande à Contadour ..................... 623
3. Haute-Provence : Les pénitents des Mées ....... 633
4. Haute-Provence : La vague de pierre .............. 643
5. Verdon : La symphonie du canyon sublime ... 653
6. Mercantour : La saxifrage au cœur .................. 663
7. Mercantour : Le temple de Fontanalba ........... 675

## 14. Provence

1. Vaucluse : Les truffes de la Nesque ................ 683
2. Luberon : Les deux horizons bleus ................. 693
3. Sainte-Victoire : La nuit du Nouvel An .......... 705
4. Camargue : Le vent du Vaccarès ..................... 715
5. Calanques : Le monde en bleu et blanc .......... 725

## 15. Côte d'Azur

1. Plaine des Maures : La balade de la tortue .... 739
2. Saint-Tropez : Aphrodite au cap Lardier ........ 749
3. Port-Cros : Le Paradis retrouvé ....................... 757
4. Esterel : La passion en rouge et vert ............... 765
5. Tourrettes : La montagne aux pivoines .......... 775

## 16. Languedoc, Roussillon

1. Hérault : Sous le vent du Larzac ..................... 787
2. Gard : En passant le pont romain ................... 797
3. Corbières : La femme de Tautavel ................... 807
4. Banyuls : Les vignes de la mer ........................ 817
5. Canigou : Un hiver au blanc d'Espagne ......... 827

## 17. Atlantique, Aquitaine
1. Ile d'Yeu : Le sentier des naufrageurs .......... 839
2. Poitou : Le marais de Rabelais .......... 851
3. Ile de Ré : Les baleines de la mémoire .......... 863
4. Médoc : L'alchimie du vin .......... 873
5. Arcachon : La dune du long regard .......... 883
6. Landes : Alligators au bayou d'Huchet .......... 893

## 18. Pyrénées
1. Luchon : Contrebande à Venasque .......... 905
2. Gavarnie : La lumière de la brèche .......... 915
3. Béarn : Le pic aux yeux de velours .......... 925
4. Pays basque : La grâce de Sainte-Engrâce .......... 937
5. Pays basque : Les eaux sauvages d'Holzarté .......... 945

## 19. Corse
1. Cap Corse : Le doigt de la déesse .......... 957
2. Agriates : Le désert du taureau noir .......... 965
3. Fangu : La grande transhumance .......... 975
4. Girolata : Le balbuzard et le myrte .......... 985
5. Mare a mare : Le chemin des deux mers .......... 997
6. Cagna : Le lion de Roccapina .......... 1007

## 20. Outre-mer
Guadeloupe : Les diables de la Soufrière .......... 1019
Martinique : La presqu'île aux alizés .......... 1029

Remerciements .......... 1039

## *Préface*

## Mille pages, dix ans de bonheur

J'ai mis dix ans à écrire ce livre de mille pages. À petites doses, comme il convient aussi de le lire. Un texte par mois : je voudrais qu'on déguste une à une ces balades ; à mesure qu'on va les accomplir « pour de vrai », comme disent les enfants.

Dix ans. Dix apparitions d'orchidées sauvages dans la garrigue ou d'edelweiss sur les cimes. Dix floraisons de crocus ou de colchiques. Dix métamorphoses de papillons et de cigales. Dix chants de coucous. Dix migrations d'hirondelles et de cigognes...

Dix ans. Quarante saisons de bonheur, de découvertes, de surprises, de plaisirs butinés sur les rivages marins, à travers la campagne, dans les forêts, jusqu'au sommet des montagnes de France ; et même de l'autre côté des frontières.

Dix ans d'enchantements dans la nature – qu'il neige, qu'il vente, qu'il pleuve ou que le soleil brille. Par moins vingt ou plus trente au thermomètre. En raquettes, en bottes dans les marécages, le plus souvent dans mes chaussures de montagne, râpées par les sentiers, et dont j'ai usé plusieurs paires à la tâche... Dix ans de quêtes, de rencontres insolites, de révélations et de surprises ; de notes jetées sur des dizaines de calepins ; de textes repris le soir même et mis en forme en respirant le parfum des fleurs. Dix ans de chroniques à la première personne, mais où je parle par la voix des corolles, des insectes, des oiseaux et des sources. Dix ans de littérature inspirée par la vie ; ce que j'ai appelé mes « *Carnets du naturaliste* » ou mes « *Balades sauvages* », et que j'ai fait paraître, mois après mois, dans la revue *Terre sauvage* ; plus rarement dans *Géo* ; récemment, dans *Le Nouvel Observateur*. J'avais, il y a plus d'une décennie, prédit et précédé l'étonnant engouement actuel du public pour la marche dans la nature, sur les sentiers, à longueur de G.R. ou de P.R. (pour les néophytes, de sentiers de grande ou de petite randonnée). J'admets que cela m'était facile : j'ai toujours adoré lever les yeux vers l'horizon, agiter mes deux pieds et sentir les kilomètres ou les dénivelées imprimer leur délicieuse torture dans mes mollets et mes cuisses.

Je suis né dans la montagne de Savoie. J'ai couru les bois, les alpages, les falaises et les glaciers pour ainsi dire en apprenant à marcher (j'exagère à peine). J'ai développé une passion perverse et polymorphe pour les chemins, les cailloux, les chapelles oubliées ou les oratoires perdus, l'air qu'on inspire dès qu'on quitte le macadam, les fleurs qu'on hume au creux des bois ou sur les cimes, les animaux qu'on salue en gagnant les sanctuaires de beauté où les humains cessent de tout tuer, saccager ou polluer. J'ai cherché la compagnie naïve et généreuse du ver de terre et de l'aigle royal ; de la limace et du loup ; du papillon et du dauphin qu'on voit souffler du haut de la falaise...

Après mes études de philosophie, j'ai embarqué sur la *Calypso* du commandant Cousteau. J'ai couru d'autres horizons, marins ou terrestres. J'ai navigué parmi les récifs de coraux, dans la houle des Quarantièmes Rugissants ou entre les glaces de la banquise. J'ai salué les icebergs de la mer de Béring et la touffeur du Guatemala. J'ai appris l'odeur des forêts pluviales du Fiordland néo-zélandais ou de l'Amazonie brésilienne. En d'autres occasions, j'ai salué les volcans des Antilles ou du Kamtchatka, les montagnes du Tibet ou les déserts d'Afrique. J'ai avancé sur la planète comme l'insecte sur la fleur : humblement. Avec gourmandise.

Mais je n'ai jamais cessé de marcher en France. Chaque fois que je rentrais au pays, je renfilais mes chaussures de montagne et je faisais fonctionner mes jambes. J'ai continué mes vagabondages d'enfant sur les sentiers. Mes voyages au bout du monde m'ont confirmé ce que je savais déjà : la France est une exception. Un privilège. Presque un scandale ! Nulle part ailleurs, sur le globe, on ne trouve, de façon si concentrée, une telle richesse géologique, botanique et zoologique. Il suffit de quelques kilomètres pour passer des quasi-lagunes africaines de la Camargue aux garrigues méditerranéennes, aux forêts tempérées, aux landes de l'Atlantique, puis aux prairies montagnardes, avant de finir dans les biotopes quasi arctiques – rocs, neige et glace – des plus hauts massifs des Alpes ou des Pyrénées... On parcourt, en raccourci, le spectre des climats, des paysages et des communautés animales et végétales de la planète entière.

Cette variété n'a pas de prix – d'autant qu'elle se double d'une fabuleuse diversité d'architectures et de modes de vie humains... Comment oublier le prodigieux patrimoine que nous ont légué nos ancêtres ? Les dolmens gaulois et les ponts romains, les églises romanes et les abbayes gothiques, les châteaux forts et les manoirs Renaissance, et mille merveilleux villages où l'on aimerait passer des années. Au plaisir des jours et des rencontres : paysans, bergers, marins, bûcherons, cueilleurs de champignons ou randonneurs...

Marcher. Marcher en France. Marcher sur les sentiers zigzagants et imprévisibles de ce qu'une géométrie jacobine appelle bêtement l'« Hexagone »...

Je me suis plu à m'y adonner de façon systématique pendant dix ans... Du cap Gris-Nez aux falaises de Cerbère, et des bords du Rhin aux îles de la Bretagne. Autour des étangs de la Brière, de la Brenne ou de la Sologne. Au bord de la Loire ou du Rhône. Dans les marais de la Vendée ou de la Camargue. À travers les épaisses forêts des Vosges ou du Jura. Sur les volcans d'Auvergne et les cimes des Pyrénées et des Alpes. En sillonnant les vignes de la Bourgogne ou du Bordelais. À la recherche de l'ours des Pyrénées ou du loup du Mercantour. Dans le crissement des cigales de Provence comme sous le craillement des oiseaux de mer de la Manche. Des mystères de Fontainebleau à ceux du G.R. 20 en Corse ou du G.R. 10 au Pays basque. Avec le souvenir de la Préhistoire sur les rives de la Vézère ou à Tautavel. En admirant les églises romanes de la Saintonge ou les burons d'Auvergne. En foulant les drailles des Cévennes, en escaladant les glaciers du Mont-Blanc ou en allant, par les ports des Pyrénées, renifler l'air d'Espagne...

Dix ans de bonheur concentrés dans un gros volume souple ! Dix ans de butinages et de jouissances. De purs plaisirs des grands chemins... J'ai convoqué, pour célébrer la splendeur de la France, une incroyable volée d'insectes et de passereaux, dans le parfum des fleurs sauvages, la lumière des lointains bleutés, et la musique réunie des cascades montagnardes et des vagues océanes.

J'ai combiné, dix ans durant – et page après page jusqu'à mille –, mes plaisirs de marcheur et d'écrivain, de naturaliste et de vagabond.

Parce que, au fond, marcher ne sert à rien, j'espère avoir accompli œuvre utile.

Yves Paccalet<br>Paris, février 2001

# 1

# BELGIQUE, NORD, PICARDIE

1. *Ardennes* : L'infini des Hautes-Fagnes
2. *Pas-de-Calais* : La balade des Deux Nez
3. *Artois* : Les mollières de la Canche
4. *Picardie* : Les oiseaux d'or du Marquenterre

# 1. Ardennes

# L'infini des Hautes-Fagnes

*Les Ardennes. Autour du point culminant de la Belgique, dans les Hautes-Fagnes de Wallonie, au cœur de l'Europe, entre Liège, Aix-la-Chapelle et Maastricht : une balade au pays du sanglier, dans des tourbières qui ressemblent à des lacs d'herbes d'or, riches d'une flore rare sur laquelle danse encore le coq de bruyère.*
*En boucle autour de la Baraque Michel, 2 heures 30.*
*Carte de promenades au 1 : 25 000, Hautes-Fagnes.*

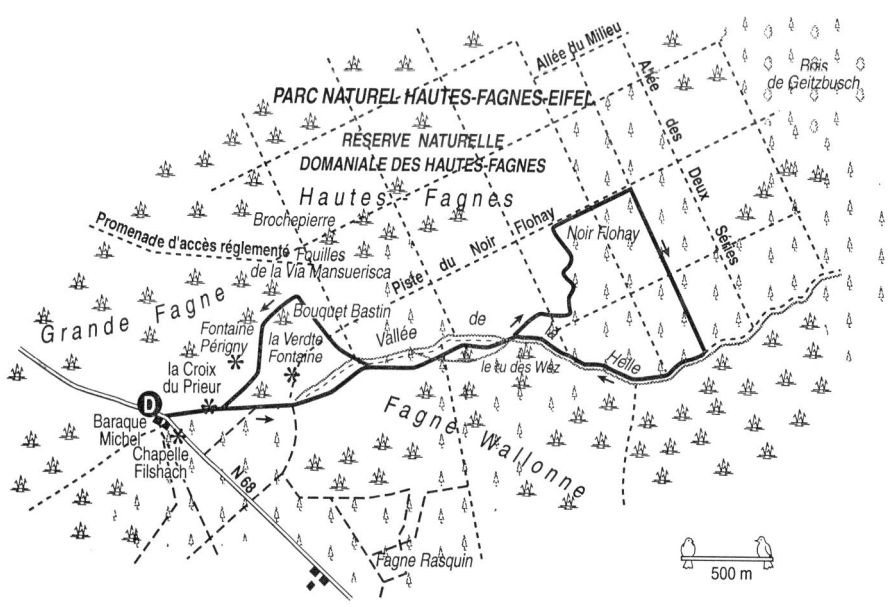

Guillaume Apollinaire les a chantées :

> Tant de tristesses plénières
> Prirent mon cœur aux Fagnes désolées
> Quand, las, j'ai reposé dans les sapinières
> Le poids des kilomètres pendant que râlait
> Le vent d'ouest

Les Hautes-Fagnes : le cœur de l'Europe après la glaciation... Ne voyez là aucune allusion politique. Il n'est question que de nature. Voici les vestiges d'une vaste tourbière née de la fusion des calottes géantes qui occupaient le continent, en un temps où nos ancêtres de Cro-Magnon chassaient le mammouth, le bison et le renne. Je veux m'imprégner de cette atmosphère, de l'odeur aigrelette de la tourbe, du murmure des sources, des brouillards qui s'effilochent. Je regarde l'étendue d'herbes. Un lac de science-fiction saisi par le givre. Un simulacre de glaciation nouvelle... Je me balade en compagnie du plus passionné des Fagnards : Franck Renard. Il est garde forestier dans les Ardennes. Son secteur domine Spa. La vigueur des arbres qu'il protège garantit la pureté d'une eau fameuse.

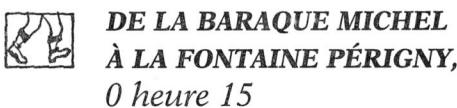

## *DE LA BARAQUE MICHEL À LA FONTAINE PÉRIGNY, 0 heure 15*

Décembre. Franck sourit en soulignant qu'il fera peut-être un peu froid. Un panache de vapeur s'élève de sa bouche quand il parle. La glace a pris possession des Hautes-Fagnes. Millions d'éclairs, de cristaux, de paillettes d'argent, de mercure, d'aigue-marine. Nous ajustons nos bonnets, nos gants, nos fourrures polaires.

Nous sommes à la Baraque Michel. Michel qui ? Michel Schmitz. En 1808, ce valet de ferme construisit ici une cabane de tourbe. La légende raconte qu'un hiver, dans une tempête de neige, il perdit les croix du chemin. Il implora la Vierge et jura, s'il survivait, de bâtir un refuge pour les voyageurs. Une éclaircie lui montra sa masure. Il planta son bâton sur le lieu du miracle. Au printemps, il jeta les fondations de l'auberge qui trône encore près de la route.

En marche. Panneau d'information sur la Réserve naturelle domaniale des Hautes-Fagnes. Zones A, B, C, D, dans l'ordre croissant de sévérité des règles protectrices. Pancarte : « Sentier de promenade. Eupen, 22 kilomètres. » Le climat de cette crête ardennaise mérite le qualificatif de « rigoureux ». Chaque année, on compte ici, en moyenne, cinquante jours de brouillard, 1,30 mètre de pluies (90 centimètres à Bruxelles), cent jours de gel, quarante de neige. Le thermomètre marque souvent moins vingt. Contrée âpre, où l'on se rappelle la tragique histoire des « Fiancés de la Fagne ». Janvier 1871 : Marie Solheid et François Reiff voulurent se rejoindre, mais s'égarèrent. On retrouva leurs corps au printemps ; elle, à peine à 2 kilomètres de la Baraque Michel.

La Baraque Michel... 672 mètres d'altitude. (Six cent septante-deux. Vous ne voudriez pas que j'écrive « soixante-douze » ?) Quatre mésanges nonnettes s'égaillent. Un traquet tarier — poitrine ocre, tête striée de blanc et de brun — nous salue de ses piou-piou. Un bosquet de bouleaux, de hêtres, d'épicéas, d'aulnes et de sorbiers des oiseleurs résonne des appels du bec-croisé des sapins. Au pied des arbres, croissent la fougère-aigle, le laurier de Saint-Antoine, l'airelle myrtille et la callune fausse-bruyère. Transition vers l'immensité d'herbes jaunes, que le givre transfigure. Je goûte la splendeur monochrome de ces graminées dont l'empire touche le gris du ciel à l'horizon.

Pour le botaniste, il s'agit de molinies bleues. *Molinia coerulea*. L'espèce colonise les landes humides d'Europe, d'Asie, d'Afrique du Nord et d'Amérique du Nord. Tenace, conquérante, elle atteint 1 mètre de haut. Tiges et feuilles raides, épis au vent. Souche fibreuse, inexpugnable, elle élimine ses rivales grâce aux toxines de ses racines. Elle a profité des travaux de drainage, puis des incendies. Elle a rendu rares les sphaignes et les autres végétaux de la tourbe. La crête des Hautes-Fagnes formait, autrefois, un immense marécage semé de bouleaux, d'aulnes et de conifères. Au XIX$^e$ siècle, des bergers y mirent leurs moutons. Puis (quand la contrée fut prussienne) d'autres hommes y creusèrent des canaux de drainage et y plantèrent épicéas et pins sylvestres. Eternelle bêtise des « mises en valeur » à la mode des technocrates.

Environ 5 000 hectares de vraies fagnes — marais et landes humides — furent néanmoins sauvés et constituent la réserve naturelle où je flaire le vent. Le sentier, parfois ouvert dans la boue noire, court plus souvent sur un caillebotis qui protège la végétation du piétinement des touristes. Il reprend en partie le tracé frontalier de 1815, le long duquel, après l'indépendance de la Belgique, on planta en 1839 des bornes de pierre gravées B (« Belgique ») et P (« Prusse »). C'est seulement en 1922 que le traité de Versailles donna aux Belges l'ensemble du terroir fagnard.

Après la borne 154 de départ, dite « Pierre Quarrée », voici la borne 155 et la croix du Prieur, qui fut érigée en 1605 par l'abbé de Malmedy, entre les pays de Liège et de Stavelot. Une boucle du chemin met en valeur une tourbière rescapée où les sphaignes vert épinard et les mousses (polytrics, etc.) vert pomme ou vert épinard se pressent. L'été, fleurissent ici la linaigrette vaginée aux inflorescences de coton blanc, l'andromède rose pâle qu'on trouve aussi dans les marais de montagne, et la canneberge nordique aux fleurs rose vif et aux baies rouge acide. Sans oublier le rossolis (« rosée du soleil ») à feuilles rondes, cette plante carnivore dont les limbes hérissés de fines massues pourpres et gluantes se rabattent sur le moucheron ou la fourmi imprudents.

 *DE LA FONTAINE PÉRIGNY AU NOIR FLOHAY, 0 heure 45*

À la bifurcation, nous laissons le caillebotis de gauche, par où nous reviendrons au terme de la balade. La borne 156 jouxte la fontaine Périgny, qui doit son nom à un sous-préfet d'Empire, basé à Malmedy. Ce bassin en rectangle compose une des sources — la plus lointaine, donc la plus légitime — de la rivière Helle, née des Hautes-Fagnes et qui file vers Eupen grossir la Vesdre, c'est-à-dire ensuite la Meuse. L'eau glougloute sous les planches. Les molinies bleues sont plus jaunes que de raison. Vue sublime. À l'ouest, la mer végétale de la fagne des Potales et de la Grande Fagne ; au nord, la Verdte Fontaine et Brochepierre ; au nord-est, le Noir Flohay et la fagne des Deux Séries ; au sud-est, l'ocre rouge intense de la fagne Wallonne ; au sud, les ondulations dorées des Wez (ou Wés) et de la fagne Rasquin.

Une troupe de mésanges noires. Le trottinement d'une hermine en tenue d'hiver blanche. Nous longeons les fouilles de la Via Mansuerisca. Cette chaussée de pierres plates, édifiée sur une assise de madriers de chêne et d'aulne, empruntait une partie de la voie romaine de Maastricht. Elle date des Mérovingiens. Dans les Hautes-Fagnes, l'Histoire conjugue à tous les temps la nature et les hommes. Nous avançons vers l'îlot d'épicéas des Trois-Bornes, que traverse le ru des Wez, affluent de la Helle.

Le sentier file jusqu'au confluent. Juste avant la passerelle sur la rivière — eau de cristal sur fond de grenat et de jais —, Franck Renard m'entraîne sur le chemin de gauche, vers le Noir Flohay (ou « Noir Flohai »). Nous traversons le lit de la Helle. Entre les sections de caillebotis, nous pataugeons dans une boue froide mêlée de glace. Un faucon fait du surplace. Deux busards saint-martin tournent : croupions blancs, mâle gris, femelle brune. Trois biches débouchent d'un bosquet, nous localisent et détalent. Empreintes de renard dans la tourbe. Des mésanges huppées et des traquets pâtres se disséminent dans les touffes de molinies. « J'ai vu se poser ici les grues cendrées, dit Franck. Le soir, durant leurs migrations, elles font étape dans la fagne. C'est un des plus beaux spectacles qui m'aient été offerts. Avec celui des cigognes noires qui reviennent nicher là-bas, plus à l'est, dans la forêt voisine de la frontière allemande. »

Le Noir Flohay. On jurerait un paysage de fantaisie tragique, dans la manière d'Hoffmann. Une immensité d'herbes jaunes que des corbeaux transis survolent. Des alignements de pins sylvestres et d'épicéas aux allures de fantômes. Ce sont les restes épars des plantations qu'on fit ici au siècle dernier, et que le froid, la neige, le sol trop humide et les incendies de tourbe anéantirent. Arbres sans tête. Branches noircies. Moignons brandis tels des membres de suppliciés. On imagine, dans ces cortèges immobiles, des parades de monstres nés de mauvais rêves. Des gnomes, des lutins, des fées, des trolls, des vampires, des singes contorsionnés, des loups hurlants, des ours ou de grandes fleurs inquiétantes. Délires exaltés par le givre, le brouillard et la pluie. Apollinaire murmure :

> Je n'ai confié aucun secret
> Sinon une chanson énigmatique
> Aux tourbières humides

Les bruyères fleurant le miel
Attiraient les abeilles
Et mes pieds endoloris
Foulaient les myrtilles et les airelles
Tendrement mariées

J'examine, à terre, des buissons de callune fausse-bruyère et de trois espèces d'airelles *(Vaccinium)* : à fruits rouges *(V. vitis-idaea)*, myrtille *(V. myrtillus)* et myrtille de loup *(V. uliginosum)*. Les baies et les jeunes pousses des deux premières forment la nourriture de base du principal personnage animal des Hautes-Fagnes : le coq de bruyère. Le tétras-lyre. Franck Renard étudie l'espèce depuis des années. Il la connaît mieux que quiconque. Elle a disparu de Belgique, sauf ici. Au printemps de 1996, à l'époque des chants, Franck a recensé une trentaine de mâles. Et tiens ! Et voici un qui décolle à vingt mètres, puis file se piéter dans les molinies. Éclair noir à queue lyrée. Rêve de fagnes sauvages.

 ***DU NOIR FLOHAY À LA BARAQUE MICHEL,
1 heure 30***

Le Noir Flohay appartient à la fagne des Deux Séries, ainsi baptisée parce que, au siècle dernier, elle fut quadrillée par un réseau de drains perpendiculaires. On voulait assécher la tourbière et planter des épicéas. La nature a ruiné ce programme de « valorisation », qui n'a que trop réussi dans la majeure partie des Hautes-Fagnes. Je cherche, sur des troncs morts, le trou de pic où pourrait nicher la délicate chouette de Tengmalm, nordique et montagnarde. Je songe aux espèces botaniques qu'on rencontre dans ces étendues de landes à molinies et de restes de tourbières. Plus d'une dizaine d'espèces de sphaignes. Des lichens et des mousses. Le genévrier commun, le bouleau des Carpates, le bouleau pubescent, le saule rampant, divers genêts. En automne, la gentiane des marais (ou pneumonanthe), aux fleurs en cratères bleu roi. En été, l'arnica des montagnes, aux capitules en soleils. Le fenouil des Alpes, si parfumé. L'orchis tacheté, aux épis roses mouchés de pourpre. La linaigrette à feuilles étroites. Le comaret aux corolles rouge sang. Le ményanthe trèfle d'eau, aux feuilles à trois folioles et aux pétales en tissu blanc qui s'effiloche. La renouée bistorte, aux épis en queues de renard rose tendre. Le narthex ossifrage, humble cousine du lis aux fleurs jaunes à six lames. La sublime trientale d'Europe, cousine de la primevère : une étoile d'albâtre ; tout simplement, la fleur-emblème des Hautes-Fagnes...

J'imagine les petits animaux qui se pressent en été. La libellule petite nymphe à corps de feu ; l'épeire diadème ; le carabe violet ; la cicindèle verte ; la chrysomèle de la bruyère ; la cicadelle qui laisse ses « crachats de coucou » sur les tiges dont elle suce la sève ; les papillons argus, échiquier, grand paon de nuit. La grenouille rousse, le crapaud commun, l'orvet et le lézard vivipare.

Nous sommes en hiver. La majorité des plantes et des petites bêtes sont en graines, en œufs ou en larves. Apollinaire chante, avec sa voix de vent :

>   Nord
>   La vie s'y tord
>   En arbres forts
>   Et tors
>   La vie y mord
>   À belles dents
>   Quand bruit le vent

Apollinaire est venu en 1899 à Stavelot, visiter les Hautes-Fagnes. Je contemple, au sud, la fagne Wallonne qu'il aima. Le joyau de la réserve. Une tourbière active, avec des épaisseurs de charbon de 5 mètres, qu'on exploitait encore en 1960. Avec, aussi, des palses — ces étranges dépressions rondes ou en fer à cheval, bordées d'un rempart de terre, et dont on a longtemps ignoré l'origine. On y a vu des cités lacustres ou des vestiges de villages gaulois, voire (n'hésitons pas !) des traces de soucoupes volantes. Jusqu'à ce que les géologues comprennent qu'il s'agit de cratères produits jadis par la lente fusion des lentilles de glace.

Aux barrières du Noir Flohay, deux options s'offrent. Ou bien continuer tout droit, sur le sentier qui borde le bois du Geitzbusch et se poursuit, au-delà du Petit Bongard et du ruisseau du Petit Bonheur, vers la vallée de la Helle, qu'ensuite on remonte par le G.R. 573 venu d'Eupen. Ou bien couper de suite, à droite, à travers fagne, en direction de la rivière. Le premier tracé double le temps de balade. Franck et moi choisissons l'itinéraire abrégé — non par paresse, mais parce qu'un tétras nous l'a demandé. Nous descendons la pente. Épicéas abattus, laissés sur place, qui mettront des années à pourrir... La Helle serpente, froide, claire, sur son lit de tourbe brun-noir. L'eau en est acide et pauvre, mais belle. Elle cascade, écume, bouillonne, se cache sous les sphaignes, reparaît entre les bouleaux. Paysage de Laponie ou du Grand Nord canadien, plus que du cœur de l'Europe. Le sentier remonte la rive droite, bourbeuse, encombrée de racines. Les pieds enfoncent. L'odeur aigrelette du charbon de terre exalte et épouse le parfum résineux des épicéas. Un caillebotis, de nouveau, épargne chaussures et pantalons. Trop tard. Nous sommes crottés. Donc heureux.

À gauche, un chemin file vers le signal de Botrange, le point culminant des Ardennes et de la Belgique : 693 (six cent nonante-trois) mètres. Voici le pont sur la Helle et la bifurcation où, tantôt, nous prîmes à gauche vers le Noir Flohay. De nouveau, les Trois Bornes et le sentier qui conduit au mont Rigi et à Botrange. Aux fouilles de la Via Mansuerisca, nous prenons à droite, vers Brochepierre et Bouquet Bastin. Chevreuils farouches. Buse qui plane. Un coq de bruyère — une femelle gris et brun. Une assemblée de pipits farlouses. L'été, nous croiserions la pie-grièche écorcheur et sa cousine grise. L'engoulevent d'Europe, peut-être.

Nous revenons vers la Baraque Michel entre des bouquets de bouleaux, d'épicéas, de sorbiers et de saules à oreillettes. En caressant, au passage, la callune fausse-bruyère, la bruyère à quatre angles et la digitale pourpre gelée sur pied. J'imagine, dans un écrin de givre, le rossolis et le narthex ossifrage. Deux messages en langue végétale, venus jusqu'à nous depuis le temps des glaciations.

Avec le hurlement du loup, le feulement du lynx et le ricanement des gnomes du Noir Flohay.

> **NOTE SAISONNIÈRE ET RECOMMANDATIONS**
>
> Elle est en projet depuis le début de ce siècle, un arrêté royal l'a créée en 1957 : la réserve naturelle domaniale des Hautes-Fagnes couvre 4 500 hectares et participe du parc naturel des Hautes-Fagnes-Eifel, institué en 1973, sur 67 800 hectares. Elle est divisée en quatre zones — A, B, C, D —, de la plus accessible à la mieux protégée. Du libre accès à l'accès interdit... Les chiens ne sont pas bienvenus, même en laisse. Le ski de fond a été banni : il dérange les coqs de bruyère. On ne doit pas marcher hors des sentiers. Ni cueillir les plantes (surtout pas les myrtilles, réservées aux renards et aux tétras !). Attention au feu, en été : les Hautes-Fagnes ont été souvent ravagées par des incendies. L'hiver, il fait froid, il y a du brouillard et on a vu des couches de 50 centimètres de neige : prudence et vêtements chauds !

## 2. Pas-de-Calais

# La balade des Deux Nez

*On connaît la « tirade des nez » cyranesque. Il existe une « balade des Deux Nez » boulonnaise et nordique. L'une et l'autre sont sublimes... Le cap Blanc-Nez et son jumeau Gris-Nez gardent le pas de Calais, c'est-à-dire les îles Britanniques. La vie sauvage s'y cramponne. Rafales de vent modulées par les oiseaux marins.*
  *Aller-retour depuis le cap Blanc-Nez, 8 heures.*
  *Carte I.G.N. au 1 : 50 000, 2103, Marquise.*

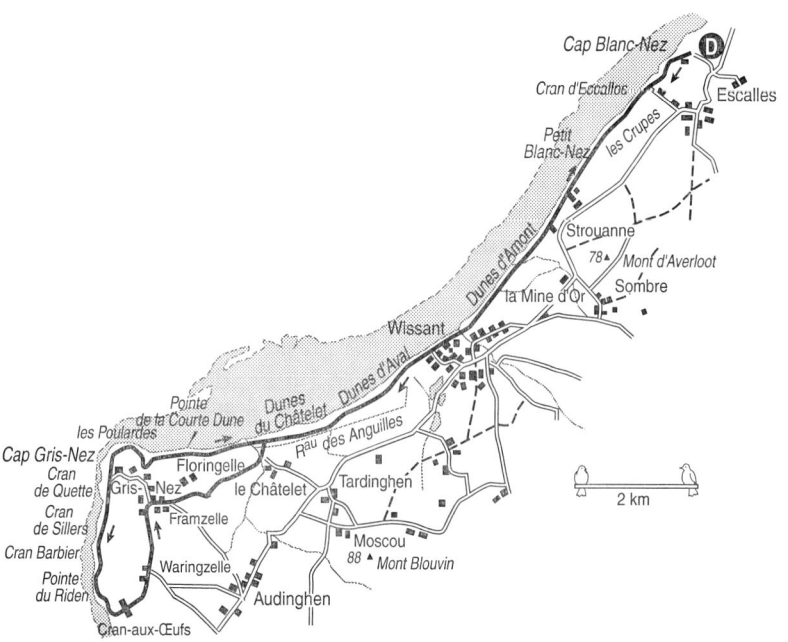

Du haut de ces pyramides de la mer, l'Europe surveille l'Angleterre, ce qui agace soixante millions de Britanniques. Sur l'autre rive du Channel, les falaises de Douvres gardent la vieille Europe, ce qui constitue la mission historique de soixante millions de Grands-Bretons. Je foule la craie blanche du cap Blanc-Nez, sous l'obélisque du Dover Patrol. Des goélands passent dans le ciel pommelé de soixante millions de nuances de gris. Le tunnel sous la Manche laisse dubitatifs les oiseaux, qui assurent la liaison depuis des temps immémoriaux. Je respire un parfum d'iode qui me saoule et m'emporte.

 *DU CAP BLANC-NEZ À WISSANT,*
*2 heures*

Debout à la pointe du cap Blanc-Nez, je regarde vers le large. Les goélands argentés, marins ou bruns me craillent quelque chose à propos du Channel. Ce sentier de nature est aussi un sentier d'Histoire. On ne contemple pas les White Cliffs, à 30 kilomètres de distance, par-delà les ondulations du détroit, sans que remontent en mémoire les images d'Épinal de la guerre de Cent Ans ou du camp de Boulogne... Je souris en songeant qu'Anglais et Français sont maintenant tunnélisés pour le meilleur et pour le pire.

Je me tourne vers le sud, le bourg d'Escalles et les falaises du Petit Blanc-Nez. De cette hauteur, la vue porte bien au-delà de Wissant, jusqu'au cap Gris-Nez, vautré comme un phoque dans une mer zébrée d'écume, d'une teinte d'argent vert sombre qui se modifie sans cesse. Les vagues se jettent à la côte, obstinées comme des dauphins au désespoir. À l'intérieur des terres, un rayon de soleil transfigure les champs cultivés : mosaïques d'ocres, de bruns, de jaunes, de vert pomme ou d'émeraude, qui répondent aux gris de la plage. Harmonies de mer, de terre et de ciel. Mélanges d'âmes anglaise et française... Le sommet de la falaise (hormis le parc à voitures ; pourquoi ne pas l'avoir ouvert plus bas, près de la route ?) est une pelouse que les botanistes disent « aérohaline », c'est-à-dire aérienne et salée ; balayée par le vent et poudrée d'embruns. J'y repère un cousin du trèfle : l'anthyllis (ou vulnéraire) maritime. Et le puissant chou marin aux feuilles glauques, lavées de mauve et de rose, et découpées comme des nuages : le cap Blanc-Nez forme la limite nord de l'espèce.

Sac à dos, jumelles en bandoulière... Je descends l'échine énorme, baleinesque, cétacéenne, du promontoire, sur le sentier de randonnée du littoral. Petits panneaux. Balises rouge et jaune. À droite, un à-pic sublime. Risques d'éboulements : ne pas se pencher au-dehors ! J'ai environ 6 kilomètres à courir jusqu'à Wissant. Une douzaine jusqu'au hameau de Gris-Nez. J'accomplis cette balade dans un corridor de migration aussi important pour les oiseaux que le tunnel pour les humains. Et depuis plus longtemps ! Nous sommes en septembre. Passages incessants. En grandes troupes, en petites bandes ou en solitaires, les emplumés défilent, les uns près du rivage, les autres au large. La lande alentour se hérisse de genévriers vert sombre et d'argousiers aux feuilles grises et aux baies orange. Je remarque l'épilobe hirsute aux fruits de coton blanc, la verge d'or, le séneçon jacobée, la camomille maritime et une flore calcicole où se côtoient l'aspérule rose, l'hélianthème jaune (pétales en triangles solaires), la bugrane rampante (fleurs papillons incarnates) et la carotte gummifère (ombelles en nids d'oiseaux). Dans les trous pleins d'humus, viennent l'armoise, le tussilage (ou pas-d'âne) et des galaxies gris-rose d'eupatoires chanvrines.

Au bas de la baleine échouée du cap Blanc-Nez, le

« cran » (la crique) d'Escalles est une ancienne vallée. Durant des glaciations, cette dépression courait vers le centre de la Manche, où convergeaient les affluents de la Seine, entre autres la Tamise. En remontant, lors de la transgression flandrienne, la mer a attaqué la côte et sculpté une vallée suspendue ; comme on dit : une « valleuse ». Je caresse l'écume d'une vague. Je marche un moment vers le nord, sur la plage à marée basse. Je jouis du spectacle du Léviathan couché sur le sable. Je détaille ses étages de craie, formés au fond de la mer il y a 100 millions d'années, au Crétacé supérieur. Le géologue parle d'une assise inférieure du Cénomanien, en craie blanche et en lits de marne, riche en ammonites *Acanthoceras* ; et d'un chapeau du Turonien, en craie jaune farcie de nodules de silex, où gisent des ammonites *Mammites*. J'imagine l'océan de l'époque. Les ammonites, nées des nautiles et cousines des bélemnites (mères des calmars et des seiches), promènent leur coquille annelée et spiralée comme une corne de bélier. Les poulpes filent dans les fissures du récif, où rampent les oursins et les étoiles de mer, et que survolent des nuées de poissons. Les princes de l'onde sont les ichtyosaures, ces reptiles qui préfigurent les dauphins, mais avec une queue verticale. Peau teintée de rouille, énormes yeux, long rostre...

La craie des falaises, friable et fissurée, se laisse pénétrer par l'eau de pluie qui la dissout un peu. L'alternance des gels et dégels fait éclater les blocs. Ceux-ci tombent en éboulis sur l'estran, que les marées balaient. Les vagues brisent le matériau calcaire et le rebrisent, le réduisent en sable qu'elles emportent, puis rapportent. J'inscris mes pas éphémères sur la plage où courent les vanneaux, les huîtriers, les gravelots, les pluviers. Ici, la mer s'abandonne en abandonnant des algues rouges, brunes ou vertes. Ces laisses de reflux regorgent de pontes de buccins, de bryozoaires en dentelle et d'ascidies en petits sacs translucides.

Je marche vers le sud. Des cormorans huppés filent au ras de l'écume. J'arpente le sentier littoral en longeant le Petit Blanc-Nez, puis le Tout-Petit Blanc-Nez. Il y a 100 millions d'années, au lieu des goélands et des sternes, planaient ici des ptéranodons de 5 ou 6 mètres d'envergure, aux ailes de peau soyeuse et au bec gigantesque : ces reptiles volants mangeaient du poisson et dominaient les premiers oiseaux vrais, issus de l'archéoptéryx. Couraient, sur la terre ferme, de petits et grands dinosaures carnivores, friands de dinosaures herbivores à bec, à casque, à armure ou à cornes. Sous le Petit Gris-Nez, le paléontologue invente des fossiles d'ammonites, d'escargots natices et d'unicellulaires géants (1 centimètre) du plancton, dotés d'une coquille : les foraminifères.

Passé les maisons de Strouanne, je saute le ruisseau de la Mine d'or, ainsi baptisé parce qu'on y déniche des nodules, non pas de métal précieux, mais de pyrite jaune. Je patauge dans la gadoue de l'embouchure en admirant un vol de colverts. Je foule les dunes d'Amont jusqu'à Wissant. Un cochevis huppé gris, chapeau de plumes sur le crâne, se confond avec le sable. Les collines nées du vent ondulent d'oyats gris-vert. On exhume ici des dents de mammouths du Quaternaire et des galets de 600 000 ans. Récents, comparés aux ptéranodons.

 ***DE WISSANT AU HAMEAU DE GRIS-NEZ,***
*2 heures*

Je longe la plage de Wissant. La station balnéaire est « morte » en automne. Silence. Villas vides. On se croirait dans un film d'Ingmar Bergman : tant de passions humaines semblent couver derrière ces volets clos...

Je traverse un peuple épineux d'ajoncs d'Europe encore fleuris de jaune. Je zigzague de grève en dunes. Dunes d'Aval, dunes du Châtelet... Derrière les collines de sable, j'explore les abords du ruisseau des Anguilles et le marais de Wissant. Je suis sidéré par la variété des volatiles qui hantent ce rivage : bien besoin de mes jumelles et de mon guide d'identification ! Je repère la sterne arctique et ses cousines caugek, naine et pierregarin ; le cormoran huppé ; le tadorne de Belon, sorte de canard noir, blanc, orange ; le tournepierre en habit d'hiver ; le juvénile du grand gravelot et l'adulte du petit gravelot, qu'il faut être ornithologue de naissance pour ne pas confondre ; l'huîtrier-pie noir et blanc, emmanché d'un bec en sabre vermillon... Ici, le naturaliste chanceux — autrement dit, patient — a l'heur de saluer, dans les prairies et les marais, des armées de passereaux : verdiers, pinsons, pouillots, fauvettes et gobemouches, sans oublier, en automne, le bruant des neiges et le bruant lapon. Voire, deux ou trois fois par an, le roselin cramoisi des toundras, à la tête et au poitrail ensanglantés... La nuit, le hibou des marais siffle plus qu'il ne hulule. À l'aube, le héron cendré, voire la spatule blanche en migration, pêchent en eau trouble. Les champs cultivés offrent leurs espaces au courlis cendré, au pluvier guignard, au vanneau huppé. Sur la mer, outre les sternes et les goélands, défilent en automne le grèbe huppé et le grèbe jougris, trois espèces de plongeons, la bernache cravant, le fou de Bassan, le pingouin torda, le guillemot de Troïl et son cousin à miroir, le joli mergule nain et le macareux moine. Le puffin des Anglais et le fuligineux. Les mouettes tridactyle, de Sabine et pygmée. Que sais-je ? Les macreuses brune et noire, le pétrel fulmar, l'océanite cul-blanc (si rare...) et les labbes (ou skuas, ou stercoraires) — le grand, le pomarin et le parasite...

Je repère quelques-unes de ces espèces discrètes et merveilleuses. Toutes racontent, comme des notes de musique sur une partition de nuages, la permanence de la nature dans un des détroits les plus fréquentés du monde, où chaque jour se croisent cinq cents navires (pétroliers, ferries, cargos...), sans compter les barques de pêche et les voiliers de plaisance.

Je passe le parc à voitures du Châtelet. Je me perds dans les dunes qui lui font suite : terriers de lapins, traces de renards et de fouines... Les argousiers aux baies orange voisinent avec les sureaux noirs aux plateaux de fruits ténébreux, les asperges sauvages aux baies vermillon, les troènes aux grappes de sphérules obscures et vénéneuses... Les rosiers sauvages offrent leurs gratte-culs ovoïdes. Les ronces se constellent de mûres juteuses. La morelle douce-amère présente en même temps ses fleurs de pomme de terre violettes à cœur jaune et ses baies toxiques en œufs de pigeon rouges. La morelle noire allonge la liste des empoisonneuses... Entre les trembles nains que des houblons escaladent, et dans les espaces oubliés par les oyats, croissent l'euphorbe des rivages qui pleure un lait blanc quand on la casse ; le cakile maritime aux petites corolles mauves ; et le liseron soldanelle aux fleurs en entonnoirs, de la couleur des cuisses des jeunes filles. L'été, les amples cornets jaunes de l'onagre bisannuelle trompettent aux quatre vents la splendeur des deux caps.

Je marche sur le sentier bordé de ronces et de fougères qui épouse la pointe de la Courte-Dune. Les armoises, les mâcerons, les silènes rouges, les achillées millefeuilles aux soucoupes de fleurs blanches soupirent, chacun dans sa langue, un hymne à la Manche, que reprennent *a capella* les passereaux feux follets : rougequeues, traquets, verdiers, linottes mélodieuses, chardonnerets... Des coléoptères crache-sang, aux élytres noirs et au ventre de métal bleu-violet, découpent des feuilles de troènes. Je comprends leur nom vulgaire lorsque j'en attrape un. Il me salive sur la main une goutte rouge-orange de liquide corrosif, qui lui sert d'arme chimique contre les prédateurs.

###  *AUTOUR DU CAP GRIS-NEZ, ET RETOUR AU CAP BLANC-NEZ,* 4 *heures*

Je descends vers la valleuse et le hameau de Gris-Nez : toits rouges sur le gris-vert de la mer. Petit embarcadère pour l'Angleterre. Je remonte l'autre versant en direction du cap Gris-Nez et de son phare. Le troglodyte mignon, le rougegorge et l'accenteur mouchet s'égosillent dans les buissons. La mauve sylvestre, la camomille maritime, le lamier blanc se pressent au bord du chemin qui dessert, en haut du bourg, une maison surréaliste, grise sur le gris du ciel et justement nommée « Les Roches grises ». Je me demande de quel film cette bâtisse fut le décor. J'y rêve d'une histoire d'amour triste, sur une musique de Schumann.

Le cap Gris-Nez — le deuxième de la paire. La sentinelle du pas de Calais... Certains géographes font de ce promontoire la frontière entre la Manche et la mer du Nord. On y domine la vague de moins haut qu'au Blanc-Nez. La roche y est terne, plus ocre que grise. Le géologue professe que l'édifice se compose, à la base, de marnes noires et de grès du Kimméridgien ; et, au sommet, de grès et de calcaires du Portlandien. En vérité, les jumeaux du nord de la France ne sont pas si jumeaux que cela. Le Blanc-Nez, à la pointe de l'Artois, date du Crétacé supérieur, voici 100 millions d'années. Le Gris-Nez, au bout du Boulonnais, s'est formé au Jurassique supérieur, voici 150 millions d'années. À l'époque où le Gris-Nez — l'aîné — naissait sous forme de sédiments au fond de la mer, les reptiles volants n'étaient pas des ptéranodons, mais de plus modestes ptérodactyles. Les cœlacanthes, les poissons pulmonés et les requins pullulaient. Sur les continents, les dinosaures étaient représentés par les colosses brachiosaures (25 mètres, 50 tonnes) et les incroyables stégosaures à l'échine hérissée de plaques en losanges.

Ambiance de vent sur la falaise. J'inhale, en marchant, le souvenir des dinosaures et les embruns. Je songe que c'est aussi au Jurassique que parut l'archéoptéryx, encore un peu dinosaure (on n'a toujours pas trouvé ses ancêtres directs), mais déjà oiseau. Je m'arrête tous les vingt mètres pour guetter une nouvelle espèce actuelle de volatile. Là ! Trois eiders à duvet dans les vagues ! Deux juvéniles et une femelle... Ici ! Un labbe à longue queue... Quelle chance ! C'est la première fois que j'en vois un... Là encore, des puffins des Anglais... Un pétrel fulmar... Cela n'en finit pas. Le cap Gris-Nez compose un haut lieu européen du guet d'oiseaux *(birdwatching)*. L'ornithologue s'émerveille. J'en ai déjà rencontré une douzaine, depuis le hameau de Gris-Nez, l'œil collé à leur télescope. Des Anglais, des Hollandais, des Belges, des Allemands. Et même des Marseillais !

Je contemple, en bas du sentier, les chaos de grès. On jurerait des temples en ruine. Delphes, Agrigente ou Baalbek. Je descends jusqu'à l'eau par un sentier glissant. Des banquettes de silènes maritimes luisent sous l'argent des nuages. La bugrane rampante rose et le lotier corniculé jaune côtoient la centaurée jacée (ou tête-de-moineau) mauve, le plantain corne-de-cerf, le séneçon jacobée et l'armérie marine (ou gazon d'Olympe), dont les pompons incarnats sont maintenant fanés. Un faucon crécerelle fait le Saint-Esprit dans le vent ; l'image de l'apesanteur... Les rochers battus par les vagues se constellent de balanes, de patelles chapeaux chinois, d'escargots littorines et gibbules, d'anémones de mer et de petites éponges rouge-orange ; dans des lits d'algues brunes — fucus et himanthalies...

Je regagne le sentier. J'oublie le parc à voitures et les baraques à souvenirs du « point de vue ». Je file au-dessus du cran de Quette, du cran de Sillers et du cran Barbier... À la pointe du Riden, je découvre le hameau (murs blancs, toits rouges) du Cran-aux-Œufs. Le site doit son nom aux galets de silex qui composent sa plage.

Je bornerai ici ma dérive entre les deux caps. Casse-croûte et remontée vers le nord par l'arrière-pays du Gris-Nez, sur de petites routes bordées de fermes. En visitant les hameaux de Waringzelle, de Framzelle et de Floringzelle. Puis, sur des chemins de terre, jusqu'au Châtelet. Ne me restera qu'à revenir au Blanc-Nez. L'affaire d'un quart d'heure, pour un ptérodactyle ou un goéland, même peu sportifs et contre le vent. Pour un poulet à deux pieds sans plumes dans mon genre, mettons 3 heures.

Tel est le lot de l'*Homo sapiens*, ce sommet de l'évolution.

---

NOTE SAISONNIÈRE ET RECOMMANDATIONS

Cette balade des Deux Nez constitue un classique de l'ornithologie comme de la paléontologie. L'arrière-pays déçoit, à cause de la monotonie de ses cultures industrielles. La côte n'en est que plus belle. Elle reste digne à la fois de son passé géologique et historique, et de son rôle écologique. Le pas de Calais constitue un corridor de migration capital en Europe, où, chaque printemps et chaque automne, passent des millions d'oiseaux.

Rien n'interdit d'y revenir en été ou en hiver : la flore des falaises et des dunes est passionnante, et la couleur de la mer fascinante. Telle qu'elle est décrite, la balade n'est pas difficile, mais longue. Attention, bien sûr, en cheminant au bord des falaises, surtout si l'on accompagne des enfants : risques de glissades mortelles.

# 3. Artois

# Les mollières de la Canche

*Au bout de l'Artois, la Manche. Où se jette la Canche. En face du Touquet-Paris-Plage, la rive du fleuve est une harmonie de marécages fertiles, de roselières et de dunes où le curieux surprend, sur la pointe des pieds, quelques-uns des cinquante mille secrets d'oiseaux de la réserve ornithologique.*

*En boucle près de Camiers, 3 heures.*

*Carte I.G.N. au 1 : 25 000, 2105 E, Série bleue, Montreuil, Berck.*

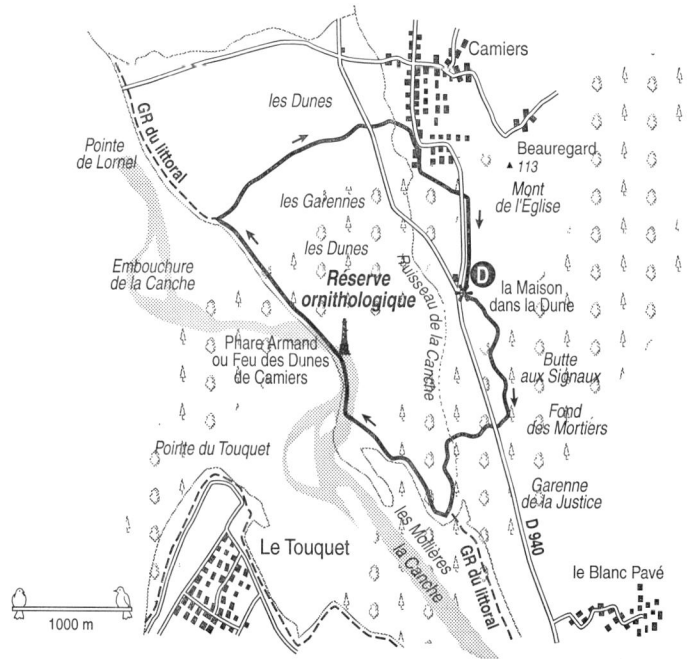

Départ en sous-bois, à la Maison dans la Dune. Beau nom, pour une maison. Un titre de film. Qui ne rêve d'y habiter ? Une aventure romantique débute. Je me demande si je suis dedans. Avec mon sac à dos et mes chaussures de marche, j'en doute. Je fais péquenot. Je suis navré de constater que le randonneur n'a pas le costume qui sied aux sentiments. Il aime par procuration ; en supposant les choses ; au mieux, lorsque la réalité rejoint le réel, dans un bruit des semelles à crampons qui ne ressemble pas à la valse viennoise.

 ***DE LA MAISON DANS LA DUNE AU PHARE ARMAND,***
*1 heure 30*

Je me mets en route au parc à voitures, sous la fraîcheur des arbres. En suivant les marques rouge et blanc du G.R. du littoral. Direction : les Garennes, puis la Butte aux Signaux. Les pins sylvestres, les frênes, les érables, les peupliers et les chênes forment un dais vert hanté de passereaux siffleurs-chanteurs : rossignols et mésanges, pinsons, sittelles, pouillots et grives. Joli sous-bois de chèvrefeuilles, de cornouillers sanguins, de ronces et d'aubépines. Les fleurs perpétuent, en cette fin d'été, les couleurs et les odeurs de juin-juillet. Silènes compagnons rouges et alliaires au parfum de Midi ; lamiers pourpres, gaillets, stellaires et véroniques petits-chênes aux pétales d'azur. Sans oublier les géraniums herbes-à-Robert, dont les corolles sont des rosettes de la Légion d'honneur.

Je traverse la route départementale 940, puis le tunnel sous la voie de chemin de fer. Sentier de gauche, vers les mollières. Balises jaunes de la boucle du Tadorne. Le tadorne, le voici, justement. Il vole au-dessus des buissons de prunelliers et d'aubépines. Avec, comme toujours, sa compagne. Ou son compagnon : les sexes sont difficiles à discerner en vol, mais les couples sont fidèles et semblent pour la plupart hétérosexuels. Je ne jure de rien. Je salue l'élégance orange, noir et blanc de ces canards qui me rappellent une de mes lectures d'enfant favorites : il y a une « baie des Tadornes » dans *L'Île mystérieuse* de Jules Verne.

Le chemin débouche sur l'estuaire. Droit devant, le gris-bleu, quasi immobile, des eaux de la Canche. Pour y parvenir, une immensité de marais, de roselières et de vasières, tour à tour gouvernés par le soleil et les marées. C'est cela, les mollières. L'univers du mou, de l'amphibie, du changeant, de l'indécis, c'est-à-dire de la fertilité et de la vie. Du surgissement des êtres. De la prolifération des espèces. Une passerelle de bois a été jetée sur l'embouchure envasée du ruisseau de Camiers, qui constitue à la fois l'émissaire de l'étang du Roi et la frontière orientale de la réserve ornithologique.

Le sentier littoral continue vers le sud et Étaples. Je l'abandonne. Je remonte vers le nord, le long de la côte. Je contemple la baie de la Canche dans la totalité de son développement ; avec, sur l'autre rive, les immeubles du Touquet-Paris-Plage. « Paris-Plage » : drôle de nom. Un soixante-huitard nostalgique dans mon genre songe aux pavés et à ce que nous rêvions de trouver dessous. Les utopies, comme les souvenirs de Guillaume Apollinaire, « *sont cors de chasse dont meurt le bruit parmi le vent* ».

Je dérive dans les mollières. Douces. Tièdes. Maternelles. Je les explore depuis les prés salés, les herbages et les champs de roseaux du schorre, jusqu'aux limons et aux sables mouvants de la slikke. La différence entre l'un et l'autre, on s'en souvient, est que les hautes marées ne touchent plus le premier, mais couvrent la seconde. Je caresse les épis mauves, légers, arqués, garnis de fleurettes délicates comme des yeux de poupée, des lavandes de mer, ou statices limoniums. Les buissons gris d'obiones offrent des refuges aux courlis cendrés et aux bécasseaux. Les salicornes croissent dans la vase, non loin des arroches (ou atriplex), aux feuilles en fers de lances.

 Je cueille un brin de pourpier de mer, que je suçote (goût salé, aigrelet) en regardant s'envoler trois cormorans huppés. Je remonte vers le nord en longeant la ligne des dunes crêpelées d'oyats. Des gravelots et des tournepierres détalent sur le sable, en direction de l'écume marine. Une avocette pêche divers animalcules avec son bec recourbé vers le haut. Je me perds un moment (pieds trempés, j'adore...) dans une jungle de roseaux où volent des fauvettes rousserolles et phragmites. Un butor étoilé est caché dans le décor : trouvez-le ! Bec et cou levés, il imite les végétaux. Camouflage efficace... Je patauge dans des mares garnies de faux canards en plastique ; des leurres, hélas ! disposés par les chasseurs. Dont voici un gabion. Un poste de massacre. Devant ce genre de bâtisse, j'ai honte de mon espèce. Pour le malheur des emplumés, la réserve ornithologique ne commence que sur la dune.

 Je traverse les creux de sable et les marais du Pli de Camiers. Le busard saint-martin plane sur les roseaux. J'essaie de repérer le crapaud accoucheur et son cousin le calamite gris pâle à lignes pistache. Ou leur cousine la rainette verte. Des libellules de dix espèces — libellule déprimée, anax empereur, grande æschne bleue, petite nymphe à corps de feu, gomphe jaune et noir, agrion jouvencelle, agrion demoiselle, etc. — enchantent les étangs, où croissent le stachys aux longs épis rose vif et la consoude aux corolles en tubes livides.

##  DU PHARE ARMAND À LA MAISON DANS LA DUNE, *1 heure 30*

Le phare Armand est là, pylône rouge qu'on nomme aussi Feu des Dunes de Camiers. Le système dunaire qui s'étend du côté oriental est admirable. La plage, ocre et brun, lavée d'argent ou de mauve selon les fantaisies de la lumière et des marées, s'achève par un rempart de sable de 5 à 10 mètres de hauteur, qu'il faut grimper pour accéder au secret de la réserve ornithologique. La cohorte des dunes chevauche une falaise calcaire où les fossiles abondent. Je me hisse sur la crête de la vague aréneuse : chaussures aussitôt remplies de sédiment pulvérulent. Je goûte le contact râpeux des oyats, ou ammophiles, ces herbes gris-vert qui peuplent les collines côtières et se balancent au vent comme une imitation de houle.

Je me fonds dans le labyrinthe. J'avance sur la pointe des pieds, de peur de déranger. Je ne vais pas loin. La réserve de la Canche abrite quelque cent quatre-vingt dix espèces d'oiseaux, dont soixante-seize nicheuses ; avec cinquante mille migrateurs annuels ou hivernants : canards nageurs, siffleurs ou plongeurs ; tadornes de Belon, courlis, busards saint-martin, etc. ; avec neuf cents paires de rossignols philomèles et onze couples d'engoulevents d'Europe... Je révère les dunes en ayant à l'esprit ce cortège d'emplumés. Des traquets, des gobemouches, des alouettes, des cochevis huppés, des grives perchent sur les buissons d'argousiers, dont les fruits orange enchantent le regard de l'homme et la langue de l'oiseau. Les dunes fixées exposent leurs jardins de pensées tricolores, de bryones qui vrillent dans les buissons, de morelles douces-amères aux fleurs violet vif à bec jaune.

Je ne désire pas déranger davantage. Je regagne la

plage pour marcher vers le nord. Laisses parfumées de la mer. Paquets d'algues brunes. Coquillages échoués : coques, praires, tellines, lutraires, myes, couteaux... Petites méduses à raies mauves. Des empreintes d'ongulé sur le sédiment : un chevreuil. Il arrive que, sur les bancs du large, viennent se vautrer des phoques veaux marins. Du même troupeau que celui de la baie de Somme.

Au Ruisseau à Flaque, un large chemin aboutit à la Manche. J'y retrouve les marques rouge et blanc du G.R. du littoral. Un rosier pimprenelle, plusieurs touffes de chardons marins (ou panicauts des dunes) et des amours de liserons soldanelles aux corolles rose chair en entonnoirs, m'indiquent l'itinéraire. Je vais sur la piste, vers le nord-est, en direction de Camiers. Brise du large. Fourrés de saules des dunes, de sureaux, de genévriers, d'argousiers. Vols de gobemouches et de cochevis huppés. De chardonnerets et de linottes. Trésors de mourons rouges et d'anchuses violettes.

Je traverse le bois de pins, de peupliers et de bouleaux du Blanc de Lornel. Traînées complexes d'odeurs dans l'air. Voici la chicane de la route départementale 940, que je franchis. Puis, parmi les iris des marais, les vesces et les gesses, tout en admirant les bas-côtés du sentier hérissés de ciguës et d'orges sauvages, je touche l'étang du Roi. Ici, voguent des canards et des cygnes. Ici, s'activent le putois, la grenouille et la poule d'eau. Je ne lâche plus les balises du G.R. L'église de Camiers. Le grand calvaire. La voie ferrée. La ruelle, puis la route qui me ramènent à la Maison dans la Dune. La boucle est bouclée. La fin de l'été me sourit près de l'estuaire de la Canche.

Je me souviens qu'ici, au printemps dernier, j'écoutais l'appel du coucou gris et le chant du rossignol philomèle.

## NOTE SAISONNIÈRE ET RECOMMANDATIONS

Nulle difficulté, dans cet itinéraire, pour lequel il faut penser à emporter à boire : l'air marin dessèche la gorge. La réserve est fragile : on se doit de l'explorer en douceur, pour ainsi dire du bout des jumelles.

L'hiver offre au rêveur romantique de superbes visions de dunes, de marais et de mer. Au printemps et à l'automne, les migrateurs pullulent : canards en tous genres, limicoles, rapaces, etc. Au début de l'été, l'amateur de botanique pourra se réjouir d'observer des trésors protégés, comme l'élyme des sables, la pyrole à feuilles rondes et la délicate orchidée liparis de Loesel.

## 4. Picardie

# Les oiseaux d'or du Marquenterre

*Sur la rive nord de la baie de Somme, le domaine du Marquenterre propose à l'amateur d'eau, de vent et de sable la paisible splendeur de ses oiseaux d'or. De pinède en grève où dorment les phoques. Le long des marais enchantés de hérons et de crapauds bizarres, une balade de rêve sous le signe des emplumés.*

*En boucle autour de Saint-Quentin-en-Tourmont, 5 heures 30.*

*Carte I.G.N. au 1 : 25 000, Série bleue 2106 E, Rue.*

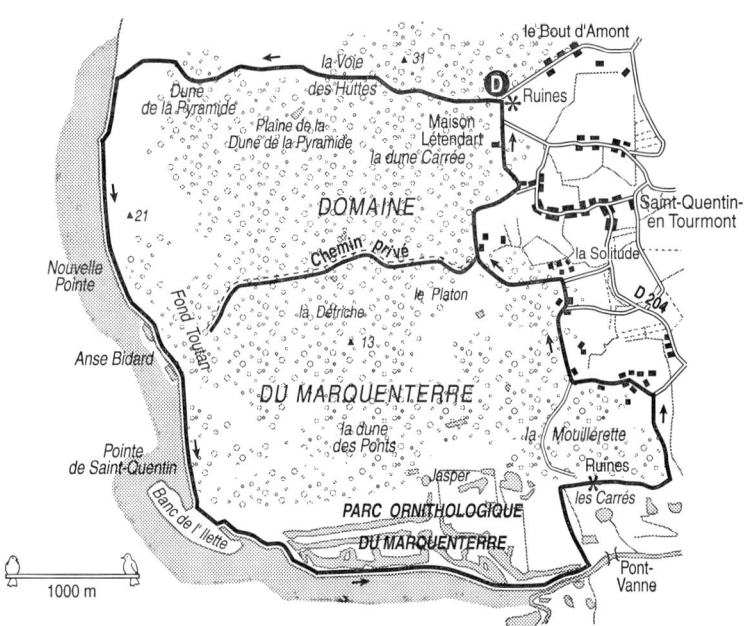

Pluie fine, comme une zébrure de nuage dans une œuvre d'Hokusai. Les pins du Marquenterre ont été empruntés à une estampe japonaise. L'averse redouble. Je lève le nez au ciel et je tire la langue pour boire les gouttes, à la mode des gamins. Un geai mouillé proteste en craillant et secoue son habit aux épaulettes d'azur. Il a raison de revendiquer : l'ondée s'arrête.

Je me mets gentiment en marche au village de Saint-Quentin-en-Tourmont, au parc à voitures noté « Sentier d'accès à la mer ». Large chemin de sable où le pied s'enfonce délicieusement. Il faut ensuite l'en sortir. Recommencé mille fois, l'exercice met en nage. Les pins aux aiguilles sombres sentent bon tant qu'ils peuvent. Le sentier, appelé « Voie des Huttes », file vers l'ouest entre deux grillages. On l'a aménagé pour que le visiteur ordinaire ne divague pas dans les dunes ; surtout en moto dite « verte ». J'approuve qu'on canalise les déferlements saccageurs d'*Homo sapiens turisticus*, ce citoyen à responsabilité limitée. D'un autre côté, en marchant entre deux clôtures, j'ai le sentiment de participer à une promenade étroite aux entournures. Une sorte de voyage organisé.

Je supporte mal qu'on m'organise, mais je me console en humant les parfums mêlés de résine et d'embruns. La mer est loin du parc à voitures : environ 3 kilomètres à vol de goéland. Je la devine à la luminosité particulière du ciel de l'ouest — comme une réflexion de l'écume des vagues sur le miroir des nuages. Je la décèle, les yeux fermés, à l'odeur iodée-salée qu'elle instille dans le vent.

**DE SAINT-QUENTIN-EN-TOURMONT
À LA MER,**
*1 heure*

J'avance sous les arbres. Je me sens bien. Dune aux Poux au nord, dune Carrée au sud : devant moi, l'aventure. L'air frais d'après pluie me revigore. Les pins aux troncs tordus et rouge sombre ont des aiguilles d'un émeraude emperlé de gris nuage. Des érables, des bouleaux, des aulnes se succèdent, mêlés de rares chênes où volettent pinsons, bruants, accenteurs, mésanges (noires, bleues, nonnettes ou charbonnières). Le sousbois se hérisse de sureaux noirs, de ronces aux mûres gonflées de sucs délectables, de troènes qui lèvent des grappes de baies couleur de nuit, et de chardons onopordons aux énormes capitules inclinés, qui confient à la brise leurs fruits en parachutes d'argent rose.

Les fleurs attardées de l'automne me ravissent. Elles exhalent le parfum doux-amer des existences qui déclinent. Leurs graines disent l'espoir des renaissances. Les plus belles sont les linaires : en petits vases de libations jaune pâle à deux lèvres orange, que les lutins vident cul sec durant leurs beuveries de rosée... Je reconnais des restes d'érigérons du Canada ; des fanes d'érythrées petites-centaurées ; des chloées imperforées ; et des molènes en chandeliers aux feuilles de velours gris-vert. Les bords du chemin se parent de mélilots aux épis nuageux de petites fleurs papillons blanches (hallucinogènes méconnus) ; d'épiaires stachys en gloire rose vif ; et de lysimaques dont les corolles semblent des écus d'or égarés par un magicien.

Les pins vert sombre rapetissent, puis cèdent la place aux buissons et au vent de la mer. Les ondes de sable se couvrent d'une luxuriante toison de troènes et d'argousiers, puis d'oyats (ou ammophiles) gris-vert, qui évoquent une fumée rampante. Les argousiers, habillés de petites feuilles vert-de-gris, constellent leurs rameaux de fruits orange, gorgés de vitamine C, qui évoquent (au choix) une jolie vérole ou une modeste constellation. Les bas-fonds humides accueillent des peuples de roseaux et de joncs, où sautillent les fauvettes (rousserolles, phragmites...) ; et de hautes eupatoires chanvrines aux inflorescences grenat et vieux rose, que les derniers papillons (petites-tortues, gammas...) visitent sur leurs ailes déchirées. Ici, les feuilles en glaives et les fruits aux graines corail de l'iris bâtard (ou gigot). Là, les rames fragiles de la morelle douce-amère, aux fleurs violettes à bec d'oiseau jaune, et dont les baies sont gouttes de sang.

Un vol de goélands argentés, auxquels se mêlent des goélands bruns, compose un comité d'accueil sarcastique lorsque je débouche au-dessus de la plage. Je m'arrête un moment sur l'ultime dune ornée d'une touffe d'oyats, dont on jurerait qu'elle est un crâne surmonté d'une coiffure d'Iroquois. Bruit du ressac... Ressac... Ressac... Ressac... Une obsession sonore. Le parfum de l'iode. La Manche propose une version gris-vert de l'infini aquatique.

 *AU BORD DE LA MER,*
*JUSQU'À L'ANSE BIDARD,*
*1 heure*

Je chevauche un peu la crête de la dune, tapissée de mousses tortules et de lichens, où croissent le panicaut (ou chardon bleu) de mer, le cakile maritime et l'élégant séneçon jacobée aux plateaux de petits capitules jaune clair. Descente sur la grève. Je marche vers les vagues que la marée basse a entraînées là-bas, au bout de l'horizon. Sous mes pieds, le sable sec pulvérulent, puis le sable humide, puis le sédiment qui cède sous le poids et dont les trous s'emplissent de flaques.

Je patauge. Je zigzague sur le cordon littoral où se posent mouettes et goélands. Je touche l'eau. L'écume me lèche les pieds... Trois cormorans aux plumes noires zébrées de reflets verts passent au ras du clapot. Des gravelots détalent ou picorent des vermisseaux : on dirait une marmaille dans une cour d'école. Se joignent à eux des pluviers argentés, des vanneaux, des chevaliers gambettes et des chevaliers aboyeurs...

Je longe le rivage vers le sud et la Nouvelle Pointe. Côte basse, immense. L'estran brun semble lavé d'argent, de mercure et de cuivre. Deux chars à voile posent leurs triangles de couleur sur la plage. Des cavaliers font trotter leurs chevaux, crinières au vent, selon les canons du nouveau romantisme.

Je gagne l'un des nombreux champs de bouchots qui hérissent ce rivage. Cortèges de pieux noirs fichés dans la vase. La marée basse découvre les grappes de moules qui s'accrochent au bois ou à leur voisine par les filaments de leur byssus. Je caresse du doigt la coquille bleue, finement striée d'ellipses concentriques, d'un de ces mollusques. Un don de la mer, que bonifient les hommes. Les mytiliculteurs viennent ici en tracteur depuis les villages du Bout des Crocs, de Rue ou du Crotoy. Ils s'affairent en cuissardes. Je discute avec l'un d'eux. Il a les solides mains rouges de ceux qui travaillent à longueur de temps dans l'eau froide. Il aime, il vante son métier. Il veut produire, affirme-t-il, « aussi goûteux que sain ». Il y parvient, même s'il déplore le nombre des pollueurs qui lui envoient leurs poisons par le cours de la Somme.

Je marche vers l'anse Bidard en observant les algues oubliées par le reflux. Laminaires et fucus. Entéromorphes en longs filaments verts. Ulves laitues de mer. Certaines laminaires sont couvertes de bulles grumeleuses — des ascidies translucides. La grève est semée de coquilles de lutraires, donax, vénus, coques, praires et tellines ; sans oublier de gros couteaux (ou solens) dont il me semble qu'ils composent, sur le sable, un texte en écriture cunéiforme qu'aucun mortel ne saurait lire. Un os de seiche à moitié rongé. Le corps d'un petit requin échoué. Un semis de bigorneaux brun-vert et de littorines jaune vif. Un œuf de roussette brunâtre, quadrangulaire, avec aux quatre coins ces longs filaments collants grâce auxquels sa mère pondeuse l'a attaché aux algues.

Je voudrais voir les phoques. Je me crève les yeux à tenter de les discerner, là-bas, vautrés sur le cordon littoral. Ils n'y sont pas... Quoique... Y sont-ils ? Hélas ! non... Mais si... Je les vois... À moins que je ne les imagine... Ils ondulent, lourdes chenilles sur le sable. Une mère, couchée sur le côté, allaite son petit mâchuré de plaisir blanc et tiède. Ce sont des phoques veaux marins. Le corps gris-brun, tacheté, et le museau fin, à la différence du phoque gris, ce Cyrano au nez superlatif et au pelage gris uni... La colonie de ces pinnipèdes était florissante en baie de Somme. Elle a manqué disparaître. Elle reconquiert ses quartiers, forte à présent de plus de vingt sujets. Mais en sursis. Toujours menacée par les pollutions, les grands filets de pêche et l'imbécillité crasse des chasseurs de la baie de Somme, qui figurent parmi les plus bornés et les plus méchants de leur catégorie. Ce qui n'est pas peu dire.

 **DE L'ANSE BIDARD À LA VOIE DE RUE,**
*1 heure 30*

L'anse Bidard est un enchantement. Une pure harmonie. La grève s'y trouve séparée des dunes et de la forêt de pins du Fond Toutan par une enfilade d'étangs salés que les roseaux colonisent. Sur le sédiment exondé, de grosses graminées bleu-vert aux épis jaunes (les roseaux des sables *Calamagrostis*) conjuguent leurs teintes à celles des séneçons jacobées, des eupatoires chanvrines, des immortelles et des euphorbes des rivages. Je salue des parnassies des marais aux fleurs d'albâtre à stries translucides. Et des onagres de Lamarck aux immenses corolles jaunes, un peu chiffonnées.

À mes pieds se dispersent en tous sens de petits crapauds calamites gris à pois orange, qui se confondent avec le sable. Parfait mimétisme... La dune est trouée comme un gruyère : l'œuvre des lapins de garenne, dont les ennemis sont ici le renard et le putois. Un huîtrier-pie vole vers la mer à la poursuite de son bec orange. Des mésanges à moustaches et des bergeronnettes grises s'enfuient dans les hautes tiges des plantes aquatiques, en compagnie de bruants des roseaux. Deux colverts décollent de l'étang que je longe. Je dérange un couple de tadornes. Mille excuses !

Bruit de galopade. Un cheval s'arrête à deux pas. Sa cavalière a de longs cheveux brun-roux, de la couleur des roseaux en automne ; les yeux gris-vert comme les vagues de la Manche ; et les lèvres de la nuance rose-mauve des lavandes de mer qui fleurissent jusqu'au banc de l'Ilette. Elle est belle. Je la salue. Elle me sourit. Je baisse les yeux. L'instant suivant, elle a disparu. Ne reste qu'un crapaud devant mes pieds. J'ai rencontré la fée du Marquenterre. Le cheval hennit. Que dis-je ? Il éclate de rire.

Cinq cormorans verts et deux hérons cendrés se croisent dans le ciel. Sur quoi naissent quatorze goélands argentés. Étrange phénomène génétique ! Je subodore que la fée aux cheveux de roseaux et aux lèvres de lavande me tient sous sa coupe. À moins que le mélilot hallucinogène ne me joue un tour.

J'en termine avec la large piste qui file entre les dunes côtières et le banc de l'Ilette. Les bas-fonds de boue salée regorgent d'obiones, de salicornes et d'arroches — végétaux amis du chlorure de sodium. Les étendues de sable revêtent une fourrure de roseaux, d'oyats, de lavandes de mer (merveilleux limoniums) et de plantains que viennent brouter des chevreuils. J'en ai la preuve : ces empreintes de sabots dans la vase.

Les euphorbes des rivages croissent en massifs vert clair. Ne les brisez pas : elles exsudent une sève livide comme le lait des nébuleuses de Guillaume Apollinaire, mais âcre et corrosive. Quiconque se prosterne un instant devant elles voit se tordre sur leurs tiges d'énormes chenilles. Celles du sphinx de l'euphorbe, bien sûr. J'en observe de toutes tailles, c'est-à-dire de tous âges. Elles ont, sur la queue, une impressionnante épine recourbée, écarlate. Le corps tapissé de pierreries. Chez les plus jeunes, dominent les jades, les émeraudes et les onyx. Les plus vieilles, proches de la nymphose, grosses comme le doigt, reluisent de grenats, de rubis et d'améthystes.

Je longe désormais le parc ornithologique du Marquenterre. Un haut lieu de la vie sauvage en France... Une palissade de planches et de rondins de pins aide à fixer la dune. Muraille indispensable contre les assauts de la mer... C'est du haut de cette arène, en regardant l'argent des étangs, vers l'intérieur des terres, qu'il convient de contempler les oiseaux. Pas n'importe où. Les seuls endroits licites sont des paravents de ciment troués de meurtrières, que les conservateurs de la réserve ont érigés, de place en place, jusqu'à l'embouchure de la Voie de Rue. Je grimpe au premier poste. Je n'en manquerai aucun. De l'autre côté de ces lucarnes écologiques, le spectacle vaut la peine.

Les plans d'eau, bordés de saules argentés, de tamaris et de pins, accueillent l'une des plus prodigieuses collections d'emplumés sauvages dont ornithologue puisse rêver. Plus de trois cents espèces d'oiseaux ont choisi d'habiter à l'année, ou de faire escale en migration, dans la baie de Somme. Essayer de les apercevoir toutes relève de l'ornithologite aiguë, maladie bénigne quoique incurable qui frappe maints naturalistes.

Je distingue, quant à moi, des assemblées de foulques et de poules d'eau ; des canards colverts et des souchets ; la sarcelle d'hiver (tête rousse, joues d'émeraude) ; le canard pilet (longue queue pointue) ; le canard morillon (tête noire, bec bleu) et le milouin (tête rousse, bec bleu) en migration vers le sud ; la brante (ou nette) rousse, avec sa caboche et son cou de feu ; l'oie cendrée et l'aigrette garzette blanche, aux pattes et au bec noirs. Ici, de grands cygnes tuberculés. Là, des grèbes castagneux, huppés et jougris. Une spatule blanche arpente la gadoue, précédée par son bec en improbable cuillère noire. Des tadornes de Belon se dandinent deux par deux. Des hérons cendrés se reposent sur une patte. Un busard des roseaux fait des ronds dans l'air. Des bécassines, des pluviers, des vanneaux, des courlis, des barges rousses, des bécasseaux maubèches, des échasses, des avocettes, des chevaliers gambettes et des chevaliers guignettes... Tant d'autres ! J'en oublie. Je malmène mes jumelles en torturant les pages fatiguées de mon guide d'identification. La bernache nonnette hante ces parages, mais aussi la buse pattue, le pygargue à queue blanche, la corneille mantelée (si loin de l'Europe centrale), l'alouette hausse-col, voire le bruant des neiges... Dans les marais du Marquenterre !

##  DE LA VOIE DE RUE À SAINT-QUENTIN-EN-TOURMONT,
## 2 heures

Avant le pont-vanne, sur la rive nord de l'embouchure du cours d'eau qu'on appelle « Voie de Rue », je trouve (virage à 90 degrés à gauche) le chemin de petite randonnée qui longe la limite orientale du parc. Tamaris et saules, pins et tapis de ronces chargées de mûres. Séneçons jacobées et vipérines bleu et rose. Argousiers et troènes.

Je retrouve l'ambiance d'arrière-dunes et de forêt du début de cette balade. Un écureuil fuse sur un tronc. Virage à droite. Le chemin de sable devient route de terre. Virage à gauche, vers le camping du Bout des Crocs. Route goudronnée. À gauche, vers l'entrée du parc ornithologique (que je visiterai demain, question de ne pas laisser rouiller mes jumelles). À droite vers la Solitude. Noisetiers, charmes et frênes. Passereaux dans les frondaisons. Iris gigots et iris jaunes, consoudes, épilobes et prêles dans les fossés. Long virage vers la station horticole. Un peu plus loin, un sentier sur la gauche me ramène au parc à voitures de Saint-Quentin-en-Tourmont.

Une petite pluie m'y attendait, cachée derrière un pin noir. Qu'importe ! *Primo*, je ne crains pas les gouttes. *Secundo*, j'ai dans les yeux, telle une permanence rétinienne, la gloire lumineuse des oiseaux d'or du Marquenterre.

### NOTE SAISONNIÈRE ET RECOMMANDATIONS

Nul péril, dans cette balade, excepté celui qui consisterait à aller très loin sur la plage, à marée basse, et à se laisser gagner de vitesse par le flux. La marée ne monte pas comme un cheval au galop, mais quand même... En tout temps, les sentiers de sable sont plus pénibles aux mollets qu'on ne pense. Et il faut songer à emporter à boire.

Les périodes les plus favorables à l'observation des oiseaux sont celles des migrations de printemps et d'automne. Mais chaque saison a ses visiteurs de haut rang : bernaches cravants et pygargues en hiver, gorgebleues et cortèges de limicoles en été. Les fleurs du sable et des marais composent un but de balade au printemps et en été.

L'automne pose un redoutable problème : celui des chasseurs, dont certains s'imaginent au-dessus des lois, ne respectent rien et canardent en tous sens. Gare aux plombs qui volent !

# 2

# ALSACE, LORRAINE

1. *Alsace* : Les cigognes de Munchhausen
2. *Vosges* : Le lynx et la tourbière
3. *Vosges* : Par la Porte de Pierre
4. *Vosges* : Première neige au Gazon du Faing
5. *Lorraine* : Au bonheur des grues

# 1. Alsace

# Les cigognes de Munchhausen

*Au nord de l'Alsace, au bord de l'Allemagne, la forêt du Rhin propose un fragment préservé de sa splendeur originelle, autour du delta de la Sauer. Dérive émerveillée, les pieds dans l'eau, autour de Munchhausen. Arbres, amphibiens et oiseaux ; avec les cigognes sans lesquelles l'Alsace ne serait pas ce qu'elle est.*
*En boucle autour de Munchhausen, 3 heures.*
*Carte I.G.N. au 1 : 25 000, 3914 OT, Top 25, Wissembourg, Lauterbourg, Soufflenheim, plaine du Rhin.*

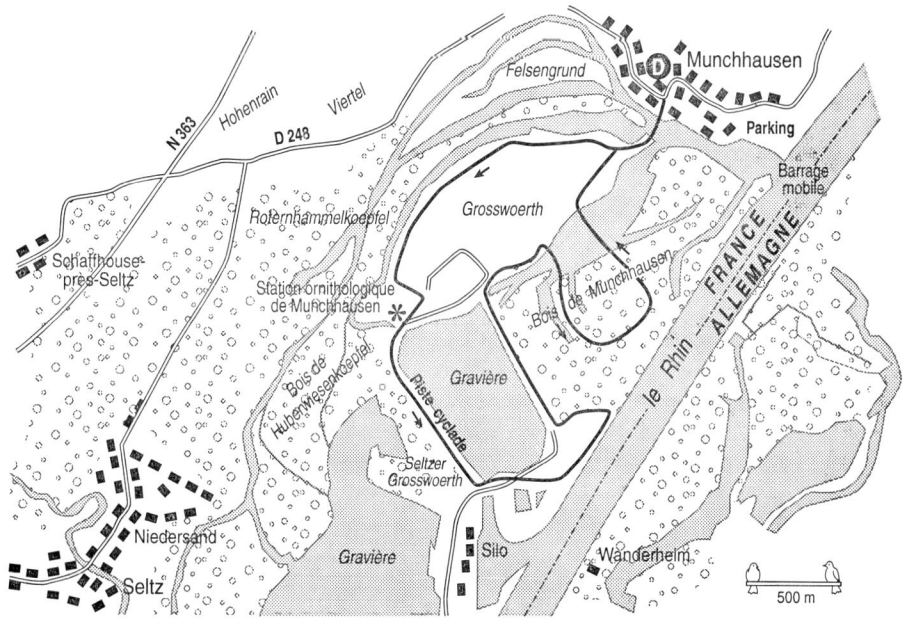

Ciel gris perle. Quelques trouées bleu pâle. Juste au-dessus de Munchhausen, un nuage noir laisse tomber ce qu'il faut de pluie fine pour transmuer le paysage en scène de conte scintillante et pailletée. Un arc-en-ciel termine la représentation : il a un pied (avec son trésor !) dans le lit de la Sauer, l'autre dans le Rhin, au-delà de la ligne sombre des gros arbres.

Je commence cette balade devant le Centre d'Initiation à la Nature du delta de la Sauer. Je n'ai qu'à franchir le petit pont sur la rivière : la beauté est là, disponible. Vingt-deux cygnes blancs (je les compte) voguent à la façon des naïades sur la surface liquide d'argent vert. Et — je n'en crois pas mes yeux — sur la rive droite, dans la vase et les herbes, au pied du pont, deux cigognes blanches cherchent la grenouille ou le colimaçon. Elles arpentent la rive en balançant leur corps. On dirait deux moines ou deux philosophes.

Avec le clocher pointu de la petite église de Munchhausen, les toits rouges des maisons et le parfum de la plaine mouillée, je contemple une Alsace absolue. Non pas de carte postale, mais vraie. À la fois populaire et mythique. Telle que l'ont désirée le Rhin et les hommes, peut-être aussi les cigognes, au cours des siècles.

 *DU PONT SUR LA SAUER À LA STATION ORNITHOLOGIQUE DE MUNCHHAUSEN,*
*1 heure 15*

Je ne résiste pas, bien sûr : je cède à la tentation. J'ai toujours cédé aux tentations vivantes. L'eau, les feuilles, le vent, les petites âmes zoologiques qui enchantent ce monde m'appellent. Je plonge, je m'immerge dans la splendeur de la forêt rhénane. Je ne suis pas certain d'en revenir indemne. Qui se passionne pour ce pays d'eau et de feuilles subit le sortilège de la Lorelei. D'un troll ou d'un lutin... Je prends le risque. J'ai le courage du naturaliste et la naïveté du poète. Les cigognes claquent du bec en riant.

Les cigognes sont des oiseaux philosophiques : impossible d'arborer ce plumage blanc et noir, et ce bec en épée rouge, sans ressembler à un docteur du Moyen Âge à la bouche farcie de citations latines. Je me dis que j'aurais aimé être cigogne : grands voyages deux fois par an. En alternance, les soleils brûlants de l'Afrique et les ciels délavés de l'Alsace ; ces derniers parfumés de houblon et de pinot noir ; avec le goût des grenouilles et des escargots accommodés aux herbes aquatiques...

Je désire d'abord faire le tour de l'île de Grosswoerth en passant par le nord, c'est-à-dire en suivant l'un des bras de la Sauer, sur le chemin de terre qui épouse la digue. Je laisse la piste cyclable asphaltée, où roule un cycliste dégingandé en tenue noir et blanc, coiffé d'un bonnet pointu rouge ; bref, qui ressemble à une cigogne. Vers le centre de l'île, les prairies ont été fauchées : l'herbe de regain scintille.

Je déguste cette balade au début du mois de septembre. Des colchiques d'automne, en coupes rose-mauve à cœur jaune, blessent mon cœur d'une langueur... Un héron cendré se pose. Des corneilles et des pies décollent. Un busard (cendré ou des roseaux ? difficile à dire, de loin) plane en rond. Les dernières hirondelles rasent le sol, montent et piquent, le bec béant sur le moucheron. J'escalade la haute digue. Le talus se hérisse d'une confusion de graminées, de laîches, de ronces, de millepertuis, de verges d'or, de camomilles, de séneçons et d'épervières. Je n'omets pas les morelles douces-amères aux fleurs violettes à bec jaune, et aux fruits pareils à des microtomates oblongues et toxiques. Les tanaisies, emperlées de soufre infernal, justifient leur surnom de « barbes de boucs ». Au-dessus de l'étage herbacé, les buissons forment un fouillis que peuplent les insectes et les passereaux. L'aubépine et le rosier sauvage y voisinent avec le fusain bonnet d'évêque (fruits en mitres roses) et la viorne obier (ou boule-de-neige), elle aussi en fruits — en bouquets de baies rouge sang. Les arbres sont gigantesques : chênes pédonculés, peupliers, saules, bouleaux, charmes... On les dirait frappés par la folie des grandeurs. La proximité du Rhin, fleuve majeur d'Europe, n'est pas étrangère à cette mégalomanie végétale.

Je descends près de la rivière : vase odorante, myriophylles et nénuphars. Je patauge dans la gadoue fertile. Toutes sortes de canards décollent : colverts, souchets, fuligules milouins, sarcelles d'hiver, fuligules morillons, chipeaux, etc. Je regarde en arrière, vers le petit pont : les deux cigognes patrouillent toujours leur territoire. À vingt pas, une troupe de foulques macroules, au plumage de charbon à reflets d'émeraude et au bec à caroncule blanche, se dispersent dans les roseaux et les feuilles d'iris jaunes — ou pseudacores. Je songe aux fleurs de ces plantes, qui illuminent en mai-juin les eaux douces de leurs flammes jaune clair. Je me promets que je reviendrai admirer, au printemps prochain, les corolles violet pâle du rare iris de Sibérie, dont on dit que les ours aiment les rhizomes.

Je reviens à la piste entre deux chandelles végétales rose-mauve — l'une de cirse des marais, l'autre d'épiaire stachys. Le héron cendré décolle sur le pré fauché. Je sais, je sais : je dérange. J'adresse mes plus plates excuses à l'échassier. Je file vers le sud-ouest. Des pylônes de chasse rappellent que, dans cette réserve naturelle, la nature n'est pas encore entièrement protégée. Des discussions — bagarres à fleuret moucheté ou scènes plus musclées — opposent les canardeurs obsessionnels aux amoureux de la beauté. Mon vote en faveur de la vie s'ajoute à celui des libellules — l'æschne verte, qu'on croirait de jade et de jais ; le grand anax empereur bleu, à l'abdomen de saphir et de charbon ; l'agrion jouvencelle, aux anneaux de terre et de ciel ; ou le gomphe, cerclé de topaze et de houille...

Chaque fois qu'un petit chemin, sur la droite, semble mener à la rivière, je m'y engage. Je m'enfonce à plaisir parmi les laîches, les roseaux phragmites, les massettes et les buissons confus. Je m'ébroue, béni par les saules et les peupliers dégoulinants de pluie. J'ai l'air d'un canard ruisselant (un canard rirait de ma comparaison). Je dérive à travers des camps de menthes dont le parfum m'enivre. Je surprends un autre héron cendré qui guette le vairon ou la rainette debout sur la patte gauche, dans un bras d'eau teinté de jade et de grenat. L'oiseau me dévisage et décolle à contrecœur. Je sens qu'aujourd'hui, je ne me fais guère d'amis chez cette espèce. Je m'incline, je m'accroupis dans la jungle aquatique. Des grenouilles vertes sautent de tous côtés — quelques lourds adultes et un feu d'artifice de jeunes de l'année. Une rainette se balance à l'envers d'une feuille d'iris. J'essaie de localiser, dans la flaque où je patauge à mi-souliers, le crapaud sonneur à ventre jaune : cet amphibien exhibe un abdomen marbré de jais et de jaune paille, qu'on croirait peint par Salvador Dali un jour où le moustachu en délire aurait placé le centre du monde à la gare de Strasbourg.

 *DE LA STATION ORNITHOLOGIQUE DE MUNCHHAUSEN AU PETIT PONT SUR LA SAUER,*
*1 heure 45*

Je retrouve la route de terre où passent quelques rares voitures de pêcheurs, et la piste cyclable asphaltée où mon cycliste-cigogne à bonnet rouge s'en est allé vers le village voisin de Seltz. Je dérive vers le chenal le plus proche de la Sauer. Ce delta, par lequel une rivière vosgienne se jette dans le Rhin, est tout simplement le dernier de son genre. Les autres ont été canalisés, rectifiés, recalibrés, « rationalisés » comme dit le technocrate, c'est-à-dire bétonnés. Saccagés. J'ai vu, au Centre d'Initiation à la Nature de Munchhausen, une carte de l'Alsace dressée en 1820. Le Rhin y décrit d'incroyables méandres et y alimente des centaines de bras, anastomosés comme les vaisseaux sanguins d'un organisme. Avec des résurgences de saison sèche, appelées *giessen*. Rien à voir avec la géométrie lamentable des cartes actuelles — où le fleuve n'est qu'un canal asservi entre les digues qui le jugulent, et où les fantaisies de ses tours et détours d'autrefois se résolvent en cauchemar linéaire. Quelques splendeurs ont échappé aux pelles mécaniques, c'est-à-dire à la cervelle carrée des aménageurs. J'en sillonne une. Je la veux — je la revendique, je l'exige — intacte pour les générations à venir. Pour les enfants nés ou à naître, qu'émerveillent les marbrures surréalistes du crapaud sonneur à ventre jaune. Pour ceux qu'enchante le gazouillis des fauvettes des roseaux — rousserolles et phragmites.

Voici, à droite de la piste, la cabane de planches peinte en brun, qu'on appelle avec un peu de pompe « Station ornithologique de Munchhausen ». Les observations qu'on mène ici n'en sont pas moins essentielles. Elles ont prouvé que plus de cent mille oiseaux d'eau passent l'hiver sur ces bassins et ces chenaux. Tandis que des centaines de milliers s'y succèdent durant les migrations de printemps et d'automne...

Gazouillis de mésanges, de pinsons, de merles, de bouvreuils, de pouillots... Je marche sur la petite route qui longe la berge occidentale de la gravière. Les hommes ont prélevé à coups de pelles mécaniques les matériaux que le Rhin avait arrachés aux montagnes de la Suisse. Ils ont laissé, à la place, un trou que l'eau a rempli, et qui est devenu un vaste bassin gris-bleu, sur lequel volent des mouettes rieuses ; où pêchent des cormorans ; où nagent des escadres de canards, parmi lesquels les colverts, les milouins et les sarcelles d'hiver dominent, mais où l'on voit aussi des chipeaux, des morillons, des souchets et de plus rares espèces, comme le harle piette, la macreuse brune, le fuligule nyroca, le harelde boréal ; même, de temps à autre, m'a confié un naturaliste, l'eider à duvet... J'ai, bien entendu, tiré mes jumelles de ma besace. Je me crève les yeux à tenter d'identifier les uns ou les autres. J'en reconnais quelques-uns.

Je longe la haie de grands arbres en espionnant la surface aquatique par chaque trouée de branches. Je hume le parfum des chênes, des peupliers, des robiniers, des viornes et des cornouillers sanguins, tout en observant une compagnie de foulques macroules. Pas moins d'une douzaine de grèbes huppés s'entrecroisent. Ces volatiles flottent en dansant : on jurerait des clapotis ajoutés à ceux de l'eau. Ils plongent et remontent comme s'ils possédaient la substance du fluide, pour ainsi dire ses propriétés physiques — le volume déformable et la transparence.

Je laisse, à droite, le sentier qui permet de rallier le village de Seltz en longeant une autre gravière et le bois d'Huberwiesenkoepfel. Je touche le petit pont situé avant l'énorme silo du port de Seltz. Je l'emprunte vers l'est. Je caresse un plateau d'eupatoire chanvrine en fruits de coton gris, et un capitule bleu ciel de chicorée sauvage encore épanoui.

Je me dirige vers le Rhin. J'en ai besoin. Il m'attire. Je dois contempler sa puissance. Je repère, sur la piste de terre, dans la boue rousse, les traces d'un chevreuil passé par ici il y a peu de temps, juste après l'ondée. Je grimpe l'énorme digue. Je me fige. Le fleuve vibre à mes pieds. Il chuinte. Susurre. Chante. Souffle. Ahane. Se plaint. Murmure ou ronronne comme les géants des contes. L'eau avance à une incroyable vitesse, en emportant mille débris. J'en détaille la surface moirée d'écume. Le jade et la turquoise s'y mêlent, avec des reflets d'or, de plomb, de cuivre et de grenat où se concentrent les mystères du troisième cours d'eau d'Europe (après la Volga et le Danube). Je m'assois sur la rive. Je guette l'ombre aux cheveux blonds de la Lorelei et les nixes rhénanes chères à Guillaume Apollinaire. Heinrich Heine entonne son poème sur le fleuve en prenant la voix d'un rossignol en migration. Deux cigognes blanches traversent le ciel, l'une de Bade en Alsace, l'autre en sens inverse. Européennes depuis les origines de l'Europe. Mieux, même : eurafricaines !

J'accompagne le mouvement du fleuve vers l'aval, en cheminant sur la digue. Une péniche corne et me double. Je lis son nom à la poupe : *Helmut*. Le batelier m'adresse un bonjour de la main. Je reviens, par la piste de gauche, vers la route de terre qui longe la berge orientale de la gravière. Je remonte vers l'île du Grosswoerth. Je ne peux me retenir d'embouquer les pistes de terre adjacentes, qui filent se perdre dans la profondeur du bois de Munchhausen. Entre les chênes, les frênes, les saules, les charmes et les peupliers géants, je me fais une idée de la splendeur de la forêt rhénane des premiers âges. Le sous-bois se hérisse de buissons et de plantes de cent sortes. L'ail des ours envahit certaines clairières. Les mousses, les fougères, les laîches donnent une illusion de sylve du temps des dinosaures. Mais une plante me sidère : une espèce herbacée. Plus haute que moi. Des tiges à la fois fines et fortes. Des fleurs d'un rose incarnat, sensuel, avec lequel Fragonard et Boucher auraient aimé peindre les joues et les fesses des jeunes filles en route pour Cythère. Je caresse de l'index ces corolles en sabots de fées pointus, délicats, un peu bosselés... Cette espèce, je la connais.

C'est l'impatiente (ou balsamine) de l'Himalaya. Elle n'est pas née en Europe, mais en Asie. Elle a été plantée dans nos jardins. Elle a repris sa liberté... Sous ses allures fragiles, avec ses fleurs pendues à de fins filets et ses tiges dégingandées, elle semble devoir subir tous les malheurs du monde. Ne vous y fiez pas. C'est une conquérante. Une envahisseuse. Elle concurrence et remplace les espèces indigènes. Elle appartient au même clan que la jacinthe d'eau tropicale : ces belles imposent leur dictature. Je leur pardonne.

Je foule à nouveau l'asphalte de la piste cyclable. Reste à revenir à Munchhausen. Pourquoi ne pas choisir de ne jamais rentrer ? Je pourrais décider de vivre dans la forêt. Pourquoi retourner vers la civilisation, puisqu'elle m'insupporte parfois ? Un geai me signifie que, décidément, il ne comprendra jamais rien aux hommes. Je lui réponds que je vivrai autrement ma prochaine existence. Je me ferai ermite dans les arbres, mangeur de fruits de chênes, et j'aurai des plumes d'azur aux épaules.

Je me laisse embarquer, vers la droite, dans des dérives de pur plaisir au bord d'un bras d'eau. D'abord, il me semble qu'un sentier serpente sous les saules têtards aux courts troncs ridés et boursouflés. Puis le layon s'évanouit. Les castors d'Europe, déjà présents dans le Rhin en amont d'ici, près de Beinheim, ne peuvent pas ne pas coloniser un biotope aussi favorable. Je relève les empreintes du ragondin (ou du rat musqué ?). Le renard, la martre, la fouine et la belette vivent ici, comme le chevreuil et le sanglier. Plus rare : l'élégant — et parfumé — putois. Un pouillot véloce s'égosille sur une branche de cornouiller. Des grenouilles bondissent devant mes pieds. Je vais au hasard de la vase. Mes pieds s'enfoncent dans des flaques tièdes et bulleuses où des nénuphars jaunes proposent aux libellules et aux rainettes le perchoir de leurs feuilles en cœurs vert sombre, et de leurs tiges florifères coiffées d'une coupe d'or au creux de laquelle le buisson d'étamines jaunes enserre un pistil en pomme d'arrosoir.

Lorsque je débouche, les souliers crottés mais le cœur satisfait, près du petit pont sur la Sauer, en vue des toits rouges et du clocher pointu de Munchhausen, mes deux cigognes sont là. Je dis bien : les miennes. Debout dans la gadoue. Picorant le mollusque, la grenouille verte ou le triton ponctué.

Philosophiques et poétiques à la fois, c'est-à-dire parées des deux vertus cardinales de l'Alsace et de l'humanité réunies. Drôles d'oiseaux.

### NOTE SAISONNIÈRE ET RECOMMANDATIONS

Nulle difficulté, nul risque, dans cette balade, sinon en cas de crue catastrophique du Rhin... Qui refuse de se mouiller les pieds aura du mal à boucler la boucle. Des bottes aideront le curieux à aller détailler la splendeur de la vie aquatique. Bien entendu, pour observer les oiseaux, les jumelles sont utiles !

Les automnes et les printemps voient passer des légions de migrateurs : le loriot et la cigogne blanche, la rousserolle et le pouillot fitis, le coucou et le rossignol. En automne, les fruits rouges composent le régal de nombre d'espèces à ailes ou à pattes. En hiver, la neige et la glace enchantent les bras d'eau où abondent les canards. Le héron cendré et quelques autres assurent une présence annuelle. Les printemps et les étés sont l'occasion d'admirer des espèces botaniques remarquables, parmi lesquelles l'iris de Sibérie violet-mauve, le glaïeul sauvage et l'orchis des marais.

# 2. Vosges

# Le lynx et la tourbière

*La forêt des Vosges, dans la vallée de la Thur, au-dessus de Thann et du village de Wildenstein. Sur les flancs du Grand Ventron... Dans l'ombre, le lynx aux yeux jaunes, la rare gélinotte et le grand tétras guettent le visiteur comme des esprits. La hêtraie-sapinière propose son parfum de résine et de mystère.*

*En boucle autour de Wildenstein, 4 heures.*

*Carte des Vosges au 1 : 25 000, Grand Ballon, Thann, éditée par le Club Vosgien.*

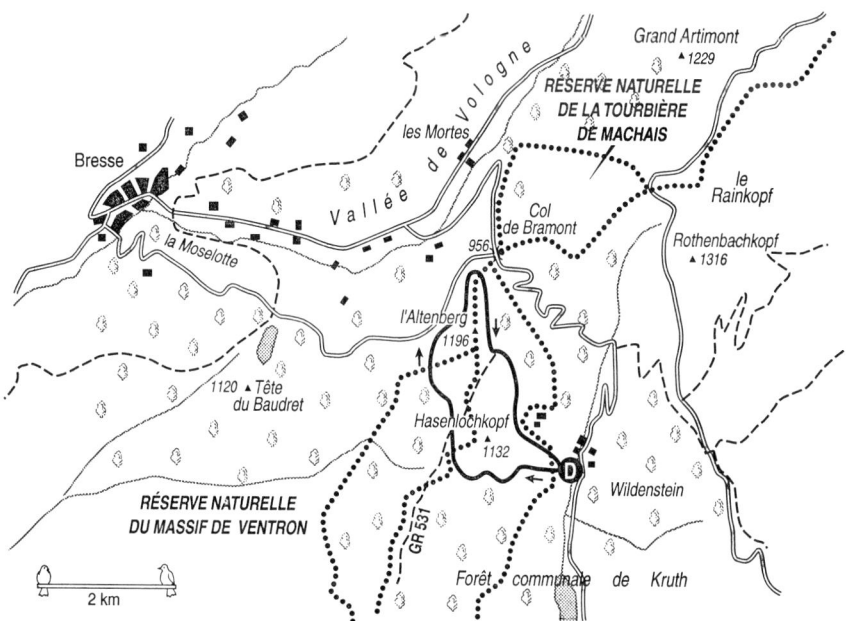

Là : dans la pénombre bleu-vert... Entre les branches du petit hêtre qui se tord : deux yeux jaunes et luisants. Le lynx ! Le plus mystérieux des félins. Le plus beau, le plus puissant d'Europe... Je le reconnais. Je le salue. Il va sortir du fourré. Montrer son nez, les pinceaux de poils noirs de ses oreilles, les longues vibrisses de ses babines.

Je ne bouge pas d'un atome. Je crains de respirer. J'ai peur de penser. Je me fais tronc d'arbre. Le lynx ! Le loup-cervier du Moyen Âge... Je l'espère depuis tant d'années. Je vais enfin admirer sa tête lunaire. Sa fourrure ocre, mouchetée d'anthracite sur les flancs. Son ventre blanc comme un coton pour bébé. Ses grosses pattes où se conjuguent la douceur et la violence...

 *DE WILDENSTEIN AU COL DU BOCKLOCH, 2 heures*

Le vent des Vosges fait frissonner le hêtre. Il n'y a rien derrière, hélas ! Ce que j'ai pris pour deux yeux de topaze n'était qu'une paire de feuilles sèches illuminées par un rayon de soleil facétieux. Je dissous mon rêve dans une trouée de ciel bleu. Je ne vais pas me cacher derrière mon petit doigt : je viens dans les Vosges pour le lynx. C'est un mythe. Une légende qui passe sur la mousse, dans une brume de l'âge de Pierre. Un fragment d'âme de l'ancienne Europe. Un morceau de ce qui reste de nature sauvage. Comme l'ours des Pyrénées. Pas plus que ce dernier, d'ailleurs, le gros chat n'est *persona grata* pour les populations locales. Les chasseurs l'accusent de dévorer « leurs » chevreuils, les bergers de tuer leurs brebis. Les forestiers ouvrent des routes au bulldozer et le dérangent. Les marchands de sports d'hiver rasent les pentes pour leurs pistes et leurs tire-fesses. L'électeur a d'autres lynx à fouetter ; donc l'élu s'en moque. Seuls, quelques utopistes prêchent la réintroduction de l'espèce au nom de l'harmonie de la biosphère.

Le sentier s'élève au-dessus de Wildenstein, derrière la mairie, après le bassin de pierre. Je me désaltère à l'eau des Vosges : subtil goût de granit et soupçon d'acide. Je suis un taste-fontaine invétéré. J'essaie toutes les sources. J'aime cette complicité chimique avec la terre. Il me semble qu'en absorbant la même eau, je comprends mieux les plantes et les bêtes. Par mon ventre, au lieu de ma cervelle.

Le chemin est balisé de pancartes à triangle bleu. Il grimpe en lacets au-dessus de la Thur et du cimetière. La rivière est charmante et chantante. Les truites y zigzaguent ou y mouchent. Le cimetière gazouille de passereaux satisfaits de chanter. Je songe à *La Nature des choses*. Je relis, ces jours-ci, le poème de Lucrèce : « Jamais ne s'interrompra cette chaîne qui lie la naissance des uns à la mort des autres. Personne ne reçoit la vie en toute propriété : nous n'en avons que la jouissance. »

J'approuve Lucrèce en comblant mes cinq sens de bonheurs provisoires. Je contemple, de part et d'autre du col de Bramont, la houle bleu-vert des sapins et des hêtres que les fraîcheurs nocturnes de l'été finissant lavent déjà d'ocre et de roux pâle. J'écoute les appels sifflés-roulés du rouge-queue et du pinson des arbres. Je mâchonne un fétu de fétuque : saveur aigrelette. Je risque mon nez dans des pétales. La flore des lisières est exubérante. Les oriflammes de l'épilobe en épi (ou laurier de saint Antoine) ont encore quelques corolles roses ; elles se drapent dans la soie blanche de leurs fruits. Les chicorées sauvages sèment sur les talus leurs étoiles d'azur improbables. Les linaires (cornets de vieil or) offrent à boire des élixirs aux lutins. Je repère des cirses champêtres, des camomilles, des campanules étalées, des laiterons. Le chardonneret s'attable sur la cardère. La pie fouille le potager. La corneille se satisfait d'un limaçon.

J'entre dans la forêt. L'air acquiert une densité chlorophyllienne. Il coule dans mes bronches en revigorant l'amateur de Lucrèce. Je scrute les mystères de l'ombre. Le geai crie comme on déchire un papier. Son cousin le casse-noix grince comme une chaîne de bagnard. Les sapins pectinés et les épicéas s'unissent aux hêtres pour former la « hêtraie-sapinière » des Vosges, dont on étudie l'écologie dans les écoles. Sapins : cônes dressés et aiguilles aplaties en peignes. Épicéas : cônes pendants et aiguilles hérissées en manchons... Quant aux hêtres, ce sont les « fayards », les fous de la forêt. Les uns, le fût droit comme un « i », grattent les nuages avec leurs branches. Les autres, perclus, se contorsionnent à ras de terre comme des gnomes de légende. La même espèce produit le Titan et le Nain : variations à partir d'un unique patrimoine génétique. Le quatrième mousquetaire de cette sylve est l'érable sycomore, aux feuilles à cinq lobes pointus. Tombent les fruits (samares) en pales d'hélicoptère de ces végétaux dont l'écorce se desquame. Les sorbiers des oiseleurs sont partout, mais jamais nombreux : individualistes déclarés, alourdis de grappes de baies vermillon — admirable scarlatine !

Un pont sur un ravin. Dans un épicéa, un écureuil acajou me considère. De part et d'autre du sentier, les fétuques des bois, les pâturins et les laîches aux feuilles en aiguilles se mêlent aux langues tirées des scolopendres et aux plumes des fougères femelles. Un autre ruisseau : l'eau gazouille dans un univers de mousses. Mniums, bryums, ptiliums, polytrics : une magie verte... Sur le sentier boueux, six empreintes. Rondes, larges de 7 centimètres. Si c'était le lynx ?... Non... Il y a des traces de griffes au bout des doigts ; or, les félidés n'en laissent aucune. Bruit de branches. Démarrage. Un ongulé. Cul blanc, cuisses brunes. Chevreuil.

À l'intersection de la piste forestière, je prends à droite, vers le col du Bockloch. Ici commence la réserve naturelle du Grand Ventron (pancarte). Je fais halte au refuge du Hinterbockloch. Un livre d'or est ouvert au randonneur. Émerveillements naïfs et bêtises (j'écris la mienne !) en français et en allemand. J'approuve la philippique d'un « vieil amoureux des Vosges » qui remercie l'Office national des forêts pour son chalet pittoresque, mais lui reproche de ruiner la montagne en ouvrant des routes pour l'exploitation frénétique du bois.

Je marche le nez en l'air. Balisage de triangles rouges. Vers le nord, entre les pendeloques d'un sorbier, j'admire la parfaite pyramide de falaises du Rotenkopf (1 137 mètres). Des faucons pèlerins nichent sur ce granit gris nuage. Dans un virage, je repère la tanière du fauve. Un édifice de roches entre les racines d'un sapin colossal, sous lequel je devine une caverne sûre. Le lynx est là, ne me dites pas le contraire ! J'ai l'impression de vivre *Croc-Blanc* dans un étrange rêve à tiroirs : le roman est devenu réalité. Je suis Jack London en train d'imaginer le combat de la louve et du lynx.

 ***DU COL DU BOCKLOCH À WILDENSTEIN,***
*2 heures*

Le lynx ne met pas la moustache hors de l'antre. Je rejoins la route goudronnée des crêtes, qui conduit à la ferme-auberge du Grand Ventron. Trop de voies carrossables dans les Vosges : il faudrait en fermer. On réclame élus courageux. Le col du Bockloch. Altitude : 1 013 mètres. Pression atmosphérique : 1 013 millibars. (Imparable !) Je pose sans respect mes fesses sur la pierre d'une ancienne borne-frontière marquée d'un « D » (pour

« Deutschland », à l'est) et d'un « F » (pour « France », à l'ouest). Combien de soldats, en trois guerres, sont-ils morts pour défendre cette ligne de haine ?

Désormais, les balises (pacifiques !) de ma balade sont rouge et blanc : je foule un G.R. Le 531... Au refuge des Blancs Murgers, j'écoute l'appel du pic noir : un profond et puissant « *klioh* ». J'ai aperçu le nid de l'oiseau, foré à coups de bec dans un arbre mort. Dans un fossé, des papillons paons-de-jour (ocelles d'azur sur velours cramoisi) et tabacs d'Espagne (vitraux orange nacrés de vert) butinent les pompons mauves des scabieuses. Les balsamines ont fleuri. Jean-Jacques Rousseau, dans les *Rêveries du promeneur solitaire*, s'extasiait de l'explosion de leurs fruits. Leurs corolles en pendeloques me semblent autant de cornes d'abondance. Une bondrée apivore décolle d'un hêtre et plonge vers la forêt de Cornimont. Des becs-croisés cassent — littéralement — la graine dans un sapin.

Je quitte la route asphaltée : bon débarras ! Le G.R. 531 oblique à droite et monte en pente douce vers le Hasenlochkopf, le Pourri Faing et le col de Bramont. Des prénanthes pourpres aux fleurs violettes à bec crème voisinent avec des digitales rouges — les « doigts de fée », « gants de la Vierge » ou « gants de Notre-Dame » de la nomenclature populaire. Des bourdons cul-rouge ou cul-blanc atterrissent comme des cascadeurs au bord de leurs corolles inclinées, puis grimpent vers le nectar en s'accrochant aux poils. À droite, les grappes vermeilles du sureau rouge. À gauche, une clairière envahie de myrtilles : ces baies bleu-noir sont nimbées d'une pruine gris pâle, et gonflées d'un jus pourpre-noir qui signe, sur sa bouche, le péché capital du gourmand. J'avoue ma faute.

J'entre au royaume du grand tétras. Le coq sauvage subsiste dans les Vosges. Plutôt mal que bien. Menacé par le béton, les routes, les chasseurs et les touristes...

À la belle saison, l'oiseau fait des ventrées de fruits, surtout de myrtilles. Quand la neige tombe, il cherche des baies gelées. Au fort de l'hiver, il se contente de bourgeons d'arbres et d'aiguilles de conifères : gésier blindé. Au premier printemps, les mâles dansent sur des places de chant. Joutes de chevaliers noirs à caroncule ensanglantée. Glouglous d'amour... Je guette le tétras. Je veux le voir se piéter. Hier, j'ai eu la chance d'entrevoir une femelle de l'espèce. Gris et brun, dans la pente orientale du Rainkopf... Je m'use les yeux à scruter les trois étages de végétation que l'oiseau réclame pour sa nourriture et sa sécurité (« un tiers strate herbacée, un tiers strate buissonnante, un tiers strate arborée » : j'ai retenu la leçon de Patrick Folzer, le plus vigilant défenseur du parc des Ballons des Vosges). En vain... C'est une gélinotte des bois étonnée (pas tant que moi !) qui déboule sur le chemin : rare et ravissante perdrix dont les bouts de plumes semblent avoir été trempés dans la rouille.

Je renifle l'odeur du satyre : je ne parle pas de la créature lubrique à jambes (et autres détails) de bouc, mais du champignon. Le satyre puant, ou phallus impudique : là, dans l'humus ; tige blanche et gland spongieux brun-vert, luisant de mucus et vrombissant de mouches. Plus loin, la russule émétique expose la roseur de son chapeau qui gondole. Le bolet raboteux, le clitocybe nébuleux et une touffe de trompettes des morts complètent le tableau mycologique.

Les champignons m'introduisent à l'univers de la tourbe. J'arrive au Pourri Faing : une clairière diffuse, piquetée de bouleaux pubescents et coupée de mares fangeuses... Mes pieds enfoncent. Le sol oscille. Je subodore des traîtrises. Je redoute des engloutissements. Nul besoin d'expliquer le sens du mot « Pourri ». « Faing » est de la même racine que « fagne », le marais des Ardennes, le lieu où les sphaignes s'empilent, se pressent, se décomposent, se transmuent en charbon. Magie chimique et bactérienne. Ici, les soirs de brume, on entend rire les korrigans discrets.

À la périphérie de la tourbière, je passe en revue des ceintures de graminées chevelues et de prêles aux pousses fertiles ocre, pareilles à des sceptres. Je hume des essaims de callunes fausses-bruyères roses, « odeur du temps » d'Apollinaire. Je détaille les casques achéens bleu-violet des aconits napels. J'avance vers le centre du système. Entre les laîches paraissent les feuilles à trois folioles des ményanthes trèfles d'eau, le coton des linaigrettes, les étoiles virginales à stries tremblées des parnassies. Par places, le sol se couvre d'airelles des marais aux fruits bleu roi, de canneberges aux baies rouge chair et de camarines emperlées de sphérules noires. Je repère les pièges des plantes carnivores : la grassette enroule en longueur sur le moustique ses limbes poisseux vert pâle. La drosère à feuilles rondes rabat sur la fourmi les poils-massues pourpres et collants de ses feuilles... Les sphaignes, les mousses et les lycopodes composent un univers du Paléozoïque à ras de terre. J'invente, comme un trésor, le rarissime lycopode inondé *(Lycopodium inundatum)* : un scoubidou de lames imbriquées, pas plus haut que le pouce. Au Carbonifère, les ancêtres de l'espèce mesuraient 30 mètres et servaient de perchoirs à des libellules de 60 centimètres d'envergure.

Les libellules actuelles sont des enluminures en acte. L'æschne bleue expose son abdomen d'aigue-marine et de jade à lunules acajou. L'agrion jouvencelle est un fragment de ciel strié de carbone... Une grenouille rousse saute sur ma chaussure. Ses filles sortent de la mare. Elles ont quatre pattes, mais traînent un résidu de queue : il leur reste peu de temps, avant les frimas, pour finir leurs métamorphoses. Je repère, dans une vasque de boue, les empreintes de sabots d'une biche et d'un faon. Un sanglier s'est roulé dans la gadoue : plaisir du cochon qui s'assume. Je pense à la découverte que j'ai faite hier, dans la tourbière d'Artimont : une mante religieuse. Dans les Vosges, à plus de 1 000 mètres d'altitude ! Pourquoi pas une cigale en Sibérie ? C'est à des détails de ce genre que je mesure l'opacité de la nature.

J'emprunte, au sud du Pourri Faing, le sentier balisé de triangles jaunes qui redescend en lacets vers Wildenstein. Ici, la forêt ressemble encore à ce qu'elle fut partout jadis. Confuse. Admirable. Riche d'arbres monstrueux, encombrée de buissons, hérissée de vieux troncs morts fertiles... Cet épicéa colossal, abattu comme un géant de conte, nourrit une douzaine de champignons amadouviers. Une femelle de sirex l'arpente : elle perce un trou dans le bois avec sa tarière et pond. Sa larve sera peut-être parasitée par celle d'un autre hyménoptère, l'ichneumon, dont la femelle exhibe un interminable et souple ovipositeur à tête chercheuse. Complexité des existences.

Je dérape dans un virage du sentier. J'atterris sur une banquette d'oxalis — simulacres de trèfles. Terrier de blaireau. Crottes de fouines et de renards chargées de myrtilles et de sorbes. Grand corbeau qui décolle. Derniers chants de la grive musicienne et du merle à plastron, avant leur migration vers le sud... Dans cette pente, croissent des ifs propagés depuis le Jura par le ventre des litornes et des draines. Je me demande par quel miracle ce sapin colossal, encore debout, mais sec, a échappé à la hache. Il est devenu « arbre à tétras ». Les gallinacés perchent sur ses branches dénudées : ils y sont en sécurité ; ils voient venir la martre, leur ennemi principal. Le tronc du géant est percé de cent trous. Un nid de pic noir y a été successivement réoccupé (me dira Patrick Folzer) par un pigeon colombin, une chouette hulotte, une chouette de Tengmalm et... une martre.

La sylve devient de plus en plus sombre. Et énigmatique. C'est ici, la semaine dernière, qu'on a repéré le lynx. On ne l'a pas surpris en chair et en moustaches : on a repéré les signaux de son collier émetteur. Soudain, derrière un jeune hêtre, je vois briller deux yeux jaunes. Lui ! Enfin... Enfin, rien du tout : c'était une plaisanterie du soleil sur des feuilles. La lumière se moque. Elle est énervante. J'oublie le fauve. Je contemple, dans une trouée, le Rainkopf, le Rothenbachkopf et le Schweisel, de l'autre côté de la vallée de la Thur. Je me remémore les longs « chaumes » venteux de cette crête où je marchais en juin dernier, dans des bonheurs de grandes gentianes jaunes, de bistortes roses, de pulsatilles blanches et de fenouils des Alpes parfumés comme des munsters.

Je tombe sur les chamois des Vosges à l'instant où je touche les maisons du village. Ce sont des chèvres, bien sûr ! Il était écrit qu'aujourd'hui, mon lynx serait de gouttière, mes tétras de basse-cour et mes loups à la niche. On ne peut pas être constamment sauvage, même dans les Vosges.

---

### NOTE SAISONNIÈRE ET RECOMMANDATIONS

Cette balade n'est pas très longue, mais comme elle monte et descend allègrement dans la forêt, sur des pentes parfois raides, elle exige l'équipement des randonnées en montagne. Bonnes chaussures, vêtements adaptés dès qu'il fait un peu froid ou qu'il y a un risque d'orage...

Toutes les saisons offrent leurs trésors. L'hiver, grâce à la neige, on piste les empreintes : chamois, cerf, sanglier, lièvre, etc., en espérant le lynx... Le grand tétras parade au premier printemps. Les étés sont merveilles de fleurs, les automnes délices de champignons et de fruits sauvages...

# 3. Vosges

## Par la Porte de Pierre

*Beauté des Vosges au-dessus de Mutzig. Entre Katzenberg et rocher de Mutzig, la Porte de Pierre forme un arc de triomphe de grès rose, un monument édifié par la nature pour l'initiation du promeneur aux mystères de la montagne. Parfum de houblon et de feuilles. Brame du cerf. Camaïeu de bleus sur des lointains.*
*En boucle autour du parc du Séquoia, près de Lutzelhouse, 6 heures.*
*Carte I.G.N. au 1 : 25 000, 3716 ET, Top 25, mont Sainte-Odile, Molsheim, Obernai.*

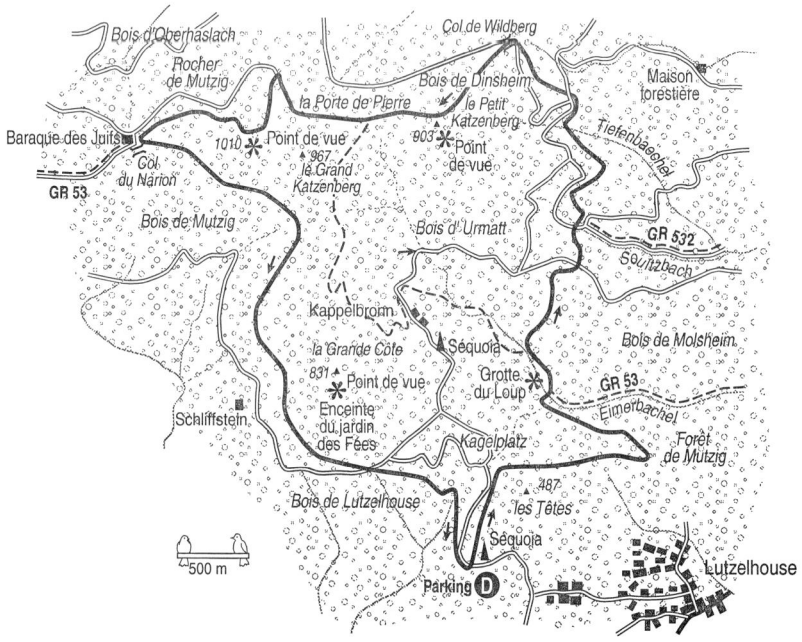

La brume du matin accroche ses mystères d'ouate grise aux pentes bleues des Vosges. Je hume le vent d'automne qui vient d'Allemagne, chargé de parfums de houblon et de vigne, auxquels se mêlent les senteurs de l'humus, des feuilles mortes et des champignons. La balade commence au parc du Séquoia, près de Lutzelhouse. Où est l'arbre ? Je le cherche. J'imagine un géant dans le style du Yosemite. Le conifère est là. Mais il lui reste de belles années à vivre avant d'égaler les sapins indigènes. Un pic noir tape de toutes ses forces sur un tronc, là-bas, vers le nord. Puisque c'est un ordre, je me mets en marche dans cette direction.

 *DU PARC DU SÉQUOIA À LA GROTTE DU LOUP, 1 heure 15*

Je repère la saignée qui file entre les routes forestières du Grassweg et du Kegelplatz. Départ à 418 mètres d'altitude. Le rocher de Mutzig perche à 1 010. La belle Alsace vosgienne se mérite à la semelle des souliers, à la ténacité du mollet, bref à la capacité du randonneur à souffler au rythme du pic noir. Du renard ou du sanglier. Le chamois est inaccessible.

Tout de suite, la forêt profonde, on a envie de dire : « éternelle ». L'arôme puissant de la résine et des feuilles fermentées emporte le corps et l'âme. L'ombre bleu-vert sied à la légende. L'immensité de cette sylve me submerge. Les épicéas et les sapins pectinés jouent la partie sombre du poème symphonique. Les hêtres, les chênes et les érables sycomores résonnent en notes plus claires : feuilles dentées ou lobées, vert clair ou de jade, virant à l'or ou au rouge brique, à l'ocre ou à l'écarlate. Les trilles sont écrits par les sorbiers des oiseleurs, dont les limbes composés ressemblent à une portée de croches rapides. L'accompagnement naît des houx, des sureaux, des merisiers, des frênes.

Je chemine en écoutant les mésanges nonnettes et les pinsons des arbres, les roitelets, les pouillots et les mésanges noires. Un bouvreuil mâle, au poitrail pivoine, se pavane devant sa femelle rose pâle. Les becs-croisés des sapins me fascinent : monsieur rouge, madame verte — les deux couleurs de la pomme du jardin d'Éden. À terre, des laîches aux larges feuilles ont l'allure de poireaux. Sur un rocher, une belette montre son ventre blanc en se dressant sur ses pattes de derrière ; avant de filer comme une flèche dans une fissure.

Je remonte la saignée du bois, sur la croupe de la colline, près d'une haie de charmes, de ronces, de rosiers sauvages et de noisetiers, qu'embellissent des molènes pareilles à des cierges jaunes ; des eupatoires chanvrines aux pompons de soie vieux rose ; et des belladones... J'aime ces dernières. Ce sont des herbes de sortilège. De magie. Du diable. Des hallucinogènes et des empoisonneuses. Des solanacées d'enfer et de sorcellerie, cousines du datura, de la morelle furieuse, de la jusquiame et de la mandragore. À la fin de l'été, elles font paraître, en un savant désordre sur leurs tiges, des fleurs livides, réticulées de violet-pourpre, dont les clochettes produisent des baies vertes, puis noir d'encre. De la taille d'une cerise. Gorgées d'atropine, cet alcaloïde qui dilate les pupilles et donnait de beaux yeux aux victimes agonisantes de Lucrèce Borgia.

Je rejoins, entre fougères et laîches, la piste qui mène au chêne de la Vierge. Le grand arbre est à gauche de la bifurcation. La statue bleu et blanc de Marie, mains ouvertes, domine le promeneur dans une niche clouée au tronc. Les oratoires de ce genre perpétuent, dit-on, des traditions celtiques ou germaniques. Au Moyen Âge, les évangélisateurs se contentèrent de remplacer, sur les troncs sacrés, les idoles païennes par des figurines chrétiennes.

 La piste descend vers les routes forestières du Kegelplatz et des Pionniers. Avant le croisement de ces dernières, je choisis le chemin qui file à angle aigu vers l'est, la colline boisée des Têtes et la forêt de Mutzig. Crotte de renard (de fouine ?) sur une pierre. Une martre s'esquive sur un chablis d'épicéa. Quelques mélèzes virent au jaune. De gros cèpes au chapeau ocre se pressent au pied d'un hêtre. À droite, un plant encore épanoui d'inule aunée : multiples « marguerites » jaune vif, aux languettes étroites et élégantes. À gauche, un pied de digitale pourpre sur lequel subsiste une seule corolle ; aussi pathétique et grotesque qu'une bouche de vieillard avec un seul chicot.

 À la jonction de la route du Grassweg, je trouve le lieu-dit « les Deux Chênes ». Je choisis, à gauche, l'itinéraire balisé de triangles rouges, qui descend vers l'ouest, le thalweg et la grotte du Loup. Large et belle piste de terre, bordée de délicats oxalis aux feuilles qui imitent les trèfles ; de prénanthes pourpres aux fruits de laine blanche ; et de balsamines de l'Himalaya (plantes subspontanées), aux corolles d'un rose lumineux, telles des pantoufles de lutins. Au détour de la piste, le panorama se dégage sur la montagne de la Côte : un cône quasi parfait, on dirait presque un volcan... Voici le petit pont sur le ruisseau gargouillant d'Eimerbachel. La bergeronnette des ruisseaux s'active.

 Je tourne à gauche, sur la route forestière. La grotte du Loup est proche.

***DE LA GROTTE DU LOUP
AU COL DU WILDBERG,***
*1 heure 45*

Ne manque que le loup, le vrai. Peut-être son logis a-t-il été squatté par le lynx ? Je rêve de les rencontrer l'un et l'autre. Le loup-cervier (le félin) a déjà recolonisé les Vosges. Le loup au sens strict (le canidé) y fera-t-il une discrète réapparition dans quelques années, venu d'Italie par les Alpes et le Jura ? Je l'espère. Je le souhaite. De l'autre côté du ruisseau qui écume et cascade sur un rapide de grès rose et noir, l'entrée de la tanière a la forme d'un trapèze aux côtés incurvés (géométrie non euclidienne). Les parois sont tapissées d'une mousse verte, épaisse et douce. Si j'étais fauve, je m'y plairais. Tiédeur obscure de l'antre. Fraîcheur de l'eau qui ruisselle à deux pas. Jolie régression au stade fœtal, diagnostique mon psychanalyste.

À la bifurcation suivante, je néglige la route forestière de la Turbine et je monte à droite, sur la piste de la Basse Peterlé (balises : triangles rouges et rectangles jaunes). Le sol de la forêt semble semé de trente-six sortes de champignons : bolets, russules, lactaires, clitocybes en entonnoirs, strophaires vert-de-gris, laccaires améthystes... Un chevreuil détale dans la futaie : cul blanc à peine entrevu. Un autre surgit à dix mètres et s'évanouit dans un fourré. Devant le réservoir rose, deux laies et une douzaine de marcassins grognent et me dévisagent, avant de regagner le couvert.

Je marche en rêvant sur cette piste agréable. Je passe la route forestière du Klintz : un geai s'envole. Puis une corneille. Une gélinotte des bois, peut-être... Au carrefour ultérieur, je laisse la large piste qui descend vers Urmatt. Le sentier balisé (triangles rouges et rectangles jaunes ; c'est une partie du G.R. 532) attaque la pente à gauche, entre digitales et prénanthes.

Pourpres, dans les deux cas... Un grimpereau escalade un chêne. Des étourneaux piaillent. Un pic-vert s'en tape. Dans le ciel, tournent deux buses. Un papillon petite-tortue et son cousin vulcain palpitent sur un pompon rose d'eupatoire, animés par les rayons du dernier soleil d'automne.

 La montée est plus rude, à présent ; et le sentier étroit, sous la voûte des arbres. Les épicéas dominent, dans ce bois d'Urmatt, même si le peuple des arbres reste mélangé. De vastes espaces d'humus ont été stérilisés par un tapis brun d'aiguilles de conifères. Dans ce sous-bois de magie, j'entrevois le cerf. Combien de cors ? Je l'ignore. Beaucoup. La pénombre rend le décompte difficile. Et peu importe : je ne quête aucun trophée. Même un quart de cor m'eût enchanté. La saison du rut approche. Le mâle gratte le sol du sabot. Il souffle. Il m'a repéré, bien sûr, mais n'a pas peur. Je me suis figé comme un bloc de grès des Vosges. Le cervidé s'éloigne avec la lenteur qui sied aux personnages de la forêt. Cette nuit, peut-être, il commencera son brame. Grave et sublime musique. Vestige de Moyen Âge, en attendant le loup.

 Le geai crèque dans la clairière où le blaireau a creusé un terrier compliqué. J'enjambe des arbres écroulés sur le sentier. Au sol, galopent des fourmis et des myriades de petites araignées pressées. Marchent des coléoptères : timarques crache-sang et bousiers aux élytres de charbon, dont le dessous semble de saphir ou de cobalt. Des champignons pleurotes trônent sur une souche : on dirait une délirante coiffure de « merveilleuse », au temps du Directoire. Je passe les sources pures et chuintantes du ru de Tiefenbaechel. Je rejoins le carrefour de la route forestière, d'où — juste en face — part un sentier balisé de croix jaunes. Direction : le col du Wildberg. J'y parais bientôt. Altitude : 637 mètres.

 Le ciel semble s'ouvrir. Le panorama se déploie.

Splendeur des ballons et des forêts alentour, dans un cocon de nuages qui s'effilochent, telles les brumes des montagnes de la Chine dans une peinture de Chu Ta. D'ici, je pourrais redescendre vers le G.R. 532 et filer vers le nord : en moins de deux heures, je gagnerais la cascade du Nideck, ce point d'exclamation liquide planté sur la beauté des Vosges.

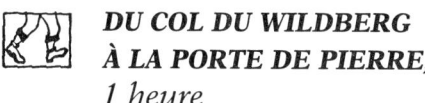
## *DU COL DU WILDBERG À LA PORTE DE PIERRE,*
*1 heure*

J'ai prévu d'aller à l'ouest. Vers le Petit et le Grand Katzenberg. De là, vers le rocher de Mutzig. Le Petit Katzenberg domine le col du Wildberg. Hors de question que je ne mette pas les pieds au sommet. Je pourrais suivre la piste qui démarre au sud, fait un lacet et revient au nord, avant de contourner la cime. Je préfère la trace directe. J'attaque par l'arête, en plein dans la pente. Un sentier à peine ébauché m'invite, le long d'un grillage, près d'une assemblée représentative des jeunes arbres de la forêt : un sapin pectiné, un épicéa, un chêne, un hêtre, un érable plane, un bouleau et un sorbier des oiseleurs ; auxquels s'ajoute un houx vert. Je monte parmi les myrtilles, les bouleaux, les genêts et les conifères. Je souffle. Je sue. Je coupe un grand sentier, deux layons, une autre piste. Toujours sur l'arête. Tout droit. Sauf que la ligne droite est impossible. Je me perds à plaisir dans des chaos de rocs, de bruyères et de jeunes arbres saisis par l'anarchie. Je tombe sur des assemblées constituantes de champignons : en parapluies, en cornets, en massues, en buissons, en éponges ; et de toutes teintes : bruns, jaunes, rouges, violets, blancs, gris... Une amanite phalloïde pose son œil vert olive, il me semble sarcastique, sur ce monde inhumain. Une digitale pourpre fleurit encore : le bourdon goûte ce tardif épanouissement. Un faucon pique vers la vallée de Lutzelhouse. Une ombre rousse s'envole à dextre ; cette fois j'en suis sûr : c'est la gélinotte.

Je contourne arbres et rochers. Je rejoins l'ultime trace qui mène au sommet. Je m'y dresse, sur un étrange dolmen naturel de grès sombre, usé par le temps, coupé de fissures et d'escaliers qu'on jurerait taillés par la main de l'homme. Le temple du Soleil... L'Inca suprême a fréquenté ce lieu de sacrifice... Altitude : 903 mètres. Je me délecte d'un panoramique. Au nord et à l'est, la grandeur bleu-vert de la forêt domaniale de Haslach et l'ombre bleu-violet de la vallée de Nierderhaslach. Au sud-est et au sud, les profondeurs gris-bleu de la vallée de la Bruche, où nichent les bourgs d'Urmatt, de Lutzelhouse et de Wisches. À l'ouest et au nord, les dents, les vagues, les dômes des forêts de Lutzelhouse, d'Abreschviller, de Dabo... Empire absolu de la sylve.

Je ne suis pas naïf : la splendeur de ces étendues boisées n'empêche pas qu'ici, beaucoup d'arbres sont malades. Épicéas et sapins au port terminal en toupet, typique de l'empoisonnement du sol et de l'air par les pluies acides. Hêtres et chênes aux feuilles chlorosées... La Vosge est admirable, mais l'homme y rappelle qu'il est fauteur de trouble et cause de laideur.

J'oublie ma mélancolie. Je redescends du Petit Katzenberg vers la Porte de Pierre. Le pic noir s'envole à l'instant où j'aperçois le monument.

***DE LA PORTE DE PIERRE
AU PARC DU SÉQUOIA,***
*2 heures*

Qu'on imagine un monolithe cyclopéen, l'entrée d'un temple aztèque, un portique égyptien ou un accès à la cité légendaire de l'Atlantide... La Porte de Pierre étonne. Trois piliers — deux arches — que coiffe un chapiteau de grès rose et gris. Quelle fantaisie de l'érosion de la pluie et du vent planta, sur cette arête forestière, un totem si bizarre ?... Rien ne m'ôtera de l'idée que la belladone y est pour quelque chose. La plante, non seulement empoisonne, mais provoque l'hallucination. Elle donna des visions à la Terre. Elle fit rêver le grès. Je passe avec solennité sous l'arc de triomphe. Pourquoi me priver de cet honneur, sachant que la foule en délire se compose d'un pinson, d'un gros-bec, d'un écureuil, d'un papillon piéride et d'un pic épeiche à calotte écarlate ? Tant qu'à faire, je repasse dans l'autre sens. Et encore une fois, pour être sûr d'être applaudi.

J'ai rejoint, sur cette crête, le G.R. 53, dont la branche descendante file en lacets, dans le bois d'Urmatt, rejoindre la grotte du Loup que j'ai frôlée tantôt. Je choisis de suivre les balises vers l'ouest. Joli sentier qui jouxte la cime du Grand Katzenberg (963 mètres). Puis, après un coude (attention aux marques rouge et blanc : ne pas suivre bêtement la large piste), revient à gauche dans la forêt éparse et les chaos de grès. Vers le point culminant de cette balade : le rocher de Mutzig. Altitude : 1 010 mètres.

J'y suis. Deux biches détalent. Un gros oiseau roux se piète sous un genévrier : femelle de tétras ? Y a-t-il des grands tétras, par ici ? Je l'ignore. Peut-être est-ce encore la gélinotte des bois... La cime du rocher de Mutzig ressemble à celle du Petit Katzenberg : un dolmen, un cromlech, un temple minéral imaginé par la nature,

fissuré en blocs cyclopéens, avec des vasques emplies d'eau de pluie où barbotent les passereaux. Vue sublime sur les vallées et les forêts à la ronde. Au nord, le Schneeberg. Au sud-ouest, le Donon. Au sud, le Champ-du-Feu. Au sud-est, le mont Sainte-Odile.
 Je me délecte de cette position dominante, et cela amuse la buse. Je m'allonge sur un bloc de grès creusé comme un lit. Je ferme les yeux. Je suis bien. Je suppose que je m'endors, puisque je rêve que je suis un grand tétras en train de picorer les fruits de la belladone, au risque de la folie... Je me remets en route. Descente rapide vers le col du Narion et la baraque des Juifs — un abri de rondins au toit vert. J'embouque la route forestière de la Baraque des Juifs. Pissenlits, épilobes en épis et campanules étalées : fleurs tardives. Je me laisse porter vers l'aval. Je cède à la force de la pesanteur. Grandes armoises et — de nouveau — touffes de belladones. Sur le talus de gauche, exposé à la lumière, une fourrure de callunes fausses-bruyères mauves. Sur la pente de droite, dans l'ombre des conifères, une haie d'eupatoires chanvrines roses. Un lièvre traverse la piste à la jonction de la route de la Grande Côte, qui mène au chaos pierreux du Jardin des Fées. Je laisse, à droite, la route forestière des Sources. Je passe en contre-haut du refuge (Club Vosgien) de Schliffstein. Voici le grand carrefour de la route des Pionniers et, en lacets, le sentier fédérateur (ronds rouges, ronds jaunes, croix jaunes) qui me ramène au parc du Séquoia, près de Lutzelhouse.
 Le pic noir fait retentir son « tac-tac-tac » et s'envole de la Porte de Pierre. Ses ailes sont aussi sombres que les fruits de la belladone.

## NOTE SAISONNIÈRE ET RECOMMANDATIONS

Une balade longue, avec un dénivelé conséquent, et où l'itinéraire n'est pas toujours évident... Magnificence des Vosges en automne, quand les rouges et les jaunes des feuillus épousent le vert obscur des conifères. Le soir, le cerf brame : un concert que rien n'égale. Avant les premières neiges, les champignons pullulent. Lorsque l'hiver s'en vient, le promeneur se passionne pour les traces de biches, de chevreuils, de sangliers, de grands tétras, peut-être de lynx : ces rêves-là ne sont pas impossibles !
Le printemps voit fleurir la pulsatille et le crocus. L'été propose ses aubes emmitouflées de brumes lumineuses, qui forment ce qu'on peut vraiment appeler la « ligne bleue des Vosges ». Rehaussée du jaune des grandes gentianes et du pourpre des digitales. En attendant les belladones.

# 4. Vosges

# Première neige au Gazon du Faing

*Première neige au Gazon du Faing : le grand tétras veut danser, le chamois cherche fortune, le grand corbeau plonge vers la plaine d'Alsace. Saison magique dans les Vosges... Lac Vert, lac du Forlet, lac Noir, lac Blanc : une balade de grâce sur la crête de beauté qui sépare les cols du Bonhomme et de la Schlucht.*

*En boucle autour de l'auberge du Gazon du Faing, 5 heures.*

*Carte des Vosges au 1 : 25 000, Hohneck, Petit Ballon, Trois Épis, éditée par le Club Vosgien.*

Crépuscule de fin d'automne. Ciel d'argent mat. Silence. Première neige sur les Vosges. Les épicéas ont revêtu leurs guenilles de lichens : voici les mendiants d'émeraude. Les hêtres ne sont plus que troncs gris et branches nues aux ongles de bourgeons. L'air est froid, les flocons hésitent à se poser sur le vert de la mousse. Il me semble que quelque chose bouge sur le sentier, là-bas. Je me fige et, en effet, je l'aperçois... Il marche dans ma direction. Un chamois... Un grand mâle habillé de sa laine d'hiver brun foncé, le front blanc, l'échine noire, les cornes comme deux J de jais à l'envers. Il emprunte le sentier des hommes. On le dirait perdu dans ses pensées. Ses naseaux exhalent une fine buée. Il m'approche à vingt mètres, à dix, à cinq... Il s'arrête et me dévisage de ses yeux à la pupille en rectangle horizontal. Il n'a pas peur. Il s'écarte de trois pas du chemin, me contourne et reprend sa route. Il accélère à peine quand je bouge la tête pour l'admirer encore un peu.

J'ai crapahuté depuis des années, en toute saison, dans les montagnes de France et de Navarre : je n'ai jamais vu de si près un chamois en liberté. Je suppose que celui-ci cherche fortune. Il pense à la chamoise odorante qui m'a précédé sur ce sentier en pissant avec grâce. Un frisson d'eau sur de la mousse, ô Verlaine !

 *DE L'AUBERGE DU GAZON DU FAING AU CHAOS DE TAUBENKLANGFELSEN,*
*0 heure 15*

Vent de neige : l'hiver s'annonce dans le gris des nuages. Je commence cette balade devant l'auberge du Gazon du Faing (altitude : 1 225 mètres), sur la route des Crêtes (départementale 61), entre le col du Bonhomme et celui de la Schlucht : impossible d'être plus vosgien, ni de mieux sentir l'air continental venu — mettons — de Prusse ou d'Ukraine. Pour aujourd'hui, la ligne bleue a été transférée en Forêt-Noire : n'y voyez aucune allusion patriotarde ; juste un caprice de la même lumière qui baigne toute l'Europe.

Je monte vers la crête et le G.R. 5 sur un sentier noirâtre, balisé de croix rouges et semé de cailloux de granit élimés par la patience du temps. Vibrations de l'air sur la peau. Pinçons de glace aux oreilles : rabattons les bords de notre bonnet. Je goûte la magie éthérée des Hautes Chaumes. Je file, tel un Mongol, dans cette immensité d'herbes jaunies, hérissée de myrtilles et de callunes fausses-bruyères, et semée çà et là de genévriers, d'alisiers et d'épicéas en bonsaïs dans la forme « tordue par la brise ». Je franchis l'étage des chaumes secondaires, nées du défrichage de la forêt par les éleveurs fromagers, ou « marcaires ». Puis l'espace des chaumes primaires, lac de graminées désiré par la nature à la fin de la glaciation... Je repère les vestiges de quelques fleurs de l'été : les gros bâtons raides et creux des gentianes jaunes ; les fruits secs en capsules des pensées des Vosges ; les ombelles à ras de terre du fenouil des Alpes, dont le parfum se réincarne de façon alchimique dans le fromage de Munster.

Je gagne le sommet du système — le chaos de rochers du Taubenklangfelsen (altitude : 1 299 mètres), où est une table d'orientation en fonte brune de Lorraine (cru 1967). Deux grands corbeaux frôlent de leurs ailes aux doigts de plumes l'arête vertigineuse qui plonge à mes pieds vers le lac du Forlet (ou du Forlen, ou des Truites, selon les cartes et les panneaux). Le contraste étonne, entre la douceur de la pente herbeuse et forestière qui s'incline, à l'ouest, vers la vallée de la Meurthe ; et la violence des à-pics qui se dérobent, du côté de l'est, résultats torturés de la violence érosive des glaciers du Quaternaire. Je contemple, au-delà des sombres forêts d'Orbey et de Turckheim, la plaine d'Alsace, Colmar et la Forêt-Noire. Au nord, le Haut-Koenigsbourg. Au sud, la perfection arrondie du Hohneck, où je me revois marcher avec Antoine Peillon, il y a quelques années.

### DU CHAOS DE TAUBENKLANGFELSEN AU LAC VERT,
*0 heure 45*

J'ai l'impression (vestige de pensée magique, résidu d'esprit prélogique) qu'il subsiste un peu de moi-même, comme un simulacre, dans chaque endroit que je foule. Je m'y distingue encore, silhouette fantomatique, lorsque je reviens sur le lieu de mes crimes. Un vol de bruants fous (barre noire sur la tempe, bulle de B.D. sur l'œil) me rappelle que le dédoublement de la personnalité qualifie une démence. Je m'en moque, puisque c'est une folie de lumière et de parfums.

Je marche vers le sud, sur le G.R. 5 qui longe l'arête du Gazon du Faîte. Ma balade du jour culmine ici, à 1 303 mètres. Quelques hectomètres de vent piqueté de flocons qui hésitent à fondre, et je salue la borne du Ringbuhl (1 302 mètres), d'où une buse au ventre de soie s'envole vers le lac Vert. Le rapace me montre l'itinéraire direct. J'aurais besoin de deux ailes pour le suivre.

Le chemin détrempé désescalade la colline et frôle la route des Crêtes (la départementale 61) dans le tournant du Dreleck. J'emprunte, à gauche, la piste balisée de ronds rouges qui descend en lacets vers le lac, entre les hêtres, les grands épicéas dont le tronc fume et de jeunes sapins pectinés aux rameaux plats et luisants. Les sorbiers des oiseleurs défeuillés pendouillent et brimbalent leurs grappes de fruits écarlates : on dirait des arbres punks. Leurs baies tombent et forment à terre un tapis rouge pour mes pieds d'ambassadeur du poème en chaussures de montagne. Les renards furtifs se goinfrent de ces fruits, mais les digèrent mal et restituent de volumineuses crottes roses. Tous les abus sont dans la nature.

Je détaille, près du sentier, des oreillers de mousses, des coussins de lichens trompettes ou foliacés, des fougères, des scolopendres telles des langues vertes, des champignons clavaires jaune acide (appelez-les « choux-fleurs »), une amanite tue-mouches effondrée sur elle-même comme une étoile à neutrons, des pieds secs de digitales pourpres, de stachys, de prénanthes... Une fourmilière dort comme un ours, adossée à une souche. Un papillon piéride, inconscient farfadet de gaze, palpite encore dans l'air froid. Je suis ce lépidoptère attardé. Deux geais des chênes font admirer leurs épaulettes d'azur et leur poitrine beige. Un casse-noix proteste dans un pin. Un bouvreuil gonfle son poitrail pivoine. Une sittelle dévale un tronc la tête la première.

 ***DU LAC VERT AU LAC DU FORLET,***
*1 heure*

Le lac Vert ; ou de Soultzeren... Je ne résiste pas à la tentation d'aller, jusqu'au bord de la digue, boire des yeux cette profondeur émeraude. Les quatre plans d'eau que je veux saluer aujourd'hui — lac Vert, lac du Forlet, lac Noir, lac Blanc — composent un collier passé au cou des Vosges. Ils ont été créées par l'homme pour de vulgaires besoins en hydroélectricité. Ils n'en sont pas moins devenus des surcroîts de vraie nature.

Je remonte la piste forestière, balisée de ronds

jaunes, vers le nord et la ferme de Gaertlesrain. Vols croisés de pigeons ramiers et domestiques. Je ne sache pas que ces espèces s'aiment d'amour tendre. La bâtisse agricole fleure la vieille pierre et le bestiau, ce qui ranime le paysan qui sommeille dans le naturaliste. On raconte que le toit de certaines maisons des Vosges possède une tuile spéciale, dite « à louve », que le vent fait siffler lorsque les loups vont venir. Et justement, le toit de Gaertlesrain murmure...

Au-dessus de la maison, le sentier rétréci franchit un épaulement d'herbe sur lequel palpite un faucon crécerelle. Puis il se coule en douceur dans la hêtraie-sapinière. Deux culs-blancs — je veux dire : deux chevreuils — détalent. Un écureuil roux perche sur un chablis. Je passe une maison forestière en pierres grises, à volets verts, où tournoie au moins une molécule de l'âme de Jean-Jacques Rousseau.

Je débouche, avec un rayon de soleil, au sommet du cirque sublime du lac du Forlet (ou des Truites, ou du Forlen : choisissez), un peu plus de 200 mètres en dessous du Gazon de Faîte que je foulais tout à l'heure. Falaises, éboulis, hêtres défeuillés, fougères... Les eaux vert sombre que retient le barrage prennent la couleur des épicéas sous les nuages, et me rappellent la couleur de la mer dans le Fiordland de Nouvelle-Zélande ; allez savoir par quelle magie planétaire ! Des sources glougloutent. Mes pieds s'enfoncent dans des vasières. L'eau abonde au creux de cette œuvre géologique des glaciers du Würm.

Je remonte vers la tête du lac et la ferme du Forlet. Je me perds un moment dans la tourbière qui domine les bâtisses, sous les falaises du Taubenklangfelsen. Lieu riche et fragile. Je caresse une touffe de sphaignes gorgées d'eau. Il paraît qu'on récolte à présent ces mousses pour fabriquer des produits absorbants. Comment ne mettrais-je pas, au regard de cette « utilité » douteuse, la grandeur authentique de la sphaigne, héritière des mousses géantes du Carbonifère ? Autour d'elle s'organise la magie mouillée d'un écosystème admirable.

 ***DU LAC DU FORLET
À L'OBSERVATOIRE DE BELMONT,
1 heure 30***

Je me rappelle cette surabondance de la nature dans les tourbières des Vosges, à la belle saison. Libellules, gerris patineurs, escargots, grenouilles, tritons, couleuvres, etc., y évoluent dans des décors de roseaux, de linaigrettes, de droséras carnivores, de cirses des marais, de populages aux fleurs en coupes d'or. Et tiens ! Un populage, en voici un. En fleur, sous les premiers flocons de l'hiver ! Je rengracie la nature pour ses délires.

Je repère, près de la digue de pierres du lac du Forlet, une pancarte du Club Vosgien qui promet le lac Noir en « 0 h 37 ». J'ignore qui a rédigé ce panneau, mais sa précision ferroviaire me fascine. Je ne résiste pas à la tentation de vérifier. Je file sur le sentier balisé de ronds rouges qui, à flanc de colline, conduit à la troisième perle du collier. Montée. Panorama sur le Hohneck et les Hautes Huttes. Buse qui plane. Descente rapide. Je me fais un point d'honneur de poser le pied sur la grève du lac Noir en 37 minutes pile. L'auteur de la pancarte est un bon marcheur.

Je reviens un peu en arrière, sur l'arête du lac du Forlet... Je revois les maisons et la tourbière où les grenouilles rêvent au ralenti dans la vase. Je grimpe le sentier balisé de triangles jaunes qui mène à la crête de l'Altenkraehkopf. Chaos de rocs dont un me sidère —

taillé par l'érosion en parfait tétraèdre... Les genévriers ont volé sa nuance au lac Vert. Les églantiers rutilent de cynorhodons à la peau cirée. Des étendues d'herbes jaunes, presque d'or, sertissent la rougeur des sorbiers en fruits. Les lauriers de saint Antoine ont perdu leur barbe automnale de flocons blancs : la neige la leur rendra. À la lisière des pins sylvestres, je croise le chemin marqué de rectangles rouge-blanc-rouge qui fait le tour du lac Noir. J'entame ce périple vers la gauche, dans le sens des aiguilles d'une montre, à la frontière orientale de la Réserve biologique. Voici la source du lac Noir, avec son bassin en tronc d'arbre évidé. Je bois l'eau de la terre. Vue plongeante sur la retenue aux reflets de ténèbres. Je salue mon double resté en bas, simulacre sur la grève. Quand j'aurai semé un peu partout des poussières de moi-même, je serai Dieu. Ou mort.

C'est à ce moment du conte qu'il se matérialise. Lui... Le chamois mâle. Il m'approche à cinq mètres, avec ses cornes en J. Il n'a pas peur. Nous sommes en connivence. Nous goûtons le même air, nous recevons les mêmes flocons sur le museau, nous sommes pétris de la même viande montagnarde, coriace et (je le crains) un peu écœurante. Je reste sidéré par cette rencontre. J'oublie, quand l'ongulé me quitte, près des deux petits ponts de bois sur deux sources annexes du lac Noir, qu'il appartient à une autre espèce que la mienne. Empathie de mammifères que l'imminence de l'hiver fascine et inquiète... Bashô, mon modèle japonais, me souffle ce haïku :

> Chamois des deux sources
> Forêt des Deux Lacs
> Neige précoce

Issa, son complice en beauté brève, me dicte un poème dans sa manière rabelaisienne :

Trace de chaussure dans la boue
Quel renard
A crotté dedans ?

 ***DE L'OBSERVATOIRE DE BELMONT
À L'AUBERGE DU GAZON DU FAING,
1 heure 30***

Je bois encore un peu de la substance des Vosges à la source froide du lac Blanc. Détour à droite, sous l'arête du Reisberg (1 272 mètres), vers l'Observatoire Belmont. Pas le moindre télescope, par ici, ni la queue d'un astronome. Il s'agit d'un amoncellement de rocs hérissé d'arbres, dont le nom rend hommage (précise une plaque) au capitaine Ferdinand Belmont, mort pour la France en décembre 1915. L'un des blocs de granit porte une énigmatique gravure : trois lettres capitales (« S C A »), au-dessus d'un triangle contenant un point. Signe cabalistique à l'usage des sorcières ? Message extraterrestre ? Les humains s'ingénient à laisser des traces que personne ne comprend un demi-siècle plus tard.

Je reviens à la source du lac Blanc. Je descends vers celui-ci (balises rouge, blanc, rouge) sur un chemin pierreux, malaisé, mais magnifique, dans l'odeur des épicéas additionnée de celle des hêtres, des sorbiers, des pins sylvestres et des érables. Une chouette loge dans un tronc sec. Un pic noir tape comme un fou. Je gagne le grandiose chaos de pierre qu'on appelle « Château Hans ». Il domine l'eau du lac Blanc de plus de 200 mètres. En contrebas, une statue de la Vierge trône sur un piton.

Je perds de l'altitude jusqu'à venir toucher l'eau. La route goudronnée. Et l'auberge. (Vous m'avez compris :

j'ai un creux !) Le G.R. 532, nommé « sentier Freppel » dans le secteur, me permet, plus tard, de longer la rive nord-est du lac (les truites mouchent), puis de remonter le vallon nord du cirque jusqu'au G.R. 5. Que j'embouque, à gauche, sur les Hautes Chaumes retrouvées...
Lumière et vent sur les graminées ! Mon bonheur ondule comme une houle végétale. La réserve naturelle du Tanet-Gazon du Faing est une merveille de 500 hectares, où sont protégées des parcelles de chaque écosystème vosgien. Un quadrilatère en a été déclaré réserve intégrale et prohibé même aux randonneurs. En arpentant le G.R. 5 vers le sud, le Soultzeren Eck, le Gazon du Faing et l'auberge homonyme où j'ai commencé ma balade, je me dis que rien ne remplacera la valeur de l'herbe dorée sous la nue grise, ni celle du chamois des deux sources. Je ris en gobant un flocon. Au moment où je vais quitter cette montagne, je savoure un autre plaisir. Cadeau des Vosges... Ici, vivent quelques-uns des derniers grands tétras de France. Oiseaux rares, encore stupidement mitraillés par les maniaques de la gâchette. Et qui décolle lourdement devant moi, avant d'aller se piéter sous un buisson — boule de plumes brunes et grises ?
Pardi ! La femelle du grand tétras. La poule. L'avenir de son espèce, par conséquent celui de la montagne entière.

---

NOTE SAISONNIÈRE ET RECOMMANDATIONS

Accomplie à la fin de l'automne, cette balade est superbe : c'est l'époque idéale pour saluer le chamois (en rut), le chevreuil ou le grand corbeau. Plus tard, dans la neige de mars-avril, les mâles de grands tétras dansent ; mais il faut une patience infinie — et de la chance — pour les observer. Ne jamais déranger !

Au printemps, la flore montagnarde déploie sa splendeur : crocus, anémones, narcisses. L'été voit fleurir les prairies et les tourbières, palpiter les insectes, bondir, ramper, voler mille animaux.

Les sentiers, bien balisés, sont sûrs. Attention lorsqu'il pleut ou qu'il neige, ou par temps de brouillard : certains à-pics, sur la crête, peuvent coûter cher à l'imprudent.

# 5. Lorraine

# Au bonheur des grues

L'étang de Lindre, au cœur du parc régional de Lorraine... Il approvisionnait en poissons la table des rois de France. Il offre encore des banquets aux reines et aux rois du ciel : les grues cendrées et les cygnes. Avec le rare envol de l'aigle pêcheur et le souvenir d'un événement : l'éclipse totale de Soleil du 11 août 1999.

En boucle, autour de Dieuze, 5 heures.

Carte I.G.N. au 1 : 25 000, 3514 E, Série bleue, Dieuze.

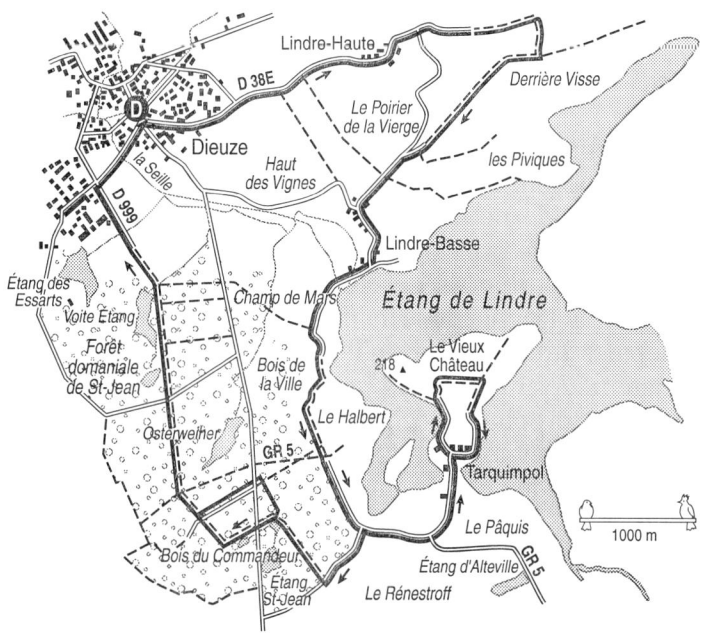

J'accomplis cette balade le mercredi 11 août 1999. La date est importante : c'est celle de l'éclipse totale de Soleil — la grande éclipse. La dernière du siècle qu'on puisse voir en Europe. Je veux contempler le phénomène dans ce qu'on appelle la « bande de totalité ». En Lorraine... J'ai convié à me suivre Thalès, Copernic, Galilée, Kepler, Newton, Laplace et même le Tintin du *Temple du Soleil*. Ils sont venus, métamorphosés en petits oiseaux. Thalès en étourneau, Copernic en mésange, les autres en grive, en pinson, en bouvreuil, en rougegorge, en moineau. Je veux observer avec eux, dans une trouée de nuages, l'ultime rendez-vous du siècle entre le Soleil et la Lune. Admirer l'extinction des feux du monde, puis l'hallucinant rallumage du théâtre de la planète. Deux minutes de pur poème.

 *DE DIEUZE À LINDRE-BASSE,*
*1 heure 45*

10 heures 45. J'ai mes lunettes spéciales dans mon sac. Je me mets en route devant l'église de Dieuze, sur la façade moderne de laquelle un texte en bas-relief de ciment rappelle que, où que vous soyez sous le Soleil, « vous aurez toujours des pauvres parmi vous ». Sage incitation à la charité. Un merle noir donne le signal du départ. Je subodore qu'il s'agit de la réincarnation d'Einstein. Je marche, les yeux au ciel. Il me reste du temps : la prochaine éclipse totale de notre étoile en Europe est prévue pour 2081. Je n'aurai que 136 ans.

Je trouve le chemin montant du Calvaire, qui inaugure le circuit balisé de petits panneaux bleus avec un « 1 » (pour « circuit n° 1 ») à l'intérieur. Direction : Lindre-Haute. En traversant Dieuze, je goûte la discrète séduction des bourgs de province. Mille vies, dont chacune mériterait un roman (au moins une nouvelle ; mettons un paragraphe ; une phrase ; un mot...), naissent, fleurissent et s'étiolent dans ces pavillons aux fenêtres décorées de géraniums et de pétunias. Je longe une allée de tilleuls, d'érables planes, de robiniers et de frênes, mêlés d'aubépines, de cornouillers sanguins, d'églantiers et de symphorines aux baies d'un blanc de neige. Petite musique de jour à la façon des passereaux familiers : étourneaux, pinsons, moineaux, grives, mésanges, etc. Ils sont là, ces petits astronomes déguisés !

La départementale 38 E sinue vers Lindre-Haute en dominant un vallon cultivé que borne une ligne de peupliers gris-vert, près du grand étang. Les bas-côtés de la chaussée sont piquetés de fleurs qui m'interpellent dans leur langue de corolles. En quelques mètres, j'en dénombre une trentaine d'espèces. Outre des graminées (fétuque, pâturin, dactyle...), j'identifie l'armoise vulgaire, le trèfle blanc, le trèfle rose, la vipérine vulgaire, le gaillet jaune, l'achillée millefeuille, la carotte sauvage, la véronique petit-chêne, le plantain moyen, le pissenlit, la camomille, l'érodium bec-de-grue... Et je suis loin de les connaître toutes... La voilà, la variété de la vie. Cette biodiversité sublime et nécessaire, qu'on associe d'ordinaire aux forêts des tropiques ou aux récifs de coraux, et qu'illustrent aussi bien les talus de Lorraine... Dans les chaumes brun-jaune luisent encore quelques coquelicots, des marguerites, des silènes compagnons blancs, des pensées sauvages et les pompons mauves des scabieuses. Une alouette monte à la verticale en grisollant. Une compagnie de cailles décolle en froufroutant. La perdrix grise compte sur son camouflage.

11 heures 20. J'entre dans Lindre-Haute, que je traverse en suivant le « S » de la route. Dans la perspective du clocher, entre deux nuages qui s'ouvrent comme un rideau de théâtre, la représentation commence. Un mince croissant, noir comme un diamant, ronge le bord

droit du Soleil. Les vaches blanches qui paissent parmi les saules, au bas des maisons, n'ont rien remarqué. Je continue vers l'est, sur le chemin de terre, entre des murs de ronces chargées de mûres noires comme l'éclipse, et des touffes de chicorées sauvages aux capitules azurés comme des coins de ciel bleu. À gauche, la ferme de Bois Brûlé ressemble à un chien couché, muni d'une queue d'arbres verts. Des verdiers perchent sur une clôture. Des chardonnerets picorent les graines d'une cardère — dite aussi « cabaret des oiseaux ». Des linottes mélodieuses exposent leur poitrine flammée de rose. Un prunellier offre ses prunelles bleu-noir : je ne résiste pas au plaisir d'en cueillir une et de la mordre ; la peau de mes lèvres et de ma langue se rétracte sous la caresse âcre ; voici le jus le plus astringent du monde.

Je vire à droite, fidèle aux balises bleues, sur le sentier qui longe un bouquet d'arbres et file vers les roseaux de l'étang. Puis, de nouveau, à droite, sur le large chemin campagnard qui mène au hameau de Lindre-Basse. Un héron cendré bat des ailes au-dessus de ma tête. Un couple de canards colverts décolle du plan d'eau. Un papillon demi-deuil, aux ailes blanc et noir, semble avoir endossé un déguisement qui honore l'éclipse. Dans les mêmes tons de film muet, un papillon silène se fige sur un tronc : on dirait une ride d'écorce. Les bords de la piste se hérissent d'une jungle d'armoises communes gris-vert, plus hautes que moi ; et d'eupatoires chanvrines aux plateaux de fleurs vieux rose, mêlées de chardons onopordons — dits « chardons des ânes » — aux pompons pourpres et aux feuilles d'acanthe épineuses. Des liserons blancs entonnent, dans une tonalité que je perçois mal, le chant de gloire simple et beau de la campagne lorraine.

***DE LINDRE-BASSE À TARQUIMPOL,***
*1 heure 30*

Je surveille le Soleil du coin de l'œil. Il reparaît entre deux nuages, à présent à moitié dévoré par l'ombre de la Lune.
Un pic-vert décolle d'un noyer. Un merle relie en sifflant deux branches de frêne : il a l'air saisi de panique, mais je ne connais pas les causes de la frayeur chez cette espèce ; rien ne prouve que l'éclipse en soit responsable. Je repère, près du chemin, un plant d'inule aunée : les capitules jaunes de cette composée ont l'air de soleils miniatures. Un papillon piéride, une grive litorne, une volée d'hirondelles et moi-même entrons de concert dans le hameau de Lindre-Basse. Il flotte dans l'air un parfum de chèvrefeuille. Trois gouttes de pluie me mouillent le crâne. Le Soleil, à présent aux trois quarts mangé de ténèbres, passe ses rayons dans un trapèze de ciel dégagé, puis retourne bouder derrière le rideau gris.
12 heures 30 au clocher. Un chat tigré miaule en traversant la route. Je gagne la digue de l'étang de Lindre. Des dizaines de personnes y sont montées et attendent l'instant de la « totalité ». L'eau scintille vers le large, dans des tonalités de mercure et de plomb.
Soudain, quelqu'un éteint toutes les lumières... Projecteurs coupés, le théâtre du monde bascule dans l'obscurité. La voilà, l'éclipse complète ! La nuit en plein jour... Les gens restent bouche bée. Des murmures montent. Un frisson de plaisir et d'étonnement saisit les spectateurs. Les enfants s'extasient. On entend des murmures. Puis des applaudissements. Deux amoureux s'embrassent. Un touriste filme sa femme au caméscope dans le noir. Un couple allume une bougie — pour quel rite étrange ?
Et chacun se tait, subjugué... On entend battre le cœur du monde.

Dans une trouée de nuages qui ressemble à un triangle mystique, je contemple le disque noir de l'ombre de la Lune, exactement superposé au disque d'or du Soleil. Avec ce halo électrique violet et vert qui matérialise la couronne de photons — et mon rêve... Cette nuit bizarre dure à peine 2 minutes. Il me semble qu'elle est infinie. Les nuées se referment sur le baiser sidéral de l'étoile et du satellite. Puis le démiurge rallume les lampes, on dirait l'une après l'autre, dans une fantasmagorie rose et bleu de cumulus fluorescents qui semblent des monstres inventés par Jérôme Bosch et Lovecraft.

*Fiat lux !* Que la lumière soit...

C'est fini. Je reste debout sur la digue, hébété. Les jambes coupées par le spectacle. Ce ballet du Cosmos m'emplit du sentiment de la grandeur du monde et de la petitesse consécutive de l'homme. Je touche du doigt le caractère infini du monde et la fragilité de mon espèce vaniteuse.

Je ne suis rien, donc j'avance. Je descends sous la digue contempler l'aquarium où barbotent perches, carpes, tanches, sandres, brochets et gardons. Les poissons se posent-ils des problèmes métaphysiques ? Je remonte sur le barrage. Au loin, sur l'étang de Lindre qui brille à nouveau de mercure et de plomb, des centaines de foulques — plumes noires et caroncule blanche — nagent en tournoyant comme des planètes et leurs satellites. Une cinquantaine de cygnes blancs rythment leur existence, la tête dans l'eau, la tête hors de l'eau, la tête dans l'eau, recommencez ! Des grèbes huppés dansent en surface et plongent comme des ludions. Des volées de canards décollent ou se posent — colverts, souchets, pilets, sarcelles, que sais-je ? Morillons et chipeaux...

Nous sommes le 11 août. L'éclipse est terminée. L'été bascule. Le temps des migrations reviendra bientôt. L'automne emportera d'Europe en Afrique des tourbillons de volatiles. Il me semble que j'entends déjà, au-dessus de ma tête, un concert sonore : « gru ! gru ! gru ! »... Je lève les yeux : c'est comme si je les voyais. Les grues cendrées. Le cou tendu. En escadrille. Parfaite formation en V. Dans leurs voyages, elles ont besoin de ces étangs et des prairies qui les cernent. Elles comptent parmi les plus grand et les plus beaux oiseaux du monde : rien d'étonnant si elles — et leurs cousines — sont sacrées sous toutes les latitudes. Symboles de jeunesse, d'amour, de vie... En automne, les cigognes blanches entameront, elles aussi, leur long trajet vers le sud. J'ai toujours rêvé d'être grue ou cigogne. De contempler une éclipse de Soleil du haut du ciel, en allant vers les tropiques.

Un busard des roseaux tournoie. Là-bas, près des grands peupliers, un rapace plus considérable encore bat des ailes, descend et vient frôler la surface aquatique. Je le distingue mal, il est loin. Je me persuade que c'est l'aigle pêcheur d'Eurasie, l'immense pygargue à queue blanche, devenu si rare.

Je franchis les vannes. Je marche sur le sentier qui épouse l'étang, en direction de Tarquimpol. Je descends dans les roselières. Des dizaines de petites grenouilles vertes bondissent — certaines couleur laitue, d'autres vert pomme, émeraude, bleues ou dorées. J'avance dans des escadrons de libellules — libellules déprimées gris-bleu, grandes æschnes vertes, anax empereurs de saphir et de jais, agrions demoiselles violet et vert, agrions jouvencelles d'azur et de houille, gomphes annelés jaune et noir... Je soupçonne la fauvette des roseaux rousserolle et sa cousine phragmite. Les gerris patinent en surface. Je contemple le clapot en imaginant le peuple subaquatique des daphnies, des limnées, des dytiques, des ranâtres et des argyronètes. Des écrevisses, des tritons, des carpes, des tanches, des brochets et des sandres. Je me demande ce que ce monde du dessous a perçu de l'éclipse.

Le sentier file vers le sud, ponctué de panneaux d'interprétation ; avec une table d'orientation. Des hérons cendrés volent, le cou rentré et les pattes tendues en arrière. Un héron pourpré s'immobilise dans les massettes, mimétique des feuilles. Deux grèbes huppés plongent. Trois grands cormorans font sécher leurs ailes sur un arbre. Une couleuvre à collier se love dans un bouquet d'iris jaunes en fruits. Une couleuvre vipérine ondule en eau peu profonde.

J'avance sur ce qui fut (dit un panneau) une ancienne voie romaine d'importance, qui unissait Metz à Strasbourg. Je batifole dans un pré piqueté de trèfles roses, de véroniques petits-chênes et de mourons rouges. Je monte dans un abri aménagé pour l'observation des oiseaux. J'y salue un ornithologue, complété par ses jumelles. Il me murmure que là-bas, l'oiseau qui plane, c'est bien le pygargue à queue blanche. Rare apparition. Hier matin, on a eu l'insigne honneur de saluer l'aigle botté... Je continue ma route. Je traverse un petit bois de chênes gardé par un geai criard et un pic-vert. Puis un chemin creux souligné de fougères et de ronces favorables aux lapins et aux fouines. Sorbiers, églantiers, noisetiers. Je rejoins le G.R. 5. Je le foule jusqu'à la départementale 199, qui me mène au bout du monde. Je veux dire : au hameau de Tarquimpol, édifié sur une péninsule de l'étang de Lindre.

 **DE TARQUIMPOL À DIEUZE,**
*1 heure 45*

Je marche vers la berge, jusqu'aux roseaux, jusqu'à la substance liquide. Je patauge à plaisir. Je caresse l'inflorescence massive, en forme de quenouille noire, d'une massette ; l'épi soyeux d'un phragmite ; les petites feuilles elliptiques d'un saule argenté. Une rainette me dévisage. Une grande æschne se pose une seconde sur le calepin où je note ces impressions dérisoires. Par erreur ? Pas sûr... Elle voulait ajouter ou corriger quelque chose.

Je songe aux étangs du parc naturel régional de Lorraine. C'est par centaines qu'ils furent aménagés, au Moyen Âge, en Woëvre et au (bien nommé) pays des Étangs. Ils alimentaient en gardons, carpes, tanches, brèmes et brochets, non seulement la contrée, mais la cour de Lorraine et celle des rois de France. Plus tard, on en fit des réserves pour l'irrigation ou des réservoirs pour l'écrétage des crues. De nos jours, ils séduisent les amateurs de baignades, de kayak ou de pédalo. Et les oiseaux sauvages !... Ils sont devenus des « zones humides d'intérêt floristique et faunistique européen », comme dit le charabia administratif.

À Tarquimpol, je visite la Maison du pays des Étangs. L'accueil est aimable. Les expositions, bien conçues. Avec des maquettes, des photos, des textes brefs, des montages visuels et sonores, des jeux interactifs ; bref, ce qu'il faut pour aider les enfants de 7 à 77 ans à découvrir le milieu.

Je quitte le hameau. Je reviens sur mes pas, en longeant la péninsule, sous l'œil du rougequeue, de la fauvette des marais et de la buse variable. Je cherche du regard le grèbe castagneux et le grèbe à cou noir. Je regarde, là-haut, tourner le milan royal à la queue fourchue. Un éclair jaune et noir file vers un chêne : le loriot !

Je marche jusqu'à l'embranchement du G.R. 5 par où je suis venu. Je continue sur la petite départementale 199. Je trouve, à droite, le sentier (balises bleues, toujours) qui plonge au cœur émeraude du bois du Commandeur. L'étang de Saint-Jean est une merveille :

un rond d'eau cerné de grands arbres ; comme une larme de la forêt. Douze hérons cendrés y tiennent congrès, dans des éclaboussements de jeunes grenouilles vertes et des feux d'artifice de libellules. Je file vers l'étang des Graviottes. La départementale à retraverser. Une grande allée dans la forêt domaniale de Saint-Jean. L'ancienne voie ferrée, puis l'étang des Sœurs Grises, près duquel un renard patrouille. Et le Voite Étang, qu'honorent un couple de colverts et un crapaud ventru plus large que ma main.

Je frissonne. Il me vient un parfum de septembre à la narine. Un goût d'automne sur la langue... Une petite pluie se met à tomber. Je m'assois sur une souche, je ferme les yeux, je revis la brève nuit de l'éclipse totale. Je rêve de ciel et d'eau. De vent et de clapot sur un lac. Je suis une grue grise aux longues pattes. Je claque du bec, je dis « gru ! gru ! gru ! » pour alerter mes congénères. Je me prépare à ma migration annuelle.

Je conclus cette balade lorraine presque sans m'en rendre compte, dans une délicieuse confusion mentale, sur un nuage qui unit sa substance à celle d'un nuage en route pour l'Afrique. C'est-à-dire pour mon rêve. Au bonheur des grues !

---

NOTE SAISONNIÈRE ET RECOMMANDATIONS

Nulle difficulté, dans cette balade, pour laquelle on n'omettra ni les bottes (pour explorer les roselières), ni les jumelles (pour espionner les emplumés).
Je l'ai faite le jour de l'éclipse totale. J'aurai de la peine à recommencer en 2081. Mais les saisons se succèdent en beauté sur l'étang de Lindre. Les meilleurs moments pour voir les oiseaux sont en automne et au printemps — quand passent les grues, les cigognes et les autres migrateurs. L'été, la flore et la petite faune aquatiques sont en gloire. L'hiver, la glace transit le canard.

# 3

# NORMANDIE

1. *Pays de Caux* : Étretat, les falaises du vent
2. *Vexin* : Le lion de Château Gaillard
3. *Cotentin* : Le Nez de Jobourg
4. *Iles Chausey* : Grand marnage dans la baie

# 1. Pays de Caux

# Étretat, les falaises du vent

*Portes d'Aval et d'Amont, aiguilles d'Aval et de Belval : des cortèges de peintres — grands maîtres ou barbouilleurs — se sont laissé subjuguer par ces murailles de Jéricho calcaires, que sapent les vagues-trompettes de la Manche... Sur la crête de vent poussent des rêves en forme de nuages. Ou de choux sauvages...*

*En double boucle autour d'Étretat, 5 heures.*

*Carte I.G.N. au 1 : 25 000, 1710 ET, Étretat, cap d'Antifer.*

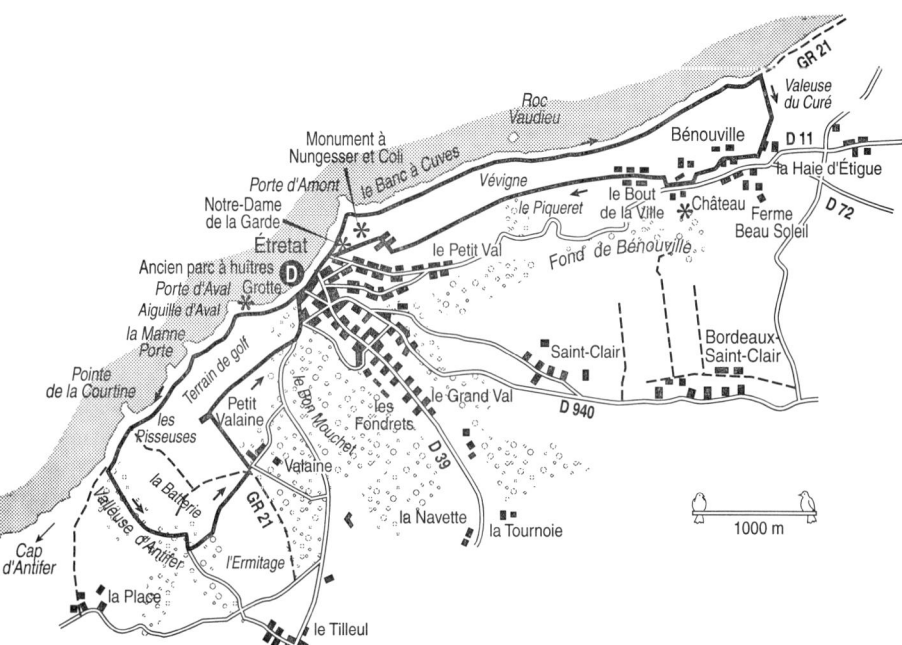

Je foule les galets gris d'Étretat : musique concrète, crissements, grattements, raclements, vibrations, résonances... On jurerait que cette plage en pente tient un discours au marcheur. Qu'elle lui explique, en langue minérale, une donnée essentielle de l'ordre du monde... Galets d'Étretat, avez-vous donc une âme ? Je les ai connus en amoncellements plus épais, plus sonores sous les pieds. De récentes tempêtes ont dévasté ce sédiment instable aimé des poètes et des peintres... Des barques, tirées à la côte au bout de leur chaîne, répondent en couleurs crues — rouge, vert, violet, bleu — aux craillements des goélands. Je me déshabille. J'ai décidé de nager. Fin mars... Un modeste défi que je me lance à moi-même chaque année, je ne me souviens plus pourquoi. L'eau est à 12° Celsius. Les vagues déferlent avec une force propice. Une méduse pélagie pulse : reflets de rose et d'améthyste sur un organisme liquide... J'entre dans la froidure marine. Plaisir et suffocation. Je barbote, même si j'ai la sensation de me changer en pantin de glace. Du sein de l'eau, dont émerge un cormoran huppé, je jette un œil vers la Porte d'Aval. Cet huis de calcaire blanc mène à un autre monde.

 ***D'ÉTRETAT À ÉTRETAT***
***PAR LA VALLEUSE D'ANTIFER,***
*1 heure 30*

Je sors grelottant, la peau bleue. Un touriste se tapote la tempe. Je me rhabille. Bonnet, tricot, chaussures de randonnée. Le vent m'emplit les poumons d'un aérosol de sel et d'iode, dont j'ai l'impression qu'il fluidifie mon sang, retend mes muscles et dilue les pollutions de ma cervelle.

Je file vers l'extrémité occidentale de la digue en dominant le platier verdi d'algues où étaient jadis des parcs à huîtres. Je monte le grand escalier qu'emprunte (balises rouge et blanc) le G.R. 21. Je passe le blockhaus. Le sentier a été surcreusé par les processions de visiteurs. Érosion mécanique, piétinement excessif. La pelouse de fétuques rouges et de brachypodes pennés se rehausse, pourtant, de plantains cornes-de-cerf, de carottes sauvages gummifères et de chardons rolands (ou panicauts champêtres), desséchés par l'hiver qui traînaille... Je vis cette ascension comme une élévation. Un bout de quête philosophique. Je comprends que tant d'artistes aient été inspirés par ce surcroît de beauté. La hauteur prodigieuse des falaises, la forme des arches, l'aiguille minérale que l'eau bat (et un jour abattra), la combinaison vert, blanc et bleu de l'herbe, du calcaire et de la mer : tout subjugue ; tout sollicite le pinceau ou la plume. Dans cette harmonie, la géologie, la flore et la faune se connectent aux structures mentales de notre sens esthétique ou de notre notion d'absolu. Même le promeneur congestionné, et qui rote son gigot du dimanche, ressent cette marche comme un début d'extase.

Je ne cache pas qu'en regardant ce panorama, on peut former des pensées plus triviales. Avec ses toits d'ardoises noires, nichée dans son val entre deux falaises pâles, Étretat évoque un bas-ventre velu de femme, entre deux cuisses généreuses ; et au milieu coule une rivière... Loin de moi ce genre d'obsessions. Vous lisez la prose d'un pur esprit. Mettons d'un ange. Sans ailes.

Je domine la Porte et l'aiguille d'Aval. L'arche et le cône. Géométries parfaites, au-delà desquelles s'ouvre la valleuse de Jambourg, qu'achève la Manne-Porte. L'aiguille d'Aval atteint 51 mètres de hauteur, la falaise plus de 70. Debout au bord du vide, le corps battu par le vent, je me délecte. Je contemple, tout en bas, le sable ocre brun à nuances fauves ou mauves de la plage. Jouissance de l'à-pic, à 20 centimètres du statut définitif d'ange aptère ! Je goûte la lumière de la mer, de la falaise et du ciel. Les reflets des vagues, des nuages et de la roche se répondent. Je baigne dans le Poème. Des goélands argentés et des goélands bruns, des mouettes rieuses et quelques tridactyles, des sternes caugeks et pierregarins, des cormorans huppés et — là-bas — un fou de Bassan qui rame dans l'air, veulent épouser les ondes du vent.

Je me remets en marche. Le sentier frôle les gouffres. À gauche, le gazon du terrain de golf, trop poli pour être honnête. À droite, l'infini moutonnement de la Manche... La crête rocheuse se constelle de plantes qui, fin mars, en sont encore réduites à leurs rosettes de feuilles basales. J'identifie tour à tour le silène maritime, dont j'imagine les calices vert rosâtre, gonflés comme des ballonnets d'enfants. La bruyère à quatre angles (ou tétralix), dont les clochettes mauves ont été volées à un ciel d'Étretat peint par Monet. L'armérie, ou gazon d'Espagne, qui exhibe en mai-juin ses pompons roses de majorette. Le crithme, ou perce-pierre, auquel ses feuilles en crête hirsute font une coiffure de Huron... Mais le premier personnage végétal de ces corniches reste le chou marin : considérable crucifère aux feuilles ondulées, parfois pommées à cœur, d'un étonnant bleu-vert lavé de mauve et de rose... Tel est l'ancêtre sauvage du chou potager, conçu par la nature avec pour engrais la lumière et la brise.

Je domine, puis je dépasse la Manne-Porte. Chaque arc-boutant, chaque grotte, chaque aiguille raconte sa brève histoire ou sa longue légende. Je me remémore l'énigme de *L'Aiguille creuse*, où Arsène Lupin s'illustra. Je chemine vers la pointe de la Courtine. Je voudrais fouler les plages de sable, les anses de galets, les chaos d'éboulis, les platiers creusés de chenaux et d'alvéoles que j'entrevois tout en bas, entre les festons de pierre, dans la perspective des dièdres et des couloirs d'érosion. Des choucas décollent devant mes pieds et enchaînent les acrobaties aériennes : contraste de leurs plumes noires et de la pâleur du calcaire. Dans les creux humides, j'invente d'autres espèces de plantes : le mâceron (ou smyrnium), proche cousin du céleri ; la livèche (ou ligustique), classée elle aussi dans la famille des ombellifères ; la betterave maritime, aïeule aborigène des bettes, betteraves rouges et betteraves fourragères de nos potagers et de nos champs.

Le G.R. 21 traverse les Pisseuses. Mon mépris du fantasme trivial m'interdit d'évoquer en public la scène qui vaut ce nom au lieu-dit ; c'est pur hasard si mon regard fouille un buisson... Une alouette champêtre décolle et grisolle. Grive litorne et merle noir. Rouge-queue et accenteur mouchet... Je me rappelle la troupe de linottes mélodieuses qui m'accueillit, une fois, sur cette crête : poitrines rose chair ; une volée de tétons peints par Boucher. Où prenez-vous que j'ai des obsessions ?

Le sentier redescend vers la valleuse d'Antifer, dont j'aperçois le cap homonyme derrière la pointe du Fourquet. Ma rétine se refuse à enregistrer, plus loin, le béton monstrueux de la digue qui borne le port pétrolier du Havre-Antifer. Je dévale jusqu'à la mer. Je caresse, sur le sable, des touffes d'oyats rêches et de lagures ovales doux comme du coton. Les vagues ont jeté sur l'estran des algues rouges, brunes et vertes ; un os de seiche ; une méduse aurélie à quatre ocelles violets ; et des coquillages — mactres, vénus, coques, tellines...

Je poursuis ma balade sur le G.R. 21, en remontant la valleuse d'Antifer sur la petite route asphaltée qui mène au village du Tilleul. Les talus se hérissent de fougères-aigles et de ronces, de boqueteaux de chênes et de hêtres hantés de geais et de corneilles ; avec des noisetiers, des troènes aux grappes de baies noires, et des fusains bonnets-d'évêques dont les fruits rose bonbon évoquent des berlingots autant que des mitres épiscopales. Le G.R. 21 quitte la route et file vers le nord. Je le suis encore un moment. Je le quitte avant le hameau de Valaine, au carrefour des six routes. Je vais à gauche, vers la ferme de la Petite Valaine. D'où je redescends, à droite, vers Étretat.

 *D'ÉTRETAT À ÉTRETAT PAR BÉNOUVILLE,*
*3 heures 30*

Marche dans la ville. Maisons à colombages. Charme discret du pays de Caux. Je songe à cette terre qui fut un sédiment du fond de la mer à l'ère Secondaire, voici 90 à 75 millions d'années, quand le rapide ichtyosaure traquait la bélemnite comme notre dauphin chasse le calmar. Cette contrée, que le vent du large lèche et saupoudre d'embruns, se compose d'un couvert de marnes et d'argiles du Tertiaire, sur un énorme socle du Crétacé (Turonien supérieur et Coniacien), en craie grise, beige ou blanche.

Me voici revenu sur les galets d'Étretat. Je vais sur la digue, mais dans la direction opposée à celle que j'ai prise tout à l'heure. Au nord-est, et de nouveau sur le G.R. 21... Des escaliers mènent à la chapelle des Marins (ou Notre-Dame de la Garde), au musée Nungesser et Coli et au monument en forme d'oiseau qu'on a érigé à la mémoire de ces pionniers disparus dans l'Atlantique à bord de leur avion, l'*Oiseau blanc*. Divers volatiles perchent sur la flèche de métal qui désigne l'Amérique. Le G.R. frôle le bord de la falaise. Vertige recommencé !...
Nul ne m'empêchera d'être, en rêve, ce goéland aux ailes

ouvertes qui salue les dauphins venus contempler le rempart de l'Europe. J'admire, entre les buissons d'ajoncs en fleurs-papillons jaunes, les feuilles bleu-vert et rose-mauve d'un cortège immobile de choux marins dont les corolles crucifiées jetteront, en été, leur poussière de pollen doré sur la falaise. Les à-pics atteignent 90 mètres. La muraille calcaire est instable. Changeante. Danger d'éboulement ! Ne pas s'approcher des corniches... L'eau s'infiltre par des fissures, gèle en hiver et fait éclater la roche. L'édifice s'effrite, s'effondre en chaos que la mer attaque, divise et réduit en galets, puis en sable. L'amateur de fossiles quête le corail primitif et le brachiopode, l'escargot et le bivalve ancestraux, le test d'oursin, la dent de requin ou (chance insigne !) la coquille en corne d'abondance de l'ammonite.

Le goéland piaille à l'évocation de ces fantômes antédiluviens, et tourne dans le vent chargé de sel. J'essaie d'apercevoir, aux jumelles, le pétrel fulmar et le puffin des Anglais. Le fou de Bassan, la sterne arctique et ses cousines caugek et pierregarin. Peut-être la bernache cravant, le gros eider à duvet et d'autres canards — harles et hareldes. Sans oublier les limicoles qui becquettent leur garde-manger de sable ou de vase : pluviers, gravelots, barges, courlis, chevaliers, avocettes, échasses, huîtriers, tournepierres, vanneaux et bécasseaux.

Je repère les marches de béton qui descendent, à gauche, sur le versant nord de la Porte d'Amont. Je dévale. Point de vue sublimes vers l'immensité de la baie qu'achèvent, là-bas, la Porte d'Aval et son aiguille. Je vais jusqu'aux galets, sous la Porte d'Amont. Singulière symétrie des deux arches d'Étretat... Les vagues bleu-vert, de la nuance des feuilles du chou marin, se brisent en écume blanche sur la blancheur des pilastres. Duel de l'eau et de la terre. Mais les arcs de triomphe qui naissent de ces combats ne sont pas édifiés pour l'homme. Plutôt pour l'ichtyosaure et le dauphin.

Je remonte sur la crête. Le G.R. 21 file vers le nord-est, entre falaise et clôture. À gauche, la Manche toujours recommencée. À droite, des prairies et des champs de (trop) grande culture. Vaches et tracteurs. J'arrive en vue du roc Vaudieu : pyramide plantée dans la mer. Là-bas, un peu de guingois, l'aiguille de Belval semble une flamme de chandelle tremblotante. Blanche, rose, ocre ou mauve, selon la longueur d'onde des rayons qui l'allument... Des choux, des choux, encore des choux. Des hélianthèmes, des giroflées, des arméries, des cochléaires, des spergulaires. La sous-espèce endémique *candidus* du séneçon à feuilles entières *(Senecio helenites)*. Des bouquets incongrus de prunelliers et de sureaux couchés par le vent... J'inscris, sur mon calepin, la tenue d'un congrès de troglodytes mignons dans les ronces. À l'horizon, la ligne de fuite du rempart calcaire semble extraite d'une esquisse de géomètre. À d'autres instants, ce rideau de pierre paraît onduler au vent. Ne m'étonnerait pas que les exhalaisons du chou sauvage aient un pouvoir hallucinogène. Je domine, à présent, l'aiguille de Belval. Je la voyais jusqu'ici par sa plus large face. De profil, elle est lame de couteau, d'ailleurs plus mince en bas qu'en haut. Sapée par la mer. Condamnée à s'effondrer, mettons (je prends les paris) le 15 novembre 2045. Le jour de mes 100 ans. Au désespoir des cormorans huppés qui l'ont élue H.L.M.

Le sentier bascule soudain dans une dépression herbue d'un vert intense. Terriers de lapins. Mâcerons et radis maritimes. J'ai atteint la plus sauvage — parce qu'inaccessible en voiture — de toutes ces vallées suspendues au-dessus du rivage, que l'érosion offre au pays de Caux, et qu'on baptise « valleuses ». Une pancarte le confirme : « Valleuse du Curé ». Le panonceau ajoute : « Accès interdit ». Tel est aussi le conseil que je donne. Telle est la conduite que j'adjure mon lecteur de tenir : n'y allez pas ! Trop dangereux... Le fait est qu'il est possible d'atteindre à la mer par cette fissure. Je m'interdis, pour ma part, de m'engager (juste pour voir) dans ce dièdre où le sentier n'est qu'une trace. Je refuse de me pendre au bout de corde usagée qui conduit à des volées de marches de pierre, lesquelles s'enfoncent dans un tunnel de roche. Je me défends de descendre cet escalier surréaliste, à peine éclairé de quelques lucarnes d'où l'on voit la plage comme par les meurtrières d'un blockhaus. En aucun cas, je n'essaie de m'accrocher à la corde pourrie qui court en oblique, 4 mètres encore au-dessus des galets. Vous ne me verrez pas, je vous le jure, les pieds ripant sur cette mince corniche. Ni en train de descendre, à la force des bras, cette méchante lanière fixée à la voûte, et qu'il me faudra remonter tout à l'heure par le même véhicule. Car l'ancienne échelle de fer n'existe plus...

Parvenu — contre toute prudence — au bas de la valleuse du Curé, quiconque se balade sur l'estran se forme une véritable idée de la splendeur sauvage en Normandie. Vues depuis leur base, les falaises semblent des orgues accrochées aux nuages, et dont les oiseaux de mer jaillissent telles des notes de musique... Je marche — euh ! si j'avais désobéi, je marcherais... — sur un lit de galets gris-bleu, souvent veinés de blanc, parfois presque violets, dont la sonorité garde forcément quelque chose du chant des Vikings. Le platier calcaire s'abaisse en pente douce vers la vague, perforé, creusé, haché par des légions d'animaux térébrants, hérissé de pointes, sillonné de chenaux et de mares. Dans des forêts miniatures d'algues rouges (corallines), brunes (cystoceires), vertes (ulves), vivent l'anémone-cheval couleur de sang, l'anémone commune vert et rose, la patelle chapeau chinois, le buccin, le bigorneau, la crevette et des défilés de crabes.

Si vous avez osé venir jusqu'ici, ne me demandez pas de vous aider à grimper les 4 mètres de lanière qui vous ramèneront à la corniche, puis aux escaliers du tunnel. Je vous attends sagement au bord du G.R. 21. Du reste, c'est ici que je le quitte. Je remonte la valleuse du Curé vers le sud, jusqu'à la route de terre qui conduit au village de Bénouville. Près de l'église au clocher suraigu, je gagne la départementale 72, que j'emprunte à dextre jusqu'au château. Barre à droite, barre à gauche, je traverse le lotissement du Bout de la Ville. Par une large piste, je reviens au monument de Nungesser et Coli. D'où je m'envole vers les galets d'Étretat.

Le soleil qui décline repeint aux couleurs de Monet l'arche de la Porte d'Aval. Il semble qu'un goéland craille ce vers de Jules Supervielle : « *Trop d'océan, trop de ciel.* »

### NOTE SAISONNIÈRE ET RECOMMANDATIONS

Cette balade est sublime, mais dangereuse ; plus risquée qu'on n'imagine en avisant la largeur du G.R. 21, sur la falaise. Il se passe peu d'années sans qu'un promeneur dévisse. L'herbe (humide ou sèche) et la terre sont glissantes. La corniche, minée par l'érosion, se dérobe sous le poids. Les rafales de vent déséquilibrent le visiteur. Je ne reviens pas sur l'interdiction qu'il y a de descendre à la mer par la valleuse du Curé : si vous vous y risquez, vous serez responsable. De toute façon, n'y emmenez pas d'enfant.

Toutes les saisons d'Étretat sont superbes. L'automne et l'hiver, redoublez de prudence, surtout en cas de pluie et de brouillard. Ne vous laissez pas surprendre par la nuit sur les falaises (gare aux jours qui raccourcissent !). La faune marine ne change guère, même si beaucoup d'algues sont annuelles. Les saisons de migration des oiseaux enchantent l'ornithologue aux aguets. Le printemps et l'été sont propices au botaniste, que ravit la flore du sec, du vent et du calcaire.

# 2. Vexin

## Le lion de Château Gaillard

*Dans le Vexin normand, l'un des plus beaux paysages de la vallée de Seine, sur le G.R. 2, près des Andelys... Du méandre de Courcelles aux ruines de Château Gaillard, cette forteresse que fit bâtir Richard Cœur de Lion au retour de la croisade... Nulle part, on n'approche de si près l'histoire et la nature normandes.*
   Aller-retour, de Courcelles-sur-Seine à Château Gaillard, 6 heures 30.
   Carte I.G.N. au 1 : 25 000, 2012 OT, Top 25, Forêt de Bord, Louviers, Elbeuf, les Andelys.

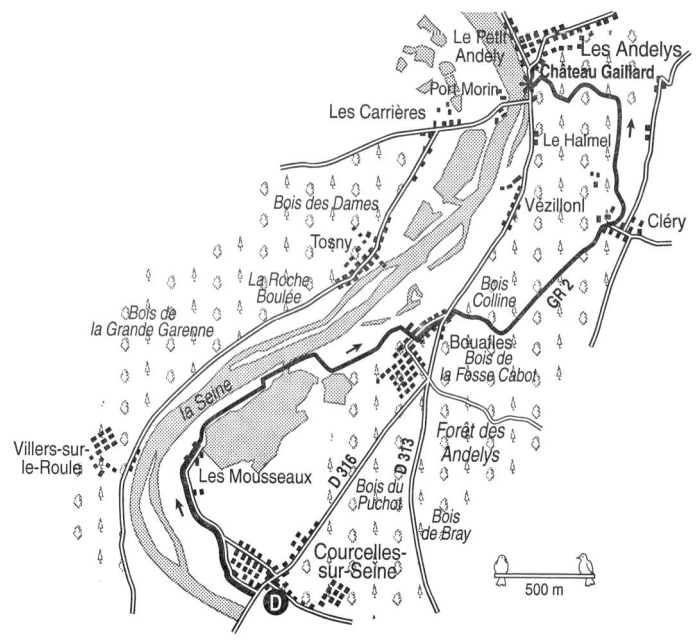

Balade dans l'Histoire autant que dans la nature. Plongée au cœur du Moyen Âge, de la rive de la Seine à ses falaises boisées. L'idée de ce que fut ce fleuve autrefois. Mais quand ? C'est en 1197 que s'acheva la construction de la forteresse de Château Gaillard. J'effectue cette balade en 1997, juste huit siècles plus tard. Je relève la coïncidence en me mettant en route. Rien n'était programmé. J'imagine que Richard Cœur de Lion sourit dans sa barbe de nuages. J'ignore s'il avait la barbe ; mais, sur une branche, une corneille semble être coiffée d'une couronne de feuilles.

 ***DE COURCELLES À L'ÉTANG DE MOUSSEAUX, 1 heure***

Temps d'orage. Touffeur. Grésillements de l'air. Moucherons énervés. Un oiseau crie sur un ton discordant. Les cumulonimbus gris-noir s'étirent en hauteur, puis envahissent le ciel. Je me demande si je fais bien d'y aller. Je me réponds : oui ! Tant mieux s'il pleut ! J'ai envie de recevoir de l'eau sur la tête. De regarder les éclairs. De vibrer avec le tonnerre. Je m'en remets aux fantaisies de l'atmosphère. Elle ne déçoit jamais.

De la petite église de Courcelles-sur-Seine, je rejoins le G.R. 2. Traits rouge et blanc sur les poteaux de la ruelle qui va à la Seine. Je traverse le village. Deux bergeronnettes grises me montrent le chemin. Je veux croire qu'elles m'aident. En vérité, leur seul dessein consiste à gagner une mangeoire à vaches où les insectes pullulent. La route laisse, entre les tilleuls et les platanes, deviner l'île du Roule et la boucle de la Seine — une concavité bleu-vert, crêpelée de hêtres et de chênes, où niche le village de Villers-sur-le-Roule. J'ai habité près d'ici voici vingt ans. Dans un hameau de

Venables joliment baptisé « Fontaine-la-Verte ». J'ai vécu des matins de printemps enchantés dans le bois voisin de la Caboche, où poussaient l'orchis casque, la platanthère à fleurs blanches, l'orchis à deux feuilles et l'ophrys moucheron au thorax bleu et à l'abdomen pourpre. Une firme automobile y a, depuis lors, implanté une piste d'essais pour bolides. L'huile de vidange a chassé l'orchidée, le rugissement des moteurs a banni le rossignol. Pardon d'inaugurer cette balade par un coup de blues. Ce doit être l'orage.

Je me ressaisis. Ou plutôt, le flash des éclairs me requinque tandis que je passe la ferme des Vallots, puis que j'entre au hameau de Mousseaux. Crescendo du tonnerre. Larges gouttes sur l'herbe, les arbres et mon crâne. Les troènes portent des épis de fruits noirs — baies toxiques, obscures comme les nuées. Je m'engage sur la piste de terre qui longe la rive ouest de l'étang de Mousseaux. Les libellules volent en tous sens : anax empereurs, æschnes bleues, gomphes jaune et noir, agrions d'azur et de jais, petites nymphes au corps de feu... Les hirondelles rasent la surface en crissant. Deux cygnes glissent sur le plan d'eau où ploquent les gouttes. Un grand cormoran disparaît en plongée. Cette espèce me sidère ; elle est rusée ; ce doit la raison pour laquelle elle a tant d'ennemis parmi les hommes. Deux grèbes huppés dansent, cou flexible et bec pointu. Je tourne un bosquet de peupliers. Je file vers la Seine.

 *DE L'ÉTANG DE MOUSSEAUX AU HAMEAU DE CLÉRY, 1 heure 30*

Une passerelle en fer, tout en trapèzes, enjambe l'émissaire de l'étang de Mousseaux. Elle offre un point de vue superbe sur la Seine toute proche. Je l'emprunte. Vers l'ouest, je contemple les îles Bonnet et de la Tour ; les pentes des Élingues, du mont Rôti, de la roche Boulée ; le bois de la Grande Garenne et son voisin des Dames, qui coiffe le village de Tosny. Des poules d'eau se réfugient sous les saules. Un héron cendré décolle sous la pluie : on le jurerait tiré d'une gravure d'Utamaro. Une série d'éclairs zèbrent le ciel au-dessus du fleuve, qui prend une teinte de plomb verdi. Je reçois l'averse comme un plaisir. Je suis trempé. Je suis bien. J'évite les installations de la base de loisirs de Mousseaux. Je longe le petit bois des Sapins, en direction du quai de Rouen et de Bouafles.

Juste derrière la petite église du village, le G.R. 2 grimpe la pente. De part et d'autre, les champs se rehaussent de fleurs : bleuets, coquelicots, chrysanthèmes des moissons dorés, pensées sauvages violettes à cœur jaune, camomilles romaines, silènes compagnons blancs, séneçons jacobées en plateaux de fleurs jaunes, achillées millefeuilles en soucoupes de fleurs blanches, vipérines bleu-violet, campanules étalées aux clochettes à l'élégance persane... Je me penche sur les legousies (ou miroirs-de-Vénus) violettes, les liserons blancs, les armoises au parfum entêtant, les mauves musquées aux corolles en rosaces, les linaires communes dont chaque fleur semble un vase d'or et de cuivre, à l'usage d'un prêtre de Saïs ou de Delphes.

L'orage déferle, craque, chamboule l'atmosphère et les êtres. Le déluge se déverse. Je le reçois comme si j'étais une herbe de la prairie, une grenouille béate, un escargot baveux. Puis les éclairs et le tonnerre s'éloignent. La pluie se calme. Hésite. Cesse. De larges déchirures de nuages offrent au monde renaissant des extraits de bonheur pur, sous forme de pans de ciel bleu. Le soleil revenu exalte les gouttelettes sur les feuilles. Mes vêtements fument. Je suis de la substance des champs labourés.

Le sentier s'élève dans la pente calcaire, que couvre à présent l'épaisseur d'un bois de hêtres, de chênes, de charmes, de frênes, de merisiers. Avec un lot furtif d'écureuils et de martres (cherchez parmi les branches) ; de mésanges à longue queue et de geais aux épaules d'azur ; de pinsons, de sittelles, de pouillots, de bouvreuils, de bruants... Un virage à gauche. Quelques longueurs encore, et voici la petite route goudronnée, puis la piste de la Vignette qui mène, au nord, vers le hameau de Cléry.

*DU HAMEAU DE CLÉRY
À CHÂTEAU GAILLARD,
0 heure 45*

Une buse plane. Une alouette des champs joue les ascenseurs musicaux. Un lièvre détale dans les betteraves. Un faucon crécerelle guette le mulot au-dessus des vestiges du Muret. Tout à l'heure, en montant la pente au-dessus de Bouafles, j'ai entrevu, vers le nord, les ruines de Château Gaillard. Fameuse bâtisse ! C'est vers cette énormité que je marche. Jolie route, puis piste de terre le long de la ferme du Hallier, vers la chaussée qui conduit — à l'ouest, toute ! — au parc à voitures du monument. Le G.R. 2 pique dans un val d'ombre verte, juste avant le flot de touristes, et débouche au pied des murailles.

La lande, alentour, se pare de cent buissons : églantiers, genévriers, aubépines, prunelliers, pommiers sauvages ; avec des troènes et des fusains bonnets d'évêques... En avril, j'ai vu ces pentes enchantées de coupes violettes à cœur d'or — des pulsatilles printanières. En mai, j'y ai surpris les lentes amours baveuses, hermaphrodites et sado-masochistes des escargots de jardin, au corps gris-bleu et à la coquille spiralée jaune et brun. En cette fin d'été, l'herbe ondule au vent qui ébranle les touffes de chardons rolands.

Je pénètre dans l'enceinte, tel un chevalier du Moyen Âge rabougri. Monstrueuses murailles de calcaire aux fissures colonisées de pariétaires (ou casse-pierres), de giroflées (ah ! ce parfum...), de mufliers (ou gueules-de-lion) et d'hélianthèmes aux pétales de soleil chiffonné. Un faucon vole : un pèlerin, semble-t-il. Loopings d'hirondelles et de martinets. Des lézards gris passent le nez à la fenêtre de leur trou : nul n'a plus profité qu'eux de cette forteresse ; ils y logent depuis huit siècles ! Au-delà des créneaux des remparts, le regard fuit vers l'immensité du val de Seine. On embrasse l'argent bleu-vert du fleuve, depuis les Mousseaux jusqu'aux Andelys. Les falaises blanches semblent des meringues. Farcies de mystères, de fossiles et de lumière.

Château Gaillard... Impossible de ne pas songer à ceux qui l'ont construit. Ses architectes. Ses foules d'ouvriers — terrassiers, maçons, menuisiers, forgerons, charpentiers... Jamais, dans l'histoire, on n'avait édifié si colossal monument en si peu de temps. Deux ans (1196-1197) suffirent. Richard Cœur de Lion ordonna l'érection de ce castel au retour de la croisade. Il exigea qu'on le dote de trois enceintes concentriques, avec créneaux, mâchicoulis et meurtrières. Il y voulut un donjon inviolable. Et un châtelet à cinq tours séparé du corps principal... L'ensemble fut jugé parfait. Imprenable. Indestructible. Comme le *Titanic*, la ligne Maginot et les centrales nucléaires... Il ne fallut que sept ans pour qu'il cède. En 1204, il fut investi par les soldats du roi de France Philippe Auguste, qui reprit la Normandie aux Anglais.

Me restent à visiter plusieurs cours, le donjon, les tourelles, les culs-de-basse-fosse, etc. Je m'y emploie dans l'esprit du lézard gris. En locataire innocent, irresponsable et affligé d'une petite dette de huit siècles de loyer. Jusqu'au moment où je songe à la route qu'il me reste à courir pour regagner Courcelles.

> NOTE SAISONNIÈRE ET RECOMMANDATIONS
>
> Une balade simple et calme, belle en toute saison, juste un peu longue, puisqu'une fois arrivé à Château Gaillard, il faut en revenir... On peut poster à l'avance une deuxième voiture à l'arrivée. Ou, en partant de Bouafles, réduire le trajet total de moitié. Mieux vaut éviter la visite des ruines aux périodes de surcharge touristique !

## 3. Cotentin

# Le Nez de Jobourg

*Le vent de la Manche se déchaîne, des vagues énormes se brisent en poudre blanche sur les rochers, seuls la bruyère et le goéland résistent. Balade d'hiver en Normandie maritime, sur le sentier littoral (G.R. 223), à l'extrême pointe de la presqu'île du Cotentin. À la fois tout près et très loin de l'usine de la Hague.*

Aller-retour, du Nez de Jobourg au cap de la Hague, 5 heures.

Carte I.G.N. au 1 : 25 000, 1110 ET, les Pieux, cap de la Hague.

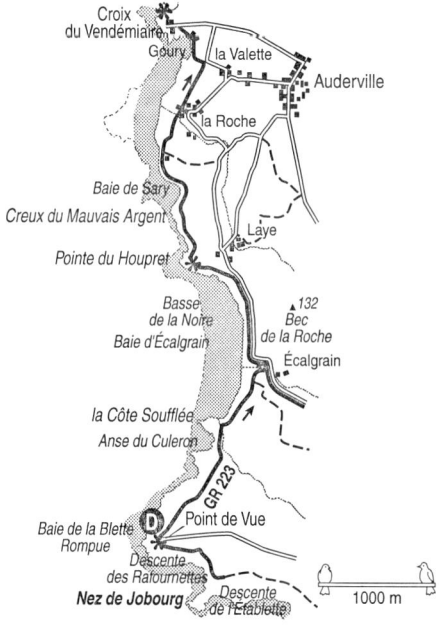

Le vent du large arrache aux vagues des volées d'embruns et les soulève en tourbillonnant jusqu'au sommet de la falaise. On dirait qu'il neige à l'envers. L'hiver marin sera blanc... Les flocons de mousse retombent en tremblotant sur les herbes ; ils frémissent en baisant la végétation ; leurs alvéoles éclatent ; ils s'évanouissent comme des chapelets de bulles de savon. Ne restent que d'irréelles pellicules de sel, fragments de la peau d'un océan de légende, qui aurait mué comme le Serpent cosmogonique ou le Léviathan aux écailles luisantes...

Je contemple l'eau gris-vert de la Manche que les rafales affolent. Je vacille dans ce maelström, debout sur le Nez de Jobourg comme sur le nez d'un géant de conte. Il me semble que les narines du monstre inspirent chaque coup de vent. Sur la lande, les ajoncs allument leurs fleurs d'or : j'y reconnais les yeux des korrigans discrets. Je crois que j'ai besoin de ces fantasmagories pour continuer de vivre.

 *DU NEZ DE JOBOURG À LA BAIE D'ÉCALGRAIN,*
*0 heure 45*

Le fluide aquatique et le fluide aérien se mêlent. Je respire cet oxygène salin qui donne des ailes aux mouettes. Je marche à partir de l'auberge des Grottes, au bout de la route indiquée « Nez de Jobourg », qui conduit en réalité au Nez de Voidries. Telle est la dictature médiatique, que même l'administration des Ponts et Chaussées privilégie le nom de la vedette...

Le véritable Nez de Jobourg est un peu au sud-est, à portée de balade. Je lui vois une forme bourbonienne. Il est gris pâle, lavé du vert des végétaux et du blanc des embruns. Je veux m'y dresser. J'y vais en empruntant le sentier côtier (le G.R. 223) qui commence à gauche en regardant la mer. Je néglige la descente abrupte des Ratournettes, qui mène à l'anse de Seninval. Je marche sur la crête, puis je m'engage sur la presqu'île en dominant, vers l'est, la baie de l'Établette. Je foule un gneiss du Précambrien. Je songe aux créatures bizarres qui vivaient dans l'océan à l'époque où cette roche se forma, voici 570 à 530 millions d'années. Ce qu'on appelle, du nom d'un site fossilifère de Colombie-Britannique, la « faune de Burgess » : éponges archéocyathes, méduses, trilobites, opabinies et wiwaxies ; marrelles et yahoias ; sans oublier l'hallucigénie aux sept tentacules et sept paires de béquilles ; ni le terrible prédateur anomalocaris aux palpes griffus de mante religieuse ; ni le modeste pikaïa, encore échinoderme, mais déjà un peu procordé, c'est-à-dire ancêtre des vertébrés. Votre aïeul. Le mien.

Le vent redouble, ulule, siffle, gifle et me secoue comme un plant d'armérie ou de crithme. Je me sens silène ou dactyle nain. Je plie. Je me prête aux fantaisies de l'air. Je marche en zigzag. Avec prudence. J'avance sur le dos du géant. Je foule l'herbe rase, entre les buissons d'ajoncs prostrés aux fleurs en papillons d'or. Quelque 50 mètres plus bas, les rouleaux gris-vert se fracassent sur les écueils avec une brutalité des premiers âges, en envoyant vers le ciel leurs flocons de neige à l'envers. Un faucon crécerelle fait le Saint-Esprit, immobile dans les vortex de l'atmosphère. Il a la perfection des anges. Comment parvient-il à se stabiliser dans ce fluide en folie ?

Je m'essaie à la position du Saint-Esprit en revenant vers le parc à voitures. Je bats des bras : décollage immédiat ? Non... Je tente le coup depuis mon enfance : ça ne marche jamais. Je me sens ridicule. Puis une énorme rafale me fait chanceler et manque me précipiter dans l'abîme. N'imitons pas les anges : nos ailes sont encore imparfaites !

Revenu à mon point de départ, je contemple à nouveau le Nez de Jobourg depuis l'auberge des Grottes. En 1965, ces falaises ont été classées « réserve ornithologique ». Un couple de grands corbeaux y loge, ainsi qu'une colonie de cormorans huppés (cent cinquante couples, 8 pour 100 de tous ceux qui vivent en France). On y voit des fous de Bassan et des sternes — arctiques, caugeks, pierregarins. Des goélands bruns et marins. Des mouettes tridactyles visitent ces rocs : pour la plupart, elles nichent en face, sur l'île anglo-normande d'Aurigny. Des pétrels fulmars y font escale. Sans oublier les principaux locataires : trois cents couples de goélands argentés.

Je loue la richesse des milieux extrêmes, où la vie sauvage se réfugie parce que l'homme n'ose pas encore y couler du béton... Je m'engage sur le même sentier que tout à l'heure (le G.R. 223, sentier douanier et littoral à la fois ; balises rouge et blanc, et écriteaux sur des pieux de bois) ; mais vers le nord.

Le chemin file en direction de la baie d'Écalgrain, sur les Hautes Falaises, au-dessus de la baie de la Blette Rompue. Il longe un muret de pierres hérissé de ronces, d'aubépines, d'ajoncs, de genêts à balais et de fougères. Je caresse du bout du doigt les feuilles gorgées de sucs (succulentes), rondes, sensuelles, onduleuses, des ombilics rupestres (ou nombrils-de-Vénus) : en été, ils produisent une hampe de fleurs rose chair, bandée comme un mât de Cocagne. Je détaille les lichens sur les rochers. Certains font frisotter des cheveux gris ou noirs ; d'autres s'étalent en plaques orange ou jaunes ; d'autres encore produisent des foliaisons brunes sur lesquelles croissent de curieux entonnoirs de feutre gris, mouchetés de roux. Ces pionniers sont des associations d'algues et de champignons ; des symbiotes obligatoires ; ils prouvent, dans le vent de la mer, que la vie triomphe quand elle unit.

## LE NEZ DE JOBOURG

Le chemin devient creux. Le marcheur apprécie d'être protégé des rafales par le muret, les buissons, les fougères. À droite, s'étendent des pâturages vallonnés, vert cru — des concentrés de Normandie séparés par des lignes de pierres sèches. À gauche, la lumière perlée du ciel tombe sur la mer, avec des écritures de nuages qui racontent l'infini. Une fauvette pitchou sifflote sur la lande : espèce méditerranéenne au pays des Vikings ! De récentes pluies ont rendu le sentier boueux : j'aime cette terre trempée sous mes semelles. Je glisse. Je patauge. Je me régale de la molle noirceur de la gadoue. Je suppose que je fus batracien dans une autre existence ; grenouille ou salamandre ; crapaud calamite ou accoucheur ; peut-être l'une de ces créatures qui osèrent sortir de l'eau au Dévonien, voici 370 millions d'années, qu'on appelle « ichtyostégas » ou « toulerpétons », et qui cessèrent d'être poissons pour inaugurer la lignée des tétrapodes.

Une touffe de scolopendres me tire ses langues vertes de 40 centimètres de longueur : fougères impolies ! Voici l'anse de Culeron ; j'y descends. Plage de galets, où j'aimerais qu'une famille de phoques se vautre. Pas de phoques, aujourd'hui, mais deux naturalistes qui les guettent, et qui en ont vu. Il s'agissait de phoques gris, probablement des vagabonds du troupeau des Sept-Îles et de l'archipel de Molène, en Bretagne... La mer assène ses rouleaux sur le rivage avec une puissance qu'aucun mot ne décrit. Il me semble apercevoir deux ailerons, là-bas : des dauphins ? J'ose rêver de ces souffleurs dont le bec a appris à sourire. Dauphins tursiops, dauphins communs, sténelles bleu et blanc : je suis votre serviteur.

J'examine la falaise. Les plantes offertes au vent du large sont de modestes splendeurs. Elles souffrent, elles ont du mal à survivre, surtout en cette saison des tempêtes. Mais elles tiennent. L'armérie maritime se tasse sur elle-même en coussinets gris-vert, oreillers douillets pour les rêves des korrigans ; on la nomme aussi « gazon d'Espagne » ou « gazon d'Olympe », et elle expose au printemps ses pompons de fleurs rose tendre. Le crithme, ou casse-pierres, pose des chevelures de Huron dans les fissures. La carotte gummifère embaume qui la froisse. La silène maritime voisine avec la bruyère cendrée, l'orpin d'Angleterre, le mâceron (ou smyrnium), le dactyle nain. À d'autres saisons, fleurissent de rares plantes à bulbes : la fragile scille d'automne, aux clochettes mauves ; et la romulée (ou crocus des sables), en coupelle à six langues nervurées de bleu-violet, qui atteint ici sa limite climatique septentrionale.

Un couple de cormorans vole vers le nord au ras des vagues. J'ai souvent observé ces palmipèdes aux plumes obscures à reflets verts. Je les tiens pour les plus futés. Quand ils plongent, ils ne ressortent jamais où on les attend. Ils se moquent. Ils jouent. Ils sont l'ironie de la mer. Je les veux pour emblèmes.

##  DE LA BAIE D'ÉCALGRAIN À GOURY, *1 heure 45*

Je descends vers la baie d'Écalgrain : le site se compare aux plus majestueux. Qu'on se représente une moitié d'ellipse dans laquelle, incessamment, la Manche pulvérise ses vagues d'argent vert, sous la parabole d'une colline tapissée d'herbes de jade et de fougères fanées de la nuance du laiton ou du cuivre ; avec, à l'horizon, un ciel bleu pâle que les nuées traversent ainsi que des oiseaux pressés... Une étroite route asphaltée (la départementale 401) y conduit depuis Jobourg, puis monte à flanc de colline en direction d'Auderville et de Goury. Près du ruisseau nourri de pluies récentes, au fond du ravin, croissent des touffes de cransons du Danemark, de mâcerons et de betteraves sauvages aux amples feuilles en langues vert bouteille. Un peu plus loin, je repère des choux marins dont les limbes bleu-vert, lavés de rose et de mauve, ondulent à la façon des cumulus. Le haut de la plage expose des plantes des sédiments : soudes piquantes, arroches (ou atriplex) gris-vert, cakiles maritimes, matthioles, chardons bleus (panicauts) de mer, liserons soldanelles...

Je chemine au bord de l'eau : tapis d'algues arrachées par les lames. Rouges, dorées, brunes ou vertes. Chondrus lichens d'Islande, laminaires digitées, laminaires rubanées, fucus, himanthalies, ulves... Savants désordres... Un crabe file en oblique. Des anémones font onduler leurs tentacules dans les flaques de retrait, où fusent des crevettes grises et de petits poissons blennies. Je ramasse des coquillages : vénus, coques, praires, lutraires, couteaux, coquilles Saint-Jacques... Un requin chien de mer — une roussette —, long d'un mètre, s'est échoué sur le sable luisant : on dirait qu'il dort.

Après les petites bâtisses d'Écalgrain, le sentier s'amuse un peu avec la route, qu'il abandonne à sa droite pour serpenter vers la falaise et la pointe du Houpret. Je regarde en arrière : le prodigieux développement de la baie se colore d'un argent irréel que des rayons du soleil, à travers les nuages, transfigurent comme l'œil de Dieu dans les peintures naïves des églises baroques. Les ondes marines se succèdent comme des courbes mathématiques. La perfection est de ce monde, mais non humaine... Au bord du sentier, un pied de silène dioïque (ou compagnon rouge) fleurit en plein hiver : une bulle pour le calice et cinq cœurs carminés pour la corolle.

Une cabane de douaniers... Normal : je domine le Creux du Mauvais Argent. Une tradition peu morale explique ce toponyme : la côte de la Hague fut le dernier rivage de France où les naufrageurs exercèrent leur sinistre industrie. Un autre gabion de surveillance a été (explique une pancarte) « restauré en 1991 ». Il me semble à peine plus grand qu'une niche de chien. Trois murs de pierre adossés à un rocher, un toit de chaume, une fente d'observation vers la mer et une porte qu'on passe à quatre pattes... J'entre. J'ai l'impression de regagner ma tanière. Je songe aux mammifères, moins rares qu'on ne pense, qui affrontent les tempêtes de cette côte : lapins, renards, blaireaux, belettes, fouines, hermines, putois, sans oublier (un naturaliste me l'a appris) une quinzaine d'espèces de chauves-souris.

La baie de Sary et le rocher du Calenfrier. Les vagues s'acharnent, l'écume vole de plus en plus haut. Une buse fait le cerf-volant, les ailes à demi repliées, et plonge par-delà la crête marine, vers Auderville. Huit cormorans passent en escadrille. Puis cinq autres. Et cinq autres encore. Je subodore une manœuvre de l'aéronavale des volatiles. Clandestine... Je m'envole pour une mission d'espionnage imaginaire sur le dos d'un goéland. Je ne vois que la mer qui poudroie. Et, là-bas, telles des baleines vautrées sur l'horizon, les îles Anglo-Normandes. De la plus proche à la plus éloignée : Aurigny, Serq, Guernesey, Jersey.

J'entre dans le hameau de la Roche (« chambres d'hôte ») par une ruelle serpentine, entre des jardins entourés de murs de pierres. La pie, le merle, la mésange et le rougegorge sont chez eux. Le chat aussi, qui guette l'imprudent du coin de la moustache. Dans les potagers, les poireaux verdissent, les choux-fleurs blanchissent, les arbres fruitiers tendent leurs branches dénudées pour qu'on les taille. Je salue des enfants qui rient, un vieillard qui ronchonne, une femme en fichu bleu, un paysan sur son tracteur. Je marche vers Goury. À ma gauche, des prés plus verts que de raison conduisent en pente douce au gris, vert et blanc de la mer.

À ma droite, des moutons goûtent le sel et l'iode qui imprègnent leur herbe.

Droit devant, le petit port de Goury résiste encore et toujours à l'envahisseur Océan. Les vagues se forment, grandissent, avancent, accélèrent puis percutent la jetée avec une force prodigieuse. Elles envoient par-dessus la muraille des nébuleuses d'eau en poudre, qui retombent en bruine sur les barques. Voici le bâtiment du sauvetage en mer : mais aujourd'hui, aucun marin-pêcheur n'a osé sortir. Je traverse le hameau. En principe, j'ai fini ma balade, mais je pousse jusqu'au calvaire marin, près du phare du Vendémiaire. On n'est jamais assez loin de soi-même quand on rejoint la mer.

 *DE GOURY AU NEZ DE JOBOURG,*
*2 heures 30*

Pourquoi pas plus loin encore ? Je continue un moment vers le nord-ouest, sur le G.R. 223 en direction du sémaphore de la Hague et du Nez Bayard, la langue la plus septentrionale de la péninsule du Cotentin. À ma droite, une enfilade de marais côtiers (les Mares de Terre) offrent leurs larves, leurs mollusques et leurs crustacés à des défilés de gravelots, de courlis, de barges, d'échasses, d'avocettes, de bécasseaux, de tournepierres et d'huîtriers-pies, parfois d'aigrettes garzettes ou de hérons cendrés. (Selon la saison, les convives changent.) À ma gauche, la Manche se brise en tourbillons livides sur le raz peu profond, balayé de courants et hérissé d'écueils, qui garde la pointe extrême de la Normandie. Je rêve de drakkars. Je deviens modeste Viking. J'embarque. La nuit tombe. Le brouillard unit les choses. Thor envoie la tempête. La mer rugit sa colère en notes de vagues. Deux baleines nagent à flanc

de bateau et soufflent le songe de l'océan dans la cervelle des hommes.
Il me faut revenir au Nez de Jobourg. La tempête forcit. Je marche plié en deux. Le vent me contraint, de surcroît, à avancer penché sur la droite. Je suis tout bancal... Ridicule... Mais personne ne me regarde. À moins que... À moins que ne me voient ces créatures en torpilles qui fusent dans la substance aquatique en se jouant des déferlantes. Les dauphins ! Les tursiops ! Venus danser dans la folie de l'eau...
Mythologie. La mer mêlée à l'éternité. Arthur Rimbaud l'avait dit !

### NOTE SAISONNIÈRE ET RECOMMANDATIONS

Oubliez que vous n'êtes qu'à 5 ou 6 kilomètres de l'usine de retraitement nucléaire de la Hague. Ne pensez pas à ce viol que l'homme inflige à la nature. Laissez-vous subjuguer par la beauté de la côte. Vous pouvez garer votre voiture soit au Nez de Jobourg, soit à Goury, et faire la balade dans le sens qui vous plaît : pour vous décider, tâtez le vent. Tâchez de l'avoir dans le dos en marchant : de face, s'il décide de se lever, vous comprendrez votre erreur. Soyez bien chaussé : le sentier longe la falaise, et quand la tempête se déchaîne, mieux vaut se cramponner !

Cette balade est superbe en hiver : le déferlement des vagues lui confère une rare sauvagerie ; à cette époque, aussi, on a une chance d'apercevoir des phoques. Au printemps, reparaissent les mille fleurs des falaises et des plages, les batraciens dans les mares et les oiseaux migrateurs. L'été commence par les nids et finit par des éclats de bruyère sur les falaises. L'automne, les migrateurs repartent et les dauphins se montrent plus volontiers ; parfois, les grandes baleines : rorqual commun, petit rorqual ou cachalot.

## 4. Îles Chausey

# Grand marnage dans la baie

*Au milieu de la baie du Mont-Saint-Michel : les îles Chausey. À mi-distance du Cotentin et de la Bretagne, quelques rochers vêtus d'algues et de lichens, et hantés d'oiseaux criards. Ici balancent les deuxièmes plus fortes marées du monde. On est au bout du monde... À pied, sur la Grande Île ; ou en bateau, dans les récifs.*
*Le tour de la Grande Île à pied, 2 heures.*
*Carte I.G.N. au 1 : 25 000, Série bleue, 1214 0, Granville.*

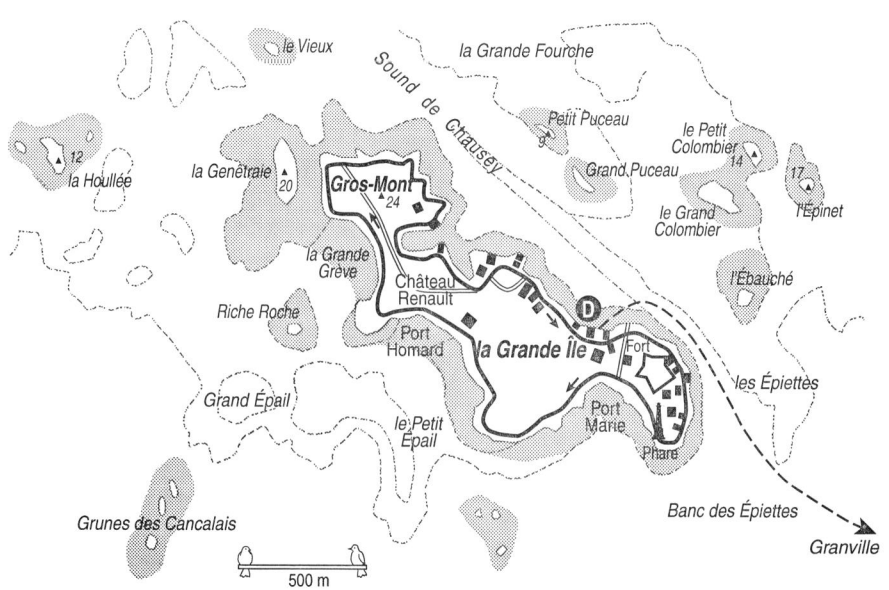

Les îles Chausey. Une autre idée de soi-même et du monde, dans le parfum du vent et de la mer ; sous des lumières d'argent et de plomb que filtrent les nuées, et qui confèrent à la Manche une inimitable nuance de turquoise grise.

J'ai souvent rêvé de ce semis de récifs de sombre granit, qu'un géant rieur aurait jeté, un soir d'ivresse, au sud de Jersey, dans la baie du Mont-Saint-Michel, à mi-distance du Cotentin normand et des côtes de Bretagne. J'y vais aujourd'hui. Le plus difficile, hors saison, est de trouver un bateau de passage. J'ai la solution. Le *Courrier des Îles* de Gilbert Hurel. Un superbe cotre à moteur et à voile, dessiné par celui qui fut la figure de Chausey : le peintre de marine Marin Marie. Gilbert Hurel m'attend au port de Granville. Grand, brun, l'œil vif, la plaisanterie qui fuse... Non seulement il navigue à Chausey, mais il se passionne pour l'histoire et la toponymie de l'archipel où il est né, et où il emmène les curieux[1]. Embarque aussi l'écrivain Georges Fleury. Casquette bleue, ciré jaune et bottes : l'air d'un loup de mer. Cet ancien de la Royale habite la région. Il en connaît les côtes mieux que quiconque. Il écrit sur leur faune[2]. Amarres larguées. Mer belle, après le coup de vent de la nuit. Sortie du port. Cap sur l'archipel de l'étrange. Une heure et demie de traversée. Un vol de cormorans huppés montre le cap.

---

1. Claude et Gilbert Hurel, *Les Îles Chausey, inventaire et histoire des toponymes*, chez les auteurs, 1997.
2. Georges Fleury, *La Pêche à pied*, Grasset, 1997.

***UNE TRAVERSÉE ENCHANTÉE,***
*1 heure 30*

Le clapot choque doucement l'étrave et le bordé. Le bateau trace sa route au moteur et au foc. Je scrute les vagues alentour. Je n'osais les espérer, mais les voilà. Tout de suite. Les dauphins !... Les grands souffleurs, ou tursiops. Le troupeau résident de la baie du Mont-Saint-Michel. Ils giclent en surface. Rapides. Quasi liquides. Ils exhalent leur vapeur et passent. Irréels. Ce sont les rêves de la mer.

Les dauphins filent, sinuent, se tordent, surfent et ondulent quelques secondes sur les courtes vagues glauques. Puis ils remettent au fourreau de la mer leur dos gris-bleu, leur aileron en faux et leur sourire inextinguible. Au ras de l'eau, volent de petits groupes de grands cormorans et de cormorans huppés. Oiseaux affairés. Ils ont l'air de savoir pourquoi ils sont là ; et où ils vont. L'un d'eux se pose et plonge ; il ressort à distance, le jabot lourd de fretin, les plumes luisantes. On croirait que la mer vient d'avoir une idée.

Nous cinglons vers l'ouest-nord-ouest. Des goélands argentés, des goélands marins et un grand goéland brun nous font cortège. Un fou de Bassan juvénile erre dans les parages. Le *Courrier des Îles* est un bon bateau. Georges Fleury et moi discutons plongée et littérature. Durant ses années de Marine, Georges a fait partie d'une équipe de casse-cou chargée de tester des scaphandres à oxygène en circuit fermé ; dangereux engins ! Pour ma part, je me suis passionné pour ces questions avec Cousteau. Quant à la littérature, rien, mieux que la mer, n'y incite. N'y invite. Herman Melville nous envoie un songe de cachalot blanc. N'est-ce pas Moby Dick, là-bas ?

C'est un rocher qui pointe, environné d'oiseaux, tapissé de lichens gris pâle et de guano. On appelle cette baleine « îlot de la Conchée » ; son museum (ou son melon) reçoit des pêcheurs le sobriquet de « caillou Lapie ». Telle est la sentinelle de l'archipel de Chausey où, dit-on, cinquante-deux îles (une par semaine de l'année) émergent à marée haute, et trois cent soixante-cinq (une par jour) à marée basse, lors des reflux des marées d'équinoxe, quand la différence de niveau entre les hautes et les basses eaux excède 14 mètres. Le plus prodigieux marnage du monde, après les 15 mètres de la baie de Fundy, de l'autre côté de l'Atlantique, à la frontière du Canada et des Etats-Unis...

Nous longeons le sud de l'archipel. Récif après récif. Passage après passage. Gilbert Hurel désigne chaque tête de granit par son nom, officiel ou local. Celui qu'ont noté sur leurs cartes les services de la Marine et de l'I.G.N. ; ou celui, plus pittoresque, que lui attribuent les pêcheurs qui mouillent ici chaluts, casiers à homards ou dragues à coquillages. Voici, entre autres, le Gaillard d'Avant et le Mât d'Artimon ; les îles des Huguenants et le rocher de la Chapelle ; les Piliers, le Grand Cheval et le Petit ; les Grossettes et le Caillou Boivin ; la Bonne Femme et l'île Longue ; l'Oursière, aussi... Formes fantastiques. Jeux de l'imagination parmi les pierres et les vagues, que les brouillards excitent. Ce congrès d'éminences de granit me fascine... Je m'imagine dauphin ou cormoran, en train de me faufiler de passe en passe, les flancs caressés par les algues, la peau du ventre baisée par la douceur des laminaires et du varech.

La marée descend. À tribord avant, la procession de rochers continue. La Fortune (ou le Tas de Jonc) ; l'Ébauché (dit aussi : « Délasse ») ; le Grand Colombier et le Petit ; la Tour Eiffel ; le Grand Puceau et sa Turlutte (je n'invente rien !) ; le Petit Puceau (bien sûr !) ; la Grande Fourche et la Petite (près du Puceau, ça s'imposait !). Vols de mouettes rieuses et de sternes pierregarins. Nous embouquons le profond chenal qui partage l'archipel en deux, et qu'on appelle le « Sound de Chausey ». Des goélands argentés et des cormorans le balisent en gris et blanc et en noir et vert. À bâbord, se dresse la Grande Île — la terre majeure de l'archipel —, avec sa pointe de la Tour, son phare et son vieux fort. Gilbert Hurel manœuvre vers la jetée.

Nous accostons. La marée est à moitié basse. Débarquement... Nous convenons que je ferai le tour de cette terre à pied, avec Georges Fleury, tandis que Gilbert ira ancrer le bateau dans le Sound, près de la Cale à la Vergne, en prévision de la baisse du niveau de l'eau. Nous nous reverrons pour le casse-croûte dans la petite maison que Gilbert — enfant de Chausey — possède sur l'île. Un corbeau farfouille le sable de la plage. Ici, même les corbeaux sont marins.

 *LE TOUR DE LA GRANDE ÎLE,*
*2 heures*

Le haut de la jetée est encombré de casiers à crustacés, de nasses et de filets. Une forte et tonique odeur de vase et de sel, d'iode et d'algues me saisit les poumons. Aussi puissante que la Manche elle-même ; ou que l'onde de marée du Mont-Saint-Michel à son coefficient maximal. Au-dessus du petit port (que les natifs baptisent « port à l'Âne »), trône une maison de pierre aux volets peints en bleu : celle qu'occupait le peintre Marin Marie. Un peu plus loin, sur la croupe herbeuse, pour ainsi dire collée aux nuages, se dresse la chapelle.

Nous entamons, Georges et moi, le tour de la Grande Terre dans le sens des aiguilles d'une montre, en suivant le sentier du littoral. Balisage jaune plutôt fantaisiste... Mais impossible de se perdre : l'expression de « Grande Terre » est exagérée pour désigner cette île qui, à marée haute, mesure à peine 1,5 kilomètre dans sa plus grande longueur.

Deux grives draines et un merle noir saluent les visiteurs que nous sommes. Le vent souffle gentiment dans les charmes et les pins. Les bords du chemin se hérissent d'ajoncs en fleurs : ô que j'aime ces rameaux piquants qui brandissent, parfois même en plein hiver, leurs balais de corolles papilionacées jaunes ! Je note, à terre, la flore mêlée des îles normandes et bretonnes : normal, nous sommes entre les deux. Les mercuriales, les arroches, les betteraves maritimes abondent, ainsi que les mâcerons (ou smyrniums). En allant vers le fort et le phare, parmi les buissons de troènes, de prunelliers et de lierres, paraissent des touffes d'iris gigots aux fruits en capsules de carton trivalves, et aux graines en boutons de bottines vermillon. Sur les rochers, je trouve des crithmes (ou perce-pierres), des orpins et des ombilics pendulines aux feuilles succulentes, arrondies et ondulées ; des silènes maritimes ; et des arméries marines (ou gazons d'Espagne), dont une touffe exhibe encore un pompon de corolles vieux rose.

Le fort. Sur le linteau de pierre du portail, une date gravée : 1866. Dans les douves, une herbe vert tendre que broutent ou becquettent des chevrettes brunes, des canards et des poules. Les murailles, jaunies de lichens, sont assaillies de lierres énormes où volettent des pinsons, des accenteurs mouchets, des mésanges et des troglodytes mignons. Georges Fleury conduit la balade. Nous contournons le phare et la pointe de la Tour. Nous foulons le sable ocre blond des trois plages de l'anse de Port-Marie. Le rocher du Dormeur annonce l'anse aux Chevaux et la pointe de Bretagne. Nous traversons une folie végétale de genêts, d'ajoncs, de ronces et de fougères ; avec, dans les fonds salés, des arroches et des buissons d'obiones aux petites feuilles ovales et gris-vert. Du sommet d'un roc de granit poli par les siècles des siècles, nous contemplons, vers l'ouest, la plage de Port-Homard et la pointe conique de l'Enfer, qui annoncent la Grande Grève au sable ocre rouge. Au-delà des chenaux qui s'assèchent, voici le Petit Épail et le Grand (ou île à Choux) ; les écueils des Turcs, du Gros Ménard, d'Helluaire (Petite et Grande), de la Corbière, etc. Juste derrière l'Enfer, trône la sculpture naturelle que les cartes baptisent « Riche Roche » et le marin de Chausey « les Moines », parce qu'on jurerait une procession de pénitents.

Nous longeons l'ancien fort rebaptisé « Château Renault ». Nous coupons vers la Grande Grève, à présent à sec sur des centaines de mètres. Dans le passage du Gibet (lui-même vidé d'eau), qui sépare l'île de la Genêtaie du Gros-Mont (la pointe nord de la Grande Île), se dresse l'un des plus singuliers rochers zoomorphes de Chausey : l'Éléphant. Il est gris à reflets roses, ce qui en dit long. Il a la stature du pachyderme. Ses oreilles. Sa trompe... Nous tournons autour, en glissant sur les tapis d'algues qui revivront à marée haute. Je lui palpe le ventre, histoire de vérifier s'il est réel.

Nous continuons, en enjambant les flaques de retrait de la marée (en y pataugeant, même), jusque sur la côte ouest de la Genêtaie. Ici, la grandeur de Chausey devient évidente. La splendeur des récifs qui se succèdent vers le couchant illustre l'idée d'archipel. Me reviennent à l'esprit des visions des Açores ; des îles Mingan, dans le golfe du Saint-Laurent ; des Marquises, que les Polynésiens nomment « les montagnes de la Mer » ; ou de cette confusion de roches et d'eau qui, au sud du Chili, forme l'archipel de Magellan : les Indiens Qawashqar, ces nomades de la mer, le sillonnaient sur leurs canots d'écorce avant d'être anéantis par notre « civilisation »... Je regarde, ou je devine au loin, les îles Chausey occidentales : la Houllée (la Houssaie) ; l'île de la Meule ; le Petit-Louis ; le Chapeau ; l'île aux Oiseaux ;

l'île au Lait ; le Grand Cateau ; les Rondes de l'Ouest ; et tant d'autres, parmi lesquelles (lis-je sur ma carte) le Pissenlit et... l'Étron !

Nous revenons par la carrière de granit abandonnée et l'anse à Gruel, en saluant le Caillou Républicain (un peu de civisme !). Le bateau de Gilbert Hurel est amarré non loin, contre la Cale à Vergne. Un petit pont de pierres et des roseaux. Une mare. Des arums, une haie d'aubépines et les restes d'une « forêt » d'ormes morts de graphiose, nous ramènent, avec un cortège de sureaux, d'euphorbes, de plantains, de morelles noires, de hautes mauves althées et de chardons marins (ou panicauts), vers un groupe de maisons basses, proches du port à l'Âne. Le logis de Gilbert est là. Un jeune palmier pousse devant le seuil. Gilbert précise que l'arbre lui fut offert par son cousin, l'écrivain et écologiste Alain Hervé, le fondateur du *Sauvage*. Une « personnalité » de Chausey...

 ***DÉRIVES À MARÉE BASSE***

Je renonce à décrire de quelle royale manière Gilbert a conçu le « modeste casse-croûte » qu'il nous avait promis. Je précise, pour la vérité de la chronique, que nous nous délectons d'une bouteille de nuits-saint-georges, et que ce vin épouse à merveille les fumets des algues.

Nous devons attendre que la mer remonte un peu pour que le bateau ait assez d'eau sous la quille. Georges et moi repartons vers la Grande Grève. Séquence « vagabondage » entre épaves, sables et rocs. Par places, le sédiment se tapisse d'une incroyable quantité de littorines, ces minuscules escargots à coquille jaune, rose, mauve, brune ou ocre, en nuances infinies. Nous entrons en douceur dans les flaques. Nous fouillons les algues : corallines roses, ulves vertes, entéromorphes, fucus vésiculeux, luisantes laminaires digitées, longues laminaires ondulées... Nous inventons des trésors de coquillages : huîtres, moules, coques, praires, donaces, lutraires, vénus, mactres, myes, etc. ; sans omettre les ormeaux (oreilles de mer), les bulots, les natices et les couteaux. Ici, des étoiles de mer grises du Nord ; là, leurs cousines rouges. Par endroits, des oursins. Des crevettes et des blennies qui filent dans les vasques inondées. Des anémones de mer (cheval, fraises et communes). Un lièvre de mer brun-noir, attablé sur une ulve... L'enchantement des marées basses nous saisit. Avec la magie des oiseaux limicoles. Retentit l'appel de l'huîtrier-pie, dont Chausey abrite la plus belle colonie française. Détalent sur la grève les vanneaux huppés, les gravelots et les courlis cendrés ; en attendant, à la migration de printemps, des cortèges de pluviers, chevaliers, bécasseaux, barges, échasses et avocettes.

Lorsque la mer commence de remonter, nous regagnons le port à l'Âne. Gilbert Hurel nous embarque à la Grande Cale, où il y a de l'eau à suffisance. Dans le dédale de l'archipel, commence une navigation des merveilles. Gilbert connaît chaque passe et chaque haut fond, chaque anse et chaque écueil. Nous sortons du Sound de Chausey par les Épiettes. Nous cinglons vers le nord entre la Fortune et l'Ébauché, puis les Colombiers et l'Épinet. Les cormorans et les goélands ont des doutes, mais nous passons. De justesse : notre dérive gratte le fond. De l'autre côté du chenal de Reulet, le Grand Romont et le Petit ; plus loin, le Canon, puis l'Enseigne, l'île Plate, la roche des Guernesiais, les Carniquets, le Lézard et la roche Hamon... Nous revenons vers le sud-est par le chenal des Îlets (« Toujours en eau », précise Gilbert), en saluant le rocher de Tomagi (ou Tomasi), qui figure un homme accroupi. Le Fanfaron, le Caillou Boivin et la Bonne Femme nous font escorte jusqu'à la pleine mer.

Cap sur Granville où (science du navigateur) nous arrivons à l'instant précis où il y a juste assez d'eau pour nous permettre d'entrer dans le port.

> NOTE SAISONNIÈRE ET RECOMMANDATIONS
>
> Non seulement Chausey change chaque saison ; non seulement cet archipel modifie ses couleurs à chaque évolution du temps (tempête, brise, grand beau), mais sa physionomie varie à chaque stade de la marée. Chaque heure... En n'omettant pas le fait que les marées — ces filles de l'attraction de la Lune et du Soleil — sont plus ou moins fortes — de morte-eau, de vive-eau, d'équinoxe... En vérité, personne n'a jamais vu deux fois les mêmes îles Chausey !
> Les hivers sont ceux des mers grises ou gris-vert ; des goélands, des cormorans et des corbeaux. Les printemps laissent volontiers batifoler les dauphins tursiops de la baie, tandis que reviennent les oiseaux migrateurs (pluviers, chevaliers et compagnie). Les étés assurent le triomphe des fleurs : mauves althées, iris gigots, œillets de France, chardons marins, liserons des dunes...
> Les automnes, comme les printemps, voient survenir l'événement-roi du lieu : la grande marée d'équinoxe, durant laquelle l'archipel est tantôt restreint à la Grande Ile et à quelques écueils, et tantôt transmué en une immensité de rocs et de sables découverts sur une longueur totale de plus de 15 kilomètres.
> Attention, alors, à la tentation de l'exploration ou de la pêche à pied. On s'exalte ; on va loin ; on se perd dans le labyrinthe des chenaux à sec ; et la mer remonte plus vite qu'on ne l'imagine. Toujours plus vite. Nombre d'imprudents l'ont payé de leur vie.

# 4

# ÎLE-DE-FRANCE

1. *Paris* : La grande traversée
2. *Brie* : Les méandres de la Vieille Seine
3. *Fontainebleau* : La folie des Trois Pignons
4. *Fontainebleau* : Le clocher de Courances
5. *Vexin* : Le drakkar des Vikings

# 1. Paris

## La grande traversée

Paris... Il y pousse des fleurs sauvages, il y crisse des insectes, il y gazouille des oiseaux, on y surprend le renard et la chauve-souris. Le fruit sauvage mûrit près du R.E.R. Le grillon chante dans le métro. Le papillon et le monument font bon ménage. La corolle ne craint pas de paraître devant la tour Eiffel.

Grande traversée ouest-est, de la porte Dauphine à la porte de Charenton, 5 heures.

Carte : topo-guide *Paris à pied*, *Fédération française de la Randonnée pédestre*, 1995.

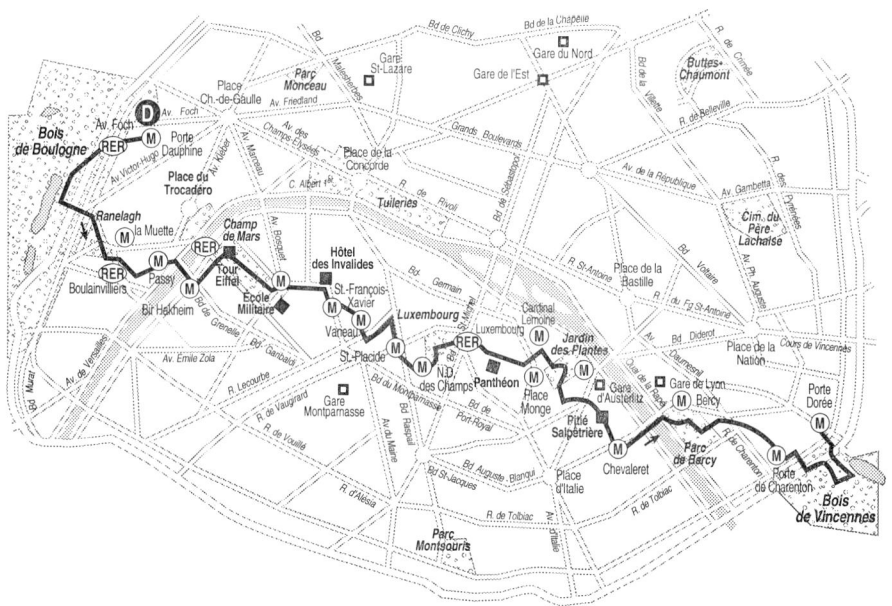

Paris au mois d'août. On a chanté son charme. On y est bien. Peu de voitures, peu de stress, de vrais parfums dans l'air, et le sourire sur les visages de rencontre... Je suis un fou de balades sauvages, mais j'aime les villes quand elles sont belles. Paris n'a guère de rivales. Les plantes et les animaux sauvages semblent l'avoir compris. Ils sont là, à chaque carrefour, sur chaque trottoir, dans les squares, sur les quais, autour des monuments. Ils se faufilent dans les ruelles, ils paradent sur les avenues, comme s'ils voulaient, eux aussi, goûter l'esthétique urbaine. Devenir des convives au grand festin du Beau... La nature ne dédaigne pas de s'acoquiner avec l'artiste et l'architecte. L'alliance produit des chefs-d'œuvre, y compris dans les plus grandes métropoles.

Mieux vaut se lever tôt pour entendre les pinsons, les mésanges et les grives réciter leur poème à l'orée du bois de Boulogne. J'ai l'intention de traverser Paris de part en part. D'ouest en est. Au bonheur des ponts de la Seine.

 **DE LA PORTE DAUPHINE À LA TOUR EIFFEL,**
*1 heure 30*

La balade commence au métro Porte Dauphine, place du Maréchal-de-Lattre-de-Tassigny. Je me fie au balisage rouge et jaune établi par la Fédération française de Randonnée pédestre (F.F.R.P.). Une sente rejoint le « grand circuit » du bois de Boulogne.

À peine passé le fracas du périphérique, bat le cœur de la forêt. Je fais corps avec les chênes, les hêtres, les frênes, les érables sycomores, les robiniers et leurs locataires : insectes, passereaux, mammifères... Je caresse les troncs, je hume les feuilles. Le chemin longe un moment la rive orientale du lac Inférieur (nénuphars, canards et poules d'eau). Puis il remonte la pelouse de la Muette vers la porte homonyme, la place de Colombie et les jardins du Ranelagh. Je sais qu'ici, en 1783, Pilâtre de Rozier et le marquis d'Arlandes décollèrent dans le ballon à air chaud des frères Montgolfier pour aller se poser à la Butte-aux-Cailles, et furent les premiers hommes à réaliser la chimère d'Icare.

Par la chaussée de la Muette, la rue Largillière, la rue des Vignes et la rue Raynouard (l'ancien chemin de Passy à Paris, autrefois bordé de vignes), je gagne la rue Berton : passage étroit, vieux murs moussus, fleurs de rocailles (giroflées, pariétaires, ombilics nombrils-de-Vénus, linaires cymbalaires, géraniums herbes-à-Robert...). La maison (devenue musée) de Balzac inaugure une séquence littéraire : avenue Marcel-Proust, rue Charles-Dickens... Le grand escalier du passage des Eaux rappelle qu'une source pure jaillissait ici de la colline. À deux pas — paradoxe ! —, dans les celliers du vieux couvent des Minimes de Chaillot, on peut visiter le... musée du Vin !

Métro Passy, sur l'avenue du Président-Kennedy. Je contemple l'un des plus grandioses tableaux de Paris. La Seine paresse vers l'aval et l'horizon gris-bleu des collines de Meudon. Elle dit un poème d'Apollinaire au pont Mirabeau, ou lèche la statue de la Liberté de Bartholdi. Vers l'amont et le pont de l'Alma, où le Zouave attend la crue du siècle (elle viendra forcément, celle-là !), le fleuve prend des nuances d'argent accordées au plumage des mouettes rieuses. En face, à la fois colossale et fine avec ses arêtes en hyperboles, la sentinelle de Paris : « Bergère ô tour Eiffel le troupeau des ponts bêle ce matin. » Apollinaire, toujours !

J'emprunte le pont de Bir-Hakeim, où le métro brinquebale sur ses volées de fonte. Arrivé quai Branly, sur la rive gauche, je regarde — rive droite — la maison de la Radio et le palais du Trocadéro. Des bateliers s'activent. Un couple de canards colverts décolle, un grand cormoran sèche ses ailes et j'aperçois même des pêcheurs humains de gardons et de brèmes. (Le temps où le saumon remontera le fleuve en masse n'est pas encore venu.) Les jardins de la berge désobéissent à leurs maîtres. Des fleurs sauvages maraudent leur place au soleil : mauves sylvestres et chélidoines à la sève orange ; marguerites et coquelicots ; morelles douces-amères violettes à bec jaune ; séneçons jacobées en plateaux d'or... Vers l'aval, cette flore enjolive la ligne du R.E.R. sur des kilomètres. J'y ai trouvé, dans des ravissements à la Jean-Jacques, le millepertuis perforé, la grande bardane et le lamier pourpre. L'armoise commune et l'achillée millefeuille. Butinant avec grâce, les papillons argus, belle-dame et petite-tortue...

 ## DU CHAMP-DE-MARS AU JARDIN DES PLANTES, *2 heures*

La tour Eiffel... Je tourne autour de ses deux étangs romantiques, où il arrive que plonge le martin-pêcheur. Je frôle le saule blanc et le peuplier argenté centenaires, le ginkgo (l'arbre aux écus, couvert d'or en automne), les marronniers, les tulipiers de Virginie... Juste sous le monument de fer (7 000 tonnes, quinze mille pièces, j'ignore combien de rivets et de litres de peinture), je goûte le prodige : la hauteur béante... L'été, tournent des hirondelles et des martinets. Au crépuscule, les chauves-souris virevoltent et chassent la mouche ou la phalène au sonar. Le choucas des tours et le faucon crécerelle nichent dans les poutrelles.

La descente du Champ-de-Mars est forcément

rêveuse, vagabonde et zigzaguante, entre une partie centrale aménagée à la française et des allées latérales traitées à l'anglaise. Le geai, la pie, le merle, la corneille noire, le gobemouche, le pigeon ramier, le rougequeue trouvent un logis dans les branches. Au printemps, vole en vrombissant le plus gros insecte d'Europe, le lucane cerf-volant, dont le mâle brandit des mandibules semblables aux bois d'un dix-cors.

Passé l'École Militaire (je passe le plus vite possible tout objet militaire) et l'avenue de Tourville, je touche la place Vauban. Le dôme doré de l'Hôtel des Invalides cherche à faire concurrence au Soleil : les pigeons se gaussent. J'avance d'un bon pas. Je n'ai pas si souvent l'occasion d'enfiler des chaussure de montagne à Paris ! Avenue de Breteuil, rue d'Estrées, rue de Babylone (la Pagode, ce temple japonisant devenu cinéma d'art et d'essai : nostalgie d'étudiant). Rue Monsieur, rue Oudinot, rue Rousselet, rue de Sèvres : déjà, l'odeur des livres et des bistrots du Quartier Latin... Rue Saint-Romain, rue du Cherche-Midi, rue du Regard... Au métro Saint-Placide, signons tous la pétition pour raser la tour Montparnasse ! À la fin du Moyen Âge, la rue Notre-Dame-des-Champs s'appelait le « Grand Chemin herbu ». Je rêve qu'elle le redevienne pour décrire sa flore comme, au XVIII$^e$ siècle, le botaniste L'Héritier de Brutelle peignit celle de la place Vendôme.

La rue Vavin conduit au jardin du Luxembourg, côté rue d'Assas. J'entre dans le parc : l'invitation est signée par un papillon piéride crème et noir. Une mésange bleue, à moins qu'il ne s'agisse d'une charbonnière, d'une nonnette ou d'une noire, guide ma visite. Les petites esclaves bourdonnantes du rucher butinent et pollinisent les fleurs du quartier ; abeilles en plein Paris ; miel d'été ; leçon d'apiculture dans un parc... Je palpe le tronc des chênes et des hêtres, des marronniers et des platanes, en saluant l'Orangerie et le musée. Je

### Au jardin des Plantes

28 hectares de nature à Paris. Un trésor.
Non seulement la faune et la flore franciliennes, mais celles du monde entier. Et même, dans la Grande Galerie de l'Évolution, celles des époques révolues !
Le jardin des Plantes appartient au Muséum d'Histoire naturelle. Il fut créé en 1635, à l'exemple de celui de Montpellier, par Guy de la Brosse, médecin de Louis XIII, sous le nom de « Jardin royal des plantes médicinales ». Le comte de Buffon en fut l'intendant de 1739 à 1788, et lui donna son lustre.
Pour cette visite, le mieux consiste à entrer par l'angle sud-ouest, où se croisent les rues Linné, Lacépède et Geoffroy-Saint-Hilaire (naturalistes glorieux !). On passe près de l'hôtel de Magny et de la maison de Cuvier. La splendeur des arbres (ifs, séquoias, pins, robiniers, tulipiers, etc.), aisés à identifier puisqu'ils portent leurs noms commun et savant sur une pancarte, incite à la méditation. On longe la serre tropicale (ou jardin d'Hiver) : rendez-vous passionné avec les orchidées, les broméliacées, les fougères géantes...
L'allée Cuvier... D'avril à septembre, le jardin alpin offre, à deux pas, le spectacle des espèces (lis, dauphinelles, pulsatilles, saxifrages, gentianes, joubarbes, rhododendrons, edelweiss...) de toutes les montagnes du globe, des Alpes aux Carpates, du Caucase à l'Himalaya, des Andes aux Rocheuses... Y trônent un métaséquoia de Chine et — planté par Jussieu en 1784 — un pin laricio de Corse, qu'on caresse en pensant aux dégâts des incendies de l'été 2000 dans les gorges de la Restonica et aux environs de Corte.
On tourne à droite, dans l'allée Jussieu. Partout, des fleurs. Une symphonie de formes, de teintes, de parfums ; un bonheur, pour qui sait observer et renifler ! À droite, encore, on remonte l'allée Buffon, près des laboratoires de Cryptogamie (plantes sans fleurs) et de Phanérogamie (plantes à fleurs). On s'incline sur les rejets de souche (l'essentiel du végétal est sec) d'un des plus vieux arbres de Paris (avec celui du square Saint-Julien-le-Pauvre, qui daterait de 1601) : le robinier faux acacia planté en 1635 par Jean Robin.
Le laboratoire de Minéralogie et le cyprès chauve pétrifié qui l'annonce mènent (au fond, la Grande Galerie de l'Evolution) à la roseraie et au sophora du Japon mis en terre par Jussieu en 1747.
On quitte le temple en saluant la maison de Buffon, au rez-de-chaussée de laquelle la librairie du Muséum offre de quoi combler une curiosité piquée au vif par mille corolles.

vagabonde en me souvenant qu'autrefois, ce jardin fut le site sauvage du château de Vauvert (le fameux « Diable Vauvert ») ; que le savant Arago y fit passer le méridien de Paris (un médaillon l'atteste) ; ou que, sous les ors du palais du Luxembourg, siègent nos sénateurs, dont le pas lent sied à la balade. Par la fontaine Médicis, ses platanes de cent cinquante ans et son arbre de la Liberté (un chêne des marais planté en 1989 pour le bicentenaire de la Révolution), je rallie la rue Médicis. Et le boulevard Saint-Michel, vers la rue Soufflot.

Je contourne le Panthéon par la rue Le Goff, la rue Malebranche (une souris file dans une cave), puis les rues des Fossés-Saint-Jacques et de l'Estrapade. Rue d'Ulm, ceux de Mai 68 détalent au son d'une charge de C.R.S. J'en fus. Je courus. Je fus battu. (Rue de l'Estrapade, le coup de matraque remplaça le supplice de la corde.)

La rue Blainville débouche sur la place de la Contrescarpe, où l'on quittait jadis les remparts de Philippe Auguste, et où les poètes de la Pléiade composèrent des sonnets. Par la rue Rollin (naguère « des Morfondus »), je rejoins la rue Monge et les arènes de Lutèce. Celles-ci datent du II$^e$ siècle. Quinze mille spectateurs pouvaient y voir s'étriper des gladiateurs avec la même passion que les supporteurs d'un match P.S.G.-O.M.

 *DU JARDIN DES PLANTES*
*À LA PORTE DE CHARENTON,*
*2 heures*

Qui foule le sable des arènes se sent chrétien à la table des lions ; ce qui constitue quand même la façon la plus douloureuse de lutter pour la survie des grands fauves... Je ressors par la rue de Navarre et la rue Lacépède. À l'intersection des rues Linné, Cuvier et Geoffroy-Saint-Hilaire, je pénètre au saint des saints. Au jardin des Plantes. *(Pour la visite de ce temple de la nature du monde entier, voir l'encadré.)* J'emprunte les allées, je marche sous les arbres, je hume les corolles en conviant à ma balade l'esprit bienveillant de Tournefort, Buffon, Jussieu, Cuvier, Lacépède et Geoffroy-Saint-Hilaire. J'ai le nez saturé de parfums et les yeux charmés de couleurs en quittant ce haut lieu, à l'angle des rues Censier, Buffon et Geoffroy-Saint-Hilaire.

La rue Poliveau et le boulevard de l'Hôpital sont proches. L'itinéraire continue à travers le groupe hospitalier de la Pitié-Salpêtrière, par la chapelle Saint-Louis et la promenade de la Hauteur, vers la rue Bruant. (Le comble serait d'apercevoir un bruant dans un arbre ; je le cherche ; y est-il ? n'y est-il pas ?) À gauche, le boulevard Vincent-Auriol rejoint la Seine. Des mouettes volent vers la Très Grande Bibliothèque : besoin urgent de lecture ? En passant le fleuve au pont de Bercy — sublime perspective sur l'eau qui brille, l'île Saint-Louis et les tours de Notre-Dame de Paris —, je me retrouve contre, tout contre le ministère de l'Economie et des Finances. Je côtoie le bâtiment baptisé « Paquebot ». Trop facile de plaisanter sur la faune locale. Les caricatures zoomorphes me dérangent. Non parce qu'elles blessent les hommes, mais parce qu'elles sont injustes envers les bêtes.

J'entre dans le parc de Bercy près du palais Omnisport, dont les toits de gazon composent, pour l'ami des herbes, une authentique réussite. En Écosse ou en Islande, des chaumières ont la même couverture végétale. J'aime l'idée de vivre sous un ciel de graminées. Des moineaux, des étourneaux, des pies, des rouges-gorges, des accenteurs, des chardonnerets dansent sur la pelouse et dans les branches. Un couple de bouvreuils trône sur un troène. Un pigeon ramier parade sur un érable. Devant la cascade artificielle, je me prends à regretter les entrepôts de vin que des pancartes rappellent (« Mâcon », « Chambertin »...). Mais les platanes, les charmes, les chênes en fuseaux, les tulipiers, les paulownias s'offrent à la jouissance du marcheur. Je traverse un petit vignoble avec sa maison blanche !

En sortant du parc de Bercy, la rue Joseph-Kessel et la rue de Dijon, puis la place Lachambeaudie (caserne de pompiers rouge), donnent accès à la rue Proudhon et au souterrain qui franchit les voies de chemin de fer des gares de Bercy-Lyon. Rue des Fonds-Verts s'étendaient jadis les marais du confluent du ru de Montreuil et de la Seine ; avec des roseaux, des nénuphars, des grenouilles et des hérons. Je me suis souvent demandé à quoi ressemblait Paris avant Paris. Je suis sûr que c'était pure harmonie. Je rêve de remonter le temps sur l'aile transparente de la libellule.

J'emprunte les rues de Charenton, de Wattignies, de la Brèche-aux-Loups et des Meuniers (où il y eut des moulins, ça va de soi). La porte de Charenton, enfin ! Je suis arrivé. Je souffle. J'ai traversé Paris.

Au-delà du périphérique, triomphe le vert en mille nuances du bois de Vincennes, qu'un autre jour je gagnerai par le boulevard Poniatowski, la porte de Reuilly, la place du Cardinal-Lavigerie (où, en avril, se tient la foire du Trône). Depuis le stade Léo-Lagrange, je pourrai, par la route de la Croix-Rouge, m'enfoncer sous les arbres, vers le lac Daumesnil. Sur les indications d'un pic-vert, d'un grimpereau, d'un pouillot véloce ou d'un roitelet huppé... Je marcherai jusqu'au cœur de la forêt, dans l'enchantement des chênes, des hêtres, des érables et des frênes...

Et qui trotte, dans ce fourré de noisetiers et de houx ? Une ombre rousse. Le renard furtif. Le goupil de la fable. Dont le corbeau n'est jamais loin, pas plus que la belette.

    Espérons la cigogne.

    Rêvons du loup !

> NOTE SAISONNIÈRE ET RECOMMANDATIONS
>
> Paris au mois d'août est une merveille.
> On y goûte la splendeur de la cité ; avec, en plus, la caresse du soleil ; et, en moins, la bêtise et la méchanceté du Parisien stressé.
> Nombre de plantes sont en fleurs. Les insectes s'en donnent à cœur joie, de même que les oiseaux et les petits mammifères. Aux autres saisons, les surprises ne manquent pas. Y compris, l'hiver, de jolies rencontres avec d'opportunistes visiteurs venus profiter du surcroît de calories citadines, peut-être de savoureux déchets laissés par les hommes : le héron, la belette, la fouine, le renard... Maître Goupil a pigé de quel côté du périphérique se trouve le confort.
> Quant à l'équipement nécessaire pour se balader en pleine ville, je dirais que rien ne vaut le bonheur de marcher en chaussures de randonnée sur les trottoirs. Les crampons de la gloire !

## 2. Brie

# Les méandres de la Vieille Seine

*La Seine fut un fleuve sublime dont il subsiste quelques fragments sauvages aux confins de la Brie, du côté de la Bassée. Là, le cours d'eau nourrit d'anciens bras secrets où sa mémoire flâne en méandres. Les nénuphars et les iris accueillent le promeneur, tandis que volettent la libellule et le martin-pêcheur.*

En boucle, autour de Meltz-sur-Seine, 4 heures 30.

Cartes I.G.N. au 1 : 25 000, Série bleue, 2616 O, Provins ; et 2616 E, Nogent-sur-Seine.

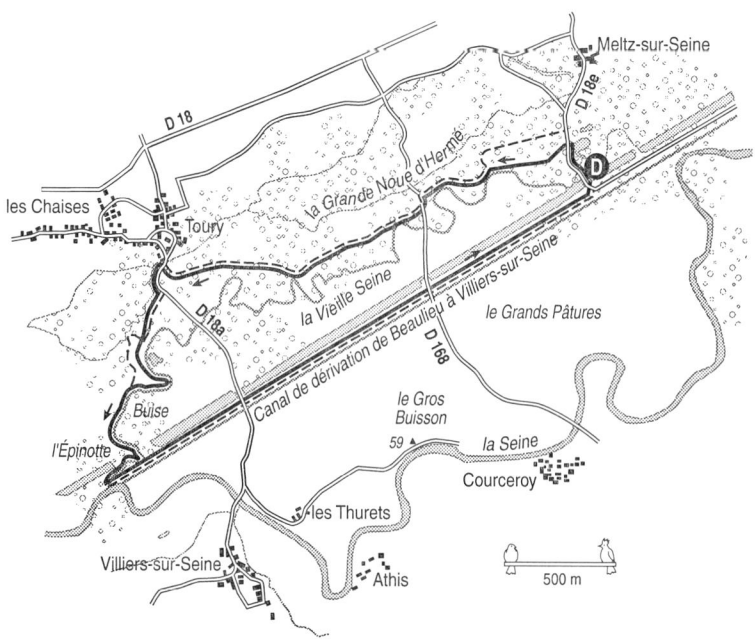

Si près de Paris, je quête une illusion sauvage... Lumières sur le canal. Reflets des arbres dans l'eau verte. Une péniche passe en chuintant. Un héron cendré décolle et tourne au-dessus du pont, avant de disparaître vers le nord, au mystère d'un méandre de la Vieille Seine. Impression de paix. L'esprit se fait une idée de la splendeur passée de cette vallée où le fleuve s'étalait comme une mer lors de ses crues. Une « mer » que la Cour des rois de France venait admirer en cortège depuis le Louvre ou Versailles, avec les exclamations des nobles interloqués par la puissance liquide...

De nos jours, la Seine a été rectifiée, bétonnée, domestiquée, rendue « raisonnable » et « utile ». Ce canal le prouve, et il est loin d'offrir la pire image du désastre. Mais je sais qu'il reste des fragments intacts du cours d'eau. Je veux les voir. Imaginer ce que fut cette rivière. Participer à son destin, en suivant certains de ses bras annexes et de ses chenaux oubliés. Au gré de son humeur sauvage. Je désire remonter le temps par le sortilège des iris et des nénuphars. Si possible, reconquérir un peu de la splendeur perdue par ce que nous appelons la « civilisation ».

**DU PONT DE MELTZ-SUR-SEINE AU HAMEAU DE TOURY,**
*2 heures 15*

Le coin n'est pas si facile à trouver... Entre Montereau et Nogent-sur-Seine, j'ai quitté la départementale 411, franchi Noyen-sur-Seine, passé le pont sur le fleuve au Port-Montain, et rejoint le village de Meltz-sur-Seine. De là, j'ai roulé vers le sud sur une route étroite. Je me suis garé près du pont de pierre jeté sur le canal dit « de dérivation de Beaulieu à Villiers-sur-Seine ».

Je me mets en marche vers le nord, en revenant en partie sur la fin de mon itinéraire d'accès en voiture. Le héron cendré tourne dans le secteur. Il reparaît entre les arbres et donne un sens à cette balade. Il m'invite à suivre mon bon plaisir, au hasard des bras que le fleuve entretient. Quelques hectomètres, et je franchis la passerelle sur la Vieille Seine.

La « Vieille Seine » : nom superbe... Toute une civilisation — un esprit du lieu, une âme — y semble attachée, depuis le temps des Celtes ou de la Sequana gallo-romaine. Ce cours formera, pour aujourd'hui, le guide fantaisiste de ma dérive. Je descends vers l'eau qui bruisse, parmi les touffes de carex (ou laîches), d'épiaires stachys roses, de roseaux, de massettes et d'iris jaunes (ou pseudacores). Une sente, sur la rive droite, me permettrait de suivre la berge de la rivière ; mais dans un style sportif, car la rive est encombrée d'arbres abattus par la tempête de l'hiver 1999. Je fouine parmi les buissons, dans un feu d'artifice de libellules : agrions demoiselles d'améthyste et d'émeraude ; agrions jouvencelles à l'abdomen gris-vert ou bleu ciel ; petites nymphes au corps de feu ; libellules déprimées gris-bleu ; gomphes annelés de jaune et de noir ; anax empereurs d'azur et de charbon...

Je grimpe sur le tronc, puis les branches d'un peuplier couché en travers du courant. Je perche. Je me prends pour un héron. En accord avec ma nature d'échassier, je me prépare à happer le vairon. Je ne passe pas à l'acte : j'ai vu un panneau « Réserve de pêche ». Quoique volontiers piscivore, je respecte la loi des hommes. Je fais bien : le garde-pêche arrive. Il porte la moustache qui sied à sa fonction et me salue en souriant. Il m'indique que, par ici, non seulement les oiseaux sont heureux, mais que le bonheur se propage jusqu'aux gardons, aux tanches et aux brochets. Je me demande si le vairon gobé est content.

Les grenouilles — vertes ou rousses — coassent : elles se moquent. L'amphibien est volontiers ironique. Je remonte sur la passerelle. Je marche sur la route (pioupious de mésanges, de sittelles, de pinsons, de pouillots), en direction du nord, jusqu'à la petite maison du chemin de fer. En face de cette bâtisse, je choisis la sente qui file à travers bois, au sud-ouest. Large chemin, par places défoncé. Les mares qui occupent les ornières sont propices à l'éclosion de divers moustiques et taons des pluies, qui me taxent d'un peu de sang, mais serviront de menu aux passereaux. Lesquels redouteront les serres du faucon ou de la buse ; les dents de la martre ou du renard... Ici, la nature est en ordre : les étages de la pyramide alimentaire sont occupés. On n'en dirait pas autant de tous les coins de l'Île-de-France.

Un pic épeiche escalade un tronc. Un pic-vert lui laisse la place. Dans une aire de boue, je repère l'empreinte du chevreuil. Dans une autre, celle du sanglier. Des limaces rampent : vers quel secret rendez-vous ? Le chemin se coule dans une forêt de frênes. J'ai rarement contemplé un aussi beau peuplement homogène de ces arbres au bois dur, aux feuilles composées frémissantes, et dont les fruits pendeloquent, puis tombent en tournoyant comme des pales d'hélicoptère.

Des trous, laissés par d'anciennes exploitations de sable, composent des mares profondes, riches en insectes patineurs (les punaises d'eau gerris) ou plongeurs (les punaises ranâtres, les coléoptères dytiques). L'un de ces cratères, d'un étrange turquoise, est cerclé d'une haie de vipérines aux fleurs roses (en boutons) puis d'azur (épanouies), avec des étamines violettes en langues de serpents fourchues.

Après un bref tronçon de route à gauche (la départementale 168), je retrouve le chemin à droite. Peupliers et saules, chênes et frênes. Surtout frênes. Les haies se rehaussent de ronces et d'aubépines, de cornouillers et d'églantiers. Je m'immerge dans des récifs végétaux de vesces craccas violettes, de marguerites or et blanc, ou encore de deux semi-parasites : le mélampyre, en flammèches pourpres à langues jaunes ; et le rhinanthe, ou crête-de-coq, aux corolles en becs crochus jaune acide. Des merles, des grives, des bruants, des verdiers, des chardonnerets semblent (dans le genre emplumé) livrer un concours d'enluminure aux papillons : piérides, argus, écailles, vulcains, belles-dames, petites-tortues, etc., sans oublier les paons-du-jour, les flambés portequeue, les demi-deuils et les grands mars changeants. Il y a longtemps qu'en région parisienne, je n'avais contemplé pareille variété de lépidoptères. Un peu moins d'insecticides sur les cultures ? Je l'espère, et je dédie cette balade à Vladimir Nobokov.

 *DU HAMEAU DE TOURY À LA SEINE, 1 heure*

J'arrive au hameau de Toury. Je traverse, sur un petit pont sans grâce, la Grande Noue d'Hermé. Dans la Bassée de la Seine, une « noue » désigne un ancien chenal qui (à la différence de la Vieille Seine) ne se trouve plus relié au cours principal du fleuve. Sauf lors des inondations majeures.

Il est clair que cette contrée constitua l'un des milieux naturels les plus riches d'Europe. La flore et la faune y sont aujourd'hui réduites à la portion congrue, mais elles résistent. Il est sûr, aussi, que le fleuve demeure capable de coups de colère terrifiants. Les barrages qu'on a édifiés sur son lit supérieur et celui de ses affluents (Yonne, Marne, etc.) régulent son débit moyen. Mais on a calculé qu'ils n'abaisseraient que de 70 centimètres le niveau de l'eau dans les rues de Paris, si devait survenir une nouvelle crue du volume de celle de 1910. Dérisoire orgueil des hommes !

Les hirondelles — de fenêtre, de cheminée — et les martinets tournoient à la poursuite des mouches, moucherons et moustiques, et viennent frôler l'eau encombrée de roseaux et de nénuphars. Les libellules s'accouplent, on dirait fières d'être aussi simplement belles. Sous la surface, je subodore qu'au printemps, je pourrais assister à la parade nuptiale du mâle de l'épinoche devant son nid. Une pie et une corneille règlent un différend dans un frêne. Des volées de chardonnerets s'attablent dans un massif de grandes cardères, ou mourons des oiseaux.

Deux enfants passent près de moi. Ils se tiennent par la main en rentrant au village. Une fille et un garçon de sept à huit ans. J'essaie de surprendre des bribes de leur dialogue. Elle lui tend le bouquet de fleurs qu'elle a cueilli. Il lui parle d'un voyage dans lequel tous deux descendraient la Vieille Seine, puis la Seine en bateau, jusqu'à la mer, et gagneraient l'Amérique. Le dit-il vraiment, ou ai-je cette illusion par un caprice de ma mémoire ? Lorsque j'étais gosse, j'avais une amie de mon âge, aux cheveux noirs et aux yeux bleus comme la mer. Et, d'autre part, une gravure intitulée « La Seine à Montereau ». En lui montrant l'image, je lui parlais du Nouveau Monde. Je lui prenais la main. Elle ne la retirait point.

Un bout de route à gauche, un autre petit pont sur la Grande Noue, puis, à droite, un chemin en sous-bois, qui mène à la Vieille Seine... Quelques orties plus tard, je débouche au-dessus de la rivière. Une merveille. Un enchantement. Un rêve. L'impression de contempler l'un de ces ruisseaux perdus qu'on nomme *igarapés* en Amazonie. Je m'attends à voir décoller les aras et souffler les dauphins roses...

Désormais, je suivrai la sente qui longe la rive droite du cours d'eau, jusqu'au confluent avec la Seine (faut-il l'appeler la « Grande » ? la « Vraie » ? la « Neuve » ?). Je me plais dans ces hautes herbes, je m'y coule, je m'y ébroue, j'y reconstitue ma substance. Je guette les bourdons qui violent les corolles des grandes consoudes, en tubes livides et pourpres. Je me fais libellule et je vole jusque sur les fleurs en bulles or et vert des nénuphars jaunes, qui se pressent dans les parties les plus calmes de la rivière. Le courant n'est jamais rapide. Il accélère sur les hauts fonds, lèche des tapis verts de myriophylles et d'élodées, puis s'approfondit et semble s'arrêter dans de vastes gouilles noires où le mystère de l'élément liquide se noue... Des poissons passent comme des ombres sous la surface : gardons, tanches, brèmes, brochets. Une couleuvre à collier ondule entre deux touffes de laîches, et plonge en quête d'un repas. J'entrevois le front doré et la dorsale d'une énorme carpe qui mouche. Un couple de canards colverts décolle et se pose plus loin. Un martin-pêcheur laisse admirer le saphir de son dos et l'orange lumineux de son ventre. Une fauvette des marais (une rousserolle, semble-t-il) se perche sur un iris en fruit.

La quenouille brun-noir d'une massette se balance sous le poids d'un bruant des roseaux. L'image de l'équilibre du monde... Je me délecte de cette vie multiforme, qui puise l'énergie d'être si belle dans les ondulations liquides d'un bras de fleuve oublié.

 ***DE LA SEINE AU PONT DE MELTZ-SUR-SEINE, 1 heure 15***

Fouillis végétal. Cirses des marais aux capitules pourpres. Myosotis, boutons d'or et populages défleuris. Grandes valérianes aux inflorescences incarnates et eupatoires chanvrines d'un vieux rose de rideaux de grand-mère. Sureaux en fleurs de neige, certains déjà en fruits pourpre-noir... La cétoine, ou hanneton des roses, grignote les pétales de la mauve.

Méandres, tours et détours près de l'eau. L'étang de l'Épinotte est là, d'un bleu de turquoise volé à un lagon d'Océanie. Et voici le triple confluent : la Vieille Seine, que j'ai suivie ; le canal de dérivation de Beaulieu à Villiers-sur-Seine, que je vais remonter ; et la Seine proprement dite, la « Vraie », la « Neuve »... Je franchis la Vieille Seine sur une passerelle, vers la gauche et le chemin de halage. Je salue l'éclusier qui ouvre la porte à une péniche. J'observe la manœuvre. Ne me reste qu'à retourner à mon point de départ, entre la lumière du canal et une haie de frênes, de sureaux, de noisetiers et de cornouillers, parmi lesquels grimpent les lianes de la clématite vigne-blanche, de la bryone aux baies vermillon, et du tamier aux grappes de fruits rouge vif — qu'on appelait naguère « herbe aux femmes battues ».

Trois ponts plus loin, le temps d'un au-revoir au héron cendré, et j'ai bouclé la boucle... Je n'ai pas plus d'importance qu'un reflet de saule dans l'eau. La Seine, restée sauvage, murmure dans ses chenaux. Les hommes imaginent qu'ils ont asservi le fleuve, mais celui-ci se moque de tant de vanité. Un jour ou l'autre, il reconquerra sa vallée tout entière, et la libellule aura vaincu le bulldozer.

### NOTE SAISONNIÈRE ET RECOMMANDATIONS

Cette balade se situe aux confins de la Brie, du Gâtinais et de la Champagne. Aucune difficulté (dénivelée nulle). Mieux vaut prévoir des bottes en période de hautes eaux, mais mieux vaut aussi éviter de se risquer sur les berges durant les grandes crues ! L'itinéraire n'est nulle part balisé, mais on aurait du mal à se perdre.

Toutes les saisons sont superbes. J'ai un petit faible pour la fin du printemps, lorsque les iris jaunes finissent de fleurir, et que les nénuphars vont commencer.

## 3. Fontainebleau

# La folie des Trois Pignons

*La forêt de Fontainebleau n'est pas bien loin des gargouilles de Notre-Dame de Paris. Ici aussi, les plus bizarres créatures sont de pierre... Les pieds dans le sable, le nez dans l'odeur des pins et l'œil dans les nuages : une balade parfumée dans le massif des Trois Pignons, au fond d'une ancienne mer de l'ère Tertiaire.*
*En boucle autour du parc du Vaudoué, 6 heures.*
*Carte I.G.N. au 1 : 25 000, Top 25, 2417 OT, Fontainebleau, Trois Pignons.*

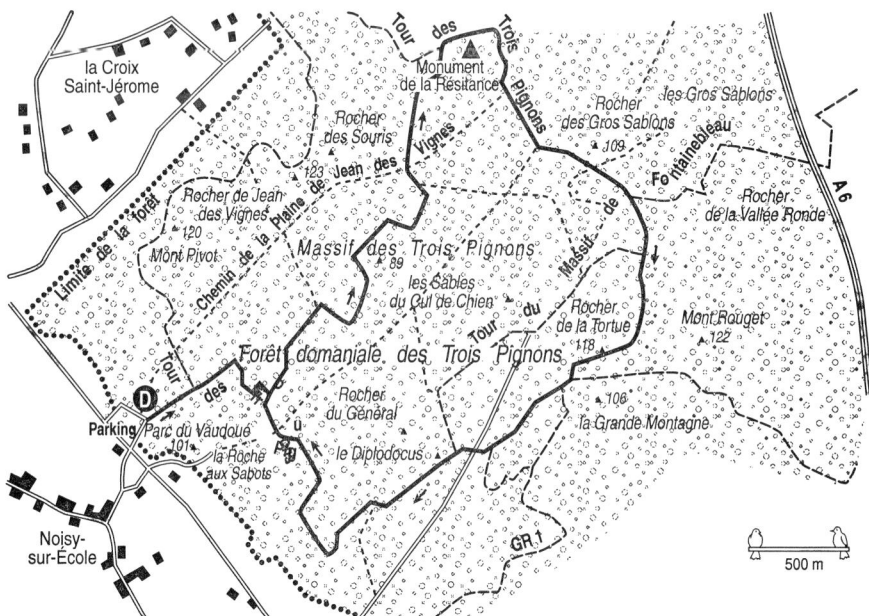

Le pic noir lisse ses plumes, claque du bec pour éprouver la puissance de son marteau-piqueur biologique — et attaque le vieux tronc : « tac ! tac ! tac ! » ; toute sa tête vibre ; sa calotte cramoisie ressemble à une flamme... Le geai décolle en lançant des « crek ! crek ! » sonores : l'azur et le blanc de ses épaules introduisent au ciel et aux nuages. Un épervier d'Europe inspecte la clairière. Un carabe s'avance au sol comme un fragment d'arc-en-ciel à six pattes.

Je me balade dans un paysage imaginé par Corot — ou quelque autre artiste de l'école de Barbizon. Pourquoi pas Constant Troyon ? Tout le monde l'oublie, il n'est même pas dans le dictionnaire... Je manque écraser un champignon — une amanite tue-mouches au chapeau rouge à pois blancs, à laquelle je présente mes excuses. Je hume le vent chargé de résine et de tanins, signatures parfumées des conifères et des chênes. J'ai sous les yeux un dinosaure de grès gris clair, aux écailles de lichens argentés. Ce reptile, statufié par la fantaisie de l'érosion et du temps, me semble appartenir au groupe des ankylosaures. Des dinosaures à armure. Il n'est pas seul. Un troupeau le suit sous les arbres. Avec aussi des tortues, des poissons, des méduses, des scorpions géants, des crabes, des dragons de conte. Et un raton-laveur... La géologie fantastique ne craint ni la confusion des genres, ni les anachronismes.

Les rochers de Fontainebleau sont nés d'un rêve de la Nature, sous l'emprise hallucinogène des drogues contenues dans l'amanite tue-mouches.

***DU PARC DU VAUDOUÉ AU MONUMENT DE LA RÉSISTANCE,***
*3 heures*

J'aime le massif des Trois Pignons ; parce qu'il est noble, quoique avec un patronyme de vacances provençales. Naguère, il complétait avec majesté la forêt de Fontainebleau, dont il est, hélas ! à présent séparé par ce furieux toboggan à bagnoles et camions qu'on appelle « autoroute À 6 »... Je commence de marcher (facile à trouver) au parc à voitures qui accueille les varappeurs et les pique-niqueurs, non loin du village du Vaudoué. J'écoute le vert des feuilles : il vibre de cent nuances (vert pâle, vert pomme, vert-noir, vert-jaune, vert-bleu, vert bouteille...), autour de 500 nanomètres de longueur d'onde. L'azur du ciel occupe les fréquences supérieures. L'ocre, le jaune et le roux des feuilles mortes épousent, au sol, la sépia de la fine couche d'humus dont le sable s'habille.

Je me propose de suivre, avec les variantes que me dictera ma fantaisie bipède, l'itinéraire balisé (flèches rouges) du circuit du massif des Trois Pignons. Une pancarte le promet en 6 heures. J'emprunte les allées forestières de la Plaine de Jean des Vignes puis de la Roche aux Sabots : plaisir des noms simples ! C'étaient ceux des rues de nos villages et de nos quartiers. On les remplace par des patronymes de généraux aux mains rougies par le sang ou de politiciens qui ont blanchi leur fortune aux Antilles.

Les chênes sessiles et leurs cousins pédonculés, les bouleaux, les pins sylvestres, les hêtres se mêlent d'épicéas, de châtaigniers, de robiniers faux acacias, d'érables sycomores, de houx, de frênes et de charmes. L'ensemble compose un peuple végétal dense, d'un vert changeant, complexe, profond comme l'idée même de forêt. Cette sylve de Fontainebleau constitue le vestige

> **Fontainebleau, parc national**
>
> 1948. L'U.I.C.N. (Union internationale pour la Conservation de la Nature) tient son assemblée constitutive à Fontainebleau. Sa première motion recommande que ce massif — la plus riche forêt de plaine d'Europe occidentale — devienne un parc national. Plus d'un demi-siècle a passé : ce vœu n'est toujours pas exaucé.
> Les résistances sont nombreuses. On oppose au projet une série d'arguments spécieux. On note que le massif est traversé par une autoroute et des routes nationales (et alors ?). On argue en disant que 11 millions de personnes le visitent chaque année (et alors ?). On excipe du fait que les « missions » de l'Office national des forêts (O.N.F.) seraient contrariées (et alors ?).
> Fontainebleau, parc national ? C'est possible. Un comité s'est constitué pour faire aboutir cette idée — patronné par une pléiade de grands noms des sciences et des lettres. Parce que Fontainebleau est un trésor de vie sauvage aux portes d'une des plus grandes agglomérations d'Europe. Parce que ce massif est menacé, enrésiné, rogné, abîmé. Parce qu'on y a recensé 5 685 espèces végétales (1 350 plantes à fleurs, 460 mousses, 2 700 champignons, 675 lichens, 500 algues) et 6 600 espèces animales (57 mammifères, 260 oiseaux, 5 700 insectes dont 3 000 coléoptères et 750 papillons)...
> Pour toutes ces raisons, et bien d'autres (parfums de bruyère, animaux-pierres...), le parc devra naître !

de la tignasse gauloise (dite « forêt de Bière ») qui ombrageait le Bassin Parisien à l'époque astérixienne. Après avoir beaucoup abîmé, les humains ont replanté — notamment des conifères, depuis 1830 ; de sorte qu'on est loin de la forêt primaire. Mais dans ce milieu protégé, la nature a recommencé à produire ses séries. Elle a refait ses gammes — des espèces pionnières au climax, mot qui désigne l'orgasme pour le sexologue et l'écosystème en équilibre pour l'écologiste.

J'oblique vers la droite, en direction de la mer de Sable. Sur une branche de pin, un écureuil roux réfléchit à sa condition arboricole. Persuadé qu'elle est définitive, il s'empare d'une pigne et la dépiaute : un écureuil mangeur de pignons aux Trois Pignons mérite une pension à vie versée par l'Office du Tourisme. J'ajuste mes jumelles. Je repère, comme un frisson de lumière dans les feuillages, le peuple affairé des passereaux. Le roitelet huppé, minuscule, semble coiffer une couronne trop grande pour sa tête, et qui lui tombe sur les yeux. Le pinson mâle se rengorge : il n'en revient pas de son poitrail de soleil couchant ; le pinson femelle (la pinsonne) a autre chose à penser qu'à des bêtises ; par exemple, aux graines du dîner. Le gobemouche gris lance des « zit ! zit ! zıt ! » aigus. Dans un chêne, je discerne le dos rouille et le bec effilé du rossignol : le prince du *bel canto* se tait pour le moment. Dans un hêtre, la mésange bleue croise ses cousines charbonnière et nonnette. Le merle noir et la merlette à taches brunes ont élevé leurs jeunes... Si les petits esprits emplumés de l'atmosphère condescendent à m'accorder le don de leur présence, je saluerai bientôt la grive draine et la fauvette des jardins ; le bruant jaune et la linotte mélodieuse ; la mésange huppée et celle à longue queue ; sans oublier le prince jaune et noir : le loriot, que je n'ai pas souvent rencontré.

Je palpe l'écorce fissurée d'un grand pin et je débouche dans la perspective blanche, lumineuse comme la Voie Lactée, de la mer de Sable. Un Chemin de Saint-Jacques pour mes pieds de naturaliste vagabond... Je songe au refrain de la *Chanson du Mal-aimé* d'Apollinaire :

> Voie Lactée ô sœur lumineuse
> Des blancs ruisseaux de Chanaan
> Et des corps blancs des amoureuses...

Ici, les chaos de rocs alternent avec les longues ondulations d'un sédiment fin qui emprunte sa pâleur aux nuages et que, par endroits, les genêts verdissent ou les bruyères rosissent. Des lignes d'arbres et de buissons, où le soleil tire des traits de chlorophylle, bornent chaque perspective. Harmonie du sable, du grès et du végétal... J'ai de plus en plus le sentiment de cheminer dans un paysage de Millet, de Corot ou de Théodore Rousseau (sans oublier Constant Troyon !). Les peintres de l'école de Barbizon ne se sont pas inspirés de Fontainebleau : Fontainebleau a recopié leur manière.

Un milan noir me désigne le rocher du Cul-du-chien avec la flèche de sa queue : il est bon guide ; je le recommande en été (l'hiver, il joue dans le vent d'Afrique). Puisque je visite un chaos de Fontainebleau, c'est le moment de grimper. Chaque dinosaure, éléphant, crocodile ou vache de grès (j'entrevois même un âne et la caricature d'un homme politique) est marqué de mini-flèches qui suggèrent les voies à vaincre. Le chaos du Cul-du-chien (précision du langage poétique !) constitue un paradis pour cette variété d'alpinistes de basse altitude, mais de haute volée, qu'on appelle les « Bleausards ». Ces araignées humaines en chaussons antidérapants ne jurent que par le « *6 sup* » et le « *7 a* ». J'adorerais le « *6 sup* » si j'avais des pattes d'arachnide. J'attaque une paroi. J'ai oublié que je varappe avec moins de légèreté qu'à quinze ans. Je tente une directissime intégrale avec dièdre et surplomb, dont je parcours brillamment le premier mètre ; après quoi je dévisse. Le sable amortit mes blessures d'amour-propre, et je rabats mes prétentions sur un « *3 inf* » plus conforme à mes capacités.

J'abandonne à une volée d'enfants rigolards les joies de l'escalade à mains nues. Je traverse en direction du nord-est la mer de Sable où je me rappelle qu'à l'Oligocène, il y a 35 millions d'années, marchait la langouste et rampait le concombre de mer, tandis qu'en pleine eau ondulaient l'ancêtre du requin blanc et l'aïeul squalodonte du dauphin. Je trouve un chemin qui file entre les pins et les chênes, avec pour bordures des récifs coralliens mauve et rose de callunes fausses-bruyères et de bruyères cendrées. Je débouche à la jonction des allées du Rocher des Souris et de la Vallée Close, d'où je gagne l'allée de la Gorge aux Poivres. Me voici revenu sur le sentier (flèches rouges) du circuit du massif des Trois Pignons. Impossible de manquer, sur la crête du prochain chaos de rocs, la croix de Lorraine du monument à la Résistance.

 ***DU MONUMENT DE LA RÉSISTANCE AU PARC DU VAUDOUÉ,***
*3 heures*

Je monte vers ce signal dans un bois de pins maritimes : impression provençale que confirment l'odeur de la résine et les grosses pignes ligneuses éparpillées sur le sol. Je shoote dans une pomme de pin. But !... (Je ne connais personne qui résiste à la pulsion de shooter dans une pigne. Je suis sûr que le végétal fabrique ces fruits volumineux pour que des hommes à l'esprit en culottes courtes les expédient à 10 mètres, manière d'en disséminer les graines. Il s'agit d'une ruse de l'évolution.) Je me prépare au chant des cigales, mais elles n'ont pas fait le voyage vers le nord.

D'autres insectes montrent pattes noires (trois paires ? le compte est bon). Papillons argus et agrestes, sylvandres et piérides, petites-tortues et paons-du-jour ; sans oublier le gros morio aux ailes noires lisérées de blanc. Abeilles, guêpes et bourdons. Fourmis moins laborieuses que ne croit le fabuliste. Une cicindèle aux élytres en rectangles de cuivre vert à taches noires chasse à courre la mouche ou la punaise : prédateur plus terrible, à son échelle, que le tigre ou la panthère. Un carabe doré se faufile dans la bruyère ; sa tête, son thorax et son abdomen composent trois ovales de tailles croissantes, avec sur le dernier une égide en métal vert doré d'origine extraterrestre. Deux coccinelles se soucient de l'avenir de leur espèce. Une femelle d'ichneumon palpite sur un tronc desséché : cet hyménoptère rouge et noir insinue son interminable tarière dans un trou d'écorce ; l'organe filiforme trouve et perfore une larve mangeuse de bois (par exemple celle d'un autre hyménoptère comme le sirex), dans le corps de laquelle il dépose un œuf parasite.

Je monte parmi les rochers qu'à présent des châtaigniers et des robiniers colonisent. Un gros sirex jaune et noir — le voilà, celui-là... — me conduit au monument de la Résistance. Plaque en l'honneur de vingt-quatre héros de la liberté. « *Ici, le 22 juin 1943, eut lieu le premier parachutage d'armes du réseau Publican...* » Point de vue sublime sur la mer de Sable et les quatre horizons... Je descends dans la vallée suivante en me fiant aux flèches rouges. Le sentier devient parfois difficile à lire. Sinuosités. Fougères et ronces : imprenables cachettes pour la fouine, la belette et le lapin... Je m'arrête devant un semis de champignons blancs et ronds comme des boules de neige : à maturité, les sclérodermes deviennent bruns et leur peau craquelée éclate pour libérer des fumerolles de spores. La colline chaotique qui vient maintenant me paraît encore plus sauvage : boutis de sangliers ; crottes de renards et de martres. Nid de faucon ou d'épervier à la fourche d'une branche. Terrier de blaireau aux multiples entrées avec, devant chaque « seuil », un déblai conique creusé d'un sillon médian typique.

Deux lézards verts se figent sur une souche : bijoux de jade taillés par un sculpteur de l'époque T'ang. À chaque rocher, un lézard gris démarre et file dans son trou comme une langue dans une bouche. L'un d'eux se trompe et saute dans une cavité obstruée ; sa queue dépasse ; il ne paraît pas s'en rendre compte... C'est en descendant vers les rochers des Gros Sablons que je salue la vipère aspic. Un jeune sujet : moins de 20 centimètres de longueur ; la tête en triangle isocèle. Je l'arrête doucement avec un bâtonnet, je l'attrape derrière le cou, elle se tortille dans ma main. Indignée ! Je détaille ses écailles gris souris, son ventre d'ivoire, l'épais zigzag noir de son dos, son museau retroussé, sa pupille verticale. Une innocence calomniée ! Je la libère. Elle se tortille vers son refuge.

    Je retombe sur l'allée de la Gorge-aux-Poivres à l'instant où un chevreuil y débouche. Dans la même seconde, j'aperçois ses bois aigus, son œil étonné, puis son cul blanc ; il s'évanouit dans un fourré. La gorge aux Poivres... J'ignore en l'honneur de quelles épices on a baptisé l'endroit. Mais le parfum des pins et des chênes y est plus tonique qu'ailleurs. Je renifle des fragrances d'humus et de fougère. J'imprègne mes alvéoles de la signature moléculaire de la girolle (en voici un semis, comme un trésor de doublons). Je renifle le bolet des pins au chapeau ocre ; le clitocybe en entonnoir ; et le lactaire jaune, dont les lamelles exsudent un jus pâle. Je détecte à plusieurs mètres la réjouissante puanteur du satyre impudique — le phallus au pied livide et à la tête mâchurée de crème brune, sur laquelle se pressent les mouches gourmandes.

    Je cherche et je trouve l'allée des Cavachelins. Elle me conduit non seulement à un gros hêtre mort perforé par un pic noir, et dont le trou principal sert de nid à une chouette hulotte, mais au G.R. 1. Une buse tourne. Une sittelle torchepot descend la tête la première le tronc d'un chêne, qu'un grimpereau escalade au même moment de l'autre côté. Un pic-vert unit deux pins sylvestres par la parabole évasée de sa trajectoire. J'avance sur cette allée que bordent des banquettes de chèvrefeuilles et de genêts, de bruyères et de mélampyres (jolis semi-parasites aux bractées violet-rose et aux corolles en becs d'albatros jaunes). J'identifie le sceau-de-Salomon aux fruits en pendeloques rouges, puis bleu-noir ; la néottie nid-d'oiseau aux corolles en cire beige ; la circée de Paris ; et la parisette à quatre feuilles.

Je boucle ce circuit des Trois Pignons au parc du Vaudoué, *via* le G.R. 1 et l'allée forestière de la Vallée de la Mée. J'ai dans la tête une sylve gauloise née d'une mer oligocène et peuplée de dinosaures de grès gris, sous le ventre desquels rampent l'aspic et le carabe ; tandis que le pic noir claque obstinément du bec... Je diagnostique une forme (bénigne ?) de confusion mentale imputable à l'odeur enivrante de la bruyère et de l'humus.

Sauf qu'à Fontainebleau, le rêve et le réel ne sont jamais séparés par une plus grosse épaisseur qu'une aile de papillon ou une plume d'oiseau.

---

NOTE SAISONNIÈRE ET RECOMMANDATIONS

Cette balade a été effectuée à la fin du mois de juillet — période où les insectes abondent ; où les reptiles sont actifs ; où les oiseaux ont fini de nicher et se gobergent en prévision de l'hiver. Nombre de ces derniers sont migrateurs et s'esquivent en l'automne : le gobemouche gris, le rossignol, la fauvette des jardins, le loriot... Les mammifères, présents toute l'année, se terrent parfois en hiver. Quant aux fleurs, leur saison de gloire est à la fin du printemps, comme celle de l'amanite tue-mouches est en automne.

# 4. Fontainebleau

# Le clocher de Courances

De Courances jusqu'à la forêt des Trois Pignons, de clocher en chemin du Raboliot : un vagabondage francilien autour de l'un de ces villages qui ressemblent à leur légende. En partant de la charmante rivière École et en marchant vers des arbres, des rocs ou des étangs plus inconnus qu'on ne pense.
En boucle autour de Courances, 7 heures.
Carte I.G.N. au 1 : 25 000, 2316 ET, Top 25, Milly-la-Forêt, Malesherbes, la Ferté-Alais, forêt des Trois Pignons.

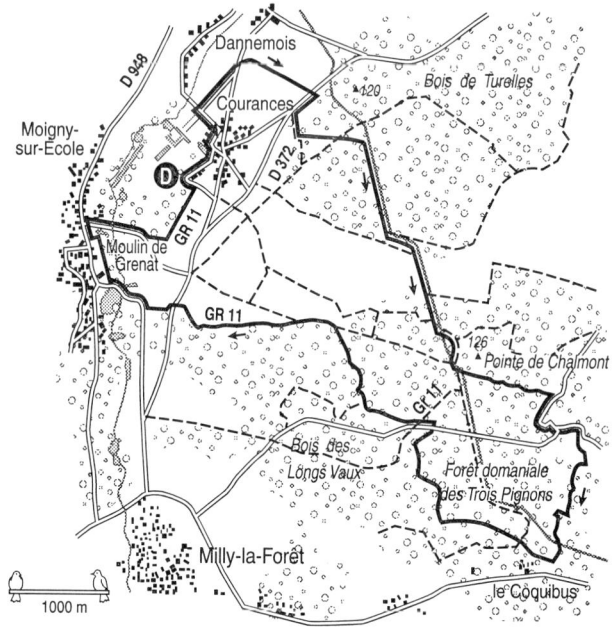

L'eau du vieux lavoir scintille, fraîche comme un rêve. Une bergeronnette grise se pose sur les tuiles plates du toit. Une araignée tisse sa toile dans la charpente où sont gravés des cœurs et des déclarations d'amour enfantines. De l'autre côté du mur que survolent deux canards, des peupliers et des saules se mirent dans un étang à nénuphars du château de Courances. L'église du village, au clocher de pierre grise, devient mauve dans la lumière du matin. Les balcons rougissent de géraniums. Crissement d'hirondelles. Chants de moineaux et de pinsons. Simplicité. Volets qui s'ouvrent. Odeur de café. Bruits de paix.

 **DE COURANCES À LA POINTE DE CHALMONT, 1 heure 30**

Je goûte ces atmosphères, ces lumières, ces formes adoucies que tant de peintres ont célébrées. Milly-la-Forêt n'est pas loin. Barbizon non plus. Le pinceau des artistes barbouille encore ces ruelles. Je me mets en marche sur la route de Dannemois, vers l'entrée du château à façade rose et toit gris, en suivant les marques rouge et blanc du G.R. 11. Un merle passe en lançant des trilles moqueurs. Douves remplies, avec lentilles d'eau et filaments de spirogyres. Le « ploc » sonore de la grenouille, selon l'onomatopée du haïku de Bashô.

Je remonte la grande allée vers le nord-est, en face de la bâtisse. Deux rangées de platanes de part et d'autre : jamais je ne fus si bien encadré. Des pinsons, des mésanges, des sittelles, un ménage de bouvreuils, un trio de pies animent les frondaisons. Des lierres terrestres violets, des géraniums herbes-à-Robert roses, des véroniques bleues posent des taches de couleurs (technique pointilliste) avec des érodiums becs-de-grue

aux fruits en épées et des chélidoines aux corolles chiffonnées jaunes.
    Au bout de l'allée, je laisse le G.R. partir à gauche, vers Dannemois. Je continue tout droit, sur le chemin que bordent des confusions d'églantiers, d'aubépines, de chênes et de prunelliers. Hautes herbes mêlées d'orchis boucs aux longs labelles en spirales ; de marguerites ; de campanules étalées d'un merveilleux lilas ; de sauges des prés, de chardons rolands, de gaillets jaunes et de cent autres espèces champêtres, que visitent les abeilles et les bourdons, les papillons argus, demi-deuils et paons-du-jour, sans oublier des petites-tortues, des vulcains et même un machaon. Sous son buisson, le lapin de garenne remue le nez.
    Je prends pied (impossible de l'éviter) sur le goudron de la départementale 410... 250 mètres vrombissants vers la droite, vers Courances. Je pique à gauche sur le premier chemin, à la lisière du bois de Turelles. Chênes et hêtres. Sous-bois de fragons petits-houx et de troènes en fleurs, dont l'arôme en devient obsédant. Un cimetière : « Tombes de guerre du Commonwealth » ; l'Histoire finit toujours ainsi. J'enfile l'allée des Bacs. Un geai décolle et crèque. Un troglodyte mignon sifflote sur un bouquet de ronces. À la barrière, je monte à droite, entre les châtaigniers, les chênes et les robiniers, que hantent les pigeons ramiers et où tapote le pic-vert. À terre, des myosotis et des géraniums sanguins aux corolles d'un lumineux rose-pourpre. Je détaille le labelle vert pâle, en langue tirée, de la platanthère à fleurs blanches.
    Au sortir du bois, je marche à l'est. J'ai sous les yeux l'immensité d'une vallée agricole. Les champs de blé, d'orge, d'avoine, de colza sont piquetés de coquelicots et de bleuets, de chrysanthèmes des moissons jaunes, de pensées sauvages, de silènes compagnons blancs et de camomilles au goût amer...

***DE LA POINTE DE CHALMONT AU COQUIBUS,*** *2 heures 30*

À la Pointe de Chalmont, je contemple les bâtisses de pierre où les maîtres de l'eau commandent le mystère des flux liquides. Une partie de l'agglomération parisienne dépend de ce réseau. L'aqueduc de la Vanne prolonge vers la capitale l'aqueduc du Loing. Il est enterré. Une perdrix décolle d'une touffe de chardons rolands bleutés, que parasitent de splendides orobanches du panicaut en cierges brun-jaune et cramoisi. Je descends vers l'étroite route goudronnée. Je traverse l'asphalte, je remonte vers le bois, je file à gauche sur le chemin des Arcades (zone protégée). Ici débute la forêt des Trois Pignons — la vraie sylve de Fontainebleau. Chênes et bouleaux, châtaigniers et pins sylvestres. Avec des sentiers de sable gris et tiède et, de tous côtés, ces blocs de grès travaillés et retravaillés par l'érosion, dans lesquels il est impossible de ne pas voir des silhouettes animales ou humaines, des têtes sculptées, des statues de l'île de Pâques, des dolmens ou des obélisques. Parfois des reposoirs — lits de pierre douillets, tapissés de lichens et de mousses, avec pour oreillers des banquettes de bruyères roses...

Je caresse les fougères : c'est un rituel auquel nous cédons, elles et moi, chaque fois que nous nous rencontrons. Je touche le G.R. 11, qui se confond ici avec le chemin de la Roche qui tourne. Les bordures du sentier se rengorgent de sceaux-de-Salomon en fruits et de splendides helléborines, ou épipactis ; ces orchidées en épis grenat exsudent, au creux de leurs labelles, un nectar épais qui ressemble à du miel. Les bourdons et moi-même descendons nous y noyer à plaisir.

Au chemin des Côtes de Courances, j'incurve ma balade vers la droite (ou le sud, comme on voudra). Je passe entre de gros rochers qui ont l'air de maisons et de gens, et que séparent des espaces de bruyères, eux-mêmes agrémentés de géométries de fraisiers. Les fraises des bois, cueillies rouges et mangées en forêt, introduisent le gourmand dans un univers infantile qui le guérit des blessures du monde. Les fraises fondent sur ma langue. Je m'allonge au creux d'un rocher à la dimension exacte de mon corps, que garnit une fourrure de lichens noir et roux, de mousses et de polypodes. Sensualité de minéral tiède et velu, dans une fente duquel une source ose achever mon fantasme...

Je reviens à ma balade : devoir d'abord ! Deux virages en montée. Une jeune vipère aspic traverse la piste : zébrure anthracite sur écailles d'ardoise. J'embouque, à gauche, le chemin de Coquibus. Une biche et son faon détalent. Au sortir du bois, je rejoins le chemin du Raboliot.

S'étend, devant mes yeux, une lande d'altitude étrange, qui ressemble à la Sibérie. Petits bouleaux, rochers et bruyères basses, roses comme une aube sur le Kamtchatka. Ce fragment de toundra oublié en Ile-de-France par la dernière glaciation a quelque chose d'irréel. Je vais entre les bruyères et les herbes argentées qui dansent au vent. Je zigzague. Plusieurs mares, environnées de touffes de laîches hérissées comme des chevelures, nourrissent des sphaignes vert sombre qui se muent en tourbe brun-noir. Écosystème rare et précieux — d'ailleurs protégé —, sur lequel volent des escadrilles de libellules : délicats agrions jouvencelles bleu et noir, agrions demoiselles vert et cuivre, libellules déprimées gris-bleu, æschnes rapides de charbon, de saphir et de jade... Le soleil se reflète, en rose et bleu, dans une eau où je joue Narcisse. Un couple de colverts se pose. Je marche jusqu'au rocher aux Voleurs, d'où je domine l'immensité forestière, qui s'estompe dans les gris-vert de l'horizon occidental, vers Milly...

L'allée des Voleurs. Le carrefour des Quatre Héros

(plaque et totem de bois). Le carrefour du Garde. Le chemin du Garde Forestier... Les panneaux se succèdent. J'arrive au chemin des Cent Marches. À peine 50 mètres à couvrir sur la droite et, entre deux bouleaux (croix gravée sur celui de droite), je monte à gauche, sur un étroit sentier. Les fougères sont plus hautes que moi. Un chevreuil. Des corneilles... Un écureuil gicle sur un tronc. Un renard, me semble-t-il, se faufile sous une souche. Un escalier — saugrenu, en pleine forêt — propose un détour vers un tertre de blocs de grès, une manière d'autel aztèque ou inca (pour quels sacrifices ?), d'où je contemple, de l'autre côté du val, le rocher aux Voleurs où j'étais tantôt. Ne me reste qu'à dévaler entre fougères et ronces, jusqu'à l'auberge du Coquibus.

 *DU COQUIBUS À COURANCES,*
*3 heures*

Bâtiments forestiers. Au bord du chemin, mille plantes hantées d'insectes. Coccinelles attablées à un banquet de pucerons. Une grosse araignée rousse surveille son nid plein d'œufs. Papillons silènes, mélittées et belles-dames sur les chardons. Un chardonneret s'envole. Un serin chante dans un chêne. Le chemin de Rumont me conduit au carrefour du chemin de la Boulignère, où je choisis, à droite, la piste cavalière de sable qui me ramène au chemin du Coquibus — près de la ferme homonyme. Bousiers au travail dans le crottin de cheval. J'ai rejoint le G.R. 11 que, désormais, je vais suivre jusqu'à Courances. Quelques mètres à gauche, puis je remonte à droite vers un chaos de rocs coiffés de pins, dans la manière des peintures chinoises. Je longe la colline de la Roche qui tourne et je rallie le chemin homonyme, qui me fait aboutir au chemin de

Milly à Melun, par où je rejoins la départementale 372, les fraîches cressonnières, la rivière École et le village de Moigny-sur-École. D'ou je regagne Courances par le moulin de Grenat. En maraudant des cerises au passage. En cueillant une rose plus parfumée que celles de mes rêves, et dans la senteur de laquelle je dissous cette balade de villages et de bois, que concluent un épi d'orge en forme de clocher et un bleuet bleu de France, entre deux tiges de blé.

## 5. Vexin

# Le drakkar des Vikings

*Près de Giverny, de la vallée de l'Epte et des nymphéas de Monet, les coteaux et les lumineuses falaises calcaires de la Roche-Guyon dominent la Seine qui paresse vers la Manche, et composent le rebord méridional du parc naturel régional du Vexin français. En Ile-de-France, juste à la frontière de la Normandie...*
*En boucle autour de la Roche-Guyon, 3 heures.*
*Carte I.G.N. au 1 : 25 000, 2113 E, Série bleue, Mantes-la-Jolie.*

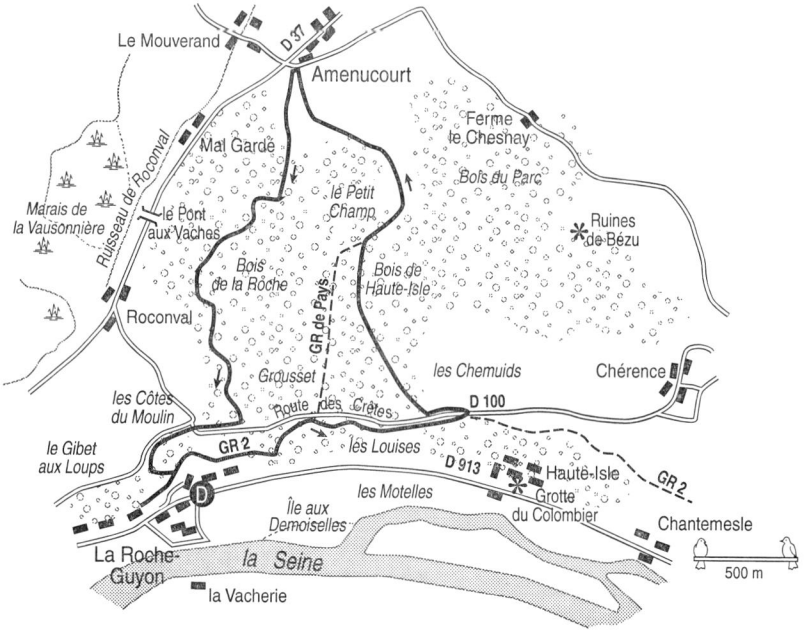

Le château de la Roche-Guyon... En fait, il y en a deux : le récent et l'ancien. Le premier près de l'église, de style Renaissance, empli de séduction, crème et brun, vaste et harmonieux, comme on en imagine pour un conte de fées aérien et coruscant. Le second plus vieux, moyenâgeux, en ruine, planté en pleine falaise, au milieu des arbres, et qui se résume à une tour ronde et à un rempart crénelé... Austère, minéral, tel qu'on en suppose dans les histoires de fantômes, d'oubliettes, de croisades ou de sorcières.

Je me prépare à marcher sur la place pavée du cloître Saint-Samson, en compagnie d'une dizaine de chats de gouttière à la démarche philosophique, qui semblent disserter de la nature de l'Être à la façon d'Aristote et de ses disciples au Lycée d'Athènes. La Roche-Guyon se dore au soleil de septembre, au-dessus de la Seine dont l'eau brille doucement, d'une couleur brun-vert moirée d'or, un peu nonchalante et un peu surannée. La teinte des fleuves qui coulent non seulement dans leur vallée, mais dans l'Histoire.

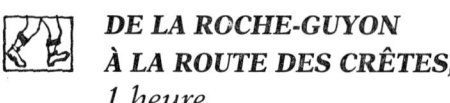
*DE LA ROCHE-GUYON
À LA ROUTE DES CRÊTES,
1 heure*

Je repère les marques rouge et blanc du G.R. 2, qui emprunte la ruelle des Petites-Côtes et monte en escaliers dans la falaise de calcaire blanc. Des corbeilles de fleurs de rocaille bordent le début de l'itinéraire. Giroflées jaune et rouille au parfum céleste. Chélidoines (ou herbes-aux-hirondelles) aux pétales jaune pâle, comme des chiffons froissés, et dont les tiges pleurent un lait orange quand on les brise. Géraniums herbes-à-Robert, aux feuilles en dentelle rouge et vert et aux petites corolles roses rayées de pourpre. Lamiers blancs aux fleurs en becs de coqs. Pariétaires. Linaires cymbalaires...

Je gravis les marches. Le sentier est également balisé en jaune et noté « P.R. », pour « petite randonnée ». En vérité, je suivrai jusqu'au bout ces marques jaunes : elles me conduiront sur la falaise, puis dans la forêt de la Roche-Guyon. Sur la gauche, une faveur rouge et blanc, accrochée à un arbre, indique la montée vers les ruines (en cours de restauration) du vieux château. Je redescendrai par ce raidillon. Pour l'heure, je continue tout droit sur la falaise. Le petit bois de crête où je chemine se compose de frênes, d'érables planes, de chênes, de charmes et de cytises — avec des poiriers sauvages, des aubépines et des chèvrefeuilles. Un merle noir siffle comme un agent de police. Une grive musicienne ajoute une partie plus fantaisiste au concert. Des mésanges, des pinsons, des verdiers, des bruants, des fauvettes gazouillent et froufroutent dans les buissons. Je traverse la route goudronnée qui monte de la Roche-Guyon vers la petite route des Crêtes. À droite, le G.R. 2 continue à mi-pente, à travers le Gibet aux Loups (quel nom !... combien de suppliciés sur cette colline ?), entre les lilas ensauvagés, les cytises et les gesses à grandes fleurs rose vif en forme de papillons. Les vrais papillons sont là, aussi : la petite-tortue à frises bleues et le paon-du-jour aux ocelles d'azur, le vulcain aux épaulettes orange et les piérides translucides crème et noir... Le sentier est blanc, granuleux, calcaire ; avec, pour qui sait chercher, des fossiles. Du milieu du Tertiaire (du Miocène), m'a appris un copain géologue. Coraux, oursins irréguliers (spatangues), huîtres, moules et escargots de mer.

Le sentier débouche au sommet d'une échine de roche immaculée comme une corniche de neige montagnarde, entre le Grousset et les Louises. Il domine, à présent, de haut la vallée de la Seine. Impression aérienne, coup de vent tonique sur la figure. La lande buissonneuse, en pente, se hérisse d'ails grenat, de gaillets blancs comme des nuages, de campanules étalées en clochettes d'azur. Je contemple, du côté d'où je viens, les maisons, l'église et les deux châteaux de la Roche-Guyon. Le fleuve déroule ses méandres vers Giverny et Vernon, Rouen et la mer. Une péniche vogue à contre-courant. J'imagine, à sa place, un drakkar viking à longues rames et voile en rectangle rouge sang : à chacun son image d'Épinal. Du côté amont, la vallée s'incurve en parfaite sinusoïde jusqu'au méandre de Vétheuil, que le G.R. 2 visite en musant vers Paris. Un lézard vert me considère avec bienveillance (j'interprète...) sous une touffe de bugranes roses. Le chemin vire, et monte, et descend, et sinue entre les vipérines violettes, les chardons rolands bleu-vert et les centaurées incarnates. Des criquets crissent et sautent. Une sauterelle verte décolle. Un papillon silène noir et blanc palpite sur une branche de cornouiller. Un grand mars changeant vole de troène en noisetier. Deux bizarres tunnels ont été aménagés dans la roche. Par qui ? Pourquoi ?

 *DE LA ROUTE DES CRÊTES À AMENUCOURT, 1 heure*

Le chemin descend à nouveau résolument. Je touche une piste de terre, laquelle remonte, à gauche, le long des Chemuids, en direction de la route des Crêtes. D'un coup, je me rappelle que je suis déjà venu ici, il y a des années. En balade avec mes enfants, alors petits... J'avais oublié l'endroit, et l'épisode lui-même. Tout resurgit dans ma mémoire. Les yeux clairs et rieurs de mes garçons, leurs cheveux en brosse, la grâce de leur sourire, le poids papillon de leur corps dans mes bras ; jusqu'à l'histoire (je m'en souviens aussi) d'Ulysse et de Polyphème que j'étais en train de leur raconter. Ils adoraient — ainsi sont les enfants — l'épisode où le cyclope fait cuire à la broche et dévore les compagnons d'Odysseus. Télescopage du temps. Impression de déjà-vécu, avec un léger décalage. Je ressasse ma nostalgie, assis sur une pierre, sous une roche couverte d'inscriptions gravées : « Sophie, je t'aime ! » ; « M.L. et J.V. pour la vie ». J'aimerais savoir qui sont ces M.L. et J.V., et s'ils sont encore amoureux. J'imagine un roman croisé de ces vies énigmatiques et banales, dans la manière de Georges Perec.

Je remonte vers la route des Crêtes, où je débouche tandis que s'envolent un pic-vert à casquette rouge et gilet citron, et deux corbeaux freux en soutane classique. Le G.R. 2 continue à droite, au bord de la falaise, en direction de Vétheuil. Je l'abandonne. Le tracé balisé jaune (P.R.) revient en arrière, sur la route asphaltée. Quelques centaines de mètres à couvrir jusqu'à la ligne sombre des arbres, le long d'un champ (de maïs, cette année), au rythme des trilles de l'alouette ; et je tourne à droite dans la forêt régionale de la Roche-Guyon (grand panneau).

Je marche d'un pas rapide sur une large piste forestière. L'ambiance a changé du tout au tout : sur la falaise régnaient la lumière, le blanc du calcaire, le vent, le sec. Dans la forêt, l'ombre s'impose. Le sol est humide, moussu, noir, gorgé de senteurs organiques et d'acide humique. Une boue obscure, presque celle d'une soue de sanglier, colle aux chaussures. Les grands arbres sont les piliers du temple, ô Baudelaire ! Des hêtres énormes. Des chênes rouvres de légende celtique, au tronc noueux, au port grandiose et aux branches démesurées ; avec des frondaisons confuses dans lesquelles volent et pépient les pinsons et les pouillots, les mésanges à longue queue et les mésanges charbonnières. Une sittelle torchepot au plumage d'un délicat gris-bleu descend un tronc la tête la première. Un écureuil me regarde. Je dérive hors du chemin, entre les lierres qui rampent ou grimpent, les circées de Paris et les houx verts. Les tamiers (les « herbes aux femmes battues » des apothicaires) portent en pendeloques leurs grappes de fruits rouge vif. Je repère — quasi sèches — des néotties nids-d'oiseaux, ces étranges orchidées sans chlorophylle, dont les fleurs café au lait semblent de plastique. Dans la boue, j'identifie les empreintes du cerf, du sanglier, du chevreuil, mais aussi du renard ; si ce n'est lui, c'est donc son frère. Un terrier de blaireau, aux multiples entrées, troue comme un gruyère une butte en forme de tumulus gaulois. Je m'arrête pour boire à la gourde entre un merisier et un tilleul à petites feuilles (ou tilleul des bois).

La forêt est belle et parfumée. Un éclair roux dans un fourré : le renard, peut-être. Deux formes brunes, à peine entrevues : je parie cinq noisettes sur les biches. Je touche la jonction du sentier balisé de jaune, que je continue à suivre, et du chemin de petite randonnée aux repères rouge et jaune, qui revient vers la route des Crêtes. Près de là, un abri de pique-nique et un barbecue. C'est là qu'il faut manger, donc je casse la croûte ; camembert normand en Vexin français, juste pour le métissage.

Je me remets en train au signal nerveusement asséné (« toc ! toc ! toc ! ») du pic épeiche. La piste devient herbeuse. Je sors du bois, j'y rentre, j'en ressors avec une volée d'argus, ces gracieux petits papillons d'azur et d'argent. Je longe une prairie bordée d'un massif de vesces craccas bleu-violet, de liserons blancs et de gros cirses laineux — ces paradoxes végétaux à la fois piquants et ouatés, agressifs et doux ; et si généreux en nectar pour les insectes butineurs ! Une buse plane dans le ciel. Un roitelet sautille dans un buisson d'aubépine, mini-bandeau crème sur l'œil.

***D'AMENUCOURT À LA ROCHE-GUYON,***
*1 heure*

Le chemin touche, mais ne traverse pas la départementale 37, près du village d'Amenucourt et du hameau du Mouverand. Il revient à angle aigu, plein sud, au creux d'un champ de maïs (au moment où j'y passe ; l'an prochain, ce sera blé, betterave ou colza). Une perdrix grise s'envole, un lièvre détale, les oreilles droit sur le crâne. Ils sont encore tranquilles pour quelques semaines, jusqu'à l'ouverture de la chasse... Je caresse, au bord de la piste, des bouquets d'herbes champêtres : des pensées sauvages aux fleurs d'un jaune très pâle ; de hautes armoises communes aux feuilles grises, finement découpées, cousines des absinthes si coupables dans le verre de Verlaine ; et des morelles noires (ou morelles furieuses) aux baies ténébreuses, hallucinogènes, infernales.

Je monte la côte vers les grands arbres. Je dois retraverser la forêt régionale de la Roche-Guyon. Le panneau est là. Une large allée, entretenue, s'ouvre devant moi. Elle conduit à un rond-point planté d'un cèdre du Liban, et à des kiosques campagnards où je découvre des panneaux d'explication. Je me trouve dans le nouvel Arboretum que la région Ile-de-France a aménagé. Cette forêt — chênes et hêtres, charmes et tilleuls, érables planes, frênes et merisiers — fait partie des terres du château de la Roche-Guyon, longtemps propriété des Rohan Chabot, puis des La Rochefoucauld. Jusqu'à ce que la Région rachète l'ensemble et en fasse une annexe éducative du parc naturel régional du Vexin. Des pies, des geais, des pigeons ramiers, des corneilles volettent en disant, chacun dans sa langue, qu'ils se sentent chez eux dans ce parc tranquille. Les plantes de l'arrière-saison fleurissent : la bardane, aux involucres munis de petits crochets collants qu'on a copiés pour « inventer » le Velcro. La grande linaire, dont les fleurs semblent des vases de libation antiques jaune pâle et or. L'aigremoine eupatoire, aux amples plateaux de petites fleurs grenat et rose, sur lesquelles se posent des légions d'insectes. Tel le papillon paon-du-jour. Ou son cousin le robert-le-diable, avec un « C » blanc au revers de ses ailes brunes.

    Je ne vais pas marcher longtemps sur une allée de graviers. Je la quitte vers la droite, pour une dérive forestière plus conforme à mon goût immodéré de la nature sans contrôle ; préservée de l'aménageur, du bûcheron ou du paysagiste. Je vais et viens au hasard des arbres. Je muse dans un val au fond duquel serpente un filet d'eau moussu. Les bouquets de chênes et de hêtres y sont reliés par des lianes de clématites vignes-blanches, dont certaines épaisses comme des cordes ; de quoi voler à la mode de Tarzan, Jane sous le bras. Avec, dans mon cas, l'inévitable catastrophe à l'atterrissage... Je me livre à un inventaire des fougères : fougères-aigles et polypodes vulgaires, scolopendres et aspléniums. Je sais que la martre et la fouine sont dans les parages. Je tombe, sans la chercher, sur une incroyable station de girolles, fraîches, charnues, dorées et d'un exquis parfum. J'emploie le mot botanique de « station », parce que je me borne à les observer. Le mot « coin » eût supposé que je les ramasse. Or, je ne cueille presque jamais les champignons. J'en trouve beaucoup, mais je les aime nature, c'est-à-dire dans l'humus ou la mousse, avec leurs formes fantastiques et leurs couleurs de magie, davantage qu'en fricassée dans mon assiette. Quand je dis cela, le ramasseur ordinaire se tapote le front. Mais le pic-vert approuve.

    Je revois les balises jaunes du sentier près de la route des Crêtes, où se dressent des ruines qu'eût aimées et chantées le poète romantique. La cité de la Roche-Guyon est en contrebas, sous la falaise. Je vais à droite, sur la chaussée goudronnée qui devient la départementale 100. Un lièvre traverse devant moi. Je passe le carrefour des Côtes du Moulin. Je ne marche ni à droite, en direction du village de Roconval et de la vallée de l'Epte, ni à gauche, vers la Roche-Guyon. Je continue sur la chaussée médiane durant quelques centaines de mètres. Puis j'abandonne les balises jaunes qui partent à droite, avec un chemin champêtre, et contournent la Roche-Guyon avant d'y ramener par l'ouest. Je vise un sentier qui descend raide la pente de gauche, marqué de faveurs rouge et blanc accrochées aux branches. Un petit pont, des volées de marches en rondins de bois : c'est ici qu'il faut dévaler.

En quelques lacets, après avoir salué la couleuvre d'Esculape aux écailles de bronze, je suis au vieux château. Impossible, en ce moment, de le visiter : il est en cours de restauration. Lorsque j'étais venu ici avec mes garçons, il y a déjà tant (trop !) d'années, il s'agissait d'une ruine à l'abandon, dans laquelle nous étions entrés. Nous avions monté les escaliers de pierres disjointes de la tour. D'en haut, entre les créneaux, nous avions contemplé la Seine comme si nous étions des villageois du Moyen Âge réfugiés dans ce donjon. Nous y avions, bien sûr, vu arriver les drakkars des Vikings. Séquence frisson. Tel le dinosaure, le grand requin blanc et le loup, le Viking incarne une valeur sûre de l'imagination enfantine.

Je tourne autour des vestiges. Je caresse les pierres imbibées de lumière et d'Histoire, ce qui constitue la nourriture essentielle des giroflées et des linaires cymbalaires qui s'enracinent dans les fissures, en compagnie d'un petit coquelicot rouge comme la voile d'un drakkar... Deux lézards gris se chauffent au soleil.

Je repère les marques jaunes et le petit panneau indicateur (« descente dangereuse »). Je dévale entre les arbres. Le roitelet huppé et le troglodyte mignon gazouillent. Je rejoins le G.R. 2 au sommet des escaliers qui me ramènent à la ruelle des Petites-Côtes, puis sur la place de l'église de la Roche-Guyon.

Les chats philosophiques du village continuent leur discussion sur la nature de l'Être, en miaulant comme Platon, Aristote et Plotin réunis. Je les écoute. Je m'approche. Je m'assois près d'eux pour émettre mon opinion. Ils ne s'en moquent.

> NOTE SAISONNIÈRE ET RECOMMANDATIONS
>
> Cette balade se conçoit — et se goûte — en toute saison. Prudence, pourtant, en cas de pluie ou de neige : le sentier du bord de la falaise peut devenir glissant. La fin de l'été et l'automne sont emplis d'ultimes parfums de moissons (blés tardifs ou maïs). Les fleurs des rocaille restent belles et colorées. Les oiseaux et les insectes sautent, volent, chantent ou crissent en nombre. Dans la forêt de la Roche-Guyon, les champignons poussent à leur fantaisie. À la fin de l'automne, le cerf brame sous les frondaisons.
>
> Les étés sont riches de toutes espèces et de toutes lumières. Les printemps proposent, sur les pentes de craie, la splendeur discrète de maintes espèces d'orchidées (orchis pyramidal, orchis bouc, orchis casque, ophrys mouche, ophrys abeille, ophrys bourdon, ophrys araignée...).
>
> Les hivers offrent de superbes perspectives sur la vallée de la Seine, notamment lorsque le givre ou la neige couvrent le paysage, et que le fleuve semble fumer comme un incendie allumé par les Vikings, dans une image d'Épinal.

# 5

# BRETAGNE

1. *Côtes-d'Armor* : Le vagabond de Bréhat
2. *Côtes-d'Armor* : Sept-Îles, l'H.L.M. des anges
3. *Finistère* : La diagonale du fou
4. *Morbihan* : Belle-Île, la vague de pierre
5. *Morbihan* : Les pulsations du golfe
6. *Brocéliande* : Les petits génies de la fée

# 1. Côtes-d'Armor

# Le vagabond de Bréhat

Avec ses cent îlots épars que la mer révèle quand elle se retire, l'île de Bréhat ressemble à une méduse oubliée sur la Manche par la fée Viviane. Nébuleuse de granit rose dans un ciel bleu-vert. On peut en accomplir le tour par le rivage à marée basse. Et gagner des terres qui, à marée haute, n'hébergent que goélands.
Vagabondage sur la grève, 6 heures.
Carte I.G.N. au 1 : 25 000, 0814 OT, Top 25, Paimpol, Tréguier, île de Bréhat.

La vedette se vide, les passagers débarquent, tout le monde a le sourire. Magie des îles : à peine y pose-t-on le pied qu'on y est bien. Une atmosphère d'insouciance. Un début d'aventure. Derrière moi, le continent — l'embarcadère et la pointe de l'Arcouest. Devant, Bréhat. Fin de matinée. Le crachin breton s'est dissipé. Le soleil perce un triangle de nuages. Je foule les blocs de granit rose de la jetée de Port-Clos. Partout, des fleurs dans les jardins et des goélands sur les rochers.

 **DE PORT-CLOS AU PHARE DU PAON,**
*3 heures*

Je veux profiter de ce voyage pour boucler le tour de l'île dans la manière de Jean-Jacques Rousseau à l'île Saint-Pierre. En promeneur solitaire... En dressant le tableau amusé, poétique et rêveur des espèces qui voudront m'honorer de leur apparition. Je marche dans la senteur tonique des algues et de la mer.

C'est par l'itinéraire tortueux du littoral que j'accomplirai ce périple. J'ai consulté les tables : la mer baisse. Moment propice. Je foule les escaliers puis le sentier qui mènent (montée, descente) à la plage de Gerzido. Les murs de pierres sèches, les bords des chemins, les jardins sont rehaussés de fleurs sauvages, cultivées ou évadées des plates-bandes. Parmi les sauvages, la bourrache d'azur à bec noir, la chélidoine jaune et fripée, la pariétaire couleur de muraille, le mâceron vert bouteille, la petite cymbalaire mauve, le géranium-herbe-à-Robert rose, aux pétales striés comme des berlingots. Dans le clan des cultivées, le fuchsia, le datura, l'hortensia, l'agapanthès. Dans la cohorte des espèces qu'on avait cru mettre en prison, et qui ont joué les Edmond Dantès : la lavatère (ou mauve royale), la giroflée au parfum céleste, l'anis, l'oxalis rose... Les arbres semblent plus libres qu'ailleurs : ifs, pins maritimes aux pignes ventrues, frênes, sureaux, eucalyptus et pittospores de Chine. Et ces mimosas qui, à la fin de l'hiver, soulignent d'une giclée de parfum jaune le climat presque méditerranéen du lieu.

    La plage de Gerzido et sa jetée. Sable mauve et granit rose à reflets grenat. Irréelle beauté minérale sur fond d'eau bleu-vert. Les vagues s'ourlent d'une écume elle aussi teintée de rose. Je songe à ce printemps — si proche et déjà avalé par le temps — où je vins ici avec mes enfants, alors petits. Je les revois courir sur la grève et rire comme des mouettes blondes. Je dissous ma nostalgie dans le vent. Je marche. Je longe la côte vers le nord, sur la rive ouest du chenal de la Chambre, qui sépare la grande île sud de Bréhat des îlots Logodec et Lavrec. Le reflux est rapide, à présent. L'eau dévale la pente vers le détroit ; de là, vers le large. Cordes et tourbillons d'argent. Les ruisseaux se faufilent entre les rochers, gargouillent, chantent, surcreusent le sédiment, s'étalent en mares traîtresses dans les bas fonds vaseux. Je marche de cailloux en touffes d'algues. Rien n'est plus glissant, excepté le savon noir des jeux télévisés. J'essaie de ne pas m'exposer au danger du ridicule. J'évite de faire s'esclaffer la mouette. Un pied devant l'autre.

    Parfois, je m'agenouille. Je caresse une fronde de goémon brun-vert aux ballonnets gonflés — flotteurs inutiles à marée basse. La peau de l'algue a la douceur d'une joue d'enfant. J'aime cette espèce, plus belle que son nom : « fucus vésiculeux ». Elle se mêle de diverses laminaires (rubanées, sucrées, digitées) ; de cystoceires brunes en mini-sapins de Noël ; d'ulves laitues de mer ; et d'entéromorphes qui évoquent de vertes chevelures de sirènes. Le tout constellé d'escargots de mer littorines jaunes, de bigorneaux gris et noir et d'ascidies qui semblent des bulles de gelée opaline, bleue ou violette. Dans les flaques de retrait de la marée, j'invente la population des crevettes grises et roses, des poissons gobies et blennies, des petits crabes décorateurs, des moyens crabes verts et des gros crabes enragés... Le homard même n'est pas improbable. J'identifie trois espèces d'anémones : la commune verte, avec du rose aux tentacules ; la fraise pourpre à pois verts ; et la cheval cramoisie. La mer colle aux cailloux des amas de patelles chapeaux chinois et de balanes à la coquille pyramidale ; de moules bleu-noir ; et d'huîtres sauvages marbrées d'ocre et de jade.

    L'important est de marcher. D'aller de rocher en sable. De flaque en ruisseau. De varech en vase. Avec, parfois, de la boue par-dessus les souliers. Pour ce type d'aventures, certains préfèrent les bottes. D'autres avancent en tennis sacrifiées. Je suis incorrigible : j'ai lacé mes chaussures de montagne. Plus sûres, parmi les rochers. Tellement habituées à mes pieds. Pensez : elles reviennent du Kamtchatka et du Yunnan ! Elles ont vu l'ours brun et les gorges du Saut du Tigre. Elles ne vont pas me trahir en Bretagne... Je tourne et contourne. Deux pas en avant, un pas en arrière. Glissade. Fesses dans la gadoue. La mouette n'a rien vu, l'honneur est sauf. Je double des caps, des anses, des géographies provisoires que le reflux invente à mon intention. Dans une flaque profonde, je repère un de ces poissons serpentins qui font peur aux enfants, qu'on appelle « syngnathes » et qui sont des cousins des hippocampes. Deux tadornes de Belon virent sur l'aile et atterrissent. Lumineuse livrée orange, noir et blanc, avec du vert bouteille au col. Canards des merveilles. Mâle et femelle : les bécots passionnés qu'ils se donnent trahissent l'estime. Ils redécollent de conserve, et croisent la route aérienne de deux fous de Bassan au bec en sabre gris-bleu gansé de velours noir, qui viennent de saluer un pétrel fulmar à l'arrière-train fumé, et deux cormorans huppés couleur d'abysses à reflets verts.

    J'ai passé les maisons du Bourg — le chef-lieu de l'île.

Je continue sans quitter le rivage. Escalader les rochers. Admirer des lichens géographiques jaunes ou orangés, des lichens foliacés verts et d'autres en bouquets gris. Redescendre. Patauger. Faire chuinter ses semelles. Identifier le crithme maritime, cousin de la carotte, et qui ressemble à un peigne végétal dans ses fissures de pierres. Traverser les buissons d'obiones gris-vert qui bordent les étendues de fange noirâtre où poussent les salicornes aux tiges turgescentes (on surnomme l'espèce « eau de mer en bâton ») et les jolis statices limoniums (ou lavandes de mer), aux fleurs en plumets mauves, ouvragés et délicats comme des enluminures...

Je tente de gagner l'île Lavrec. Trop d'eau dans le goulet. La marée n'est pas assez basse. J'envie les bécasseaux, les gravelots, les barges, les vanneaux, les courlis, les tournepierres et autres limicoles qui détalent en picorant des brimborions dans les algues. Je voudrais être cette échasse aux pattes écarlates ou cette avocette au long bec retroussé, qui passent sur l'autre rive d'un coup d'ailes. Je me révolte contre l'injustice de ma condition de mammifère terrestre. Je pose une revendication avec préavis de grève auprès de la Direction : obtenir le droit de voler tel le pluvier ; ou de nager comme le phoque gris, qui repeuple les îles de Bretagne et que j'aurai peut-être la chance d'entrevoir.

Je remonte sur la rive. Je franchis le pont ar Prad, qui unit les deux grandes îles de Bréhat. Je marche un moment sur l'étroite chaussée goudronnée (vélos et tracteurs tolérés ; voitures bannies) qui laisse la chapelle de Keranroux et file en direction du phare du Paon. Sitôt que je peux, je cherche une sente qui pique vers le littoral. Puis je reviens vers la lande à ronces, ajoncs et fougères qui occupe le centre de la terre septentrionale. Vaches philosophiques. Corneilles noires, pies et merles. Alouettes grisollantes, bruants, verdiers et pinsons. Tourbières et mares où fleurissent les renoncules aquatiques et les roseaux phragmites. Herbes mêlées d'érodiums becs-de-grue roses, de ciguës, de morelles douces-amères, de géraniums sanguins et de carottes sauvages... Je marche derechef vers la mer. Puis la terre. Puis la mer. Puis la terre. Jamais content ? Heureux de vagabonder...

Je franchis la passe, à sec maintenant, qui conduit à l'amer (bizarre phallus blanc) et à l'île ar Morbic. Les rocs sont, ici, enguirlandés de silènes maritimes aux calices en ballonnets, d'ombilics pendulines aux feuilles en crêpes, d'endymions penchés aux clochettes bleu-violet. Je reconnais les lagures ovales (ou queues-de-lièvre) beiges, les choux marins aux amples feuilles ondulées bleu-violet, les bruyères ciliées et leurs cousines cendrées, les ajoncs jaunes ; et tant d'autres... Les jasiones marines bleu-mauve et les arméries marines rose tendre (ou gazon d'Espagne), qui sont les bouquets favoris de la fée Viviane quand elle vient à Bréhat.

 *DU PHARE DU PAON À PORT-CLOS, 3 heures*

Je respire. J'inhale autant de splendeur que d'air marin. L'infini des îles nées de la magie de l'eau, et réunies par des bas-fonds verdissants d'algues, me subjugue. Je m'allonge sur un rocher rose qui a la douceur d'un berceau. À deux pas, un goéland ferme les yeux et fait un somme. Beauté bretonne. Au-delà du phare et de la pointe du Paon, le plateau marin des Sirlots scintille en exhalant un parfum d'Angleterre.

Je boucle ce tour de l'île de Bréhat comme je l'ai commencé : au hasard. Par le phare du Paon, où les rocs roses plantés dans la mer outremer ont un goût d'Esterel ou de Calanche corses. Je longe l'étang de Kervilon, je serpente sur des sentiers de petit bonheur vers le phare du Rosedo, puis vers le sémaphore. Etale de marée basse. Je traverse entre deux balises le port de la Corderie. Barques et voiliers vautrés sur le flanc. Souliers à peine mouillés.

À nouveau sur l'île du sud, je file jusqu'à la pointe de la Croix-Maudez. Du côté de l'ouest, je contemple l'île Modez ; vers le sud-ouest, les îles Biniguet et Raguénès, dont me sépare un profond chenal bleu sombre. Je passe au pied du roc — le point culminant de Bréhat — sur lequel on a bâti la chapelle Saint-Michel. Murs blancs, toit rouge. Je longe l'anse du Birlot, que barre une jetée cyclopéenne surmontée d'un bâtiment de pierre qui lui donne son sens : il s'agit d'un moulin à marée.

Je reviens au port de Port-Clos par des chemins sans nom, dans des enchantements d'iris gigots violets, de cistes, de giroflées et de romarins. Le goéland argenté qui m'indique l'embarcadère, à l'heure où la marée va remonter, m'assure dans sa langue que je repars trop tôt.

On lui a raconté, du côté du large, que les dauphins viendront souffler au crépuscule à la pointe du Paon, en l'honneur de la fée Viviane et des innocents qui ont raison de croire aux légendes.

### NOTE SAISONNIÈRE ET RECOMMANDATIONS

Pas vraiment d'itinéraire, pour cette balade de pur plaisir vagabond, sur les grèves et les rochers d'une des plus belles îles bretonnes. De la beauté en toute saison, avec des printemps doux comme en Méditerranée.

Il faut être bien chaussé. Les algues, la vase, les cailloux mouillés d'embruns : tout glisse. On risque cent fois la chute, c'est-à-dire au minimum le ridicule. Le danger principal est constitué par les marées. Des tableaux de basses et de hautes mers sont affichés près des embarcadères. Ne vous laissez pas surprendre sur un îlot à l'heure où le flux remonte !

## 2. Côtes-d'Armor

# Sept-Îles, l'H.L.M. des anges

*En bateau autour de la plus riche réserve française d'oiseaux de mer : fulmars, pétrels, pingouins, cormorans, macareux, guillemots, goélands, mouettes... Et, surtout, fous de Bassan... Un feu d'artifice de becs et de plumes. Une visite à l'H.L.M. des anges, que hantent aussi quelques phoques gris.*

*De Trestraou à Trestraou, en bateau, environ 2 heures 30.*

*Carte I.G.N. au 1/25 000, 0714 OT, Top 25, Perros-Guirec, Sept-Îles.*

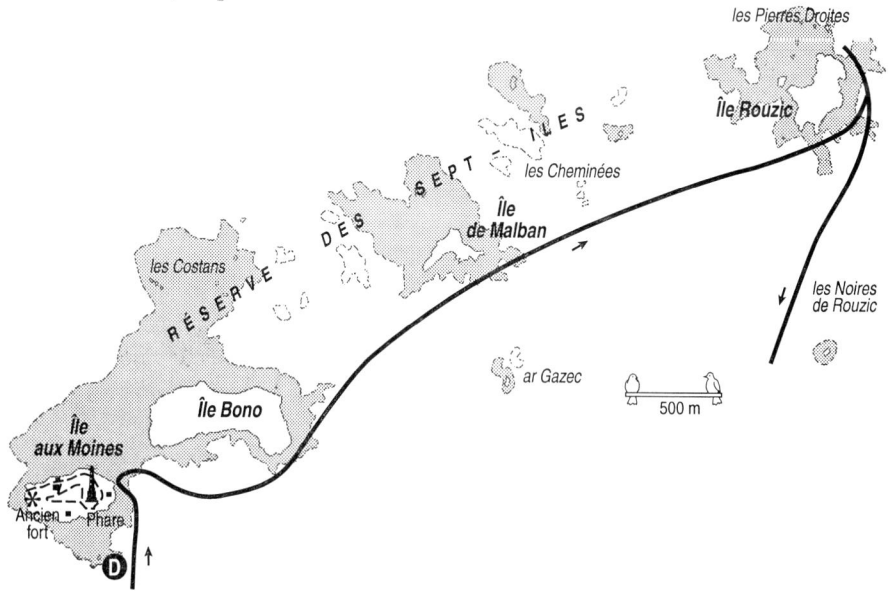

Le petit pingouin ballotte en surface. Il hoche la tête. Il jette des coups d'œil au bateau, il pique du bec et plonge. Je le regarde fuser dans l'élément liquide. Il vole en battant des ailes dans l'eau, presque aussi vite que dans l'air. Il attrape un brimborion de nourriture, fretin ou crevette. Il ressort comme un bouchon. Il a au bec deux scarifications et un tatouage blanc dans le style maori. Son ventre est immaculé, sa tête et son dos d'un noir absolu. Une ligne blanche lui ceinture les reins comme un pagne.

Tel est le petit pingouin. L'« alque mineur » des naturalistes du XVIII$^e$ siècle. Le cousin miniature du grand pingouin — ou « alque majeur » — de l'Atlantique Nord, qui fut massacré stupidement par les chasseurs, et dont le dernier sujet expira en 1844 sur un îlot d'Islande. Le symbole — avec le guillemot de Troïl, le fou de Bassan et le macareux moine — de cette réserve bretonne des Sept-Îles où l'esprit de la mer s'incarne en volées d'anges.

 ***DE TRESTRAOU À L'ÎLE DE BONO,***
*1 heure*

Marée basse. Parfum d'iode, d'ammoniac et d'humus. La vedette d'observation quitte le quai verdi d'algues du port de Trestraou (pourquoi appeler « gare maritime » un simple embarcadère ?). L'eau est claire, bleu-vert, moirée d'ocre et de beige au bord de la plage.

À peine avons-nous filé une encablure, que le voilà. Le petit pingouin barbote à tribord. Il nage, fuse, plonge. Il reste une minute en apnée. C'est l'âme de la vague. Un peu cabotin. Il fait son numéro. Je le soupçonne d'émarger au syndicat d'initiative. Je détaille le mince trait blanc qui unit son bec comprimé à son œil noir. Je le contemple comme on écoute les premières mesures d'un poème symphonique. Mettons *la Mer* de Debussy. L'oiseau ignore ma comparaison. Il travaille, lui. Il pêche. Il a besoin de sardines et d'anchois. Sa nichée affamée l'attend quelque part sur l'île Rouzic. Il s'envole avec trois poissons bien rangés en travers du rostre. Il rame dans l'élément aérien. Je me demande comment il réussit à avancer, tant ses ailes sont petites et semblent des nageoires. J'ai envie d'écrire que le petit pingouin n'est pas un oiseau qui plonge, mais un poisson qui vole.

Nous cinglons vers l'île au Cerf (ou aux Cerfs ; je doute qu'on y ait entendu bramer), qui inaugure l'archipel au sud-ouest. Un quadrille de goélands argentés nous fait escorte : ces rusés personnages connaissent le bateau. On me présente les plus familiers. « Bougrain » a été baptisé en hommage amusé à Allain Bougrain-Dubourg, président de la Ligue pour la Protection des Oiseaux, qui gère les Sept-Îles. Le plus apprivoisé répond au nom d'« Albert ». Il atterrit sur le toit de la vedette, au-dessus du poste de pilotage. C'est sa place. Il quémande le morceau de pain que l'équipage lui offre à chaque voyage. Goulu, mais pas partageux. Un congénère approche : il le chasse dans des piaillements suraigus. Le plumage sans le ramage... J'observe la tache vermillon de son bec jaune, sur laquelle (comme l'a montré l'éthologiste Niko Tinbergen) tapotent les poussins qui réclament leur bouillie. Ventre, poitrail et tête blancs ; dos et ailes gris nuage ; bout des rémiges noir ; pattes roses. Beau gosse !

Je regarde les deux hommes qui s'occupent de la réserve naturelle : Gilles Bentz, le conservateur, et François Siorat, le biologiste. Ils me racontent les oiseaux des Sept-Îles, et bien davantage. La géologie, l'histoire, les souffrances, l'avenir de cet archipel. Gilles Bentz montre les récifs. Il explique à quel point ces cailloux de la Manche sont précieux, riches, grouillants de vie. Et rappelle que tout a failli être anéanti.

« Au début du XX$^e$ siècle, raconte-t-il, le tourisme se développe. Les Chemins de fer de l'Ouest vantent, sur leurs affiches, les "plaisirs" de la chasse au "perroquet de mer" (ou "calculot"), qui se pratique près de Perros-Guirec. À la saison des nids, on massacre les macareux moines. On en rapporte des barques entières, et on laisse pourrir les cadavres sur la plage. En 1912 — enfin ! — la Ligue pour la Protection des Oiseaux (L.P.O.) loue les Sept-Îles pour en faire une réserve. Les effectifs se reconstituent lentement. Le goéland argenté revient en 1915, le goéland brun en 1921, le goéland marin en 1925, la mouette tridactyle et le fou de Bassan en 1939, le cormoran huppé en 1950, le pétrel-fulmar en 1960... Dans les années 1960 et 1970, la reconquête est plusieurs fois ruinée par des marées noires. Les désastres du *Torrey Canyon*, en 1967, et de l'*Amoco Cadiz*, en 1978, manquent anéantir plus d'un demi-siècle d'efforts. L'arrêté ministériel qui classe les Sept-Îles en réserve date de 1976. Désormais, sur 40 hectares à marée haute et 280 à marée basse, à quoi s'ajoute une bande de 1 mille nautique (4 000 hectares) à l'intérieur de laquelle la chasse est prohibée, vivent plus de quinze mille couples nicheurs, appartenant à quinze espèces marines et deux terrestres. »

Gilles Bentz s'interrompt. Il désigne une sorte de barrique sur un rocher, entre l'île au Cerf et l'île Plate. Un phoque ! Un phoque gris... 2 mètres de longueur, 200 kilogrammes. Affalé, avachi, luisant comme une coulée de plomb au sortir d'un four d'alchimiste... C'est un mâle au nez de Cyrano ; la tête bizarrement blanche... Il déteste le bruit du bateau, même au ralenti. Il s'agite et fait mine de plonger. Notre pilote bat en arrière pour ne pas le déranger davantage. Une vingtaine de phoques gris hantent aujourd'hui les Sept-Îles.

Leurs amours semblent fécondes. Certains d'entre eux partagent leur temps entre cet archipel et celui de Molène, près d'Ouessant. On a aussi aperçu, dans ces parages, des phoques veaux marins (ou des ports). Et même, égarés sous ces latitudes, un phoque annelé et un phoque à crête...

Nous longeons l'île Plate. Trois espèces de goélands et plusieurs couples de tadornes de Belon l'habitent. François Siorat s'écrie : « Macareux ! » Quatre « perroquets de mer » giclent au ras des vagues vertes. Quatre mini-torpilles aériennes au dos noir, au ventre et aux joues blancs, qui volent frénétiquement à la poursuite de leur bec surélevé, comprimé, hachuré de vermillon, de jaune et de noir. Ce volatile, qu'on appelle aussi « clown de mer », est un des trésors menacés des Sept-Îles. On en comptait 7 000 couples en 1960 ; à peine 200 de nos jours. Effondrement analogue pour le petit pingouin : de 950 à 30 ; et pour le guillemot de Troïl : de 350 à 20. La faute au mazout, dont la marque se lit encore sur les rochers, au niveau des grandes marées...

« L'île Plate, explique François Siorat, a servi aux goémoniers. Ceux-ci venaient y récolter des algues (fucus et laminaires), qu'ils faisaient sécher et griller afin d'en tirer de l'iode, de la potasse et de la soude. Mais ces hommes ont amené avec eux des rats, qui ont proliféré. Pour permettre aux oiseaux qui nichent au sol (les macareux, les puffins des Anglais, les pétrels-tempêtes) de se réinstaller sans risquer de voir leurs œufs et leurs poussins dévorés, force est, à présent, de dératiser. Mais les rats ne gênent guère les goélands marins au dos sombre : ici, se sont établis la plupart des 120 couples que l'archipel accueille. »

De vastes goélands marins passent dans le ciel pommelé de petits nuages. Ces animaux atteignent 1,70 mètre d'envergure et becquettent à peu près tout ce qui se présente. Au printemps, ils avalent force bébés tendres de goélands argentés, dont ils limitent l'expansion démographique.

Notre bateau file vers l'île aux Moines et sa voisine de Bono, qu'un cordon de galets réunit à marée basse. Sur la première, des moines s'établirent au $v^e$ siècle. La légende raconte que saint Guirec, venu de Cornouaille, y débarqua, et que, au $xv^e$ siècle, les Cordeliers de l'Observance y laissèrent un ermite — l'un de leurs frères en pénitence. En 1740, Louis XV y fit construire un fort pour combattre l'Anglais. En 1834, on y édifia un phare. L'île aux Moines est la seule de l'archipel sur laquelle les touristes sont autorisés à débarquer. Ceci explique cela : elle se dégrade. Elle a été confiée au Conservatoire national du Littoral, juste à temps pour être restaurée.

La terre de Bono se souvient des tentatives qu'on fit, au siècle dernier, pour lui imposer des paysans, avec vaches, chèvres, lapins et pommes de terre. Seuls les lapins sont restés... Tout là-haut, tel un Indien sur son rocher, guette un huîtrier-pie. Je n'ai jamais vu cet oiseau noir et blanc, au long bec orange, dans une attitude aussi dominatrice : ici, cet arpenteur des côtes se prend pour un aigle ! François Siorat rit et précise que, non seulement ce volatile guette sur la hauteur, mais qu'il y tient restaurant : une aire de 1 mètre de large, jonchée de coquilles vides.

Je suis des yeux un macareux qui vibre en diagonale vers la colline insulaire, gainée d'une fourrure vert sombre de fougères, mêlées de matricaires blanches et de mâcerons vert clair. Ici ou là, sur le granit gris du Précambrien (650 millions d'années) qui compose les Sept-Îles, s'étendent des aires d'herbe rase rehaussées de silènes maritimes, d'ajoncs jaunes, de bruyères et de bouquets incarnats d'arméries marines. Sous un porche, à l'est de l'île, est édifié un nid de branches empli de déchets — os de lapin ou sacs de plastique : c'est le logis d'un couple de grands corbeaux, dont les rejetons s'envolent en mai et émigrent sur le continent.

*DE MALBAN À ROUZIC,*
*ET RETOUR À TRESTRAOU,*
*1 heure 30*

Nous longeons la plage sublime de Bono, qu'on dirait volée à l'une des Marquises. Entre le tatouage maori du petit pingouin, ce sable bleuté et cette eau verte, j'ai le sentiment de comprendre le voyage esthétique de Paul Gauguin, de la Bretagne à Hiva Oa. Correspondances !

Le bateau double les Costans. Ces cailloux dans la mer, dont la plupart n'émergent qu'à marée basse, constituent la septième des Sept-Îles. Ils hérissent un plateau marin d'une richesse étonnante, où l'herbier d'algues abrite, oxygène et nourrit une faune grouillante d'éponges, d'hydraires, d'alcyons, d'ormeaux, de coquilles Saint-Jacques, de buccins, de nudibranches, de lièvres de mer. Là, se côtoient des langoustes, des homards, des crabes et des théories d'oursins violets, de concombres de mer ventrus, d'étoiles de mer voraces et d'ascidies translucides comme des verres polis par les vagues. J'imagine, sous la surface, les ondulations des raies bouclées et des torpilles électriques, les sinuations des mostelles et des congres, la découpe anguleuse des grondins, le bleu-vert des maquereaux, l'ocelle noir qui orne le flanc des saints-pierres... Les rocs des Costans constituent aussi, pour les phoques, autant de refuges où se chauffer au soleil loin de l'agitation humaine.

Nous saluons l'île Malban. Sur un caillou ocre, trône un cormoran huppé dont le soleil transfigure le plumage. La livrée de l'oiseau m'apparaît pour ce qu'elle est : non pas noire, comme on la voit en général par un effet de contre-jour sur le ciel clair, mais vert sombre. De la nuance que Paul Gauguin offre à l'océan Pacifique, au second plan de ses *Femmes de Tahiti*. Correspondances, vous dis-je !

Les oiseaux deviennent obsédants. Le grand corbeau tourne. Le faucon pèlerin chasse le traquet motteux, le pipit maritime ou le bécasseau violet sur les hauteurs de Bono. Autour de Malban, les cormorans huppés trônent sur les écueils. Le jabot garni d'anchois ou de tacauds, ils font sécher leurs ailes à demi repliées, dans la posture hiératique de leur espèce. Nous approchons de Rouzic — l'île aux fous, le cœur battant de la réserve, le nœud de cet ensemble nécessaire et sublime...

Des pétrels-fulmars passent à dextre : on jurerait des goélands argentés aux ailes plus étroites et plus raides. Leur bec, bricolé, est surmonté d'un tube par lequel l'animal excrète le sel qu'il filtre par une glande de son crâne. Environ soixante-dix couples de l'espèce nichent ici. La femelle pond un seul œuf, dans une crevasse. Elle défend sa progéniture en crachant sur l'intrus une huile méphitique.

Volent, à sénestre, des puffins des Anglais, dont une centaine de couples habitent Rouzic. Ces esprits du large, gris-noir dessus, de coton blanc dessous, ne se posent que la nuit. Quoique inadaptés à la vie terrestre, ils creusent un terrier de 1,50 mètre de profondeur, au fond duquel la femelle pond un unique œuf blanc. Les adultes parcourent d'énormes distances en mer pour trouver petits poissons et calmars. Ils signalent leur retour en poussant d'étranges appels pareils à des pleurs de bébés. Les Bretons disent que ce sont les âmes des marins disparus.

Je repère un pétrel-tempête, ou océanite-tempête. À peine plus gros qu'une hirondelle. Le Lilliputien des esprits emplumés des Sept-Îles. On le surnomme « oiseau de Satan » à cause de sa teinte sombre et de ses mœurs mystérieuses. On en recense quelques couples à Rouzic. L'espèce se joue des vents et des ouragans. Elle s'exalte dans les tourbillons aériens. À terre, elle est

empruntée et timide. Elle se cache sous les pierres pour couver un œuf unique. Elle exhale une délicate odeur musquée. Elle-même est douée d'odorat.
Le spectacle devient psychédélique. Mettons : fou. Fou de Bassan. Les oiseaux tournent de tous côtés, en nuées rapides, en feux d'artifice, en explosions, en nébuleuses, en jaillissements qui évoquent les embruns des rouleaux de tempête. Les macareux fusent ou zigzaguent : c'est un boulot, de nourrir les poussins qui les attendent au fond des terriers. Chaque bébé se remplit le jabot cinq à huit fois par jour — jusqu'en juillet, date à laquelle tout le monde déserte la réserve jusqu'au printemps suivant... Une sterne pierregarin fait admirer la finesse de ses ailes d'hirondelle marine — bec rouge, calotte noire et queue fourchue. Je cherche le guillemot de Troïl — ventre blanc et dos gris sombre — dont l'œuf conique est conçu pour ne pas rouler sur la corniche où la femelle le pond. L'espèce se reproduit à Rouzic, mais elle est difficile à voir, car elle rentre au logis après le coucher du soleil. Les mouettes tridactyles sont là : elles tiennent leurs quartiers dans des fissures. Elles passent leur existence au large : vagabondes des infinis bleus. Leurs bébés ont un W noir au bas du dos.

Les princes du ciel de Rouzic sont les fous de Bassan. Bec en sabre gris-bleu, bordé de noir ; œil maquillé d'un trait de khôl ; tête jaune ; corps immaculé ; bout des ailes noir. Ils crient, tournent, virent, atterrissent, redécollent dans une confusion prodigieuse, que j'imagine ordonnée à leurs yeux, mais dans laquelle ma capacité de compréhension (limitée, je le sais) se dilue. Je suis saoulé par ce maelström de rostres, de pattes et de plumes.

Les grands oiseaux rapportent inlassablement de la mer des algues pour leurs nids. Ils ne cessent de se voler ces matériaux. Ils ajoutent à leur logis des herbes, des objets de plastique, des bouts de filets de pêche. Puis ils vont se nourrir. Ils plongent comme des casse-cou, de 20 à 30 mètres de hauteur, pour capturer crevettes, harengs, sardines, maquereaux ou pilchards. À cause d'eux, Rouzic semble une montagne née de la mer et couverte de neige. Leur colonie est en expansion. « L'hiver, explique Gilles Bentz, l'espèce se disperse dans une zone océanique immense, du Bosphore au golfe de Gascogne et au golfe de Guinée. Au printemps, les oiseaux remontent vers le nord. Rouzic est le premier site sur lequel ils se regroupent. Nombre de jeunes s'y fixent, même parmi ceux qui sont nés en Irlande ou en Écosse. Nous comptons maintenant plus de douze mille couples reproducteurs. »

Un fou plus fou que les autres me frôle le crâne. J'entrevois une seconde, dans son œil maquillé, ce que j'interprète comme une ironie.

La montagne blanche de Rouzic. L'H.L.M. des anges... Si l'on préfère, un palais de nature où l'âme des ornithologistes et des enfants se réincarnera un jour, sous un plumage immaculé, avec un bec bleu pâle, des rayons d'or sur la tête et du charbon aux ailes...

> NOTE SAISONNIÈRE ET RECOMMANDATIONS
>
> Inutile de vouloir débarquer aux Sept-Îles (sauf sur l'île aux Moines) : c'est interdit. Et ce serait un scandaleux saccage ! Même les naturalistes ne vont plus sur Rouzic : ils surveillent les colonies grâce à des caméras de télévision orientables à distance.
> La meilleure saison est, évidemment, celle de la nidification, de la fin du printemps à l'été. Folie en acte ! Milliers de bonheurs qui tournent...

# 3. Finistère

# La diagonale du fou

En baie d'Audierne, au bout de la Bretagne bretonnante, en plein cœur du pays Bigouden, entre la pointe du Raz et celle de Penmarc'h... Une balade au vent du large, sur l'immensité de la plage que bordent des étangs aux oiseaux. Une façon de célébrer l'union consubstantielle de la terre et de la mer.

Aller-retour, depuis Kerbinigou, 4 heures.

Carte I.G.N. au 1 : 25 000, 0520 O, Série bleue, Pont-Labbé, Penmarc'h.

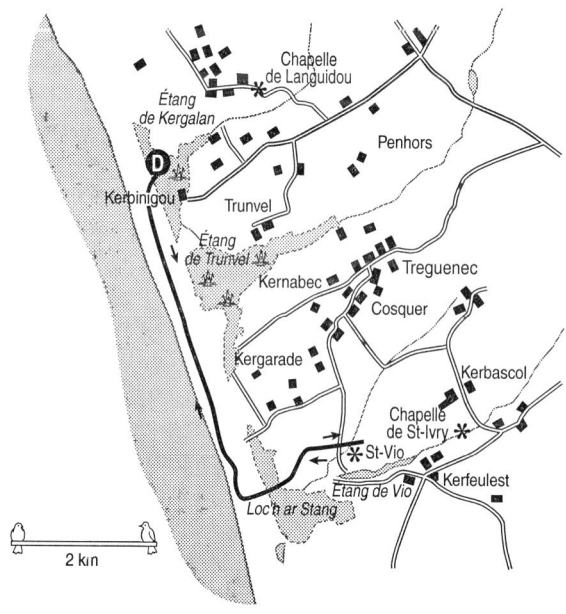

Je voudrais faire cette balade avec les ailes du fou. Du fou de Bassan... En diagonale, comme il se doit aux échecs ou dans le vent de l'extrême bord occidental de l'Europe... Je rapetisse. Mon corps se couvre de plumes. Mes mâchoires s'allongent en long bec bleuâtre. Mes pattes ont des écailles. Je décolle. Je rame dans le fluide aérien. Un fou — un vrai — me considère avec ironie. Il joue dans le gaz qui murmure. Il se laisse dériver. Il pique et se rétablit d'un frémissement de rémiges. Fascinante ressource ! J'ose l'acrobatie comme un gamin. Je tournoie, je m'offre ce vertige, je plane, l'air me soutient, je monte très haut. De l'altitude à laquelle mon imagination me porte, je domine l'immensité d'étangs, de dunes, de plages et de vagues de la baie d'Audierne. Au pays Bigouden.

 *DE KERBINIGOU À KERNABEC,*
*1 heure*

Debout sur la dune de Kerbinigou, le nez dans le vent de la mer, je comprends par chaque cellule de mon corps que je foule une extrémité du monde. Je regarde, là-haut, le fou de Bassan que j'imite en rêve. Mes yeux caressent le duvet blanc de son ventre, le charbon de ses ailes, le jaune solaire de son cou et de sa nuque. Il me semble que l'oiseau irradie davantage de lumière que le ciel gris. Gris des nuages. Gris du sable exalté d'ocre rose. Gris métallique des étangs de Kergalan et de Trunvel. Gris glauque des touffes d'oyats, ces balais de sorcières plantés le manche en bas dans la dune. Gris tourbeux des galets. Gris laiteux de la plage et gris infini de l'océan qui se brise en écume, où soupirent des parcelles d'Amérique. Je me sens l'âme grise. Grisée...

Il fait froid. Fin d'automne... Un vrai crachin breton

me fouette le visage. J'ai le nez et les mains rouges. Je tiens à peine mon crayon. Mon ciré claque. Mon carnet de notes s'est mué en éponge. Le vent forcit et bouscule les embruns qui tourbillonnent vers la terre ferme. Les prés et les landes de l'arrière-pays font le gros dos sous ces gifles salées-mouillées. Là-bas, aux hameaux de Keramoine et de Trunvel, les maisons à pignon basses et trapues ressemblent à des chiens aux flancs blancs et au dos gris, couchés dans la tempête. Le fou de Bassan tourne dans les rafales, ou fait du surplace en équilibre dans le rien. Il me dévisage. Il a l'œil et le bec maquillés. On jurerait qu'il s'est refait une beauté à grands traits de khôl. Je voudrais être oiseau : fantasme banal. Comment ne pas désirer contempler de haut cette ligne entre terre et mer, ce baiser de deux éléments ? Le vent ébouriffe les plumes de mon poitrail. Un bec me pousse. J'ouvre mes ailes. Je frissonne. Je décolle. Hourra !... Le fou m'attend, suspendu dans l'air. Hélas !... À la seconde où je le rejoins, le principe de réalité fait éclater la bulle de mon rêve et me recolle au sable. Trop humain. Trop lourd.

    L'oiseau blanc lance quelque chose dans son langage criard et glisse vers le nord. En diagonale. Il pourrait rallier les Sept-Îles — et l'îlot de Rouzic, où ses congénères se regroupent au printemps. Mais l'hiver est proche. Pour lui, comme pour les autres espèces marines, commence un temps d'angoisse, de douleur et de mort. La tempête épuise les corps. Le froid abaisse la productivité du milieu. Moins d'aliments. Le plancton végétal et animal, les crustacés, les mollusques, les poissons deviennent rares. Il faut aller chaque jour plus loin au large, dans des conditions de plus en plus dures, tenter d'extraire de la vague un maigre fretin.

    Je cesse de déplorer ma condition d'hominidé sans ailes, mais convenablement nourri. Je marche en divaguant de l'étang à la mer et de la mer à l'étang. Entre l'eau saumâtre et l'eau salée, dans une succession aléa-

### Le destin du dauphin

Le lendemain de cette balade, sur la grève de Tronoan, près du phare de la Torche... J'aperçois une masse allongée à la limite des vagues. Un dauphin échoué. Un tursiops, ou grand souffleur, ou nez-en-bouteille... Une femelle enceinte. Je détaille son corps en torpille, sa peau grise et son rostre dont la commissure sourit *post mortem*. Je songe aux cétacés qui hantent le large : dauphin tursiops et dauphin commun, dauphin sténelle et dauphin à flancs blancs, dauphin de Risso et orque épaulard, globicéphale et cachalot, rorqual commun et baleine bleue...

Je me remémore ces vers que la poétesse grecque Anyté de Tégée composa au IV$^e$ siècle avant Jésus-Christ, en l'honneur d'un dauphin échoué (trad. Marguerite Yourcenar, *La Couronne et la lyre*, 1979) :

J'ai cessé de sauter dans les flots où se jouent
Mes frères bondissants dans la mer agitée.
J'ai cessé de nager au pied des hautes proues
Qui portent fièrement notre image sculptée.
Je suis mort sur le sable et parmi les roseaux,
Laissé à sec, trahi par le recul des eaux.

La poétesse et moi-même avons de la pluie dans les yeux.

---

toire de diagonales qui passent par la gadoue et tous les états du sable. L'axe de symétrie de cette côte est une digue naturelle de galets gris sombre, polis par la mer. Ce cordon de cailloux stabilise le rivage. Mais c'est une frêle barrière. Il arrive que l'océan en fureur ouvre une brèche et envahisse l'étang.

Je marche vers le sud. Les embruns d'ouest me trempent du côté droit : je dégouline à demi. Quand je reviendrai, tout à l'heure, le vent soufflera de gauche et je ruissellerai de l'autre bord. Tel est le privilège du naturaliste : il savoure deux fois les plaisirs de la balade. Je me sens bizarre. Encore emplumé, façon fou de Bassan, mais déjà caparaçonné, dans le genre crabe.

Je me hasarde dans la boue brune des bords de

l'étang de Trunvel. Ici s'étend un haut lieu de l'ornithologie en Europe. Je repère des canards de diverses espèces, que j'ai de la peine à identifier parce qu'ils se protègent des embruns au creux de la végétation, et que mes jumelles dégoulinent autant que moi-même. Il me semble que des chipeaux et des pilets (queue en pointe) nagent à droite. À gauche, filent des sarcelles d'hiver : les femelles sont tachetées de gris-brun ; les mâles ont la caboche orange, avec une lune verte à la tempe. Ces deux-là, patchworks de noir, de blanc et d'orange, sont des tadornes de Belon. Je crois pouvoir noter que des morillons (des milouinans ?) gris, noir et blanc, à bec bleu pâle, barbotent dans leur coin. L'étang héberge, en hiver, la macreuse brune et la noire, le canard souchet et le siffleur, les trois espèces de harles d'Europe et le garrot. À l'occasion, l'eider à duvet... Deux hérons cendrés arpentent un haut fond aux reflets bleu-noir : ils piquent des brimborions dans la boue. Divers limicoles gambadent sur les plages fangeuses : grands gravelots, pluviers dorés en tenue hivernale, chevaliers culs-blancs, bécassines... Je songe au courlis cendré : bec en aiguille incurvé vers le bas. À l'avocette : bec en aiguille recourbé vers le haut. À l'échasse : bec en aiguille tout droit. Bizarreries de l'évolution. Bricolage. Utilitarisme signé ADN.

 Mes pieds font « flic floc » dans mes souliers. Je regarde à terre. Les végétaux de l'étang saumâtre sont beaux. Discrètement... Hachurages gris-vert de roseaux, de phragmites, de joncs, de massettes et de laîches où volettent des passereaux affolés par le vent. Bordures d'obiones : j'aime la modestie de ces buissons aux feuilles en pièces de monnaie gris-bleu. Je repère les soudes et les arroches (ou atriplex), qu'on incinérait naguère pour préparer des engrais azotés. Les lavandes de mer (ou statices, ou limoniums) ont mûri leurs fruits et répandu leurs graines : leur floraison d'automne rose-mauve fut un enchantement baroque. Les salicornes ressemblent à de fins chandeliers vert et rouge. Elles sont délicieuses en salade ou en légume. Les guérisseurs du pays vantaient leurs vertus médicinales des siècles avant la mode de la thalassothérapie.

Je considère l'horizon de l'est. Les étangs me semblent d'un bleu de métal non terrestre. Dans le crachin qui vole, ils acquièrent un côté dramatique. Ils introduisent à la légende. Ils sont là pour engloutir. Je me souviens du mythe de la cité d'Ys tel qu'on le raconte, sous la coiffe bigouden, dans les villages alentour.

Quelque part, dans la baie d'Audierne, Ys était riche et heureuse. Son roi, Grallon, était bon. Mais la princesse Ahès (ou Dragu, ou Drahu) devint l'incarnation du vice et débaucha les habitants. L'évêque, saint Guénolé, avertit en vain la population que le châtiment de Dieu était proche. Un jour, un bel étranger se présenta, qui séduisit la princesse et lui révéla que le roi portait au cou la clé d'or d'une chambre au trésor. Ahès vola la clé et ouvrit la porte : c'était celle des écluses qui protégeaient la ville. Ys disparut, engloutie dans le déferlement des vagues. Tous les habitants périrent, excepté le roi Grallon qui fut sauvé en sautant sur le cheval de saint Guénolé... Depuis lors, à la Toussaint, à Noël et à Pâques, on entend des cloches tinter dans les étangs de la côte. Ce sont les carillons de l'église perdue, qui appellent les pécheurs au repentir.

 *DE KERNABEC À LA MAISON DE LA BAIE D'AUDIERNE,*
*1 heure*

On ajoute que, si un chrétien avait le courage d'aller assister à ce culte et de se proposer au prêtre pour répondre à la messe, Ys resurgirait des flots... Je marche dans la légende. Je me noie avec les habitants d'Ys la débauchée. Nulle illusion ! Vu ma moralité, saint Guénolé ne m'aurait pas sauvé sur son cheval... Je tourne autour d'un blockhaus de la Seconde Guerre mondiale, qui dominait la dune mais que l'océan bat désormais de tous côtés à marée haute. Témoignage en béton dérisoire, envahi par les algues, les patelles et les bernacles, de la vanité des guerres humaines...

Je touche le bout de la route de Kernabec, qui vient de Plonéour-Lanvern (Ploneour-Lanwern) comme celle de Kerbinigou arrive de Tréogat (Trêgad). Je vagabonde en diagonale dans les dunes. Les oyats plient sous les rafales, mais ne rompent pas. Beaucoup de végétaux se cachent en ce moment dans le sable, sous forme de graines, de bulbes, de tubercules ou de rhizomes. Je me souviens de leur gloire au soleil printanier. J'ai vu fleurir ici l'orchis bouffon (ou morio) violet, l'aster maritime mauve et la camomille matricaire. Je me rappelle le parfum — à la fois puissant et doux — de la matthiole sinuée (ou giroflée des dunes) et de la luzerne marine aux corolles en papillons jaunes. Je me remembre les feuilles découpées du plantain corne-de-cerf ; les capitules jaunes du séneçon jacobée, qui nourrissent des tablées de chenilles à rayures jaunes et noires ; les étranges œufs poilus du lagure ovale ; les trompettes roses du liseron soldanelle ; les épines du chardon marin (ou panicaut, ou éryngium), ce cousin de la carotte aux limbes d'un admirable glauque lavé d'azur.

Je repère ce qui reste de fruits secs d'une spiranthe en spirale : j'aime cette orchidée de l'automne dont les corolles blanches bavent un nectar lourd et lisse, et s'arrangent en hélice sur la tige comme pour baiser les quatre points cardinaux.

Je quitte la dune et je marche au bord de la mer, les pieds dans l'écume. La plage de Tronoan : sable à l'infini ; vers le nord, jusqu'aux rochers de Penhors ; vers le sud, jusqu'à la pointe de la Torche, où trône le phare homonyme... Je ramasse des algues luisantes : laminaires digitées (vastes mains brunes) et laminaires sucrées ; fucus vésiculeux jaune-vert, aux ballonnets gonflés de gaz carbonique sous pression ; ulves (ou laitues de mer) plus vertes que les salades du marché ; entéromorphes en écheveaux de jade ; porphyres rouge vif, dont les phytothérapeutes et les guérisseurs vantent les effets comme ceux des salicornes... Dans l'atmosphère qui siffle, bruine et ronfle, tournent des goélands de plusieurs espèces (l'argenté, le brun, le marin, le cendré...), avec des immatures en livrée tachetée gris-brun, que mon œil et ma cervelle d'ornithologue du dimanche ont peine à différencier. Les mouettes tridactyles s'envolent vers la pleine mer : nul ne sait sur quelles vagues elles passent l'hiver. Les mouettes rieuses, dont la tête estivale est brun-noir, mais vire au brun pâle à l'automne, sont plus casanières. Les sternes pierregarins et arctiques ont déserté les parages : elles reviendront de migration au soleil d'avril. Le petit pingouin (l'alque), le guillemot de Troïl et le macareux moine (le « perroquet de mer » au bec surélevé et peinturluré de rouge et de jaune) se montreraient peut-être, si le vent acceptait — une heure seulement — de ne plus torturer la Bretagne.

Un autre blockhaus. Je m'arrête. J'explore les flaques qui l'environnent. Je comprends le sens du mot « coloniser ». La nature s'approprie avec une ironie paterne, mais opiniâtre, les ouvrages que les hommes avaient cru éternels. Ce béton n'est vieux que d'un demi-siècle : il est devenu la maison *(oïkos)* des anémones de mer de trois espèces (la commune aux bras verts à bout rose ; la cheval carminée ; et la fraise rouge à pois olive). J'y cherche, et j'y trouve, une population pittoresque de coquillages, dont certains s'accrochent au support solide tandis que d'autres rampent ou s'enfouissent dans le sable. En vrac : crépidules et patelles (escargots ancestraux), bigorneaux et bulots (escargots modernes), moules, huîtres, donax, praires, vénus, coques, myes, couteaux, que sais-je ? lutraires et palourdes. Des vers arénicoles crachent leurs tortillons à la surface du sédiment. Des crabes et des crevettes considèrent le monde avec leurs yeux télescopiques. Je me demande ce que voient le tourteau et la langouste. Des étoiles de mer — la rouge, la bossue et la grise du Nord — rampent. Des oursins s'installent. Des ascidies épaississent la tunique de leur bulle : ces animaux informes sont les ancêtres des vertébrés. Mes aïeux. Les vôtres.

 ***DE LA MAISON DE LA BAIE D'AUDIERNE À KERBINIGOU,***
*2 heures*

Je reviens aux galets, à la dune, à l'étang. Je m'aventure (cap à l'est) dans des passages du marais de Loc'h ar Stang que je suppose à sec. Comme de bien entendu, je m'embourbe. Je patauge jusqu'à Saint-Vio. Nouvelles incursions dans les prairies mouillées, les étangs, la tiédeur fertile de la fange. Bonheurs modestes, au royaume des canards et des chevaliers gambettes.

Halte à la maison de la baie d'Audierne : station-service de documentation et de bon accueil. Casse-croûte salé par les embruns : en Bretagne, pas besoin d'en rajouter ! Je retourne à l'océan. Je pourrais pousser plus au sud, sur la grève de Tronoan, vers le phare de la Torche. Je l'ai fait l'été passé. Je choisis de retourner à Kerbinigou. Bâbord amure, en avant toute ! Je vagabonde de coquillage en coquillage, comme quand j'avais dix ans. J'identifie un petit requin (un aiguillat) jeté à la

côte. Des cormorans décollent de travers (ah ! le vent !). Des gravelots luisent d'une étrange lumière et vont d'un ver à l'autre sur la plage : les rafales les forcent à décrire des courbes mathématiques dont je cherche la formule.
Et voilà ! Je savais que je le reverrais... Il ne s'est pas envolé pour les Sept-Îles ou le cap Sizun. Il m'attend dans l'air qui vibre. Le fou de Bassan... L'esprit de la Bretagne. Les ailes en croix. Les yeux fardés. Le bec en flèche.
Pour un itinéraire en diagonale. La diagonale du fou. Celle du monde.

### NOTE SAISONNIÈRE ET RECOMMANDATIONS

Se balader, l'hiver, sur les grèves de Bretagne constitue une expérience un peu froide et souvent trempée, mais tellement agréable ! Bien sûr, on n'y voit ni beaucoup de fleurs, ni les oiseaux migrateurs. Mais les sédentaires qui tournent dans le vent sont un bonheur.
Attention au piège des marées montantes. Et à la puissance des déferlantes lors des tempêtes.
En baie d'Audierne, au bout de la pointe de Penmarc'h, on ne saurait rater le spectacle de la mer vu depuis le sommet du phare d'Eckmühl. Bâti en 1887, celui-ci atteint 65 mètres de hauteur. Il faut escalader 307 marches pour gagner sa cime, de laquelle on aperçoit un infini d'écueils et de vagues — le résumé de la grandeur du pays Bigouden.

## 4. Morbihan

# Belle-Île : la vague de pierre

*Sur la côte Sauvage de Belle-Île, en passant par la grève de Stêr-Vraz : une dérive lumineuse au bord des falaises, avec la musique des goélands et l'écume des vagues venues d'Amérique. Le grand œuvre de l'océan. Des rocs, des fleurs et des oiseaux... Ici rêvèrent romanciers et poètes, peintres et cinéastes...*

*Aller-retour, de la grotte de l'Apothicairerie à la pointe des Poulains, 7 heures.*

*Carte I.G.N. au 1 : 25 000, 0822 Ouest, Top 25, Belle-Île, Quiberon.*

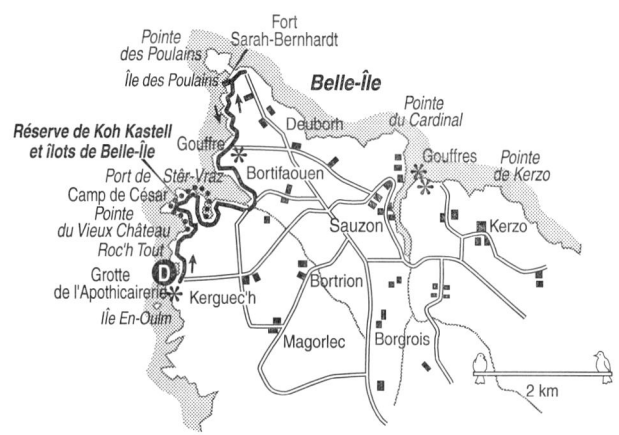

Je vous en conjure : n'y allez pas !
Ne prenez pas ce risque... Le texte de la pancarte est clair. « Nombreux accidents mortels. Descente strictement interdite. Arrêté municipal du 02-01-1991. » Quant à moi, je ne joue ni les cancres en éducation civique, ni les anarchistes bretons : par conséquent, je vous demande de ne pas m'imiter. De vous priver du plaisir que je prends à ce petit voyage en Enfer, en toute conscience des dangers encourus ; sous ma seule responsabilité d'adulte entraîné, bien équipé et averti des périls de la nature. Nul ne pourra dire que je ne vous ai pas prévenus !

J'emprunte avec circonspection les marches glissantes, taillées dans le schiste noir de l'île. La tempête s'est apaisée, mais d'énormes déferlantes continuent de gifler les écueils et les aiguilles. Les rouleaux gris-vert, ourlés d'une écume blanche irréelle venue tout droit d'Amérique, se ruent comme des béliers têtus sur les falaises. L'eau explose en embruns qui brouillent l'atmosphère, puis retombent et coulent en traînées cotonneuses sur les roches. Grandeur sauvage ! La grotte de l'Apothicairerie est un porche géant sous lequel se précipitent les tourbillons de deux cavernes communicantes. Les flux contraires se heurtent, claquent, mugissent, soupirent : giclées de cristal ; maelströms livides... Je suis fasciné par cette brutalité primitive ; subjugué par la splendeur sonore de cette symphonie Atlantique... Je laisse mon être se dissoudre dans la clarté irréelle de l'eau. Je contemple en vérité le fleuve des Enfers — le Styx —, qu'aucun humain ne passe vivant.

***DE LA GROTTE DE L'APOTHICAIRERIE
AU CAMP DE CÉSAR,***
*1 heure 30*

Je remonte sur la falaise par le véhicule aérien d'un goéland amical. La grotte de l'Apothicairerie est fameuse : on l'appelait déjà ainsi au XVIII<sup>e</sup> siècle, du temps du père Le Gallen, historiographe de l'île. Ce nom lui vient des nids que les oiseaux accrochaient à ses parois comme autant de bocaux sur les rayons d'une pharmacie.

Les volatiles ne colonisent plus guère ces voûtes : le site est devenu touristique. Trop humain. En longeant le parc à voitures, les boutiques de souvenirs et les hôtels (l'ancien et le nouveau), je songe aux splendeurs que goûtèrent ici Flaubert et Colette, et que peignirent Courbet, Monet, Derain, Gromaire, Matisse, Bazaine... L'œil du poète, de l'écrivain, de l'artiste modifie la scène qu'il enregistre. Le voyeur ordinaire profite de cette exaltation. Belle-Île est admirable, aussi, par le regard des génies qui l'ont prise comme sujet de leur œuvre.

Je vais sur le sentier côtier (pancarte indicatrice), en direction du Camp de César et de la pointe du Vieux Château. Objectif : le phare et la pointe des Poulains, l'ultime aiguille de roche au nord-ouest de l'île. Je me remembre les simples splendeurs que j'ai vues de part et d'autre de la route de l'Apothicairerie. Les champs hérissés de rumex rouge brique, de cirses rose bonbon, de silènes blanches, de marguerites lumineuses. Le bosquet de pins dans lequel chantaient des coucous, amateurs de chenilles processionnaires. (On dit, à Belle-Île, qu'il existe trois espèces de ces oiseaux : le gris, le brun et le roux. Les ornithologues en rêvent !) Le soleil de juin s'extrait des nuages et illumine la lande : il parfume ses rayons d'un peu d'iode et de sel.

La majeure partie de cette balade emprunte le chemin du bord de la falaise, 30 ou 40 mètres au-dessus des lames, à la lisière de la muraille de schiste où explosent les rouleaux de l'Atlantique. Je vais de crique en anse. Je domine la mer. Je m'imagine en vigie sur le *Pequod* du capitaine Achab. Je guette le souffle des baleines. J'espère l'aileron de l'orque, du globicéphale, du dauphin. L'énorme caudale du cachalot... L'atmosphère est un ballet de mouettes et de goélands. Les nuages du ciel semblent piailler par réflexe d'imitation. La lande est douce à mes pieds. Souple. Elastique. Charnelle... Les buissons d'ajoncs, prostrés, ronds comme des moutons qui pâturent, allument leurs fleurs papillons jaunes. Les bruyères ciliées entament avec eux des dialogues rose baiser. L'herbe courte se rehausse d'arméries marines incarnates et de rumex bruns. Quelques fossés garnis de tamaris hébergent des merles, des grives, des pinsons, des traquets motteux. Au large, le cortège des vagues invite l'âme à des envols ultramarins.

Je parviens en 20 minutes au Camp de César. C'est un cap quadrangulaire, une forteresse naturelle de falaises si hautes, si colossales, qu'aucun conquérant humain n'en pourrait revendiquer l'architecture. Les anciens Bellilois y aménagèrent (près de la pointe du Vieux-Château) des retranchements dont il subsiste de rares vestiges. Camp romain ? Rien n'est moins sûr : il s'agit plutôt, selon les spécialistes, d'un oppidum gaulois. Vénète, pour être précis. Le nom breton du lieu ? Koh-Kastell. Ses hôtes actuels ? Les goélands.

Koh-Kastell compose à la fois une réserve biologique et un site archéologique de haut rang. J'en entreprends le tour : c'est comme si j'étais transporté par la magie du cinéma dans le film *Les Oiseaux* d'Alfred Hitchcock. Des centaines, que dis-je ? des milliers d'ailes, de pattes, de becs se lèvent dans une cacophonie de cris rauques, de sifflets, de piaillements suraigus, de glapissements, de hurlements. Les volatiles (une confusion de goélands argentés et de goélands marins) tournent dans l'atmosphère, plongent, vibrent et me frôlent, en dansant une incroyable gigue.

En ce début de juin, la saison des amours est ouverte. Les couples se sont reconnus, bécotés, essayés, plu, chevauchés. Des centaines de nids sont aménagés au sol. Confort spartiate. Un creux, quelques herbes... Les parents couvent. Neuf logis sur dix contiennent les trois œufs réglementaires du genre, dissymétriques, bleu-vert, chinés de brun. Les poussins commencent d'éclore — boules de duvet gris à taches marron pâle. Les adultes haïssent et maudissent l'intrus. Ils foncent : piqués vengeurs ! Ils m'évitent à l'ultime seconde. Ils veulent m'impressionner : et ça marche ! D'autant qu'ils me bombardent de projectiles biologiques. Mous. Liquides. Blanc verdâtre. Puants. Me fais-je comprendre ? J'avais prévu l'épisode, et enfilé mon poncho de plastique lavable. Le naturaliste est un adorateur qui souffre, ô Masoch !

Je foule la pointe du Vieux-Château. Vibrations. Ebranlements. Coups sourds. Claquements de la mer. J'observe un fou de Bassan qui tourne et plonge : qui dira l'élégance de cette croix noir et blanc à tête jaune, au bec en sabre maquillé de khôl ? Dans les fissures de ces à-pics nichent des cormorans huppés, des sternes, des puffins et une centaine de couples de mouettes tridactyles. J'imagine l'existence de ces vagabondes du large : elles passent la majeure partie de l'année sur un infini de vagues où nul humain ne les peut suivre, et rallient au printemps les quartiers chauds de leur espèce... Un pétrel-fulmar plane vers le nord. Je voudrais surprendre le mergule nain, le petit pingouin, le guillemot de Troïl, le macareux moine. Rares enchanteurs de Belle-Île !

***DU CAMP DE CÉSAR
À LA POINTE DES POULAINS,
2 heures***

Je quitte le Camp de César sous les injures et la mitraille odorante des goélands. Princes des nuées, je ne vous salue plus ! Allez... Je conserverai tout de même le souvenir lumineux de vos étalages de poitrines immaculées, sur vos lits d'arméries roses. Odalisques, ou angelots d'église bretonne ?

Le sentier descend vers le vallon de Stêr-Ouen à travers les buissons, les ronces et les fougères. Des ombellifères y présentent mille plateaux de fleurs blanches, en offrandes parfumées. Le mâceron (smyrnium) et la livèche (lévistique) étaient jadis cultivés à la place du céleri ; ils en exhalent l'odeur mêlée d'anis et de myrrhe. La morelle douce-amère picore l'ombre verte de ses corolles en becs d'oiseaux violet vif : cette cousine du tabac, de la belladone et de la jusquiame est une empoisonneuse aux grappes tentatrices de fruits vermillon... Des cirses balancent leurs pompons de fleurs roses en blaireaux de barbiers burlesques. Ils offrent du nectar à des papillons tircis (pararges) marquetés de crème et de brun, à des papillons gazés en plexiglas, à des tablées bourdonnantes d'abeilles, de coléoptères et de mouches.

Je passe le muret qui borne le mouillage de Stêr-Ouen. Je chemine vers l'anse de Stêr-Vraz. Des asphodèles exhibent leurs plumeaux de fleurs blanches à rayures brunes et de fruits brun-rouge. Un lézard des murailles détale au creux du sentier. Un pigeon biset, deux grands corbeaux et un crave à bec rouge s'envolent vers le Camp de César. Deux pies jacassent en noir et blanc. Plusieurs coccinelles croquent le puceron juteux, tandis que d'autres s'accouplent : chaîne de fabrication de points noirs.

Marée basse. Brise légère. L'anse de Stêr-Vraz est

> **La plage de Donnant**
>
> Qui débarque à Belle-Île est bientôt victime de ses sortilèges. Prisonnier de ses charmes. Une balade ne suffit pas. Où marcher demain ?
> La meilleure idée consiste à parcourir l'autre partie de la côte Sauvage. Sur le sentier côtier qui mène de la grotte de l'Apothicairerie à la grève de Donnant.
> Dunes, plage admirable (l'une des plus belles d'Europe), vagues géantes pendant les tempêtes. Avec des giroflées, des géraniums sanguins, des vulnéraires, des liserons des plages, des chardons bleus et des rosiers pimprenelles d'une délicatesse à se mettre à genoux...

une merveille à trois visages : le marais, la plage, la falaise. Je les visite dans cet ordre. Site naturel protégé par le Conservatoire du Littoral... Le marais, au-dessus duquel planent les goélands et les sternes, et où cheminent Sa Blancheur l'aigrette garzette et Sa Griseur le héron cendré, héberge encore le grèbe huppé et le rare hibou des marais. Les phragmites, aux longues feuilles d'un gris-vert presque bleu, y colonisent une eau d'argent où barbote le triton palmé et où pond l'agrion jouvencelle bleu. Je détaille, autour des roseaux frémissants, une ceinture de carex piquants : feuilles en quenouilles pour la Belle au Bois dormant ; et une autre de tamaris, sous lesquels s'abrite un peuple de lagures ovales, dits « queues-de-lièvre ». Ces graminées crème, aux épis ovoïdes gainés de longs poils doux, oscillent au vent. Balanciers végétaux pour l'horloge des aigrettes et des grenouilles...

Le haut de la plage en demi-lune accueille le radis maritime aux fleurs jaune pâle ; la roquette de mer (ou cakile), aux corolles rose-mauve ; la betterave sauvage (ou épinard des plages), aux feuilles comestibles vert sombre. La grive draine croise le chemin philosophique du courlis cendré : ils n'échangent aucun nom d'oiseau.

J'explore la grève sous la ligne de marée haute. Des banquettes de sol noir m'intriguent : ce sont les vestiges d'une tourbière qui fonctionnait voici 3 000 ans. Laisses de reflux. Grandes algues brunes : laminaires sucrées et digitées. Algues rouges aux frondes délicates comme des papiers du Japon. Carapaces de crabes vides. Coquillages : coques, vénus, donaces, lutraires, couteaux... Moules et huîtres, littorines et bigorneaux. Je m'émerveille des nuances *post mortem* des méduses échouées : l'aurélie à quatre taches roses, la chrysaore rayonnante de vieil or... Je vagabonde un moment parmi les rochers que la marée découvre. Nouvelles algues, brunes (fucus, pelvéties, ascophylles) ou vertes (ulves, entéromorphes). Je griffe mes coudes et mes genoux à des amas de moules bleu-noir habillées de haillons d'algues vertes. Des semis de balanes, de patelles chapeaux chinois, de bulots, de buccins, attendent le retour de la mer, cramponnés à leur support en compagnie d'anémones de mer équines rouges et d'anémones-fraises écarlates à pois verts. Dans une flaque, j'invente comme un trésor une colonie de pouces-pieds : ces crustacés cirripèdes bizarres semblent des doigts charnus à coquille bivalve.

Des lygies marines (crustacés isopodes d'allure préhistorique) détalent sur les rochers émergés. Je m'aperçois que j'ai les pieds dans l'eau. Il fallait s'y attendre : la mer monte. Je fais mine de me laisser piéger, mais l'océan se moque de mes jeux puérils. Je recommence de marcher sur le sentier côtier. La falaise se pare de corolles. La cinéraire maritime croît en touffes d'argent gris pâle, sur lesquelles s'ouvrent des capitules d'or. L'orpin anglais resserre ses tiges et ses feuilles gorgées de sucs, et ses fleurs en étoiles naines bleues. L'ombilic des rochers, acrobate accroché aux cailloux, dresse ses chandeliers de clochettes silencieuses. Le crithme perce-pierre justifie son nom dans les fissures. La vipérine est plus bleue que de raison. La bruyère rosit comme une joue d'enfant. L'armérie incarnate (ou gazon d'Olympe, ou gazon d'Espagne) voisine avec les petits capitules bleu ciel de la jasione. Par la magie florale, deux milieux télescopent leurs splendeurs dans ma cervelle insuffisante. Il existe, dans les montagnes, une sous-espèce d'armérie marine *(Armeria maritima alpina)* ; tandis qu'on trouve, au bord de la mer, une sous-espèce de jasione des montagnes *(Jasione montana maritima)*. Le goéland rit de ces facéties botaniques.

Les papillons zygènes et mélittées butinent — les uns en manteau de velours noir à pois rouges, les autres frisottés d'ocre et de brique. Un vol d'hirondelles me mène au trou 12. Des lichens orange me pilotent au trou 9. Une haie de mâcerons m'annonce le trou 6... Dans ce secteur, on l'a compris, la balade se confond (en un joyeux désordre, à la façon papillonne du naturaliste) avec le parcours du golf de Belle-Île. D'un côté, l'oiseau de mer. De l'autre, le manieur de club. Les mœurs du second me semblent les plus incompréhensibles. L'animal poursuit le fretin, l'humain la baballe ; l'un pour manger, l'autre pour garder la ligne. L'oiseau frappe juste. L'humain vise un trou de gazon et envoie le projectile dans les vagues en protestant qu'on l'a gêné. Il paraît qu'à Belle-Île, les grands corbeaux jouent au golf. Ils subtilisent les petites balles blanches, les lâchent, les rattrapent en plein air, puis vont les droper directement dans l'océan. J'aime le caractère ludique de ce sport, quand il est pratiqué de la sorte.

La pointe des Poulains est proche. Je l'admire depuis chaque belvédère que le sentier propose. Je passe la monstrueuse cavité d'érosion qu'on nomme le « puits de la Braguen-Hir » (la sorcière qui l'habite n'a pas dit son dernier mot ; toute légende possède un fond de vérité, c'est connu). Je longe l'ancienne batterie. Dans un jardin abandonné, près de la route, croissent de sublimes bouquets d'acanthes et des trésors d'iris bâtards (ou gigots) aux pétales de flammes violettes à raies jaunes.

###  DE LA POINTE DES POULAINS À L'APOTHICAIRERIE,
*3 heures 30*

J'achève mon itinéraire « aller » à la buvette, comme les touristes. Je contemple le rocher du Chien. Le vieux fort Sarah-Bernhardt. L'îlot des Poulains et son phare de roche rose. Des goélands civilisés réclament du pain. Sur leur bec jaune, brûle une tache rouge comme un soleil couchant.

Ne me reste qu'à marcher dans l'autre sens pour revenir à l'Apothicairerie. Je décolle sur l'aile de l'oiseau. Je plane au vent d'Amérique. Je ris aux éclats comme une mouette.

> **NOTE SAISONNIÈRE ET RECOMMANDATIONS**
>
> On a compris que ce sentier emprunte la ligne des falaises, autrement dit le bord du vide. Danger ! Mieux vaut éviter de vouloir photographier de trop près l'armérie ou le goéland : elle a des racines, il a des ailes, *Homo sapiens* n'a que des semelles glissantes... On redouble de prudence — jusqu'à annuler la balade — si le vent souffle fort (rafales traîtresses, surtout pour les enfants), ou si la brume voile le chemin.
>
> Je rappelle qu'il est interdit de descendre à la grotte de l'Apothicairerie.
>
> On peut prendre un guide à la Maison de la Nature pour visiter la réserve de Koh-Kastell : on dérange moins les oiseaux ; et on en voit davantage.

# 5. Morbihan

## Les pulsations du golfe

*Le golfe du Morbihan... Une immensité d'eau et d'îles à géométrie variable où les marées tiennent lieu de gigantesques pulsations... Dans ce dédale de chenaux, de terres et d'écueils, deux îlots offrent leur magie : Berder et Tascon. En deux jours — deux tours —, une façon de célébrer l'union de la mer et de la terre.*
*Sur l'île Berder, 2 heures. Sur l'île Tascon, 4 heures. Carte I.G.N. au 1 : 25 000, 0921 OT, Top 25, Vannes.*

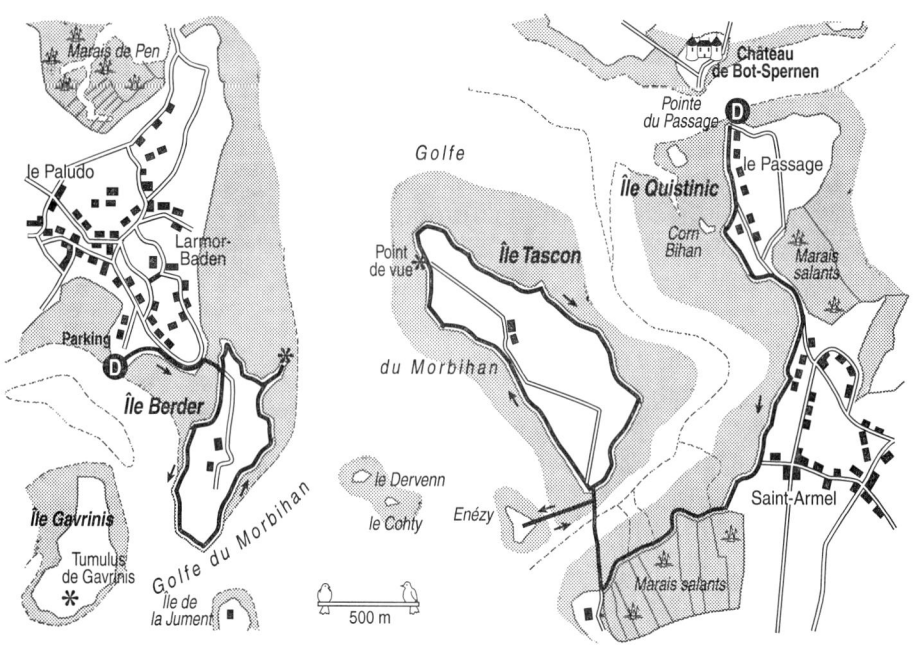

Les courants d'eau filent, sinuent, ondulent, tourbillonnent, s'entrechoquent. L'eau bleu-vert de l'Atlantique se pare de friselis d'écume dont les goélands et les sternes semblent les cristallisations emplumées. La mer est haute. On jurerait qu'elle a rempli le golfe du Morbihan avec une volonté farouche ; comme si elle voulait rappeler qu'elle est la patronne. Qu'elle commande. Qu'elle règle la palpitation de ce complexe de vallées et de collines que l'élévation du niveau des océans, à la fin de la glaciation, transmua en archipel.

Marée haute. Je suis arrivé au parc à voitures de Larmor-Baden, devant la digue carrossable — le radier — qui mène à l'île Berder. Où je veux aller. À 50 mètres à peine. Mais le flot scintille et gargouille sur la chaussée qu'il couvre de plusieurs mètres. On ne passe pas !... Je vais pratiquer la vertu de la patience. Je dépends du cours de planètes, du moins de la Lune. La mécanique céleste m'oblige à différer de quelques heures le bonheur de la balade. Telle est la mer : une école d'épicurisme. Lequel, on le sait, consiste non pas à jouir sans entraves, mais à gouverner ses besoins, à quêter des bonheurs simples et à soumettre ses désirs à l'ordre du monde.

 *LE TOUR DE L'ÎLE BERDER,*
*2 heures*

Un cri de mouette me réveille. Je me suis endormi au soleil, sur le muret qui domine le radier. J'ai rêvé que j'étais oiseau et qu'un coup d'ailes m'avait déposé sur l'autre rive. Je ne suis qu'un *Homo sapiens* collé à la terre. Je vais devoir marcher. La mer descend, le courant de jusant s'accélère, une partie de la masse aquatique du golfe a déjà regagné l'Atlantique. Il n'y a plus que 50 centimètres d'eau sur la chaussée. Pieds nus, les souliers à la main, le pantalon retroussé, je m'aventure. Tiédeur liquide sur mes mollets. Les pierres, colonisées par les algues vertes ou brunes, sont glissantes. J'évite le gag. Je prends pied sur l'autre rive. Je renfile mes chaussures. Panneau : « Vous êtes sur un domaine privé. Le sentier côtier vous est ouvert. Restez sur l'itinéraire aménagé. » Compris !

Je laisse la petite route asphaltée qui mène à l'ancienne et superbe demeure cachée au cœur de l'île, et que loue un club de vacances. Je vais à droite, sur le sentier marqué d'un rond jaune. J'accomplirai le tour de cette terre insulaire (oserai-je dire : cette circumambulation ?) dans le sens direct ; inverse des aiguilles d'une montre. Je marche sous le couvert de gros pins maritimes. Écorces craquelées, puissantes branches ornées de nébulosités d'émeraude où sifflent, piapiatent et gazouillent des théories de passereaux : mésanges charbonnières, mésanges bleues, mésanges noires, gobemouches, pinsons... Le bois littoral, outre les pins, se compose de chênes verts et d'arbousiers (espèces méditerranéennes, sous un climat breton), de chênes rouvres, de troènes, de bourdaines, de viornes-tins, d'aubépines, de ronces... Des lierres escaladent tout ce qui pousse. Un couple de pies raconte une histoire. Un geai s'en mêle. Près du sentier croissent des genêts, des marguerites, des silènes compagnons rouges, des crépides jaunes, des pâquerettes et des peuples de lagures ovales (dits « queues-de-lièvre »), curieuses graminées d'arrière-plage aux inflorescences en bulles velues. Je repère l'iris gigot : fleurs-flammes bleu-violet à nervures jaunes. Des hélianthèmes d'or voisinent avec des asphodèles et des fougères-aigles mêlées de bruyères ciliées roses. Un lézard gris détale sur un tapis d'aiguilles de pin. De toutes parts — sur les pierres, au pied des arbres —, croissent des ombilics des rochers (ou nombrils-de-Vénus), aux feuilles rondes, épaisses, avec des bords ondulés, et dont les épis de fleurs en clochettes, d'un rose irréel, ont l'air de hallebardes. Je n'ai jamais observé cette espèce en telle abondance... Dans une clairière d'herbes folles, viennent le mélilot aux mini-fleurs jaune pâle (papilionacée hallucinogène, ne dites rien à la police !), l'érodium bec-de-grue rose-mauve, le géranium herbe-à-Robert, une orobanche ivoire et pourpre (laquelle ?), et les pompons du trèfle rose que butinent abeilles, bourdons et papillons variés : vulcains, argus, petites-tortues, mélittées.

Une trouée dans les arbres me révèle un paysage de la Côte d'Azur : mer bleu roi, rochers ocre, branches de pins... Lorsque je descends vers l'eau, la Bretagne resurgit dans les chevelures brunes du fucus et les écheveaux vert cru des algues entéromorphes. Des ulves laitues de mer et des cystoceires d'argent brun se balancent dans les flaques littorales, où je sais le petit poisson blennie, la crevette grise, le crabe et l'anémone ; sans oublier le lièvre de mer (ou aplysie) brun-noir, qui broute avec appétit les algues... Les rochers dominent une plage étroite et offrent au baiser du vent des peuples de fleurs : crithmes perce-pierre, silènes maritimes, arméries roses, globulaires bleues, orpins pourpre-rose...

Vers l'ouest, je contemple l'île Gavrinis, où se dresse l'un des plus beaux ensembles de mégalithes de Bretagne, c'est-à-dire du monde. Vers le sud, par-delà l'îlot Er Lannic, dont le double cromlec'h se laisse en partie couvrir à marée haute, j'aperçois la passe par où le golfe du Morbihan communique avec l'océan universel.

Je foule l'extrémité méridionale de Berder. L'île de la Jument est en face. Le courant homonyme, le plus puissant de la contrée, écume à mes pieds. Une croix fut érigée sur ce cap, sous un dais de cyprès vert foncé, en MCMXXXV. Des voiliers manœuvrent dans la passe : on croirait les toucher de la main. Des pêcheurs relèvent leurs filets.

> **Les mégalithes de la mer**
>
> Dans le golfe du Morbihan, près de Berder et de Tascon, une visite à l'îlot de Gavrinis s'impose. On y admire un tumulus préhistorique de 100 mètres de diamètre et de 8 mètres de hauteur, qui abrite une galerie longue de 14 mètres, dotée de vingt-neuf supports de granit, dont vingt-trois gravés d'arabesques qui remontent à 6 000 ans avant Jésus-Christ — et dont on n'a pas percé le sens symbolique.
> Non loin de là, sur l'île aux Moines, à Kergonan, on ne manque pas d'aller contempler le plus grand cromlec'h (cercle de menhirs) de France : 90 mètres de diamètre ! Le golfe du Morbihan était déjà beau pour les aïeux des Celtes !

Je marche maintenant vers le nord en écoutant le chant des sirènes, je veux dire : le cri des sternes. Du côté de l'est, l'îlot Creizic garde la grande île aux Moines. Le rivage alterne les rochers garnis d'arméries et les petites plages de sable ocre ou gris, semées de buissons d'obiones et de salicornes, d'arroches et de betteraves maritimes. Le sentier embaume entre les pins, les lilas ensauvagés, les iris gigots, les verveines et les troènes aux épis de fleurs blanches, que butinent des cétoines aux élytres vert cuivre. Oxalis roses et chèvrefeuilles, chélidoines jaunes et arums aux feuilles sagittées... Des goélands jettent un œil. Un héron cendré décolle. J'approche de la jetée. Elle est rustique, avec des folies de graminées, des jungles de mâcerons et de livèches, des trèfles queues-de-renard, des séneçons jacobées aux capitules en étoiles jaunes. Les mauves musquées rose pâle y voisinent avec de grandes mauves royales (ou lavatères), aux larges fleurs purpurines barbouillées de noir à cœur, et dont la nuance épouse divinement l'arrière-plan bleu de la mer. Je me demande quelle est la probabilité pour que ce miracle de nuances s'accomplisse au hasard des molécules.

Un vieux voilier du golfe, à la coque de bois noir et

rouge, et à la voile rouge brique, est amarré à un arbre et m'introduit dans la péninsule nord. Au bout de ce cap, parmi les chênes verts, au-dessus d'une enfilade de parcs à huîtres, s'élève une chapelle grise, avec des angelots sculptés sur le porche, des gargouilles et des flammes de pierre. Un pic-vert, deux grives, des volées de papillons tircis en robe de velours brun et crème, deux hérons cendrés qui pêchent et trois aigrettes garzettes qui exaltent la blancheur de leur robe me ramènent au point de départ. Au radier, en face de Larmor-Baden.

J'ai dans le cœur un parfum d'iode mêlé de simple bonheur, que teinte la pourpre des mauves royales.

## *LE TOUR DE L'ÎLE TASCON,*
*4 heures*

J'ai refranchi, hier, le radier de Berder à marée basse. Au moment où je touchais le continent, une aigrette garzette m'a salué en hochant trois fois la tête : elle m'a à la bonne, je le sais, prouvez-moi le contraire !

J'ai contourné le golfe du Morbihan. J'étais à l'ouest, me voici à l'est, à la cale (l'embarcadère) du Passage, qui occupe le bout de cette pointe, distante à peine de 250 mètres du promontoire où fut bâti le château de Bot-Spernen. Baies profondes et doigts de terre : géographie bizarre ! Je me mets en marche vers le sud, sur la départementale 199. À ma droite, s'ouvre le bras de mer qui, par-delà les îlots Quistinic et Corn Bihan, lèche l'île Tascon dont je me propose d'accomplir la circumambulation. La marée est descendante, l'eau gris-vert. Les bords du chenal se découvrent, tapissés d'algues rouges, brunes et vertes qui luisent au soleil. J'ai mieux calculé qu'à Berder. Quand je serai au radier de Tascon, le reflux sera suffisant pour me laisser passer.

Soleil breton. Je marche en songeant aux oiseaux qui pullulent dans les vasières, telles des étoiles blanches sur un ciel inversé d'aigue-marine, de jade et d'étain. Vers l'ouest, par-delà Tascon, je distingue l'îlot de Lerne et la grande île d'Arz, avec les pointes de Nénézic et de Bilhervé où j'étais l'an dernier à la même date, jour pour jour. Sous un crachin breton.

Juste avant le village de Saint-Armel, au panneau « Sentier pédestre, Lasné 3 kilomètres », je prends à droite, sur le chemin herbu de la digue. Immensité plate. Sensation d'infini. Je contemple, à gauche, les anciens marais salants transformés en bassins à huîtres. Les salines de Lasné, raconte un historien de Vannes, ont été aménagées au $XVIII^e$ siècle par des paludiers venus de Guérande, à l'initiative des moines de Saint-Gildas. J'essaie de me représenter le subtil système de canaux et de chicanes qui menaient l'eau de mer jusqu'aux ultimes « œillets » où le soleil et le vent achevaient de faire évaporer la substance liquide, avant que les sauniers ne viennent, d'un râteau léger, rassembler le sel en petits tas coniques. Je longe des haies de tamaris roses. Volent des hirondelles. Je passe des ponts-vannes sur des étiers. Un busard des roseaux tournoie. Différents canards décollent. Deux hérons cendrés les imitent.

Voici le parc à voitures, au bout de la petite route qui vient de Lasné. Et le radier de l'île Tascon : environ 400 mètres de longueur. Je m'y engage. Il reste un peu d'eau dans les parties basses de la chaussée. Les dalles sont bordées de murets que colonisent les bernacles et des chevelures brunes de fucus, sur lesquels rampent de minuscules escargots littorines à coquille jaune ou orange. Les algues sentent, luisent, glissent sous le pied. J'aime caresser leurs frondes un peu visqueuses, douces, sensuelles, avec ces flotteurs ovoïdes emplis d'air et de gaz carbonique. Dans les flaques, des bandes de crabes filent en travers.

Me voici sur Tascon. La basse mer m'autorise à marcher vers l'ouest, sur un cordon de sable, jusqu'à l'îlot Enézy. De là, je contemple les hauts-fonds du Diable et de Cohty, les rochers de Dervenn et de Pladic, l'île Bailleron et, là-bas, Lerne et Arz... Le sable et la vase se hérissent de colonies de spartines, qui semblent des blés en herbe ; de buissons d'obiones et de salicornes ; de limoniums (ou lavandes de mer) et de spergulaires aux corolles en étoiles d'un mauve céleste.

Je reviens à Tascon, dont j'entame le tour. Je foule un peu la petite route, bordée de livèches et de mâcerons, de marguerites, de renoncules, de plantains cornes-de-cerf, de pavots cornus et d'achillées millefeuilles ; avec des nuages confus d'ajoncs et de genêts d'or, piqués de compagnons blancs, de vesces, de digitales pourpres et de morelles douces-amères aux fleurs violettes à bec jaune ; sans oublier des forêts vierges en réduction de tamaris, d'aubépines, de rosiers sauvages et de prunelliers, qu'escaladent des lianes obstinées de lierres, de chèvrefeuilles et de bryones. Oiseaux gazouilleurs et insectes crisseurs. Moineaux et coléoptères au vol lourd.

La route goudronnée me semble trop bordée de clôtures, de champs et d'habitations. Je décide de longer la côte : la marée basse autorise la balade. Je vais de plages en rochers. Je remonte parfois sur la falaise, qui n'excède guère 5 mètres de hauteur. Les fleurs des sables — chardons bleus (ou panicauts de mer), liserons soldanelles, betteraves sauvages — répondent aux espèces saxicoles : silènes maritimes, crithmes perce-pierre, arméries roses... Des touffes de mauves musquées et de lavatères annoncent des camps d'érigérons hantés d'abeilles et de papillons. Chaque paroi, falaise naturelle ou muret bâti par l'homme se hérisse de hallebardes d'ombilics.

Je contourne la pointe nord-ouest de l'île. J'ai

devant moi le cœur battant du Morbihan. Un mystère liquide teinté de gris-bleu, que l'attraction de la Lune alimente en eau atlantique, et que comprend peut-être le cormoran huppé... Un couple de tadornes de Belon m'accueille. Superbes canards blanc, noir, orange et vert sombre : je n'en ai jamais vu de si près en liberté. Ils amerrissent à 5 mètres et ne semblent pas me craindre. J'aperçois leur couvée : une dizaine de canetons qui se balancent sur les vagues ; adorables ludions de duvet brun ! Je marche sur les galets. Laissées d'algues. Avec des coquillages de dix sortes : coques, vénus, praires, pectens, lutraires, etc. Les crépidules prolifèrent, comme partout en Bretagne.

Plus j'avance sur la côte nord-est, plus le rivage s'abaisse et devient beau. Un sentier naît au bord de l'immense marécage. Là-bas, au nord-est, je repère le Passage, d'où je viens et où je vais, tandis que, vers l'est, pointe le clocher de Saint-Armel. La vasière compose sa splendeur. Je chemine entre les spartines, les troscarts et les phragmites, les limoniums en boutons mauves et les triglochins dont les épis évoquent des maïs étiques. Les obiones, les soudes, les arroches et les salicornes établissent leur empire. Les canards s'activent. En hiver, ces parages servent d'hôtel et de restaurant à des milliers de bernaches cravants. Des tadornes, des colverts, des chipeaux, des morillons, des souchets, des pilets plongent, décollent ou cancanent. Je compte une douzaine de hérons cendrés. Je suppose que des butors, peut-être un héron pourpré, se dissimulent dans la roselière. Des limicoles arpentent la vase : gravelots, bécasseaux, pluviers, vanneaux, barges, courlis, chevaliers, huîtriers, échasses, avocettes... Le gorgebleue m'offre une seconde à contempler la cocarde bleu, blanc, rouge dont la nature drape sa poitrine de Déroulède. Les aigrettes garzettes me considèrent. On jurerait qu'elles m'ont toujours vu patauger. J'avais bien compris, à

Berder, que ces immaculées conceptions voulaient me saluer. Je les assure de ma fidèle amitié.

J'achève le tour de l'île Tascon bien avant le flux. Lorsque j'emprunte le radier vers le continent, pour revenir au Passage, une aigrette me survole. La finesse de son bec de carbone, qui prolonge son corps taillé dans un nuage, résume le mystère des dix mille vies qui battent au rythme des ondes immenses que la mécanique céleste engendre sur la planète Bleue.

### NOTE SAISONNIÈRE ET RECOMMANDATIONS

Cette balade a été faite au mois de juin — temps des couvées pour les oiseaux. Ceux-ci sont moins nombreux en été et en hiver qu'au printemps et en automne, quand débarquent les migrateurs. Mais chaque saison a ses emplumés. La flore estivale reste sublime.

Le tour de Berder et de Tascon n'offrirait aucune difficulté, n'étaient les marées — qui font aussi la richesse et le charme du golfe. Les deux balades sont séparées par la largeur du golfe du Morbihan : sauf à les boucler en courant, avec un trajet de jonction en excès de vitesse en voiture, impossible de les faire dans la même journée. Le mieux est d'emprunter les radiers quand la marée finit de baisser, afin d'avoir du temps sur les îles. Gare : ne vous laissez pas piéger par le flux suivant ! Consultez les tables de marées avant de partir !

# 6. Brocéliande

# Les petits génies de la fée

La forêt de Brocéliande... De nos jours, on l'appelle la « forêt de Paimpont ». L'enchanteur Merlin et la fée Viviane y manient encore la baguette magique. Ici, passèrent les Chevaliers de la Table Ronde en quête du Graal. Les elfes et les korrigans, déguisés en oiseaux, volent toujours sur le Val sans Retour...

En boucle autour de Tréhorenteuc, 2 heures 30.

Carte I.G.N. au 1 : 25 000, 1019 E, Série bleue, Paimpont.

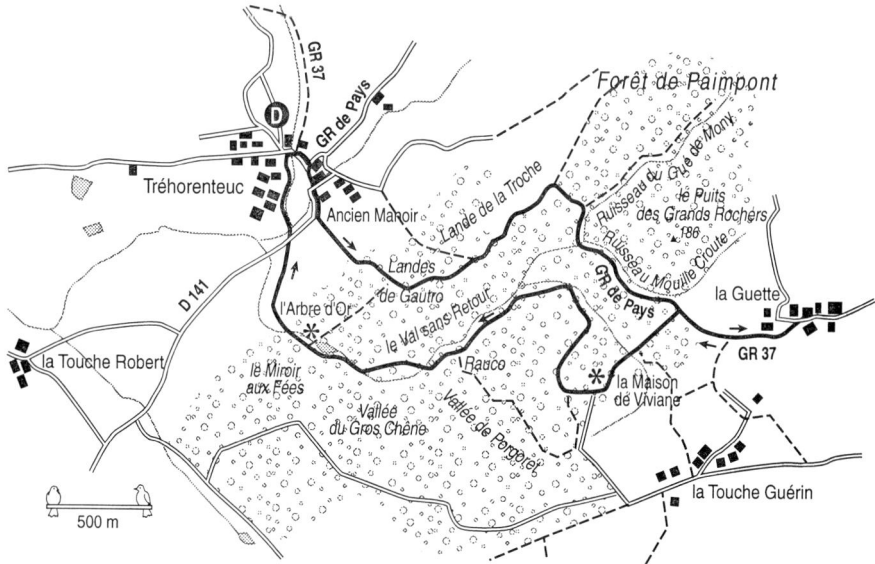

Je l'ai reconnu : ne me dites pas que c'est un bouvreuil, avec son poitrail de corail rose. C'est un petit génie de l'atmosphère délégué par Merlin. D'ailleurs, la fée Viviane a envoyé la femelle du couple, à la poitrine crème à reflets orange... Les oiseaux me regardent, perchés sur une branche de charme, près de l'Ancien Manoir de Tréhorenteuc. Ces elfes emplumés ont compris où je vais : ils lisent dans les pensées. Rien ne sert de vouloir leur cacher quelque chose. Ils savent que, malgré la brume, je veux marcher vers le Val sans Retour. Ils désapprouvent... Ils connaissent les périls de Brocéliande, ou Brécilien, ou Bréchéliant. Les sortilèges qui y courent. Le magnétisme et les forces mystérieuses qui s'y manifestent sous un chêne, au détour d'un menhir, au coin d'un dolmen dissimulé par les ronces. À chaque instant, le visiteur téméraire risque d'y perdre son esprit.

Ici, Merlin et Viviane font ce qui leur plaît. On murmure qu'il leur plaît de bonnes choses si l'imprudent choisit de rester humble ; mais de mauvaises s'ils soupçonnent une âme vaniteuse.

 ## *DE TRÉHORENTEUC À LA LANDE DE LA TROCHE, 0 heure 45*

Matin de printemps. Moment de brume et de magie. Là-haut, les landes de Gautro et la lande de la Troche paraissent de coton gris, mêlé du coton vert des arbres et du coton d'or des ajoncs en fleurs. Les bouvreuils me désignent le chemin d'un coup d'ailes, près de l'Ancien Manoir, sur le parc à voitures de la départementale 141. Les passereaux haïssent les pétarades des moteurs. Ils sont habitués au galop des destriers ou au pas lourd des bêtes de trait. On ne remplace pas facilement une éducation du Moyen

Âge. J'avance sur le large sentier grenat. Balises rouge et blanc du G.R. 37, et ronds jaunes du circuit du Val sans Retour. La fée Morgane, elle aussi, m'attend près du Miroir aux Fées. Pommiers chargés de gui. Un grand chêne en porte aussi. Les druides qui, dit-on, manient encore la serpe dans cette sylve, les nuits de solstice, ont besoin d'ingrédients pour leur potion.

Je chemine entre deux haies de charmilles, de prunelliers, de ronces et d'églantiers mêlés de fougères — aspléniums, polypodes, fougères aigles et scolopendres en langues vertes. Des dizaines de passereaux pépient et gazouillent. Chaque pas en fait s'envoler. Il m'est rarement arrivé d'en observer tant. C'est la raison pour laquelle je me persuade que ce sont des féaux de Merlin et de Viviane. Des serviteurs de la fée et du magicien. Investis d'une mission. Un pinson des arbres me crie de m'en aller : j'obtempère. Un troglodyte mignon s'égosille parmi les ronces : courte queue dressée et chant d'une richesse en harmoniques digne du *Catalogue d'oiseaux* d'Olivier Messiaen. Dans la minute qui suit, je repère un pouillot véloce. Puis un gobemouche. Un roitelet huppé. Un rougegorge. Un verdier. Une fauvette à tête noire. Des mésanges charbonnières et d'autres bleues. Des mésanges noires et des nonnettes. Je reconnais la grive draine, la litorne et le merle noir. Une pie sautille sur le pré, en contrebas. Des corneilles noires traquent la larve goûteuse.

Où le sentier principal (G.R. 37) dessine une grande courbe à droite, un rossignol est posté : rien n'est parfait comme les trilles flûtés du philomèle. Rien n'est aussi semblable à Mozart. Je m'arrête, subjugué par la caresse des notes. Le soleil allume des fantaisies de pourpre et d'or dans la brume qui s'effiloche. Je laisse le G.R. Je vais à gauche. Le sentier, soudain rétréci, file, hésite, sinue entre les ajoncs constellés de fleurs-papillons d'un jaune lumineux. Je traverse les landes de Gautro. Elles portent les cicatrices des incendies qui ravagèrent Brocéliande en 1955, 1976, 1984, 1987 et 1990. L'horreur aux ailes de feu. La fauvette pitchou me confie à quel point les flammes furent cruelles : les génies emplumés de Merlin et de Viviane furent les premières victimes de la folie humaine. Trop de plantations de résineux, trop de touristes en été. Je me console en songeant que ces incendies tuèrent surtout les pins et sapins inadaptés à la région. Les chênes résistent mieux. Merlin et Viviane préfèrent le chêne.

Des fourrures de mousses vert pâle, vert cru, vert épinard, vert bleuté, vert-jaune ou vert-roux, ponctuées de millions de gouttelettes de rosée, habillent les rochers rose et grenat. Après les sédiments du Briovérien, sur lesquels est bâti le village de Tréhorenteuc, je foule les fameux schistes rouges de Brocéliande, dits aussi « schistes pourpres » ou « lie-de-vin », dont la teinte saisissante est imputable à un oxyde de fer : l'hématite. Je songe — vieille, très vieille Bretagne ! — que ces minéraux se formèrent voici 465 millions d'années. Ils datent de la deuxième période de l'ère Primaire, l'Ordovicien. Un temps où la vie n'est encore qu'aquatique ; où les algues vertes commencent juste de mettre le nez hors de l'eau et à évoluer en mousses ; tandis que, dans l'océan, ondulent quelques poissons sans mâchoires, aïeux de nos lamproies. Bien avant les requins et les poissons osseux. 100 millions d'années avant les premiers amphibiens, dont nous descendons. J'ignore si Merlin, Viviane et Morgane se situent dans la lignée des hommes. Je me demande si je pourrais trouver des fossiles de magicien dans les schistes de l'Ordovicien. Ce chapitre de la paléontologie n'a pas été exploré.

Je domine le Val sans Retour — à l'étage du rapace. Une buse plane comme un esprit. Un épervier plonge vers le creux d'ombre dont les brumes se repaissent. Au bas de l'immense fossé, je distingue un reflet d'argent gris-bleu : c'est l'étang de Morgane, qu'on appelle le « Miroir aux

Fées ». Je le longerai tout à l'heure. Je me tiens, pour le moment, sur la crête nord du système, parmi les ajoncs, les genêts et les callunes fausses bruyères.
Le Val sans Retour. En reviendrai-je ? Chaque visiteur se pose la question.

 ***DE LA LANDE DE LA TROCHE À LA GUETTE,***
*0 heure 30*

Un accenteur mouchet se gausse de ma crédulité dans son langage pépié. Je m'enfonce dans le fouillis végétal de la lande de la Troche. Des touffes d'asphodèles, de bruyères cendrées et de bruyères à quatre angles bordent le sentier. Les rocs rouges, hérissés d'ajoncs jaunes, semblent autant de tourelles ou de créneaux de château fort. Un pic épeiche rase la cime d'un carré de jeunes bouleaux : les Chevaliers de la Table Ronde, le roi Arthur et Lancelot chevauchèrent cette crête. Des papillons vulcains, petites-tortues, paons-du-jour, piérides, mélittées, citrons, etc., volettent sur les épervières et les digitales pourpres. Un capricorne arpente le sol devant mon soulier. Des guêpes, des abeilles, de gros bourdons débutent leur journée de récolte. Les moucherons forment leurs nuées du matin, où piochent le gobemouche et l'hirondelle.
La bifurcation. Je descends à droite, en suivant les balises jaunes, vers le creux du Val sans Retour et le ruisseau du Gué de Mony. J'ai la sensation de m'enfoncer vers un destin que je ne maîtrise plus. Telle est la force de la légende : des siècles après qu'elle a été créée, elle saisit le plus fieffé rationaliste et accélère son cœur... Les fées, les magiciens, Merlin, Viviane, Morgane : rien n'est plus simple que d'en disserter en société, comme de créatures oniriques, mythologiques, poétiques, folkloriques, mer-

veilleuses. Quand on se retrouve seul, dans la brume du Val sans Retour, ce n'est plus pareil. Vous remontent en mémoire les récits de disparitions de voyageurs qui ne trouvèrent jamais leur chemin dans ce dédale. Leur chemin, d'ailleurs, moins matériel que spirituel. Quelque portion de la piste du Graal...

Je me rassure en franchissant la passerelle du ruisseau du Gué de Mony, puis en foulant le large sentier qui mène aux hameaux de la Guette et de Beauvais. Marques rouge et blanc du G.R. 37. J'avance vers la Guette le long du ru de Mouille Croûte. En cette saison, l'eau gazouille : l'été, les sources se tarissent. Ici, la forêt n'a pas souffert du feu. Les arbres sont solides. Noueux. Médiévaux. Chênes sessiles et pédonculés. Hêtres et charmes. Sorbiers des oiseleurs et alisiers torminals. Saules roux et bouleaux blancs. Les chèvrefeuilles et les lierres montent à l'assaut des troncs. Les houx jettent leurs taches cirées vert de nuit. Les bourdaines exhalent un parfum d'amertume extrême.

 *DE LA GUETTE À LA MAISON DE VIVIANE, 0 heure 30*

Quelques hectomètres de route goudronnée, et voici le hameau de la Guette... Certaine tradition en fait le lieu de la naissance de l'enchanteur Merlin — ce fils d'une pauvre paysanne engrossée dans son sommeil par le Diable. « Quand l'enfant fut né, dit le conte, les femmes du village eurent grand peur et grand merveille ; car il était déjà fort et velu : jamais elles n'avaient vu d'enfant si velu. On lui donna le nom d'un aïeul de sa mère : Merlin. »

Je reviens en arrière sur la route et la piste. Dans le virage en S proche de la fontaine et des sources du ru de Mouille Croûte, je pique au sud-ouest, en pleine forêt. Vers les hauteurs de la Maison — on dit ici : l'« Hotié » — de Viviane. Le fief, le donjon de la fée. Nul sentier, dans ce secteur, sauf de vieux passages qu'empruntent le renard ou le chevreuil. Majesté des arbres. Une sittelle torchepot dévale, la tête la première, le tronc d'un chêne qu'un grimpereau escalade : les deux passereaux se croisent près d'un trou de bois où il se peut que niche l'effraie. Je contourne des camps de ronces infranchissables, hostiles, enchevêtrées, où je subodore que se terre le blaireau. Ambiance de château de *La Belle et la Bête*. Je me perds dans un lac de fougères-aigles, où je disparais jusqu'aux épaules. Dans les parages plus dégagés, je piétine malgré moi des semis de myrtilles et des stations d'endymions penchés (ou jacinthes des bois). Je détaille d'étranges végétaux parasites dont les fleurs violet-rose se dressent sur l'humus comme de petits cobras : les lathrées clandestines.

L'« Hotié » de Viviane. Altitude : 191 mètres. Point culminant de la balade. J'escalade des rochers de schistes rouges tapissés de lichens gris ou jaunes, et hérissés de lierres et d'ombilics aux feuilles rondes et grasses. On murmure qu'ici des sectes célèbrent des cultes païens. Druidiques. La bêtise populaire rectifie : « sataniques » ; avant d'ajouter : « avec des sacrifices humains »... Je trouve le dolmen, ou plutôt le « coffre » qu'on appelle le « Tombeau des Druides » : un assemblage de cairns d'une douzaine de mètres de diamètre. Des fouilles ont permis d'y inventer des pointes de flèches, des haches, des poteries. C'était une sépulture, datée de 2 500 avant Jésus-Christ. Bien antérieure au Moyen Âge, c'est-à-dire au temps où Viviane, ayant appris le secret des sortilèges de la bouche de Merlin, endormit l'Enchanteur sur son giron, puis marcha en cercles neuf fois autour de lui et l'enferma dans une prison sans chaînes ni murailles dont il ne put jamais sortir.

Il me vient une pulsion de compassion à l'égard de

l'Enchanteur pris à son propre piège. Un écureuil roux me regarde d'un drôle d'air. Je lui trouve une dégaine de Viviane. Courage : fuyons !

 ***DE LA MAISON DE VIVIANE À TRÉHORENTEUC,***
*0 heure 45*

Je descends l'« Hotié » de la fée vers l'ouest. Je tombe forcément sur le G.R. de pays qui unit Tréhorenteuc et le Val sans Retour (c'est-à-dire le G.R. 37) au village et au château de Trécesson, par le Tombeau du Géant. Les balises rouge et jaune sont là. Le sentier dévale le thalweg, près du ruisseau rieur de la vallée des Portes, jusqu'au ruisseau de Rauco et au G.R. 37. Panneaux de bois (« La Guette, 20 minutes », « Tréhorenteuc, 30 minutes », « Trécesson, 1 heure »). Me voici revenu au cœur du Val sans Retour. Dans l'œil du sortilège. Je relis ces quelques lignes que j'ai transcrites sur mon calepin avant de partir. Elles sont tirées du *Roman du Rou* de Robert Wace (1160), le premier texte connu qui mentionne Merlin, Viviane et Arthur ; où puisèrent Chrétien de Troyes pour son *Perceval*, puis Robert de Boron, Wolfram von Eschenbach et les autres :

> Or, c'est Brocéliande,
> Une forêt en une lande,
> Une forêt moult longue et lée
> Qui en Bretagne est moult louée.
> Là il est beau voir les fées
> Et plusieurs autres merveilles.

Les fées se font entendre. L'eau gargouille sur un lit de schistes rouges : étranges nuances grenat, ocre rose, parfois orange ou brun cramoisi... J'accompagne le courant vers l'aval. Morgane tremblote derrière les feuilles, murmure avec le vent, se mire dans les méandres ou chante avec les sources. Boqueteaux d'aulnes glutineux et de saules argentés. Belle station d'osmondes royales — les plus grandes et les plus belles fougères d'Europe. Les chênes et les hêtres se mêlent de frênes, de châtaigniers et d'érables sycomores. Des lierres terrestres, des arums, des germandrées petits-chênes, des euphorbes bordent le sentier. Des banquettes d'oxalis agrémentent le pied des arbres. Des buissons de fusains, de sureaux, de noisetiers, de viornes obiers complètent le fouillis du sous-bois.

J'arrive au premier lac — une retenue restaurée et remise en eau à l'initiative de l'Association pour la Sauvegarde du Val sans Retour. Les ajoncs de la colline s'y reflètent comme les cheveux blonds de la magicienne. Roseaux et massettes. Renoncules aquatiques. Poissons qui ondulent sous la surface. Grenouilles et tritons. Une couleuvre à collier se love parmi les iris jaunes. Un martin-pêcheur perche sur un saule.

Je gagne le deuxième lac : le Miroir aux Fées. Bleu-vert et argenté. Avec de fines ridules levées par la brise. Il est aussi profond qu'un rêve... Quelqu'un sourit à l'intérieur de l'eau... Les deux étangs faisaient partie d'un système de quatre et alimentaient le Moulin de la Vallée, construit en 1629, et qui fonctionna jusqu'en 1930. Pour moudre des graines de sarrasin, le « blé noir » des galettes bretonnes.

Près des ruines de l'édifice, en contre-haut de la cascade qui s'échappe du Miroir aux Fées, se dresse le fameux Arbre d'Or de Brocéliande. Symboliquement destiné à fixer dans la mémoire des amoureux de la forêt le souvenir des incendies de décembre 1990. Je contemple ce monument, que gardent quatre ou cinq troncs calcinés, au cœur d'une aire de petites pierres levées.

Me voici presque au bout de cette balade. Il me suffira, pour regagner mon point de départ, de suivre les balises du G.R. 37, soit en remontant la pente sur la rive droite du ruisseau, soit en suivant le fond de la vallée. Dans des concerts renouvelés de passereaux attentifs. En caressant les troncs d'arbres au passage pour emporter des parcelles de magie.

Difficile de m'arracher au sortilège... Je me sens au bord d'un autre monde. Il me semble que je vais commencer ce que d'aucuns appellent, ici, le « Temps du Voyage ».

Peut-être pas la quête du Graal : je n'ai pas autant d'ambition.

Mettons : la simple recherche d'une corolle d'ajonc d'or sur l'« Hotié » de Viviane. Avec, pour compagnon d'aventure, un bouvreuil au poitrail de corail rose.

---

NOTE SAISONNIÈRE ET RECOMMANDATIONS

Nulle difficulté, pour cette courte et belle balade, sinon que les sentiers des landes de la Troche sont confus, et le balisage en forêt un peu lâche. Des brouillards pourraient vous faire errer durant des heures. Ne vous fiez pas trop à la carte I.G.N. : tous les chemins n'y figurent pas. Sont notées « sentiers » des portions aujourd'hui goudronnées. Un seul « Miroir aux Fées », au lieu de deux. Etc. On demande une mise à jour. Par exemple, une belle « Top 25, Brocéliande » !

Les deux meilleures saisons, pour accomplir cette plongée initiatique, sont le printemps et l'automne. Au printemps, les ruisseaux donnent à plein et les lacs sont emplis. Mille fleurs ornent la Maison de Viviane. Les oiseaux — petit génies — paradent. L'été, les sources tarissent et trop de touristes se pressent sur les chemins. L'automne, le Val redevient magique : brouillards propices au rêve. L'hiver dépouille les arbres et rend Brocéliande à la fois étrange et austère.

# 6

# CENTRE, PAYS DE LOIRE

1. *Morvan* : Dans la forêt gauloise
2. *Berry* : Le rêvassier des ruines
3. *Brenne* : Le vif-argent des étangs
4. *Grande Brière* : Vent d'argent, roseaux d'or

## 1. Morvan

# Dans la forêt gauloise

Quand le givre fait merveille, le Morvan dévoile certains de ses secrets. Ici règne l'esprit du granit, de la forêt et des eaux. Le marcheur redevient Gaulois dans ce qui reste de Gaule. Dans la forêt jaunie par l'automne, une balade de chevreuil agile, qui gambaderait jusqu'à la cascade à écrevisses de Gouloux.
En boucle, depuis le lac des Settons, 4 heures 30.
Carte I.G.N. au 1 : 25 000, 2823 O, Série bleue, Montsauche-les-Settons

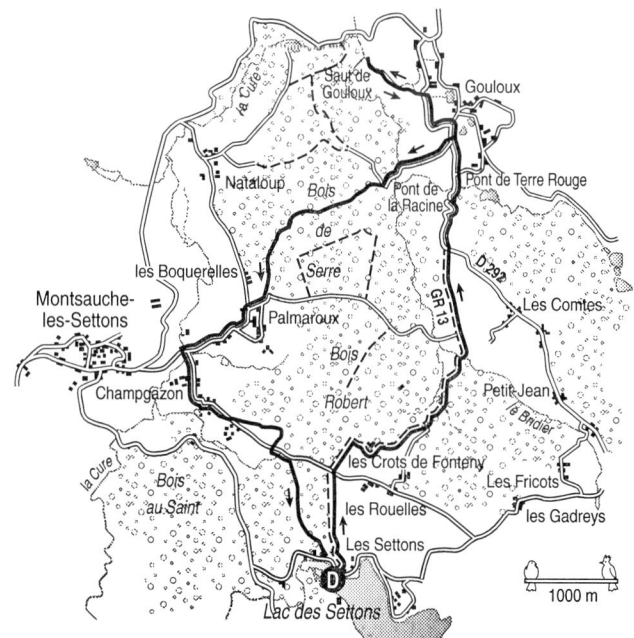

Petits nuages sur le Morvan. Il a plu cette nuit. La forêt fume. Le soleil du matin éponge les gouttelettes sur les feuilles que l'automne colore. Le lac des Settons scintille de pur argent bleu. Debout sur une patte, au milieu des roseaux, un héron cendré lisse son plumage assorti aux vaguelettes. Le barrage sur lequel commence cette balade fut édifié au siècle dernier pour régulariser le flot de la Cure, affluent de l'Yonne, sur laquelle les hommes faisaient voguer les billes de bois destinées aux Parisiens. La nature récupère avec ironie les projets de notre espèce. Aucun tronc, sauf ceux que les tempêtes arrachent aux talus, ne descend plus le cours de la rivière.

Mais le lac des Settons s'est transmué en merveille. On jurerait qu'il existe depuis la nuit des temps. Un grèbe huppé plonge. Une truite mouche. Je trempe la main dans l'onde froide. Je frôle une pierre. Je caresse un hêtre. L'eau, le granit et la forêt : les trois divinités tutélaires du Morvan. Le rituel accompli, je me mets en route.

 ***DU LAC DES SETTONS À GOULOUX,***
*2 heures*

Je repère, sur la rive nord du lac, au-dessus de l'embarcadère, le panneau qui indique le départ de la « Randonnée du saut de Gouloux ». Balises rouge et blanc du G.R. 13, traits orange ou jaune des itinéraires de petite randonnée. Je suivrai le G.R. jusqu'au village de Gouloux. J'ai à peine fait dix pas sur le sentier que la forêt se ferme. Obscure. Mystérieuse. Sous mes semelles, je tâte le granit et la terre ocre, imbibée de pluie. Se succèdent les sapins et les épicéas vert sombre, les hêtres en costume de limbes jaunes, les érables planes et les chênes d'or lavé de beige et de chocolat. Des merisiers vantent le grenat et l'écarlate. Les frênes offrent leur beauté plus discrète, gris-jaune et jaune-vert. Le sous-bois ondule de buissons de houx vert foncé, luisants comme des lutins farceurs. Des mésanges nonnettes et leurs cousines bleues jouent à cache-cache dans les chèvrefeuilles et les cornouillers. Un troglodyte perche sur une ronce. Je cueille des mûres que le blaireau et le renard ont oubliées ; ratatinées, mais si sucrées qu'elles semblent confites. Un pic épeiche en habit à damier noir et blanc et calotte rouge tapote un tronc. Paix d'automne... Sur les étendues de fougères rousses et de mousses vertes, les vapeurs de la terre font voler des simulacres d'âmes.

À Montregnon, le sentier longe une coupe blanche sur laquelle on a replanté des centaines de sapins, épicéas et douglas. De cette crête, la vue porte vers la vallée de la Cure, jusqu'au clocher de Montsauche-les-Settons : concentré de province. L'affiche de la campagne de François Mitterrand en 1981, « *La France tranquille* ». Il faut savoir que Château-Chinon, « fief » de l'ancien président, n'est qu'à quelques kilomètres.

La forêt, à nouveau, avec un grimpereau, une sittelle torchepot, une volée de mésanges à longue queue, une paire de bouvreuils et (réalité ou illusion ?) trois biches qui détalent. Une étroite route à traverser, une autre à suivre sur quelques hectomètres : et je plonge à droite, dans un sentier resserré qui file entre de vieux murs de pierres hérissés de polypodes, ces fougères en plumes qu'on appelle aussi « réglisses des bois » à cause de la saveur de leur rhizome. Les fossés proposent une confusion de laîches, de consoudes et d'eupatoires chanvrines en fruits poilus gris. Quoique fanées, les reines-des-prés continuent d'exhaler le parfum subtil de l'espèce, où l'on décèle un mélange de tilleul et de verveine.

Par places, des foules de champignons croissent sur les vieilles souches ou dans l'humus : villages irréels d'armillaires couleur de miel ; semis de chanterelles à pied jaune ; pavages d'hygrophores, de cortinaires, de strophaires, de russules émétiques et charbonnières ; clitocybes en entonnoirs ; énormes lactaires nébuleux gris... Je longe un pré où broutent de jeunes bœufs blancs, de race charolaise : nous nous tirons la langue pour rendre hommage à notre intelligence.

J'enjambe un ru aux eaux brun-rouge, de la couleur qu'on appelle, en Amazonie, « eau noire ». Plus loin, sur un pont de grosses pierres moussues, je franchis le Bridier — le ruisseau que je verrai cascader en aval, au saut de Gouloux. Une buse au ventre pâle tourne au-dessus du bois Robert, que les ultimes vapeurs matinales nimbent de mystère. Au pré Naudot, je rejoins la large allée qui file vers le nord, sous un dais de noisetiers mêlés de viornes obiers aux fruits vermillon. Puis je foule l'étroite départementale 292, qui descend en virages élégants vers le pont de Terre Rouge, sous lequel passe un affluent du Bridier. Gargouillis d'eau limpide. Myriophylles dans le courant. Touffes d'iris jaunes et de grandes consoudes sur les rives. Une libellule attardée zigzague. Deux colverts et une poule d'eau filent dans les roseaux.

 **DE GOULOUX AU SAUT DE GOULOUX, ET RETOUR,**
*1 heure*

Les talus de la route s'ornent encore de quelques fleurs : le trèfle rose, la scabieuse en pompon mauve, la camomille, la vergerette du Canada, la silène compagnon rouge, la campanule étalée, l'achillée millefeuille...

Les corolles tardives disent à la fois le triomphe de la vie et son inéluctable déclin. Une pie et un geai se racontent une histoire dans un chêne ; à moins qu'ils ne monologuent sans se comprendre, à l'exemple de maints humains.

J'entre dans le hameau de Gouloux. À ma gauche (balisage orange et jaune), débute l'itinéraire que je suivrai pour revenir au lac des Settons par le bois de Serre. Pour l'heure, je trouve la saboterie. Visite de la fabrique : le sabot est le logis de l'âme du paysan comme la bottine héberge l'esprit du citadin. Sur le G.R. 13, je tourne à gauche vers Metz Garnier et le Chêne-Rocroy. Le sentier longe un bois de sapins et de hêtres, dans un thalweg où chante un ruisseau. Un sanglier sort des fourrés.

Au détour de la haie, la révélation : le saut de Gouloux, que seul le bruit de l'eau laissait deviner. Le Bridier débouche au sommet d'une muraille de granit noir, qui se dérobe soudain sous son ventre liquide. Le courant s'abat en écume blanche, se tord, ondule comme la tresse d'une nymphe, éclabousse puis s'étale et se repose dans un réceptacle en demi-lune bleu-noir, au fond duquel il me semble voir sourire l'ondine. De petites chutes annexes ajoutent au charme du théâtre. L'herbe elle-même semble fluide. L'endroit dut plaire aux romantiques. Un martin-pêcheur unit deux saules d'un trait de saphir et d'orange.

Je caresse un bouleau. Je me déchausse, je retrousse mon pantalon, j'avance dans l'onde froide. Des grenouilles plongent, une rainette déploie ses pattes sur un limbe de populage. L'hiver figera bientôt ces batraciens dans la vase. Sur le lit du ruisseau, parmi les galets, des écrevisses agitent antennes et pinces. Symboles d'eau pure... L'écrevisse est devenue l'emblème du Morvan, où vivent encore les deux espèces européennes (à pieds blancs et à pieds rouges), partout ailleurs décimées par la pêche abusive, le saccage des rivières et les épidémies transmises par les cousines d'Amérique.

 **DE GOULOUX AU LAC DES SETTONS,**
*2 heures*

Retour aux maisons de Gouloux, sous les encouragements que je soupçonne moqueurs d'un pigeon ramier. Passé la saboterie, je choisis, comme prévu, le chemin (balises orange ou jaunes) qui file par les Champs des Bouts en longeant la scierie. Parfum de sciure... Le sentier descend vers le Bridier, à quelques hectomètres en amont de sa cascade, et franchit le ruisseau au pont de pierres de la Racine. La douceur de la prairie et de l'eau qui méandre m'emplissent d'une sérénité teintée de jade et de vif-argent, qu'un héron cendré retouche d'un coup de pinceau gris.

Le chemin creux, par places défoncé, érodé par les ruissellements, remonte au cœur du bois de Serre où dominent les hêtres, parfois énormes. Le tronc d'un de ces fayards exhibe une cicatrice de branche qui ressemble à un œil de Bouddha sur un temple du Tibet. La sylve gauloise noue d'étranges correspondances... Trois biches (cette fois, c'est sûr) s'éloignent à petits pas. Un écureuil banquette de faines. Je subodore le renard et la martre, la fouine et le sanglier. Arrivé sur la crête, ne me reste qu'à redescendre vers le réservoir des Boquerelles, les prairies où paissent des bœufs charolais, les champs et le hameau de Palmaroux, où je choisis de suivre les traits jaunes plutôt qu'orange. Je foule le pont de la Cure : perfection d'une rivière. Visite au moulin de Palmaroux. Je reviens par la route de Champgazon. Jolie piste forestière et arceaux de noisetiers vers les Fragnats (borne du parc régional du Morvan). Volettent les derniers papillons vulcains, paons-du-jour, argus, piérides, etc. Pigeon ramier dans un chêne. Faucon crécerelle au-dessus d'un pré.

Des corneilles saluent la conclusion de ma balade lorsque, ayant retraversé le bois de Montregnon, je rejoins le G.R. 13 et je débouche sur l'argent bleu du lac des Settons, avec dans la narine la substantifique splendeur morvandelle. Secrète et rude. Au parfum de granit, d'eau et d'arbre.

> NOTE SAISONNIÈRE ET RECOMMANDATIONS
>
> Nulle difficulté, dans cet itinéraire bien balisé. Toutes les saisons y sont belles : printemps de fleurs parfumées, étés de forêts généreuses. Les automnes de feuilles mortes y sont splendeurs. Les hivers de froidure et de givre y déploient une magie.

# 2. Berry

# Le rêvassier des ruines

*Au lac de Chambon, dans la vallée de la Creuse, une balade romantique, de ruines en forêts d'ombre bleue, au cours de laquelle il n'est pas interdit de se prendre pour George Sand ou Frédéric Chopin. Les paysages de* La Mare au diable *et des musiques de* Nocturne. *La verdeur des chênes et l'étrangeté de l'eau.*
*En boucle, autour de la plage de Fougères, 7 heures. Cartes I.G.N. au 1 : 25 000, 2128 O, Saint-Sébastien ; et 2128 E, Dun-le-Palestel.*

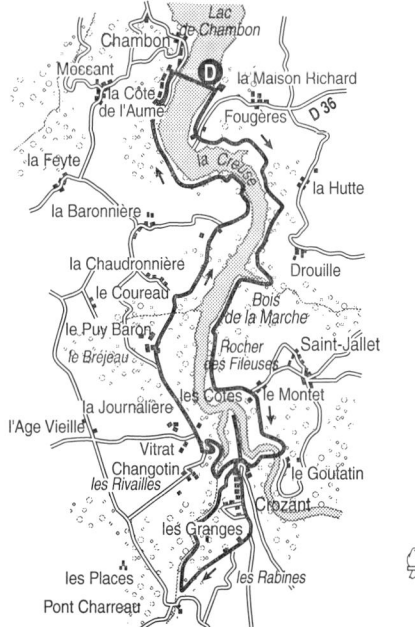

Je m'appelle George Sand, et prouvez-moi le contraire ! J'accomplis cette balade romantique avec Frédéric Chopin. Nous l'avions faite en 1843. Alors, le barrage d'Éguzon, sur la Creuse, n'existait pas. Alors, nous nous aimions... Je venais de publier *Consuelo* (1842), le roman de la petite Bohémienne devenue cantatrice. Chopin composait *Nocturne* et *Barcarolle*. Je me souviens de nos nuits passionnées dans le château de Nohant. Il jouait du piano comme personne n'en avait jamais joué et n'en jouerait jamais plus. Je commençais de tourner les phrases de ma *Mare au diable*.

Un siècle et demi ont passé. Je reviens visiter ce Berry que j'ai tant aimé. J'y parais déguisée, sous le masque d'un barbu entre deux âges qui se dit naturaliste et écrivain. Je le sais paresseux, vantard et mal léché. Je lui pardonne, parce qu'il goûte mes diableries berrichonnes. Grâce à ses deux jambes, je vais reparcourir cette contrée que je décrivais ainsi : « Sauvage et vivante... Adorable pays où l'on est récompensé de sa peine, que l'on soit naturaliste, paysagiste ou simplement rêvassier... »

Pour aujourd'hui, je suis rêvassière. Ou rêvassier, choisissez. Un soupçon d'ambiguïté ne saurait nuire.

 *DE LA PLAGE DE FOUGÈRES AU PONT DE CROZANT, 2 heures 30*

La balade commence devant l'embarcadère du bac pour piétons, sur la plage de Fougères. La grève de sable est étroite, ocre et roux. L'eau du lac de Chambon ressemble à un métal liquide gris-bleu, avec des nuances de plomb et de mercure, et des reflets d'argent, de cuivre ou d'or, selon les fantaisies des nues et du soleil.

Le barrage d'Éguzon retient les eaux mêlées de la Creuse (au vrai, des deux Creuses, la Petite et la Grande, qui s'unissent un peu en amont, à Fresselines) et de la Sédelle. Il a été édifié en 1926. À l'époque, c'était un objet d'orgueil technique. Le plus gros barrage-poids d'Europe. 55 mètres de largeur à la base. Les perches et les truites qui peuplent la retenue ont oublié les chiffres. Quoique riches en phosphore, les poissons manquent de mémoire.

J'avance sur la petite route goudronnée qui longe le lac, vers le terrain de camping. En tant que réincarnation de George Sand, j'avoue que je suis estomaqué par l'idée du tourisme que se font les hommes du XX$^e$ siècle. Baraques à frites, parasols, pédalos, toboggans et caravanes... Je regarde les nuages au ciel. Paradoxe : eux ne semblent pas avoir changé ! Les tourterelles, les pies, les corneilles me rappellent leurs congénères de Nohant.

J'ai repéré, depuis l'embarcadère, les marques rouge et jaune du sentier de pays, que je suivrai jusqu'au pont de Crozant. Je traverse le camping. Le vrai sentier sauvage s'élève dans le talus. Une pancarte l'indique. Les iris des marais jaunes, les roseaux, les massettes, les grandes consoudes à fleurs roses composent au bord du lac un milieu où se plaisent le canard colvert, le triton alpestre et les grenouilles rousse ou verte ; à l'occasion, le grèbe huppé ; la mouette rieuse ou la guifette, venues en voisine de la Brenne.

Un milan noir tourne dans le ciel, sous un nuage qui ressemble à George Sand. Mettons que c'est l'esprit de Frédéric Chopin. L'oiseau file vers le sud en suivant la berge. Je l'imite comme je peux, c'est-à-dire collé à la terre, sur le chemin que rejoignent, à l'épaulement du « Parcours de santé », les sentiers de randonnée balisés de bleu et de vert.

L'itinéraire est simple : il longe la rive droite du lac de Chambon. Impossible de s'égarer. Ne cherchez pas le tracé sur les cartes I.G.N. : il n'y figure pas... La pente se hérisse de callunes fausses-bruyères, de genêts et d'ajoncs : concerto rose-mauve et jaune. Millions de fleurs-clochettes et de fleurs-papillons, sur le gris-bleu liquide.

  Descente vers le lac. Je contourne la première anse, je franchis le petit pont de bois. Grenouilles coassantes dans ce ru qui n'a pas de nom. Le cours d'eau est bordé de populages et de ficaires d'or, avec (dans des mares d'eau calme) un peuple blanc et rose de délicates renoncules aquatiques. La forêt riveraine débute. Elle se compose de chênes, mais aussi de hêtres, de charmes, de pins sylvestres, de bouleaux et de quelques douglas. J'aime son sous-bois charmeur de noisetiers, de houx verts, de ronces, de fragons petits houx (fruits rouges collés sous les feuilles), de clématites vignes-blanches, de cormiers aux limbes cramoisis, de fougères-aigles et de chèvrefeuilles. Parlez-moi du parfum des chèvrefeuilles au printemps, quand on s'appelle George Sand !

  Je marche sur la sente, en contrebas du hameau de la Hutte. Au bord de l'eau, les saules ont fini de débourrer. L'argent de leurs bourgeons s'est résolu en chatons jaunâtres ou en feuilles gris-vert. Les frondaisons grouillent d'oiseaux : mésanges noires, nonnettes et à longue queue. Gobemouches, pouillots et pinsons. Avec une sittelle torchepot qui dévale un tronc, un grimpereau qui le monte, un pic-vert qui semble emplumé de feuilles, des geais qui unissent les branches du trait d'azur de leurs épaulettes... À terre, un coléoptère au dos de houille s'affaire ; c'est un bousier ; je le retourne : son ventre luit comme une améthyste ; il se rétablit et s'enfuit en agitant ses six pattes. Son cousin, le crachesang, bave une goutte de salive rouge sur mon doigt lorsque je le saisis pour l'examiner. Des centaines de minuscules araignées détalent en tous sens. Des papillons volent : citrons, petites-tortues, vulcains, piérides, agrestes, demi-deuils...

Je franchis un deuxième petit pont sur un ru, près duquel aboutit la large piste forestière qui descend du hameau de Drouille. Je reste fidèle aux marques rouge et jaune. Le sentier vient parfois baiser le lac. Plages ocre brun ou ocre rose, secrètes, sauvages, tellement plus belles que la bruyante grève à pédalos de Fougères... L'eau est luisante, argentée, avec des transparences grenat et vert véronèse. Je ne résiste pas. Je me déchausse. Je me déshabille. J'entre avec un frisson dans l'élément liquide. Je me trempe. Je barbote. Plaisir de l'eau froide... (Ne vous baignez pas n'importe où, dans ce lac : pente abrupte et température... réellement frisquette !) La George Sand de 1843 s'est-elle mise nue et unie à la Creuse, en contrebas du hameau de Drouille ? Un cerf surgit des fourrés, puis y replonge. Est-ce Actéon, que la Diane de Nohant métamorphosa en dix-cors pour le punir de l'avoir vue nue ? Je me rhabille. Un homme me croise. Nous nous saluons. C'est Actéon. Changé en cerf ? Non : en marcheur ! Ses sabots sont chaussures de randonnée.

Le sentier remonte en lacets sur l'épaulement qui domine l'anse où aboutit le ruisseau du Moulin Ratet. Falaises romantiques, rochers moussus, buissons crochés aux fissures... Tel bloc de pierre semble un totem indien ; tel autre, un bison ; tel autre, un dinosaure ; tel autre encore, un monolithe inca, près de la porte du Temple du Soleil. Autour du ruisseau et du troisième pont de la balade, la forêt est un enchantement. Les scilles à deux feuilles et les asphodèles disposent à terre leurs limbes en poireaux et leurs fleurs en longs épis étoilés — bleu-violet pour les unes, blanc à stries brunes pour les autres. Des monotropes suce-pin, des orobanches et des néotties nids-d'oiseaux jouent le rôle des végétaux sans chlorophylle, parasites ou saprophytes, d'une étrange couleur de feuille morte. Le ruisseau gargouille en vert et brun sur ses cailloux moussus. Une bergeronnette grise hoche la queue. Une laie et sept marcassins me considèrent.

Je ne quitte pas le sentier aux marques rouge et jaune. Je savoure les cent parfums de la forêt de la Marche : humus, champignons, feuilles fraîches ou mortes, résine, fougères, mousses et lichens. Des trouées dans les arbres laissent voir le lac. Une buse plane. Un faucon pèlerin plonge à dextre. Il me semble que j'aperçois la queue en losange caractéristique du grand corbeau. Au-dessus des pentes boisées, là-bas, sur la rive gauche, s'égrènent les maisons aux cheminées fumantes des hameaux de Pillemongin, la Chaudronnière et Puy Baron.

Je débouche, dans un baiser du vent, à la crête sublime des falaises qu'on appelle le « Rocher des Fileuses ». Un à-pic de 50 mètres. Pur plaisir du vertige... Un amoncellement minéral aux formes fantastiques (géants de granit, dinosaures et mammouths de pierre ; bien sûr, le diable de la mare est dans le coin !), crêpelé de genêts, de bruyères, d'ajoncs et de fougères. Le regard porte, à l'horizon du sud, jusqu'aux collines bleues du Limousin. Tout en bas, au pied de la muraille, telles les deux cornes d'un utérus gris-bleu (ô l'étrange organe !), voici le confluent de la Sédelle et de la Creuse. Basses vallées inondées. Clapot bleu-vert.

Le promontoire qui sépare ces deux branches liquides se hérisse de décombres du Moyen Âge. Les voilà, les fameuses ruines de Crozant ! Tours effondrées, restes de donjons et de remparts, chemins de ronde... Je visiterai, tantôt, ce qui subsiste de ce monument. Un papillon machaon palpite et croise le vol d'un ascalaphe. Une grande æschne bleue se perd dans un rayon de soleil. Deux lézards verts sont accouplés sur une pierre grise, collés en croix ; Monsieur a la gorge d'azur et l'un de ses deux pénis investit le tendre cloaque de Madame ; leurs queues — mais oui ! — dessinent un cœur. Je marche doucement, doucement : ne pas déranger... L'endroit est inondé de lumière. Minéral et chaud. Propice aux reptiles. Des lézards des murailles giclent vers leur trou. Une couleuvre d'Esculape fait dorer ses écailles de laiton dans un creux d'herbe. Une vipère aspic, au ventre dilaté, vient d'avaler une proie. Mulot ou musaraigne.

Je gagne les bâtisses du Montet et des Côtes, près de Saint-Jallet. L'itinéraire balisé en rouge et jaune emprunte, ici, une enfilade de chemins creux. Sur les talus, prolifèrent les arums pieds-de-veau, les véroniques, les ficaires, les orties et de jolies corydales creuses aux épis de fleurs rose-mauve en forme de becs de fulmars. Les murets branlants s'encombrent de clématites, de lierres, de ronces, de chèvrefeuilles, d'ombilics pendulines (ou nombrils-de-Vénus) et de linaires cymbalaires aux délicates corolles à deux lèvres violet pâle. Fleurettes de conte de fée.

Je n'ai qu'à descendre la pente. Je touche la route départementale 72 à une encablure du pont de Crozant.

 **DU PONT DE CROZANT À LA PLAGE DE FOUGÈRES, PAR LES RUINES DE CROZANT,**
*4 heures 30*

Je n'ai pas oublié que je suis George Sand. Je traverse le pont sur la Creuse. J'emprunte la route, vers l'hôtel des Ruines. De là, je gagne le cœur du bourg de Crozant. Devant l'église du XII$^e$ siècle, un peintre est à l'œuvre. Je le salue. Il me montre sa toile. De style impressionniste. Comme celles de l'impressionniste Armand Guillaumin, qui représenta cet endroit sous tous les angles et dans toutes les lumières, et réussit à convaincre Claude Monet de venir y travailler.

Il n'est pas absurde d'imaginer que quelqu'un puisse avoir faim ou soif : deux auberges sont ouvertes. Je continue la balade vers le sud, sur la départementale 72 qui conduit à Dun-le-Palestel. Jardins potagers. Forsythias, lilas, sumacs de Virginie. Rosiers et pivoines. Fritillaires impériales et cœurs-de-Marie. Passereaux familiers : pinsons, mésanges et merles moqueurs. Après le cimetière, j'oblique à droite vers les Granges. Et, de nouveau à droite, sur une piste agricole qui se mue en sentier, traverse prés et champs, longe une broussaille de genêts, puis descend dans les chênes et les pins jusqu'à la Sédelle et au pont Charreau. La rivière ricoche sur les pierres, écume et gargouille. Sur un panneau, un petit texte narre la légende du « pont Charraud » *(sic)*. Que voici... En 1603, les puissants seigneurs des Places et de Crozant décident de lancer un pont sur la Sédelle. Un maçon accepte le chantier, mais demande trop peu d'argent et s'en lamente. Un personnage à l'odeur de soufre surgit devant lui et lui propose de bâtir l'ouvrage en une seule nuit. « Pour le prix, ajoute-t-il, tu me donneras le premier fagot que tu lieras demain matin. » Le maçon rentre chez lui. Sa femme lui explique qu'il a conclu un pacte avec le diable, et que le premier fagot qu'il attachera, ce sera lui-même, avec la ceinture de son pantalon ! Le malheureux gémit derechef, mais trouve la solution : à l'aube, il arrive tout nu au pont que le démon a bâti, et lui tend un vrai fagot de bois. Rage fumante du Malin...

Parce que je suis George Sand, vous vous doutez qu'une histoire de diable me ravit... Je reviens vers le nord et Crozant en longeant la Sédelle. Jolie route de terre en sous-bois. On ne pourrait pas espérer plus romantique... Rochers garnis de mousses, de polypodes, de scolopendres, d'orpins et de géraniums herbes-à-Robert. L'eau chuchote, clapote, glougloute, s'insinue, se faufile, parfois cascade en criant un peu plus fort.

Fraîcheur absolue. Plaisir humide. Délectation de truite ou de salamandre. Un barrage, un moulin, une chute d'eau. Un autre moulin — celui de la Folie. Le chemin remonte et contourne Crozant par l'ouest. Il traverse des haies de prunelliers et de jeunes chênes vêtus d'une fourrure de lichens blancs. Etrange hermine... Voici le sentier botanique des Chaumes : de petits panneaux signalent l'érable sycomore, le saule cendré, le bouleau verruqueux. Je reconnais l'orchis bouc et l'orchis bouffon sur un losange d'herbe verte.

    Point de vue sur les ruines et l'hôtel homonyme... Je descends jusqu'à la route. L'entrée du château de Crozant se trouve sur l'esplanade. Propriété privée : on ne visite qu'en saison. Je paie mon billet et je marche sur les sentiers qui sinuent dans ce qui reste de cette construction gigantesque, longue de 450 mètres et large de 80, et dont les remparts avaient un développement de 1 kilomètre. Le promontoire était occupé par un camp retranché dès le temps des Gaulois. Il marqua ensuite la frontière nord du pays wisigoth. Mais c'est entre le XI$^e$ et le XIII$^e$ siècle que le château, propriété de la famille de Lusignan, devint prodigieux. Notamment, entre 1217 et 1245, grâce à Hugues X et à son épouse Isabelle d'Angoulême... Je passe le pont-levis, la poterne, la première cour. Voici le donjon carré, la deuxième cour, le donjon d'Isabelle d'Angoulême. La tour de l'Eau, la troisième cour, la chapelle et la tour du Renard... Tout au bout, la tour Colin, d'où je descends jusqu'à la rive du lac... Face à moi, le vertige vertical du Rocher des Fileuses, sur lequel je me dressais tout à l'heure. J'erre dans les ruines. Rien n'imprègne mieux l'âme de romantisme. George Sand approuve, et c'est moi qui hoche la tête !

    Reste à terminer la balade. Je pourrais faire la route à l'envers — par le pont de Crozant, le Montet, le Rocher des Fileuses, le ruisseau du Moulin Ratet ; de là, jusqu'au camping et à la plage de Fougères. J'ai une meilleure idée.

À l'entrée des ruines, je ne vais pas vers l'est, mais l'ouest. Les marques rouge et jaune m'invitent à longer la rive gauche du lac, par Vitrat, le Puy Baron, la Bretonnière et Pillemongin — jusqu'à la plage de Chambon. En saison, le bac pour piétons fonctionne. J'embarque pour la courte traversée qui me ramène à la plage de Fougères.

J'ignore pourquoi George Sand choisit cet épisode motorisé pour déserter mon être. Je n'en conserve qu'une fragrance de vieille pierre et d'eau sur la mousse. Le parfum du romantisme. À l'oreille, des mesures du *Nocturne* de Chopin.

### NOTE SAISONNIÈRE ET RECOMMANDATIONS

Faites cette balade au printemps : la verdeur de la forêt et le gris-bleu du lac sont à leur summum de splendeur. Avec les fleurs, les insectes, les amphibiens, les reptiles et les oiseaux assortis... L'été, dépêchez-vous de vous extirper du brouhaha de la foule en vélo, moto, auto, camping-car, planche à voile ou autre engin de bonheur tarifé. Fuyez l'encombrement de la plage de Fougères. L'automne et l'hiver sont les saisons qui exaltent le mieux l'âme romantique. Essayez de vous perdre, un jour de brume, dans les ruines de Crozant...

Ne vous baignez pas n'importe où : l'eau est froide et vous n'aurez souvent plus pied à 1 mètre du bord. Surveillez vos enfants, du côté du Rocher des Fileuses ou dans les vieilles pierres du château.

Souvenez-vous que le bac pour piétons ne relie qu'à la saison touristique la plage de Chambon à celle de Fougères.

## 3. Brenne

## Le vif-argent des étangs

*Il est, au cœur de la France, dans ce Berry cher à George Sand, une contrée qu'on appelle la « Brenne », où scintillent mille lacs de sortilège. Mille « Mares au Diable »... Balade entre l'argent des étangs hantés d'oiseaux railleurs et le jade de la forêt de Lancosme. Au plaisir des grenouilles, des guifettes et des canards.*
*En boucle, autour de Méobecq, 4 heures.*
*Carte I.G.N. au 1 : 25 000, 2026 E, Saint-Gaultier.*

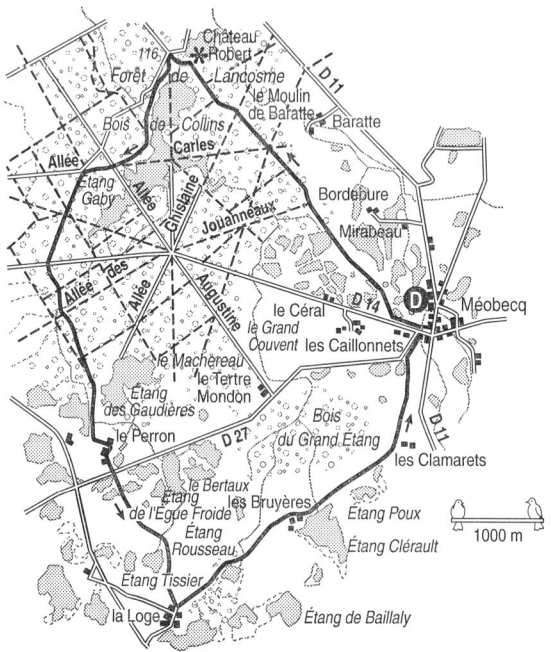

Brouillard du matin. Mystère des étangs de pur argent où passent des elfes. C'est un elfe rieur — pardon : un héron cendré — qui me présente à Pierre, pêcheur de la Brenne. Dans ce pays des mille lacs, les deux personnages ont de l'importance. Ils se côtoient. Se saluent... Ils dépendent des mêmes poissons, qu'ils prennent dans le même brouillard du matin. Ils cheminent avec la même lente précaution dans la boue, sur leurs longues jambes chaussées, chez l'un d'écailles, chez l'autre de cuissardes. Ils se connaissent et se comprennent. Je demande à Pierre s'il aime ce métier difficile. Il ajuste sa casquette, lisse sa moustache et me répond qu'il n'en connaît pas d'autre.

Il me parle des nuits magiques qui précèdent les grandes pêches, quand on vide l'étang. La cabane de planches dans laquelle les compagnons se préparent, devant un feu de bois. L'humidité, le froid qui s'insinuent. Le frottement furtif du rat musqué ou du ragondin. Le curieux jappement du chevalier aboyeur. Le sifflet mélancolique du courlis cendré. Le cri de cochon du râle d'eau...

Au point du jour, les vanneaux huppés piaillent, les mouettes s'esclaffent, les cormorans malins prennent position, les hérons s'avancent. Les hommes regardent le ciel, enfilent leurs bottes et leur ciré. Commence un étrange corps-à-corps avec l'eau, la boue et les poissons. Les pêcheurs, mains et visages rougis, tendent leur filet devant l'émissaire et ouvrent la bonde. L'eau tourbillonne vers la « fosse d'œil » et le chenal extérieur. On peut voir, dans cette vidange, une manière de sacrifice. Les humains tuent l'étang pour en vivre, avant de le ressusciter. On imagine la psalmodie des chamans de quelque civilisation lacustre du Néolithique... Les carpes, si primitives avec leurs grosses écailles d'argent verdâtre, composent la masse des prises. Des brochets et des sandres, profilés et surdentés, voisinent avec des tanches, des perches, des brèmes et des gardons. Sans oublier les espèces introduites : carpes-amours dorées d'Asie, black-bass irisés d'Amérique du Nord, monstrueux silures glanes venus d'Europe centrale...

 *DE MÉOBECQ AU PERRON,*
*2 heures*

Pour les pêcheurs de la Brenne, l'odeur des étangs est un parfum de vie. Je partage cette certitude sensuelle. Je hume les fertiles molécules d'eau et de vase que le vent apporte sur la place de l'église de Méobecq.
J'enfile mes bottes. Non que je veuille ôter la moindre carpe à sa maison liquide : mais, en cette fin d'hiver, les chemins sont inondés. Au sud-ouest du village, je trouve les panneaux du parc régional — « Sentier de randonnée » — à la bifurcation des départementales 14 et 27. Je choisis la 14, qui file vers Mézières-en-Brenne. À la scierie, je pique à droite sur la piste balisée de traits rouges et jaunes. Les bords du chemin se hérissent de haies vives de chênes, de charmes, de genêts, de troènes, de ronces. Des murets s'y empanachent de fougères polypodes. Touffes de violettes en embuscade. Ficaires. Et premiers boutons d'or... Au-dessus des arbres, un couple de buses variables enchaîne les acrobaties par lesquelles les amants de l'espèce excipent de leur émoi.
Sur les étangs, à droite et à gauche, les oiseaux d'eau se rassemblent. Mes jumelles m'en offrent aussitôt quelques douzaines. Un héron cendré arpente une berge. Son cousin pourpré se fond dans les hachures gris-roux de la roselière. J'accompagne du regard un vol de six colverts, suivi de six amerrissages de dessin animé. Poules d'eau noires à caleçon blanc. Foulques

noires à bonnet blanc... Passe un couple de sarcelles d'hiver, madame tachetée de gris et de brun, monsieur en habit Renaissance à coiffe, col et rabats de velours roux et vert. Sur un arbre, une compagnie de grands cormorans prépare sa razzia matinale. Je n'ignore pas que l'espèce devient officiellement un problème. Elle prolifère et « vole » les poissons des pisciculteurs. J'ai peine à ne pas me réjouir de cet élan vital.

Je marche d'un bon pas vers la forêt de Lancosme et le Château Robert. L'odeur de la mousse, de l'humus, des champignons et de la résine compose, avec le parfum des étangs, un mélange sensuel. Je pénètre dans le bois presque sans m'en rendre compte : des étendues de jeunes pins sylvestres, plantés en rangs d'oignons, m'y introduisent. S'il vous plaît, messieurs les sylviculteurs : pas trop de conifères quand même ! Le charme et le chêne tauzin sont mieux adaptés à ce sous-sol de grès. Ils poussent lentement. Ils sont beaux. Noueux. Avec des branches sinueuses étalées en étages de couronnes. Favorables aux sittelles, aux grimpereaux, aux tourterelles des bois, aux mésanges (charbonnières, bleues ou noires), aux pipits, aux pinsons, aux pics-verts et même aux pics noirs — les plus récents immigrés de la contrée.

Il me semble voir bouger quelque chose : mais oui ! Une ramure de cerf dépasse des petits pins. Je suppose que l'animal se persuade qu'il est bien caché. Parlez-moi de la puissance infaillible de l'instinct !... Des grives, des merles, des geais, des corneilles relient les branches par le fil immatériel de leurs trajectoires. On attend la huppe fasciée, la bondrée apivore, le milan noir et le loriot. Les engoulevents reviendront un jour de migration. Ces oiseaux me fascinent. Leur nom est un programme. Ce sont des gobeurs de brise. Des mangeurs d'atmosphère ! Leur apparence m'intrigue : ils ont un côté reptilien. Si mimétiques, sur leur branche, qu'on passe à un mètre sans les voir. Leur cri me subjugue : ils émettent ce ronronnement sonore la nuit, quand ils chassent la noctuelle ou le sphinx.

La piste de terre blanche, lumineuse, sinue entre les pins de sombre émeraude et les chênes défeuillés, sous un ciel gris-bleu travaillé par mille forces : paysage pensé par Van Gogh ; ou par Corot, selon les perspectives et les lumières. Même les corbeaux ne manquent pas. Je laisse le Rond de la Beuvrière et le bois de Collins. Je débouche au Rond de Château Robert, près des bâtisses du même nom. Un ronron. Trop tôt en saison pour l'engoulevent. Mettons que c'est un chat sauvage. Ou le souvenir grognon du dernier loup du Berry, tué ici même en 1917 ou 1918... Une poule faisane s'envole. Son chevalier servant décolle derrière. Ballet de plumes en Technicolor ; une image de la cour de Louis XIV.

Au Rond de Château Robert, juste après un énorme chêne où habitent (peut-on croire ; mais sûrement pas dans le même trou !) la martre et l'écureuil, je choisis la première piste à gauche. Elle file vers le sud, puis épouse les festons de la rive occidentale de l'étang Gaby. Biologiquement, ce plan d'eau n'est pas le plus riche de la Brenne, quoiqu'on y ait salué la cigogne noire, l'aigrette garzette et même la grande aigrette. Mais c'est un des plus beaux, avec son eau d'argent gris-bleu bordée de chênes et de pins dans la puissance de l'âge.

Je marche sur la digue. Voici la bonde, la « fosse d'œil » et l'émissaire du lac — le ruisseau de Fosse Noire, qui finit dans l'Yoson, lequel grossit la Claise, par conséquent la Creuse et donc la Loire... Un martin-pêcheur fuse entre les roseaux : splendeur saphir et quartz roux. Des canards, encore... Lesquels ? La Brenne en héberge des théories : colverts, souchets, pilets, nettes rousses, chipeaux, tadornes, garrots, harles, sarcelles, fuligules milouins et morillons, etc. ; les uns résidents, les autres de passage aux époques de migration ; avec des nicheurs, des hivernants, des visiteurs rares...

Je traverse l'allée Augustine, un peu trop rectiligne, qui donne sur le Rond de la Genouillerie. Je continue sur la piste de mousse épaisse qui me ramène à la route forestière du Rond de Château Robert. Les modestes callunes fausses-bruyères et leurs hautes cousines à balais (ou « brandes », en parler berrichon) se juxtaposent. Une bécasse démarre dans les genêts : long bec fin, plumage moucheté gris-brun. Comment les chasseurs osent-ils prendre du plaisir à massacrer cette délicatesse, ce concentré de douceur, cette âme de la forêt ? Il est des conduites humaines que je ne comprendrai jamais.

Je croise la départementale 14 aux Bernichats. Je continue en face, sur le chemin creux balisé de traits orange et blanc. Un renard roux s'esquive. Au bois de Châtre, les ficaires déploient leurs étoiles d'or baroque, et les anémones sylvies leurs corolles blanc pur dedans, gris-rose dehors. Feuilles cirées de l'orchis pourpre. Rosettes vertes du plantain... Voici l'étang des Gaudières, puis les belles fermes du Perron d'En-Haut et du Perron d'En-Bas : murs de grès et petites tuiles grenat. Des oies et des jars cacardent. Ici, les vaches charolaises blanches sont déparasitées par le héron garde-bœuf en habit immaculé, dont les frères camarguais s'occupent du taureau noir, et les frères africains du buffle.

 **DU PERRON À MÉOBECQ,**
*2 heures*

C'est au croisement de la départementale 27 que j'ai rendez-vous avec le photographe et naturaliste Nicolas Van Ingen. Un enfant du pays. Né, pour ainsi dire, les bottes aux pieds ; avec les reflets d'eau dans l'œil et des chants d'oiseaux dans les oreilles... Élancé. Fin dans son allure et son propos. Un écologiste de terrain, doublé d'un esthète... Il se réjouit que les étangs — que les moines ont imaginés et créés au Moyen Âge — soient de plus en plus nombreux dans la Brenne : environ mille deux cents, pour une superficie totale de 10 000 hectares. Il exècre les ravages des chasseurs, qui s'approprient les meilleurs endroits et croient posséder le monde au bout de leur fusil. Il déplore l'avidité de certains pisciculteurs qui détruisent les roselières en faucardant à outrance, afin de transformer leurs lacs en bassins d'élevage intensif.

Le promeneur curieux passe ici d'un milieu fermé — l'ombre de la forêt de Lancosme — à l'horizon ouvert, lumineux, de la Brenne des étangs et des landes. Nicolas me guide. Nous marchons en silence, excepté le « flic-floc » occasionnel de nos bottes dans les ornières inondées. Un troglodyte mignon sifflote dans un ajonc aux doigts de fleurs jaunes. Une bande de vanneaux huppés file vers l'est et l'étang de l'Egue-Froide : crépitement d'étincelles. Le petit héron butor (prodige de camouflage) et ses cousins blongios nain et bihoreau hantent, à l'ouest, les étangs de Beaugu et de Tissier. Au printemps, les rives de ces grandes mares accueillent la barge à queue noire ; les chevaliers guignette, gambette et arlequin ; le courlis cendré ; le combattant varié ; la bergeronnette grise, la printanière et celle des ruisseaux. Dans un fouillis de cirses en pompons roses, de lychnis fleurs-de-coucous (pétales de dentelle incarnate), d'iris des marais jaune vif, de joncs, de laîches et de massettes. Ici, rampent le lézard vert, la couleuvre vipérine et la couleuvre à collier. Volettent mille papillons et libellules (déprimée, écarlate, agrion demoiselle, agrion jouvencelle, anax empereur...). Bondissent la grenouille verte et la grenouille rousse, le crapaud calamite et la rainette. Se démènent le rat musqué, le ragondin et le lapin de garenne, dont le putois guette les jeunes imprudents.

Nous traversons une sublime lande (« brande ») à bruyères à balais et graminées. Je songe aux orchis à fleurs lâches, d'un pourpre crépusculaire, qui rehaussent en mai cet espace. De longs nuages s'effilochent sur un ciel aigue-marine traversé de fulgurances mauve et pourpre. Nous grimpons un « button », petit dôme de grès caractéristique de la contrée. L'ophrys brun (à deux lunules mauves), l'orchis tacheté, l'asphodèle blanc et la jasione des montagnes y croissent à la fin du printemps. De cette modeste éminence d'une dizaine de mètres de hauteur, le regard s'échappe vers un infini d'herbes, de roseaux et d'étangs d'argent bleuâtre. La Brenne est l'enfant des alluvions du Massif Central : le sable, accumulé dans une cuvette naturelle entre l'Indre et la Creuse, s'est tassé puis transmué en grès imperméable.

Nous approchons des maisons de la Loge. En été, les pies-grièches écorcheurs empalent force insectes — grillons, sauterelles, mantes religieuses, cétoines — sur les aubépines. Les busards se partagent diplomatiquement les biotopes : le cendré contrôle les prés, le saint-martin les bois, celui des roseaux les lacs... Le balbuzard prélève son tribut de carpes et de gardons. L'aigle pêcheur — le vaste et beau pygargue à queue blanche — hante à nouveau la région. La cigogne blanche et la grue cendrée font étape aux saisons de la migration.

Aux bâtisses de la Loge, un vol de chardonnerets élégants (de l'or aux ailes, un rubis sur la tête) signale qu'il convient désormais d'emprunter, à angle aigu vers la gauche, le chemin qui remonte vers le nord-est et Méobecq, en passant par l'étang Rousseau, la ferme des Bruyères et l'étang Clérault. En avant...

L'étang Rousseau est une splendeur. L'un des plus riches de la Brenne. S'y côtoient, dans des concerts de piaillements offusqués, la mouette rieuse, la guifette noire et la guifette moustac : trois incarnations emplumées de la grâce... Le milan noir et l'hirondelle de rivage y survolent des meetings électoraux de canards (colverts, souchets, chipeaux, fuligules milouins, fuligules morillons...) et de grèbes (huppés et à cou noir), qui plongent dans des fantasmagories de cressons bleus, de ciguës aquatiques, de renouées amphibies rose pâle, de nénuphars jaunes et de nymphéas blancs. La roselière compose un refuge pour toutes sortes de hérons, de bruants, de grèbes castagneux et de râles d'eau, sans oublier les adorables fauvettes des marais (rousserolles, bouscarles, phragmites et locustelles), dans le nid desquelles le coucou gris pond sans vergogne... Les amphibiens — crapauds communs et calamites, pélodytes ponctués, grenouilles vertes et grenouilles agiles, rainettes et tritons — fraient en masse au premier printemps.

Les plus singuliers locataires de la place demeurent les tortues cistudes. C'est peu de dire qu'elles sont farouches : à peine laissent-elles, pour respirer, dépasser un quart de seconde en surface leur museau de mini-monstres du Secondaire. En mars-avril, elles perdent pourtant toute prudence : c'est le temps des amours. Les femelles escaladent la rive et marchent lentement, péniblement, sur la terre des landes, pour aller pondre dans le nid qu'elles creusent à des centaines de mètres de l'eau.

Je marche vers la ferme des Bruyères avec Nicolas Van Ingen. Belle piste. Haie de chênes, de charmes, d'ajoncs, d'églantiers et de ronces. À droite, l'étang Clérault et l'étang Poux. À gauche, le bois du Grand Étang... Vol de cygnes tuberculés — concentrés de blanc — sur les Clamarets. Un grand rapace au loin : j'ose imaginer qu'il s'agit du rare aigle botté, avec ses pattes plumeuses. Deux bécassines dans un fossé.

Tout près, déjà, le clocher aigu de Méobecq. Voici la place du village, le porche de l'église, le bistrot et ses joueurs de cartes du dimanche. Le terme de cette balade... Je hume les senteurs mêlées d'eau, de vase et de forêt. Je voudrais m'envoler avec la guifette ou plonger avec le grèbe. Devenir carpe ou brochet. Tortue cistude ou crapaud aux yeux d'or... Je range mes fantasmes de métamorphoses. Mais je me dis que j'aimerai toujours, sous les nuages qui s'étirent à l'infini, le vif-argent surréel des étangs de la Brenne.

> NOTE SAISONNIÈRE ET RECOMMANDATIONS
>
> Pas le moindre problème d'orientation, ni la plus petite difficulté physique dans cette balade où les dénivelés majeurs n'atteignent pas 20 mètres... Les temps de marche sont fournis à titre très indicatif : rien n'empêche de guetter une heure durant (la journée entière !) le canard chipeau, la tortue cistude ou la guifette moustac... En hiver, ou après de grosses pluies, mieux vaut marcher en bottes : les chemins creux sont inondés.
> C'est en hiver et au début du printemps que la Brenne est la plus belle : d'un parfait gris d'argent sous les brumes qui s'effilochent.
> Les meilleures saisons, pour l'observation des oiseaux, sont le printemps et l'automne ; périodes bénies de migrations. L'ornithologue n'est plus qu'un prolongement de ses jumelles.
> Le début de l'été voit des floraisons sublimes de nénuphars, de salicaires et de joncs fleuris, au moment où les oisillons des espèces nicheuses se risquent hors du logis. Frémissements de la vie. Plaisirs subtils du guetteur de nature.

# 4. Grande Brière

## Vent d'argent, roseaux d'or

*Un marais qui ressemble à la mer ; une immensité de laîches, de roseaux, de massettes hantée d'anguilles sinueuses, que l'homme sillonne en barque. Dérive de songe en Grande Brière, au nord de Saint-Nazaire, sur le chemin de migration de millions d'oiseaux d'eau. Dans la peau d'un héron...*
En boucle autour de Bréca, 5 heures 30.
Cartes I.G.N. au 1 : 25 000, 1022 ET, Top 25, Saint-Nazaire ; ou I.G.N. Plein air au 1 : 50 000, parc naturel régional de Brière.

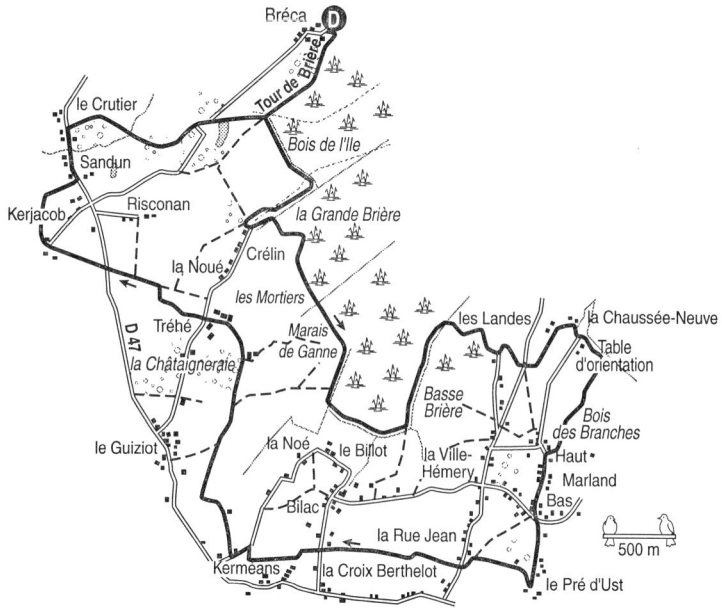

Une immensité aquatique où les roseaux ondulent comme une houle d'ocre et d'or... Les touffes de laîches semblent autant de têtes chevelues au ras de la surface : on dirait des génies du marais nés de la brume... Aube d'hiver. Je contemple cet infini liquide au-dessus duquel passe un vol d'oiseaux silencieux. Parce qu'ils résument l'union de la terre et de l'eau, les marécages sont à l'image de la vie, née des amours de ces éléments, voici presque 4 milliards d'années... Je veux longer une partie de ce système ; en écouter la palpitation ; en peindre les couleurs douces ou précieuses ; en dévoiler la simple magie, issue de ce rayon de lumière mauve tombé à travers la nue.

 ***DE BRÉCA À LA CHAUSSÉE-NEUVE,***
*2 heures*

Bréca : un nom qui semble en verlan, pour un hameau de chaumines au bord d'un marais du Moyen Âge... Je regarde les barques noir et vert qui dorment sur l'eau grise. Le canal qui traverse la Grande Brière d'est en ouest s'achève ici, du côté du couchant. Un troupeau d'oies cacarde et patauge dans la boue noire : les paysans d'ici ont des vaches et des moutons, qui paissent sur les prairies exondées, et des oies qu'ils laissent en liberté après les avoir marquées d'une incision à la palme. Un héron cendré décolle : lui n'a jamais été domestiqué. C'est un des plus beaux oiseaux, n'en déplaise à La Fontaine qui en fait un imprévoyant prétentieux, emmanché d'un long cou. La cendre grise de son dos et le foulard de plumes qui volent sur son crâne évoquent un brigand de Schiller.

Faute de pattes de héron, j'ai enfilé des bottes. Mieux vaut : tout déborde. L'eau a rarement été si haute. Il a plu beaucoup, ces derniers temps. Je me demande si je pourrai passer... Je me propose de suivre une portion du sentier de petite randonnée (P.R., traits rouges et jaunes) qui fait le tour de la Brière. J'irai jusqu'à la Chaussée-Neuve ; après quoi, selon l'inspiration, je reviendrai sur mes pas ou je rentrerai par des sentiers de campagne. Je marche en direction des oies qui cacardent ; et du héron, qui décolle avec un air de brigand trop maigre — Valentin le Désossé de la gadoue.

Je passe le pont qui mène à la digue. La digue ? Quelle digue ? La levée de terre disparaît sous l'inondation... Je vais au sud : c'est l'itinéraire. Je patauge comme un jars mal palmé : par endroits, j'ai de l'eau en haut des bottes. Je chemine vers la bande d'herbe verte que j'aperçois à 40 mètres. Le héron cendré atterrit, ou amerrit, entre deux touffes de laîche (ou carex). Il a compris que je suis un échassier embourbé. Il se remet à chercher des proies. J'ai l'impression qu'il se moque.

Je prends pied sur la partie exondée de la digue, où je récupère mes réflexes d'animal terrestre et de naturaliste émerveillé. Des pâquerettes ont fleuri : baisers roses de janvier pour joues d'enfants sages. Je détaille de vieilles tiges ou de jeunes pousses d'épilobes et de cirses des marais ; de séneçons et de myosotis ; de cardamines et de stachys épiaires... Les saules et les frênes qui bordent le passage ont les branches nues, mais se chargent de fruits volants et pioupiouantants que j'identifie comme des passereaux : mésanges bleues et noires, accenteurs mouchets, rougegorges, etc. ; avec un vol de pierreries — de chardonnerets élégants ; et un morceau de tourbe — le merle noir. Au printemps, sifflera le rare gorgebleue.

Lumière rose et bleu de conte oriental sur le bassin du Bois de l'Île, où le vent décoche des traits d'ondes. « Flic ! floc ! » couinent mes bottes. « Tsip ! tsip ! » répond la mésange charbonnière. Je scrute les roseaux :

il me semble — je veux croire — que ce « tink ! tink » est celui de la mésange à moustaches, ou panure, qui a été vue en Brière par des ornithologues à l'œil de faucon. Deux colverts mâles et trois canes décollent à droite. Ce truc pointu, entre les phragmites, n'est-ce pas le bec levé du butor étoilé, ce petit héron gris-brun qui joue les roseaux pensants ?

Tous les 100 mètres, je me répète que je ne passerai pas : je franchis pourtant chaque trou d'eau. Les roseaux — phragmites et massettes (ou typhes) — forment dans ce secteur des peuplements dispersés, mêlés de joncs, de laîches élevées et d'autres carex, de scirpes lacustres et de grandes douves. Je dégaine mes jumelles. Une bande de canards pilets (longue queue pointue) traverse la fourchure d'une roselière en forme de lambda grec. Sur une plage de boue noire, un couple de tadornes de Belon fait admirer ses couleurs irlandaises : vert (très sombre), blanc, orange... On rencontre, dans ce marais, bien d'autres canards : morillons, milouins, chipeaux, garrots, souchets (environ mille couples nicheurs et cinq mille à table), siffleurs, sarcelles d'hiver, etc. Et leurs cousines les oies cendrées.

J'ai noté une phrase de Chateaubriand (pas le grand, François René ; l'autre, Alphonse, celui du roman *La Brière*, 1923) : « La Brière est quelque part un grand marais sauvage dont on ne voit pas la fin, tout plein du silence des hommes et du chant des oiseaux. » Je goûte, en hiver, les secrets de cette contrée amphibie. Je m'y transporte par le rêve en été : les eaux s'enchantent de palissades vertes et de flammes jaunes d'iris pseudacores (ou des marais) ; de galaxies blanches de nénuphars ; de joncs fleuris (ou butomes en ombelles) aux corolles incarnates ; de sagittaires à feuilles en flèches ; de droséras carnivores qui rabattent leurs poils gluants sur les insectes ; et d'utriculaires aux fleurs jaune d'or, dont les outres immergées gobent et digèrent les daphnies. Je suis passé ici, voici quelques années, à la saison des agrions vierges, des æschnes, des petites nymphes à corps de feu, des libellules déprimées et des anax empereurs. J'ai salué le peuple des rainettes, des grenouilles (vertes et rousses), des couleuvres (vipérines et à collier), des tortues d'eau cistudes...

Passé le pont sur la « chalandière » (le canal) de Lanhio, je file à gauche sur une partie de digue en fourrure d'herbe tendre. J'aperçois, au loin, le clocher pointu comme un bec de héron de l'église de Saint-André-des-Eaux. Je longe le bosquet du Bois de l'Île, où perche le busard des roseaux : l'ample rapace décolle et plane en tournant sur son fief de phragmites agacés par la brise. « Floc ! » Un ragondin plonge et nage : c'est le quatrième que je surprends depuis Bréca. L'espèce, importée d'Amérique du Sud, trouve ici biotope à son goût. Elle creuse des terriers et décore les digues de ses crottes dodues... La prolifération de ces rongeurs serait préoccupante, si la froidure de certains hivers n'éliminait les neuf dixièmes de leurs effectifs. La nature ne fait pas toujours dans la dentelle... J'examine d'autres empreintes. Ces flèches à trois pointes, qu'on aurait pu relever derrière un petit dinosaure, ont été faites par un héron, cendré ou pourpré. Ces traces de mammifère semblent celles du vison d'Europe. Celles-ci, bien palmées à l'arrière, appartiennent à la loutre. La gracieuse ondine, si menacée...

Je contourne le port de Tréhé, au bout de l'étroite chaussée goudronnée qui vient du hameau homonyme. Deux cygnes voguent — rêves blancs. Deux corneilles noires font contraste. Je franchis le pont de bois. Je continue sur le sentier du tour de la Brière. De part et d'autre de la digue, s'étend une roselière qui semble n'avoir aucune fin. Dans la terre meuble de la digue, des empreintes de grand ongulé : jeune cerf ou biche. Plus loin, des traces plus petites de chevreuil. J'entrevois, dans les roseaux, des poules d'eau et ce que je suppose un grèbe huppé : il a déjà plongé ! Le râle d'eau hante ces parages, ainsi que sa jolie cousine la marouette ponctuée, visiteuse estivale, et trois bécassines : la double, la sourde et celle des marais, dont le vol nuptial résonne d'un curieux bêlement produit par le vent dans les plumes de la queue. Des limicoles arpentent la vase : la barge rousse, le chevalier gambette, le vanneau huppé, le pluvier doré, etc. Cohorte occupée, que côtoient l'avocette au bec recourbé vers le haut et le courlis cendré au bec incurvé vers le bas.

Je scrute les trous d'eau aménagés jadis par les paysans briérons qui y récoltaient de la tourbe. Ces « piardes », comme on les nomme, sont autant de reposoirs — ou de restaurants — pour les goélands et les mouettes ; ou, à la belle saison, pour la guifette noire, sa cousine moustac et la sterne pierregarin. Au printemps, la roselière voit palpiter de délicates fauvettes : le phragmite des joncs, dont le vol nuptial est une sorte de saut en parachute ; le bouscarle de Cetti ; et la rousserolle effarvate, qui suspend son nid aux tiges. Le hibou des marais vole sous la lune.

Je passe les Mortiers, le marais de Ganne, puis la Chaussée Fiston. Au bord d'une « piarde », une forme serpentine ondule et se dissout dans le gris-brun de l'eau : une anguille. La Brière est un des bassins que hante ce poisson prodigieux, et où il mûrit ses gonades avant de redescendre à la mer. Impossible de ne pas imaginer que j'accomplis le voyage des Sargasses avec un adulte !... Je salue trois gamins de Saint-André-des-Eaux qui pêchent sur l'autre rive du canal. Brèmes, tanches, gardons, carpes, perches, brochets, sandres : la faune ichtyologique de ce marécage est une splendeur cachée. On demande, pour en rendre compte, un artiste de la force de M.-C. Escher.

Je remonte vers le nord, sur la digue de la Basse Brière, en longeant la « chalandière » de Bilac. Ici, la levée de terre n'est pas stable. L'excès liquide la transforme en boue. Je m'enfonce. J'en ris, puis j'en bave. Entraînement de parachutiste : le sergent héron m'ordonne de ramper... Quand j'en termine avec la gadoue, je me retrouve devant un trou d'eau trop profond. Je suis bloqué. J'enrage... Puis je me risque. J'avance. Mes bottes sont trop courtes. Je marche sur la pointe des pieds. Je progresse centimètre par centimètre. Je distingue à peine le fond. Si le plancher se dérobe, le héron pourra rire.

 *DE LA CHAUSSÉE-NEUVE À BRÉCA,*
*3 heures 30*

Je m'épargne le gag : je passe. Je franchis ensuite la passerelle de la « chalandière » de Bilac : beauté du marécage sous un rayon de soleil encore plus mauve que tout à l'heure. Le clocher de l'église de Saint-André-des-Eaux becquette un nuage.

Voici le hameau des Landes, puis le port de la Chaussée-Neuve. J'y ai, l'autre jour, embarqué pour une balade en bateau. Jean-François, le Briéron qui m'emmenait, m'a expliqué en poussant sa perche (sa « pigouille ») de quelle manière on récolte le roseau qui couvre les chaumières et sert de litière au bétail. Le coupeur se met à l'eau, tranche les tiges et les assemble en fascines (les « mouches »), qu'il laisse sécher.

Naguère, les paysans allaient aussi prélever de la tourbe. Fin août ou début septembre, chacun gagnait sa mine. Le « tourbeur » commençait par « écobuer », c'est-à-dire ôter la couche d'humus superficielle, épaisse d'environ 50 centimètres. À l'aide d'une « trace », il délimitait le contour des mottes, à la dimension précise de 22 centimètres sur 24. Les briques, épaisses de 12 centimètres, étaient débitées à la « houlette », évacuées en brouette (« charigot »), mises à sécher sur un pré, entassées en pyramides (« chandeliers »), enfin acheminées vers les hameaux pour servir de combustible en hiver, ou vendues jusqu'à Nantes et La Rochelle.

J'admire, au port de la Chaussée-Neuve, des édifices de « mouches » de roseaux. Des goélands passent. J'ai l'impression d'être au bord de la mer, et, en effet, la Grande Brière y ressemble... Elle en a la lumière, reflétée par les nuages. Elle en exhale l'odeur. D'après la légende, elle naquit un soir que la dame de Blanche-Couronne, dont le mari était à la croisade, s'aventura loin du château, dans la forêt. Menacée par des brigands, la belle jeta dans un étang son anneau d'or de mariage. Aussitôt, la sylve s'engloutit, et les bandits avec elle, dans cet immense marécage que colore encore le jaune de l'alliance... Pour les géologues, l'histoire de la Brière est un peu différente, mais pas moins poétique : voici 15 millions d'années, au Miocène, un contrecoup du plissement alpin fit s'effondrer le sud du vieux massif Armoricain. La mer envahit le bassin. Elle s'en retira et y revint plusieurs fois, entre les glaciations du Quaternaire, laissant un lit d'argile bleue épais de 30 mètres. Pendant la transgression flandrienne, voici 10 000 ans, un cordon littoral isola l'ensemble de l'océan et de la Loire. Une forêt de chênes y poussa, engloutie depuis l'âge du Bronze par la montée des eaux douces, où s'épanchèrent dès lors les ondulations incertaines des roseaux et des laîches...

Je reviendrais volontiers sur mes pas vers Bréca, mais j'ai des fourmis dans les jambes. Je gagne la table d'orientation de la Chaussée-Neuve, en poterie de Guérande, où je revois le clocher de Saint-André-des-Eaux et où j'apprends (entre autres) que Mexico se trouve à 8 400 kilomètres. Je décide de rentrer par l'intérieur des terres : balade campagnarde. Je marche vers le sud : je laisse à gauche le sentier P.R. du tour de la Brière.

Je me fie aux marques vertes (ou bleues). Voici Haut-Marland : son four à pain ; sa mise en scène de la vie des Briérons sur le marais, avec figures de cire grandeur nature. Un bout de route goudronnée, et je retrouve une autre portion du sentier P.R. (traits rouges et jaunes), vers le Brenoguen. Ferme blanche aux volets moitié rouges, moitié verts. Empreintes de grands ongulés dans la boue : j'identifie savamment la vache et le cheval. Corneilles. Pies en maraude. Potagers nuancés de vert chou, vert betterave et vert poireau. Frênes, charmes et chênes frémissants de pinsons, verdiers et linottes mélodieuses. Les chemins creux collectent le ruissellement des champs et des prairies alentour. Gorgés d'eau, ils se muent en bourbiers de forêt pluviale. Qui patauge ? Votre serviteur, heureux comme un gosse... Je joue les ingénieurs hydrauliciens comme lorsque j'avais huit ans. J'aménage des chenaux d'un coup de botte. Je crée des cascades et des lacs. Je rectifie des Ienissei et des Amazone de 20 centimètres de large.

Je file vers Merméans en saluant au passage deux chevreuils, un meeting de mésanges noires, un grimpereau sur un chêne, divers prunelliers avec épines et prunelles, des églantiers en fruits orange et des achillées millefeuilles aux plateaux de fleurs blanches. Surtout, la flore discrète et superbe des creux d'ombre humide : l'arum maculé, le cresson de fontaine, l'étrange dorine à feuilles alternes.

La chaussée de Bilac et le hameau de Kerméans. Je continue vers Kerpoisson (quel nom !) et le marais homonyme. À gauche, la départementale 47 et la butte de Beuvron, hérissée de pins vert sombre. Voici le Billot et la route de Tréhé, que je traverse pour marcher vers Kerjacob (traits rouges et jaunes, puis traits jaunes à gauche). Nouvelles empreintes de biches et de chevreuils. Le four à pain de Kerjacob, couronné d'herbes folles, m'introduit à la butte rocheuse (altitude record de la balade : 26 mètres) de la Croix de Sandun, qui domine les restes d'un dolmen (dalle d'allée et six piliers) édifié vers 2 500 avant Jésus-Christ par de costauds aborigènes briérons. Un morceau de départementale 47, à Sandun, pour me remémorer le parfum des bagnoles, et je tourne à droite au Crutier (geai des chênes et fougères), vers la « chalandière » de Lanhio, la digue inondée, la passerelle de Bréca.

Et le sourire au bec de certain héron cendré de ma connaissance, qui se tapote le ventre d'un air complice quand je le salue de la main.

### NOTE SAISONNIÈRE ET RECOMMANDATIONS

Sauf en été, quand la digue est bien sèche, les bottes sont indispensables ; mais on peut aimer tremper ses pieds. Quant à moi, j'ai accompli la balade au plus haut des eaux : dans ces conditions, un enfant ne passerait pas seul... Lorsque le niveau baisse, l'itinéraire ne présente aucune difficulté, à moins qu'on ne se laisse surprendre par la nuit : le balisage mérite le qualificatif de « minimal ».

Chaque saison connaît sa gloire. L'hiver a ses brumes, son givre, parfois ses épaisseurs de glace. Quantité d'oiseaux d'Europe septentrionale se réfugient dans ce havre, qu'ont abandonné les espèces parties pour l'Afrique. Le printemps des fleurs et des migrations vers le nord égale en splendeur l'automne des fruits et des voyages vers le sud. L'été, riche en touristes et moins en oiseaux, pullule d'insectes et d'amphibiens.

Le plus grand problème — pour l'environnement comme pour la sécurité du randonneur — est posé par les chasseurs, spécialement acharnés, haineux et stupides dans cette région. Plusieurs fois, déjà, incendiaires de la Maison du Parc naturel régional...

# 7

# BOURGOGNE, FRANCHE-COMTÉ, LYONNAIS

1. *Bourgogne* : Le goût des grappes
2. *Jura* : Fumée tonnante au saut du Doubs
3. *Jura* : Saison blanche au mont d'Or
4. *Jura* : Neige au Grand Crêt d'Eau
5. *Mont Pilat* : Le géant endormi

## 1. Bourgogne

# Le goût des grappes

Pommard, volnay, meursault, auxey-duresses, hautes-côtes de Beaune : le vin. La robe, l'arôme, la rondeur, la longueur en bouche... Bourgogne généreuse... De vieille civilisation gourmande... Pour l'automne, une balade de forêts en vignes, sous les falaises de la Côte où se préparent certains grands crus du monde.

En boucle autour d'Orches, 4 heures.

Cartes I.G.N. au 1 : 25 000, 3024 O, Série bleue, Beaune ; et 3025 O, Chagny.

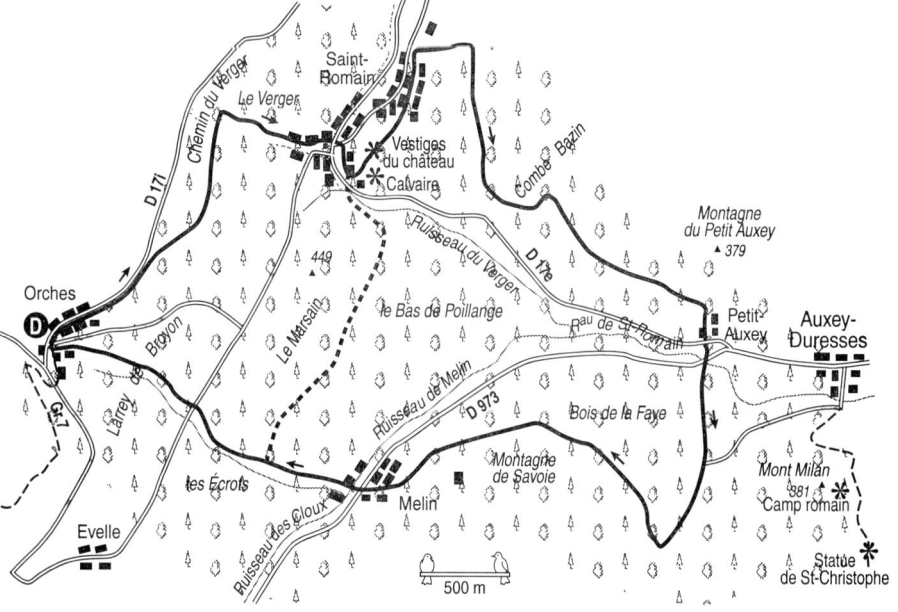

Ne le dites à personne : j'emporte une bouteille de pommard dans mon sac. Premier cru classé, 1993. Politiquement incorrect, mais accordé aux plaisirs de la balade... Petits nuages au ciel, légers cumulus de bonheur dans ma tête. Je veux étudier le cycle du vin de Bourgogne — de sa source, dans les falaises calcaires de la Côte, jusqu'au flacon que je débouche. Robe claire, rouge vif, presque rubis, avec des lumières empruntées aux cerises de Chardin et aux pommes de Cézanne. Je hume le goulot. Cent arômes mêlés investissent mon nez : telle est l'armée amicale des compagnons de Bacchus... Ce pommard est une merveille de complexité sensuelle. Du corps. De l'envergure. Des parfums prononcés de fruits rouges (merises, framboises, groseilles...), et des contre-senteurs d'humus, de chêne, de girolle, de bois fumé.

Rien qu'une gorgée pour me mettre en train... J'agite le liquide entre langue, joues et palais. Longueur en bouche. Avec ça, je peux voyager. Je cale la bouteille dans mon sac. Ne conviendrait pas que je la secoue trop sur les pierres du chemin. À l'inverse, je n'aimerais pas qu'un sommelier aux usages étriqués me dise qu'on n'emporte pas de vin en promenade. On peut en jouir, en alternance avec le parfum des fleurs et le goût des sources. Et avec modération, selon la formule de la grive gourmande.

 **D'ORCHES À SAINT-ROMAIN,**
*1 heure*

Pommard, Volnay, Meursault, Auxey-Duresses : j'ai traversé ces villages en voiture. À Melin, j'ai choisi le petit chemin départemental 4, à droite, vers Orches. Et me voici, sac au dos, avec ce goût subtil de pommard dans la bouche...

Le village (vestiges gallo-romains) est admirable, niché sous la muraille calcaire grise de la falaise de la Côte, dans la région d'appellation contrôlée « hautes-côtes de Beaune ». Je monte au nord-est, sur la départementale 171. Maisons et jardins fleuris : pétunias et géraniums sur les balcons, joubarbes sur les murs, chrysanthèmes et mauves sur les plates-bandes. Avec des vignes grimpantes et des vignes vierges. La vigne, partout !

Sur les routes de campagne, les hommes ont enfourché leurs tracteurs surélevés : lents et pétaradants chevaux à tout faire. En ce début de septembre, le moment de la vendange approche. Pour le viticulteur, le plaisir et l'inquiétude se mêlent. Que sera cette récolte ? Le beau temps tiendra-t-il ? Le soleil d'automne mûrit avec amour les grappes, leur instille leurs sucres et leurs parfums ultimes... Mais si de mauvaises pluies s'abattaient ?... En contrebas des maisons, les feuilles des vignes ondulent dans la brise et revêtent les primes nuances jaune et roux qui coïncident avec le virage violet des grains.

À la sortie supérieure du hameau d'Orches, avant le croisement de routes, sous un lampadaire, s'amorce un large chemin de terre que j'emprunte. Sur les pierres ou les troncs, de rares traits de couleur — jaunes ou bleus — indiquent l'itinéraire ; parfois bien visibles ; souvent difficiles à repérer. Le sentier descend vers le vallon du chemin du Verger, sous la grande vague de pierre grise qui moutonne à travers les arbres comme un front de nuages. Le vin de Bourgogne commence ici. Dans cette « Côte ». Sur ce plateau calcaire, né à l'ère Secondaire des récifs coralliens de la mer Rhodanienne, que le plissement alpin suréleva au Tertiaire le long des granits du Morvan, tout en creusant le fossé où serpente la Saône.

Des crépitements de criquets et de sauterelles animent les herbes. Une couleuvre vert et jaune ondule parmi les graminées : l'espèce est nerveuse. Des buddléias ensauvagés offrent le dernier nectar de leurs épis violet-mauve à des volées de papillons : paons-du-jour, vulcains, mélittées, belles-dames, petites-tortues, tabacs d'Espagne, etc. Je renifle le parfum des tilleuls, des frênes, des robiniers, des érables sycomores, des érables communs. Je marche dans un bois d'ombre bleu-vert et de scintillements de jade. Plus bas, la vigne s'abreuve de la senteur des aubépines, des sureaux, des cormiers, des prunelliers. Je frôle les buissons ; je m'y frotte. D'où croyez-vous que viennent, dans mon flacon de bourgogne, les fragrances d'humus et de champignons ? Les exaltations de framboises, de mûres et de merises ? Pardi : des fruits mêmes qui mûrissent ici... La terre calcaire concentre son âme odorante dans l'herbe, la mousse, les coprins chevelus, les russules, les agarics champêtres. Un foisonnement de molécules enchantées coule en secret dans le sol avec les infiltrations de l'eau, et renaît sous les racines des ceps, qui s'en imprègnent. La fraise, la girolle, et toute cette clairière de marjolaine rose et pourpre que j'admire, se retrouvent à des doses décelables dans le corps du vin.

Telle est, me semble-t-il, la signification du mot « terroir ».

Une trouée d'arbres : j'entrevois, là-bas, les coteaux et les maisons d'Auxey-Duresses. Puis la forêt s'épaissit. Le sentier se rétrécit à la largeur des épaules. Un lézard vert gicle devant mes pieds. Des papillons silènes noir et blanc, des sylvains azurés qui leur ressemblent, et des demi-deuils aux ailes en échiquiers, jouent dans le clair-obscur de la sylve. Un pic-vert décolle : calotte rouge et livrée de soufre. Des crottes bleutées à terre : une fouine, je suppose. Ou un renard. Un pigeon ramier dont il ne reste que des plumes éparses : le crime d'une martre. Ou d'un chat sauvage.

Je chemine sous les robiniers, les frênes et les chênes

tendus de lianes tarzanesques — ces viornes clématites dont nous fumions les tiges quand nous étions enfants. (Rien de plus âcre ; mais nous avons l'illusion d'être grands.) À terre, des circées, des parisettes à quatre feuilles, des muguets aux baies vermeilles, des sceaux-de-Salomon aux fruits bleu-noir... Un ruisseau murmure : le filet liquide ondule de vasque en vasque, avec tritons, grenouilles farouches et gerris patineurs. Obstacle : un gros frêne est tombé en travers de l'eau et du sentier. Il faut escalader le tronc et chercher la suite du layon au-delà du fouillis de branches. À ma droite, un craquement : cul blanc, cuisses brunes — un chevreuil.

Quelques centaines de mètres, encore, et je rejoins le large sentier balisé de traits rouge et blanc : le G.R. 7. Je l'emprunte sur la droite, en descente, vers Saint-Romain. Les talus se couvrent de fraisiers, puis — quand la piste serpente au fond du thalweg où glougloute le ruisseau —, de hautes formations végétales que le naturaliste appelle « mégaphorbiées ». Ici, dominent les sureaux noirs, les menthes, les épilobes et les cirses des marais ; surtout, les eupatoires chanvrines aux plateaux de fleurs vieux rose, que hantent des escadrilles de papillons gammas, belles-dames, paons-du-jour, vulcains et petites-tortues. D'autres nuages de lépidoptères — argus bleus et piérides blanches — s'abreuvent à même le sol, dans les résurgences.

 **DE SAINT-ROMAIN AU PETIT-AUXEY,**
*1 heure 30*

Saint-Romain. « 6 000 ans d'histoire, dit une pancarte, dont 2 000 de vigne et de vin... » De quoi résumer la substance bourguignonne. Un village au fond d'un vallon (Saint-Romain-le-Bas). Une église — bâtie du

II$^e$ au XV$^e$ siècle — et des maisons perchées sur un éperon gris de la « Côte » (Saint-Romain-le-Haut)... Au bout du promontoire de calcaire, une croix monumentale, derrière laquelle s'étendent les ruines d'un vieux château des XII$^e$ et XIII$^e$ siècles.

Je pose mon sac, je sors ma demi-bouteille de pommard, j'ôte le bouchon, je hume le goulot. Cérémonie du plaisir. N'en déplaise au sommelier sourcilleux, le vin a gagné en force et en arômes. On promenait les barriques de bordeaux sur l'océan pour les vieillir : je les fais voyager sur mon dos... Gorgée de grand cru, le nez au vent. Ce parfum-là, je le reconnais : l'eupatoire chanvrine mêlé à l'origan. Il me vient en même temps de la bouteille et de la brise. Et ce désordre amoureux de fragrances ? La mousse et l'humus du bois, bien sûr ; les deux amanites golmottes au pied couleur de vin que j'ai repérées au-dessus du village ; les plateaux de baies noires des sureaux ; les liserons ; les prêles ; et le miel des cardères, que goûtent aussi les abeilles et les bourdons... Il me semble que je déguste un papillonnement de vin. La douceur d'un terroir, la pointe d'âcreté de la prunelle, le soupçon acide de la merise, le rubis d'une robe où la framboise s'exalte en compagnie de la corme et des baies de la viorne-tin.

Je remets ma bouteille au sac. Je salue les gens dans les rues. Un vieillard, assis devant sa porte, le menton sur sa canne, laisse le soleil de septembre mûrir encore sa barbe blanche. Deux fillettes jouent à la marelle : elles ont aux joues les reflets incarnats des grappes de septembre. Leurs mères m'ont vu boire et pensent (je le lis dans leurs yeux) que les randonneurs sont gens bizarres. Pas très recommandables... Je me fie aux traits rouge et blanc du G.R. 7, ainsi qu'aux marques jaunes ou bleues de deux balisages confus, pour contourner Saint-Romain par le sud, puis grimper le sentier qui conduit au sommet de la falaise et au vieux village. Le grand calvaire. Les ruines du château, hérissées de buissons où flemmardent le lézard des murailles et la couleuvre d'Esculape au dos de cuivre, et où sifflent le rougequeue et le troglodyte mignon. Le four à pain nommé « Champagne ». L'église, avec son toit aplati, plutôt roman, et ses fenêtres en ogives gothiques. Hésitations de style.

Je file vers le nord, jusqu'au petit calvaire et au croisement de routes qui termine le village. Au losange bleu, je pique à droite, sur la large piste de terre qui descend dans les vignes de « Sous la Velle ». Murs de pierres hérissés de ronces et d'aubépines, de cornouillers et de prunelliers, et que colonisent des bryones aux feuilles et aux vrilles de vigne, mais dont les baies rouges sont plus toxiques qu'un congrès de Lucrèce Borgia. Ambiguïté des apparences.

Je m'enfonce dans un lac de vignes. Terre rouge, ceps alignés par la volonté des hommes, ornières du chemin bleuies par le sulfate. Ici ou là, des millepertuis jaunes, des carottes sauvages, des vipérines rose et bleu, et des amaranthes aux épis pourpre-vert, semblables à des queues de renard. Je flaire dans la brise, avec l'odeur de la bouillie bordelaise, la sueur des hommes qui se sont succédé sur ces pentes. Les feuilles de vignes commencent à nuer leur teinte estivale vert et bleu (bleu sulfate...) d'un subtil lavis jaune et roux, parfois rose ou mauve. Les grappes offrent aux regards cette teinte bleu-violet, pruinée de gris pâle en surface, qui croque sous la dent avant même que la peau du raisin n'y craque. Deux papillons colias jaune clair à pois roses volent à ma dextre. Des grives (litornes, draines, musiciennes) et des merles sont attablés dans un prunier de mirabelles. Un circaète jean-le-blanc tourne dans l'air tiède.

À la bifurcation, je remonte à gauche vers la combe Bazin. Juste avant le grand virage serré à gauche, j'avise un sentier minuscule, qui file à droite, entre deux haies de buis. Maigre repère : sur une pierre, un trait bleu à demi effacé...

Je bois ma troisième gorgée de pommard 1993 sous un noisetier, à la santé de la Bourgogne, des Bourguignons et de tous les terroirs en bouteille. Je crains d'être devenu incorrect. Le chemin, à peine ouvert, file dans des envols de papillons (j'ai rarement vu autant de lépidoptères dans une balade) : agrestes, sylvandres, tabacs d'Espagne, argus bleus, argus bronzés, gazés, demideuils, machaons, piérides, mélittées, sylvains, etc. Les haies de buis, les tas de pierres calcaires grises, parfois édifiées en cabanes qui ressemblent à des bories de Provence, donnent une allure plutôt méditerranéenne à ce flanc sud de la montagne du Petit-Auxey. Un bosquet de pins et de genévriers hérissés d'épines. Des scabieuses en hémisphères rose-mauve. Des brunelles aux fleursbecs de perroquet violet sombre. Une lande où je repère un semis d'orchidées sèches (orchis bouc, orchis casque...). Le chant d'un pouillot dans un buisson de cornouiller. Et je touche le large chemin qui descend en lacets vers le Petit-Auxey.

 *DU PETIT-AUXEY À ORCHES, 1 heure 30*

Les maisons du Petit-Auxey. Le temps d'une quatrième lampée de pommard (hmm ! ce parfum de chêne...), simple compensation pour la sueur que j'ai dépensée en marchant jusqu'ici. (Pas d'alcootest pour les randonneurs ; je suis tranquille pour mon permis de marcher...) Puis je m'abreuve d'eau claire au robinet du bassin qui chante, à l'entrée du village. Toute la fraîcheur de la terre dans cette molécule $H_2O$... J'apprécie l'eau autant que le bon vin. Je goûte chaque source comme si je testais un cru. Il me semble qu'avec ces deux liquides, je savoure le génie de la nature et des hommes — d'abord, avec mes papilles et mon tube digestif ; ensuite, avec mon âme.

Je traverse les conséquences de la civilisation, savoir la départementale 17 E, puis la bruyante départementale 973. Petit pont sur le ruisseau de Saint-Romain. Marques jaunes. Je les suis sur la route de terre qui file au sud, le long du bois de la Faye. Robiniers, frênes et vignes ensauvagées qui grimpent à l'assaut des troncs. La piste décrit une épingle, de laquelle (balisage jaune, cette fois bien visible) procède un étroit layon qui s'échappe entre les buis, en décrivant un arc de cercle dans la sylve. Section un peu en pente, avec au midi la croupe boisée de la montagne de Savoie. (Rien à voir avec les glaciers de la Vanoise ; mais je m'y sens chez moi !) Crottes de renard. Empreintes rondes, à moitié effacées, dans une aire de boue : je subodore le chat sauvage. Des pommes de pin dépiautées par des écureuils. Des mésanges nonnettes, noires et charbonnières. Des pinsons, des sittelles, des rougequeues, des fauvettes... Un pigeon ramier vole en montrant les barrettes blanches de ses ailes. Un geai crèque : il a un gland dans le bec ; il perd une plume bleue d'épaulette. Je la ramasse. Je n'ai pas oublié que le geai fut mon totem, lorsque j'étais enfant. Parmi les garances voyageuses, les alliaires, les mélittes et les circées, nombre de champignons se poussent du pied et du chapeau : amanites vaginées et amanites phalloïdes, amanites tue-mouches et clitocybes, strophaires et hygrophores, russules émétiques et russules charbonnières, bolets rudes et bolets orangés.

Je bois une cinquième gorgée de pommard assis sur une grosse racine. Arrière-arôme de bolet et de chanterelle. Tournoiement parfumé de tanins nés du chêne même auquel je m'adosse. Bouquet magique de mûres plus noires que la corneille... À nouveau, la piste s'élargit. Je descends vers Melin. À l'ouest et au nord, dans les trouées d'arbres, s'étale la majesté de la balade que je boucle : le village perché d'Orches, où je vais ; les falaises de la Renarde ; le chemin bleu-vert du Verger ; les rochers gris et, au fond, l'église de Saint-Romain... Je traverse Melin et la départementale 973. J'embouque le chemin départemental 4 qui longe le pré des Hoz, passe sous les murailles des Écrots, et me ramène à mon point de départ dans une harmonie de ceps, de noyers et de saules.

Je dédie ma dernière lampée de pommard 1993 au merle noir qui m'accueille au village, et qui connaît la Bourgogne sur le bout du bec. De génération en génération, depuis Jules César et Vercingétorix.

> NOTE SAISONNIÈRE ET RECOMMANDATIONS
>
> Que les ligues antialcooliques ne s'offusquent point : six gorgées de pommard, prises sur une durée de 4 heures, pour ponctuer une marche rapide, ne feront pas virer l'alcootest. Plaisir de la modération !
>
> Cette balade n'offre aucune difficulté, sauf de repérage : on peut, par exemple, rater le début du sentier qui va de la combe Bazin au Petit-Auxey.
>
> Un intérêt de l'itinéraire consisterait à y revenir plusieurs fois, afin d'observer, de saison en saison, les métamorphoses de la vigne et le travail du vigneron. De la taille hivernale aux premiers bourgeons qui débourrent, aux fleurs qui s'ouvrent, aux grappes qui se forment et aux raisins qui mûrissent — jusqu'à la vendange.
>
> La nature alentour complète le spectacle, avec des bosquets propices aux fruits sauvages et aux champignons en automne ; des falaises depuis lesquelles on aperçoit, en hiver, par temps clair, une grande partie du vignoble de la Côte ; des semis d'orchidées au printemps ; et, en été, l'une des plus belles collections de lépidoptères en liberté qui se puissent voir en France.

## 2. Jura

# Fumée tonnante au saut du Doubs

*Le Doubs, la rivière-mère du Jura, sépare et unit longuement la Suisse et la France. Il bondit en ses gorges : un saut de 27 mètres, qui fascina Victor Hugo et les romantiques. Fracas, puissance de l'eau majeure... Dans l'odeur des sapins et des hêtres, une balade franco-suisse, aux premières brumes de l'hiver.*
*En boucle, autour du parc des Vions, 7 heures 30.*
*Carte I.G.N. au 1 : 25 000, 3524 E, Série bleue, Villers-le-Lac, la Chaux-de-Fonds.*

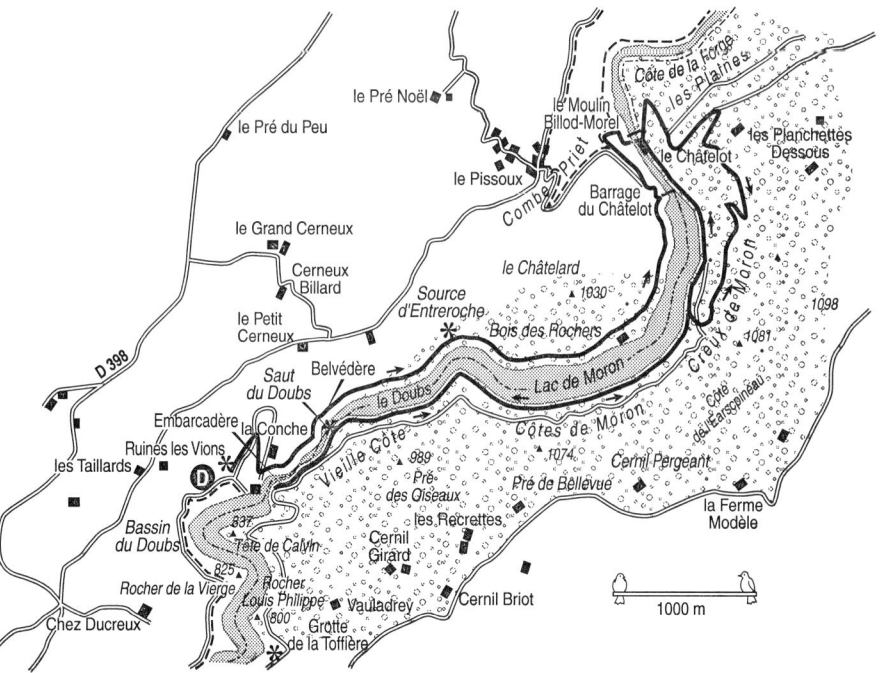

Le saut du Doubs... J'en garde un souvenir d'enfant. Une vieille gravure. Et un voyage pour le contempler, dans la voiture brinquebalante d'un vieux cousin. J'avais eu l'impression de voir le Niagara ou les chutes Victoria. Le Doubs... Je lui dois cent bonheurs. L'autre hiver, j'avais visité sa source près de Mouthe, sous le mont d'Or, dans la glace et la neige. Je veux courir, aujourd'hui, la partie la plus farouche de sa vallée moyenne. Ses lacs et ses gorges, en allant d'une rive à l'autre, entre la France et la Suisse... Je me lance dans la contrebande de nature. Le trafic de paysages. Le commerce illégal d'impressions visuelles, sonores et olfactives. Je désire passer les frontières du Beau sans acquitter de taxe. Tel le renard ou le cincle plongeur. J'entends me gorger la cervelle de rocs, de forêts, de cascades, d'écume et d'eaux dormantes.

La brume s'effiloche sur la vallée. Le givre a tout gagné. Les pierres, les tiges, les fruits, les branches scintillent de perles et d'aigues-marines. J'ai mis ma fourrure polaire, mes gants, mon bonnet, mais j'ai froid. Un pâle soleil révèle puis exalte la forêt. Paillettes sur les feuilles rouges ou jaunes.

Le Doubs, le Doubs m'obsède. Je le devine en contrebas. Il chante en sourdine. La Suisse est en face, sous la forme d'une énorme falaise boisée que l'ouate des brouillards couvre et découvre en alternance. Une buse s'envole. J'ai noté à l'aube, en passant à Villers-le-Lac, que la rivière n'a pas encore gelé. Peut-être la nuit prochaine. Dans la contrée, il arrive que le thermomètre marque moins 30 °Celsius. Le lac naturel que le Doubs compose en aval de Villers — et que les Français nomment « de Chaillexon », tandis que les Suisses disent « des Brenets » — se prend en surface. Il n'est pas rare que l'épaisseur de glace y excède 60 centimètres. On y patine.

***DU PARC DES VIONS AU SAUT DU DOUBS,***
*0 heure 15*

J'ai suivi les pancartes « Saut du Doubs » et garé ma voiture au parc des Vions. Je me mets en marche. Je trouve et je suis les marques rouge et blanc du sentier de grande randonnée — le G.R. 5, Hollande-Méditerranée. L'un des plus beaux d'Europe...
Un écureuil me fait signe. Je descends vers l'embarcadère. Chemin pierreux, mouillé, glissant, en lacets, à l'ombre des sapins du Jura, des hêtres et des frênes. Le sous-bois, illuminé de l'intérieur par le givre, et hérissé de noisetiers et de houx aux fruits rouges, révèle la variété fanée des plantes qui l'enchantaient à la belle saison. Vingt espèces de lichens, de mousses, de fougères. La marjolaine en nuages rose et grenat. La campanule carillon bleu-violet. L'épervière aux petits soleils jaune vif. L'alliaire, cette cousine du chou (famille des crucifères), qui poisse les doigts d'une odeur d'ail obsédante. La scille à deux feuilles, en chandeliers de corolles mauves. L'épilobe en épi, ce géant longiligne aux fruits en barbe blanche... Les baies bleu-noir de la myrtille ont nourri la fouine et le renard. Je repère les fruits rouges, toxiques, du sceau-de-Salomon. Et la néottie nid-d'oiseau, cette orchidée sans chlorophylle qu'on croirait faite de plastique couleur café au lait. Un géranium herbe-à-Robert, aux corolles gelées, ressemble à un présentoir de diamants roses.
Le Doubs. L'extrémité aval du lac de Chaillexon (ou des Brenets). Les bâtisses et les buvettes (fermées hors saison) de l'embarcadère de la Conche... La rivière luit doucement au soleil qui perce la brume, d'une teinte turquoise et gris-vert qu'aucun mot ne saurait peindre. Sur la rive helvétique, je contemple les hôtels du Saut et, plus en amont, l'étrange promontoire gris-roux que les Français baptisent « Rocher du Sphinx » et les

Suisses « Tête-de-Calvin »... Plus loin, toujours en Suisse, je devine les falaises boisées où bée la grotte de la Toffière (de l'allemand *Teufel*, « diable »), dite aussi « Trou de l'Enfer » ou « grotte des Rois de Prusse », dans laquelle des spéléologues ont exhumé les restes d'un ours préhistorique énorme, aux crocs de 12 centimètres.

Je plonge ma main dans l'eau froide. Le lac de Chaillexon (ou des Brenets, donc) est d'origine naturelle. Long de 3,5 kilomètres, large de 250 mètres, il a été créé par deux glissements de terrain d'une cinquantaine de mètres de hauteur, l'un sur le versant français, l'autre sur le versant suisse. Sa profondeur maximale, près de son extrémité, atteint 37,50 mètres. Une énorme truite fait surface pour me le confirmer.

Je me propose de descendre la rivière côté français ; de la traverser ; de la remonter côté helvétique ; de m'élever jusqu'au point culminant de la gorge ; avant de revenir au parc des Vions. Si le lynx énigmatique, dont on murmure qu'il a reconquis le massif du Jura, ne me retient pas par la magie de ses yeux verts...

J'inspire l'air froid de la montagne. Je file sur le G.R. 5, vers le nord-est, en contre-haut du Doubs qui s'extrait de son barrage naturel. La pente de la rivière s'accentue. Le courant frissonne, ondule, se tord et s'accélère. Le fluide murmure, chante, chuinte, crie et finit par hurler. Le Doubs, devenu furieux, choque les rocs et les racines, se ramasse, s'élance, écume, bouillonne, éclate en gerbes blanches. J'avance sur le sentier qui le domine. L'eau éclabousse et racle ce qui se transforme en un prodigieux toboggan.

J'entends le rugissement de la cataracte.

***DU SAUT DU DOUBS
AU BARRAGE DE CHÂTELOT,***
*1 heure 30*

Je m'accoude à la barricade du belvédère que les hommes ont aménagé au-dessus de la cascade. Fracas. Fumée tonnante. Tintamarre assourdissant. Comme lorsque j'étais enfant, j'ai l'impression que je contemple les chutes du Niagara ou les Victoria. Ou les Kabalega (ex-Murchinson), sur le Nil, en Ouganda... Même forme. Même ordre de grandeur.

Le Doubs fonce comme un furieux dans sa gorge. Soudain, le sol se dérobe sous lui. L'eau s'abat d'une hauteur de 27 mètres. Rupture. Déferlement. La cataracte livide mugit entre les rocs noirs. À 10 mètres de distance, unies et séparées par le colosse qui tombe, la Suisse et la France se regardent. Des volutes de brouillard montent de la cuvette inférieure et me fouettent le visage. Le Jura entier tonne par cette bouche d'ombre. Près de moi, le fantôme de Victor Hugo compose des vers. Je me sens quantité négligeable.

Le saut du Doubs a été classé « Grand Site National ». Il mérite les trois majuscules. Énormité du flux. Remous colossaux. Nébuleuses... Au pied de la chute, les cordes d'eau se nouent, décrochent et filent vers le bas tels des développements d'équations mathématiques. Je regarde à nouveau, sur l'autre rive, le belvédère suisse. Si tout va bien, je m'y dresserai tout à l'heure. J'adresse un salut à ma silhouette à venir.

Je me remets en route sur le G.R. 5, que je suivrai le long de l'eau assagie du deuxième bassin — le lac de Moron, dit aussi « de Châtelot ». J'irai jusqu'au grand barrage, puis à la petite « écluse » de Châtelot. Sur la droite, un diverticule du chemin descend en pente raide et me propose de gagner le bord de la rivière, sous la cascade. Juste en bas du Saut. Je ne rate pas l'occasion.

M'y voici, debout face à la muraille mouvante, la barbe trempée d'embruns. Plutôt frigorifié. Mais heureux... L'eau substantifique du Jura me douche et me dope. Millions de gouttelettes... Je savoure la tonique aspersion de cet aérosol imprégné de calcaire et d'humus forestier. Après avoir explosé sur les rochers, les paquets liquides se résolvent en longues traînées d'écume, puis se métamorphosent en profonde eau verte qui fuit vers l'aval, d'abord rapide, puis comme au ralenti. Entre deux rochers mouillés, couverts de mousses vertes, un cincle plongeur quête le fretin ou la larve : il se penche, examine le fond, prépare son coup de bec, plonge et ressort, le gosier satisfait, en s'ébrouant. Un faucon pèlerin se prépare à piquer dans une trouée de ciel bleu, tandis qu'un martin-pêcheur (dos de saphir et ventre de feu) traverse le Doubs dans la manière discrète d'un contrebandier.

Je remonte au sentier principal. Le givre fait craquer chacun de mes pas. Le tintamarre du Saut s'atténue. La rivière se calme et redevient lac tranquille. Ce second plan d'eau — de Moron, ou de Châtelot — n'est pas naturel, lui. Il a été voulu par l'homme. Il résulte de l'édification de la muraille de béton de Châtelot. Je souffle ma buée et j'avance vers la retenue. Quelque part, dans la pente, un pic noir frappe à grands coups sur son tronc. Une sittelle torchepot dévale le sien la tête la première. Deux chevreuils s'enfuient : élégants culs blancs. En face, côté suisse, se dressent les falaises de calcaire gris et blanc, crêpelées de forêts, de la Vieille Côte, puis des Côtes de Moron et du Creux homonyme. Je détaille, dans le sous-bois, des traces de sangliers, une crotte de renard, une autre de fouine (?), des circées, des euphorbes et des hellébores. Les mésanges bleues, charbonnières et nonnettes, les pinsons et les becs-croisés animent les sapins et les hêtres.

La source d'Entremont, sous les falaises du Châtelard, tombe en douche du surplomb de roche, exactement sur le sentier. Je franchis un bref tunnel en arche, puis un passage aménagé avec barrières, sous les escarpements du bois des Rochers. La vue s'ouvre, ici, sur la partie la plus ample du lac de Moron. Reflets des arbres et des rocs dans l'épaisseur de l'eau. On s'attend à voir émerger du brouillard le monstre du Doubs. Mettons la Vouivre, puisque ce serpent de légende à la tête coiffée d'une escarboucle hante chaque rivière du Jura.

Après la fourche du chemin, à gauche, je trouve la cabane de Moron, affichée « Robin des Bois ». Elle appartient au club des Sentiers du Doubs. Privée. Quelques minutes encore, et je suis au barrage de Châtelot.

**DU BARRAGE DE CHÂTELOT AUX ROCHES DE MORON,**
*3 heures*

Énormité de l'ouvrage. Béton en parabole, voûte que poussent des millions de tonnes d'eau arrêtées dans leur course... Du côté helvétique, les brumes s'effilochent mais se cramponnent encore à la ravine de la Grande Beuge et aux pentes raides des Roches de Moron, où je désire monter tout à l'heure. Où franchirai-je la rivière ? Pas ici, en tout cas, sauf à jouer les acrobates en équilibre entre le lac et un à-pic de 50 mètres.

Le seul gué praticable se situe en aval, à 500 mètres à vol d'oiseau, sur le petit barrage (dit l'« écluse ») de Châtelot. Je continue sur le sentier qui remonte en lacets vers le parc à voitures du bout de la route de Pissoux. Le chemin repique ensuite à droite, vers la Combe Priet. C'est au creux de ce thalweg que je quitte le

G.R. 5. Je descends vers la falaise. Étroite sente en lacets dans la roche. Je guette le tichodrome échelette aux ailes de rubis. Un geai s'échappe. Le lézard vert et la couleuvre d'Esculape ont gagné depuis des semaines leurs refuges souterrains. Quelques dizaines de mètres de dénivelé, et voici la rivière — ou le peu qu'il en reste. Une truite ondule et fuse. Les libellules rampent sous forme de larves dans la vase des gouilles. Comparé à l'autre, qui écrase la gorge de sa masse, ce second barrage est un nain. En pierre et ciment, pour ainsi dire artisanal, il permet de franchir le flot vif-argent.

Une enjambée par-dessus le déversoir : et je suis en Suisse. Le cincle plongeur, douanier sans uniforme, n'exige ni passeport, ni visa. Un grand drapeau rouge à croix blanche orne la maison de l'« éclusier », dont la cheminée fume. Salut aux propriétaires. Derrière la bâtisse, je choisis le sentier qui remonte à droite vers le grand barrage. Quelques lacets, un effort, deux tunnels, j'y suis.

Du sommet du grand barrage, côté helvétique, une petite route démarre le long du plan d'eau et s'élève en forêt. Un cerf et des biches traversent. Un geai. Un pic-vert. Se pourrait-il que je croise le lynx ? Je crois repérer ses yeux de jade, mais ce sont deux feuilles de ronces illuminées par le givre. Je marche sous les sapins et les hêtres, dans le Creux de Moron, puis à travers les Côtes de Moron et la Vieille Côte. Je hume l'air froid en retroussant le groin. Un peu sanglier... Je fais aller la machine de mes jambes. J'avance à rebours de mon itinéraire précédent, vers le saut du Doubs. Je goûte ce genre de balades où je me donne l'illusion de ruser avec l'espace-temps. Je deviens fourmi sur une bande de Moebius gravée par Escher.

Et ça y est ! Le saut du Doubs, vu depuis la rive suisse... Je salue mon ombre passée sur la berge française. Demi-tour et long cheminement, de nouveau à l'envers du précédent. Où la petite route bifurque, je monte à droite. Et encore à droite, sur le sentier en lacets, vers la falaise du Creux de Moron. Pente raide ; poumons qui réclament de l'oxygène ; je tire sur mes adducteurs... L'arête ultime du plateau des Planchettes est proche.

 **DES ROCHES DE MORON AU PARC DES VIONS,** *2 heures 45*

Moment de grâce. Je vais, au sud-est, jusqu'au belvédère des Roches de Moron. Altitude : 1 076 mètres. Je m'assois près du signal, au bout de la route qui vient du hameau des Planchettes. J'ai, sous les yeux, la vallée du Doubs entière, depuis les méandres de Villers-le-Lac jusqu'aux gouffres noirs du saut et aux abîmes bleus des gorges, en passant par les deux lacs successifs — de Chaillexon et de Moron. Les plans d'eau luisent, 350 mètres plus bas que mes pieds. Splendeur d'argent et de turquoise liquides, où flottent encore quelques buées de coton gris... Je savoure le spectacle des rochers sculptés par l'érosion ; de la forêt mangée par le givre ; et des deux horizons qui bornent la scène : en France, vers Morteau, Pontarlier, Besançon ; en Suisse, vers le Locle, la Chaux-de-Fonds, Neuchâtel...
Je crois entendre une musique. Un poème symphonique. Du Schubert... Un aigle s'envole vers les gorges. Dans une trouée de la forêt, sur une vire, au milieu de la falaise, il me semble discerner des chamois qui ruminent. Je redescends vers le nord-ouest par le sentier de l'arête. Passé la ravine de la Grande Beuge, j'oblique à gauche, dans le bois de la Côte Voisin. Je coupe deux fois la route des Plaines. Je dévale la pente jusqu'à l'« écluse » de Châtelot.

Je retraverse la rivière vers la France. Je rapporte, en contrebande, l'image d'une vallée sublime, dont l'âme répond au nom de « Doubs ». Joli mot, pour un esprit !... Aucun droit de douane à acquitter. Le cincle s'amuse. Je remonte vers la Combe Priet. Je retrouve le G.R. 5. Il me semble que je n'ai pas encore assez marché. Je file à droite, vers les gorges du Doubs. Sentier escarpé, au-dessus de la faille où la rivière ouvre le lit de son destin. Chez Némorin, une cabane-refuge offre au marcheur un éventuel abri pour la nuit. Le sentier redescend près de l'eau : est-ce un coq de bruyère que je vois décoller ? Puis le chemin remonte dans un surcroît d'odeur de résine. Une source. J'y bois ; je les goûte toutes. Celle-ci a été parfumée au sapin pectiné. Un écureuil gicle sur un tronc. La martre sortira ce soir, à la même heure que le renard et le blaireau. Quelques lacets m'offrent la grotte du Grenier. Bouche d'ombre hugolienne. Graffitis sur les parois.

Cette fois, j'en ai assez. Ne me reste qu'à faire demi-tour et à jouir, une fois encore, de cette vallée enchantée que la rivière-mère du Jura offre à qui sait devenir jurassien, dans des étincellements de givre, des cataractes de nature et des lacs de bonheur profonds comme les yeux du lynx.

### NOTE SAISONNIÈRE ET RECOMMANDATIONS

Cette balade d'hiver est longue et exige de la prudence. Chaussures de montagne, guêtres s'il y a de la neige, habits chauds, lunettes de soleil, provisions... L'hiver, les jours sont courts. Tant pour le froid que pour prévenir les risques de glissade sur les sentiers escarpés, mieux vaut boucler le circuit avant le crépuscule. Partir tôt s'impose.

Qui se sent « juste » (surtout s'il emmène des enfants)

abrégera le parcours de 2 heures ou davantage, par exemple en ne retournant pas au saut du Doubs sur la rive suisse, ou en omettant l'aller-retour à la grotte du Grenier. Nul ne prendra l'initiative de fouler le lac gelé ! Aux autres saisons, tout est enchanteur. À la fonte des neiges, quand le débit de la rivière atteint son maximum, le tonnerre du saut devient monstrueux.

# 3. Jura

# Saison blanche au mont d'Or

*La source du Doubs pour débuter le mystère ; à l'horizon, le dôme blanc du mont d'Or ; là-haut, le plus prodigieux balcon dont on puisse rêver pour contempler les « glacières » romantiques des Alpes, depuis l'Eiger et la Jungfrau jusqu'au Cervin et au mont Blanc. Dans la neige, les traces légères du renard.*
   *En boucle autour de Mouthe, 8 heures.*
   *Cartes I.G.N. au 1 : 25 000, 3426 E, Série bleue, Vallorbe ; et 3426 O, Série bleue, Mouthe.*

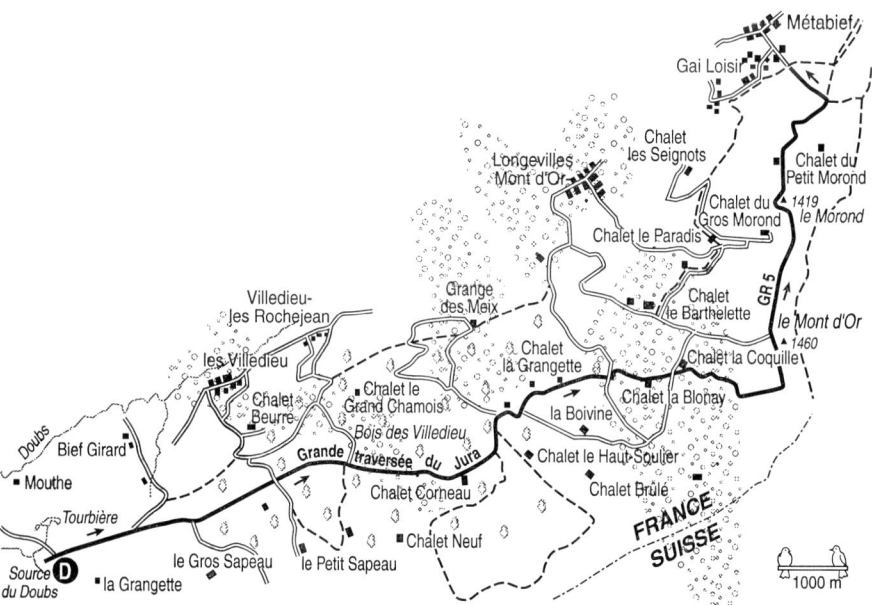

Fumée dans les sapins et les épicéas : la neige se sublime, on dirait une légende scandinave, on attend les trolls ricanants et la Reine de l'Hiver, dont les joues sont de glace et la poitrine froide. Le pâle soleil fait des passes de magie entre les troncs. Les tentures de brume se tordent sur les écorces rugueuses.

Devant le bassin qui les recueille, sous un énorme porche de roche grise où pendent des glaçons, je considère les filets limpides de la source du Doubs.

Je suis un être vivant : par conséquent, je révère les fontaines. Je me rappelle (souvenir des générations, mémoire biologique) la palpitation initiale de la vie dans l'eau, voici près de 4 milliards d'années. Des brins d'acide nucléique sous une membrane... Je suis une précellule ; un prébionte ; une ébauche de bactérie ou d'algue bleue... Je goûte les plaisirs réunis de la terre, du fluide et des existences. Le charme des sources me dégouline sur le cœur, à la température de la glace fondante.

 *DE LA SOURCE DU DOUBS AU CHALET CORNEAU, 2 heures*

L'eau et la roche se séparent comme à regret au pied de la forêt de Noirmont. Elles divergent à la façon des deux sexes de l'androgyne originel platonicien. Le liquide quitte la montagne au bas d'une fissure en arche brisée, de la forme de la lettre *lambda*. Je suppose que c'est la raison pour laquelle je songe à Platon. L'autre explication est que je viens d'acheter un morceau de fromage pour mon casse-croûte ; que j'ai (bien sûr) choisi du morbier ; et que la pâte de ce délice du Jura comporte une couche médiane de cendre bleu-noir, qui figure la caverne où les âmes humaines croient contempler la réalité et ne voient que des ombres. L'association du *Banquet* et du morbier devrait me valoir les Palmes académiques.

    Je reste subjugué par le mouvement de l'eau. Molécule miracle ! J'imagine les cheminements souterrains du liquide depuis la montagne de Risoux ; les fissures par où les ruisselets de pluie s'enfoncent ; les galeries chuintantes ; les grottes ornées de concrétions ; les gours ; les gouffres ; les siphons ; jusqu'à cette résurgence du karst par où le cristal qui chante renaît au soleil... Je salue la truite qui ondoie, le nez face au courant. Je traverse la rivière. Je marche un moment dans la tourbière de la rive gauche, en direction de la ferme du Moutat. La neige couvre tout. Je me représente les lits de lycopodes et de sphaignes vertes entre les bassins d'eau traîtresse. Je sais l'harmonie printanière de ces marais d'altitude (935 mètres), où s'épanouissent le comaret aux fleurs sanguines et la linaigrette de coton blanc, la droséra à feuilles rondes dévoreuse de mouches et l'airelle des marais aux baies bleues, la canneberge boréale aux fruits d'un rouge acide et le ményanthe trèfle d'eau dont les pétales albinos se hérissent de franges. Rien ne subsiste, en hiver, de cette flore des merveilles : ni les parnassies de soie grège, ni les pimprenelles grenat, ni les lychnis-coucous roses... J'imagine, sous mes pieds, dans la boue, le peuple des amphibiens qui rêvent sans rêver leur hiver léthargique : le triton alpestre et le crapaud accoucheur, le crapaud commun et la grenouille rousse... La couleuvre à collier, la couleuvre vipérine et la vipère aspic se sont, elles aussi, endormies dans la terre. La Vouivre, dont c'est le fief, confond son escarboucle avec les diamants de la reine des Neiges.

    Je reviens à la source. Eau qui fume. Épées de cristal dans la falaise. Dans la rivière, le cincle plongeur justifie son adjectif. J'emprunte, sur la rive droite, le sentier de grande randonnée (G.R. 5) noté « Belvédère », qui mène au mont d'Or et à Métabief. Balises rouge et blanc : nulle hésitation. L'itinéraire, je m'en apercevrai, est balisé tous les 30 mètres ; précision franc-comtoise ; horlogère !

 Je marche entre les épicéas aux cônes ocre brun qui pendent, et sur les branches desquels des lichens usnées hérissent leurs barbes grises. Des fils d'araignées emperlés de larmes tombent en guirlandes négligées jusqu'à terre. Des sapins pectinés et des hêtres alternent avec les épicéas. Je traverse la trouée du téléski et je rejoins la route forestière que suivent à la fois le G.R. 5 et la piste de ski de fond dite « G.T.J. » (« Grande Traversée du Jura »). Marche rapide. Flux d'oxygène dans mes globules rouges. Craquements de la neige durcie dans l'ombre des conifères. Une buse variable s'envole à dextre. J'essaie d'interpréter les zigzags des traces animales. Tous les 30 mètres, une paire de chevreuils est descendue sur la route, l'a foulée un moment, puis a sauté dans le talus inférieur, en direction de la tourbière des Seignes : quel est le sens de ce manège ? J'imagine les pattes qui ont inscrit ces runes ou ces hiéroglyphes. Les petits pieds ronds de l'écureuil. Les petits pieds ovales de la fouine. Les pieds moyens du renard et du blaireau. Les longs pieds postérieurs obliques du lièvre. Les pieds à sabots bovins de la biche et du cerf. Les pieds à sabots pointus des sangliers... Chez ces derniers, bien sûr, le groin n'est jamais loin de l'orteil : ils ont ouvert un boutis dans une clairière.

 Par une trouée d'arbres, je distingue vers l'ouest le clocher du village de Mouthe ; vers le nord, celui de Sarrageois, dont je hume la forêt communale. Les marécages et le vallon du Doubs se noient dans une brume gris souris qui me rappelle une peluche que j'ai beaucoup aimée jadis et qui (coïncidence !) avait les cheveux

> **Le sapin et l'épicéa**
>
> Mon beau sapin, roi des forêts, est souvent un épicéa. Il décore la cheminée de Noël depuis 400 ans : jadis, on dressait devant l'âtre un pommier, l'arbre de la connaissance... Le sapin et l'épicéa, cousins conifères, de la famille des pinacées, croissent volontiers ensemble dans les montagnes d'Europe.
>
> Le sapin vrai, ou pectiné — des Vosges ou du Jura *(Abies alba = Abies pectinata)* — fait partie du genre *Abies*, qui rassemble une cinquantaine d'espèces dans le monde. L'épicéa d'Europe, ou commun, ou sapin de Norvège, ou pesse *(Picea abies = Picea excelsa)*, appartient au genre *Picea*, lui aussi riche d'une cinquantaine d'espèces. Ils dépassent 40 mètres de hauteur.
>
> Le sapin pectiné possède une écorce grise, lisse chez les jeunes sujets, craquelée chez les vieux ; des branches horizontales ; des rameaux aux aiguilles plates, longues de 3 à 4 centimètres, disposées dans un même plan (comme les dents d'un peigne), avec deux raies blanches en dessous. Ses cônes sont dressés, verts puis marron-roux... L'épicéa montre une écorce brune, écailleuse, fissurée ; des branches un peu pendantes ; des aiguilles insérées en manchon, tout autour du rameau, longues de moins de 2 centimètres ; enfin des cônes pendants, un peu arqués, d'abord verts puis bruns.

onduleux d'un buste de Platon... Dans les épicéas, les mésanges huppées et charbonnières se démènent. Une sittelle torchepot dévale, la tête la première, le tronc bosselé d'un hêtre. Des pinsons volettent. Des tablées de becs-croisés des sapins (les mâles rouges, les femelles vert pâle) décortiquent les fruits des conifères : le rostre en X de ces passereaux est une invention du concours Lépine. Je me caricature avec cet appendice buccal : j'ai l'air ridicule. Un geai des chênes aux épaulettes d'azur me le signifie dans un rire grincé.

Je néglige le chemin du Gros Pouille (ne cherchez pas de contrepet). Voici la forêt communale de Gellin : épicéas et sapins colossaux. Le pic noir tapote : agité du bonnet rouge. Le casse-noix s'envole. Dans un virage de la route, le G.R. 5 et le G.T.J. s'enfoncent à gauche entre les arbres. Nouveaux boutis de sangliers. Fondrières.

Jeux de la glace et de la boue. Deux chevreuils détalent à l'instant où je débouche dans la lumière de Sapeau Léger. Blancheur exagérée de la neige sur la clairière... Hélas ! Un panneau rappelle en lettres rouges que les canardeurs sévissent : « *Plan de chasse. Attention, tir à balles.* » Je me sens chevreuil. Je fuis. Par le miracle de mon derrière blanc, je gagne les terres pacifiées d'une France de rêve où les chasseurs se seraient repentis.

Halte au chalet de Sapeau Léger. Altitude : 1 102 mètres... Sur les talus exposés au soleil, la neige fait place à des banquettes vertes où vingt espèces végétales préparent le renouveau du printemps. J'identifie les trois folioles en jupe d'écolière de l'oxalis petite-oseille ; les limbes arrondis et les bourgeons livides de la violette des chiens ; les feuilles en languettes poilues de l'épervière piloselle ; les rosettes épaisses, douces comme des changes de bébé, de la molène ; les sabres chlorophylliens du perce-neige ; les mains vert sombre, aux doigts crochus, de l'hellébore fétide.

Le sentier se rétrécit ; la forêt devient sombre : c'est pour préparer l'éblouissement de la clairière de la Grange Bousson. À gauche, une piste de renard. À droite, une autre de lièvre. La trace du premier bondit sur celle du second ; piétinements ; tache de sang ; pas besoin d'être Sherlock Holmes pour résoudre ce crime... Adossé au chalet (altitude : 1 120 mètres), je laisse mon regard vagabonder au-delà des brumes de la vallée du Doubs, jusqu'à la forêt du mont Sainte-Marie.

Je me remets en route. La clairière et le chalet de la Vannode semblent encore plus beaux. Ici, la neige est piquetée de tiges sèches et de fruits vides de grandes gentianes jaunes, de chardons laineux, de rhinanthes, d'origans et d'aconits. Devant le chalet, dont tout indique qu'il appartient à deux rougequeues, le G.R. 5 et le G.T.J. se séparent. Je choisis (mes chaussures commandent !) le côté gauche, c'est-à-dire le G.R. 5. La forêt qui débute ici est une splendeur : fantasmagories de brume et de soleil entre les troncs. Illusions de nymphes oréades et de lutins en habits de feuilles... Une trace de chat sauvage file vers un fourré. Le lynx pourrait surgir. La reine des Neiges se montre : c'est une hermine blanche.

 ***DU CHALET CORNEAU AU MONT D'OR,*** *2 heures*

Au chalet Corneau, le mont d'Or se révèle entre les arbres. Là-bas ! Là-bas !... On dirait un nuage de Baudelaire. Un merveilleux nuage... Si blanc. Si pur... Un dôme plus parfait que ceux de Brunelleschi à Florence. Mettons que c'est le sein froid de la reine de l'Hiver...
Je marche vers lui sur la route retrouvée. Des billes de bois sciées à la fin de l'été exsudent une résine qui se fige en perles d'ambre. Un vol de corneilles noires indique le chemin. Un ver de terre est mort de froid, gelé en S sur la neige : qu'allait-il faire hors de son gîte obscur et tiède ? Au carrefour, je tourne à droite vers les Granges Raguin (domaine de ski de fond), que je dépasse. Je n'ai pas quitté le G.R. 5 : je continue de le suivre quand il oblique à gauche et grimpe la pente le long de la ligne électrique. Des marques rouge et blanc sur des poteaux de béton : ma fibre écolo tremblote. Un faucon qui décolle me réconcilie avec la balade. Une gélinotte des bois froufroute entre deux hêtres et me remet de l'énergie dans les ligaments fléchisseurs de la jambe.
Quand j'y arrive, l'auberge de la Boissaude (altitude : 1 229 mètres) est fermée. Courte halte. Je mange mon morbier au pain de seigle en l'honneur de Platon. Je perds mes regards dans un buisson d'églantier qui

ressemble à une galaxie de cynorhodons rouge vif. Sur les talus dénudés par le vent, des rosettes de primevères, de pissenlits et de gentianes affûtent leurs bourgeons. Je marche à nouveau vers le dôme immaculé, de buissons en bosquets et de creux de neige en croupes herbeuses, le long de la ligne E.D.F. Chalet la Blonay : 1 240 mètres. Chalet la Coquille : 1 275 mètres... Un peu partout, des carlines acaules ont semé leurs cœurs de capitules en brosses rondes ; les « baromètres », comme on les appelle, répandent leurs graines en faisant rouler dans la pente le réceptacle entier de leurs fruits secs. Le botaniste murmure que voilà de singulières diaspores.

À la bifurcation qu'indique un panneau sur un poteau (tout droit : le mont d'Or ; à droite : les crêtes), je choisis la dextre. Je grimpe. Les conifères raccourcissent. Les hêtres rabougrissent, tendance bonsaï... Je débouche au sommet de la falaise qui surplombe vertigineusement Vallorbe et la Suisse au sud, le vallon de la Ferrière à l'est. Je longe l'arête vers le nord. De vague rocheuse en vague rocheuse, je gagne la cime. 1 460 mètres. J'y suis... Le Jura entier se dévoile : déferlement de lames calcaires figées à l'ère des dinosaures... Devant mes pieds, l'à-pic paraît presque palpable. Impression de « gaz », disent les grimpeurs... Le panorama n'a guère d'équivalents en France. Deux corneilles noires qui jouent leurs plumes à pile ou face dans la lumière me le confirment. Je m'assois sur un bloc fissuré. Je jouis par mes cinq sens de la magie du mont d'Or. Je caresse les bouquets d'herbes sèches qui dépassent de la neige : ils sont en or, en effet. Je baise le vent. Je hume les senteurs de cette saison blanche et froide.

J'accorde les battements de mon cœur aux pulsations de la montagne. Au sud, les brouillards gris-bleu voilent le lac de Joux et le Léman. De l'autre côté de ce coton subtil, se dresse l'immense chaîne alpine que surveille une lune au visage de reine des Neiges dans son traîneau céleste. Je détaille les Alpes bernoises : le Titlis, le Wetterhorn, l'Eiger, la Jungfrau, le Blümlisalp, le Wildhorn. Je me repère dans le dédale des Alpes valaisannes et du Mont-Blanc : le mont Rose, le Cervin, le Grand Combin, le mont Dolent, les Grandes Jorasses et le mont Blanc ; jusqu'aux Aravis où, par une torsion bizarre de l'espace et du temps, je me vois moi-même marcher au printemps prochain, dans des profusions de sabots-de-Vénus et de lis orangés...

 *DU MONT D'OR À LA SOURCE DU DOUBS,*
*4 heures*

    Je suis subjugué... Je deviens corneille noire. Je m'identifie aux vols de venturons montagnards et de chocards à bec jaune qui plongent dans la falaise. Je comprends les chamois qui ruminent la paix du Jura à l'abri du vent. Je plane à la manière du parapentiste qui s'élance sous sa toile rose fuchsia... Je me remets à marcher sur la crête, vers le Morond et ses téléskis. Une petite route en lacets descend vers Métabief.
    Ce matin, je suis parti un peu tard de la source du Doubs. Le soleil caresse déjà l'horizon de l'ouest. Je n'aurai jamais le temps de revenir avant la nuit à Mouthe par le sentier de la forêt. Je me méfie des traîtrises de la neige et du froid. La température chute en quelques minutes lorsque la reine de l'Hiver — je veux dire : la lune aux moustaches d'hermine — se teinte du même jaune étrange que le mont d'Or.
    N'importe : je rentrerai par la départementale 45. 15 kilomètres à pied, ça use les souliers... En avant sur le bitume. La nuit s'épaissit. Le brouillard tombe. Moins 10, moins 15 °Celsius... J'ai enfilé l'une sur l'autre mes deux fourrures polaires. J'ai l'air d'un vagabond, avec

mon sac à dos, ma barbe et mon bonnet sur les oreilles. Trente-cinq voitures me doublent (je les compte). Pas un chauffeur ne s'arrête pour s'enquérir de ce que je fais ici, par ce froid. À la radio, j'entendais hier l'abbé Pierre tonner contre l'indifférence des bien chauffés pour les sans-abri qui grelottent... Et si j'étais clochard, et malade, sur cette route glaciale ?

Dans un arbre du bord du Doubs, un grand-duc me hulule à voix grave que, comme l'humanité, la nature est définitivement belle et cruelle. La lune ricane dans son halo de brouillard.

> NOTE SAISONNIÈRE ET RECOMMANDATIONS
>
> Cette balade d'hiver et de neige est longue et fatigante. Épuisante, même, si la neige est épaisse... Au plus court des jours de décembre, il faut la commencer de bon matin, afin d'avoir le temps de la boucler avant la nuit. S'il a neigé en abondance, et qu'on doit chausser les raquettes, mieux vaut la réduire de moitié.
> On peut, à d'autres saisons, jouir de l'itinéraire et du point de vue fabuleux sur les Alpes qu'offre la cime du mont d'Or. Printemps de primevères, de gentianes, de trolles et de lis des montagnes. Etés riches de vaches qui pâturent (il faut du lait, pour le fromage de Morbier !). Automnes somptueux, quand les hêtres jaunissent et que les brumes se rassemblent en mer de nuages au-dessus de la Suisse...

# 4. Jura

## Neige au Grand Crêt d'Eau

Au-dessus de Bellegarde et de Genève, le Grand Crêt d'Eau mérite son nom : tout y est sources et ruisseaux, en hiver neige et glace. Du haut de l'ultime éminence méridionale de la chaîne du Jura, la vue porte immensément sur le Léman, les Alpes suisses, le mont Blanc et la Chartreuse ; jusqu'au Vercors et aux Écrins.

En boucle — et en raquettes — autour du parc à voitures du Château, 6 heures.

Carte I.G.N. au 1 : 25 000, 3329 O, Série bleue, Bellegarde-sur-Valserine, Grand Crêt d'Eau.

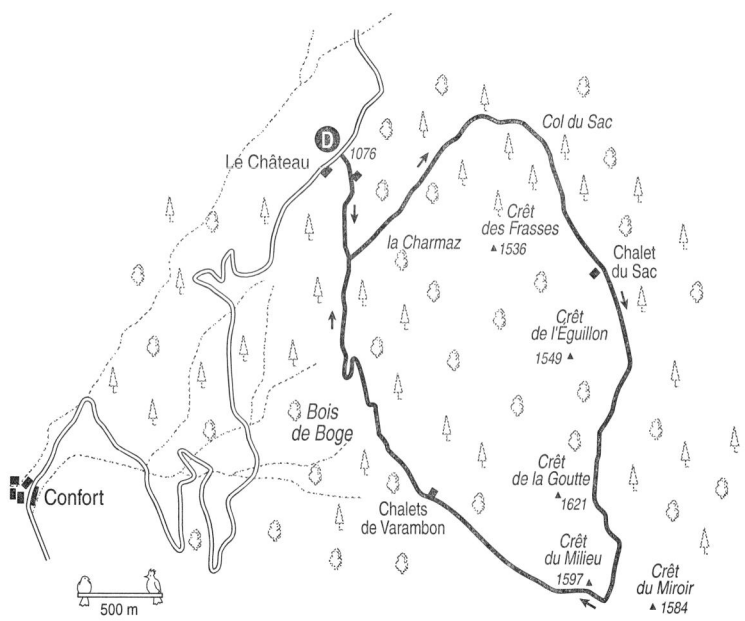

Au-dessus de Bellegarde, le hameau de Confort domine le confluent des vallées de la Valserine et du Rhône. La Valserine se perd en contrebas ; elle disparaît dans des gouffres de roche, pour mieux s'offrir au fleuve en aval. Le Rhône coule dans les tons turquoise, échappé comme un voleur du lac Léman et de Genève par le défilé de l'Écluse. Je contemple la petite chapelle aux murs blancs, sur un linteau de laquelle, blottis l'un contre l'autre, grelottent une femelle et un mâle de bouvreuils pivoines. Il fait froid, ce matin, sur la chaîne du Jura. Grand froid !

Quelques lacets plus haut, sur la départementale 16, voici le petit parc à voitures du Château, dit aussi « de la Charnaz », à côté du calvaire, à l'intersection de la route qui file vers Menthières et de la piste forestière qui monte au col du Sac. C'est là que je vais. Sur le flanc ouest du Grand Crêt d'Eau, cette forteresse de rocs, de neige et d'arbres qui constitue la première vague du Jura quand on vient du sud. Lumière d'hiver poudrée de grésil, avec une bande de corbeaux qui croassent dans la tradition des janviers du Jura. On sent la force du froid. On redoute les périls de la glace. On est saisi par l'angoisse ancestrale des disettes, mais on songe que l'hiver recèle la promesse des renaissances. L'espoir des printemps de parfums, de fleurs et de rires...

 *DU PARC DU CHÂTEAU AU CHALET DU SAC, 2 heures*

Je marche avec le photographe Bruno Pambour. Il emporte, dans des sacs et sur l'épaule, un bric-à-brac de boîtiers, objectifs, pellicules, pieds, etc., qui en font la vivante image du colporteur.

Nous marchons, c'est vrai... Mais dans le style particulier de ceux qui ont enfilé, sur leurs vrais pieds, ces super-pieds plats grillagés qu'on appelle des « raquettes »... Nous avançons de l'allure élégante des pingouins sur la banquise. La piste est belle, la neige épaisse et poudreuse. Au moins 40 centimètres ici, au bas de la balade, à 1 076 mètres d'altitude. Je me demande combien là-haut, sur le crêt ? Pourrons-nous passer ?

Bruno marche à grandes enjambées. Il plaisante sur la triste condition du photographe — proche, dit-il, « de celle d'un baudet saisi par la folie de l'art ». Je le console en lui assurant que le lot de l'écrivain n'est pas meilleur. La preuve ? Mon stylo, encre gelée, refuse tout service et trahit mon inspiration. Je hume l'air froid. Le brouillard monte et vient boucher la vue en rajoutant une dose de mystère. Un rapace décolle et file entre deux arbres. J'ai à peine le temps de l'entrevoir. Ailes larges et gris-brun dessous, vol silencieux. Je suppose que c'est un hibou. Vu sa taille, peut-être un grand-duc... En hiver, tenaillés par la disette, les rapaces nocturnes sortent aussi le jour. Celui-ci espère peut-être repérer, dans la neige, le campagnol ou la fauvette qui lui remettront un peu d'énergie dans le ventre.

Nous montons la piste forestière, également aménagée en piste de fond. Traces de lièvres et de renards sur les talus. Petites empreintes — quatre pieds posés en trapèzes successifs — des écureuils. Sur la gauche, nous repérons le sentier balisé de rouge et jaune — petite randonnée —, noté « G.T.V. » (pour « Grand Tour de la Valserine »). Nous y marchons. Il grimpe dans la forêt et rejoindra la piste un peu plus haut. Ici, les arbres sont énormes. Les sapins et les épicéas cohabitent avec les hêtres. Sublimes, dans leur tenue de neige réglementaire, avec leurs manchettes blanches et leur costume d'aiguilles vert sombre. Nos raquettes accrochent, butent, se surchargent. Nous heurtons des pierres. Nous enfonçons dans des trous. Nous rejoignons la belle piste en même temps qu'une trace de renard. Bruno m'annonce qu'il veut faire de moi la photo du siècle. Je lui demande comment il peut proférer pareilles bêtises. Je prends la pose sous un des plus grands conifères de cette forêt, qui n'en manque pas. Je caresse le tronc. Je palpe l'écorce rugueuse et fendillée, d'où suintent de grosses larmes de résine jaune pâle, jaune orange et brun doré — de la couleur de l'ambre qu'elle sera un jour, dans quelques millions d'années, si elle se fossilise ; avec, peut-être, un moucheron dedans... Une branche me fait le vieux gag de s'ébrouer sur ma tête. Avalanche miniature au moment où Bruno déclenche. Je n'ai jamais redouté le ridicule.

Le brouillard épais engendre des fantômes. Nous rejoignons le télésiège, les téléskis et les pistes de ski de Menthières, que nous remontons un moment avant de continuer à gauche, sur l'allée forestière où une pancarte annonce le col du Sac. Les sapins et les épicéas sont tout *barbudos* de lichens usnées gris, et mêlés de sorbiers des oiseleurs dont les derniers fruits, quasi confits sur la neige, virent au rouge foncé et servent de régal aux pinsons et aux mésanges bleues, noires ou charbonnières ; ainsi qu'aux renards et aux fouines. Des becs-croisés des sapins et des gros-becs volent dans les conifères : ils trouvent leur pitance en extrayant les graines des cônes. De vieilles herbes et des tiges sèches de gentianes jaunes pointent hors de la couche froide. Un casse-noix moucheté lance son cri grinçant.

Au col du Sac, commence une sorte de vallée heureuse, étroite, en V, qui grimpe à droite entre les arbres, en direction du chalet du Sac. Le soleil perce la brume et engendre la splendeur : jeux de lumières rasantes dans les branches, halos d'or, auras d'argent, rais de fantaisie, silhouettes et simulacres. Théâtre d'ombres. Avec des franges d'interférences à remplir de bonheur le physicien et le poète.

Nous coupons dans la pente, vers le chalet du Sac. C'est ici qu'il faut monter. Nos jambes se font lourdes : à chaque pas, nos raquettes se chargent d'un surpoids de neige. L'air est vif sous le crêt découpé des Frasses (altitude : 1 536 mètres). Je contemple, vers le sud, le dôme impeccable du crêt de l'Éguillon (1 549 mètres), en forme de pain de sucre, et d'une blancheur polaire ; juste piqueté d'arbustes (genévriers, sorbiers...) en bonsaïs qui semblent des animaux transis. Traces de cerfs et de biches dans la diagonale d'un pré ; de sangliers le long d'une médiane ; de lièvres et de renards partout, à la façon d'un gribouillage d'enfant rieur ou comme des hiéroglyphes.

 *DU CHALET DU SAC AU CRÊT DU MILIEU,*
*2 heures*

Un ressaut, une pente raide, un autre effort, et nous voilà devant le chalet du Sac. Altitude : 1 381 mètres. Petite bâtisse, du toit de laquelle s'envole un grand corbeau. Cette ancienne bergerie a été restaurée en 1978. Une table, un coin pour le feu, un autre pour le couchage : impossible de faire plus simple.

Au chalet du Sac, nous tirons (évidemment !) le casse-croûte du sac. Mérité, ça va de soi... Bruno Pambour s'arrête de manger son sandwich : il a entendu le chant du tarin des aulnes. Un grand rapace (aigle ou buse ?) vole vers l'est et l'immense cuvette du Léman, d'où ne cessent de monter des volutes de brumes grismauve, qui viennent s'effilocher à l'étage de soleil où nous sommes arrivés. Je ferme les yeux. La neige étincelle de façon si intense que j'ai l'illusion de voir à travers mes paupières. Ce sont des phosphènes que je perçois : couleurs sublimes et changeantes ; sensations inventées par mes rétines. Je me sens bien. Mais quantité négligeable, dans ce grand cycle de l'eau où chaque molécule obéit à un destin en apparence aléatoire, mais qui entre en harmonie avec toutes les autres. Un bonheur envahit ma poitrine. J'aime ces crêtes, cette chaîne du Jura qui s'étale en ondulant comme un gigantesque dinosaure. Du temps des dinosaures, justement — au Jurassique, lorsque vivaient le diplodocus, l'iguanodon et le stégosaure —, ce massif était une barrière de corail sous-marine aussi vaste et complexe que la Grande Barrière australienne actuelle. J'imagine les polypiers, les algues incrustantes, les coquillages, les crustacés, les oursins, les étoiles de mer ; et des nuées de poissons de mille couleurs, que traquent les requins et les ichtyosaures.

Nous repartons sur nos raquettes. Le G.R. 9 passe dans les parages. Nous devrions en emprunter un bout. Mais comment repérer les balises rouge et blanc, avec cette épaisseur de neige ? Nous coupons à travers la face orientale du crêt de l'Éguillon. Nous longeons la base sauvage et ravinée du crêt de Goutte, le point culminant du système du Grand Crêt d'Eau (1 621 mètres d'altitude ; table d'orientation à la cime). Nous passons prudemment ces pentes de poudreuse : des coulées d'avalanches pourraient en partir ; et l'équilibre est précaire dans la profonde, sur nos grands pieds qui s'emmêlent.

Lorsque nous redescendons dans les creux, nous distinguons la forme ovale-arrondie des fameuses *goyas* — les « gouilles » — qui constituent une originalité de ce massif. Le Jura est calcaire. Il présente un relief érodé, étrange, avec des pointes, des lames, des fissures, des gouffres. Ces surfaces irrégulières, que les géologues baptisent « lapiaz », offrent aussi des bas-fonds qu'on nomme « dolines ». C'est dans ces creux que, au cours des siècles, les hommes ont aménagé des mares à fond d'argile (obtenue à partir de feuilles piétinées par le bétail). Telles sont les *goyas*. Des générations de vaches, de brebis et de chèvres s'y sont abreuvées. Ces réserves d'eau en pays calcaire, où elle tombe en abondance mais où elle est rare parce qu'elle s'infiltre, sont devenues autant de précieuses niches écologiques. Les tritons (crêté, alpestre...), les grenouilles rousses, les crapauds, les couleuvres à collier, les libellules y logent ; ces espèces passent la saison froide à l'état de vie ralentie ou de larves, dans le sol ou la vase, sous la couche de neige protectrice.

Nous décidons d'escalader le crêt du Milieu, qui culmine à 1 597 mètres. Il est difficile à grimper en raquettes : la pente est raide et les rochers aigus. Le vent a durci, sculpté, bleui, poli, glacé la neige. En contrebas, au col qui sépare le crêt du Milieu du crêt du Miroir (1 584 mètres), et où serpente le G.R. 9, une harde de chamois — une douzaine de sujets — rumine à l'abri de la bise.

Je halète, je réquisitionne mes poumons, j'en appelle à mes quadriceps, j'ai mal partout. Je passe entre les buissons prostrés de genévriers. Bruno prend des photos — à coup sûr mémorables — de mon effort. Je crains d'être assez loin de l'élégance aérienne du chamois. Je m'amuse de ma maladresse. Le vent me glace le sourire sur les lèvres et dans la barbe.

 ***DU CRÊT DU MILIEU AU PARC DU CHÂTEAU,***
*2 heures*

Et voilà ! J'y suis. Debout sur la cime. La bise souffle avec une sorte de sadisme. Venue, je pense, de Sibérie... Elle transperce mon bonnet et les deux fourrures polaires que j'ai enfilées l'une sur l'autre. Je claque des dents, puis j'oublie. Je contemple l'un des plus fabuleux panoramas qui se puissent imaginer.

La mer de nuages s'étend encore vers l'ouest, et cache la plaine du Bugey, la Bresse et la Dombes. Au sud, au-delà du défilé de l'Écluse au creux duquel le Rhône sorti du Léman force un passage à travers les Préalpes, par-delà la chaîne du Vuache jumelle du Grand Crêt d'Eau, je reconnais la cime de la Tournette qui domine le lac d'Annecy, la dent du Chat sur le lac du Bourget, la Chartreuse et les lointains gris-bleu du Vercors. Je me tourne vers le nord, où le Jura m'offre le Reculet et le crêt de la Neige, son point culminant. Vers l'est, dans les dernières brumes qui s'effilochent, je distingue le pays de Gex et Genève, l'immense lac Léman et le mont Salève. Plus loin, au nord-est, les Alpes suisses, avec l'Eiger, la Jungfrau et leurs dizaines de frères et sœurs. Au sud-est, les reliefs du Chablais et la dent d'Oche ; le Borne et les Aravis. Le mont Blanc, la Verte et les Jorasses. Plus loin encore, la Vanoise et le mont Pourri. Les aiguilles d'Arves en Maurienne. Jusqu'aux Écrins et à la Meije...

Je respire l'air glacial, la lumière, l'éther de ces cimes. Il me vient un élan d'absolue vanité. J'ai envie de les appeler « mes » montagnes. Je me revois sur les sentiers, les alpages, les moraines ou les glaciers de nombre d'entre elles... J'ai l'impression qu'elles m'appartiennent. Sinon qu'elles sont à moi (mon orgueil en rabat vite), du moins qu'elles m'ont invité à entrer dans leur temple. Toléré dans leur splendeur. Accordé le plaisir de les toucher des deux pieds, de caresser leurs pierres avec ma main, de me désaltérer à leurs sources, de respirer le parfum de leurs fleurs, de frissonner avec leurs oiseaux et leurs mammifères.

Je sens moins la morsure du blizzard. J'ai moins froid. Je m'envole dans la pureté du ciel d'hiver, de sommet en sommet, de blancheur en blancheur, à l'altitude où volent les anges.

Je regarde Bruno Pambour. Aussi transi que moi, il prend les photos dont il rêvait. La lumière est admirable, à travers les dernières brumes. Bruno souffle sur ses mains pour se réchauffer et plaisante : « Sur ce massif, dit-il, à 1 600 mètres d'altitude, il gèle cent quatre-vingts jours par an ! Nous avions une chance sur deux... » Je pense aux mille fleurs qui paraissent à la belle saison, dans ces creux, sur ces pentes, sur ces hauteurs. La gentiane jaune et la grande digitale jaune aux fleurs couleur de flan. L'orchis vanillé rouge sombre et le lis de saint Bruno immaculé. La campanule thyrsoïde citron et la gentiane de Koch bleu roi. Le lis martagon aux fleurs en turbans roses à mouchetures pourpres... Toute cette partie sud du Jura, entre le défilé de l'Écluse et le col de la Faucille, a été classée réserve naturelle. On y recense cinq cents espèces de plantes et plus de cent vingt de vertébrés. Le lynx feule dans la forêt. Le chat sauvage guette la gélinotte. Le casse-noix, le pic noir, le pic tridactyle, le hibou grand duc et la chouette de Tengmalm honorent la sapinière.

Je regarde en direction du crêt du Miroir. Dans la lande à airelles qui en occupe le socle, vivent quelques-uns des derniers grands tétras du Jura. Ne pas déranger, surtout l'hiver et en raquettes : ces oiseaux passent la mauvaise saison en équilibre énergétique précaire. Sur le fil du rasoir. Effrayés, ils s'enfuient du trou de neige où ils se piètent et brûlent des calories qu'ils ne parviennent pas à récupérer avec leur pauvre diète quotidienne, faite d'aiguilles de sapins peu digestes.

Nous entamons notre descente vers la forêt. Hors sentier, de toute façon, puisque la neige est tellement épaisse qu'on n'en distingue plus aucun. Nous dévalons (avec des raquettes aux pieds, gare aux roulés-boulés !) la pente du crêt du Milieu. Nous coupons la base sud, puis la pente sud-ouest du crêt de la Goutte. Nous trouvons le passage entre les arbres qui nous conduit aux chalets de Varambon (altitude : 1 386 mètres) : granges et bergeries. De là, ne reste qu'à nous laisser glisser — encore et toujours — entre les arbres, sur la pente raide qui mène, à travers le bois de Bage, à la large piste qui revient au parc à voitures du Château, *alias* « de la Charnaz ». Une chouette de Tengmalm ouvre un œil dans son creux d'arbre : notre intrusion la dérange ; elle nous juge de mauvais goût ; bruyants. Une gélinotte des bois (je la distingue à peine) trottine sur la neige et disparaît dans un fourré.

Je rêve que le lynx me montre les pinceaux de poils noirs de ses oreilles. Il est peut-être là, à deux pas, dans ce buisson de houx vert qui a la forme d'un sphinx.

> NOTE SAISONNIÈRE ET RECOMMANDATIONS
>
> Cette balade en raquettes est longue — et pénible — lorsque la neige est profonde et lourde. Moins la couche est épaisse, moins l'effort pèse dans les mollets et les cuisses. Sans neige, en chaussures de montagne, on boucle l'itinéraire en moitié moins de temps qu'il n'est indiqué ci-dessus.
>
> Les hivers du Jura sont âpres et beaux. C'est à la saison froide que, sans trop rêver d'apercevoir le lynx, on a la meilleure chance de surprendre la gélinotte et le chamois. En ayant soin de ne pas lever le grand tétras. Les printemps étincellent de ruisseaux gazouilleurs, de nivéoles printanières en clochettes à mouches vert pâle, de soldanelles et de gentianes. Les étés offrent la splendeur de la grande flore colorée des montagnes, que survolent le martinet alpin et le milan noir. Les automnes voient passer, dans le défilé de l'Écluse, des volées d'oiseaux migrateurs, qui empruntent ce corridor, venus d'Europe centrale et de Suisse, en direction des lacs d'Annecy et du Bourget, de la Camargue et de l'Afrique.

# 5. Mont Pilat

## Le géant endormi

*Le saut et les sources du Gier, le crêt de l'Œillon, le crêt de la Perdrix : le mont Pilat ressemble à un géant endormi entre Lyon et Saint-Étienne, entre monts du Lyonnais et monts du Vivarais... Portrait d'une croupe rocheuse qui attire les orages, nourrit cent sources, et sur laquelle on a parfois envie de danser.*
*En boucle autour du Moulin (de la Scie) du Bost, 4 heures 30.*
*Carte I.G.N. au 1 : 25 000, 2933 E, Série bleue, Saint-Chamond.*

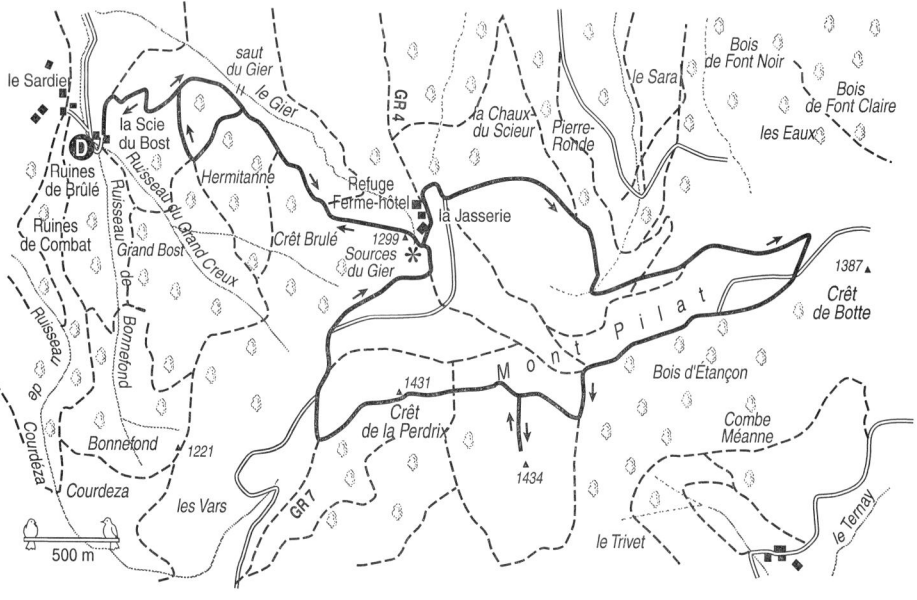

Je contemple le manège du bourdon des pierres sur la digitale pourpre. Les fleurs sont veloutées, luisantes, carminées, lavées de rose et de mauve. Leur forme justifie les petits noms de l'espèce : « doigts de la Vierge » ou « gants de Notre-Dame ». L'insecte évoque un diable noir à cul orange. Il ne butine pas comme l'abeille, en entrant par l'orifice normal de la corolle. Trop ventru et impatient, il détruit la base des pétales avec ses mandibules, lacère les fleurs et accède au nectar par effraction. Vol qualifié, viol avec préméditation : son compte est bon. Et même très bon...

 *DU MOULIN DU BOST À LA JASSERIE, 1 heure 30*

Le bourdon délinquant, gavé de sucre de digitale, s'envole en m'indiquant le commencement du sentier. Je me mets en marche vers la crête du mont Pilat que j'imagine, là-haut, par-dessus la forêt vert sombre, par-dessus les sources du ruisseau du Grand Creux qui chante un refrain de bourdon. Il fait chaud. L'air du mois d'août est lourd : la journée finira en queue d'orage. Mais les puissants parfums de feuilles, de corolles, d'humus et d'eau qui glougloute revigorent le bourdon noir politiquement incorrect qui sommeille en moi.

Je mets un pied devant l'autre à partir du parc à voitures de la Scie du Bost (d'après la carte), ou du Moulin du Bost (selon les panneaux routiers). L'itinéraire débute à 815 mètres d'altitude, en contrebas de l'auberge où fut la scierie. Il est balisé (direction : « Saut du Gier ») d'un double trait blanc et brun. Je pensais avoir vu toutes les couleurs de marques sur les sentiers, depuis que j'y use mes souliers. Le marron, c'est la première fois : va pour ce signe de terre...

Le sentier passe entre des bâtisses où les vieux murs se parent de bouquets d'orpins (ou sédums) jaunes, de camomilles et de sureaux rouges dont le vermillon des grappes grippe la lumière. Je caresse les feuilles en triangles de l'épinard sauvage. Je hume le parfum des armoises aux limbes d'argent vert. La bardane est en fleurs : ses capitules sphériques, au plumet mauve, se hérissent de crochets ; à maturité, l'espèce dissémine ses têtes florales par le véhicule des oiseaux ou des mammifères de passage ; les inventeurs humains du « Velcro » l'ont copiée.

L'ombilic penduline (ou nombril-de-Vénus) colonise chaque muret du chemin, qu'ombragent des charmilles, des prunelliers et des érables sycomores, et que rehaussent les millepertuis jaunes, des campanules carillons et des géraniums herbes-à-Robert aux corolles rose berlingot. Le papillon piéride palpite sur ses ailes de papier jaune où le sage du Japon griffonne un poème. Son cousin, le demi-deuil, est un échiquier pour le sage de la Perse. Touffes de serpolet mauve pâle et de vesces craccas violet vif. Marguerites. Petits prés en terrasses reconquis par les genêts à balais, les noisetiers et les rosiers des chiens. Un rapace tourne — je pense une bondrée apivore en quête d'hyménoptères au goût piquant. Dans un buisson, le troglodyte mignon avale une araignée. La grive campe dans le merisier aux fruits rouge sombre.

La forêt commence où le papillon belle-dame volette sur les capitules pourpres du chardon : damier noir à transparences ocre, orange et rose, de la nuance de la papaye mûre... Au panneau, je laisse le sentier qui file vers le Planil et le G.R. 7, et je monte à droite, en direction du saut du Gier. Traits marron et blanc... Je goûte l'ombre de la hêtraie-sapinière, où croissent l'alisier blanc (ou allouchier), aux feuilles poudrées d'argent sur leur face inférieure, et le sorbier des oiseleurs aux grappes de baies orange à nombril brun. Je me sens passereau. Je guigne les fruits du sureau rouge. Les clairières s'emplissent de myrtilles, de ronces chargées de mûres, de framboisiers, de séneçons de Fuchs couronnés de nuages de fleurs jaunes, et d'épilobes en épis (ou lauriers de saint Antoine) aux corolles crucifiées violet-rose. Sous les arbres, je salue des champignons : la girolle, cet écu d'or dans la mousse ; la russule émétique au chapeau rose acide... Je renifle, bien avant de les voir, ces érections livides constellées de mouches qu'on nomme « phallus impudiques » ou « satyres puants ». Je laisse les sectateurs du « politiquement correct » traîner en justice ces insultes à la minorité non-mâle ; et je caresse avec innocence une amanite vaginée dont le chapeau brun pâle semble une jupette d'écolière.

Dans un virage du sentier, un énorme éboulis de pierres grises, qu'on appelle ici un « chirat », me détourne de mes obsessions bénignes. C'est un vestige des glaciations. Je songe à la géologie du mont Pilat. Ce massif termine les monts du Vivarais vers le nord. Il date de l'ère Primaire — du Carbonifère, il y a 320 millions d'années. C'est un fragment du monstrueux plissement varisque, ou hercynien, qui leva (à l'époque, plus haut que nos Alpes actuelles) la Bretagne, le Massif Central, les Vosges et le Harz allemand. Sa moitié sud-est est en granite. Sa moitié nord-ouest se compose de gneiss et de micaschistes issus du métamorphisme de roches volcaniques ou sédimentaires encore plus anciennes, âgées de 500 millions d'années. Je salue la mémoire du pikaïa, de la wiwaxie, de l'hallucigénie et de l'anomalocaris, ces créatures du Cambrien précoce qui gigotent parfois encore dans mes parties animales, ce qui explique mes pulsions politiquement incorrectes.

Dix oiseaux chantent ensemble. Le pinson, j'en suis sûr. La sittelle, je parie. Le pouillot véloce, probablement. Le merle noir, ça va de soi. Les autres échappent à mon modeste pouvoir de discrimination ornithologique. Mettons qu'il y a des mésanges et des bruants, des gobemouches, des grimpereaux et des rougequeues. Pour le geai, pas besoin de traducteur : « *Crêk ! Crêk !* » J'entends un gros pic noir taper comme un sourd sur un tronc. Je détaille un sapin mort, creusé et recreusé par ce marteau-piqueur biologique, puis réaménagé en villégiature par une chouette chevêche.

C'est à ce moment que le sentier débouche au saut du Gier.

Fine cascade échevelée, à trois étages... Le soleil joue dans les gouttes et compose des arcs-en-ciel comme Isaac Newton à travers son prisme. Le cirque où le torrent du Gier se précipite de plusieurs dizaines de mètres de hauteur — et dans lequel un « chirat » colossal fait déferler ses rocs gris — est bordé de falaises dans le style de la Chine des T'ang, crêpelées de conifères comme dans une gravure de Chu Ta... L'avouerai-je ? Sous la chute d'eau, deux nymphes, l'une brune, l'autre blonde, du reste assez peu vêtues et peut-être même pas du tout, s'aspergent en riant. Je voudrais être un collier de gouttes sur leur peau, ou un fragment rouge de l'arc-en-ciel sur leurs lèvres. Je laisse ce rêve. Le principe de réalité me rattrape dans les montées. Et justement, une montée, en voici une...

Je reviens en arrière, jusque sur l'épaulement de la rive gauche du ravin du Gier. Je repère les flèches blanc et brun sur le rocher, notées « Jasserie ». C'est là qu'il faut grimper. J'attaque la côte. Elle est raide... Je fais fonctionner mes muscles locomoteurs dans le sentier approximatif de la hêtraie-sapinière. Je souffle. Je sue. Les sapins et les épicéas se couvrent de barbes de lichens usnées gris. Un bec-croisé vole dans les frondaisons. Un écureuil file sur une branche. Un renard a laissé sur une pierre la preuve violacée qu'il s'empiffre de myrtilles. Le sentier en croise deux autres, passe au-dessus du cirque où le torrent cascade, et débouche hors de la forêt, aux sources du Gier même — aux bâtisses de la Jasserie.

##  DE LA JASSERIE AU CRÊT DE LA PERDRIX, 1 heure 30

La Jasserie, 1 310 mètres. Restaurant : morilles à la crème et tarte aux myrtilles. Terminus d'une route d'altitude fréquentée en été. Surtout le dimanche.

Les sources du ruisseau, cristallines, modestes et murmurantes, me permettent d'oublier le parc à voitures. Je visite les bâtiments de la Jasserie, qu'on appelait naguère la « Grange du Prat », dont l'essentiel fut édifié par les moines de la chartreuse de Sainte-Croix-en-Jarez. Ici, la cloche de la chapelle sonnait pour guider le voyageur perdu dans le brouillard. Ici, en 1769, Jean-Jacques Rousseau vint herboriser. Je dis poliment bonjour aux touristes et je mets mes souliers dans les traces de Jean-Jacques. Je coupe le dernier virage de la route goudronnée. Je trouve la piste forestière qui traverse la prairie vers la forêt de l'est et le crêt de l'Œillon (petit panneau).

Cher Jean-Jacques ! *Les Rêveries du promeneur solitaire* me remontent en mémoire. Je m'en récite un passage, que je goûte comme un nectar à l'usage des bourdons littéraires : « Rien n'est plus singulier que les ravissements, les extases que j'éprouvais à chaque observation que je faisais sur la structure et l'organisation végétales. La fourchure des deux longues étamines de la brunelle, le ressort de celles de l'ortie et de la pariétaire, l'explosion du fruit de la balsamine et de la capsule du buis, mille petits jeux de la fructification que j'observais pour la première fois me comblaient de joie, et j'allais demandant si l'on avait vu les cornes de la brunelle, comme La Fontaine demandait si l'on avait lu Habacuc. »

La brunelle ? La grande brunelle ? Mais la voilà, justement, avec ses corolles à deux lèvres de velours améthyste. Et l'ortie. Et la balsamine, dont les fleurs semblent des cornes d'abondance dorées, suspendues à une ficelle, entre des étages de feuilles plates... Même plus besoin d'herboriser moi-même : Jean-Jacques me guide ! Il m'indique le millepertuis à quatre ailes, l'anthyllis vulnéraire et l'achillée millefeuille aux plateaux de fleurs blancs ou roses. Il me désigne la centaurée des prés violette au réceptacle de vieil or ; la pensée des montagnes ; le fenouil des Alpes, qui parfume le lait de vache ; la fine campanule à feuilles de pêcher...

Je marche sur la piste qui redescend dans la forêt d'épicéas, mêlée de hêtres, d'alisiers, de sorbiers et de pins. Les talus se colorent du jaune clair des séneçons de Fuchs et du violet-rose des lauriers de saint Antoine, qu'animent les pluies d'étoiles filantes du prénanthe pourpre. Des papillons mélittées et tabacs d'Espagne, en vitraux orange et noir, décollent au-devant d'argus bleus et de petites-tortues rouge brique à frises bleues. Des paons-du-jour exhibent les faux yeux d'azur de leurs ailes en velours cramoisi. Un milan noir patrouille dans le ciel. Un geai lance son appel éraillé. Accenteur mouchet. Bruant zizi. Corneille noire... Près d'une source où saute la grenouille rousse et où rampe la couleuvre d'Esculape, croissent côte-à-côte l'épilobe en épis et son cousin hirsute : l'information n'intéressera personne ; moi, ça m'fait quelque chose.

Le sentier remonte vers la prairie sommitale et le crêt de Botte (ou « de Bote »), en virant la marque d'une station de renouées bistortes en scoubidous rose pâle et de gentianes pneumonanthes aux fleurs imitation saphir. Sur cette colonne vertébrale du mont Pilat, la lande, quasi alpine, file au bout de l'horizon épouser le vent du ciel. L'herbe (le nard raide) se mêle de buissons de myrtilles aux fruits bleu-noir, d'airelles rouges (pour l'instant vertes) et de callunes fausses-bruyères aux épis de fleurs mauve pâle. Le criquet bondit sur la bruyère, je saute sur la myrtille. J'en cueille une poignée. Le jus violet-rouge teinte et poisse mes doigts. Les fruits croquent sous mes dents, que je sais joliment bleues. J'ai sur les papilles le parfum douceâtre de mes promenades d'enfant, au mois d'août, quand je me demandais de quelle façon je pourrais fuguer de la maison de mes parents et partir à l'aventure, toute une année, en ne vivant que des offrandes de la montagne... Jean-Jacques Rousseau se régale de myrtilles avec moi. Je soupçonne le renard de nous tenir compagnie.

J'atteins la route goudronnée qui conduit à la station militaire du crêt de Botte. À l'est, telle une épée plantée dans le ciel, le relais de télévision de l'Œillon : parc à voitures et civilisation du bruit ; très peu pour moi ; d'autant que, d'ici, je distingue, au bord du Rhône, la centrale nucléaire de Saint-Maurice-l'Exil...

Je reviens vers l'ouest sur le chemin des crêtes. Je salue l'arnica des montagnes en étoiles d'or et le pin arolle (ou cembro) glorieusement rabougri en bonsaï. Sous la bâtisse militaire, un camp de serratules des teinturiers : ces sortes de chardons dégingandés, aux nuées de petits capitules violets, accueillent des congrès froufroutants de papillons petites-tortues, mélittées, tabacs d'Espagne, érèbes et agrestes ; sans oublier les colias aux ailes jaunes à petits cercles roses ; ni les flambés porte-queue jaune et noir à ocelles vermillon et azur... Envols enchantés et trompes gourmandes. Plus d'un se soûle. Et moi avec.

***DU CRÊT DE LA PERDRIX
AU MOULIN DU BOST,***
*1 heure 30*

Je marche vers le crêt de la Perdrix, à présent proche. Marques jaune et blanc. Le soleil se cache derrière d'énormes cumulus venus de l'occident, et qui se développent à la verticale. L'orage sera sur le Pilat dans moins d'une heure. J'en éprouve une sorte de jouissance. Je file sur cette lande qui me rappelle les Hautes Chaumes des Vosges ou les « serres hautes » d'Auvergne. J'escalade les rochers gris du « chirat » qui forme la pointe ultime (1 434 mètres) du massif. Personne ne va me croire, mais au moment où je touche la table d'orientation du crêt de la Perdrix, deux vraies perdrix rouges (ô l'absolue rousseur de ces oiseaux !) plongent vers la vallée, côté Vivarais...

Je consulte le plan, sur la pierre gravée ronde. Du côté de l'ouest, où les nuées s'épaississent, je ne distingue plus rien de la vallée de la Loire, de la plaine du Forez ni des Bois-Noirs. Vers le nord, les vallées du Furan et du Gier s'assombrissent, elles aussi. Au sud, j'aperçois encore, au-delà du Vivarais, le mont Gerbier-de-Jonc, où chaque écolier et moi-même savons que la Loire prend sa source. Entre les secteurs nord-est et sud-est, l'atmosphère étrangement limpide m'offre, pour quelques minutes, dans une lumière argentée d'un autre monde, et tandis que les éclairs fusent et que le tonnerre résonne dans mon dos, le prodigieux panorama des collines du Bugey, bien au-delà de Lyon ; du massif du Mont-Blanc (mont Blanc, aiguille de Tré-la-Tête, etc.) ; de la Vanoise (mont Pourri, Grande Casse) ; de Belledonne ; des Écrins (Meije, Barre des Écrins) ; du Vercors (Grand Veymont) ; des Baronnies ; jusqu'au Ventoux...

J'emprunte, dans la descente, un morceau du G.R. 7

qui me ramène à la Jasserie. Je rejoins, sur la gauche, l'itinéraire aux marques marron et blanc qui m'a conduit ici par le saut du Gier. Je reçois sur la tête les premières gouttes. En quelques instants, le ciel entier devient une tunique de Jupiter électrique et tonitruant. Le vent se lève, puis se déchaîne. Des rideaux de pluie s'abattent. J'ai mis à l'abri mon carnet de notes et mon appareil de photographie sous mon poncho : le reste peut mouiller ! Je chante à tue-tête dans la furie des éclairs et du tonnerre. Jean-Jacques Rousseau reprend en chœur sous les sapins.

En repassant sous le saut du Gier, je comprends que cette cascade est la chevelure blanche de l'auteur des *Lettres sur la montagne*, après qui je répète, sous l'averse battante, cet aveu en forme de jouissance : « J'ai toujours passionnément aimé l'eau. »

### NOTE SAISONNIÈRE ET RECOMMANDATIONS

Cette balade ne présente aucune difficulté, excepté le passage un peu pentu qui sépare le saut du Gier de la Jasserie. Attention en approchant des falaises, sur la gauche, en montant ! De bonnes chaussures et des vêtements chauds s'imposent.

La succession des saisons garantit un spectacle de choix : printemps piqués de crocus et d'anémones ; étés enchantés de digitales pourpres, de myrtilles et de papillons ; automnes roux, propices aux sangliers et aux corneilles ; hivers rudes et enneigés, qui rappellent le temps où la cloche de la Jasserie sonnait pour guider le voyageur égaré...

Le parc naturel régional du Pilat a édité quelques livrets sur les richesses vivantes du massif.

*Le Sentier Flore*, de Malleval au Bessat par le crêt de la Perdrix, permet de découvrir une précieuse tourbière.

*Le Sentier ornithologique*, qui court joliment entre Saint-Pierre-de-Bœuf et la chapelle de Saint-Sabin, s'attache à souligner la variété des oiseaux sur le versant occidental du Pilat.

# 8

# LIMOUSIN, AUVERGNE

1. *Millevaches* : L'accouchement de la Vézère
2. *Haut-Allier* : Les méandres du saumon
3. *Sancy* : Neige fondante à Chaudefour
4. *Puy Griou* : Le cri du cœur du volcan
5. *Aubrac* : Le pays en plein ciel

# 1. Millevaches

# L'accouchement de la Vézère

*La tourbière du Longéroux, sur le plateau de Millevaches... C'est de ce ventre fertile, de ce marécage né des glaciations du Quaternaire, que procède la Vézère : un accouchement dans la rousseur des herbes d'automne, que rehaussent les gentianes des marais et les Cent Pierres semées là par le diable...*
*En boucle autour de Chavanac, 5 heures.*
*Carte I.G.N. au 1 : 25 000, 2232 E, Peyrelevade.*

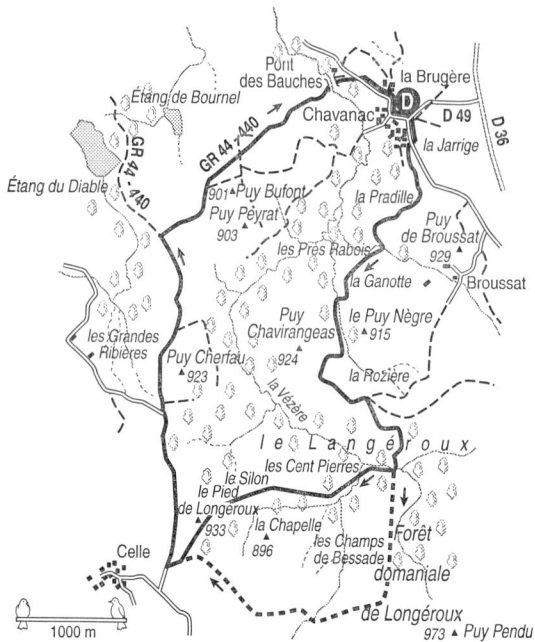

J'ai l'impression de sauter quarante ans en arrière. Je suis en culottes courtes sur mon banc d'école primaire. Odeur d'encre et de craie. La maîtresse a accroché la carte de France au tableau. En haut, à gauche du « M » de « Massif Central », un nom me fascine : « plateau de Millevaches ». Mille vaches ? Je ne conçois même pas qu'on puisse en réunir autant. Dans mon hameau de montagne, le cheptel ne dépasse pas cent. Je me figure un infini vert cru, que paissent des ruminants plus nombreux que les bisons de Grande Prairie américaine.

 *DE CHAVANAC AU PONT SUR LA VÉZÈRE,*
*2 heures*

Le plateau de Millevaches... J'y suis aujourd'hui, pour de vrai... Je le foule. J'y marche dans les parfums de l'automne. Nuages qui courent vers l'est. Feuilles jaunies qui volent. Gouttelettes de condensation sur l'herbe du chemin. Je ne suis pas sûr de saluer ici mille têtes de bétail ; en voici déjà douze sur une colline, contre le ciel bleu et blanc qui change à chaque seconde.
Une femme passe, un panier de légumes au bras. Un paysan va labourer sur son tracteur. Une chatte tricolore s'étire sur son balcon. Un merle fuse comme un charbon ressuscité. Je déploie ma carte sur la place de l'église de Chavanac. Altitude : 872 mètres. Au nord, le village de Millevaches, non loin des sources de la Vienne. Au sud, les débuts de la Vézère, au creux de la forêt du Longéroux, sous le chemin du Loup. Plus au sud encore, le bourg de Meymac, vers lequel je me mets en route. L'itinéraire est balisé de traits ou de flèches orange ou verts. Je salue deux pies aux reflets de nuit. Selon le cliché (rendons grâce aux clichés !), le plateau de Millevaches est un château d'eau : il nourrit d'un côté

la Loire par la Vienne, de l'autre la Garonne par la Vézère et la Corrèze. Je me sens moi-même humide : ça me monte par les pieds, ça m'entre par les narines... Je désire patauger dans ce paysage imprégné de larmes de nuages et de ruisselets surgis de partout, c'est-à-dire de nulle part, où l'herbe tremble de milliards de gouttelettes de rosée froide. Je revendique le droit de me mouiller l'épiderme en automne.

Je quitte la petite route goudronnée qui mène à Meymac et je file à droite, sur la large piste qui côtoie les potagers du hameau, garnis de poireaux et de choux plus bleus qu'un jardin de Van Gogh. Une touffe de campanules à feuilles rondes, emperlée de larmes d'argent gris, frissonne. Des achillées millefeuilles, des marguerites et des millepertuis esquissent une ultime floraison. Des vols de merles, de grives draines ou litornes, de bruants, de verdiers, de linottes, de pinsons, de chardonnerets et de dizaines d'autres passereaux, s'égaillent dans les buissons. À travers les arbres, à l'ouest, j'entrevois le jaune-roux de la tourbière, que des conifères d'un bleu-vert presque noir coiffent sur la colline.

Une buse variable plane sur ses ailes de velours gris-brun. D'un chêne au tronc creux jaillit un roitelet. Je pense à Ronsard. *Ode aux bûcherons de la forêt de Gastine*... Le sang des nymphes qui dégoutte à force des troncs suppliciés par la hache, c'est celui de ce délicat passereau au bandeau crème. Je frôle des massifs de genêts à balais défleuris. Des callunes fausses-bruyères allument leurs flammèches violet-mauve. Des jasiones en bigoudis de pétales d'azur se pressent contre des genêts pileux nains et des mufliers aux fleurettes en bouches de dragons gris-bleu. J'entre dans un bois d'épicéas, de sapins, de hêtres, de chênes, de bouleaux, de sorbiers des oiseleurs, où un houx vert s'accoutre d'une pacotille de baies rouges, tel un Papou qui se

moquerait d'un anthropologue. Le tronc des hêtres se hérisse de barbes de lichens usnées gris.
Je passe le petit pont sur le ruisseau qui draine le vallon de Broussat. La tourbière remonte à l'est, vers le hameau de Broussat dont on aperçoit les maisons. Elle s'étend vers l'ouest, sur les Prés Rabois, jusqu'à la Vézère qu'on suppose. La large piste se termine en cul-de-sac contre les épicéas. Un étroit sentier lui fait suite, à la limite des conifères. Les pieds trempés par la rosée, je chemine dans le vallon jaune qui sépare le puy Chavirangeas (924 mètres) et le puy Nègre. Pins sylvestres, ajoncs d'or, bruyères, myrtilles... Dans la mousse du sous-bois, je détaille des peuples de champignons : pezizes en coupes lie-de-vin ; lactaires d'un ocre sanguinolent ; clitocybes en entonnoirs gris ; russules charbonnières à reflets verts ; bolets à beau pied ; cortinaires gluants ; armillaires, tricholomes, hygrophores, etc. Au bout du vallon, quand celui-ci s'étrangle avant de s'ouvrir à nouveau sur le cirque de la Rozière, le sentier bifurque à droite, vers les épicéas du puy Chavirangeas. Je rate le virage. Je patauge dans la tourbe avec bonheur... Une chenille acajou, à lignes longitudinales pistache, s'est figée en S au creux d'une feuille. Un héron cendré décolle.
Je reviens en arrière. J'aperçois la marque orange du sentier. Traversée en sous-bois. Ombre verte. Odeur de résine. Semis aléatoires de champignons. Un nouveau virage — à gauche, cette fois —, et quelques mètres de petite route asphaltée, jusqu'au prochain bosquet.
Dans l'herbe, une plume de geai à galons azur et blanc m'indique qu'il faut piquer à droite. Je passe une aire de jeunes pins mêlés de bouleaux, de bruyères et d'ajoncs. Je débouche dans la parfaite lumière de la tourbière. Les herbes or et roux s'étendent, on dirait à perte de vue, irréelles et sensuelles à la fois, douces, luisantes, tièdes, onduleuses, parfumées comme une toi-

son de femme. Dans ce giron du monde, l'eau est partout, sous-jacente ou apparente. Elle sinue et s'insinue, glouglote, s'enfonce, revient en surface, se dissimule, brille plus loin, se perd derechef et triomphe enfin. La force du faible, telle que la peint Laozi.

Je descends au creux du système. Les plantes du marais me font un brin de conduite. La boue m'offre une initiation. Je m'enfonce. Douceur. Senteur des décompositions. Je m'agenouille. Je détaille un bouquet de sphaignes : mini-foliaisons vertes, gonflées d'eau et de chlorophylle, dont les étages inférieurs pourrissent en strates superposées et se transmuent en charbon. Je suis subjugué par l'ancienneté de la lignée végétale des bryophytes — les « mousses » au sens large —, qui eut des représentants énorme voici 300 millions d'années, au Carbonifère, quand la libellule méganeure aux ailes de 60 centimètres d'envergure vrombissait sur les premières forêts de la Terre... Je me frotte les jambes aux laîches (ou carex) : feuilles filiformes, rugueuses, coupantes. Je caresse de l'index la tige jaune-roux d'un scirpe cespiteux : tel est le nom de l'espèce proliférante qui donne à la tourbière sa couleur rousse en automne. Une grenouille — rousse, elle aussi — saute devant ma chaussure. Un papillon piéride palpite. Je cligne des yeux au soleil d'automne. Surcroît d'effluves.

J'ai les deux pieds sur le petit pont de bois qui franchit la Vézère.

 *DU PONT SUR LA VÉZÈRE À CHAVANAC,*
*3 heures*

Passerelle en bouleau. La rivière dans son enfance est large de moins de 1 mètre. Chuchotis, gargouillis, gazouillis de l'eau qui ondule vers l'aval. Mouvement hypnotique du fluide de la vie. Translation d'énergie. Poème des molécules... La Vézère puérile est toute de transparences, sur un lit de tourbe et de gravier brun-rouge à reflets grenat. J'y plonge la main. Je goûte le cru du bout de la langue. Saveur mêlée de charbon de terre et de mystère organique... Je marche vers les sources. Je divague dans le marais. J'enfonce jusqu'aux cuisses entre les touffes arrondies de laîches et de scirpes. Je patauge, j'ahane, je sue. Je gagne méandre après méandre vers l'amont. Le vallon se resserre sous les ondulations forestières du puy Pendu (973 mètres) et du puy de Longéroux (933 mètres). J'approche des fontaines. Touffeur velue. Maternité en acte. On jurerait que la tourbière perd ses eaux comme une femme en couches. Mais l'enfant qui paraît est lui-même composé d'eau.

Je redescends vers le petit pont : truitelles qui fusent devant mon ombre. Les grenouilles et les tritons semblent plus lents que d'ordinaire : gestes gourds, comme décomposés. Les amphibiens se préparent à s'entourber pour l'hiver. Je suis jaloux de leur sommeil sans rêves. Une libellule déprimée me rappelle la géante méganeure de la Préhistoire : taille à part, elle et les sphaignes n'ont guère changé depuis les premiers âges... Sur de petites îles de sable, j'identifie les empreintes et les épreintes de la loutre. L'espèce reste nombreuse dans la contrée : une exception française. Palmes aux pattes de devant et de derrière. Je voudrais en voir une. Rien que la queue d'une !

Revenu au petit pont, je pourrais continuer vers le sud, sur le chemin balisé de traits orange. Gagner la forêt du Longéroux : pins, épicéas, sapins, douglas, hêtres et chênes. Marcher en évitant d'écraser les champignons magiciens. Écouter le geai qui craille et le pic-vert qui tape. Admirer le vol des mésanges noires et les chamailleries de leurs cousines à longue queue. Filer vers l'ouest, puis le nord-ouest, et gagner la départementale 109 près du hameau de Celle...

J'arriverai bien à Celle, mais par le non-chemin de la tourbière. Je coupe vers les Cent Pierres. Droit dans la merveille. « Droit » est une façon de parler : en vérité, je progresse comme je peux. J'erre, je contourne, je m'extrais en riant des trous dans lesquels mes pieds se plantent. J'adore cette gymnastique, qui ne tolère pas l'arthrose de la hanche. Je m'efforce, dans ce vagabondage au pays de la loutre, d'observer les quatre stades classiques de la tourbière. Le marais bas acide, pionnier. La tourbière adulte, avec ses radeaux de sphaignes, ou « tremblants ». La tourbière bombée active, d'âge mûr. Enfin, la lande tourbeuse vieillissante, riche en molinies bleues, sur laquelle les callunes jettent leurs ondulations violet-mauve, mêlées du rose léger des bruyères à quatre angles.

J'herborise. J'identifie trois espèces de laîches : la noire, l'étoilée et la pauciflore ; pas simple ! Je salue le jonc raide et le scirpe cespiteux. Je localise la linaigrette aux panaches de coton blanc. Je repère la drosère carnivore et ses rosettes de feuilles gluantes, dont les poils-tentacules pourpres se rabattent sur l'insecte. Je trouve la grassette commune, dont les feuilles collantes s'enroulent sur le moucheron ou la fourmi. Voici le ményanthe trèfle d'eau et la délicate canneberge, cousine circumboréale de la myrtille et de l'airelle. Je tombe en admiration devant la gentiane des marais, ou pneumonanthe (littéralement, « fleur de l'air ») : rien n'est esthétique comme ces étages de coupes dentelées, d'un bleu lavé de vert, avec des aires brun-jaune sur le calice. J'y vois défiler les nuages gris du temps qui passe.

Je saute le ruisseau de la Bessade. J'arrive aux Cent Pierres. Nombre invérifiable ! Ces énormes blocs de granit arrondis, polis, couverts de lichens et de mousses, ont été semés là par les glaciers du Quaternaire, il y a environ 20 000 ans, tandis que, plus en aval, à Lascaux et aux Eyzies, les hommes de Cro-Magnon peignaient des bisons, des rennes et des mammouths sur les parois des grottes. Des légendes du Moyen Âge leur attribuent une origine étonnante. Cette échine pétrifiée sur la tourbière serait la colonne vertébrale d'un dragon tué par un preux chevalier : on cherche la belle. Selon une autre tradition, il y avait une fois une bergère qui gardait son troupeau de vaches ; éclate un orage terrible : la pauvrette, folle de frayeur, vend son âme au diable pour garder la vie sauve ; le Malin emporte l'âme et change le troupeau en cailloux. Selon un autre conte, il existait, sur le Longéroux, un riche château où régnait un méchant seigneur qui maltraitait les serfs et possédait mille vaches ; un soir, un vieillard demande l'aumône ; le châtelain refuse. Le vieux — en vérité, le Christ déguisé — lance une malédiction : le ciel se couvre de nuées et déchaîne des éclairs. Le château et ses habitants sont anéantis, et les mille vaches transformées en pierres. Ne reste, de l'épisode, que ce nom étrange : « Millevaches ».

Les bruyères, les jasiones, les campanules se souviennent de ces événements fabuleux mieux que les hommes. Je longe, vers le sud, la clôture qui borde le semis minéral. Je trouve la piste qui mène au Silon, au Pied du Longéroux et à la départementale 109. Petits panneaux pédagogiques consacrés à la loutre et à la Vézère. Je marche plus vite, à présent, dans un décor de fougères, de bruyères et de genêts, où se lèvent des alouettes et où palpitent des papillons argus bleus, piérides et demi-deuils. Nouveaux panneaux : l'agriculture, la martre, le chevreuil. Je n'aperçois pas la martre, mais voici le chevreuil : cul-blanc qui détale vers le bosquet du Silon. Des corneilles passent. Le renard a laissé quelques crottes garnies de fruits de sorbiers. Les champignons poussent en désordre : bolets élégants, bolets

## L'ACCOUCHEMENT DE LA VÉZÈRE

orangés, pieds-de-mouton, lépiotes élevées (ou coulemelles), tricholomes, coprins, collybies... Je hume la fragrance de citronnelle des aiguilles des douglas, dont les cônes se composent d'écailles décorées chacune d'un écusson à trois pointes vert tendre. Panneaux sur les conifères, les mésanges, la tourbière. Trio de papillons tircis bruns.

La départementale 109 est bordée de douglas. Je l'emprunte vers le nord. Un écureuil la traverse. Un accenteur y sautille. Un coup de vent la fait mousser de feuilles. Je m'arrête à la table d'orientation : « Tourbière du Longéroux, altitude 900 mètres, sources de la Vézère. » Je songe aux petits lycopodes *inundatum* que je voulais voir, et que je n'ai pas trouvés. Je me promets de revenir, au printemps, saluer le narcisse jonquille et le sublime érythrone dent-de-chien rose ; sans oublier la digitale pourpre, ni la rare andromède à feuilles de polium.

Je quitte le goudron au premier virage à gauche. Je continue tout droit (flèche verte) dans une allée bordée de hêtres noueux. Je longe le puy Cherfau. Une perdrix rouge décolle à droite, une autre à gauche. Que signifie ce présage contradictoire ? À la patte d'oie, je reste à gauche, jusqu'aux quatre chemins où je rejoins le G.R. 440. Je pousse une reconnaissance jusqu'à l'étang du Diable, question de vendre mon âme, mais mon âme ne vaut pas grand-chose.

Je reviens à la piste, que je foule en direction de Chavanac. La rougeur de l'enfer se concentre dans le chapeau des amanites tue-mouches. Un faucon vole vers l'étang du Diable — un peu comme une âme. Une chenille d'écaille martre, à la longue fourrure brune, traverse la piste vers le nord : je suppose qu'elle obéit à une pulsion précise, fondée sur la perception d'un stimulus dont je n'ai pas idée. À peine ai-je énoncé cette leçon de biologie élémentaire, qu'une de ses congénères tente de franchir la route vers le sud. Je renonce à pénétrer l'univers des larves de lépidoptères. Le diable en rit encore, sous l'apparence d'un geai qui crèque. Un picvert unit deux chênes par la magie de sa trajectoire jaune-vert à coiffe rouge. Sur le pont des Bouches, juste avant Chavanac, je franchis la Vézère que j'ai vue naître tout à l'heure dans la paille du Longéroux. La rivière mesure, ici, 2 mètres de largeur et nourrit avec élégance l'iris jaune, le potamot flottant, le canard et la poule d'eau. Je jette une branche dans l'eau brun-rouge qui gargouille vers l'étang des Oussines.

Mon message secret s'en ira, plus loin que Brive-la-Gaillarde, saluer Lascaux et les Eyzies, où je ne désespère pas d'accomplir un jour mon destin d'homme de Cro-Magnon né 20 000 ans trop tard, dans un monde trop vieux.

### NOTE SAISONNIÈRE ET RECOMMANDATIONS

Cette balade a été effectuée à la fin du mois de septembre, quand la flore de l'été jette ses derniers feux : alors, les fruits mûrissent sur leurs tiges, tandis que les champignons se pressent sur des lits de mousse. Septembre est le temps de la migration pour de nombreux oiseaux. À la fin de l'automne, ne restent que les sédentaires : frissons quand la neige tombe et couvre la tourbière... L'hiver est long, sur cette hauteur promise au vent, et qui semble se souvenir d'avoir été toundra. Les beaux jours ramènent de folles floraisons — jonquilles, érythrones dents-de-chien, orchidées, etc., tandis que les batraciens se reproduisent et que les loutres songent à perpétuer l'espèce.

L'itinéraire ne comporte aucune difficulté, sauf celle qui consiste (mais c'est un bonheur !) à patauger dans la tourbière. Attention, après de grosses pluies : les ruisseaux gonflent et les trous d'eau se creusent !

## 2. Haut-Allier

# Les méandres du saumon

 Entre Langogne et Brioude, l'Allier sculpte ses gorges dans le granit et la lave. De Saint-Haon au Pont-d'Alleyras, la rivière propose ce qu'elle a de plus fou. Avec des remous où les saumons d'argent se plaisent. Avec des parfums de fleurs précoces, de fromage de chèvre et de confiture de fruits sauvages.
 En ligne, du Pont-d'Alleyras à Saint-Haon, 6 heures 30.
 Cartes I.G.N. au 1 : 25 000, Série bleue, 2737 E, Langogne ; 2737 O, Grandrieu ; et 2736 O, Monistrol-d'Allier.

Fin d'hiver en Haut-Allier, dans la paix du ciel, des roches et des arbres. Un bouquet de parfums assiège la narine et monte dans la cervelle y causer d'irréparables plaisirs. On sent passer quelque chose de subtil et d'immense, comme un fantôme de lumière et de brise, de granit, de lave et de nuages. De corolles fragiles et d'écume de rivière. Les collines alentour tombent dans l'Allier comme des tentures minérales moirées de sapins sombres et de hêtres encore dépourvus de feuilles. Ici, la terre porte ses villages en hauteur, du bout des doigts, tel un servant de messe le Saint Sacrement ; on dirait presque avec une génuflexion.

 *DU PONT-D'ALLEYRAS À POURCHERESSE, 1 heure 30*

Vers l'est, le regard s'échappe jusqu'au gris-bleu irréel des monts du Velay, par-delà la chaîne gris-vert du Devès. Du côté de l'ouest, obscurs comme les épicéas qui composent leur fourrure, la Margeride et le Gévaudan rappellent aux esprits fanfarons qu'ils hébergèrent autrefois la Bête ; et que, s'il leur en prenait la lubie, un soir de pleine Lune, à la fin de l'hiver, quand la folie du monde hurle en ouvrant sa gueule sanglante, ils ruineraient encore bien des cervelles...

Ces gorges de l'Allier, je me propose de les remonter. En les dominant, par le chemin des crêtes, de fleur en fleur, de ferme en ferme, de hameau en hameau, depuis le Pont-d'Alleyras jusqu'à Saint-Haon. Avec des incursions dans les remous liquides où les poissons ondulent. N'ai-je pas été poisson moi-même, dans une existence antérieure, voici 370 millions d'années, avant d'être amphibien, reptile, puis mammifère ? J'ai vécu le stade cœlacanthe — pour ainsi dire, poisson à pattes —, qui intriguait aussi le docteur Freud. La rivière trace un chemin compliqué, hésitant mais entêté, dans un chaos rocheux dont elle seule, semble-t-il, parvient à comprendre le sens. Il existe — n'est-ce pas ? — une intelligence de l'eau, qui déchiffre le livre du monde. Chaque cours d'eau semble un doigt de moine sur les lignes manuscrites d'un grimoire ; le vent et les oiseaux lisent ou psalmodient le texte.

Sac au dos, je me mets en route devant l'hôtel du Haut-Allier. Je marche avec Olivier Boularand. Un prosélyte du pays, accompagnateur en montagne et moniteur de canoë sur la rivière. Il a ouvert ce sentier avec David Beaune et d'autres amis. Une longue errance balisée en vert et blanc. Neuf étapes d'un jour entre Brioude et Langogne... Nous parcourrons la septième. La plus longue. La plus somptueuse.

Nous traversons le chemin de fer, puis le pont sur l'Allier, vers la départementale 331. Un pinson et un grimpereau nous saluent sur un arbre. Un rougegorge et une mésange charbonnière sautillent dans un potager. Une bergeronnette des ruisseaux, au poitrail jaune pâle comme un soleil d'hiver, hoche sa longue queue d'un air interrogatif.

Après le pont, nous empruntons, à gauche, la route étroite et sinueuse qui file vers le hameau de Vabres. Fraîcheur de la brise, frisson musical de l'eau. La rivière coule entre les frênes, les saules et les peupliers. Elle forme parfois un seul lit. À d'autres moments, elle se divise en plusieurs bras, avec des enfilades, des sinuosités, des rapides de passion et des étangs de sérénité. J'y vois toutes les couleurs qu'on imagine liquides : le blanc de l'écume sur les rocs ; la turquoise et l'émeraude des bassins profonds ; l'or et le cuivre, mais aussi le grenat des flux resserrés où le courant avance et passe en force, comme s'il désirait affirmer qu'il ne se laisserait pas piéger par la montagne. Une corneille noire coupe la trajectoire d'un geai aux épaulettes d'azur.

Impossible de ne pas gagner le bord de la rivière. Nous filons jusqu'aux roseaux, puis aux galets qui roulent et crissent sous nos pieds. Un oiseau pique une tête et détale au fond du fluide : le cincle plongeur. Le merle d'eau. Olivier m'indique que ce volatile abonde ici, plus que partout ailleurs en Europe ; preuve que la rivière est riche en fretin. Le cincle a, d'ailleurs, été choisi pour emblème de la Maison des Oiseaux du Haut-Allier. Un martin-pêcheur orange et bleu gicle entre les branches. Deux hérons décollent en direction d'un grand peuplier et s'y perchent. Je salue, tour à tour, les trois espèces de bergeronnettes d'Europe : la grise et les deux jaunes — la printanière et celle des ruisseaux. Un autre volatile, devenu rare ailleurs, hante ces berges : le chevalier guignette. Au printemps, il dépose ses œufs dans un creux de sable, entre des galets. Gros sabots déconseillés, prière de ne pas écraser !

Je remonte à la petite route en suivant Olivier Boularand. Le hameau de Vabres n'est pas bien loin. Vieilles bouses de vaches et crottes de chèvres sur la chaussée : la campagne impose ses symboles. Ils valent autant que les autres. La bactérie a besoin de substance organique. Elle la décompose. Elle se trouve à la base de la pyramide alimentaire qui, par la plante, l'insecte, le passereau et le rapace, enchante la cervelle compliquée du naturaliste. Trois chiens aboyeurs nous accueillent à Vabres, mais sans dégâts pour nos pantalons. Un coq s'égosille. Des poules caquettent et des canards cancanent. Paix de la campagne...

Nous passons le calvaire. Cheminement léger sur la piste consécutive. Les balises vert et blanc sont à suivre avec attention. L'air est frais, le soleil brille bas sur l'horizon. Entre les genêts, les chênes et les pins, les fleurettes pointent l'étamine et le pistil : la violette odorante et la première primevère officinale ; le tussilage, qui a l'air d'une chandelle de cire jaune ; l'hellébore fétide en touffes vert sombre, avec des corolles vert pâle en clochettes et des feuilles en forme de mains de sorcière aux doigts maigres et crochus.

    Nous montons dans la forêt. Larges lacets. Traces de sangliers. Empreintes de chevreuils et de cerfs dans la boue. Voici les marques rouge et blanc du sentier de grande randonnée — le G.R. 412. Des pins sylvestres tordus comme des vieillards du Titien. Des pierres moussues. Des lichens de toute sortes : géographiques, foliacés, en massues, en entonnoirs, etc. Une trouée dans le bois : nous dominons de haut les gorges de l'Allier. Sur l'autre rive, le village d'Alleyras, et son église à clocher à peigne, typique de l'architecture du Velay. Là-bas, au sud-est, les maisons de Saint-Haon, où nous allons.

    Nous longeons le haut de cette falaise du vent, dont le vertige donne sur la rivière, et qu'on appelle le « rocher des Aigles ». Olivier me raconte que les rapaces royaux — les aigles dorés — y avaient aménagé une aire, mais qu'ils ont déserté l'endroit pour une raison inconnue. Le logis a été squatté par des faucons pèlerins. Becs pour becs, serres pour serres, beauté pour beauté : dans la nature, rien ne se perd.

 *DE POURCHERESSE AU MÉNIAL,*
*2 heures*

    Le hameau de Pourcheresse. Des maisons basses et d'autres chiens renifleurs de mollets. Aboyeurs obsessionnels. Grognons. La plupart d'entre eux gentils, semble-t-il ; mais parfois inquiétants ; trop collants, trop baveux... L'itinéraire continue à gauche, sur une large piste ; puis, à droite, sur un chemin de terre. Toujours les balises vert et blanc... Des sureaux coiffent une ruine. Des frênes s'ancrent dans la glèbe granitique et matérialisent la ligne de crête. Un chevreuil détale — cul-blanc, corps gris-brun, sur le gris-vert du pré. Au bord du chemin, une haie d'épilobes en épis, ou lauriers de saint Antoine ; pour le moment, encore en vieux fruits secs de coton blanc ; dans quelques mois, en glorieux épis de fleurs roses. Je caresse une hampe sèche de molène bouillon-blanc. Et les épines d'un églantier aux fruits gratte-cul ovoïdes et vermillon mordoré.

Je scrute, vers le bas, l'ombre d'émeraude des gorges de l'Allier. Olivier m'explique que, dans ce secteur, il est impossible de gagner la rivière, tant la pente est raide et sauvage, et la végétation une broussaille impénétrable, digne du château de *La Belle et la Bête*. Pour toucher l'eau, mieux vaut descendre le cours depuis Chapeauroux, en canoë ou en radeau pneumatique. Je me console en songeant qu'au moins, les libellules, les grenouilles et les saumons sont tranquilles !

Balade aérienne, à flanc de coteau. De ferme en ferme. De chien en chien. De bosquet en bosquet. De hameau en hameau. Des parfums et des goûts me montent au nez et à la bouche. Ceux, par exemple, des fromages de chèvre ovales de Bruno Dépalle, que j'ai goûtés hier au hameau de Douchenez ; concentrés de marjolaine, de sauge, de menthe et de pensée sauvage ; avec l'arrière-goût mêlé du granit et de la lave. Ou bien ceux des confitures que Patrick Hugon concocte en Margeride : mûres, myrtilles, fraises des bois, cassis, framboises, groseilles, cerises, verveine, gratte-cul...

Le hameau du Devès. Ses chiens et son calvaire. Frênes et saules. Chênes et pins. Une buse plane. La région est un paradis pour les oiseaux, donc pour les ornithologues. Les passereaux pullulent. Les rapaces tournoient. Certains sont là à l'année — buses, éperviers et faucons. D'autres, comme les milans — noirs et royaux —, les bondrées apivores ou les circaètes jean-le-blanc, vont bientôt revenir de migration. Les circaètes n'atteignent presque nulle part, en Europe, la densité qu'ils ont dans les gorges de l'Allier, où ils trouvent à profusion les lézards verts ou gris, les vipères, les irascibles couleuvres vert et jaune et leurs cousines à collier, vipérines et d'Esculape.

Le hameau de Romagnac. *Canis domesticus*, bien sûr. Odeur de vaches à l'étable. Un âne brait... Un crochet au nord-est, puis à nouveau vers le sud, au-dessus de l'énorme tranchée des gorges. Voici Saint-Vénérand, et devinez quoi ? Oui, eux ! Ils aboient... Églantiers, noisetiers, genévriers et aubépines. Un autour des palombes plane à 11 heures, dirait un aviateur.

 *DU MÉNIAL À SAINT-HAON,*
*3 heures*

Le village du Ménial. Les chiens, bien sûr ! Ils ne nous font pas oublier le casse-croûte. Quelques poules échappées de leur enclos partagent notre repas, que nous prenons assis sur la margelle du lavoir. Pain de campagne au fromage de chèvre et à la confiture de mûres et de groseilles. On ne se refuse rien. On se régale. On se pourlèche. On se remet sur ses pieds. Ici, le chemin frôle la départementale 321, puis conduit au village de Saint-Christophe-d'Allier. Maisons de pierre simples et belles. Admirable église au clocher en peigne.

Cap sur le hameau de Trémoul. Un bois de hêtres et de sapins constellé de houx verts. Un creux secret, une prairie vert tendre en forme de U, une tourbière épaisse où gargouille une source. Restes de plantes carnivores, de linaigrettes et de ményanthes trèfles d'eau. Quelques bouquets de violettes. Un semis de crocus printaniers d'albâtre et d'améthyste. Les coupelles d'or pur du populage — ou caltha des marais —, déjà épanouies. Et le premier narcisse jonquille en fleur : dans un mois, la prairie sera jaune de ces coucous au nez de Pinocchio et aux feuilles glauques en forme de glaives antiques.

Commence la descente vers la rivière, abrupte, entre les genévriers et les genêts, avec à l'œil la prodigieuse opposition géologique dont l'Allier se fait la médiatrice. Rive droite, où nous marchons encore, la Margeride est bâtie de roches anciennes, métamorphiques — hercyniennes, âgées de 300 millions d'années ou davantage. Rive droite, la montagne du Devès est récente : moins de 3 millions d'années. Faite de laves vomies par plus de cent cratères, et qui composent la plus gigantesque extrusion basaltique connue en Europe. À cause de ces éruptions, la rivière dut maintes fois changer d'itinéraire. Les géologues s'amusent à retrouver ses anciens lits. Bois de pins sylvestres. Scilles à deux feuilles (délicates clochettes mauves) et anémones sylvies blanc et rose, en coupelles offertes aux lutins. Écureuils bondissants et terriers de blaireaux. Je suppose la martre et le hibou, la fouine et la chouette effraie.

Voici la route goudronnée qui serpente en descendant vers le bourg de Chapeauroux. Au-dessus d'un superbe méandre... Ici, le génie de l'homme renchérit celui de la nature. Au siècle passé, les ouvriers de la ligne de chemin de fer « *le Cévenol* » imprégnèrent de leur sueur la pierre locale. Murs de soutènement énormes, dignes des pyramides. Tunnels aux orbes parfaites. Viaducs aux arches géométriques.

Chapeauroux. Le pont de pierre qui franchit le torrent homonyme, juste avant son confluent avec l'Allier. Remous limpides. Impossible de résister... Je descends sur la rive, entre les peupliers et les saules, les roseaux phragmites et les massettes.

Je scrute l'épaisseur de l'eau pour y repérer le roi saumon en train de remonter vers son ruisseau natal. J'écarquille les yeux. Advient ce qui devait : je finis par en apercevoir un. Je me moque que ce soit peut-être une illusion d'optique. Le poisson, long de plus de 80 centimètres, ondule et bâille avec des spasmes. C'est une femelle, au ventre lourd de milliers d'œufs rouge pâle, gros comme des groseilles. Le mâle n'est pas loin : un bécard au museau difforme, aiguisé, tordu, on dirait supplicié par ses propres hormones. La belle se repose un instant avant de reprendre sa nage à contre-courant. Elle a réussi à déjouer les pièges des hommes — canaux de dérivation, barrages et bouches d'égout. La voilà en eau pure, vêtue d'argent et d'incarnat, luisante, rosissante comme une jeune mariée. Elle a de l'importance. J'y vois l'image de l'obstination de la vie. Un résumé de la formidable pulsation de la Terre amoureuse.

Les saumons... Je me remémore le prodigieux cycle reproducteur de ces poissons qui pondent dans les ruisseaux. Leurs enfants — alevins, puis tacons, puis saumons de descente —, se laissent filer jusqu'à la mer à l'âge d'un an. Ils traversent l'Atlantique (comment font-ils pour s'orienter ?) et gagnent les parages du Groenland — le détroit de Davis et la mer de Baffin, où ils grossissent quatre ou cinq ans avant de revenir à l'embouchure de leur fleuve, puis de remonter l'eau douce jusqu'à leur torrent d'origine. Ils transmettent la vie dans une sorte de rite frénétique, au cours duquel la femelle creuse un sillon dans le gravier avec sa queue, et lâche dans ce nid ses œufs de corail, que le mâle arrose d'une laitance opaline.

Nous traversons Chapeauroux et le pont sur l'Allier. La rivière gicle, glougloute, bruisse et scintille. Le train « *Cévenol* » siffle trois fois (bien sûr !) avant de passer le viaduc. Nous entrons au Nouveau Monde — le merveilleux nom dhôtelien qui fut donné au village où logeaient les ouvriers du chemin de fer. Reste à escalader la colline sous les orgues basaltiques du Thor, face à la tour en ruine et aux anciennes fortifications qui gardaient l'entrée des gorges. Quelques troglodytes, verdiers et mésanges plus tard, après des aubépines et des chardons rolands, au-delà du château blanc du Thor et des (inévitables !) chiens renifleurs des fermes de Chazevieilles, nous achevons la balade devant l'église de Saint-Haon.

Dans notre cervelle, une succession de méandres et d'eaux pures, où se mêlent l'argent du saumon, l'odeur du fromage, le goût des confitures et l'éclair jaune des premières jonquilles.

> NOTE SAISONNIÈRE ET RECOMMANDATIONS
>
> Pour cette balade assez longue (6 heures 30), donc fatigante, pas question d'accomplir l'aller-retour dans la journée. Il faut, ou bien disposer de deux voitures et en conduire une à Saint-Haon ; ou bien (solution plus subtile) passer une nuit à Pont-d'Alleyras, au départ de l'itinéraire, par exemple à l'hôtel du Haut-Allier (table succulente), et la suivante à Saint-Haon, mettons à l'hôtel de la Vallée (accueil parfait).
>
> Toutes les saisons conviennent à ce parcours de village en village, au-dessus des gorges. Avec une préférence pour la fin de l'automne, l'hiver et le début du printemps — le temps où les saumons remontent. Même si sont alors absents les nombreux oiseaux migrateurs et la profusion de fleurs et d'insectes dont se glorifient les printemps tardifs et les étés.
>
> Mes mollets sont revenus entiers de l'aventure, mais j'oserais conseiller au randonneur de se munir d'un bon bâton. Rien que pour tenir en respect les chiens, à mon goût un peu trop nombreux et mal lunés sur ce parcours...

# 3. Sancy

## Neige fondante à Chaudefour

Au flanc nord-est du puy de Sancy — le point culminant du Massif Central —, le vallon de Chaudefour compose un cirque des merveilles. Tous les spectacles de la roche volcanique, des eaux vives, des plantes et des bêtes s'y offrent au curieux. Grand tour de cette vallée protégée, à l'époque de le neige fondante.
En boucle autour de la Maison de la Réserve, 5 heures 30.
Carte I.G.N. au 1 : 25 000, 2432 ET, Top 25, massif du Sancy.

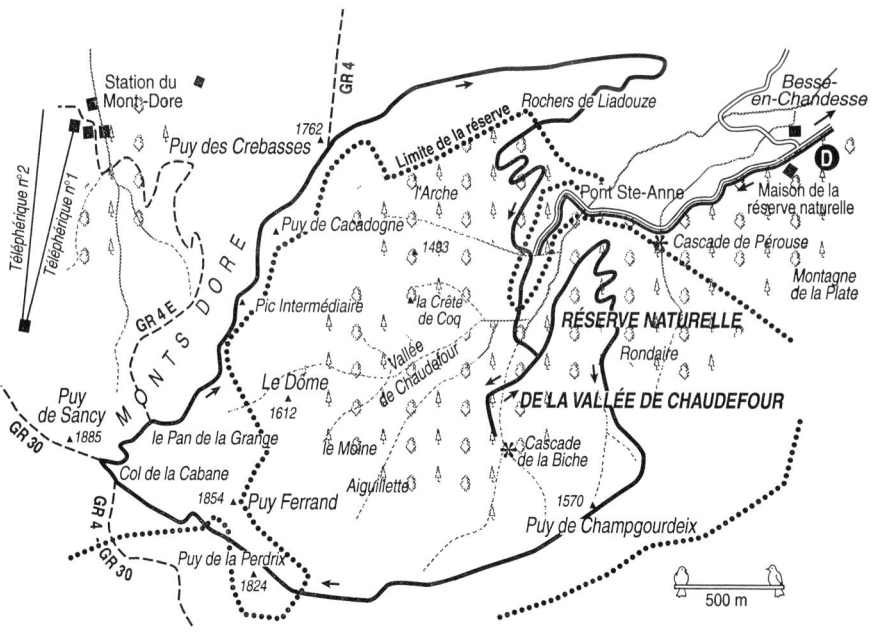

La rivière chante, chuinte, clapote, gargouille entre les pierres de lave grenat. La Couze de Chaudefour, née de l'union des ruisseaux de Pérouse et de la Biche, est chargée des eaux de fonte de la neige — la vieille couche blanche de janvier et les quelques centimètres tombés la nuit dernière. Un beau soleil de fin d'hiver honore l'Auvergne — l'Auvergne absolue de Vercingétorix et de Vialatte... Les gouttes scintillent, les ruisselets sinuent et cascadent, une irréelle vapeur de sublimation s'élève. Je me mêle en douce à la féerie.

Je veux boucler le grand tour : la vallée de Chaudefour compose la portion la plus sauvage du massif du Sancy, autrement dit, des monts Dore. Je me tiens devant la Maison de la Réserve naturelle. J'accomplis cette balade en compagnie de l'un des deux responsables du lieu : Philippe Loudin. Silhouette élancée, barbe brune. Un homme de l'Office national des Forêts. Passionné de ce coin, de ses roches, de ses arbres, de ses mouflons, de ses chamois, de sa lumière. Avec nous, aussi, Éric Vallée affiche la discrétion des fleurs d'altitude dont il est spécialiste : voix douce et discrets émerveillements.

 *DE LA MAISON DE LA RÉSERVE AU CARREFOUR DES TROIS SENTIERS, 0 heure 45*

Philippe Loudin sourit, boucle son sac à dos et passe ses jumelles à son cou. Il me montre où nous allons : là-haut, sur le puy Ferrand. De notre point de départ (altitude : 1 137 mètres), le puy de Sancy (1 885 mètres) n'est pas visible, dissimulé derrière une crête. Le puy Ferrand (1 854 mètres) règne sur Chaudefour. On dirait un pain de sucre bicolore — avec le vert pâle de la première herbe et le gris pâle de la dernière neige...

Nous nous mettons en route sur la piste qui file au sud-ouest. Le fond du cirque, creusé par les glaciers du Quaternaire, chante de ruisseaux et de sources. Entre les torrents, les prés mouillés ondulent de narcisses des poètes : feuilles en épées bleu-vert et corolles en étoiles blanches, un cercle rouge au cœur. Le parfum qui s'exhale de ces fleurs résume l'âme de la terre et me pénètre jusqu'au cœur. C'est le nectar que je préfère : intense et suave à la fois. D'une puissance incroyable, mais doux comme l'amour même. Avec (faut-il l'écrire ?) des arrière-senteurs perverses de sueur, d'urine et de sexe. La nature n'est pas politiquement correcte.

Des plaques de vieille neige perdent leurs eaux dans les creux d'ombre et accouchent de crocus printaniers en flammes d'albâtre et d'améthyste ; de tussilages aux feuilles rouillées et aux fleurs comme des gâteaux d'or ; de pétasites à l'allure de chandeliers dégoulinants de fleurs blanches. Un cincle plongeur pêche dans un torrent : j'observe ce « merle d'eau », vif comme un reflet liquide. La forêt — hêtres, épicéas et sapins, mêlés çà et là d'érables planes, de sorbiers des oiseleurs et de bouleaux — résonne de gazouillis. La pré-saison des nids est ouverte. Les pinsons, les bouvreuils, les gros-becs, les sittelles, les verdiers, les grives — petits génies de l'atmosphère — concoctent leurs amours. Ainsi qu'une demi-douzaine d'espèces de mésanges : bleue, noire, nonnette, à longue queue, charbonnière, huppée... Mon guide énumère ces gazouilleurs professionnels.

À quelque 750 mètres de la Maison de la Réserve, où la plantation de résineux finit, Philippe Loudin désigne, à gauche, un sentier de récente facture. Les lacets s'élèvent dans la forêt et conduisent au col qui sépare la montagne de la Plate et le puy de Champgourdeix. J'ai emprunté cet itinéraire hier, pour me mettre en jambes. Superbe, mais sans balisage. Le chemin franchit des sources sur des caillebotis et s'insinue dans des camps végétaux qui forment, en été, ce qu'on appelle des « mégaphorbiées ». Je révère ces jungles d'herbes géantes et de fleurs : laitues des Alpes aux capitules d'azur ; aconits napels bleu nuit ; aconits tue-loup jaune tendre ; adénostyles enfumées de fleurs incarnates ; méconopsis du pays de Galles aux airs de coquelicots jaune vif ; doronics d'Autriche en marguerites d'or... Je repère, dans le sous-bois, des tentures de lichens, des sofas de mousses, des massifs de myrtilles en bourgeons ; ainsi qu'un plant sec de lis martagon.

Je continue sur l'itinéraire balisé. Je foule la portion commune des trois sentiers majeurs de la Réserve : le jaune, l'orange et le vert, sur lequel je continuerai. En contre-haut, à gauche, la cascade de Pérouse semble une chevelure de dryade parmi les arbres. De l'autre côté du cirque, sous le puy des Crebasses et les rochers de Liadouze, la pente boisée, exposée au midi, héberge la plus grande partie des deux cent soixante mouflons de Corse et des quarante chamois de la vallée. Les premiers, précise Philippe, ont été introduits en 1956. Les seconds descendent d'animaux lâchés dans le massif du Cantal : ils sont venus s'établir ici de leur propre chef. On ignore, en revanche, comment sont revenues les marmottes : elles creusent et sifflent à nouveau dans cette vallée. Elles sortent de leur long sommeil hivernal en ce moment même. Or, elles avaient disparu du Massif Central depuis des millénaires !

Juste avant le pont de Sainte-Anne, qui franchit le ruisseau de Chaudefour, quelques mètres de sentier, sur la rive droite du torrent, mènent à deux captages de sources gazeuses ferrugineuses (aucun chemin n'atteint la troisième, plus en amont). L'eau gargouille, ondule, fuse et laisse sur les pierres un dépôt rose-roux à reflets grenat qui enchante le regard. Ces fontaines, alimentées par le ventre du volcan, faillirent être exploitées au début du siècle. On projeta d'édifier une station thermale à Chaudefour. Le financement fit défaut. On renonça au projet : les sources ne glougloutent plus que pour les connaisseurs, qui les gouttent avec délices (« l'eau ferrugineuse, oui ! ») ; ou pour les pinsons et les bouvreuils, qui y barbotent quand ils ont poissé leurs plumes de résine.

 ***DU CARREFOUR DES TROIS SENTIERS AU PUY FERRAND,***
*2 heures 15*

Nous voici au creux même du cirque. Dans le giron tiède de la montagne. J'ai le sentiment d'avoir enfin acquis la même importance que le têtard de grenouille rousse dans sa mare. Un piquet, décoré de trois traits de couleur — vert, jaune, orange — marque le point de divergence des trois itinéraires de la Réserve. J'emprunterai celui de gauche, qui est balisé de vert. Pour le moment, je contemple... À mes pieds, sur un rocher, un panoramique en lave émaillée offre le croquis annoté du prodigieux fer à cheval géologique qui me domine. J'y lis les noms des sommets et des rocs alentour. Droit devant, le puy Ferrand — l'axe du système. À gauche, les pentes boisées de la montagne de la Plate et du puy de Champgourdeix, et les cheveux d'argent de la cascade de la Biche, par où je ferai un détour. En allant du sud au nord, je note — dans l'ordre — le puy de la Perdrix et le puy Ferrand ; l'arête du Pan de la Grange ; le pic Intermédiaire ; le puy de Cacadogne ; et celui des Crebasses. L'érosion glaciaire a révélé des rocs et des filons étranges. Le stratovolcan du Sancy s'effondra, voici 2,5 millions d'années, en créant un fossé (une caldeira) où le géologue repère des couches de cendres imperméables (cinérites) qui commandent les sources ; des étendues de bombes et de ponces (sous le puy de Cacadogne et la montagne de la Plate) ; des épandages de lave andésitique (dans sa variété locale : la sancyite) ; de fiers pitons, ou dykes, surgis jadis de cheminées d'enfer, figés dans leur tube et si durs que l'érosion les a dégagés comme autant de sculptures. Ainsi naquirent ceux qu'on appelle les « monuments » de Chaudefour : l'Aiguillette, le Moine, le Dôme, la Crête de Coq, les Cornes du Diable, la Dent de la Rancune, le Grand Dièdre, l'Arche... La Dent de la Rancune impressionne : un chicot dans la mâchoire d'un monstre.

« En pleine paroi de la Rancune, raconte Philippe Loudin, niche un couple de faucons pèlerins que nous observons depuis des années... Ces rapaces ont expulsé les grands corbeaux qui les gênaient dans une folie de piqués, de loopings, de coups de bec et de serres. Ils ont bâti une aire. La femelle a pondu. L'an passé, trois oisillons ont éclos. Les varappeurs, qui fréquentent ce roc où pas moins de trente-quatre voies sont ouvertes, ont répondu d'enthousiasme à notre appel : surtout, ne pas déranger... Hélas ! Quatre jours de grand mauvais temps, au début du mois de mai, ont eu raison des jeunes. La vie est dure, même pour les princes des faucons. J'espère que cette année sera meilleure. »

Les marques vertes. La passerelle sur le ruisseau de la Biche. Une grenouille saute, ploc ! comme dans le haïku de Bashô. Nous nous éloignons du fond humide de la vallée. Montée rapide vers la forêt. Certains hêtres semblent plus biscornus que ceux des légendes arvernes. Des générations de charbonniers exploitèrent ce bois. Mais le nom de « Chaudefour » ne viendrait pas du foyer des artisans ; il désignerait « le lieu des sources ». Dans cette sylve, l'O.N.F. admet aujourd'hui qu'il faut laisser la nature reprendre ses droits. « Regardez ce sapin mort, dit Philippe Loudin : une aubaine pour les grimpereaux, les sittelles et les chouettes. Nous avons ici le pic épeiche, le pic-vert et le pic noir... Voyez, sur ce hêtre, une aire énorme : un logis de buses. Outre l'autour des palombes et l'épervier, la vallée accueille, en été, le circaète jean-le-blanc, friand de lézards vivipares ; la bondrée apivore ; et le milan royal. Sur ce reste de neige, je note les empreintes de la martre et de l'écureuil. Sur ces plaques de boue, celles du mouflon, du lièvre brun, du renard, du chevreuil... »

Nous montons. Pente raide. Souffle court. Une divergence du chemin (traits bleus), à droite, nous conduit en quelques minutes au pied des 40 mètres de vertige liquide de la cascade de la Biche. Le roc ocre rouge qui sert de décor à l'eau chevelue n'aurait pas déparé une enceinte de la légendaire Atlantide. Retour au sentier principal. Les lichens ornent les troncs et les branches comme des barbes de Père Noël. Des camps de mousses de toutes les nuances de vert, de jaune, de brun et de bleu-vert, introduisent à un éboulis crêpelé de rosiers des Alpes, de framboisiers et de bouleaux.

Nous touchons la lande d'altitude sur l'épaule de Rondaire. Airelles, callunes fausses-bruyères, saules des Lapons et genêts (à balais et purgatifs) se mêlent de genévriers et de brefs bouleaux. Nous coupons dans la pente. Les plaques de neige fondante livrent à la joie du promeneur leurs ceintures de crocus ; de gentianes printanières en clairons bleu roi ; de soldanelles des Alpes en jupettes frangées mauves. Les jonquilles (narcisses pseudonarcisses) sont en fleurs et couvrent des pans entiers de la montagne ; ballerines en tutu jaune clair, nées de petites palissades de feuilles en glaives gris-bleu.

Nous montons vers le puy de Champgourdeix, puis vers le puy de la Perdrix, sur une pelouse inondée de lumière, où prolifèrent le nard raide et la fétuque paniculée. Ces graminées sont le régal des mouflons et des chamois. Un chamois, en voici un, près de l'Aiguillette ; et trois autres au-dessus du Moine. Les mouflons broutent en face. Philippe en localise une demi-douzaine dans une ravine, entre l'Arche et les rochers de Liadouze. Ils se régalent de bourgeons d'arbustes.

Nous longeons une tourbière en forme de huit couché — le signe « infini ». Quelques mètres de vie intense... À cette époque de l'année, elle est encore en partie occupée par la neige, quoique des populages en coupes d'or y luisent. L'été venu, elle s'enorgueillit, entre sphaignes et lycopodes, de droseras et de grassettes carnivores ; de parnassies en étoiles virginales ; de gagées en étoiles jaunes ; de linaigrettes en coton banc ; de ményanthes trèfles d'eau aux pétales de tissu effrangé ; de narthex ossifrages en mini-chandeliers de soufre.

La pente qui conduit au puy Ferrand m'est un enchantement. La brise me flatte le front. Je hume à pleines narines la clarté de l'Auvergne absolue. Argentée, comme les ultimes plaques de neige, et dorée comme les jonquilles. J'en oublie les bâtiments d'arrivée — la laideur bétonnée du télécabine de la Perdrix, déversoir à touristes arrivés jusqu'ici sans sueur et sans plaisir, depuis la station de Super-Besse. Je regarde, vers l'ouest, le cône impeccable du puy de Sancy, maintenant dressé dans sa superbe. Vers le nord-est, se déploie la chaîne des Puys, où celui de Dôme joue les chefs, avec son temple de Mercure et son relais de télévision. À l'horizon de l'est, je distingue une longue ligne grise, comme un nuage au-dessus d'une mer antarctique : les monts du Forez et du Livradois.

*DU PUY FERRAND À LA MAISON DE LA RÉSERVE,*
*2 heures 30*

Planté sur la cime du puy Ferrand, près de Philippe Loudin, je regarde le monde. Tout en bas, dans la vallée, brille le toit de la Maison de la Réserve, près du confluent argenté des torrents de Chaudefour et de Pérouse. Je me barbouille l'esprit de la substance de l'Auvergne : il m'en restera forcément quelque chose. Je songe aux fleurs du printemps tardif et de l'été : la pulsatille des Alpes blanc bleuté et sa cousine soufrée ; la pensée d'Auvergne violet et jaune ; le trèfle alpin rose ; la jasione bleu-mauve ; la grande gentiane jaune ; le vérâtre blanc ; tant d'autres ! La délicate androsace carnée, aux fleurettes couleur de lèvres de jeune fille, est déjà épanouie. Sur les rochers, des saxifrages et des joubarbes préparent les beaux jours sous la forme d'artichauts de feuilles grasses. Un papillon citron volette. Le rare apollon arverne songe à déployer ses ailes de plexiglas à pois noirs et ocelles rouges. Un grand corbeau plonge vers la dent de la Rancune : peut-être combine-t-il de reconquérir le terrain volé par le faucon pèlerin. Des venturons montagnards décollent. Reviendra bientôt le merle de roche. Et sortiront de leurs refuges souterrains les lézards vivipares et les gentilles vipères péliades. Une hermine sinue dans l'herbe.

Philippe Loudin me précède au col de la Cabane, sous le dôme final du Sancy. Ici convergent le G.R. 4 et le G.R. 30 : marques rouge et blanc sur les rochers déneigés. Impossible de ne pas gagner la cime : le toit de l'Auvergne absolue ! Table d'orientation. Panorama. Câlins de la brise... Nous redescendons, *primo*, pour un petit casse-croûte (miche de pain paysanne, chauchiche d'Auvergne et chaint-nectaire) ; et, *secundo*, pour repartir sur le G.R. 4, en direction du nord. Vers le Pan de la Grange, le pic Intermédiaire et le puy de Cacadogne (1 735 mètres). Petits saules herbacés, androsaces carnées. L'arête que nous chevauchons est quasi céleste. Le circaète jean-le-blanc et le busard saint-martin l'honoreront en été. Pour l'ami de la nature, un problème se pose : des téléskis et télésièges déparent le site en contre-haut de la station du Mont-Dore. Ne regardons que du côté de Chaudefour !

Au puy des Crebasses (1 762 mètres), nous laissons le G.R. 4 pour reprendre le sentier balisé de vert. À la fourche suivante, nous optons (encore à droite) pour le nouveau sentier marqué de traits orange, qui pique dans la forêt et traverse les rochers de Liadouze ; avant de venir, en lacets, terminer sa course au point de rencontre des trois chemins. Au giron maternel de la vallée de Chaudefour. Presque au bout de la boucle.

Non loin de l'Arche, un mouflon placide laisse admirer, pour signer cette journée sur le registre du temps, ses cornes enroulées comme des escargots cosmogoniques, et sa toison cannelle où passe la moirure d'un ruisseau de neige fondue.

> NOTE SAISONNIÈRE ET RECOMMANDATIONS
>
> On peut accomplir la boucle de Chaudefour en toute saison. Aux mois froids, il y faut parfois des raquettes, et certaines portions du sentier deviennent rudes. Les mouflons et les chamois se laissent mieux admirer l'hiver : ils se tiennent au soleil, en lisière de forêt. Sous la neige, certains secteurs, coupés en tous sens de pistes animales, donnent une bonne idée de la richesse animale de la Réserve.
>
> Les printemps arborent la couleur des narcisses des poètes et des jonquilles. En été, la petite faune (carabes, papillons, etc.) le dispute aux merveilles de la

flore : grandes gentianes, lis martagons, jasiones, etc. Les framboises sont un délice, et il est recommandé de se laisser tenter aussi par les myrtilles et les airelles. Les automnes ont la douceur et la violence alternées de l'Auvergne, dans le parfum des champignons, avec à l'oreille les chuintements du chamois en rut.

# 4. Cantal

# Le cri du cœur du volcan

De la verte vallée de la Jordanne au puy Mary et à la cime aiguë du puy Griou : une balade dans le chaudron refroidi de ce qui fut le plus colossal volcan d'Europe ; dans le fossé d'effondrement du mont Cantal, que les œillets roses, les lis martagons et les gentianes ensorcellent, et où le basalte chante sous les pieds.

En boucle autour du parc d'information de Liadouze, sur la départementale 17, 6 heures.

Carte I.G.N. au 1 : 25 000, 2435 OT, Top 25, monts du Cantal.

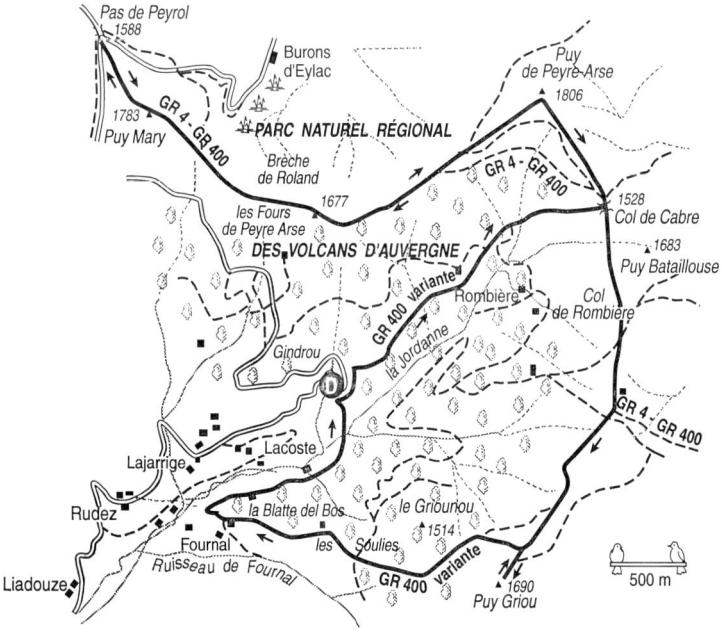

Je grimpe, je souffle, je transpire... J'escalade en ahanant les ultimes éboulis de lave du puy Griou. Je suis subjugué, je voudrais écrire : « ensorcelé ». La roche gris clair, délitée en pierres plates, qui compose ce cône aigu, sonne sous mes souliers comme un essaim de cloches de Pâques ; ou comme un vibraphone à l'usage du géant Auvergne. Un compositeur de musique concrète y trouverait des trésors de notes. Je ne foule pas deux pierres qui émettent sur la même fréquence. Je joue ma partition avec mes pieds. Pour une fois je suis fier de mon toucher de notes.

Les géologues donnent à ce minéral volcanique le beau nom de « phonolithe » ; littéralement, la « roche sonore ». Celle qui chante. Qui parle. Qui raconte une histoire... Je pose le pied au sommet du puy Griou, à 1 690 mètres d'altitude, sur un accord majeur de Tchaïkovski ou de Mahler. Le volcan tinte, sonne et psalmodie. Il émet ce que j'ai envie de tenir pour son cri du cœur. J'entends ici la musique de la pierre.

 ***DU PARC D'INFORMATION DE LIADOUZE, SUR LA DÉPARTEMENTALE 17, AU PUY MARY,** 2 heures 30*

J'achète un pain de seigle et une tranche de fromage de cantal à Mandailles, où je suis venu depuis Super-Lioran par le col du Pertus. Je remonte en voiture la vallée de la Jordanne, sur la départementale 17, qui mène au pas de Peyrol. Vaste cirque peint de cent sortes de verts (bouteille, laitue, pomme, véronèse, pistache, émeraude...), au-dessus duquel la lumière du ciel prédit l'orage. J'admire, sous ce firmament brouillé, la vague de jade colossale du puy Mary et du puy de Peyre-Arse ; vers l'est, la pointe surréaliste du puy Griou, ce chapeau de clown gris posé par le volcan pour faire sourire Alexandre Vialatte, dont on n'a jamais contesté l'observation définitive (et c'est ainsi qu'Allah est grand) : « L'Auvergne produit des volcans, des fromages et des Auvergnats. »

Je passe le hameau de Liadouze : le cône aigu du Griou change de nuance à chaque virage. Des burons font luire leurs toits de lauzes gris d'argent parmi les frênes. Deux chevaux acajou, à la crinière dorée, galopent sur un pré. Dans les pâturages plus verts que de raison, des vaches de race salers, au poil brun-rouge et aux cornes en lyre, ruminent la substance de leur meilleur lait, que le berger concentrera en fromage de Cantal.

Je commence de marcher au petit parc à voitures de l'épingle à cheveux où est un panneau « I » (pour « Information »), en montant vers le pas de Peyrol. Dès que je les enfile, mes chaussures de montagne sont saisies d'une démangeaison irrépressible qui les pousse à fouler la caillasse, l'herbe tendre ou les fleurs, selon le lieu. Et où pourrais-je espérer qu'on déroule plus beau tapis sous mes pieds ? L'Auvergne me réserve un accueil de prince au royaume des corolles.

1 230 mètres d'altitude. Fin du mois d'août. Je choisis, vers l'est, le chemin de gauche, la variante (balises rouge et blanc) du G.R. 400 qui file vers le col de Cabre et le puy Griou, de préférence au « sentier de découverte » qui part à droite. Mais n'importe : les itinéraires se rejoignent non loin des sources de la Jordanne. Je foule un passage forestier pavé de basalte et baigné par l'ombre bleu-vert les hêtres, des sorbiers et des épicéas. De chaque côté du sentier, croissent des fouillis de genêts, de ronces, de houx, de noisetiers... Le sous-bois s'illumine de la flamme de la digitale pourpre et de l'épiaire rose, des lumignons du silène compagnon rouge, des chevelures bleu d'argent de la raiponce en

épi, de la poussière du prénanthe pourpre, des haies de cierges purpurins du laurier de saint Antoine... Du bout du doigt, je fais osciller sur son délicat pédoncule la corne d'abondance en or de la balsamine — l'impatiente ne-me-touchez-pas. Des géraniums sylvestres purpurins et des géraniums herbes-à-Robert aux corolles rose bonbon rayées de rouge exhalent un parfum poivré dont se souvient mon subtil nez d'enfant, qu'a remplacé mon regrettable nez actuel. Quatre corneilles noires se disputent un brimborion comestible. Des pinsons vaquent. Trait d'or et de houille dans l'atmosphère : le loriot. La linotte mélodieuse expose le fond de teint de sa poitrine peinte par Boucher. Le geai montre les épaulettes bleu et blanc de son costume d'aviateur. L'accenteur mouchet picore dans l'humus et les feuilles mortes dont il a l'exacte nuance.

Je débouche hors de la forêt : le sentier s'étrécit. Du puy Griou au puy Mary, toute la montagne semble un lynx géant vert, de ceux qui crachent dans les contes et légendes d'Auvergne. La laitue de Plumier hisse à plus de 1,50 mètre de hauteur ses galaxies de capitules bleus. Elle accompagne une autre composée dégingandée, aux capitules violet et pourpre-vert : le cirse des marais.

Je monte dans la prairie avec, à l'œil, la même candeur obtuse que je décèle dans la pupille des vaches de Salers. Elles et moi aimons, je dirai presque pour les mêmes raisons, ces étendues de graminées grasses — pâturins et dactyles, flouves, vulpins et fétuques —, que ponctuent les hampes des grandes gentianes jaunes et de leurs simulacres les vératres blancs ; les têtes textiles des chardons laineux sur lesquels atterrissent les butineurs ; les touffes gris-rose des silènes enflés ; les bouquets d'orpins jaune acide ; les carrés de serpolet rose-pourpre ; sans oublier des firmaments roses et violets d'œillets des bois mêlés de pensées sauvages.

Ce vaste cirque d'un vert d'Irlande (l'instant d'après,

vert bouteille ou vert pistache, et ainsi de suite, par la faute d'un nuage...), où le sentier serpente en direction du col de Cabre, résulte de l'érosion de la montagne lors des glaciations, notamment de la dernière — celle de Würm —, voici 20 000 à 12 000 ans : ravines adoucies, roches polies, surcreusements en U... Cette montagne, dirait Vialatte, remonte à la plus haute Antiquité. Les géologues datent de 3 millions d'années les ultimes éruptions locales, qui furent autant de cataclysmes. À cette époque, notre grand-tante Lucie, l'australopithèque, courait dans la savane d'Afrique orientale et (chose incroyable !) les Auvergnats n'étaient pas inventés. Le Cantal formait un massif plutonien de plus de 100 kilomètres de diamètre, le plus vaste et le plus prodigieux volcan (plus colossal que l'Etna) qui ait jamais vomi sa lave et ses fumées sur le continent européen... Quand il eut quitté son point chaud à cause de la dérive des continents, et lorsque sa chambre à magma fut vide, le dôme s'effondra, donnant naissance à une gigantesque cuvette — une caldeira — dont le puy Mary et celui de Peyre-Arse au nord-ouest, et le plomb du Cantal à l'est, constituent des bords résiduels abrupts. Au centre géologique du système, où était la cheminée principale du volcan, une colonne de lave subsiste. Dure. Compacte. Remise à nu par l'érosion. Il s'agit du cône parfait du puy Griou. Une aiguille de phonolithe. La roche qui chante.

    Je m'imbibe, en marchant, de cette volcanologie sommaire. Je rêve d'époques révolues. Je me perds dans les siècles des siècles. Je confonds la vache de Salers avec l'aurochs du Pléistocène et (faut-il que l'air d'Auvergne me soûle !) une jolie randonneuse brune avec Lucie l'australopithèque. Je note la présence de quelques plantes rescapées des périodes glaciaires, comme la dryade à huit pétales, dont les fruits sont chevelures blanches de lutins ; ou le saule de Laponie. Je me repais de la splendeur rose corail des œillets des bois (une espèce endémique auvergnate, comme Alexandre Vialatte), qui voisinent avec des massifs mauves de callunes fausses-bruyères. Des campanules à feuilles rondes, des digitales pourpres, des fenouils des Alpes (parfumeurs de fromages), des polygales bleus, des linaires striées lilas, des potentilles, des liondents, des millepertuis composent, avec les pensées d'Auvergne, ce tapis d'honneur que le naturaliste suppose déroulé pour ses pieds, et qui ne l'est, en vérité, que pour les tarses des insectes butineurs.

Je passe la jonction du « sentier de découverte ». Les sources de la Jordanne consistent en un réseau de rus gazouilleurs que le creux du cirque glaciaire collecte, après toutefois que les papillons (argus, agrestes, marbrés, tabacs d'Espagne, vulcains, machaons, flambés...) y ont bu.

Je débouche sur la longue arête du col de Cabre (1 528 mètres) en même temps qu'un vol de venturons montagnards effrayés par l'ombre d'un épervier. Panorama sublime — dans les bleu-vert et les vapeurs d'argent, avec le gris électrique des nuées d'orage qui se renforcent à l'occident. Je contemple la vallée de la Jordanne, d'où je viens ; et celle de la Santoire, où je ne vais pas.

Je décide de courir l'arête des cimes vers l'ouest jusqu'au puy Mary ; d'en revenir ; puis de marcher vers le sud jusqu'au sommet du puy Griou. Je laisse le G.R. 4-G.R. 400, qui traverse le puy de Peyre-Arse à mi-pente. J'attaque le sentier du sommet. Plus raide. Plus aérien. Mettons : plus sportif. Des arnicas jaunes, des trèfles des Alpes roses, des lotiers jaune et rouille, des buplèvres verts, des jasiones en petits plumeaux d'azur, ainsi que de délicates androsaces roses (ou de Haller) m'encouragent à marcher, en compagnie de supporteurs peinturlurés comme les papillons paon-du-jour et petite-tortue ; la guêpe ichneumon noir et rouge ; le bousier noir au ventre d'améthyste ; ou le rougequeue à front noir. Des grottes (on dit ici : des « fours ») béent dans le basalte, sous les rocs de l'arête terminale. Chèvres et moutons étonnés quand j'arrive. Je culmine à Peyre-Arse : 1 806 mètres.

Descente rapide, quoique prudente, de l'arête occidentale escarpée de la montagne, où je retrouve le G.R. 4-G.R. 400 avant d'allonger le pas dans l'herbe courte, vers la Brèche de Roland. J'encadre la silhouette du Fuji Yama (je veux dire : du puy Griou) dans cette entaille de roche — une de plus à l'actif de Durandal, qui aura fait des trous partout.

Je grimpe derechef. Il me semble que j'escalade les deux bosses d'un gigantesque chameau vert. Quelques halètements plus haut, je me dresse à la cime du puy Mary.

 *DU PUY MARY AU PARC D'INFORMATION DE LIADOUZE, SUR LA DÉPARTEMENTALE 17, 3 heures 30*

Le puy Mary. 1 783 mètres : l'un des sommets majeurs du Massif Central, avec son voisin de Peyre-Arse et le Plomb du Cantal, de l'autre côté de cette caldeira ; après le Sancy, dans les monts Dore... Les boutiques de souvenirs et les cabanes à frites du pas de Peyrol (sur la départementale 17) reçoivent du monde en été. Touristes sympas. Touristes ravageurs... Les 200 petits mètres de dénivellation qui séparent le parc à voitures de la cime sont creusés, sur l'arête nord-ouest, d'un sentier surfréquenté, ramifié, érodé, dévasté... Je me dis, une fois de plus, qu'il faut à tout prix éloigner la bagnole de la belle nature, faute de quoi, un jour, le visiteur curieux n'aura plus que lui-même et des parkings à contempler.

Je redescends vers le sud-est et la Brèche de Roland. Je m'assois. Je médite sur la douceur de l'herbe auvergnate en faisant un sort à mon fromage de Cantal (subtile amertume) et à mon pain de seigle. Des criquets bondissent. Des pipits spioncelles volettent d'une pierre à l'autre. L'alouette lulu s'égosille en décollant comme un hélicoptère. Le merle à plastron plastronne pour honorer son patronyme, tandis qu'un faucon (que je crois pèlerin) plonge vers la Jordanne. Le milan noir prépare son prochain voyage en Afrique.

Je marche à nouveau sur le G.R. 4-G.R. 400, dont je suis la trace directe en travers du puy de Peyre-Arse. « Plocploc » et « glouglou » des sources. Lumière gris et ocre des éboulis. Enchantements de mousses, de grassettes carnivores, d'orpins âcres en nébuleuses jaunes, d'orpins téléphiums pourpres, de parnassies en étoiles de papier blanc, de rhinanthes crêtes-de-coq aux becs de cire blonde... Des digitales pourpres rehaussent les zébrures bleu-vert des genêts à balais défleuris.

Je foule à nouveau le col de Cabre : le vent me donne un baiser. Je file résolument vers le sud et le puy Griou. Je salue le stachys bétoine aux étages de fleurs violet-rose et l'érigéron des Alpes aux allures de pâquerette dégingandée. Les pentes du puy Bataillouse, que je longe vers le col de Rombière, sont crêpelées de milliers de buissons de callunes fausses-bruyères. La montagne me fait songer à un éléphant de mer rose en train de muer sur une plage de Patagonie. Je me demande si je n'abuse pas du lait de vache de Salers. Je rencontre le premier (G.R. 400) puis le second (G.R. 4-G.R. 400 ; allez comprendre cette nomenclature) des deux sentiers qui montent de Super-Lioran. Des gerris (ou « araignées d'eau ») patinent sur des mares grandes comme des mouchoirs de poche. Comment ces insectes ont-ils

gagné ces altitudes ? Ils volent mieux qu'on ne pense...
Du côté occidental, les croupes d'herbe et la forêt mousseuse du vallon de Suclong me suggèrent les seins, le ventre, les cuisses, les fesses d'une femme aux formes pleines ; avec, ici, ce bois parfumé, noir et touffu...
Non ! Promis : demain, j'arrête le cantal.

Devant moi, un cône. Un cône parfait, je dirais : « pascalien ». Le puy Griou... Une géométrie de roche. Un peu plus de 100 mètres de hauteur propre. Je l'aborde. Je le touche, je le foule, je joue avec ses cailloux gris : les pierres basculent, se frottent, s'entrechoquent et chantent sous mes souliers... Cette cheminée de lave solidifiée, cette pointe de phonolithe rescapée des érosions, est un totem dressé par les forces plutoniennes pour rappeler aux descendants des australopithèques qu'ils ne sont que des mots dans le vent.

Je grimpe l'étroit sentier qui spirale autour du monument, dans le sens contraire des aiguilles d'une montre, tel l'escalier de la *Tour de Babel* peinte par Pierre Breughel. J'invente, entre les cailloux qui parlent, des trésors botaniques : la grande gentiane jaune, l'arnica doré, le rhinanthe crête-de-coq, l'aconit napel aux fleurs en casques violets de guerriers grecs. Je pose le pied sur la cime. 1 690 mètres. Cairn et panneau. Je foule l'axe minéral du colosse Cantal. La roche sonore me raconte, à sa façon, l'histoire d'une planète singulière, de ses créatures végétales et animales, et d'un vaniteux épiphénomène qui se dit « sage ». Je n'y comprends rien.

J'avais oublié l'orage. Il se rapproche. Je dévale la pente vers le nord, tel un épiphénomène en instance d'humidification. Je contourne le puy Griou comme si j'allais au col du Pertus, mais je quitte cette variante du G.R. 400 dans le sillon qui sépare le Griou de son petit frère, le Griounou. Impossible de rater la bifurcation : mon sentier descend tout droit, le long d'une station d'aconits napels à qui j'ai passé la consigne. Je traverse une hêtraie emplie de champignons clitocybes en entonnoirs — images en creux, symétriques, du cône de lave. Le sentier débouche sur une route forestière qui domine la rive droite du ruisseau de Fournal, avant de courir vers le nord et la variante du G.R. 400 en provenance de Liadouze. Je traverse le torrent de Suclong sous les ailes d'un couple de grands corbeaux, en frôlant les balsamines et les sureaux à grappes rouges. Je coupe la Jordanne sur de larges dalles de basalte roux comme l'automne. Ne reste qu'à grimper les lacets vers le parc « Information » de la départementale 17 : et l'orage se déchaîne.

Il me semble que le volcan du Cantal gronde. Qu'il ressuscite. Je reçois la pluie du temps sur la tête. Je régresse au stade de l'australopithèque. L'ai-je jamais dépassé ?

### NOTE SAISONNIÈRE ET RECOMMANDATIONS

Cette balade a été effectuée à la fin du mois d'août : nombre de plantes arrivent en fin de floraison et préparent leurs graines. Les insectes se sont reproduits, eux aussi. Les oiseaux migrateurs songent à partir... L'automne, la forêt offrira ses fruits — sorbes ou noisettes —, tandis que la prairie d'altitude se laissera gagner par le sommeil.

L'itinéraire ne comporte aucune difficulté par temps sec et clair (pas même l'escalade du puy de Peyre-Arse ; juste un peu de pente caillouteuse sur le puy Griou), mais son dénivelé total n'est pas négligeable, et la montagne reste la montagne (provisions, bonnes chaussures, habits chauds et imperméables...). Lorsque le brouillard se met de la partie, lorsqu'il pleut ou qu'il neige, le néophyte et le promeneur peu assurés feront bien de s'abstenir.

## 5. Aubrac

## Le pays en plein ciel

*Printemps. Basalte noir et nuages blancs. Prés jaunes de jonquilles et roses d'érythrones, parfum de narcisses, rumination philosophique de la vache, rumination concomitante du poète... Le signal de Mailhebiau forme le point culminant du plateau d'Aubrac. L'Impression d'infini. Voici le « Pays en plein ciel ».*

*En boucle autour du parc du col de Bonnecombe, 3 heures 30.*

*Carte I.G.N. au 1 : 25 000, 2538 E, Série bleue, Saint-Germain-du-Teil.*

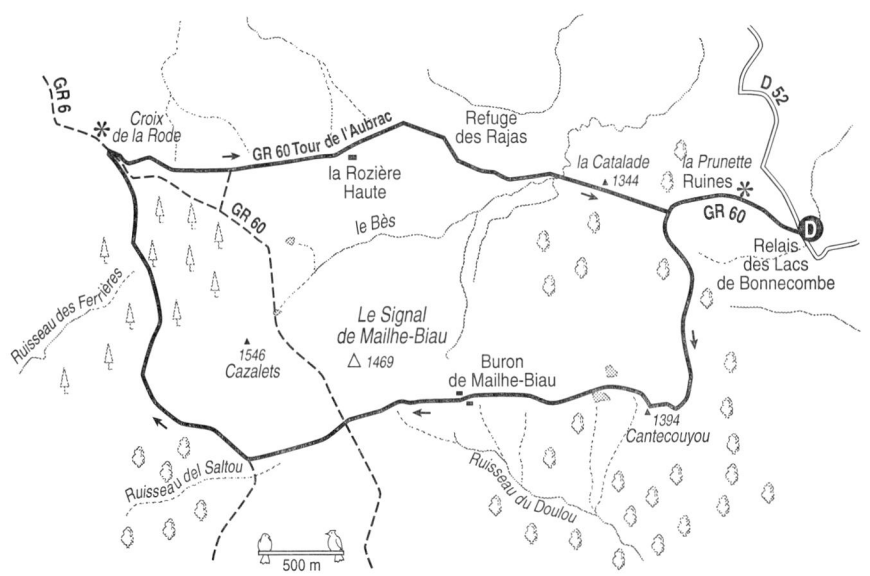

Je suis tombé amoureux de la montagne d'Aubrac avant de la connaître. Comme dans *Le Banquet* de Platon, j'avais perdu cette moitié symétrique de moi-même. Elle était déjà là. Il me suffisait de la retrouver. Un jour, je l'ai vue. Elle m'a semblé terre et fille à la fois. J'étudiais la philosophie à Montpellier. Je montais jusqu'ici en compagnie d'une belle fille brune, native de Laguiole, dont le père possédait un buron sur la route de Nasbinals. Nous aidions à traire les vaches et à faire le fromage. Elle savait, j'avais appris en Savoie, cela nous rapprocha, pourtant moins que nos hormones. Nous allions philosopher dans les prés piquetés de jonquilles et d'anémones sylvies. Je déchiffrais des concepts tièdes et roses sur ses lèvres et dans son cou. Les narcisses des poètes et les comètes incarnates des érythrones parfumaient notre problématique existentielle. Les papillons, les oiseaux et la brise transcrivaient nos élans dialectiques. Je cherchais le sens de la vie dans des rondeurs plus douces et des forêts plus touffues que celles de la montagne.

Ne soyez pas surpris si, pour moi, *Le Discours de la méthode* est une violette et *L'Éthique* de Spinoza une primevère. Je vous parle d'un temps où le monde laissait croire qu'il serait un jour repeint aux couleurs de l'utopie. Je conjuguais le verbe « aimer » avec, pour compléments d'objets directs, la fleur sauvage, l'humanité entière et une jeune philosophe à la peau plus douce qu'un *Traité des passions*.

***DU PARC DU COL DE BONNECOMBE AU BURON DE MAILHEBIAU,***
*1 heure*

Nul besoin de surcharger la case « émotions » de mon cœur lorsque je me mets en marche au parc à voitures, sur l'étroite départementale 52 qui unit Saint-Germain-du-Teil à Nasbinals. Je commence la balade à deux pas du « Relais des Lacs » de Bonnecombe (table rustique, goûteuse et cordiale en saison), un peu au nord des étangs et du col homonymes.

Qui chantera l'austère splendeur de l'Aubrac ? Elle vous saisit par en-haut, par en-bas, disons par tous les sens. Elle procède du ciel et de la terre, de l'air et de ces dômes de basalte crénelés par l'érosion, qui recèlent encore en leur sein la puissance des éruptions mères cette planèze — cette immense coulée de lave, au sud des monts du Cantal. On ressent, par ici, la palpitation géologique du globe. Son métabolisme minéral. L'union et la lutte des quatre éléments. On vibre. On tremble. On est peu de chose. Nul ne peut se vanter d'aborder sans frémissement cette immensité où certains se sont perdus dans les brouillards et la neige de l'hiver, et qu'on nomme « le Pays en plein ciel ».

J'ordonne à mes pieds de marcher. L'herbe est à la fois rude et douce — mélange de vieilles touffes jaune filasse, qui ont passé l'hiver sous la glace, et de pousses nouvelles d'un vert tendre à croquer. Altitude : 1 328 mètres. Le vent me baise le front. Une buse me survole : elle a le dessous des ailes crème, délicat comme une soie de Chine. Je repère les balises rouge et blanc du G.R. 60 (un sentier dit, ici, du « Tour de l'Aubrac »). Elles filent vers le nord-ouest, sur un grand chemin de terre que les propriétaires des burons de Cantecouyou utilisent pour visiter leurs bêtes.

La neige n'a pas partout fini de fondre : les creux

recèlent des congères blanches où je me plais à marcher. De toutes parts, des ruisselets de fusion gargouillent, serpentent, scintillent, se divisent, s'anastomosent et remplissent de petites mares, avant de repartir en sinuant dans la pente. Je passe les ruines de la Prunette : burons écroulés, symboles d'une civilisation pastorale qui s'éteint. Les vaches ont été remises en liberté après l'âpre hiver de la montagne, qu'elles ont vécu dans l'odeur organique de l'étable. La race aubrac est une des plus belles. Brun pâle ou gris-fauve, beige sur le mufle et le pourtour des yeux, avec des moirures d'argent aux flancs et aux cuisses. J'avance. Je songe au destin de cette contrée du Massif Central, née voici 9 à 6 millions d'années. Ici, un point chaud du manteau planétaire vomit de gigantesques masses d'une lave effusive, liquide, d'or et de sang, voisine de celle qui s'extrude en fontaines des cratères du Kilauea, à Hawaii, ou du Piton de la Fournaise, à la Réunion.

J'arrive à la jonction, salué par un geai ironique. Le G.R. 60 continue à droite, vers le refuge des Rajas et la croix de la Rode : j'emprunterai ce sentier au retour. Je persiste sur la large piste qui, à gauche, file vers le sud et un bois de hêtres râblés, costauds, quasi-bonsaïs, taillés court par la nécessité de résister à la bise. Un couple de corneilles réaménage son nid de l'an passé : ici, on économise. Un papillon citron volette : le premier du printemps. Je chemine parmi les hêtres mêlés de frênes, de bouleaux et de buissons de noisetiers, d'aubépines et de rosiers sauvages. À terre fleurissent de pâles violettes, des hellébores fétides à l'odeur amère et violente, et des corydales aux corolles mauve-rose en forme de becs de fulmars antarctiques. Je caresse les fleurs de la pulmonaire, qu'on trouve sur le même pied tantôt roses et tantôt bleues. Les primevères coucous présentent leurs calices en longues bulles carénées d'un blanc verdâtre, et leurs corolles aux rosaces terminales jaune acide à gorge orange.

Virage à droite sur la colline, selon les indications d'une alouette qui grisolle. Les burons de Cantecouyou sont devant moi. Altitude : 1 394 mètres. Bâtisses ramassées sur elles-mêmes, tels des loups couchés. Murs en pierres, d'une lave simple et belle comme ce haut monde... Les prairies sont semées de blocs de granit erratiques, véhiculés jadis par les glaciers du Quaternaire, et qui ont l'air d'avoir été abandonnés par un gosse de géant lassé de ses jouets. Des tariers des prés — naguère dits « traquets pâtres » — sautillent dans l'herbe en agitant leurs ailes gris-brun et leur poitrail abricot. À l'ouest des bâtisses, une dépression surmontée de falaises de lave accueille un ensemble d'étangs qu'on appelle ici des « laquets », et que les ruisseaux de fonte alimentent. L'origine de ces bassins me fascine. Ils ont été créés voici environ 8 000 à 9 000 ans par la fusion d'énormes blocs de l'inlandsis (dôme gelé) qui couvrait l'Aubrac durant la glaciation, et dont la superficie de 600 kilomètres carrés excédait celle du Vatnajökull, le plus puissant glacier actuel d'Islande.

Je descends au bord de l'eau. Je patauge comme une vache mal sabotée dans la tourbe et les fondrières. Des bouquets de populages, ou calthas, exposent les parfaites coupes d'or de leurs corolles, dont personne ne m'ôtera de l'idée que ce sont des vases de libation pour les lutins. Je songe que, dans quelques mois, ces bas fonds zinzinuleront de libellules et verront fleurir des trésors de linaigrettes en pompons de coton blanc, de narthex ossifrages pareils à des chandelles d'étoiles jaunes, et de ményanthes trèfles d'eau aux feuilles à trois lobes et aux pétales blancs effilochés comme un vieux tissu. Sans oublier les carnivores : la grassette, dont les feuilles s'enroulent par le côté sur les insectes ; et la drosère, ou rosée-du-soleil, aux limbes armés de petites massues pourpres, qui se rabattent sur le moucheron ou la fourmi en leur donnant le baiser de la mort.

***DU BURON DE MAILHEBIAU
À LA CROIX DE LA RODE,***
*1 heure*

Au-delà des étangs, le large et bon chemin disparaît, remplacé par un sentier hésitant, coupé par les traces divaguantes — forcément divaguantes — des vaches. Je file vers l'ouest, sur une croupe herbeuse semée de blocs. Je rejoins le buron de Mailhebiau — ou Mailhe-Biau. En français : « Maillet-Bœuf », le marteau à assommer le bétail à l'abattoir. Pour qui fait une fixation sur cette traduction littérale de l'occitan, le nom du lieu perd sa poésie. Mais l'allégorie bouchère était naturelle au paysan de la rude Auvergne. Seules Marie-Antoinette et ses bergères perruquées de Cour pouvaient concevoir la vache en nymphe et le mouton en angelot.

Je goûte l'immensité de l'Aubrac. Je suis sidéré, subjugué par l'harmonie sauvage de ces collines à plus de 1 400 mètres d'altitude, où le vent tire des salves de baisers dans l'herbe. J'admire ces ondulations de lave que les glaciers avaient polies et que l'érosion capricieuse de l'eau et de l'air retaille depuis plus de cent siècles en flammes minérales, en châteaux de songe, en villages de féerie, en animaux de légende. J'ai l'impression d'approcher un bout du monde. Sur la droite, je repère la source du ruisseau du Doulou qui cascade vers le sud et le Lot. Je me désaltère : saveur siliceuse de l'eau de lave.

Devant moi, la piste recommence. Je ne résiste pas. Il faut que je gagne la cime ultime de l'Aubrac, d'où il me semble que je comprendrai moins mal le monde. Je change de cap, j'oblique au nord-ouest, je marche à vue vers le sommet du système — le signal de Mailhebiau. Altitude : 1 469 mètres. Ma poitrine enfle. Je me sens en harmonie avec la lave froide de la planète. Je repense à ma belle philosophe auvergnate aux yeux noirs, dont le temps dilue l'image dans ma mémoire, et dont il me semble qu'un nuage me montre encore le sourire en effigie. Je salue, sur les talus, l'élégance frémissante des pulsatilles vulgaires, emmitouflées dans leur fourrure rose argent, avec leurs corolles en vases de sacrifice grenat ou bordeaux, qu'illumine de l'intérieur un buisson d'étamines d'or. Au ciel, les nuées filent comme mes années dérisoires. Un circaète jean-le-blanc, revenu de migration, m'accompagne un peu, puis bascule sur l'aile et glisse vers la vallée du Lot. Un faucon crécerelle fait le Saint-Esprit, je veux croire pour saluer ma présence, en vérité pour surprendre le campagnol.

Le sommet. Le signal de Mailhebiau. M'y voici... La borne de basalte qui marque cette cime a gardé l'orientation magnétique qu'elle avait lorsque la roche volcanique dans laquelle on l'a taillée sortit de terre, voici 7 à 8 millions d'années. Elle dévie l'aiguille de la boussole : on me l'avait dit, je le vérifie. Je tourne autour d'elle comme un aimant affolé... Au nord, dans les bleus dilués des lointains, je distingue les monts du Cantal, le plateau du Cézallier et le massif du Sancy (les monts Dore). À l'est et au sud-est, les croupes obscures de la Margeride et du Gévaudan. Au sud et au sud-ouest, l'immensité aplanie des Grands Causses, adossés aux Cévennes dont je devine, là-bas, les silhouettes majeures : le mont Mézenc, le mont Lozère et l'Aigoual.

Je n'ai pas dit le plus beau. Depuis le buron de Mailhebiau, des pans entiers de la montagne se constellent de jonquilles et d'érythrones. De narcisses jaunes (ou pseudonarcisses) et de dents-de-chien roses. Une marée d'or pâle et de corail grimpe à l'assaut de l'Aubrac. J'ai l'illusion de nager, tel un dauphin pensif, dans une mer d'herbes gris et vert, dont les vagues écument de fragments de soleil du midi et de l'aube. Je me mets à genoux : ne cherchez pas, c'est un rituel entre les jonquilles, les érythones et moi, chaque printemps. Narcisse : touffe de feuilles glauques, raides, dressées comme des glaives, d'où jaillit une tige dotée d'une spathe gris-brun, avec cette fleur solaire, à six tépales étalés, que prolonge vers l'avant une trompe cylindrique au rebord festonné et ondulé... Dent-de-chien : double feuille basale, que surmonte une brève tige juteuse et pourprée, portant une seule fleur inclinée, en forme de comète à six pétales retroussés en arrière... Jonquille, érythrone — météores chers à mon cœur... Ne me parlez plus, je contemple ! Je dialogue avec les fleurs. Je cherche à déchiffrer leurs messages de nectars, d'étamines et de pistils. Je devine qu'il y est question de la vie qui coule. De la fuite du temps.

Je redescends du signal de Mailhebiau la jonquille à la bouche. Je trouve la large piste qui vient de la Croix de la Rode. Je la traverse. Je dévale la pente vers la sombre épaisseur du bois des Cats, où les hêtres sauvages se mêlent aux épicéas plantés par l'homme. Au creux même où la forêt ose sa lisière, j'entends glouglouter les sources du ruisseau del Saltou. Je repère les balises rouge et blanc du sentier de grande randonnée — le G.R. 6 —, que je remonte à droite, vers le nord-ouest puis le nord. Je franchis la futaie de conifères des Cazalets. Traces de renard. Flamme rousse de l'écureuil. Je salue, à gauche, les ruines de l'ancien buron qui domine le ruisseau des Ferrières.

 **DE LA CROIX DE LA RODE
AU PARC DU COL DE BONNECOMBE,**
*1 heure 30*

Je sors du bois comme le loup du Gévaudan : circonspect, le poil hirsute et l'estomac vide. Je foule la large piste qui mène à la Croix de la Rode. La voici sur son socle, avec son cercle de style celte ; taillée dans un granit gris clair ; piquetée de lichens orange et jaune. Je laisse ici le G.R. 6. J'ai repéré la fourche du G.R. 60 (« Tour de l'Aubrac »), lequel file vers l'est et m'invite à le suivre en direction du refuge des Rajas.

Le vent me porte. Les jonquilles et les érythrones illuminent la montagne et mon âme. Je passe le buron de la Rozière Haute, qui semble le fief d'une bande de tariers (ou traquets) motteux. Je descends la pente vers la vallée du Bès, où le refuge des Rajas (ouvert en été) paraît perdu dans une cité légendaire de blocs de granit cyclopéens et de bras de ruisseaux coupés de mares. Le torrent du Bès prend ici sa source, au nord-ouest du signal de Mailhebiau : je reverrai tout à l'heure son cours encaissé dans une matrice de basalte que rehaussent des linaigrettes et des crocus. Plus en aval, il contourne le village de Nasbinals, draine la majeure part du plateau de l'Aubrac et finit dans la Truyère au barrage de Grandval. Je me perds dans les méandres et les rus secondaires de son cours balbutiant. Je mouille mes pieds : un autre de mes péchés capitaux au printemps. Je reconnais, sur les rochers, les artichauts de divers saxifrages et orpins (ou sédums). Je déniche, sur une croupe d'herbe grise, un clan d'érythrones encore plus beaux qu'ailleurs : liliacées adorables !

Je remonte la pente arrosée de sources vers les bosquets de la Catalade. Je localise plusieurs pieds de ces autres comètes végétales que sont les narcisses des poètes. Feuilles glauques en épées et tiges raides ; spathes de papier beige ; et corolles à six pièces en étoile, d'un blanc virginal, que rehausse une couronne centrale lisérée d'orange, de vermillon ou de carmin. S'exhalant de ce mystère, le parfum le plus subtil et le plus puissant qui ait jamais troublé cervelle de philosophe...

Je me retrouve, presque sans savoir comment, à la jonction du G.R. 60 et de la piste de Cantecouyou. La fragrance des narcisses me porte. Mon esprit se brouille, mes sens me trahissent. J'ignore comment j'achève cette balade. Il me semble qu'en arrivant au terme, je tiens à nouveau la main de ma belle amie d'autrefois. Je perçois la tiédeur de sa paume et la pression de ses doigts.

Mais, quand je me tourne vers elle pour m'enchanter encore de la lumière de ses yeux, je n'aperçois plus que les ondulations des herbes folles dans le vent de l'Aubrac.

> NOTE SAISONNIÈRE ET RECOMMANDATIONS
>
> Cette balade est printanière, encore frisquette, enchantée de fleurs précoces. Trésors botaniques : érythrones, jonquilles, narcisses et compagnie. Les insectes restent rares, mais se réveillent. Maints oiseaux migrateurs reviennent d'Afrique par l'Espagne.
> La fin des printemps et les étés sont splendides. Peu de lieux de France sont aussi riches en espèces, avec des adonis, des droséres, des chardons laineux, des lis martagons, des pensées d'Auvergne et cent sortes de plantes d'altitude, sur lesquelles trônent les grandes gentianes jaunes et les vératres blancs. Millions d'insectes. Cortèges d'amphibiens, de reptiles, de passereaux, de rapaces.
> Après de courts automnes, les hivers sont d'une dureté qui rappelle l'Arctique. Longs, glacés, neigeux. Les sentiers, dans le brouillard et la tempête, deviennent dangereux. On ne sait plus où l'on va. On s'égare, on s'épuise dans des congères. Oserais-je préciser, à l'intention des candidats à l'imprudence, qu'en l'an 2000, dans de nombreux coins de l'Aubrac, le téléphone portable ne fonctionne pas ?

# 9

# CÉVENNES, CAUSSES

1. *Ardèche* : Gorges profondes
2. *Cévennes* : Le psaume du mont Lozère
3. *Cévennes* : Les cent fleurs de l'Aigoual
4. *Périgord* : La stalactite et l'orchidée
5. *Causses* : Les vautours des deux gorges

# 1. Ardèche

## Gorges profondes

*Quitter la forêt parfumée du plateau ardéchois et descendre jusqu'aux profondeurs de jade et de perle que la rivière entaille au secret des falaises, avec les castors et les aigles. Remonter le fil de l'eau, de plages de sable ou de galets en rapides et en bassins d'eau profonde. Jouir toute une journée de l'eau vive...*
   *En boucle autour du mas de Serret, 6 heures.*
   *Carte I.G.N. au 1 : 25 000, Top 25, 2939 OT, gorges de l'Ardèche.*

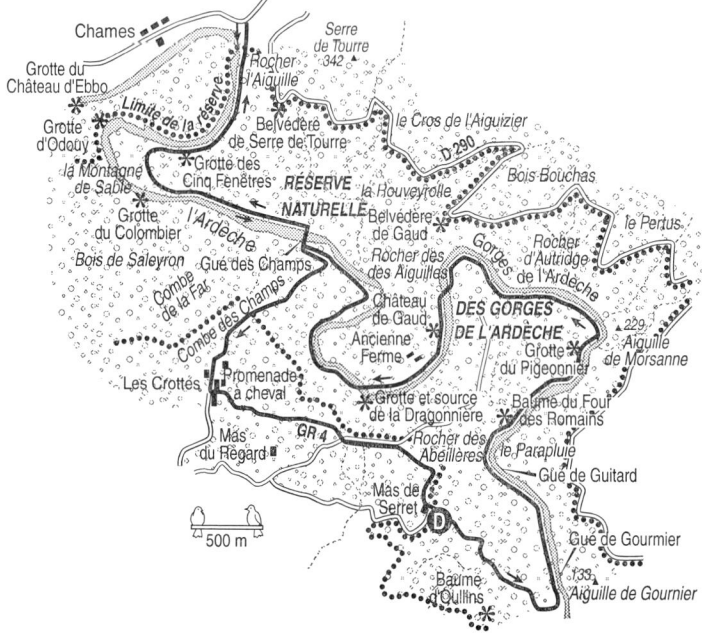

Lumière de printemps sur le plateau ardéchois. Parfum de chênes et de buis, d'humus et de truffe. L'aigle de Bonelli a décollé au nord-ouest. Rien ne se devine encore du canyon prodigieux que la rivière a creusé dans la masse calcaire. Le vertige des gorges est à quelques mètres, au-delà des arbres. Une émotion que le rapace déguste chaque fois qu'il offre ses ailes au vent. Je voudrais endosser un habit de plumes et planer sur ces hauteurs béantes. Je me contente de mes pieds à gros souliers. Pour aller jusqu'à l'eau saluer le castor et la bergeronnette, mais avec la pesanteur importune de mon espèce.

J'ai deux alliés : Gentiane et Jo. La première ? Une jeune chienne bâtarde et gaie, au long poil frisotté isabelle et châtaigne. Le second ? Son maître, Jo Jarnias. L'un des gardes de la réserve naturelle des gorges de l'Ardèche. L'œil rieur, la moustache noire et fournie, le corps solide et noueux comme le tronc d'un pin accroché à la roche... Il est né dans un hameau du plateau, de l'autre côté des collines crêpelées de chênes, à Saint-Martin-d'Ardèche. Depuis l'âge de l'école primaire, il fourre le pied ou le nez dans chaque grotte, chaque recoin, chaque sentier des falaises ou des lits de galets qu'aujourd'hui, il veut me dévoiler. Dans chaque rapide ou chaque bassin calme de la rivière dont nous allons remonter la rive droite. La plus secrète. La plus rebelle.

 ***DU MAS DE SERRET AU GUÉ DE GOURNIER,***
*0 heure 30*

La balade commence au camping du mas de Serret. Gentiane donne l'ordre de départ. Elle connaît la piste. Elle file, nez à terre, puis s'accroupit sur une touffe d'orchis bouc : elle sait les coins les plus parfumés et qu'un peu de senteur organique rend encore plus parfaits. Elle se relève et tricote sur ses petites pattes, autour de la route de terre qu'emprunte le G.R. 4 vers le sud-ouest et les bâtisses du mas de Serret. En arrivant aux maisons, à gauche ! Nous quittons les balises rouge et blanc du G.R., au profit des marques jaune et blanc du sentier qui descend vers le gué de Gournier. Le chemin s'étrécit dans une forêt de chênes pubescents et de chênes verts, au pied desquels se concurrencent ou s'épousent vingt espèces de buissons et trente-six nuances de vert. Buis en peignes coriaces, chèvrefeuilles odorants, filaires, ruscus petits-houx, etc. Les salsepareilles (ou smilax d'Europe) envahissent : traîtresses aux feuilles en cœurs et aux grappes de mini-raisins vermillon, dont les tiges lacèrent.

« J'ai toujours couru ces sentiers de charbonniers et de pâtres, raconte Jo Jarnias. J'aime la caillasse du plateau ardéchois. Je connais ces pierres par mes pieds et par mes mains. Elles sont rugueuses, tranchantes, mais douces à qui sait les prendre. J'imagine les sensations qu'elles procurent aux pattes de ma chienne, du renard ou de la genette. Car, ici, nous avons des genettes ! Elles laissent leurs crottes à la fourchure des grosses branches ou sur les terrasses des falaises. »

Nous dévalons un sol retourné par les sangliers. Un geai file. Un pic tapote. Des mésanges, des sittelles, des bruants, des linottes pépient. Une faune d'emplumés zigzague et gazouille : pinsons, pouillots, merles, grives... Je dérape méchamment sur les « gentils » cailloux de Jo Jarnias. Ce plateau calcaire s'est formé voici plus de 100 millions d'années, à l'Urgonien, au début du Crétacé. Il a la même origine que le Luberon et les calanques de Cassis. Après les convulsions et les soulèvements du plissement alpin, au Miocène, l'Ardèche a drainé les eaux des monts du Vivarais. Elle a dû se frayer un chemin dans la roche. Elle y a taillé ce canyon sublime.

Les troncs s'emmitouflent de mousses vertes comme des sortilèges. La chienne Gentiane renifle et fouille. Elle explore les racines d'un laurier-tin, puis laisse un message odorant contre une bruyère arborescente. Sur des arbres, des balises jaune et blanc signalent, à droite, le chemin de la baume (la grotte) d'Oullins. Trous de blaireaux et de renards.

 ***DU GUÉ DE GOURNIER AU GUÉ DE GUITARD, 0 heure 15***

Quelques minutes de descente, et la rivière est là. Verte, large, scintillante, rapide... L'eau file, on dirait qu'elle fuit. Profonde, froide, mystérieuse... Elle lèche ses berges avec un chuintement charnel, comme un soupir d'amour, comme un sexe qui... Non ! Ne comptez pas sur moi pour une image scabreuse... Disons que la rivière et la terre se caressent, se frottent et s'étreignent. Admettons qu'elles ne se haïssent point...

Je contemple, sur la rive opposée, un obélisque : l'aiguille de Gournier culmine à 133 mètres et signale le bivouac homonyme. « Nous avons dû aménager des camps de repos pour la foule des amateurs de canoë, de kayak et de radeau, explique Jo. Hors saison, comme aujourd'hui, les gorges sont désertes. Mais aux grands week-ends ou en été, c'est une incroyable cohue. À Pentecôte, il m'est arrivé de compter six mille embarcations sur la rivière ! »

Vol de choucas dans la falaise ocre et gris pâle. Une buse plane. Deux grands corbeaux l'agacent. Un faucon pèlerin pique sur les escarpements boisés de la rive gauche. Je repère la limite supérieure de la dernière crue : une ligne de limon et de débris gris-brun, à une étonnante altitude. L'Ardèche roule 10 mètres cubes par seconde à l'étiage, mais en emporte plus de 100 durant ses hautes eaux. Et jusqu'à 5 000 lors de crues ravageuses.

« Le gué de Gournier, dit Jo Jarnias, est un peu plus en aval. On le franchit difficilement avant le mois de juin — de l'eau à la taille, avec un courant du diable. Des promeneurs inconscients y ont été emportés... En vérité, rien n'est changeant comme le lit de l'Ardèche — de *mon* Ardèche ! Tel gué, praticable une saison, se trouvera déplacé de 100 mètres par une crue d'automne ou un seul orage du mois d'août. Voire anéanti... L'innocent qui croit aux cartes se prépare des surprises... »

Nous remontons la rive droite en suivant les marques vert et jaune. Sentier difficile, inégal, zigzaguant, parfois perdu dans les peupliers et les saules, les ormes secs et les aulnes. Entre la douceur tiède des plages et l'âpreté rugueuse des parois calcaires... Chaque fureur de l'eau redessine la géographie des amas de sédiments. On ne se balade pas deux fois le long de la même Ardèche.

Nombre de basses branches de saules sont coupées. Taillées net, en biseau. C'est l'œuvre des incisives orange des castors. Le sable et la boue portent les empreintes de ces rongeurs : pieds griffus, en triangles, et larges traînées de leur queue plate. « Les castors d'Europe, précise Jo Jarnias, sont revenus. Nous en avons maintenant une cinquantaine dans la réserve. Ils ne sortent que la nuit. Il m'est arrivé d'en voir ronger sous la lune... Ils ne construisent pas de huttes, au contraire de leurs cousins d'Amérique. Ils creusent des terriers dans les rives. Ils établissent volontiers leurs logis dans une grotte en partie immergée sous une falaise. Des castors troglodytes, en quelque sorte ! »

## DU GUÉ DE GUITARD À LA CHÂTAIGNERAIE, *2 heures 15*

Le rapide du gué de Guitard : le plus long ; le plus impressionnant... L'eau furieuse s'y précipite, écume, gronde, se lance et gicle sur le toboggan de roches. Plaisir de mille secousses pour le canoéiste — avec un dessalement au programme ! Le cincle plongeur (ou merle d'eau) fait de ce maelström son territoire de pêche. Je le regarde piquer du bec dans l'argent du courant. Sur la rive, près des flaques envahies de renoncules aquatiques blanches entre lesquelles les grenouilles pointent le museau, luisent des ficaires en étoiles d'or à multiples branches.

Nous laissons le sentier qui, à gauche, remonte en lacets raides vers le camping du mas de Serret. Nous continuons notre dérive au bord de l'eau. Vue sublime, au nord-ouest, sur le rocher d'argent des Abeillères. En face, les résurgences des Serrures voient sourdre une eau qui a passé, plus haut, sous le dolmen du Chanet. Dalles inclinées sur le mystère aquatique. Contre la falaise des Abeillères, voici le rocher du Parapluie. Le lézard vert détale. La couleuvre d'Esculape s'insinue dans une fissure. La longue et puissante couleuvre de Montpellier — cousine du cobra, mais aux crochets situés en arrière de la bouche — partira en chasse au crépuscule. Le pigeon ramier roucoule puis disparaît de l'autre côté du rapide du Rossignol, près de la baume (la grotte) du Four des Romains.

Nous longeons les tentures de calcaire ocre jaune, striées de roux, d'argent et de gris, dont l'imagination populaire a fait le Manteau Royal et l'Épaulette du Général. Érosion en « drailles », chemins parallèles semblables à des demi-tubes. « On dit ici, sourit Jo Jarnias, qu'une seule crue de la rivière suffirait à transformer en galets et en perles un sac de briques et de bouteilles jeté dans le flot. » Peu avant le pas du Pigeonnier, Jo Jarnias m'offre un de ses lieux secrets. Nous escaladons la pente, à gauche, sous les chênes. Dans l'entonnoir d'un petit cirque, une source vive glougloute et emplit un bassin. « Je l'ai découverte en 1988, raconte Jo. C'était une soue de sanglier, les cochons l'avaient repérée avant moi. Je l'ai protégée par une pierre plate. Goûtez-moi ça ! » Il me tend une timbale remplie. Je suis goûteur de sources professionnel. Celle-ci a du corps et de la cuisse. La rondeur en bouche un peu râpeuse du calcaire de l'Urgonien, avec un arrière-goût de fougère, de chêne vert et de salsepareille.

Le pas du Pigeonnier nous contraint à remonter de quelques dizaines de mètres au-dessus du rapide. En face, sur la rive gauche, juste au niveau actuel de la rivière, bouillonne la source du Platane. Des plongeurs s'y sont glissés, ont suivi un couloir inondé horizontal de 50 mètres, basculé dans un puits et repéré un immense réseau de galeries. Énigme du karst. Au-dessus de ce système, trône l'aiguille de Morsanne.

Nous redescendons la pente. Au bord du sentier, des semis d'asperges sauvages et leurs turions verts au goût délicieusement relevé d'amertume. Au pied nord du pas du Pigeonnier, des dizaines d'hirondelles de rivage tournent en quête d'insectes, que traquent aussi les bergeronnettes grises et leurs cousines des ruisseaux. Des platanes s'inclinent. Nous allons de lits de galets en jungles riveraines. « Pour moi, dit Jo Jarnias, chaque printemps, la rivière est neuve. Lavée, purifiée, presque ressuscitée ou réincarnée. Comme une couleuvre après sa mue... » Devant nous, là-haut, le rocher d'Autridge : surplomb de vertige ocre rose et gris-brun. Derrière nous, l'aiguille de Morsanne ressemble maintenant à une tête coiffée d'un heaume. Ce rapide a été baptisé « Casque du Dragon ».

Un martin-pêcheur gicle. Dans la boue, de petites

empreintes signent la présence du putois. Un vieux mûrier couché sert de perchoir à l'épervier. Le rapide du Figueiras nous introduit au creux fabuleux du cirque de Gaud.

 ***DE LA CHÂTAIGNERAIE AU GUÉ DES CHAMPS,***
*1 heure 30*

L'instant du casse-croûte. Jo Jarnias tire de son sac un pain, du fromage de chèvre et une bouteille de vin d'Ardèche. Gentiane participe aux agapes, du moins dans la section « fromage ». Je contemple les buis, les genévriers de Phénicie et les chênes verts accrochés aux falaises. L'aigle de Bonelli a raison de regarder cela de haut. Jo Jarnias se désole : le couple de vautours percnoptères qui vivait ici semble avoir disparu. Dans la rivière, ondulent d'énormes carpes, des tanches, des hotus, des chevesnes, des ablettes, des goujons. Les pentes, en face, sont aussi le royaume d'une tribu hirsute de chèvres redevenues sauvages. Plus farouches que des chamois.

Nous nous remettons en marche. Gentiane a disparu. Nous la retrouvons 100 mètres plus loin, dans l'eau, sous l'apparence d'un castor qui se mettrait à japper. Nous longeons le rapide de la Canelle. Sur l'autre rive, le château de Gaud pointe ses toits et ses tours hors d'un bois de chênes, de peupliers et de bambous vert tendre. Ce domaine est un bivouac pour canoéistes. Le sentier remonte, emprunte une terrasse enchantée au-dessus de l'eau, le long d'une baume hérissée d'asperges, de lauriers-tins et de chèvrefeuilles. Le rapide de l'Esclapayre (« Celui qui casse », en langue d'oc) ne brise plus rien : il a disparu, gommé par la fantaisie de la rivière. Voici la grande croix blanche, sur son roc en forme de doigt, qui indique la grotte et la source de la Dragonnière, ainsi que le départ d'un sentier qui remonte au mas de Serret.

Nous poursuivons la balade en riant. Odeur de sarriette. Parfum de violette. Jo Jarnias indique un autre trésor : sous la falaise, à 5 ou 6 mètres de hauteur, dans une niche à laquelle on accède par quelques marches, sourd une eau merveilleusement fraîche. S'ensuit un passage délicat. Des dalles glissantes, au-dessus du courant qui tourbillonne. Il faut se tenir à une barre de fer scellée dans la falaise. Gentiane tremble. Nous la portons. Le verrou suivant est encore plus difficile : un figuier tordu et une source verdie de mousse ornent un talus vertical de 7 à 8 mètres de hauteur, qu'il faut descendre. Nous nous retrouvons sur le sable et les galets. Jo Jarnias me dit qu'il va cimenter, ici, quelques marches dans le calcaire, pour aider le promeneur tranquille sans défigurer l'harmonie de ce qu'il nomme « la source du Figuier ».

Nous marchons vite, à présent, vers le rapide de la Dent Noire — l'un des plus dangereux de tous. Et le rapide des Champs, face au gué du sentier qui vient des Chames et de la montagne de Sable. Reste à boucler la boucle.

 *DU GUÉ DES CHAMPS AU MAS DE SERRET.*
*1 heure 30*

Il fait beau. L'Ardèche coule comme un mystère. Gentiane en a plein les pattes. J'en ai plein la vue, plein le nez, plein la bouche. Plein les pattes, aussi... Jo Jarnias est fier de « sa » rivière. Ni le choucas, ni le castor, ni moi-même ne le lui reprochons. Il aimerait que la réserve mérite encore mieux son titre. Avec moins de battues de chasseurs massacreurs, et plus de respect de la part des pagayeurs du dimanche, dont certains s'imaginent dans un parc d'attractions. Jusqu'à ce que l'Ardèche leur envoie 5 000 mètres cubes par seconde d'humilité à la figure...

Nous trouvons le sentier (nouvelles balises jaune et blanc) qui remonte, à gauche, la combe des Champs. Jusqu'aux maisons des Crottes (hameau de Labastide-de-Virac), où un monument conserve le souvenir d'une tragédie. Ici, le 3 mars 1944, les nazis fusillèrent seize jeunes gens. Quinze d'entre eux appartenaient à cinq familles du village. Le seizième est noté « inconnu » sur le marbre. Je songe à lui. À ce destin de hasard héroïque. Ce garçon vécut le roman d'une existence brève et belle, comme la désirait Achille. J'imagine un homme venu de loin, fasciné par la libre splendeur des gorges, et qui se sacrifia pour la Liberté...

Nous retrouvons les marques rouge et blanc du G.R. 4. Il file le long d'un muret de pierres sèches, dans une chênaie claire où crissent les insectes, chantent les oiseaux et s'enchantent mille fleurs. Quelques hectomètres après le début de la route asphaltée qui nous ramène au camping du mas de Serret, une trouée, à gauche, nous conduit au plus fabuleux point de vue.

À nos pieds, l'immense tranchée sinueuse de l'Ardèche, telle que l'aigle la contemple. Entre deux vertiges calcaires, scintille une rivière de jade. Jo Jarnias mâchonne, sous sa moustache, une pousse douce-amère d'asperge sauvage.

> NOTE SAISONNIÈRE ET RECOMMANDATIONS
>
> Les gorges rugissent en hiver, pendant les crues ; ou en été, quand les orages y font converger des flots furieux.

L'Ardèche, alors, ne se laisse guère approcher. Dangereuse. Parfois perfide. Dès le premier printemps, sortent le castor, le cincle et la bergeronnette. Les pentes alentour recèlent ensuite des trésors de pivoines sauvages et d'orchidées, tandis que reviennent peut-être le vautour percnoptère et le milan noir. Le plein été craque de cigales, et l'eau délicieuse invite à la rejoindre pour un bain délectable. L'automne, avec ses champignons odorants sous les chênes, voit repartir l'hirondelle des rivages et la pie-grièche.

## 2. Cévennes

# Le psaume du mont Lozère

Dans la lumière d'un matin d'hiver, quand les brumes s'effilochent sur le bleu des vallées, l'âme insoumise des Camisards hante la Cévenne... En passant par le pic Cassini et les sources du Tarn, une balade dans la toundra du mont Lozère. Avec la musique du vent, qui chante un psaume de grandeur et de drame.
En boucle autour du Mas de la Barque, 6 heures.
Carte I.G.N. au 1 : 25 000, 2739 OT, Top 25, mont Lozère, Florac, parc national des Cévennes.

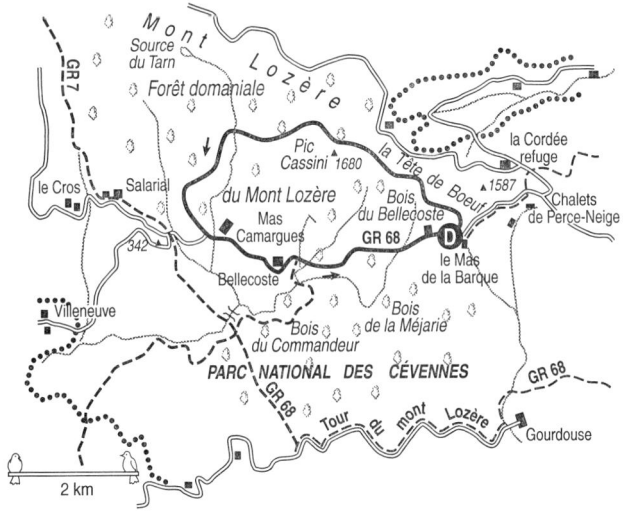

À l'horizon du sud, le mont Aigoual affiche cette transparence minérale que je n'ai vue nulle part ailleurs : un subtil camaïeu de bleus, de l'obscur au céleste, au-dessus de la pâte noire de la forêt. À l'occident, s'arrondissent les croupes ocre jaune et ocre gris du sommet de Finiels, au-delà desquelles on devine le causse Méjean. À l'est, comme un fil bleu, blanc et rose au-dessus de la mer de nuages, on aperçoit le mont Blanc, le Grand Paradis, le Vercors, les Écrins, le mont Viso et le Ventoux. Lointains. Magiques.

Je me dresse sur le mont Lozère, au pic Cassini. Je caresse les lichens jaunes du chaos rocheux, près de la table d'orientation. J'ai dans la narine le parfum de sucre et d'épices de la garrigue du Languedoc, que le vent du sud pulvérise jusqu'à cette altitude à l'intention des anges. Je contemple, vers le nord et l'ouest, une toundra d'herbes sèches que j'ai — j'en suis sûr ! — déjà vue quelque part. En Alaska. Dans le Grand Nord du Canada. Ou en Sibérie.

 **DU MAS DE LA BARQUE AU PIC CASSINI,**
*1 heure 30*

Mon itinéraire du jour commence au-dessus du gîte d'étape du Mas de la Barque. Je veux parler du chemin qui grimpe vers le pic Cassini et qui est balisé de traits rouges ; et non du G.R. 72 (marques rouge et blanc) qui va vers Bellecoste, et par où je reviendrai.

Le Mas de la Barque est une station de ski. L'une de ces absurdités immobilières nées de la regrettable conjonction d'une volonté de bétonneur et d'un cerveau d'élu obsédé par l'idée de laisser son nom dans l'histoire du pays. Il neige parfois beaucoup sur les Cévennes. Les hivers sont rudes. Mais la couche ne tient pas : du reste, quel skieur s'intéresse à des dénivelés de 150 mètres ?

J'enrage sur ce thème en commençant de marcher. Le sentier du pic Cassini fut muletier : c'est une piste pour bulldozer (bien dégagée sur les oreilles !), dans un décor de téléskis et de canons à neige. Mais il n'y a ni neige, ni clients ! Les engins de damage sont bâchés et les pylônes rouillent. Ces consternants aménagements de moyenne altitude devraient mettre le rouge au front de ceux qui les imaginent et les lancent, aux frais de la population. J'ai entendu dire qu'on va enterrer les lignes électriques qui défigurent le parc des Cévennes : je suggère qu'on en profite pour enfouir en même temps les tire-fesses...

Je mâchouille ma crise anti-béton pendant un quart d'heure. C'est le prix à payer pour gagner des merveilles. Je me concentre sur les simples beautés de la forêt de Bellecoste et de la Tête de Bœuf. Les bébés hêtres sont emmitouflés dans des fourrures de feuilles brun-roux qui ne tombent pas en hiver, et qu'on dit « marcescentes » (admirable adjectif !). Des sapins, des épicéas, d'autres conifères acclimatés se mêlent aux bouleaux, aux pins sylvestres et aux pins à crochets indigènes. Le sous-bois se hérisse de tapis de genêts à balais verts, de bruyères en habit brun-rouge et de myrtilles aux rameaux dénudés. Des volées de passereaux animent les branches : j'en ai rarement aperçu autant. Un geai des chênes cajole : éclairs bleus sur les épaules. Un crave à bec rouge tiengue (il tiengue, vous dis-je : c'est sa langue !). Un grand corbeau croasse sur un ton grave. Des bruants jaunes allument le citron de leur poitrail et de leurs ailes. Des pinsons des arbres leur répondent dans les tons rose-beige (du bleu ardoise à la tête). Un bouvreuil pivoine se pavane en jabot couleur corail. Des pouillots sifflotent. Des alouettes se lèvent sur les clairières et grisollent.

Le chemin se resserre, donc embellit. Je marche, à présent, dans des étendues clairsemées d'arbres courts, tordus, torturés par la rigueur du climat et la pauvreté de la terre. Certains sont morts ou agonisants et luisent d'un étrange argent échevelé de lichens gris. J'approche du sommet. Au col de l'Aigle, les pins à crochets dominent et se font bonsaïs : je traverse un champ de bonsaïs aux troncs en partie écorcés, vrillés, forcés, pliés par le vent, on dirait asservis aux fantaisies esthétiques et sadiques de l'esprit jardinier de la montagne...

À la crête du col, j'ai devant moi le Rocher de l'Aigle, dont la forme me rappelle le cap Horn. Je cherche le rapace : parti faire un tour. J'admire, du côté du nord-est, la profonde vallée de la Paillère, dont le ruisseau coule vers Villefort en saluant les hameaux de Chantegrive et des Costeilades. À l'est, je perds mes regards dans le déroulé des Alpes, du mont Blanc au Ventoux. Impression sublime, aérienne, légère comme l'aigle qui glisse dans l'air ou le faucon qui pique ; sensation nourrie de brise froide et de glace qui tourbillonne en microcristaux. Sur cette crête cévenole, la musique des éléments ressemble à un psaume — humble et hautaine harmonie d'un chant choral que le vent entonne au temple de Nature.

Je me surprends — moi, le mécréant — à écouter quasi religieusement ce morceau. Je songe que les Camisards l'ont ouï, jadis, et qu'ils en ont nourri leur âme jusqu'à désirer mourir plutôt que d'abjurer.

Le mont Lozère est une sierra de granit aux dents limées par l'érosion. Je traverse des tapis de callunes fausses-bruyères grenat-rose et de genêts purgatifs en buissons moutonneux gris-vert. Je passe des chaos de roches où les lichens dessinent des géographies de rêve. Je gagne la cime rude et pierreuse du pic Cassini : 1 680 mètres. Le deuxième sommet de la chaîne, après celui de Finiels (1 699 mètres). Naguère, on l'appelait « Malpertus ». Il a été rebaptisé en l'honneur de Jacques Cassini, dit Cassini II (1677-1756), qui dirigea l'Observatoire de Paris, accomplit des travaux de géodésie et vint ici trianguler la France. La table d'orientation est mangée par la rouille. On déchiffre, sur son plateau d'émail blanc tout écaillé et rongé par les injures du temps, les noms des sommets qui bornent l'horizon.

 *DU PIC CASSINI AU MAS CAMARGUES,*
*2 heures 30*

Je descends vers le nord-ouest en suivant le sentier qui se perd. Une alouette décolle : cet hôte familier des hautes terres se contente, l'hiver, d'une maigre provende végétale. Des venturons montagnards, au plumage gris-bleu et vert olive, volettent vers le dôme du Grand Clapier. Un merle de roche leur emboîte le coup d'ailes. Je hume avec ivresse le parfum des choses : la Cévenne absolue !...

J'ai sous les yeux les toundras du mont Lozère : une immensité, un Canada, une Sibérie d'herbes gris-jaune où le nard raide domine, sélectionné par plus de 1 000 ans de pression pastorale ; où abondent aussi la canche flexueuse et la fétuque à spadice. Vallonnements d'altitude, courbes et orbes, creux et bosses piquetés de buissons de callunes fausses-bruyères et de bruyères cendrées, où la terre nourrit, dès la fonte des neiges, les coupes admirables de la pulsatille printanière — cette souris végétale aux pétales de nacre blanc et mauve, couverte de poils gris... Je me souviens des autres corolles que j'ai admirées ici (et sur l'Aigoual voisin), certain mois de juin : trèfles des Alpes roses à rayures purpurines ; renoncules blanches à feuilles d'aconit ; antennaires pieds-de-chat, cousines laineuses des edelweiss ; arnicas soleils d'or ; lis martagons enturbannés de rose ; tulipes australes jaunes lavées de rouille...

Le sentier s'évanouit dans un semis de boules de granite de 1 à 5 mètres de diamètre, qui évoque quelque jeu de pétanque abandonné par des géants. De tels amas reçoivent le nom occitan de « *rancarèdes* ». La légende raconte que Gargantua, venu depuis les Grands Causses, choqua ses sabots sur le mont Lozère pour en ôter la boue : ainsi naquirent ces éparpillements minéraux... En vérité, ce sont des bizarreries géologiques. Les hautes Cévennes granitiques sont nées du plissement hercynien, au Carbonifère, voici quelque 350 millions d'années. Elles ont été arasées au Secondaire, puis rehaussées de 1 000 mètres au Tertiaire, surtout au Miocène, par le contrecoup de la surrection des Alpes. Les effets consécutifs de l'érosion de la neige, du gel, de la pluie légèrement acide et du vent, ont créé ces blocs surréalistes, que je ne puis m'empêcher d'escalader les uns après les autres ; avant d'y glisser sur les fesses, au dam de mon pantalon. On reste enfant à vie ou on accepte de devenir adulte. J'ai opté d'emblée pour la première solution, et je m'y tiens avec obstination.

Je me réfugie, ensuite, au giron secret du ravin de la Levade, où sourdent, fusent, perlent, luisent et glougloutent les eaux primordiales du Tarn. Des pléiades de ruisselets qui gazouillent aux flancs méridional et occidental du pic Cassini pourraient prétendre au titre de « sources » de la rivière. Mais les fontaines que j'explore ici alimentent la Mère l'Aygue (la « Mère l'Eau » : admirable patronyme), c'est-à-dire le courant principal qui arrive au Pont-du-Tarn, là où la rivière prend son nom avant de couler vers ses gorges fameuses, Millau, Albi et la Garonne. On éprouve une étrange impression à placer ses pieds de part et d'autre d'une source célèbre. Je me représente en Gargantua bouliste, ou en Gulliver campé sur le trait bleu d'une carte au 1 : 25 000 (mont Lozère, Top 25, 2739 OT : restons précis !).

Les sources du Tarn composent une vaste et riche

tourbière. J'y marche avec délices, dans une sorte de fantaisie coruscante de l'âme et du corps, comme sous l'effet d'une pilule de bonheur pur. En cette fin d'hiver, le sol dégèle plus ou moins en surface, résiste ici et craque plus loin. Il cède de façon aléatoire sous le poids du marcheur. Par places, on enfonce jusqu'aux mollets : surprise ! Des paquets luisants d'algues vert sombre, de texture gommeuse (comme le pied des anémones de mer), se boursouflent et semblent suer leur excès liquide. Les herbes gris-jaune ou jaune d'or, parfois alourdies de pinnules et de clochettes de glace, oscillent obstinément dans le courant des sources. Je descends le fil de l'eau. Chaque mare a sa couleur — l'une laiteuse, l'autre vert pomme, la prochaine bleu pâle, la suivante bleu nuit, rehaussée de reflets grenat... Il existe, tout autour du mont Lozère, un millier de tourbières de toutes dimensions, qu'on appelle localement « *sagnes* », ou « *narses* ». On murmure qu'elles sont parfois maléfiques ; hantées par des fantômes, le diable ou les mauvais anges ; que des amoureux, éperdument épris l'un de l'autre et que leurs familles voulaient séparer, s'y seraient laissés engloutir, serrés l'un contre l'autre, sur un chariot attelé à un âne dont les braiements pathétiques se font parfois encore entendre...

Les tourbières sont des espaces de magie. Elles règlent aussi les équilibres de la vie montagnarde. Elles mettent l'eau en réserve et la restituent aux vallées à la saison sèche. Elles accueillent, dans le fouillis de leurs mousses, de leurs sphaignes et de leurs laîches, des espèces végétales discrètes ou somptueuses, que dans la froidure de l'hiver finissant je me représente en fleurs : le populage (ou caltha des marais) aux corolles en éclatantes coupes d'or ; le narthex ossifrage, qui crépite d'étoiles comme une baguette de fée ; la linaigrette aux panaches de coton blanc ; le ményanthe aux pétales livides, bordés de cils hollywoodiens, et dont les feuilles à trois lobes justifient l'autre nom de « trèfle d'eau ». Sans oublier la drosère, ou rossolis (rosée du soleil) : cette carnivore tend sur le sol le piège de ses feuilles rondes, hérissées de poils tentaculaires pourpres emboulés d'une perle gluante : la fourmi ou l'éphémère attirées par ce faux nectar expérimentent le baiser de la mort ; des enzymes les digèrent.

Je descends le ravin de la Levade. Le torrent chante dans ce val étroit. Pierres qui roulent sur les talus d'érosion. Cascades échevelées. Courant liquide qui se perd et ressuscite. Vasques limpides (en occitan, on dit : des « *gours* »). Je salue un rapace lointain — une buse, me semble-t-il ; le circaète jean-le-blanc et la bondrée apivore sont partis en Afrique. Je néglige le sentier qui descend ici vers la gauche : je continue en suivant le fil de l'eau, comme une truitelle en avalaison ou un triton en goguette. Je détaille chaque méandre. Je me perds un moment dans une jungle de genêts qui tantôt me caressent et tantôt me fouettent.

Je reviens au ruisseau. Le soleil d'hiver prépare le renouveau des grenouilles, des salamandres, des tritons et des libellules (la grande æschne, l'anax empereur, les agrions demoiselle et jouvencelle...). Je voudrais surprendre la discrète musaraigne aquatique. Une truitelle (salut, sœurette !) ondule dans le cristal qui glougloute. Non seulement je respire la Cévenne, mais elle coule dans mes veines... Confluences. Virages. Bras divergents. Cascades chantantes, *gours* de plus en plus profonds, de plus en plus verts, de plus en plus bleus : mystères de l'eau qui va.

***DU MAS CAMARGUES AU MAS DE LA BARQUE,***
*2 heures*

Je ne résiste jamais au plaisir de descendre les ruisseaux, ces concentrés de fleuves. J'y explore des Yukon et des Ienissei de songe. J'y pers ma substance avec une manière d'extase. J'y deviens le compagnon innocent d'une planète en harmonie, dont les méandres d'eau douce nourrissent mes circonvolutions cérébrales. Je me promène tel un gerris patineur à la surface des flots. J'exalte sans vergogne la partie liquide de moi-même.

Je rejoins, presque sans m'en rendre compte, l'agréable « sentier de découverte » que le Centre d'information du parc national des Cévennes a ouvert autour du Mas Camargues. Je longe les vieux hêtres tordus comme des gnomes du bois des Camargues : on dit qu'ils n'ont jamais été exploités par le bûcheron. Forêt primaire. Richesse d'une sylve qui date de la fin de la glaciation... Ici logent le pic noir et le geai, la grive draine et la litorne, le traquet pâtre et le merle à plastron. La martre, le blaireau et le renard. Le chevreuil et l'écureuil. Peut-être le chat sauvage. Et la genette.

Je rejoins la route de terre et le pont de pierre en arche très pure jeté sur le torrent, près du Mas Camargues. J'explore derechef le lit de la rivière. La loutre, la loutre précieuse, habite le Tarn jusqu'ici, à 1 340 mètres d'altitude... Je n'espère pas, en plein jour, voir — de mes yeux voir — le velours crème de son ventre ; le sombre acajou de son dos ; sa caboche spirituelle ; ni même sa queue plate... Mais voici l'empreinte de ses pieds dans le sable. Et une des crottes — des épreintes — qu'elle a laissées pour borner son domaine, sur un rocher, au milieu de l'eau.

La loutre est discrète : salut, beauté ! Je rejoins les bâtisses de pierre du Mas Camargues. Visite de cet « Écomusée du mont Lozère ». Images d'un monde en voie de disparition. L'artisanat des Cévennes. Les objets simples, mais parfaits, de la vie agro-pastorale... Les terres presque plates qui s'étendent en contrebas du hameau furent cultivées — seigle, orge, pomme de terre. J'observe le canal (le « *béal* ») qui amenait l'eau du torrent sur une machine à battre le blé. Je me souviens. Lorsque j'étais étudiant, à l'École normale, j'avais un ami cévenol. Il me racontait l'existence des gens de la Lozère, qu'il avait partagée. Je marche vers Bellecoste en pensant à lui. Il était huguenot dans l'âme. Non pas tant croyant que pétri d'une simplicité farouche ; comme s'il s'était forgé un caractère de granit et de vent.

Au hameau de Bellecoste, je rejoins le G.R. 72 qui me ramène, sur une large piste, vers le Mas de la Barque et la civilisation. J'ai le regret d'écrire que le village est en ruine, et que mon ami n'est plus. On m'a appris sa mort le mois dernier. Le vent murmure le psaume du mont Lozère. J'ai dans l'œil un cristal de glace qui fond. Un peu d'eau coule sur ma joue.

### NOTE SAISONNIÈRE ET RECOMMANDATIONS

Le mont Lozère, en hiver, est une splendeur âpre qu'il faut conquérir. Non pas que les sentiers y soient difficiles ou dangereux : mais à cause du climat. Lorsque le soleil brille, tout semble aisé. Quand des tourbillons de neige s'abattent, le meilleur randonneur se perd.
Les printemps gazouillent de sources : les berges du Tarn accueillent mille oiseaux, les pentes d'herbe mille fleurs. Au plus fort de l'été, la chaleur peut devenir lourde. Mais elle est moins désagréable que les automobiles, qu'un règlement absurde autorise encore à circuler sur la piste de terre qui unit le Mas de la Barque au Mas Camargues, par le hameau de Bellecoste. On réclame d'urgence une barrière !

# 3. Cévennes

# Les cent fleurs de l'Aigoual

*Escalader l'arête sud-est des Cévennes, jusqu'au sommet du mont Aigoual. Comprendre que c'est le château d'eau de la contrée. Écouter couler les sources — et y boire. S'imprégner de ce fluide et devenir complice du jeu subtil d'une flore et d'une faune enchantées, où se mêlent la Méditerranée et la montagne.*
   *Aller-retour, de l'aire de la Côte au sommet de l'Aigoual : 5 heures.*
   *Carte I.G.N. au 1 : 25 000, 2641 ET, Top 25, mont Aigoual.*

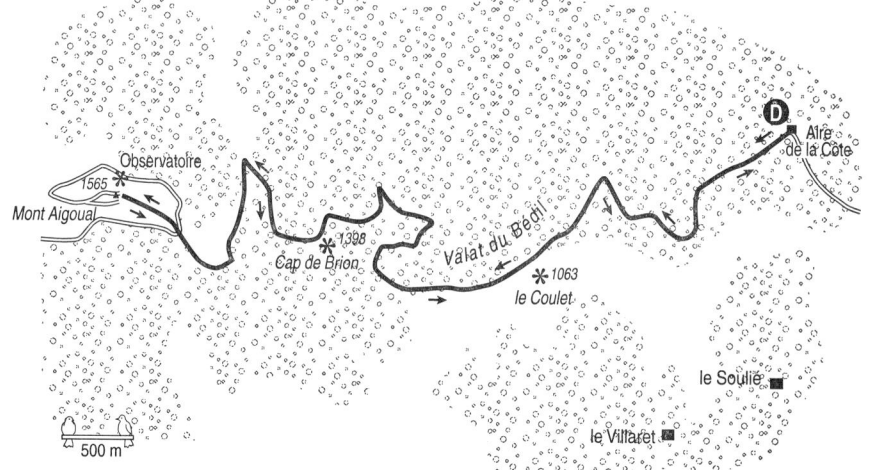

Le circaète jean-le-blanc — l'aigle des serpents — plane au-dessus du gris-bleu des collines. Je me souviens de ce que me disait un ami qui passa son enfance dans ce pays : « Les Cévennes sont un théâtre de passion. » Je veux croire qu'il parlait de la passion des fleurs sauvages. Elles sont, ici, plus belles qu'ailleurs. Sans pour autant me prendre pour une réincarnation de Linné, je veux me balader dans l'enchantement des feuilles simples ou composées, des calices, des corolles, des étamines et des pistils ; parmi la cohorte discrète, mais merveilleuse, des plantes aux mille mystères.

Impossible de mieux choisir pour combler mon innocente manie. L'Aigoual... Au bord sud-est des Cévennes, une parabole de roches, de forêts et de prairies d'altitude. Un cœur caché d'eaux pures, où sourdent aussi bien l'Hérault, qui file vers la Méditerranée, que la Jonte, tributaire de la Garonne par le Tarn, ou que le Gardon de Saint-Jean, qui serpente vers le Rhône. Climat étrange. Âpre. Beaucoup de neige en hiver, mais vite fondue ou sublimée. Des orages d'une folle puissance en été. Une météorologie auvergnate dans une lumière du Midi. Une face nord cousine du Cantal, une face sud méditerranéenne.

 **DE L'AIRE DE LA CÔTE AU COULET,**
*1 heure*

L'Aigoual.
Un personnage de légende, de géographie et d'écologie. 1 565 mètres d'altitude. Je choisis d'en effectuer l'ascension au début du mois de juillet, par l'arête sud-est, qui domine vertigineusement le cirque du Clarou, le village de Valleraugue et la vallée supérieure de l'Hérault. Je laisse ma voiture à la maison forestière de l'aire

de la Côte (1 085 mètres), sur la départementale 10 D. L'air est sec, la lumière parfaite, mon âme végétale. J'emprunte le G.R. 6 — à vrai dire, une partie commune aux G.R. 6, G.R. 6A, G.R. 7 et G.R. 66 ; sous le signe du rouge et blanc. Je foule ainsi le Sentier européen n° 4, Pyrénées-Jura-Nieusiedlersee !

Je vais bon train sur la piste de terre qui longe les sources du Tarnon, dans la forêt de hêtres, de châtaigniers et de mélèzes auxquels se mêlent de plus en plus d'épicéas — avant l'étage des pins à crochets. Les talus se hérissent de lauriers de Saint-Antoine (ou épilobes en épis, ou épilobes à feuilles étroites). Ces plantes dégingandées me bénissent de leurs plumeaux de fleurs roses. Elles hantent les lieux frais de tout l'hémisphère Nord. En Sibérie, les chamanes en usaient dans leurs rites. Les Américains les baptisent « *fire weeds* » (« herbes du feu ») parce qu'elles recolonisent les clairières après les incendies.

J'inspecte le sous-bois. Des digitales pourpres inclinent leurs doigts de gants cramoisis, tachetés d'argent et velus à la gorge ; des abeilles et des bourdons les butinent ; elles sont riches d'une digitaline à la fois empoisonneuse et tonicardiaque. Je me perds avec délices entre les arbres. Senteurs de résine dans le nez. Rugosité des écorces sous la paume. Scintillements de feuilles que viennent illuminer des rais de soleil facétieux... Je repère des peuples de fougères polypodes et de fougères-aigles ; de carex (ou laîches) aux feuilles en aiguilles ; de genêts aux fleurs papillons jaunes... Voici des sorbiers des oiseleurs aux grappes d'un pâle orange ; des alisiers aux fruits de sang ; des merisiers aux merises acidulées ; des églantiers aux cynorhodons (ou gratte-cul) vermeils ; des callunes fausses-bruyères mauves ; des sureaux rouges aux grappes vermillon ; des myrtilles garnies de sphérules bleu-noir ; des ronces lourdes de mûres ; des fraisiers ; des framboisiers...

Comme dans un conte pour enfants avant l'arrivée du Méchant Loup, je me délecte de fruits sauvages. Un écureuil me regarde et se moque. Puis il se remet à écailler une pomme d'épicéa.

Mon âme botanique ne se nourrit pas que de baies juteuses. Je fouine en quête d'espèces singulières. Je repère trois parasites. Cette crosse jaune pâle, délicate, diaphane et garnie de feuilles en écailles, se nomme « monotrope suce-pin » ; elle pompe la sève des racines de conifères, sur lesquelles elle branche ses radicelles. Cette touffe de becs de coq ou de perroquet violet clair, née de l'humus même, est une lathrée clandestine : elle exhale un parfum d'une pureté et d'une force irréelles. Cette orchidée sans chlorophylle, aux labelles comme de petites pelles, semble en plastique brun chocolat et a été baptisée « néottie nid-d'oiseau ».

Je reviens à la piste, de laquelle se sépare bientôt le G.R., qui monte à gauche et que je suis. Sentier rétréci, montant, caillouteux, désormais vraiment montagnard. Une couleuvre vert et jaune ondule avec nervosité : elle se méfie du circaète jean-le-blanc. Une martre fuse sur une branche de pin : dos brun sombre, ventre d'un jaune crème qu'on aimerait caresser. Des oiseaux vaquent : pics épeiches (j'entends le pic noir), geais, mésanges de plusieurs espèces, sittelles, pinsons, bouvreuils, grimpereaux, etc. Des papillons volent dans les clairières : gazés transparents, flambés en vitraux jaune et noir à parements d'azur et de rubis, silènes mimétiques des troncs d'arbres, piérides, nègres, demi-deuils, etc. Des ascalaphes et des abeilles vrombissent.

Je remonte le Valat du Bédil. Je tombe sur le lis martagon, en train de fructifier. J'imagine ses fleurs en turbans roses, mouchetées de pourpre et modestement inclinées. Avec la chance qui sourit aux botanistes innocents, j'avais salué ici, à la fin du mois de mai, des touffes de sabots-de-Vénus, ou cypripèdes. La plus belle orchidée d'Europe, avec ses corolles en chaussons d'or pâle, que rehausse une croix de longues pointes brun-noir...

 **DU COULET AU SOMMET DE L'AIGOUAL,**
*1 heure 30*

Entre les épicéas, les hêtres au tronc tordu et les pins à crochets contournés, je débouche au Coulet. Une ouverture lumineuse sur un vertige de roches gris, ocre et grenat, couvertes d'une fourrure épaisse de graminées jaune paille... Sous mes pieds, le gouffre de la vallée Borgne et du cirque du Clarou plonge vers Valleraugue et le lit du jeune Hérault. Bleus, mauves et gris des collines au loin. Près de la stèle des Maquisards, j'opte, à gauche, pour le sentier de l'Aigoual (G.R., toujours), sinueux, caillouteux, étroit, propice à la rencontre de la fouine et de la genette. Mais aussi de l'œillet de Montpellier — dit « superbe » —, rose-mauve, avec des pétales laciniés, effilochés comme des paréos de vahinés. Les rocs exhibent des touffes d'hélianthèmes aux pétales froissés jaunes. Et des peuples de saxifrages (des Cévennes, toujours verte, etc.) et d'orpins (ou sédums : hérissé, reprise, etc.), aux rosettes de feuilles basales gonflées de réserves aqueuses (« succulentes »). Végétation de falaises sèches, lumineuses, ventées, avec des passages en forêt où les pins à crochets s'ancrent au maigre substrat, tels des régiments de bonsaïs... Dans les creux frais, paraît la violette jaune à deux fleurs. Sur une étagère de graminées et de lichens gris-vert, j'observe des ails à tête ronde, aux capitules forts de dizaines de petites corolles pourpre-grenat, en forme de grains de riz creux ; je froisse les feuilles linéaires de l'espèce ; je les hume ; je suis Henri IV... Entre les callunes fausses-bruyères, je repère les hémisphères mauves, perchés sur de longs pédoncules nus, des scabieuses chères aux papillons belles-dames, vulcains, petites-tortues, mélittées, demi-deuils, agrestes, paons-du-jour et tabacs d'Espagne...

Je passe sous la tête rocheuse du cap de Brion, qui a des allures de Sphinx de Guizèh. Je contourne l'obstacle par l'est. J'y reviens. Je le foule (1 398 mètres). Une large piste me mène à l'épaulement suivant — l'ultime avant le sommet de l'Aigoual : l'arête (1 536 mètres) de la Font (« fontaine ») de Trépaloup.

Je gagne le menhir et l'arrivée (oui : essoufflée !) du sentier des Quatre Mille Marches, qui escalade l'Aigoual depuis Valleraugue. Juste en contrebas, commence l'arboretum de l'Hort de Dieu. Un paradis pour le botaniste amateur d'espèces ligneuses : pin de Weymouth, cèdre du Liban, mélèze de l'Himalaya, épinette du Canada, sapin de Douglas, séquoia, thuya « cèdre » rouge, etc.

Je passe le temps qu'il faut, c'est-à-dire beaucoup, auprès des arbres. Puis je vais vers le nord, dans les riches prairies de nard raide et de canche flexueuse qui bordent le ruisseau de Trépaloup. Les grandes gentianes jaunes, les trèfles des Alpes rose clair, les raiponces bleues, les anthyllides vulnéraires orange et or, les coronilles rose bonbon, les lotiers corniculés, les arnicas, les pensées violettes, les benoîtes jaunes, les alchémilles aux feuilles chargées de perles d'eau (que les alchimistes utilisaient dans leur quête de la pierre philosophale) disent assez que je foule une pelouse d'altitude. Même si je ne suis qu'à 1 500 mètres.

Sur les épaulements secs et parmi la rocaille, je relève des merveilles de thyms serpolets odorants, d'alsines aux corolles en étoiles d'argent, d'érines des Alpes pourpres, d'ombilics nombrils-de-Vénus et de joubarbes toiles d'araignées aux « artichauts » cousus de fil blanc.

Dans les creux humides et près des sources, règnent

la renoncule blanche à feuilles d'aconit ; le comaret rouge, ou potentille des marais ; le populage aux coupes de vieil or ; le narthex ossifrage, cette petite chandelle d'étoiles jaunes ; le ményanthe trèfle d'eau, aux limbes à trois lobes et aux fleurs pourpre et blanc, aux bords frangés de poils ; la linaigrette, qui agite au vent son plumeau de coton ; la carnivore grassette, dont les feuilles collantes se roulent sur les fourmis ; et la non moins chasseresse drosère à feuilles rondes, ou rossolis (« rosée du soleil »), dont les poils foliaires, devenus massues gluantes, piègent les insectes avec une jouissance perverse.

 *DU SOMMET DE L'AIGOUAL*
*À L'AIRE DE LA CÔTE,*
*2 heures 30*

Je gagne la cime aplatie de l'Aigoual et la station météorologique. Dans cette ascension qui s'achève au vent des Cévennes, je songe aux trois merveilles botaniques que j'ai saluées ici, au printemps. Je les avais nommées les « Trois Grâces de l'Aigoual »... La pulsatille printanière semble un œuf velu, violet, tant qu'elle est en bouton, puis s'ouvre comme un vase sacrificiel d'albâtre sur un buisson secret d'étamines dorées. L'érythrone dent-de-chien évoque une comète rose à l'usage des lutins, le « noyau » incliné vers le sol et la « chevelure » au vent de mai. Enfin, la tulipe sauvage (ou australe) possède une corolle de soufre lavée de cuivre : on jurerait une flamme allumée par la déesse Flore pour réchauffer l'âme du botaniste aux yeux émerveillés.

Dans le ciel, le circaète jean-le-blanc tourne, tel un esprit. Il me siffle, dans sa langue de rapace, que les fleurs du mont Aigoual ont volé mon cœur.

NOTE SAISONNIÈRE ET RECOMMANDATIONS

Pour accomplir cette balade à thème botanique, le meilleur moment s'étend du printemps au début de l'été. Alors l'Aigoual est un jardin de fleurs !

Mais rien n'interdit de quêter les toutes premières corolles — crocus, pulsatilles, etc. — dès la fonte des neiges. Et les toutes dernières jusqu'en décembre.

# 4. Périgord

# La stalactite et l'orchidée

*Complexe et sublime Périgord... Le dessus et le dessous. La surface et les profondeurs. Le causse de lumière et l'aven obscur. L'eau secrète met en relation ces deux milieux extrêmes, et leur donne leur richesse. Une balade de fleurs sauvages en fleurs de calcaire, par la cascade d'Autoire et le village de Loubressac.*

*En boucle autour du gouffre de Padirac, 4 heures 30 ; sans compter l'exploration (guidée) de la rivière souterraine.*

*Carte I.G.N. au 1 : 25 000, 2136 ET, Top 25, Rocamadour, Padirac, vallée de la Dordogne.*

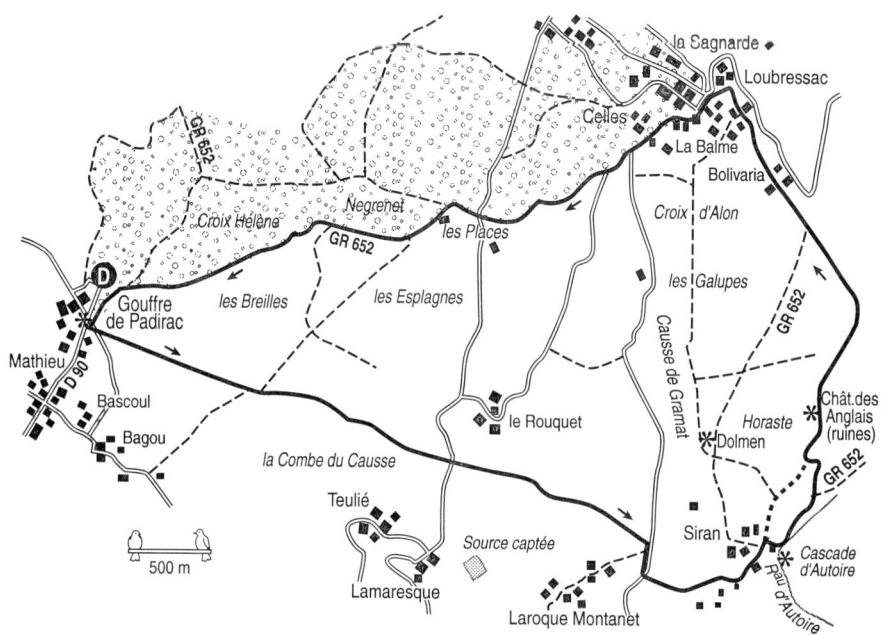

Je m'accoude à la balustrade. Le gouffre est là, énorme, devant mes pieds. Béant. Cylindrique. D'un diamètre de 100 mètres et profond de 75. On le dirait insondable comme un rêve. Infernal, bien sûr. Je songe à la légende qui explique sa création. Un jour, le Diable défie saint Martin. « Je vais, ricane le Malin, ouvrir un trou si large que jamais tu ne le franchiras sur ta mule. — Si je le saute, repartit le saint, tu libères les âmes que tu as prises et tu disparais ! » Le gouffre est creusé, la mule prend son élan et bondit bravement, cavalier sur le dos. Le Diable enrage, abandonne sa moisson d'âmes et plonge. Depuis lors, l'aven de Padirac passe pour une des portes de l'Enfer.

Les légendes aident à saisir la vraie grandeur de la nature. Je scrute la prodigieuse excavation. Un effondrement, jadis, la pratiqua dans le causse de Gramat, que l'eau infiltrée avait creusé par en dessous. Le calcaire gris, aux reflets beiges ou bleutés, se hérisse de buissons bizarres. Des bonsaïs. Mettons, des diablotins rieurs, puisqu'ici commence le fief de Satan ! Je m'engloutirai avec délices dans ces ténèbres, sitôt que j'aurai bouclé ma boucle piétonne. En fait, un long triangle, dont les deux autres sommets sont la cascade d'Autoire et le village de Loubressac.

 *DU GOUFFRE DE PADIRAC À SIRAN,*
*1 heure 15*

Le sentier file au sud-est. Une piste de terre, que m'indique une pie-grièche écorcheur, et qui se repère plus sûrement ainsi : entre deux murets de pierres, à l'extrémité orientale du parc à voitures, entre la route goudronnée qui file vers le hameau de Bascoul et le G.R. 652 (marques rouge et blanc) — par où je reviendrai.

Le chemin est balisé de points jaunes peu apparents ou de flèches bleues. Je marche vite. Le bruit de mes souliers sur la pierraille s'accorde à celui de mon cœur. La lumière du Périgord vibre. L'azur du ciel, le blanc des nuages et le gris du minéral s'accordent avec le vert-jaune des herbes nouvelles. Des papillons de toutes sortes — vulcains, argus, tabacs d'Espagne, paons-du-jour, belles-dames, petites-tortues, flambés... — butinent les premières fleurs. Dans la prairie de droite, j'avise des adonis de printemps aux allures d'étoiles jaunes à vingt rayons ; des pulsatilles printanières améthyste à cœur d'or ; et des polygales bleu-mauve qui me font penser, par leur forme, aux cœurs-de-Marie du jardin de ma grand-mère... Un lézard vert — un mâle — bleuit sa gorge au soleil pour tonifier ses hormones. Une couleuvre vert et jaune s'enroule dans une touffe de dactyle aux épis vert et roux. Je vois se glisser sous un rocher une couleuvre d'Esculape — une juvénile de l'espèce, au corps tacheté de jaune et de gris-noir ; après sa mue, la créature aura le dos de bronze et le ventre de laiton. À la fin de sa vie, elle dépassera 2 mètres, à condition d'avoir échappé aux serres du circaète jean-le-blanc.

Les buissons d'aubépines, de prunelliers, de cornouillers, d'érables de Montpellier, de rosiers et de genévriers dispensent les teintes gris-vert, gris-jaune ou vert acide de leurs feuilles à des volées de peintres sauvages — je veux parler des mésanges, des linottes, des pouillots et des grives. Une buse tourne dans le ciel. Je consulte la carte I.G.N. Elle signale un gouffre au sud de la piste. Je le cherche. Mieux vaut que je le trouve avant qu'il ne me trouve ! Le voilà, parmi des roches : une grosse fissure ; demain, peut-être, un nouveau Padirac... Je coupe la départementale 14 et je continue sur le chemin de terre, entre un menhir gaulois et une pierre levée récente, qui honore les parachutages américains du 14 juillet 1944, lesquels — dit un texte gravé — « apportèrent aux résistants du Lot les armes de la libération ».

Je marche dans l'odeur de tanin des chênes blancs (ou pubescents), qui nourrissent par leurs racines — autant qu'ils en tirent bénéfice, selon les lois de la symbiose — des truffes. Des truffes du Périgord, bien sûr. Noires. *Melanosporum*. Les plus précieuses, les plus parfumées, les plus goûteuses. Celles dont la peau sépia ondule et recèle une substance noire, nervurée de gris, comme l'arborescence d'un cervelet animal.

Un lézard gris détale. La buse n'a pas fini de tourner. J'arrive au carrefour et au calvaire. Direction : le hameau de Siran. Un bout de route à droite, puis à nouveau la piste à gauche. Le village est là, au bord de la falaise. Dominant le cirque d'Autoire.

 *DE SIRAN À LA CASCADE D'AUTOIRE, ET REMONTÉE,*
*0 heure 45*

Vision sublime depuis ce belvédère. Vertige à mes pieds... Le causse se brise au-dessus de l'encoche gris-bleu au fond de laquelle niche le petit bourg d'Autoire. Maisons aux toits de tuiles brun-rose et petite église. Couleurs étranges des lointains, vers l'est et le nord, du côté de Saint-Céré, de Castelnau et du val de Dordogne. J'ai l'impression que je vais m'envoler derrière le faucon pèlerin ou la bondrée apivore. Ce belvédère domine la gorge où le ruisseau d'Autoire se jette, d'une hauteur de près de 50 mètres, en cascade chevelue.

Je repère le sentier escarpé qui débute entre les palissades de protection, et descend vers le grand creux. Collé à la falaise, attentif aux marches inégales, tout en admirant le rapace qui pique, je gagne le petit pont (curieusement nommé « Jean-Luc ») qui franchit le torrent en amont de la chute, près de la départementale 38. Le sentier, si l'on peut employer ce mot pour la chose, dévale ensuite dangereusement la rive droite de la cataracte. Gare à la glissade ! Je me hasarde dans cette acrobatie, que je déconseille aux marcheurs incertains. Un bruit de tambours épouse celui de l'eau. Je découvre d'où il vient. Sur un rocher, trois musiciens. De jeunes garçons déguisés en adolescents de banlieue (casquette à l'envers, blouson, baskets). Ils jouent bien. Ils me font songer à des bergers antiques. L'un d'eux est beau comme Adonis, cet amant d'Aphrodite qu'un sanglier tua, et que Zeus métamorphosa en fleur. L'adonis. L'espèce même que j'admirais, tout à l'heure, sur le causse.

Chênes, saules et peupliers se pressent, dans cet éboulis confus de roches tapissées de mousses et de lichens, et hérissées de fougères : cétérachs (ou herbes-dorées), aspléniums, polypodes vulgaires, scolopendres en longues langues vert clair, etc. Je gagne le pied du système. Vue d'en bas, la chute devient fascinante. L'eau bondit, d'un blanc d'argent sur la muraille noir et vert. Elle me poudre. Les gouttelettes me baisent le crâne. Je suis brumisé par la grâce de la cascade. Au moins trois étages de tentures aquatiques se superposent ; avec des filets secondaires, des rideaux de perles, des croisements obliques, des panaches et même des arcs-en-ciel lorsque les oukases de la lumière le décident. Je bade, comme on dit en langue d'oc, à en attraper un torticolis. Puis je patauge, les pieds nus dans une vasque.

Je traverse le ruisseau à gué. Dans la pente, sur la rive gauche, je cherche et je trouve les balises rouge et blanc du G.R. 652. Reste à les suivre. Elles descendent un moment le long le flot. Au carrefour, je choisis non pas d'aller tout droit, vers le village d'Autoire, mais de remonter sur la falaise, vers Siran et Loubressac. Coup de reins et suée concomitante. Un lacet. Une fourchure de chemin.

À droite, le sentier conduit en cul-de-sac aux ruines du château des Anglais. Cet édifice, qu'on nomme aussi « salle del Roc », se fond dans la paroi. Il semble consubstantiel à la roche. Ce repaire de soldats britanniques, puis de bandits caussenards, fut laissé à l'abandon au XVI$^e$ siècle. Il n'héberge plus que des chocards à bec jaune, des tichodromes échelettes aux ailes écarlates, et des choucas des tours. Sans oublier des lézards, des couleuvres et des araignées... Je reviens au G.R. 652, que quelques escaliers hissent au sommet de la falaise, non loin des maisons de Siran et du belvédère d'où je suis descendu tout à l'heure.

 *DE SIRAN À LOUBRESSAC,*
*1 heure 15*

Le G.R. file sur la gauche, vers Siran, puis gagne Loubressac par le dolmen d'Horaste et le bois des Galupes. Je préfère emprunter — arrivé sur cette crête — l'étroit sentier aérien, balisé d'orange ou de brun-rouge, qui longe le rebord de la corniche et rejoindra le G.R. non loin de la ferme Bolivaria. Je chemine sur les dalles de calcaire gris, à un pas du vide : enivrante sensation de « gaz », comme disent les varappeurs. Deux milans noirs planent sur ma tête — vastes rapaces à la queue fourchue. Un faucon (il me semble pèlerin) plonge vers Autoire. À terre, un orvet ondule. Une crotte de renard trône sur une pierre. À la fourchure d'un chêne torve comme un vieux sage, une autre épreinte : peut-être de martre ; ou de genette.

Je salue, sur la pelouse sèche, des arums et des hellébores fétides, des chardons et des catananches en boutons, que des sauterelles vertes et de grands capricornes commencent d'investir. Les orchidées sauvages sont de la revue. J'identifie l'orchis bouc à ses amples feuilles cirées vert sombre et à son puissant épi de fleurs grenat-vert, aux labelles (grands pétales) en lanières tordues comme des serpents sur la tête de la Méduse ; il en sourd un parfum organique, que je ne trouve pas si désagréable que ne le suggère le nom de l'espèce. Cette autre plante, plus petite, dont la fleur aux sépales rose vif ressemble à un hyménoptère à l'abdomen brun et velu, c'est l'ophrys abeille. Plus loin, un rassemblement rose d'orchis pyramidaux en cônes de fleurettes aux labelles trifides voisine avec un peuplement d'orchis bouffons violets à gorge de lait poudrée de jade ; et avec un congrès d'ophrys mouches, dont chaque corolle semble un diptère — la tête avec ses antennes, le thorax rehaussé d'une lune bleue et deux ailes pourpres prêtes à se déployer.

Long virage à gauche, dans le bois de chênes, sans quitter le rebord de la falaise. Un pinson, deux chardonnerets et un vol de mésanges à longue queue animent le muret qui borde le sentier, et que hérissent des lierres et des ruscus (ou fragons piquants, ou petits-houx) constellés de boules rouges. Un pic épeiche file à gauche.

Un geai s'envole à la bifurcation du chemin qui mène à Ségonzac. Je continue tout droit. Le sentier se dilate en piste. J'arrive à la jonction du G.R. 652. Sur une étroite route asphaltée, je gagne la ferme Bolivaria, puis le village de Loubressac. Nid d'aigle — ou de milan noir —, perché au-dessus de la vallée de la Bave et de la Dordogne réunies.

##  DE LOUBRESSAC AU GOUFFRE DE PADIRAC, 1 heure 15

Toujours le G.R. 652. Panneau : « Gouffre de Padirac, 5 kilomètres. » Après quelques longueurs de ruelles et de chaussée asphaltée, mon pied retrouve le plaisir de la caillasse sèche et de l'herbe tendre. Il n'y a plus qu'à marcher. Entre ses murets de pierres, le chemin exalte l'alliance séculaire de l'homme et du causse. Un lièvre détale. Six perdrix rouges décollent sur la lande et vont se piéter sous un massif de prunelliers. Je divague un moment, de part et d'autre de la piste, entre les chênes, les genévriers, les érables, les noyers.

Partout, les orchidées sont au rendez-vous. Ophrys araignée au labelle velu bordé de jaune et de vert, et contresigné d'un H d'un argent bleu de crépuscule. Ophrys bécasse au dessin pareil à un texte en écriture cunéiforme sur une brique de Sumer. Orchis casque aux fleurs pourpre-noir et rose tendre. Acéras homme-pendu dont le nom résume l'aspect supplicié du labelle. Platanthère à deux feuilles dont le grand pétale est une langue blanche et pointue, tirée par un lutin verdâtre... Je m'honore de saluer le rare orchis singe, avec ses bras et jambes grêles et son corps rose moucheté de pourpre. Mais l'espèce que je tiens pour la plus précieuse est le limodore, que le botaniste dit « avorté » parce qu'il n'a pas de chlorophylle. Rien n'est fascinant comme le violet-mauve, lavé de blanc, qui décore en réseaux les ailes et le tablier translucide de son labelle.

Je retraverse la départementale 14. À la Croix Hélène, un calvaire. J'y déchiffre cette inscription : « À la mémoire de Hélène Combely, morte martyre en ce lieu, en 1844. » Le texte me plonge dans la perplexité. Qui fut cette fille ou cette femme ? Quel « martyre » subit-elle en 1844, année sans guerre de religion ni émeute ? Un historien local me l'expliquerait. J'imagine

Hélène en tablier violet-mauve lavé de blanc, comme un labelle de limodore.

 **DANS LES ENTRAILLES DE PADIRAC**

Il ne me faut que quelques belles enjambées, sur le dos de mon rêve, pour traverser le plateau des Breilles et regagner le site de Padirac. L'hiver, un désert. En été, Luna Park.

Un grand corbeau me le croasse : le gouffre m'attend. J'achète mon billet, je grimpe dans l'ascenseur, je plonge dans le mystère... La rivière souterraine scintille comme un ciel nocturne piqué d'étoiles. Après la galerie de la Source, la visite se poursuit en barque. À 103 mètres sous la surface, le nautonier nous pilote sur l'eau froide (10° 5 Celsius, température constante), pure, plate, où grouillent de minuscules crevettes cavernicoles gris-rose. Impossible de ne pas imaginer Charon en train de convoyer les âmes sur l'autre rive du fleuve Achéron. L'une de ces âmes, c'est la mienne.

J'admire les larmes de la roche. Les tentures, les concrétions, les stalactites, les stalagmites, les « piles d'assiettes », les « excentriques », les « gargouilles » et les « méduses ». Le bateau avance vers le lac de la Pluie, que domine la Grande Pendeloque, haute de 25 mètres. La visite continue à pied, par le pas du Crocodile, vers le Grand Pilier et la salle des Grands Gours — ces mares limpides, séparées par de fragiles barrages de carbonate de calcium. Après la cascade, nous accédons au lac Supérieur, puis à la salle du Grand Dôme, où la voûte culmine à 94 mètres.

J'avise les concrétions ocre, blanc, rouge, brun, noir ou crème. Soudain, il me semble que je comprends la logique même du causse. Ici, tout va vers le bas, en suivant le chemin de l'eau qui s'infiltre. Tout converge et se donne rendez-vous dans le ventre de la terre. L'essentiel n'est pas ce qui brille au soleil, mais ce qui s'enfonce sous la surface ; ce qui se coule au moule hypogé des ténèbres. Les racines des chênes et leurs truffes noires signent ce géotropisme positif (dirait le savant), tout comme le lézard ou la couleuvre, pressés de remettre leur corps au fourreau de la roche. Les orchidées sauvages, aux bulbes en forme de testicules (en grec « orchis »), participent de la même quête du dessous.

En contrepartie, le monde souterrain reproduit, dans sa manière lente et minérale, les splendeurs d'en haut. Cette tenture de calcaire, posée sur la paroi de la grotte, ressemble à un milan noir. Celle-ci à une genette. Celle-là, à une pie-grièche. Cette autre est une corolle d'adonis. La prochaine un capitule de catananche. Je retrouve, dans cet excentrique, cette stalactite ou ce pilastre, la forme de l'orchis singe et les couleurs de l'ophrys abeille, la magie velue de l'ophrys araignée, le rose verdi de l'acéras homme-pendu, la structure de l'orchis casque et — merveille des merveilles — le petit tablier de fillette d'un pâle violet-mauve que revêtent, là-haut, les fleurs du limodore.

> NOTE SAISONNIÈRE ET RECOMMANDATIONS
>
> Pas de visites dans le gouffre de Padirac entre le mois octobre et le début d'avril. Mais beaucoup (beaucoup trop ?) de monde durant l'été. Conclusion : cette balade s'apprécie surtout au printemps et en automne. Au printemps : l'époque bénie des orchidées sauvages. En automne, la rousseur des chênes et des érables enchante la cascade d'Autoire.
> Les étés, sur le causse, peuvent être sublimes : y pullu-

lent les insectes et les fleurs xérophiles, telles les ails jaunes, les carlines à feuilles d'acanthe, les chardons laineux, les stipes pennées.

Impossible d'oublier que, de janvier à mars, la terre des chênaies sent gonfler en son sein ces bulles d'extase gastronomique qu'on nomme « truffes » !

# 5. *Causses*

# Les vautours des deux gorges

*Voler par l'esprit avec les vautours fauves, ces rapaces sublimes qui tournoient au-dessus des abîmes des gorges jumelles de la Jonte et du Tarn. Chercher, dans la pureté de l'air du causse, le parfum des pins, des herbes et des brebis. Cheminer, dans un rêve de rapace, au bord extrême du causse Méjean...*
En boucle autour du Rozier, 5 heures 30.
Carte I.G.N. au 1 : 25 000, 2640 OT, Top 25, gorges du Tarn et de la Jonte, *cause* Méjean.

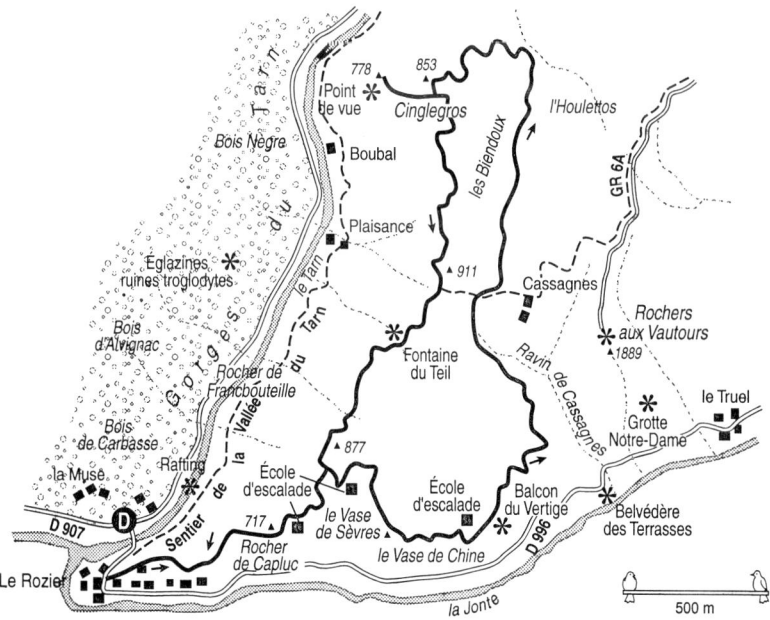

Ils planent, les ailes tendues, les longues rémiges de chaque « main » écartées comme des doigts. Fauve et gris dessous. Brun chocolat, lavé d'éclairs argentés dessus. La queue variable, en rectangle, losange ou trapèze, selon la trajectoire. La tête agrémentée d'un doux duvet gris pâle. Le cou rentré pour l'aérodynamisme. Une écharpe de mohair blanc jetée sur les épaules...
Ils sont beaux. Ils résument la majesté de l'air. Les vautours fauves. Les « bouldras », ainsi qu'on les nomme dans le pays. Les esprits de l'atmosphère. Je les admire. Je les envie. Je rêve de les rejoindre au cœur lumineux du fluide aérien. Mes fantasmes de petit garçon resurgissent. Je paierais pour prendre mon essor du haut de la falaise, étaler mes ailes et planer enfin sans effort. Choisir un courant. M'élever comme une âme. Me laisser emporter là-haut, dans la clarté du ciel. Je suis jaloux des vautours. De leur œil de jais, de leurs serres gris-jaune, de leur bec crochu. Fabuleuses machines... Ils passent au bord de la falaise qui achève en vertige le causse Méjean. Je tourne avec eux au-dessus des gorges jumelles de la Jonte et du Tarn. Dans le silence inspiré du vent.

 **DU ROZIER À L'EMBRANCHEMENT DE FRANCBOUTEILLE,**
*1 heure.*

Je me mets en marche sur le petit parc où se garent les voitures, dans le dernier lacet de la route étroite qui serpente au-dessus du Rozier (église des XI$^e$ et XII$^e$ siècles). Marques rouge et blanc du sentier de grande randonnée — le G.R. 6A. Balises supplémentaires jaune et vert. Direction : le roc de Capluc (la « Tête de Lumière »). Une croix colossale.

Je domine le bleu de la vallée de la Jonte : après s'être longtemps perdue au fond de ses gorges, et avoir reçu les torrents souterrains du causse Méjean et du causse Noir, cette étrange rivière se jette ici dans le Tarn, lequel en finit lui-même avec son célèbre canyon, creusé entre le causse Méjean et le causse de Sauveterre. Beauté de ce confluent de deux folies d'eaux, de roches, de pertes et de résurgences. Une capeline gris-vert et vert-jaune de buissons s'accroche aux murailles de roche blanc et ocre ; aux fissures, aux dièdres, aux pinacles que les insectes et les oiseaux unissent par le fil invisible de leurs trajectoires.

J'ai à peine entamé la balade qu'il arrive. Le vautour fauve. Le bouldras. Les ailes étalées, à contre-jour dans la lumière de l'automne. Il me domine d'une vingtaine de mètres. Il me regarde de son œil sombre, surligné d'un « sourcil » de duvet noir qui lui donne un air de sévérité. L'individu est facile à reconnaître : une plume (rectrice) manque à sa queue, qui montre donc une encoche. Je le baptise « Bouldras Édenté ». Je le juge sympathique. Son espèce compte parmi les mal-aimées des hommes : raison suffisante pour que je l'aime. Elle avait disparu des causses — massacrée par les chasseurs — depuis 1930. Grâce à l'opiniâtreté des frères Michel et Jean-François Terrasse, elle a été réintroduite à partir de 1981. Six couples à cette date, une soixantaine de sujets entre 1981 et 1986. Aujourd'hui, la colonie est florissante et s'exporte.

Le rapace tourne au-dessus du rocher de Capluc, puis plonge vers l'est et les gorges de la Jonte. Je parviens aux ruines et aux petites maisons de pierre de Capluc, que le roc et sa croix dominent. Murs garnis de buis, de ronces, de pruniers faux-amandiers, de clématites vignes-blanches et de pistachiers térébinthes. Attardés au soleil d'automne, un lézard vert et une mante religieuse. Le premier cligne des yeux et absorbe avec délectation sa ration d'ultraviolets. La seconde pond sous un caillou : son oothèque spumeuse durcit au contact de l'air et prend la forme de ce rayonnage en demi-lune qui fascinait Jean-Henri Fabre. Au bord du chemin qui va vers le bois, parmi les érables champêtres et les pins sylvestres, je froisse entre mes doigts des fragments d'anis et d'origan : les parfums se mêlent dans ma narine et exaltent la senteur de la terre brun-rouge qui sourd des fissures calcaires. Un rougegorge, un merle noir, des grives décollent. Un merle de roche à la poitrine rousse se matérialise sur un bloc. Des rougequeues passent. Des chardonnerets dînent sur des cardères. Je détaille des chardons rolands aux feuilles et aux capitules gris-vert, bardés d'épines.

L'automne propose son plateau — tantôt délicieux, tantôt toxique — de fruits sauvages : les baies vermillon de l'osyris blanc (ou rouvet) ; les grappes fuchsia et bleu pétrole du pistachier térébinthe ; les rubis ovoïdes du cornouiller mâle ; les plateaux bleu-noir de la viorne mancienne ; les bulles orange vif de l'asperge sauvage. Quelques fleurs persistent. Les délicates gueules-de-loup jaunes de la linaire couchée. Les clochettes bleu ou mauve des campanules. Les entonnoirs des liserons, roses comme des joues d'enfants... De petites fougères cétérachs (ou herbes dorées) constellent les murs. Sur un talus, je repère des tiges en fruits de l'épipactis (ou hélléborine) pourpre et de la céphalanthère blanche — les orchidées reines de l'été.

Je me glisse dans l'ombre du bois. Les pins sylvestres paraissent bleus. Leurs trouées de branches révèlent des chaos de falaises et de blocs. Je néglige les sentes annexes, qui mènent aux rochers d'escalade. Je suis le G.R., vers les amas colossaux des rocs de Francbouteille.

***DE L'EMBRANCHEMENT
DE FRANCBOUTEILLE À CASSAGNES,***
*2 heures*

J'entre dans le ravin des Échos. Je franchis le portique du Géant. Lacets dans la forêt, sur le sentier de pierres. Sceaux-de-Salomon et chardons sans tige aux gros capitules mauves. L'écureuil roux écaille la pigne et se régale de pignons. Le pic noir tapote sur le tronc vermoulu. Voici la bifurcation du G.R. À gauche, le G.R. 6A monte vers le col des Deux Canyons et la corniche du Tarn. À droite, la variante du G.R. devient G.R. de pays (marques rouge et jaune ; balises annexes vertes), sous l'appellation « sentier Louis Armand ». Je choisis cette branche, qui longe la corniche de la Jonte. Je reviendrai par l'autre côté. Je vais vers le balcon du Vertige et le belvédère des Terrasses. Ici, la vue se fait aérienne et le spectacle sublime. Sensation de « gaz », comme disent les varappeurs. La Jonte coule 400 mètres plus bas, à 400 mètres d'altitude : je marche à 800. La route du Truel et de Meyrueis me paraît un ver de terre. Verticalité. Puissance minérale. Dièdres, aiguilles, surplombs, parallélépipèdes, rhomboèdres et cylindres de calcaire alternent avec des chaos informes, des amoncellements de karst sans géométrie apparente, où des rocs aux allures de nuages, de buissons, d'animaux fabuleux, de têtes de Bouddha ou de singes philosophes, brandissent des pins bonsaïs dans l'antique manière de la Chine ou du Japon. Wang Wei et Li Po, Bashô et Issa rôdent dans le sous-bois. Je les surprends à composer des poèmes que psalmodie le vent.

Les vautours sont en piste, c'est-à-dire en l'air. Les ailes du plaisir. Bouldras Édenté me salue : son encoche à la queue le rend impossible à confondre. Il passe au ras de la falaise, superbe objet volant identifié. Je lui décèle une ironie dans le regard. Deux, six, douze de ses congénères tournoient à présent. Envergures de 2,50 mètres. Perfections. Tantôt ils rasent les branches des pins bonsaïs, tantôt ils se laissent porter par les courants, très haut, on dirait à l'étage des anges. S'agissant de vautours, le fantasme m'effleure : attendent-ils que je tombe pour venir décharner ma carcasse ? Après tout... Il ne me déplairait pas, quand j'en aurai terminé avec ce cycle des choses, dans (mettons) 120 ans, d'offrir ma vieille viande à ces charognards sublimes. Ici, dans les causses, ou au sommet d'une tour, comme autrefois les Farsis de la Perse.

Des vires ou des balcons de roche promettent, à chaque virage du sentier, le vertige extrême des gorges de la Jonte. De l'autre côté de la vallée, la masse vert sombre du causse Noir, où je me baladais l'an passé. Le chemin n'est pas aisé. Rocs, racines en travers, montées et descentes continuelles entre les pins et les érables, les alisiers et les hêtres. Gare aux glissades, par temps de pluie, de neige ou de brouillard ! Un faucon — pèlerin, me semble-t-il — plonge vers la rivière. Posé comme un pot gigantesque, au bord de la corniche, voici le monolithe baptisé « Vase de Sèvres ». Quelques dizaines de mètres plus loin, un autre phénomène minéral : le « Vase de Chine ». Bouldras Édenté frôle ces ustensiles à l'usage des Titans.

Une brève escalade dans un couloir. Une soudaine descente à droite (ne pas rater la marque rouge et jaune)... et je revois mon vautour favori au balcon du Vertige. Une balustrade au bord de l'à-pic. Quelque 400 mètres en dessous, la route de Meyrueis et la Jonte. Au loin, vers l'est, le village du Truel. Tout là-bas, au sud-est, le mont Aigoual crêpelé de sombres forêts. Au sud-ouest, le confluent de la Jonte et du Tarn, avec les bourgs jumeaux de Peyreleau et du Rozier : l'un est en Aveyron, l'autre en Lozère. Je regarde le vide. Je me penche. J'étends les bras. Je voudrais décoller. Quelle évolution imbécile a omis de me donner des ailes ?

Passé le belvédère des Terrasses, je salue le geai des chênes, le pinson des arbres, divers bruants, la sittelle torchepot et une réunion syndicale de mésanges à longue queue. À terre, des semis d'hépatiques à trois lobes, d'hellébores verts et de coronilles mauves. Les grandes brunelles exhibent encore leurs corolles de velours violet. Des tircis, des agrestes, des sylvandres palpitent leur bonheur de papillons d'automne. Une couleuvre d'Esculape ondule, luisante comme un bronze. Le sentier quitte la corniche et devient piste. Une divergence à droite, en direction du Truel, que je néglige. Je remonte vers le nord et le hameau de Cassagnes, dans le ravin homonyme. En humant le vent du causse.

 *DE CASSAGNES AU CINGLEGROS,*
*1 heure*

La forêt de pins, de hêtres et d'érables est douce à mes sens apaisés. Piste large et plate. Trois jeunes filles passent à cheval : Trois Grâces pour ma mythologie secrète. Une demi-douzaine de bouldras tournent au-dessus des arbres. Je retrouve les marques rouge et blanc du G.R. 6A, tandis que détale un sanglier.

Voici le hameau de Cassagnes. Étape, buvette, casse-croûte. Le paysage, autour des maisons, résume le causse Méjean. Des brebis tondent l'herbe courte, où ondulent les plumets des stipes pennées ; où se dorent, à ras de terre, les capitules en écailles des leuzées conifères ; et où de larges carlines à feuilles d'acanthe et aux bractées de vieil or jouent les simulacres de Soleil.

À Cassagnes, deux variantes du G.R. 6A proposent leurs charmes. Celle de droite file vers le gîte d'étape de la Viale et permet au curieux d'accomplir un détour par le rocher aux Vautours ; où ils furent d'abord relâchés ; et où, j'en suis sûr, parade mon héros, Bouldras Édenté. Celle de gauche emprunte la piste qui borde le bois des Biendoux (délice des noms !...), en direction des hameaux de Volcégur et de la Bourgarie. Je m'y engage. Un chevreuil me précède, le temps d'un frisson. De part et d'autre de la piste, des dompte-venin, des euphorbes et des chicorées sauvages ; des solidages verges d'or, des leuzées conifères et les pompons violets des chardons sans tige. Avec des papillons fatigués d'avoir trop volé : argus, vulcains, belles-dames, petites-tortues... Lorsque j'aperçois les panneaux verts de la bifurcation, au ravin de l'Orignol — du loriot —, je songe au merveilleux loriot jaune que j'ai salué, l'été dernier, à l'autre bout du causse Méjean, dans le chaos de Nîmes-le-Vieux. Mais les loriots partent pour l'Afrique en automne.

À l'ouest, donc. Je quitte le G.R. 6A pour un G.R. de pays (balises rouge et jaune). Je marche vers la seconde des deux gorges de cette balade : celle du Tarn. Brève montée, puis descente en lacets vers les échelles de Cinglegros, parmi des peuples de pins contournés ; avec, au sol, des tapis épais de busseroles raisins-d'ours aux baies rouge sang. Il en jaillit, un moment, une compagnie de perdrix rouges à la queue couleur de brique.

 *DE CINGLEGROS AU ROZIER,*
*1 heure 30*

Nouvelle bifurcation. À droite, le sentier dévale la pente vers les échelles de Cinglegros (tôt ou tard, il faut franchir la falaise) et le sentier de la vallée du Tarn, qui serpente peu au-dessus de la rivière. Il est possible de revenir au Rozier par cet itinéraire.

Je descends jusqu'au point de vue : ô l'admirable déroulement des gorges ! De ce perchoir, l'œil, subjugué, embrasse le quart inférieur du canyon du Tarn, depuis le confluent de la Jonte jusqu'au cirque des Baumes... Chaos calcaire. Falaises ocre et gris. Tours et tourelles, pains de sucre, châteaux de songe, murailles de Troie, remparts incas, édifices cyclopéens des civilisations de l'Égypte, du Mexique ou de l'Atlantide. Avec, au fond du système, le serpent d'argent bleu de la rivière...

Je remonte en ahanant vers le croisement, où je choisis l'itinéraire de la corniche. Je quête la source portée sur la carte. Elle glouglloute sur le chemin, sertie de plantes hydrophiles : laîches (ou carex) aux feuilles aiguës, grassettes croqueuses d'insectes, parnassies des marais en étoiles d'albâtre, eupatoires chanvrines en pompons vieux rose. Sur ce causse avare en eaux superficielles, la mare qui s'étale en contrebas constitue un précieux rendez-vous pour les animaux. Tritons, grenouilles et salamandres ; libellules variées et gerris patineurs ; sangliers et chevreuils ; blaireaux, putois, martres et genettes. Ah ! les genettes... Ces mustélidés secrets. Dont voici une crotte, à la fourchure d'un chêne.

Le sentier devient étroit ; ardu ; parfois chahuté. Avec des passages au ras de l'abîme et des perspectives de prodige sur les pans de roche, les aiguilles, la verticalité de la gorge. Des lichens s'accrochent aux branches comme des fourrures gris-vert. Deux grands corbeaux décollent d'un piton blanc. Des choucas des tours ou des craves à bec rouge (je n'arrive pas à identifier l'espèce de si loin) plongent vers le Tarn.

Je rejoins le G.R. 6A qui vient du hameau (ici tout proche) de Cassagnes. Un terrier de renard. Des tapis de busseroles. Sous le chemin, le glouglou de la fontaine du Teil : un autre point d'eau où la vie s'enchante et m'enchante. Une limace se vautre dans le capitule violet d'un chardon sans tige : jamais je n'aurai un aussi beau lit. Orchidées fanées. Alisiers aux feuilles à revers d'argent. Noisetiers chargés d'avelines.

Je passe sous le surplomb du rocher de Francbouteille, monstrueux totem ocre hérissé de pins bonsaïs et de valérianes rouges. Le col des Deux Canyons est juste derrière, avec sa stèle dédiée à René Blanc (« Mort pour la France, 1913-1940 »). Je foule à nouveau le versant de la Jonte. Quelques lacets, et je retrouve la jonction des deux G.R. Descente rapide vers Capluc et le Rozier.

À deux pas du parc à voitures, qui plane au-dessus de moi, dans l'or du soleil ? Pardi : Bouldras Édenté. Mon totem.

### NOTE SAISONNIÈRE ET RECOMMANDATIONS

L'une des plus belles balades que j'aie faites — ce n'est pas peu dire ! — depuis que je cours la France sur mes deux pieds... Mais fatigante. Peut être dangereuse par temps de pluie, de neige ou de brouillard.

En prenant un minimum de précautions, grands et petits y trouveront, en toute saison, l'enchantement des falaises et des vautours, leurs plus naturels locataires. Et de maints autres rapaces : buses, faucons et (en été) milans, bondrées apivores et circaètes jean-le-blanc.

Les automnes sont riches de cent fruits, les hivers de lumières improbables sur le causse Noir et le Méjean. Au printemps, quêtez (sans les cueillir) les trésors floristiques locaux : les orchidées, tel le rare et endémique orchis de l'Aveyron ; les pulsatilles printanières (dont j'ai trouvé des plants fleuris... à la fin du mois d'août : une énigme !) ; et les précieux adonis de printemps aux pétales jaunes. L'été, voici des foules de papillons, de criquets, de mantes religieuses, d'empuses ; avec, en septembre, la houle argentée des stipes pennées — l'herbe du causse.

# 10

# ALPES DE HAUTE-SAVOIE

1. *Aravis* : Vertige du temps à la Tournette
2. *Mont-Blanc* : Face-à-face avec les Jorasses
3. *Mont-Blanc* : L'esprit de Tré-la-Tête
4. *Mont-Blanc* : Le balcon sublime
5. *Mont-Blanc* : L'empreinte des dinosaures

# 1. Aravis

## Vertige du temps à la Tournette

    *Elle finit les Aravis à l'ouest, domine le lac d'Annecy et regarde le mont Blanc en face : la montagne de la Tournette héberge des vols de chocards et des gambades de bouquetins, dans un décor de fleurs éclatantes. Grimpette dans la lumière conjuguée du ciel et de l'eau. Ici, le temps tourne comme un vertige.*
    *Aller-retour, du col de la Forclaz à la Tournette, 8 heures 30.*
    *Carte I.G.N. au 1 : 25 000, 3431 OT, Top 25, lac d'Annecy.*

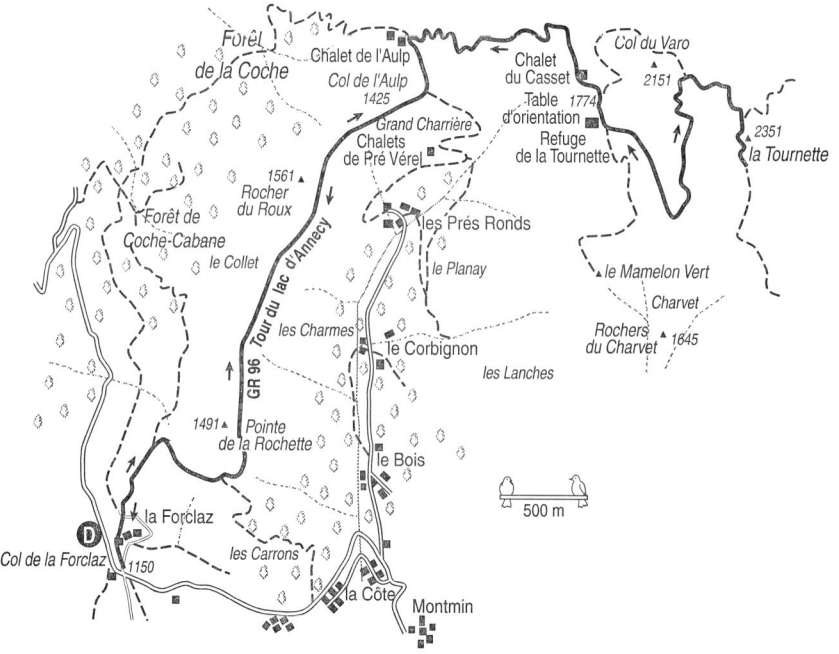

Je hume le parfum aigrelet, douceâtre, maternel, de la fromagerie du chalet de l'Aulp. Je régresse à la phase montagnarde de mon existence. Mettons que je suis passé par un stade « fromageal », aussi capiteux et jouissif que les trois autres, mais que la psychanalyse n'a pas encore étudié. J'ignore si la psychanalyse s'applique au promeneur solitaire. Jean-Jacques Rousseau en douterait.

Je contemple le lait qui tiédit sans une ride dans le grand chaudron de cuivre : un lac immaculé pour ma mémoire. J'y plonge. Non pas physiquement, bien sûr : je m'en voudrais de gâter si bon produit ! Par la pensée... Les années enfuies coagulent avec la caséine ; je dégouline de petit-lait suret. Marcel Proust reniflait ses souvenirs dans la madeleine et le thé ; moi, dans le parfum de vache et de présure. Chacun son enfance. Même si j'en avais le talent, je n'écrirais pas *À la recherche du temps perdu*. Je reste trop péquenot d'extraction.

Madame Fillion fait le reblochon avec le lait des bêtes qui paissent là-haut, près du sentier de la Tournette. Le nom de ce fromage vient du patois *reblochis*, « deuxième traite » : fabriquée en catimini, cette « tomme » (comme on appelle tous les fromages en Savoie) constituait jadis une façon, pour le pauvre berger, d'aider le riche à restituer.

La patronne du chalet de l'Aulp n'a pas peur d'un chaudron de 300 litres. Je la regarde faire. Elle vérifie la température. L'alchimie se joue au demi-degré près : on ne plaisante pas avec les enzymes. Madame Fillion laisse cailler. Tout à l'heure, elle brisera la pâte, la tirera du chaudron avec une toile et la répartira dans des moules, qu'elle fera égoutter sous une presse à vis. Avant la première aspersion de sel.

***DU COL DE LA FORCLAZ AU SOMMET DE LA TOURNETTE,***
*4 heures 30*

Il y a plus d'une heure que j'ai commencé ma balade lorsque je m'arrête ici, à la fromagerie du chalet de l'Aulp (altitude : 1 424 mètres). Je suis parti du col de la Forclaz (1 150 mètres). Je veux gagner la cime de la Tournette (2 351 mètres). Ces quelque 1 200 mètres de dénivelé conviennent à mes mollets de promeneur savoyard. J'ai laissé la ferme de la Forclaz (vaches et reblochons, déjà) et le site d'envol de parapentes. Prés piquetés de sauges, d'achillées millefeuilles, de campanules à feuilles rondes, de millepertuis et de grandes bardanes dont les capitules à crochets ont inventé le système « Velcro », mais sans déposer le brevet. J'ai humé, dans le parfum de l'herbe et des fleurs qui fanent, le méli-mélo de chimie (bonheur et mélancolie froissés) des étés finissants. Sur le G.R. 96, « tour du lac d'Annecy » (traits rouge et blanc), j'ai gravi vers le nord la pente colorée de rose par les marjolaines, que côtoient le calament, la centaurée des montagnes et la vipérine vulgaire. J'ai salué des érables planes, des hêtres, des sorbiers (aux grappes orange), des églantiers et des amélanchiers (aux boules bleues), sans omettre des alisiers aux boules rouges. Un vol de corneilles a passé de conserve avec un parapente. Des chardonnerets m'ont ébloui d'un coup d'ailes à galons d'or. Des martinets alpins m'ont sifflé. J'ai franchi des espaces de gentianes jaunes en fruits et de brunelles où palpitaient les papillons agrestes, zygènes, nègres et vulcains.

J'ai pénétré dans la forêt d'épicéas. Énigme d'ombre verte rehaussée de traits de lumière dorée, de barbes de lichens usnées, de grandes astrances, de circées, de digitales jaunes, de prénanthes pourpres et de lis martagons en fruits... Sur la portion de sentier empierrée qui file sur la crête du vallon de Montmin, je me suis amusé aux grelots du sureau rouge et à la roseur carminée du chapeau de la russule émétique. J'ai entendu le pic noir. J'ai cru voir le geai, la grive draine, le bec-croisé des sapins, le gros-bec et un hybride à grandes fleurs de l'épilobe à feuilles étroites et de l'épilobe des marais.

Simples bonheurs de nature... J'ai passé le Collet et grimpé au « Point de vue » (pancarte). À l'ouest, le bleu parfait du lac d'Annecy étalé dans sa cluse. À l'est, l'écrasante muraille de Jéricho, je veux dire : la montagne de la Tournette, avec son ultime sommet en rectangle qu'on baptise « le Fauteuil ». Je me suis dit : « C'est haut ! », avec le même éclair d'intelligence que le maréchal Mac-Mahon s'écriant « Que d'eau ! Que d'eau ! » face à la mer. J'ai bavé sur le monde avec la limace ; zappé l'univers avec la paupière du lézard vert ; volé sur l'encolure du nuage avec la buse... Je me suis poudré les fesses avec les fleurs pompons roses du pigamon à feuilles d'ancolie. J'ai noté sur mon calepin : « knautie des bois », « sceau-de-Salomon officinal », « *idem* verticillé », « mélampyre des prés », etc. J'ai longé la falaise du Rocher du Roux (ô les ailes écarlates du tichodrome échelette !), avant de semer la panique dans les rangs des criquets et des dectiques de l'alpe.

Passé la croix, bizarrement estampillée de la marque rouge et blanc des G.R. (Dieu est partout ; sur ces sentiers sauvages, il a besoin d'un guide !), je me suis retrouvé sur la route de terre qui conduit de Montmin au chalet de l'Aulp. M'y voici, dans la fromagerie. L'odeur du petit-lait de mon enfance en Savoie, à Tincave... Je prends congé de Madame Fillion, qui s'apprête à mouler une escouade de reblochons.

J'ai dans mon sac, devinez quoi ? Un reblochon.

C'est ici qu'est la pente, c'est ici qu'il faut gravir, me dis-je en paraphrasant l'Antique. Laisser le G.R. Piquer droit vers l'est et la cime de la Tournette (marques

vertes ou orange). « Droit » à la mode de la montagne, s'entend ; c'est-à-dire avec force sinuosités et lacets. Une pancarte promet le refuge Blonay-Dufour dans 45 minutes, le sommet dans 3 heures. Poussez sur vos mollets ; respirez si vous pouvez ; oh ! hisse...
    Tout en bas, le lac d'Annecy commence de ressembler à un étang. J'aperçois le Bout du Lac où, hier au soir, j'ai guetté le castor (j'ai vu sa hutte), le cygne, le héron et le grèbe huppé. J'avais les pieds mouillés... Je contemple le jade de la réserve naturelle du Roc de Chère. En face, la longue arête du Semnoz. Là-bas, vers le nord, les maisons blanches d'Annecy.
    Les vaches de Madame Fillion sont couchées près du sentier. Elles ruminent en chassant les mouches avec la queue, selon une tradition bovine établie. Elles exhibent de larges macules blanches sur leur pelage brun-rouge. De race abondance, elles développent la même philosophie existentielle que leurs cousines tarines. J'en regarde une : elle se cure les narines avec la langue. Rien de répugnant : juste un tour de magie.
    En quelques minutes, la montagne rassemble ses brouillards. Le coton gris monte du lac et des vallées alentour à une vitesse stupéfiante. Adieu, soleil et ciel bleu... Je gravis le sentier nez à terre. Ne jamais s'écarter du chemin en pareille circonstance... Je détaille, dans la pauvre lumière, cent fleurettes semées entre les rocs : trèfles roses et trèfles des Alpes ; anthyllides vulnéraires et achillées millefeuilles ; épervières velues et lotiers corniculés ; pulsatilles en chevelures d'argent et bugranes aux fleurs papillons roses. Dans les creux humides, rumex des Alpes, parnassies des marais, alchémilles et prêles...
    Le sentier s'élève par un couloir (en patois savoyard : un « *coyu* ») au-dessus de la grande barre calcaire grise que je contemplais tout à l'heure. Il en emprunte le replat supérieur : balcon sur le vide où le

brouillard se parfume au miel de grande astrance. Bouquets de globulaires en pompons lilas. Asters des Alpes au cœur de vieil or et aux rayons mauves. Daphnés chargés de baies rouges. Dryades octopétales en fruits pareils à des cheveux de vieillard. Chardons laineux dont le coton ajoute au coton de la brume... Une bande de chocards à bec jaune me crie, dans son patois, que j'arrive aux chalets du Casset.

Le refuge Blonay-Dufour (ou de la Tournette ; table d'orientation) trône à proximité, sur un tertre, hors du lit des avalanches. Je m'y arrêterai à la descente. Je persiste sur le sentier que m'indique un rougequeue. Le brouillard dévore la montagne goulûment. Ses volutes me digèrent avec le reste du paysage. Je ne trouve pas l'épreuve trop désagréable. Mettons que c'est une initiation. Jonas avalé par un Léviathan de brume... Des myosotis de sublime azur voisinent avec des érines des Alpes roses comme des fesses de bébé : coussins tendres à l'usage des pinsons des neiges (ou niverolles), des traquets motteux et des venturons montagnards. La campanule de Scheuchzer, cette améthyste solitaire, incline sa clochette non loin de la campanule naine en semis bleu pâle, de la campanule agglomérée conviviale et de la campanule thyrsoïde jaune-vert aux corolles serrées... Cirses très épineux par-ci. Géraniums des bois par-là. Alyssons à droite. Arnicas à gauche. Aconits tue-loup, crépides orangées, doronics à grandes fleurs : jardins !

Passé les névés grisonnants du fond de la combe, le sentier escalade en tournant un curieux lapiaz — arêtes et fissures que la fantaisie de l'eau taille dans le calcaire à l'intention des chevilles du marcheur. Puis le chemin grimpe vers le nord en franchissant plusieurs *coyus* de mystère. Il débouche au col du Varo (2 151 mètres), sur une arête qui domine le val de Montremont. Sous mes pieds s'ouvre un couloir quasi vertical, hyperbole de vertige au fond de laquelle une trouée de brouillard me laisse entrevoir un bosquet d'aulnes verts et l'ombre d'une harde de chamois.

La pente raidit encore. Le lin bleu des Alpes me le susurre en même temps que mes mollets l'endurent. Monde minéral, dans ces derniers décamètres. Falaises, escarpements et dièdres. Il faut se frotter à la roche. Brèves escalades. Une chaîne fixe aide à franchir un ressaut. Une autre. Une autre encore... Je prends pied sur l'étroite bande herbeuse qui précède le sommet : tapis de renouées vivipares, d'arméries roses, de trèfles bais, de pédiculaires cramoisies, d'alchémilles, d'homogynes des Alpes...

Voici la jonction du sentier qui vient de Montremont ou de Thônes par le chalet du Rosary. L'ultime falaise se contourne par l'est. Une inscription sur la pierre : « le Fauteuil ». Ma main caresse le grain froid d'un névé. Une cheminée, une dernière chaîne, deux échelles de fer — et je me dresse sur la cime.

 *DE LA CIME DE LA TOURNETTE AU COL DE LA FORCLAZ,*
*4 heures*

Sous la croix de fer du sommet, dont les bras s'achèvent en fleurs de lys, je laisse mon cœur contrôler sa chamade. Bonheur gris du promeneur solitaire dans la brume, à 2 351 mètres au-dessus du niveau de la mer et 1 903 au-dessus du lac d'Annecy... Une touffe de linaire des Alpes, aux fleurs d'un adorable mauve, rehaussées d'une lèvre orange, surveille les quatre points cardinaux.

La cime de la Tournette est un donjon pour les chocards à bec jaune. En voici un, sur un caillou. Un autre. Un autre encore. Tout un groupe rallie la place. Je dénombre bientôt vingt et un de ces esprits de charbon qui volent. Chapardeurs de profession. Commensaux de touristes. Sitôt que je déballe mon pain et mon reblochon, ils font cercle. Ils attendent (que dis-je ? ils exigent) le partage. L'œil aussi brillant que la plume. Le cerveau garni d'idées noires — les plus gaies qui se puissent concevoir chez les corvidés. Ils ont les pattes d'une étrange couleur rose chair : on dirait des gambettes de danseuses trop maigres et en bas résille. Leur bec est une pépite. Lorsqu'ils décollent, ils épousent le vent et montrent qu'ils sont de la substance de l'atmosphère.

Je redescends du « Fauteuil ». Je déambule sur la crête jusqu'au croisement du sentier de Thônes. Dans le brouillard, je distingue deux diablotins cornus qui s'agitent : deux jeunes bouquetins. Je marche vers eux sans geste brusque, mais sans me cacher. Ils me dévisagent. Et recommencent de jouer. Je les approche à 5 mètres. Ils démarrent comme des dératés : jouissance de la gambade... Je localise six de leurs congénères derrière un ressaut. Entre autres, une femelle et son bébé. Et un mâle positivement vaniteux de ses attributs virils — je parle des cornes, bien sûr.

À ce moment de l'histoire, une autre femelle entre en scène dans un rai de lumière dorée. Elle ordonne au brouillard de se lever... Je raconte la vérité brute : l'étagne (c'est l'autre nom dont on affuble la bouquetine) chuinte l'alerte — un coup de sifflet aigu, émis par les narines. En 10 minutes, aussi étonnamment vite qu'elle avait mangé la montagne, la brume se dissipe. Magie caprine ! Quand le rideau se lève, j'ai dans l'œil le prodigieux spectacle d'une pyramide calcaire sur laquelle je trône en compagnie d'une bande de ruminants et de chocards malicieux, et d'où je domine le résumé du monde. En bas, désormais grand comme une mare à canards, le lac d'Annecy. Au nord, le massif des Bornes et les Glières. Au sud, les Bauges. À l'est, par-

delà les sommets bleus des Aravis, les dômes et les pics étincelants du Mont-Blanc qui percent le lit des nuées...
Je redescends vers le chalet de l'Aulp. Cinq jeunes bouquetins au milieu du chemin, juste sous le sommet. Puis sept adultes des deux sexes dans la prairie du col du Varo. Une jeune femelle à l'air mélancolique un peu plus bas. Deux acrobates accrochés dans la falaise, au-dessus du refuge Blonay-Dufour, parmi les touffes de campanules thyrsoïdes et d'érines des Alpes au parfum de narcisse des poètes. Les bouquetins de la Tournette broutent l'herbe de l'Alpe sous mon nez. Ils ont tellement l'air de comprendre ma pauvre existence que je me fais l'effet de devenir un peu bouquetin à mon tour.

Halte au refuge, où m'accueille le couple de gardiens, Jean-Jacques et Marie-Gabrielle Large. Amitiés. Cérémonie du thé : Marcel Proust m'a rattrapé à 1 774 mètres d'altitude. Il a une barbiche de bouquetin. Je pouffe en songeant que je n'ai même plus de reblochon à tremper dans mon breuvage en guise de madeleine : les chocards ont becqueté la dernière croûte.

Vertige du temps qui passe à la Tournette... Je me paie le luxe d'un écart : je marche jusque sur l'arête du Mamelon Vert (le bien nommé). J'essaie d'apercevoir, en contrebas, parmi les Rochers du Charvet, le troupeau de mouflons qui établit ici ses quartiers. Pas la queue d'un ovin.

Je reviens au sentier. Le papillon belle-dame butine le chardon laineux. Un pigeon voyageur est étendu à terre. Il semble égaré. Il porte un message à la patte. Je le crois mort ; il n'est qu'exténué ; je le réchauffe ; j'ouvre les mains : il s'envole. Que venait-il faire en cette montagne ? Je n'ai pas eu le temps d'ouvrir l'étui attaché à son tibia. J'aurais peut-être appris un secret d'État.

Je repasse la barre rocheuse et je dévale la prairie en pente raide qui domine le chalet de l'Aulp. Les vaches de Madame Fillion sont rentrées au parc : c'est bientôt l'heure de la traite. À la « cave » (la « fruitière »), j'achète un reblochon pour la route, au cas où je croiserais les chocards ; peut-être par simple gourmandise.

Je récupère le G.R. 96 qui conduit au col de la Forclaz. Derrière moi, la montagne de la Tournette jaunit comme un gigantesque temple d'or sous les rayons du soleil qui décline. En bas, le lac d'Annecy prend une couleur de mercure dans une cornue d'alchimiste.

Lorsque je foule le parc à voitures du col de la Forclaz, vingt et un chocards et vingt et un parapentes occupent le ciel par-dessus ma tête. Ne me demandez pas si cela a un sens.

### NOTE SAISONNIÈRE ET RECOMMANDATIONS

Cette balade est longue et âpre : 1 200 mètres de dénivelé, une marche de plus de 8 heures, avec des passages qui ne sont pas loin de l'escalade dans la partie haute de la course... Elle ne se conçoit que bien équipé : chaussures de montagne, vêtements chauds, provisions suffisantes...

On peut la raccourcir de près de 3 heures en laissant sa voiture, non pas au col de la Forclaz, mais devant le chalet de l'Aulp, où une piste de terre conduit depuis Montmin. On peut aussi se borner à ne grimper que pour la récompense d'une tarte au refuge Blonay-Dufour.

L'itinéraire est impraticable en hiver, jusqu'à la fonte des neiges. Et déconseillé par temps de brouillard ou d'orage... Le printemps voit pointer des amours de crocus, de primevères et de gentianes bleues. L'été est une folie végétale et animale : mille fleurs des Alpes ; des bouquetins partout ; avec, en prime, les vaches de l'alpage... En automne, on aime explorer, en quête de champignons, la forêt d'épicéas qui domine le col de la Forclaz.

## 2. Mont-Blanc

## Face-à-face avec les Jorasses

*La face nord des Grandes Jorasses : une légende de l'alpinisme. Pas question de la proposer comme sentier sauvage ! Mais on peut la contempler... en face. Il faut, pour cela, gagner la gare du Montenvers, marcher sur la mer de glace et remonter le glacier de Leschaux jusqu'au refuge homonyme.*
*Aller-retour, du Montenvers au refuge de Leschaux, 6 heures.*
*Carte I.G.N. au 1 : 25 000, 3630 OT, Top 25, Chamonix, massif du Mont-Blanc.*

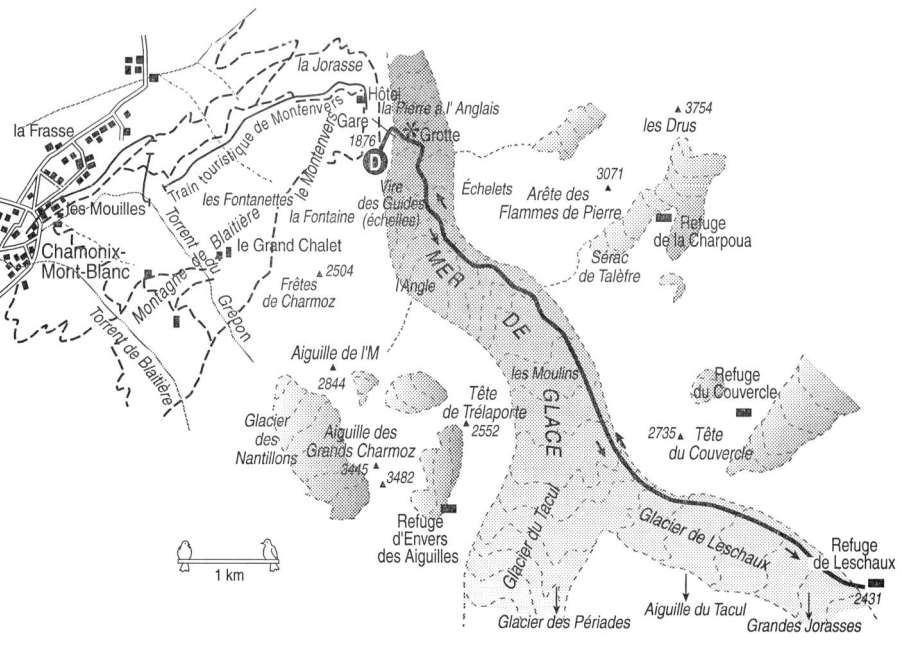

Qui débarque sur le quai de la gare du Montenvers, par le petit train à crémaillère, se sent subjugué. En contrebas, serpente le long fleuve tranquille de la Mer de Glace. Au-dessus, se dresse le prodigieux pilastre de l'aiguille du Dru, que prolongent le Cardinal, l'Evêque, la Nonne, le Moine et leur cortège.

L'aiguille du Dru... Cette géométrie minérale. Cette perfection géologique... On pense à une flèche de la cathédrale de Rouen peinte par Claude Monet ; mais haute de 1 300 mètres... Ici aussi, les tons changent à chaque heure — des roses et des mauves du matin aux violet-noir électriques des orages, aux blanc-bleu de la neige, aux ors et aux pourpres du crépuscule... On a pris des millions de clichés de cette face. Il en existe des centaines de cartes postales. On l'a filmée sous tous ses angles. La fascination dure. Le miracle renaît chaque fois que le train déverse un autre lot de passagers.

La foule pousse des « Oh ! » et des « Ah ! » en toutes langues. Les appareils de photo crépitent. Les camescopes zooment. Les enfants crient qu'ils ont faim. Les beaufs boivent une bière. Les comptoirs de souvenirs débitent la marchandise.

On n'est pas obligé de voir ni d'entendre tout cela. Je ferme les yeux et les oreilles. Retiré en moi-même, j'imagine être monté ici du temps qu'il n'y avait pas de train, rien qu'un méchant sentier offert aux fous qui bravaient les « glacières de Chamouni »... Et en route. Depuis le Montenvers (altitude : 1 913 mètres), je descends les lacets du sentier de la Mer de Glace. Je néglige la branche de gauche, qui mène à la Pierre à l'Anglais et à la grotte creusée (et chaque année réaménagée) dans le corps du fleuve. Fini, la cohue. Ici, on se retrouve entre montagnards. Je gagne les échelles de la Vire des Guides. Je touche la masse froide. J'escalade l'échine du colosse de glace.

Crevasses monstrueuses, vagues gris et bleu-vert

entre lesquelles il faut chercher sa route. Aller, venir, se tromper, recommencer... Quelques cairns donnent une idée approximative de l'itinéraire. Le but du jeu consiste à traverser le fleuve solide en diagonale, vers la moraine latérale de la rive droite. Je me débrouille entre les fissures. Je parcours deux fois la longueur théorique du chemin - tant il est vrai que, sur les glaciers, le zigzag constitue le plus court chemin d'un point à un autre. Je sonde du regard les gouffres bleus : il existe, dans ce secteur, des entailles de plus de 50 mètres de profondeur. J'ai parfois envie de sauter d'une lèvre à une autre ; de me prendre pour le Tarzan des hauteurs ; le Yéti du Mont-Blanc... Je n'essaie pas. Je sais, d'expérience, que la crevasse est toujours plus large qu'on ne pense. Je m'abstiens de jouer « Otzi », l'homme des glaces, à récupérer congelé dans 40 ans aux sources de l'Aveyron !

J'ai laissé la végétation au Montenvers. Les mélèzes, les rhododendrons (ces explosions roses), les grandes gentianes (ces minarets jaunes), les pulsatilles aux fruits en chevelures de vieillards et les androsaces, ces coussinets de rêve nichés au creux des roches... Oubliés, les insectes : méloés ventrus, longicornes et chrysomèles aux élytres de pierre précieuse ; bourdons, abeilles et papillons... Je n'entends plus le chant des oiseaux : pinsons, becs-croisés, mésanges, traquets motteux ou venturons montagnards.

La Mer de Glace semble abiotique. Elle ne l'est pas : voyez ce papillon petite-tortue rouge brique à frises d'azur, qui palpite sur un caillou. Regardez cette coccinelle, tache orange et noir sur le granit. Cette araignée qui détale sur le bleu d'un sérac... Les uns de leur propre gré, les autres poussés par le vent du hasard, des animaux hantent le glacier davantage qu'on ne croit. Les plus étonnants sont minuscules : les tardigrades, dits aussi « oursons », n'atteignent que 1 à 2 millimètres, mais peuvent « ressusciter » après des années, peut-être des siècles de léthargie. Les chocards à bec jaune patrouillent dans le ciel : on est prié de leur glisser la pièce ; pardon : le bout de casse-croûte.

Succession de vagues grises et de transparences bleu-vert. Le plus souvent, la glace est tellement imprégnée de particules de terre, farcie de cailloux de toutes tailles, qu'elle paraît devenue roche elle-même. Parfois, le pied du marcheur dérape et se dérobe sur une plaque vive posée comme un piège par les éléments sarcastiques.

Après les vertiges de la rive droite, sous l'aplomb du Dru, je laisse les cairns qui annoncent le sentier de la Charpoua. Le refuge homonyme sert de point de départ à de nombreuses courses d'alpinisme vers l'aiguille du Dru et la Verte. J'admire, au sud-ouest, le prodigieux panorama bleu et blanc des Grands Charmoz, du Grépon et de l'Envers des Aiguilles. Au sud, la Mer de Glace fait voir les deux branches qui la nourrissent : à l'est, le glacier de Leschaux, le but de cette balade ; à l'ouest, celui du Tacul, qui recueille l'eau solide des Périades et du Géant. Perspective de rêve sur l'aiguille du Tacul, la dent du Géant, la tour Ronde, l'arête de la Brenva et le mont Blanc.

Il me faut, à présent, franchir les monstrueuses vagues de glace chargées de terre et de pierres qui marquent le confluent des glaciers de Leschaux et du Tacul. Cette moraine médiane donne une idée de la violence des phénomènes glaciaires. Des blocs erratiques de la taille d'un pavillon de banlieue avancent comme sur un tapis roulant : une imperceptible progression que saluent des vols de niverolles noir et blanc, les couleurs fondamentales du glacier, avec le bleu.

Je passe cent obstacles vers l'est. Je me retrouve sur le glacier de Leschaux. Il est presque plat. Plus azuré, moins terreux que la Mer de Glace. Marche décontractée — juste ce qu'il faut pour être heureux. Les crevasses sont moins béantes. Des dizaines de torrents de toutes tailles courent en surface. Le plus puissant mesure plus de 2 mètres de largeur. L'eau y file comme sur un toboggan — limpide, vive, cristalline sur le cristal du substrat. Le flot disparaît soudain en cataracte sonore dans un gouffre bleu, puis noir comme l'enfer. Un « moulin », comme disent les montagnards. Des dizaines de mètres de chute verticale, jusqu'au torrent sous-glaciaire... Je rêve de cet étonnant réseau hydrologique, parfois visible, souvent caché, qui évoque ceux des plateaux calcaires karstiques — Chartreuse, Vercors ou Grands Causses.

Je laisse, à gauche, la trace et les échelles de fer qui mènent au refuge du Couvercle, sous l'aiguille Verte (dont j'entrevois la cime), les Droites, les Courtes et le Triolet ; face au glacier de Talèfre et à son singulier « Jardin » de pierre...

J'ai maintenant, dans l'œil, le prodigieux cirque des Grandes Jorasses. Je contemple l'une des plus sombres et des plus belles faces nord des Alpes. Un défi de granit et de neige, où saillent comme des extrémités d'arcs-boutants les éperons mythiques : Young, Croz, Whymper, Walker (le point culminant : 4 208 mètres)... Je voudrais chausser les crampons, m'encorder à un guide et m'engager dans une voie — fût-ce la plus « facile »... Je ne me fais pas d'illusion. J'ai une raideur là, une faiblesse ailleurs, le mollet déficient, le souffle court. Je rêve de paroi extrême. Je ne suis qu'un promeneur ordinaire.

Je marche plus vite. Les blocs que le glacier véhicule sont constellés de veines de quartz ; oh ! pas de sublimes pièces de collection, comme ceux que les cristalliers allaient jadis extraire de leurs « fours », au risque de leur vie (aujourd'hui, c'est interdit). Non. De modestes merveilles impures, tachées de vert, de grenat, de brun... Je ne prélève pas. Je n'emporte rien. Je respecte ce site protégé.

Le refuge de Leschaux est là, en contre-haut de la moraine, sur la rive droite du glacier, au-dessus d'un névé raide que je grimpe avec précaution, en plantant bien le bout de mes chaussures dans la neige.

J'y suis. Je m'accoude à la rambarde du balcon de la petite bâtisse, en buvant le thé traditionnel de la récompense, accompagné d'une part de tarte aux framboises... Devant la porte, sur une pierre au soleil, un venturon montagnard sautille et se lisse les plumes. Ce passereau tacheté habite une sorte de jardin japonais minuscule, offert à la lumière de l'adret, où quelques touffes d'herbe seslérie bleue, un genévrier, un rhododendron et des coussins rose baiser de silène acaule signent le défi de la vie face au minéral triomphant.

Je me sens venturon montagnard. Je sautille. Je pépie sans fausse honte mon plaisir d'être là, au refuge, à 2 431 mètres d'altitude, face aux plus de 4 000 des Grandes Jorasses. Je m'allonge et (pourquoi le cacher ?) je m'offre une courte sieste. Je redescends au Montenvers par les mêmes chaos de glace, de roche et de terre grise, en prenant garde d'arriver au petit train avant la nuit.

Lorsque je pointe sur le quai, le venturon montagnard est là, qui sifflote sur un mélèze.

---

NOTE SAISONNIÈRE ET RECOMMANDATIONS

Cette balade est cotée 2 à 3 sur l'échelle des difficultés en montagne. Qui n'a jamais cheminé sur un glacier fera mieux de prendre un guide. Inutile de préciser que les chaussures de montagne sont nécessaires, ainsi qu'un bon équipement contre le froid (fourrure polaire, coupe-vent imperméable, etc.). Et des provisions.

Les crampons ne sont guère utiles sur cette partie de la Mer de Glace et du glacier de Leschaux ; pas plus que le piolet. Nul besoin, non plus, de s'encorder si l'on a le pied montagnard. On emportera quand même des crampons, un piolet et une corde. Il peut se faire, après une pluie, que la glace devienne glissante. Après la neige, en cas de brouillard ou d'orage, le problème ne se pose même pas : la balade est déconseillée.

## 3. Mont-Blanc

# L'esprit de Tré-la-Tête

Au cœur sauvage de la réserve naturelle des Contamines-Montjoie, cette balade vers le glacier de Tré-la-Tête revêt un côté himalayen. Sites sublimes, beauté de la faune et de la flore... On ne se lasse pas de cette haute vallée préservée, de cette puissance brute de la roche et de la glace, que les fleurs exaltent...
Aller-retour, de Notre-Dame-de-la-Gorge au glacier, 7 heures. Aller-retour jusqu'au refuge des Conscrits, 9 heures.
Carte I.G.N. au 1 : 25 000, 3531 ET, Top 25, Saint-Gervais-les-Bains, massif du Mont-Blanc.

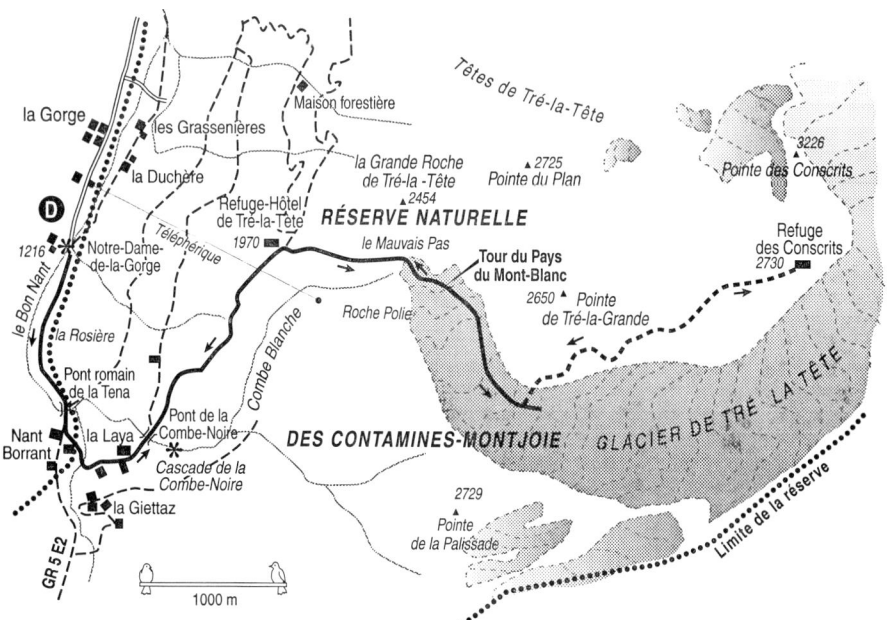

On ne s'offre pas tous les jours une balade qui commence par un chemin de croix — un vrai, avec un oratoire à chaque station. Je joue la Passion du randonneur — masochiste et consentie. Je confesse mes péchés (gourmandise, luxure, paresse, etc. ; il m'en manque peu, parmi les capitaux) depuis le parc à voitures (altitude : 1 185 mètres), en avançant vers la merveilleuse chapelle baroque de Notre-Dame-de-la-Gorge.

J'oublie mes vestiges de religion. Je passe le pont sur le Nant (le « Torrent », en savoyard). Un panneau annonce le refuge des Conscrits dans 5 heures. J'emprunte, vers le sud, le G.R. 5 — T.M.B. (« Tour du Mont-Blanc ») : cette ancienne piste romaine, encore empierrée avec soin, domine joliment l'eau vive. Mes narines sont saturées de parfums. J'aime cette forêt d'épicéas, de frênes, d'érables planes, de trembles et de sorbiers qui pendeloquent de grappes orange. Le sous-bois se hérisse de fougères, de sceaux-de-Salomon, d'oxalis acétoselles, de petites astrances, de prénanthes pourpres. Myrtilles bleu-noir. Fraisiers et framboisiers. Néotties nids-d'oiseaux aux fleurs de cire brune. Mélampyres et alchémilles. Sans oublier les lichens, ni les champignons épars sur l'humus et la mousse : girolles, russules, lactaires, hygrophores et autres clitocybes.

Un pont naturel — une arche de roche sculptée par l'érosion — domine l'écume et les remous du Nant. Belle architecture imputable à la géologie... Mais c'est un authentique (?) pont romain, celui de la Tena, que je franchis. Un écureuil roux gicle sur un tronc d'épicéa. Il me semble entr'apercevoir la queue touffue d'un renard. Et, sur une branche, la fourrure brun-noir d'une martre au ventre jaune.

Avant Nant Borrant, j'opte pour le sentier de gauche, en direction de la Laya. Ce lieu-dit désigne quelques granges dans une prairie rehaussée d'achillées millefeuilles, de chardons penchés et de knauties des bois mauves, avec des vols de papillons agrestes bruns, de petites-tortues, de vulcains rouge et noir, de colias jaunes à pois roses. L'écaille chinée butine la scabieuse. Le flambé plane sur la clairière. Le bel apollon fait admirer ses ailes transparentes à cercles rouges. Un pinson, un rougequeue, des mésanges noires échangent leurs trajectoires avec un geai et une grive, tandis que crèque un casse-noix et que fusent des roitelets dans les branches de conifères. Le pont de la Combe-Noire (justement nommée : elle est obscure, infernale) domine la cascade fumante du torrent de Tré-la-Tête.

Le large et bon chemin s'achève ici. Un sentier caillouteux, tournant, montant, moins aisé, s'offre aux semelles sensibles. Je sue à plaisir dans la forêt, entre les épicéas, les sureaux rouges et les framboisiers aux fruits gouleyants. Je frôle les callunes fausses-bruyères rose-mauve et les luzules aux feuilles rigides et pointues. La flore est d'une ravissante variété, avec des campanules barbues, des alsincs argentées, des lotiers, des raiponces en épis et des solidages verges-d'or, sans oublier les digitales pourpres, les euphraises jaunes, les amples adénostyles aux fleurs en plateaux roses, ni les laitues des Alpes aux capitules bleu-violet perchés à plus de 2 mètres de hauteur. Des insectes vrombissent : un sirex, telle une guêpe à l'abdomen prolongé d'une épée ; un ichneumon à l'interminable tarière filiforme ; des bourdons cul-rouge, cul-blanc, cul-brun... Des oiseaux se montrent : un pic-vert ; une sittelle torchepot ; un bouvreuil. La buse plane.

Un étroit plateau garni de petits épicéas, de genévriers, de myrtilles, de rhododendrons et de daphnés s'offre en récompense. Ici, croissent le fenouil des Alpes odorant, le trèfle alpin rose, le lis de saint Bruno immaculé, le lis martagon en turbans roses à pois pourpres. Le refuge-hôtel de Tré-la-Tête est en vue. Altitude : 1 970 mètres. Je souffle. Je bois — très, très frais — au bassin ; en savoyard : au « bachal ».

L'itinéraire continue — hors « T.M.B. », en suivant les balises bleues vers le glacier et le refuge des Conscrits (pas vers le Mauvais Pas : on s'en serait douté !). Je monte. Au-dessus de l'étage de la forêt de conifères (l'étage subalpin), j'ai atteint l'étage alpin. Les prairies en pente raide étincellent de gentianes printanières bleu roi, de vératres, de délicates campanules de Scheuchzer, de carlines acaules (ou baromètres) en étoiles d'argent. Des sources glougloutantes abreuvent des trésors d'orpins faux-aïzoons jaune acide, de jolis ails ciboulettes rose-mauve, des parnassies des marais aux pétales transparents comme une nuisette de mariée. Les épilobes des moraines (ou épilobes de Fleischer) jettent parmi les rocs leurs taches de lumière rose, presque fluorescente. Les benoîtes des montagnes offrent leurs coupes d'or à la trompe gourmande des zygènes rouge et bleu. Des papillons mélittées et nègres (ou érèbes) volettent. Des chocards à bec jaune passent en bande.

Je domine la gorge et le torrent (en partie capté) de Tré-la-Tête : gigantesques précipices d'ombre bleu et vert. Les pierriers se muent en chaos gris. Il faut slalomer entre les blocs cyclopéens. Et la langue glaciaire est là ! Splendeur bleu pâle de la glace vive, qui s'expose par une fracture de la gangue de cailloux et de terre... Je prends pied sur le fleuve immobile. Je finis de passer la moraine frontale. Je grimpe en suivant la ligne médiane du glacier, marquée par une série de cairns.

Je vois bien que, là-haut, les séracs monumentaux de Tré-la-Grande constituent un infranchissable rempart.

C'est ici qu'il faut choisir. Quiconque n'est ni bien équipé, ni assez sûr de son pied, doit arrêter la balade. Ne pas aller plus haut. Heureux de sa trotte, il boira un bon coup, cassera la croûte et redescendra jusqu'à la langue glaciaire. Des bouquetins l'attendent. Ils sont une bande à gambader dans le secteur. À montrer leurs sabots luisants et leurs cornes formidables dans les rochers du Mauvais Pas. À jouer les équilibristes en dévisageant le touriste d'un air mi-amusé, mi-compatissant. Les responsables de la réserve naturelle des Contamines-Montjoie ont réintroduit l'espèce dans cette vallée perchée, voici quelques années : on y compte beaucoup de jeunes. Le troupeau semble prospère.

J'essaie d'être bon montagnard. J'ai mon piolet et mes crampons, une certaine aisance (disons même « un vrai plaisir » !) à avancer au bord des crevasses. Je me lance. Je traverse le glacier.

Le chemin — la trace étroite, le sentier de chamois ou d'alpiniste — continue sur la rive droite. Le repère pour le trouver consiste en un gros point bleu barbouillé sur la falaise. La grimpe devient raide, à la limite de l'escalade. Je me hisse au sommet du verrou de roche vive que le fleuve taille dans la montagne. Je goûte ce passage aérien. Je retrouve quelques touffes d'herbe sur l'épaule de granit. Les coussinets roses de silènes acaules. Des saxifrages. Des androsaces. Et même cette rareté endémique : le myosotis nain, d'un inimitable bleu roi, qu'on appelle justement « roi des Alpes » ; ou « éritriche ». Fleur de l'extrême.

J'aperçois la cabane. Le refuge des Conscrits (altitude : 2 730 mètres). J'ai 1 600 mètres de dénivelé dans les mollets. J'idolâtre le thé et la tarte classiques. Je bade, sur le balcon, devant le monumental cirque glaciaire de Tré-la-Tête, les couloirs sud des dômes de Miage (3 673 mètres), le col Infranchissable qui donne sur les glaciers de Bionnassay et de Miage, l'aiguille de Tré-la-Tête (3 930 mètres) à l'est, la vigoureuse aiguille des Glaciers (3 816 mètres) au sud-est... Silence, silence ! Je suis bien. Les nuages courent sur les crêtes. Je jouis de la haute montagne dans une des parties les plus sauvages du Mont-Blanc. L'une des plus riches en flore et en faune. La mieux protégée. La plus excitante pour le naturaliste. En attendant qu'on institue enfin, sur le massif entier, un parc national. Mieux : international ! Les chocards ne demandent rien d'autre.

Reste à parcourir le chemin en sens inverse avant la nuit (je pourrais toujours coucher au refuge). J'essaie de ne pas me « dérocher » (le Savoyard parle) dans la descente abrupte. Je salue les bouquetins bondissants sous la Grande Roche. Ils se moquent du vertige et du vide. Je repasse par l'hôtel de Tré-la-Tête.

Le plateau fleuri. Les lacets du sentier dans la forêt d'épicéas. La cascade de la Combe-Noire. Les sorbiers, les planes. Les granges de la Laya. Le pont romain et le gros rocher hérissé de buissons qui annonce Notre-Dame-de-la-Gorge.

Il y a longtemps, une main a gravé dans ce granit l'inscription suivante : « Passant, honore en ce lieu la Raine des Cieux. » Je me dis qu'il existe maintes façons d'honorer l'esprit de Tré-la-Tête. Certaines touchent à la religion.

La mienne est plus poétique, mais pas moins noble. Ni moins propre à me rapprocher d'une forme d'extase.

---

NOTE SAISONNIÈRE ET RECOMMANDATIONS

Cette balade n'offre aucune difficulté pour qui s'arrête à l'hôtel de Tré-la-Tête. À peine plus pour qui continue jusqu'aux séracs de Tré-la-Grande ; hormis le dénivelé d'un millier de mètres...
Elle devient ensuite de difficulté 2 à 3 sur l'échelle des alpinistes. La traversée du glacier vers la rive droite ne peut s'entreprendre qu'en crampons et avec un piolet. Si possible, à deux, avec une corde d'assurance... Pas question de tenter le coup si l'on n'a ni le matériel, ni l'expérience.
Impossible d'oublier qu'on marche en haute montagne : bonnes chaussures, etc. On ne s'engage ni dans le brouillard, ni sous l'orage, ni dans la neige.

# 4. Mont-Blanc

## Le balcon sublime

*La vallée de Chamonix, du côté des aiguilles Rouges. Dans la réserve naturelle homonyme. Monter. Se retrouver face à la splendeur déployée du Mont-Blanc. Ne faire qu'un avec le nuage et la glace. Se demander pour qui, là-bas, l'aiguille Verte et les Drus ont revêtu leur habit gris-bleu et blanc de moines sublimes.*
*Aller-retour, depuis la gare du téléphérique de la Flégère, 4 heures.*
*Carte I.G.N. au 1 : 25 000, 3630 OT, Top 25, Chamonix, massif du Mont-Blanc.*

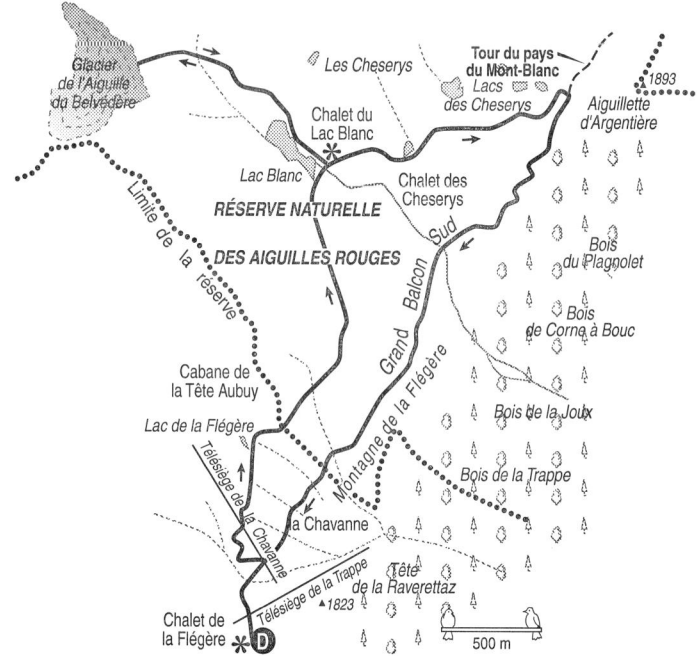

Je me souviens du lac Blanc. J'avais dix ans. On m'y avait emmené en balade scolaire. Je riais. Je gambadais comme un cabri. Je contemplais pour la première fois le mont Blanc. J'étais ahuri par l'énormité de ces pics, de ces dômes, de ces glaces. C'était au mois d'août 1955. Au même moment, Walter Bonatti escaladait en solitaire le pilier ouest du Petit Dru, devenu depuis « pilier Bonatti ». L'une des plus célèbres ascensions de l'Histoire. Je jouais à Bonatti dans la face ouest d'un modeste rocher qui se mire dans le lac Blanc. Celui-là. Non : l'autre ! Le gris clair à bandes brunes. Je le reconnais.

De mon éminence, il me semblait voir, là-bas, l'alpiniste italien en plein effort. J'étais à son côté. Nous accomplissions l'exploit. C'est à ce moment que j'ai lâché prise. Je n'étais pas si haut que mon modèle dans la face ouest, ce qui me permet d'être encore là pour infliger au lecteur ce souvenir. Je me suis râpé les fesses, et les coudes, et le dos, alouette... Je me suis retrouvé le nez sur un coussinet de fleurs roses, dont j'ignorais qu'elles se nommaient « androsaces ». Des chocards à bec jaune se sont moqués. N'empêche. De ce jour, je suis devenu Walter Bonatti. Au moins en rêve, le nez dans les fleurs roses. Cette éraflure au genou me gratte comme une plaie d'enfance ravivée.

 *DU TÉLÉPHÉRIQUE DE LA FLÉGÈRE AU LAC BLANC,*
*1 heure 30*

Je m'extrais de la cabine du téléphérique. Tel est l'avantage de la civilisation qu'elle vous fait bondir des Praz de Chamonix (1 060 mètres) à la station haute de la Flégère (1 877 mètres) en moins de temps qu'il n'en faut pour calculer qu'un chocard à bec jaune est allé aussi vite avec ses deux ailes. En se moquant.

Devant l'hôtel, impossible d'hésiter : un panneau « lac Blanc » donne le sens de la marche. Pour un moment, sur l'itinéraire du « Tour du Mont-Blanc » (« T.M.B. ; balises jaune et rouge). Puis, à gauche, sur le chemin du Grand Balcon du Mont-Blanc. Encore à gauche, j'emprunte le sentier du lac Blanc par le chalet de la Chavanne. La montée est rude, le passage étroit, avec de gros rochers, parfois une rambarde où se tenir, voire quelques barreaux d'échelle de fer à gravir.

Les pentes herbeuses, alentour, glougloutent de sources. Un bonheur pour la marmotte qui siffle en nombre : les marmottons, ces boules de fourrure brune sans discipline ; et les mères marmottes, ces larges manchons bruns, frissonnants d'inquiétude... Les prés composent un plaisir pour le botaniste, qui butine l'orchis vanillé (ou nigritelle noire) et la campanule thyrsoïde jaune pâle, le lis blanc de saint Bruno, le lotier des Alpes aux ailes d'or roux, ou encore le trèfle alpin incarnat à rayures rose vif. Je palpe, sur un rocher, les artichauts de feuilles succulentes de divers saxifrages, des joubarbes des montagnes et des joubarbes toiles-d'araignées. Une jolie chenille brun-noir à macules rouges ondule sur une touffe d'orpins, qu'elle hache à belles mandibules. Elle deviendra un jour ce rare et splendide papillon montagnard aux ailes de verre à pois noirs et vermillon, auquel on donne le nom solaire d'« apollon ». Ou « parnassien ».

Je grimpe. Je sue. Je souffle. Je pousse sur mes cuisses et mes mollets. Je ne regarde que la pente devant moi, vers les sommets aigus des aiguilles Rouges. Je veux réserver au moment où j'arriverai au lac Blanc le pur bonheur de me retourner et de contempler le massif du Mont-Blanc tout entier, les yeux dans les yeux, dans le développement prodigieux de ses glaces étincelantes.

Je suis un gamin jouisseur qui garde le meilleur de l'assiette pour la fin. Un lagopède en tenue estivale grise se lève au dernier moment et détale dans le pierrier. Le traquet motteux montre les deux lunes blanches de sa queue. Des venturons montagnards volent vers un buisson de rhododendrons où palpite un couple de papillons colias de soufre à pois roses. La campanule de Scheuchzer balance au vent son unique clochette bleu-violet.

###  *DU CHALET DE LA CHAVANNE AU LAC BLANC, 1 heure*

Je salue, puis je dépasse le chalet de la Chavanne (altitude : 1990 mètres), où les villageois des Praz et des Tines avaient un alpage. Le lac de la Flégère (altitude : 2 027 mètres) est petit, gris d'argent, étiré en longueur, cerné de linaigrettes aux panaches de coton blanc. J'y ai, un jour de printemps, observé le frai des grenouilles rousses. Un gros névé trempait dans l'eau. Revigorantes amours batraciennes, dont les résultats de l'année en cours ondulent sous mes yeux : têtards, ô spermatozoïdes géants noirs !

Le sentier s'élève dans une rocaille fertile coupée de plaques herbeuses et de buissons, où se piète peut-être la perdrix bartavelle. Le soir, des chamois descendent jusqu'ici depuis les hauteurs de la réserve des aiguilles Rouges. Je passe sous la cabane de la Tête Aubuy. Un étang sans nom (altitude : 2 171 mètres) offre à boire au merle de roche. Là-haut, dans la partie protégée de cet adret, il me semble entrevoir la sombre envergure de l'aigle. Le gypaète barbu — le roi des vautours —, qu'on a réintroduit plus à l'ouest, au rebord du massif des Aravis, vient parfois voler ici.

Je distingue, à ma droite, le sentier du chalet des

Cheserys. Un petit effort, encore. Le temps de repérer l'antennaire (ou pied-de-chat) tapissée de duvet gris pâle ; et l'achillée naine, dont le plateau de fleurs blanches a l'air d'une hostie. Voici le refuge du lac Blanc.

 ***DU LAC BLANC AU GLACIER DE L'AIGUILLE DU BELVÉDÈRE, ET RETOUR,***
*0 heure 30*

Je ne suis pas seul, oh non ! La balade est aimée. Fameuse et souvent pratiquée... En pleine saison, il y a foule. Le bâtiment se dresse sur le ressaut ultime, poli comme par une toile émeri, du verrou glaciaire qui bloque les eaux du lac. Une étendue liquide turquoise. Profonde. Avec un gros névé qui trempe dedans et lâche, en été, des icebergs tabulaircs de la même apparence que ceux de l'Antarctique. Altitude : 2 352 mètres.

Je me retourne, enfin. Je regarde vers le sud. Le prodige s'accomplit. Une musique de symphonie (*Le Nouveau Monde* d'Anton Dvorak, je suppose) m'emplit le crâne. Caspar David Friedrich repeint mes neurones. Je me sens soulevé, aspiré par la monstrueuse splendeur du massif étalé tout entier sous mes yeux. Tout entier ? Non... Impossible de l'embrasser d'un unique coup d'œil. Il faut diviser la tâche.

Vers l'est, je repère l'aiguille du Chardonnet et l'aiguille d'Argentière, ces deux pains de sucre, ces cônes parfaits. Et le mont Dolent, où naît le glacier d'Argentière, et qui constitue le point frontière triple entre la Suisse, l'Italie et la France.

Vers le sud, au-dessus de la mer de Glace, semble dormir un prodigieux stégosaure gris et blanc qu'on nomme aiguille Verte et Drus. Puis vient le trapèze fabuleux de la face nord des Grandes Jorasses. Et la frise, dentelée comme une cathédrale gothique, des aiguilles de Chamonix : l'M, le Grépon, les Grands Charmoz, Blaitière, l'aiguille du Plan, l'aiguille du Midi.

Au sud-ouest, s'élève le quadrangle glacé du mont Blanc du Tacul, sur lequel prennent appui la vague du mont Maudit et le dôme impeccable du mont Blanc, que côtoie son Sancho Pança, le dôme du Goûter...

Je contourne le lac Blanc par l'ouest. Le plan d'eau se compose de deux bassins reliés par un étroit chenal. Je monte à l'assaut du cirque de l'aiguille du Belvédère, où de grands névés restent accrochés tout l'été et où survit même un petit glacier. Point de sentier, par ici : rien que de vastes éboulis et des chaos de moraines. Avec de discrètes merveilles ; des enchantements de plantes de rocailles : tabourets à feuilles rondes, doronics à grandes fleurs solaires, benoîtes des montagnes aux fruits en chevelures rousses, myosotis nains plus bleus que les mers du Sud, linaires des Alpes violet pâle à lèvres orange, renoncules des glaciers aux tiges rouges comme des mollets d'enfants saisis par le froid...

Une compagnie de chamois me regarde d'un air complice : les touristes sont rares à dépasser le refuge. Je m'assois. Ils se couchent et ruminent. Je les imite. Ce n'est pas de l'herbe que je fais remonter de ma panse, mais cent souvenirs de mon enfance montagnarde. Goût suret de l'oseille des Alpes. Parfum rose de l'androsace helvétique. Sur un roc, une hermine blanche me regarde : son nez noir semble un grain de café sur un tas de sucre.

## DU LAC BLANC AU TÉLÉPHÉRIQUE DE LA FLÉGÈRE,
*2 heures*

Je reviens au lac Blanc. Je le quitte. Je descends par le sentier de l'est, qui mène aux lacs des Cheserys. Le premier est proche (altitude : 2 211 mètres). Les quatre autres s'étalent dans un écrin de roches gris-roux limées par les glaciers, et de plaques d'herbe tendre aux pieds du marcheur. Les marmottes me dédaignent. Le faucon guette le campagnol des neiges. Une grosse vipère aspic rouge brique, à l'épais zigzag dorsal noir, absorbe sa ration d'ultraviolets sur un coussinet de silène acaule aux fleurs roses.

Je touche le sentier du Grand Balcon Sud. Je l'emprunte, plein ouest, en direction du chalet des Cheserys, c'est-à-dire de la station de téléphérique de la Flégère, d'où je suis parti tout à l'heure. Les pentes étincellent de corolles. Scabieuses mauves, achillées millefeuilles, millepertuis, campanules, trèfles bais, centaurées uniflores roses, centaurées des montagnes bleu-violet... Je m'appesantis sur les mérites esthétiques de la gentiane pourpre, dont les fleurs en verticilles ont l'allure de bulles rouge sombre, lie-de-vin, parfois presque noires. Je hume le miel de la grande astrance et du boucage saxifrage. Papillon petite-tortue sur la scabieuse. Vulcain sur l'épervière à feuilles de chicorée. Gazé sur la crépide orangée. Érèbe (ou nègre) sur le lychnis barbe-de-Jupiter. Vulcain sur le cirse uniflore.

Je marche d'un bon pas sur le chemin où vrombissent les abeilles et les bourdons. Je me remémore la vallée de Chamonix (« *Chamouni* ») paysanne et fromagère que j'ai un peu connue dans mon enfance. Le guide, alors, coiffait son béret pour conduire le « *monchu* » parisien ou anglais jusqu'aux « glacières ». Puis il rentrait traire ses vaches.

Je me remplis la cervelle de ce Mont-Blanc-là. Il me semble, en arrivant à la Flégère, que j'entends meugler le vent.

### NOTE SAISONNIÈRE ET RECOMMANDATIONS

Cette balade ne peut guère être faite qu'à partir du mois de mai, et jusqu'en octobre. Tout dépend de l'épaisseur de neige...
Le printemps (tardif) y scintille de soldanelles, de gentianes printanières et acaules, de crocus blancs, de primevères, de pulsatilles blanches ou soufrées. Les étés resplendissent. C'est l'époque des insectes qui, comme les fleurs d'altitude, ont quelques courtes semaines pour accomplir leur cycle vital. L'automne écoute les appels du chamois en rut et regarde jaunir les mélèzes. Puis le froid reprend possession des aiguilles Rouges.

# 5. Mont-Blanc

# L'empreinte des dinosaures

*Il existe près de Chamonix — mais en Suisse —, dans la combe du Vieux Émosson, à 2 450 mètres d'altitude, des dalles de grès ocre où des dinosaures ont laissé des traces. Une balade dans la lumière du Mont-Blanc, du barrage d'Émosson (Suisse) au Couteray (France), en passant par les empreintes de reptiles.*
*En ligne, du barrage d'Émosson au Couteray, 8 heures 30.*
*Carte I.G.N. au 1 : 25 000, 3630 OT, Top 25, Chamonix, massif du Mont-Blanc.*

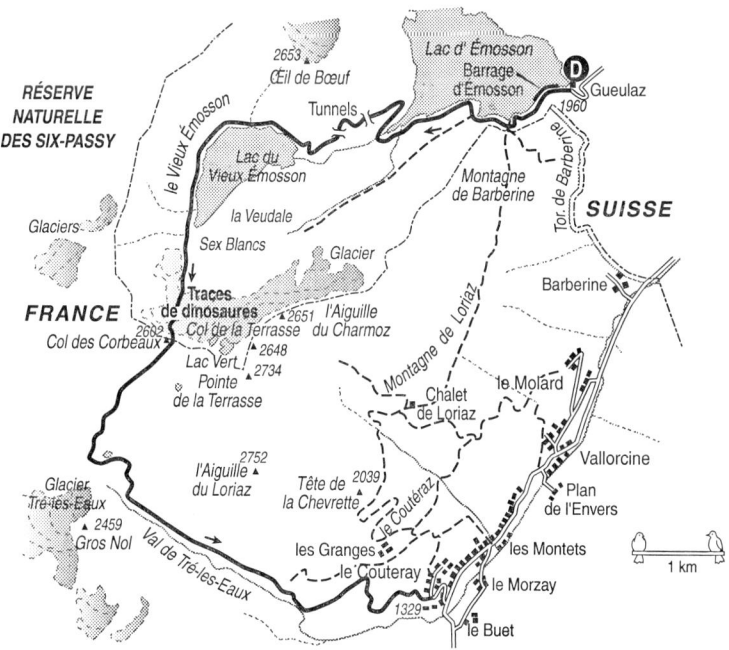

Je plisse les yeux. Je rêve à demi. Dans la combe du Vieux Émosson, je domine le lac homonyme, en forme de lune bleu-vert. Je regarde de longues dalles de grès ocre rose, creusées d'empreintes de pieds. Le soleil de juillet allume des fantaisies dans ma cervelle. Je délire. Je les observe.

Des traces de dinosaures. Ils ont marché ici...

Je plonge 220 millions d'années en arrière. Il me semble que je les vois avancer lourdement dans la vase, parmi les prêles géantes, les bennettitales, les cycas, les ginkgos et les conifères, dans une lagune tropicale marine que les spasmes du plissement alpin hisseront, au Tertiaire, à 2 450 mètres d'altitude. Ils figurent parmi les plus anciens animaux de la lignée — des archosauriens du début du Secondaire. Du Trias.

Certains courent. D'autres arpentent lourdement le sol, à peine dressés sur leurs pattes de derrière. J'en aperçois des grands et des petits. Les plus puissants font des enjambées de 3 mètres, mesurent 4 mètres de hauteur et pèsent plus d'une demi-tonne. Ce sont bel et bien des « lézards terribles » (l'étymologie du mot « dinosaure »), même s'il n'ont pas encore les mensurations fabuleuses et les armes offensives ou défensives de leurs héritiers stégosaures, iguanodons ou diplodocus du Jurassique ; becs-de-canard, tricératops, ankylosaures ou tyrannosaures du Crétacé.

Dans mon rêve, ils ont la peau gris et bleu pâle comme les glaciers du Mont-Blanc. Ou bien gris sombre et vert cru, comme les crêtes qui dominent la combe du Vieux Émosson, et dont les strates rocheuses évoquent des rangées d'écailles.

## DU BARRAGE D'ÉMOSSON AUX EMPREINTES DE DINOSAURES,
*2 heures 30*

Le lac d'Émosson étale, en Suisse, au-dessus du Châtelard, ses eaux d'un étonnant bleu turquoise, prisonnières d'une muraille de béton et d'un système de vallées serpentines que l'érosion rehausse de falaises et de pointes étranges, et où des névés jettent des taches blanches. De rares conifères — mélèzes et épicéas — finissent de transmuer ce paysage en fjord scandinave ou en fragment de Canada.

Je laisse ma voiture au parc de la Gueulaz. Je marche sur le barrage (altitude : 1 931 mètres), non sans jeter un coup d'œil fasciné à la vertigineuse hyperbole qui plonge vers le torrent de Barberine. En face, le massif du Mont-Blanc tout entier déploie ses fastes bleu et blanc, dont j'énumère à voix basse quelques temples, en manière de litanie. Pointe d'Orny, aiguille du Tour, aiguille du Chardonnet, aiguille d'Argentière, mont Dolent, aiguille Verte, aiguille du Dru, Grandes Jorasses, aiguilles de Chamonix (du Grépon à l'aiguille du Midi), mont Blanc du Tacul, mont Maudit, mont Blanc, dôme et aiguille du Goûter...

Les traces de dinosaures sont à l'ouest, comme le trésor de Rackham le Rouge dans *Tintin*. Je marche sur l'étroite route asphaltée tracée par les bâtisseurs du barrage d'Émosson, qui conduit au barrage et au lac du Vieux Émosson. Je passe des anses et des torrents bondissants, bordés de saules et d'aulnes, avec des tourbières hérissées de linaigrettes de coton blanc, d'orpins faux-aïzoons jaune acide, de grassettes carnivores et de parnassies des marais translucides. Ici saute la grenouille rousse, ondule le triton au ventre de feu et chasse la vipère aspic rousse à zigzag de charbon. Les prairies voisines sont roses de lauriers de saint Antoine ;

piquetées de rhinanthes crêtes-de-coq couleur de bonbon au citron, de gentianes pourpres, de campanules de Scheuchzer, de potentilles et d'alchémilles.

La petite route se met à monter vers le verrou glaciaire du Vieux Émosson. Je me délecte de la multiple splendeur de la flore : turbans rose et pourpre des lis martagons ; « marguerites » d'or des doronics à grandes fleurs ; cierges vert pâle des vératres blancs ; petits lis immaculés des paradisies (ou lis de saint Bruno)... Sans oublier les rhododendrons en flammes roses, les trèfles bais d'or et de vieux cuivre, les lotiers corniculés, les crépides orangées, les centaurées scarieuses, les campanules barbues, les arnicas solaires... Qui dira cette folie vive ? Ce délire botanique ? L'œil humain n'est pas assez subtil pour attraper tant de formes et de couleurs. L'esprit le plus darwinien se demande comment la nature peut créer un si grand nombre d'espèces en bricolant si peu de gènes.

Je divague parmi les éboulis et les blocs erratiques, en quête de gentianelles violet-mauve et de raiponces en épis bleu-noir (avec quelques exemplaires albinos). Des merles à plastron plastronnent, conformément à leur plumage et à leur sobriquet. Des criquets podismes vert pomme, des longicornes aux élytres d'ardoise arpentent les touffes d'herbe et les cailloux. Volent les abeilles, les bourdons cul-rouge ou cul-jaune, les papillons vulcains et petites-tortues. Palpite l'apollon aux ailes de plexiglas à pois rouges et noirs. J'observe les casques bleu nuit de l'aconit paniculé, puis les heaumes jaune pâle de son cousin l'aconit tue-loup. Près du refuge du Club Alpin Suisse (croix blanche sur fond rouge), dans les falaises sur lesquelles s'appuie le vieux barrage supérieur, triomphent les joubarbes des montagnes et les joubarbes toiles-d'araignées aux fleurs en étoiles roses, et les gentianes asclépiades en bouquets d'un saphir irréel.

Passé le refuge, la retenue et le tunnel du Vieux

Émosson (altitude : 2 205 mètres ; pancarte fléchée « Traces de dinosaures », sur laquelle une main déçue a ajouté en graffiti : « Pas de... »), j'entre dans la combe au trésor. Le lac étincelle sous le soleil. Finement ridé, bleu foncé mêlé de vert. Alentour, sous l'Œil de Bœuf et la pointe de la Finive, les falaises schisteuses noires alternent avec les couloirs d'herbe tendre que des chamois broutent puis ruminent. Je longe la rive nord, puis nord-ouest du plan d'eau. Je passe des névés, dans des champs d'éboulis où les pierres veinées de blanc paraissent des pages d'écriture. Runes ou hiéroglyphes étranges, pour quel message au monde ? Entre les blocs, la flore est timide, mais superbe : les marguerites (ou chrysanthèmes) des Alpes blanc et jaune voisinent avec les linaires des Alpes violettes à lèvres orange, les chardons très épineux en nids vert pâle, les pédiculaires rose violacé, les lilliputiennes hutchinsies blanches, les tabourets à feuilles rondes aux inflorescences en boules gris-rose... Les campanules du Mont-Cenis paressent dans leurs fissures comme des chats sur un balcon. Une harde de chamois passe. Un aigle tournoie : il niche de l'autre côté de la crête, dans la réserve naturelle de Sixt-Passy. Le gypaète barbu fait des apparitions, réintroduit dans le Chablais et les Aravis.

J'arrive au bout du lac. Je patauge à plaisir dans les ruisseaux qui l'alimentent. J'avais accompli cette balade voici quelques années, au début du mois de juillet. J'étais monté jusqu'aux empreintes de dinosaures sur un énorme névé, sans voir le chemin. À la mi-août, la neige a fondu : je marche sur un sentier étroit et instable. La pente est raide, caillouteuse.

Et voilà ! C'est ici, à gauche, à mi-hauteur entre le lac du Vieux Émosson et le col des Corbeaux. À 2 450 mètres d'altitude. Sur ces longues dalles de grès ocre rose, ces trois balcons, ces pans fissurés et inclinés à 45 degrés.

Ce gisement d'empreintes est un des plus riches du monde. Le plus ancien qu'on connaisse pour les dinosaures... Il a été inventé, comme un trésor, en 1976, par le géologue français G. Bonner. Il est strictement protégé par les autorités suisses. Interdit d'abîmer les traces, de marcher dessus, de les souligner à la craie pour en faire des photos, bien sûr de tenter d'en prélever le moindre fragment.

Ces quelque huit cents marques de pattes archosauriennes forment comme des piétinements ; des pistes ; des chemins. On a l'illusion que les reptiles marchent ou courent encore. On les voit s'avancer. La plupart des empreintes ont trois doigts, quelques-unes quatre ou cinq. Une seule en a deux. Voici 220 millions d'années, ces dinosaures ont cheminé dans la gadoue de ce qui composait une lagune maritime — comme le prouvent les ondulations parallèles (les « *ripple marks* ») imprimées dans la roche, et qui trahissent l'action de la houle sur le sable. Pour une raison que nous ignorons (inondation ? raz de marée ? cyclone ?), les empreintes ont été très rapidement recouvertes par un fin limon qui en a gardé le volume. Là-dessus, se sont entassées de lourdes couches de sédiments. Les marques ont été fixées, pétrifiées, transmuées en grès dur.

Lorsque, voici 50 à 30 millions d'années, à l'ère Tertiaire, les Alpes ont surgi de leur mer Téthys originelle, cette couche relique a été hissée par une nappe de charriage jusqu'à une altitude incongrue, face au mont Blanc. Puis révélée par l'érosion des glaciers du Quaternaire.

**DES EMPREINTES DE DINOSAURES AU COUTERAY,**
*6 heures*

J'avance comme un dinosaure, redressé sur mes pattes de derrière. Les humains sont les marcheurs du Quaternaire. Je salue les chocards à bec jaune, qui sont des oiseaux, c'est-à-dire les authentiques descendants des dinosaures par l'intermédiaire des archéoptéryx. J'ai cinq doigts par pied, mais cachés par mes souliers. Je me demande quelles traces les humains laisseront à la sagacité des créatures qui domineront la Terre dans 200 millions d'années. Je veux dire : hormis des déchets nucléaires.

Le sentier, resserré, peu distinct, continue en lacets vers le col des Corbeaux. Montée raide, dans les cailloux instables entre lesquels se glissent de rares fleurettes — tabourets à feuilles rondes, hutchinsies, alsines, linaires des Alpes... Les pierres sonnent sous les pieds. Le souffle du randonneur se fait plus bruyant. Il faut pousser sur les mollets — mais ça y est !

Le col : 2 602 mètres. Un vent ascendant souffle de la vallée de Tré-les-Eaux. Je marche d'abord vers l'est et les deux petits lacs proches du col de la Terrasse. J'y retrouve le sentier qui relie le barrage d'Émosson au chalet de Loriaz. Le lac Vert semble suspendu au-dessus du vide, comme sur un balcon de ciel. Des névés y trempent, à l'image des banquises bleu pâle du Groenland. On s'attend à voir souffler le phoque, le narval ou le béluga. Des traquets motteux et des niverolles patrouillent sur la neige : je me demande ce que ces passereaux se mettent sous le bec, dans ce bout du monde.

J'entame mon casse-croûte personnel au bord du simulacre de banquise. Bien sûr, les miettes et les bouts de gras vont aux chocards.

Au col des Corbeaux (et qui voilà ? un vol de corneilles noires !), le début de la descente sur Tré-les-Eaux est signalé par un cairn, un point rouge, une flèche et une inscription sur un rocher : « Le Buet ». Pas moyen de se tromper, sauf par temps de brouillard ou de neige. En avant pour la longue plongée jusqu'au hameau du Couteray, proche du Buet promis. J'allais oublier de dire qu'ici, on franchit la frontière entre la Suisse et la France : le douanier bonasse est un venturon montagnard qui se lisse les plumes.

Le temps de regretter que quelqu'un ait osé planter des pylônes électriques au cœur de ce sanctuaire, et je suis époustouflé par la richesse de la vie qui s'y déploie. Des chamois ruminent sur une vire d'herbe tendre. Je dévale le chemin dans des enchantements de campanules de Scheuchzer, de raiponces orbiculaires, de chrysanthèmes des Alpes, de myosotis bleu pâle, de benoîtes en fruits à pompons, de linaires alpines, de cirses épineux et de délicates véroniques teintées d'outremer. Des renoncules des glaciers en coupes blanches, à cœur d'étamines jaunes et dessous rouge sang, peuplent les pierres entre lesquelles gargouillent des sources. De grandes dalles inclinées de grès ocre suggèrent qu'en cherchant bien, on trouverait peut-être d'autres traces de dinosaures de ce côté du col. Gentianes printanières et gentianes acaules bleu roi. Adénostyles roses, doronics solaires, délicates antennaires pieds-de-chat... Les achillées blanc et gris me font songer — en changeant d'échelle — à l'énorme millefeuille blanc et gris que je découvre sur l'autre versant de la montagne : le glacier de Tré-les-Eaux. Similitudes, homothéties. La nature se copie elle-même, en modifiant les proportions. Juste pour rire.

Par endroits, le sentier domine de façon vertigineuse le cul de la vallée : cirque gigantesque et parfaite géométrie... Des replats glaciaires, où luisent de petits lacs de surcreusement, offrent des pâtures aux marmottes. J'admire des colonies de gentianes pourpres : on dirait des étages de bulles ovales, lie-de-vin à nuances roses, où le soleil joue comme un gamin. Des tourbières ondulent de linaigrettes blanches et vibrent de jolies libellules gomphes à l'abdomen cerclé de jaune et noir. Des crépides orangées, sur lesquelles butinent des papillons nègres (ou érèbes) et des zygènes aux ailes vert-de-gris translucides, voisinent avec des buplèvres en étoiles jaune-vert, des campanules barbues, des centaurées nervées, des chardons penchés, des trèfles bais... Délicats orchis vanillés (ou nigritelles noires) et touffes de rhododendrons ferrugineux. Vol soudain de perdrix bartavelles.

Je jouis de ces lumières, de ces parfums, de ces bruits, du contact rugueux du granit sur mes mains, de la douceur des mottes d'herbe sous mes pieds. Quand je lève la tête, j'ai devant les yeux le tableau prodigieux de la Verte et des Drus : ces géants bleu et gris, où je délègue la partie la plus subtile de moi-même, sont en partie enveloppés d'un coton blanc volé aux linaigrettes.

Je finis de descendre (gare aux faux pas !) les barres rocheuses du verrou glaciaire. Dans l'éboulis qui leur fait suite, les pierres semblent barbues de vert : ces poils de la nature alpine, ce sont des allosaures crépus — des sortes de fougères. Je foule les névés qui finissent de fondre dans le cirque de Tré-les-Eaux (dont les eaux sont captées, hélas !).

Le sentier file à travers roches et arbres. La forêt d'épicéas et de mélèzes reprend le dessus et s'épaissit. Sous-bois de genévriers, de sureaux rouges, de framboisiers, de myrtilles, de sorbiers des oiseleurs, de chèvrefeuilles alpins et de rosiers des Alpes.

Une croisée de chemins : à gauche, vers le hameau des Granges ; à droite, le Couteray, direct. Je prends à droite. Un passage en dièdre raide, avec des échelles et des chaînes, mène à une forêt épaisse, maternelle, où la résine coule comme un lait des troncs d'arbres, et où des allées de prénanthes pourpres et des massifs de knauties

des bois mauves préparent des semis de champignons sur de la mousse : bolets des mélèzes, golmottes, amanites vaginées, russules émétiques, pholiotes ridées, chanterelles... Je ne cueille rien : j'écoute les poèmes que récite le ruisseau en patois savoyard.
Je passe une fourmilière dont la silhouette est celle de l'aiguille Verte. Un écureuil décortique un cône d'épicéa comme un philosophe un concept. Une martre ondule à la façon du torrent qui dévale le vallon.
Je me retrouve aux maisons du Couteray sans avoir compris pourquoi, ni comment. Même avec une explication de texte en patois savoyard.

### NOTE SAISONNIÈRE ET RECOMMANDATIONS

Personne n'est obligé de faire toute la balade, qui est longue et oblige à prévoir deux voitures — une au départ (au parc de la Gueulaz, près du barrage d'Émosson), l'autre à l'arrivée (au hameau du Couteray). Si l'on désire se contenter d'une promenade plus facile, d'environ 5 heures, on part du barrage, on va jusqu'aux empreintes et on revient.

De toute façon, les traces de reptiles ne sont jamais visibles avant le début du mois de juillet (et encore : les années chaudes, quand la neige a vite fondu). Le col des Corbeaux reste impraticable jusqu'en juin.

C'est en été — jusqu'en septembre et aux premières neiges — qu'on profite vraiment de cette immersion dans une période mal connue de l'ère Secondaire. Et qu'on jouit de la flore et la faune de la montagne.

Dans le brouillard ou sous l'orage, on peut facilement se perdre au col, ou rater un virage dans la descente vers Tré-les-Eaux : donc, pas de balade par mauvais temps. Même si le soleil est au rendez-vous, l'équipement de montagne (bonnes chaussures, fourrure polaire...) est requis.

# 11

# ALPES DE SAVOIE

1. *Vanoise* : La montagne du Jupiter savoyard
2. *Vanoise* : Le diable des glaciers
3. *Vanoise* : La révélation des lacs Merlet
4. *Vanoise* : Le grand balcon de glace

# 1. Vanoise

## La montagne du Jupiter savoyard

*Ma balade à moi. Celle que j'appelle volontiers la « mère de toutes mes balades ». Depuis mon hameau natal de Tincave jusqu'aux crêtes du mont Jovet. Un pèlerinage sur les sentiers de mon enfance. Aigle royal et fleurs de l'Alpe. J'ai six ans. Mon père me montre les glaciers de la Vanoise. Il ressemble au dieu Jupiter.*
*En boucle autour du hameau de Tincave, 8 heures.*
*Carte I.G.N. au 1 : 25 000, 3532 OT, Top 25, massif du Beaufortain, Moûtiers, la Plagne.*

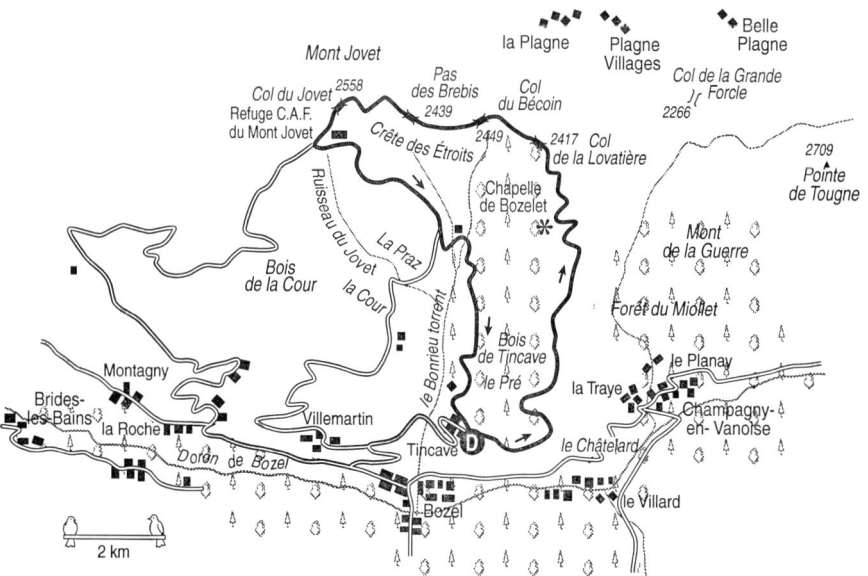

Juillet 1951. L'aube se lève sur les glaciers bleus de la Vanoise. Le hameau de Tincave frissonne et fume. Le mulet s'agite à l'écurie. Les poules caquettent au poulailler. Le bouvreuil, la mésange bleue, sa cousine charbonnière et le rougequeue sautillent sur les poutres des granges. Un chien jappe sans raison (est-ce que je sais pourquoi j'aboie ?). Mon père emplit le sac à dos. Ma mère sourit. Je n'ai pas encore six ans. J'ai enfilé mes chaussures en cuir, belles mais lourdes. Les premières d'une série.

J'empoigne le bâton de noisetier que j'ai taillé moi-même et sur lequel j'ai gravé un edelweiss avec mon *Opinel*. Je pars en courant dans la ruelle, même si je sais que le pas du montagnard doit être posé. Je connais le début du chemin. C'est un de ceux que j'emprunte pour aller garder les chèvres du village. Je tiendrai la main de mon père plus haut, lorsque la fatigue refera de moi un gamin tendre et câlin, et que l'adulte deviendra plus qu'un guide : le démiurge de la beauté du monde, le médium de la puissance de l'Alpe. Ou de l'Olympe, puisque nous allons gravir le mont Jovet. Le *Mons Jovis* des Gallo-Romains. La montagne de Jupiter. La cime du dieu de mon enfance.

 **DU HAMEAU DE TINCAVE AU MONT DE LA GUERRE,**
*3 heures*

Je galope sur la route de terre qui conduit à la mine de charbon (d'anthracite), à l'est du hameau. Mon père y travaille. Il s'enfonce chaque jour, pour un salaire de *Germinal*, dans cette galerie à flanc de pente, dont il ressort noir comme... un ramoneur savoyard.

Je choisis, sur la gauche, le sentier de chèvres qui unit Tincave au Châtelard (et à Champagny, aujourd'hui

« Champagny-en-Vanoise »). Rochers gris et roux, constellés de saxifrages et d'orpins, avec des joubarbes aux rosettes de feuilles charnues (trois espèces : des toits, des montagnes et toile-d'araignée). Sous les buissons de noisetiers, de prunelliers et d'églantiers, se haussent l'hellébore fétide et le géranium lucide, le millepertuis perforé et quatre ou cinq espèces de campanules. Rampent le lézard des murailles et le lézard vert, la couleuvre d'Esculape au dos de laiton fumé et la vipère aspic brun-rouge avec son large zigzag noir sur le dos. (Juste avant ces grandes vacances, j'en ai attrapé une, que j'ai apportée vivante à mon institutrice ; la maîtresse a fait des bonds ; tels sont les risques de la pédagogie active.)

Aux pâtures de plan Perron, je guette le renard. Je traverse les formidables éboulis du Couédraz (la « Coudraie », haut lieu de la noisette), au-delà de la source aux grenouilles et aux tritons, sous la roche de la Grande Cornelle et le plan de la Gire où je garde les chèvres. Entre les noisetiers et les frênes croissent des peuples de fougères-aigles. Je frôle cent fleurs : l'œillet de Grenoble rose baiser ; le dompte-venin (normal, puisqu'il y a de la vipère) ; la paradisie faux-lis (ou lis de saint Bruno), aux pétales d'Immaculée Conception ; et le lis orangé (ou bulbifère ; la fleur de la Saint-Jean), dont les vastes coupes à six pétales, d'un glorieux orange lavé de vermillon, accueillent en juin des légions d'insectes et mon nez renifleur.

J'entre en forêt. Mon père me rattrape. Les épicéas, les pins sylvestres, les érables se mêlent de cytises dont les grappes de fleurs papillons jaune clair semblent une pluie d'or : Danaé (ce loriot qui passe...) s'ébroue, fécondée par l'averse de Zeus amoureux. Je salue la mésange nonnette et le bec-croisé des sapins, le gros-bec, la grive draine et la corneille noire. Plusieurs couples de grands corbeaux logent dans la falaise. Un milan noir s'approche. L'autour des palombes au ventre pâle est de sortie. L'aigle royal niche plus bas, dans les rocs du torrent du Bon Rieu. Lorsque les ascendances de l'air seront établies, le couple montera dans l'azur. J'imagine déjà qu'il vole.

Je débouche sur le versant de Champagny. J'ai sous les yeux les granges du Châtelard, qu'écrase la masse monstrueuse des sommets de la Vanoise. Mon père les désigne. La Grande Casse et la Grande Motte ne sont pas encore visibles, cachées par Becca Motta et le Grand Bec. Je m'émerveille devant Bellecôte, la pointe du Vallonnet, les pointes du Creux Noir et de Leschaux ; auxquelles succède l'enfilade des glaciers de la Vanoise, que dominent les monts Pelve, le dôme des Sonnailles et le dôme de Chasseforêt.

Après la fontaine du Châtelard, nous grimpons vers la Duy (en savoyard, « la Source »). Lacets du sentier dans des prairies folles de fleurs. Le jaune des arnicas et des salsifis des champs (simulacres de soleils) répond au bleu foncé des sauges des prés et au bleu-violet des centaurées des montagnes. L'incarnat des renouées bistortes (en forme de scoubidous) et des boucages saxifrages (au subtil parfum pivoine) exalte le carmin des lychnis fleurs-de-Jupiter et le rose-mauve des scabieuses que cent insectes visitent. Je n'oublie ni les colifichets roses des coronilles, ni les clochettes bleu pâle des campanules barbues, ni les plateaux blancs des achillées millefeuilles, ni les centaurées nervées à l'involucre de dentelle et aux fleurons purpurins.

La croix de la Duy. Les bassins (en savoyard, les « bachals ») faits de troncs d'arbres évidés, où la source se déverse et abreuve les vaches. Nous buvons nous-mêmes, au plus près de la terre, une eau limpide et d'une revigorante fraîcheur, dans des envolées de papillons argus bleus, de flambés et de machaons, d'agrestes et de paons-du-jour, de vulcains et de petites-tortues. J'attrape, puis je libère, un apollon à l'abdomen velu et aux ailes de plexiglas à pois rouges.

Mon père me montre le sentier du mont de la Guerre. J'y file entre des haies de gentianes jaunes et de vératres blancs dont certains me dépassent. Les anémones pulsatilles en fruits se coiffent de chevelures d'argent. Je deviens papillon nègre ou tabac d'Espagne, dectique ou criquet podisme vert cru ; ou encore criquet arcyptère cousu d'or et de brun-noir, tel un prince de la Renaissance.

Le sentier contourne le plan de la Frêche, où mon père me fait visiter les carrières de pierre calcaire dans lesquelles il a travaillé au début de la guerre, avant de partir pour le Maquis. Au fond de la vallée de Champagny, paraissent maintenant la Grande Casse — face nord gris-bleu, vertigineuse — et la Grande Motte — ce pain de sucre de glace... Les épicéas se réduisent et deviennent bonsaïs. Nous touchons le plateau de la Porcière. J'aperçois la croix. Altitude : 2 050 mètres. Le couple d'aigles royaux débouche en même temps que moi au ras de la grande ravine : prodiges d'ailes, de serres et de becs crochus. La prairie délire dans la lumière des glaciers. Les becs des pédiculaires roses et les épis des orchis moucherons se mêlent aux « marguerites » mauves à cœur d'or des asters des Alpes, aux clochettes des campanules barbues et aux capitules lumineux des épervières orangées.

Zigzags, sueur et souffle court. Nous gravissons la pente adret du mont de la Guerre. J'ignore d'où vient ce nom martial, car cette cime — une extrusion de gypse — compose un parfait sein rond. Sous le dôme, dans les creux d'herbe, luisent la gentiane printanière bleu roi et celle de Koch bleu-noir, lavée de vert. Le trèfle alpin rose. L'homogyne des Alpes. La nigritelle noire (petits cônes pourpre obscur) fleure bon le gâteau du dimanche et justifie son surnom d'« orchis vanillé ». La pensée des Alpes (ou éperonnée) asperge la montagne d'un parfum volé aux anges.

J'escalade la rocaille blanche devant mon père : légitime fierté de gosse. La pente finale du mont de la Guerre nourrit des semis de joubarbes des montagnes roses et d'asters des Alpes à cœur jaune et fleurons bleu-violet. Et des colonies d'edelweiss... J'exulte. C'est la première fois que j'en vois « en vrai », dans leur biotope. Enracinés. Glorieux. Je caresse leurs tiges velues. Leurs bractées (étoiles des neiges !) de laine gris pâle. Leurs fleurs fertiles pareilles à des yeux d'or. Mon père sourit. Il a des yeux d'or.

 *DU MONT DE LA GUERRE AU MONT JOVET, 2 heures*

Le mont de la Guerre culmine à 2 293 mètres. Je le dévale vers le nord comme un cabri. Je gambade sur mes sabots neufs parmi les fleurs. J'en piétine. J'en demande pardon aux orchis brûlés et aux alyssons des montagnes jaunes. À ma gauche, la combe de la Guerre ouvre l'immense parabole, au bas de laquelle naît le ruisseau de Moncougne. Nulle part ailleurs, les edelweiss ne deviennent si gros. Je salue la corolle somptueuse et compliquée de l'ancolie des Alpes. Je me perds dans ses pétales du même bleu que les ciels peints au plafond des églises baroques savoyardes.

Je gagne, sur son promontoire vert, la minuscule chapelle de Bozelet (ou de Praplan), où le curé monte une fois par an dire la messe et bénir les troupeaux. Les vaches de l'alpage pâturent en contrebas. Manger ? Bonne idée ! Papa déballe le casse-croûte. Je rumine mon pain de seigle et ma tomme en contemplant, vers l'ouest, le fabuleux développement de la chaîne du Jovet. Tentures minérales tapissées d'herbe vert cru. Plissées. Ondulées. Comme une réplique de Machu Picchu.

Je prends la main de mon père. Nous traversons les pentes ravinées qui dominent le Tau (« Tuf ») Blanc :

gypse percé de mille trous ; secret des eaux qui se perdent ; edelweiss et ancolies ; avec des clématites des Alpes (ou atragènes) aux grandes fleurs en clochettes mauves aux pétales à l'allure négligée. Une harde de chamois se prélasse. Des marmottes sifflent. Une compagnie de perdrix bartavelles décolle devant mes pieds. Mon père m'apprend que l'endroit se nomme Praz Paccalet. Notre nom ! J'ai six ans, et un bout de montagne s'appelle comme moi. La gloire !

Nous voici au col de Lovatière, où glougloute une source plus froide qu'une larme de Groenland ou d'Antarctique. Je bois. Je déguste. Je me régale. La température de ce suc né du ventre de l'Alpe est si basse que j'en ai bientôt les tempes serrées. Dans la pente de la vallée où naît le ruisseau de Barma Rossa (la « grotte Rouge »), un renard au pelage acajou chasse le marmotton naïf.

Et nous grimpons derechef ! Le sentier escalade l'arête, fine comme une lame, du roc du Bécoin — cette montagne que, sur le versant de Tincave, on baptise « dou de l'Audience ». La face nord est plus escarpée, plus minérale, plus hostile que la face sud. Impression de gaz : nous chevauchons la tranche ultime du massif. Mini-fleurs des sommets battus par le vent : globulaires bleu pâle, orpins âcres, lotiers d'or et de cuivre, saxifrages cotylédons, etc. Les saxifrages à feuilles opposées, aux corolles rose vif, illuminent les interstices entre les pierres. Ces reliques glaciaires croissent dans les Alpes, mais aussi jusqu'en Scandinavie, et incarnent les fleurs les plus septentrionales de la Terre : on les trouve par 80 degrés de latitude nord, au Groenland... Un papillon nègre (ou érèbe) palpite. Deux cicindèles vertes copulent : coléoptères aussi « féroces » pour le moucheron que la panthère pour la gazelle. Des chocards à bec jaune surveillent la scène.

Le roc du Bécoin (2 594 mètres) dépasse d'une

demi-tête son suzerain mont Jovet (2 558 mètres). Entre les deux, le sentier serpente sur la crête bien nommée « des Étroits ». J'avance. Ivre de lumière... Je repère d'autres chamois sous le Tau Blanc. Un lagopède en habit d'été gris-brun se lève dans l'éboulis et file se piéter à quelques mètres. Nous nous désaltérons à la source (face nord) du pas des Brebis. « Frou-frou » de perdrix bartavelles. Des grenouilles rousses longues de 2 centimètres, encore un peu têtards, giclent sur la mousse. Une salamandre noire serpente près de l'eau : rare amphibien ovovivipare, dont la femelle porte parfois deux ans ses bébés dans son ventre.

La cime du mont Jovet, là, devant... La montagne du Jupiter savoyard... Je l'ai vue, de Tincave, crépiter d'éclairs bleus. Les Romains (peut-être les Celtes) lui vouaient un culte. Pour aujourd'hui, ce palais du dieu Tonnerre baigne dans les photons de Phébus et se parfume à la violette. Mon père m'aide à grimper sur la table d'orientation au plateau émaillé, écaillé par les injures du temps. Il me montre comment pointer les sommets sur le plan en utilisant mon bâton de noisetier frappé d'un edelweiss. J'énumère les villages, les vallées, les pics, les glaciers.

Le mont Jovet propose l'un des plus beaux tours d'horizon des Alpes. Enfant, j'en éprouve l'intuition. Je le vérifierai, adulte. D'aucun autre belvédère, on ne contemple ainsi le Beaufortain, le massif du Mont-Blanc (versant italien : aiguille des Glaciers, Brenva, aiguille Noire de Peuterey, Grandes Jorasses...), les Alpes suisses et italiennes jusqu'au Grand Combin et au mont Rose, la totalité de la Vanoise (mont Pourri, Bellecôte, Grande Motte, Grande Casse, Grand Bec, dômes du Pelve, de Chasseforêt et de l'Arpont, dent Parrachée, aiguilles de Péclet-Polset), jusqu'à la Grande Chartreuse, à la Meije et à la Barre des Écrins !

Mon cœur bat. Je frissonne. Je ne sais plus où donner

du regard. Mon père, debout sur la cime de la montagne de Jupiter, me semble tout-puissant. Pour un enfant de six ans, il n'est pas loin d'incarner un dieu lui-même.

 *DU MONT JOVET À TINCAVE,*
*3 heures*

Descente par la face ouest, en grande partie effectuée sur les fesses. Je déboule dans la prairie d'altitude et les derniers névés, vers le chalet du mont Jovet (Club alpin français ; pour moi, une grenadine-limonade !). Les cirses très épineux, les pensées, les pédiculaires, les épervières orangées, les rumex des Alpes et cent fleurs peuplent l'alpage. Je vagabonde jusqu'aux populages d'or et aux linaigrettes — ces panaches de coton blanc — qui cernent les sources du torrent du Bon Rieu.
La journée s'avance, je ne sens pas la fatigue. Le chemin des vaches zigzague dans un parterre de gentianes bleues, de pulmonaires et de pulsatilles. Voici la cave (la baraque) de l'alpage du Petit Ré, puis celle du Grand Ré. Mon père salue ses amis bergers. Je les écoute parler d'orages monstrueux, de neige en juillet, de génisses qui se perdent dans le brouillard. On me donne à boire, à la louche, du lait encore tiède et crémeux (je m'en fais des « moustaches »). J'ai droit à un morceau de sérac — ce fromage blanc maigre de deuxième caillage, à la saveur de noisette. Nous traversons le troupeau de vaches. Des tarines aux yeux maquillés de khôl. Je ne comprends pas qu'on puisse trouver les bovins idiots : ils ont l'intelligence de l'herbe.
Nous dévalons les prairies coupées de champs d'arcosses (aulnes verts), jusqu'au Bain de l'Ours (je le cherche, celui-là : des fois qu'il n'ait pas tout à fait disparu). Voici le hameau de Mirabozon. Retour vers le

plan de l'André, la Raponière, les granges du Pré et le hameau de Tincave, à travers la forêt d'épicéas où glousse le tétras-lyre et où grince le casse-noix.

Combes magiques ! Pessaie de rêve... Je ne veux pas revenir aux maisons des hommes sans m'être perdu dans la corolle du sabot-de-Vénus. La plus sublime orchidée d'Europe pousse ici, avec l'ophrys mouche (cet insecte végétal), l'épipactis (ou helléborine) pourpre, la céphalanthère rouge (corolles cœurs roses) et de la néottie nid-d'oiseau (vraie-fausse fleur de plastique brun).

Le voici, le cypripède ! *Cypripedium calceolus.* J'exalte mon rêve d'enfant dans ses bulles d'or. Mon père, magicien du conte, se dissout avec moi dans le nectar de la mémoire.

> **NOTE SAISONNIÈRE ET RECOMMANDATIONS**
>
> La mine de charbon de Tincave a été fermée en 1962. Le chemin qui mène au Châtelard puis à la Duy et au mont de la Guerre est indiqué sur des panneaux de bois. Près de la chapelle de Bozelet (de Praplan), la regrettable folie du dieu Ski a ouvert des pistes de terre qui relient Champagny à la Plagne. Des pylônes et des immeubles souillent le pied nord du mont Jovet. À partir du refuge du C.A.F., où arrivait un chemin muletier, existe à présent une route de terre. Mais la beauté persiste.
>
> La balade entière ne se conçoit pas avant la fin du mois de mai ou le début de juin. Si la neige est rare, on peut, à Noël ou à Pâques, grimper jusqu'à la Porcière en raquettes. Un troupeau de mouflons vient, désormais, pâturer autour de Tincave.
>
> Et la nature tincavaise reste une magie de chaque saison. J'y ai, depuis que je suis devenu « grand », mené nombre de mes amis naturalistes, de maintes disciplines. Tous sont tombés sous le charme.

# 2. Vanoise

# Le diable des glaciers

*Des hauteurs de Méribel à celles de Pralognan, par le refuge du Saut, le glacier de Gébroulaz, le col du Soufre et le vallon de Chavière... Dans le vent des aiguilles de Péclet-Polset. Sous l'œil du chamois. L'âme imbibée de parfum de genépi... Une adorable façon de changer de vallée, c'est-à-dire de style de beauté.*

*En ligne, du plan de Tuéda au pont de la Pêche, 9 heures.*

*Carte I.G.N. au 1 : 25 000, 3534 OT, Top 25, les Trois Vallées, Modane.*

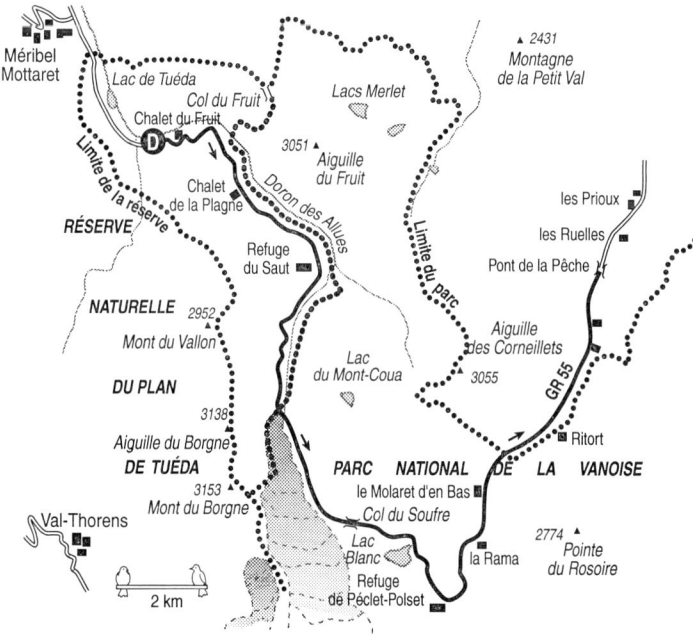

Enfant, je rêvais du col du Soufre. Un adulte du village y était monté. « De la glace, de la neige, disait-il, et une roche jaune, bizarre... D'une couleur pas très catholique !... » Je fantasmais sur cet Enfer que je voyais peuplé de monstres cornus, velus, marchant sur leurs sabots fourchus. Un territoire du diable... J'y suis allé. Je ne crois pas y avoir vu les suppôts de Satan. (« Qui sait ? », me souffle une voix sépulcrale.) J'y ai contemplé un paysage singulier. L'ocre jaune et le jaune d'or des falaises, le blanc-bleu de la neige et l'énorme langue de glace grise qui coule des cimes de Péclet-Polset : tout y compose un décor pour Edgar Poe ou Lovecraft. Ici bat le cœur froid de la Vanoise, sous le regard de velours du chamois.

 *DU PLAN DE TUÉDA AU CHALET DU SAUT,*
*3 heures*

Le plan de Tuéda, au-dessus de Méribel-Mottaret (station de ski), désigne une auge glaciaire au fond plat, comblée de sédiments. Ce fut un marécage superbe où tremblait au vent le coton blanc des linaigrettes. Avec des grenouilles et des tritons. On y aménagea un plan d'eau avec parc à voitures, baraque à frites et locations de pédalos. L'horreur touristique... Mais la sagesse l'emporte parfois : on eut honte. Lorsqu'on créa la réserve naturelle du Plan de Tuéda, on fit reculer les voitures. L'herbe repoussa sur l'ancien parc. On rendit le lac à ses légitimes utilisateurs : les roseaux, les libellules, les truites et les grenouilles. Cette réserve est, désormais, l'une des plus riches de France, avec une forêt de pins arolles (ou cembros, ou pins de montagne) unique en Europe. Les roitelets huppés y pioupioutent le bonheur retrouvé de vivre en picorant dans l'odeur de la résine.

L'itinéraire commence au bord de l'eau (d'un côté, le lac, de l'autre le torrent), à 1 700 mètres d'altitude. Le ruisseau (en savoyard, le « doron ») des Allues roule des eaux d'un vert laiteux, chargées de sédiments calcaires, on dirait presque de paillettes scintillantes. En haut de l'auge glaciaire, il faut franchir le pont. Ici démarre le bon sentier qui mène au refuge du Saut et au col du Soufre.

Je marche. Je monte. Lacets dans l'alpage. Je passe devant le chalet du Fruit : le rougequeue me fait signe. Une belette — mince fuseau de fourrure brune à ventre blanc — file sous un rocher. La pelouse se constelle de fleurs. Au printemps, crocus et soldanelles, trolles d'Europe (boules d'or), pulsatilles blanches et soufrées, gentianes de Koch bleu roi et pensées des Alpes parfumées comme des bonbons. En été, centaurées nervées à houppe purpurine, vératres blancs, grandes gentianes jaunes, arnicas, trèfles des Alpes et centaurées des montagnes bleu-violet... Les sauterelles et les criquets — dectiques, podismes, arcyptères, œdipodes — crissent chacun dans leur langue. La femelle du papillon apollon pond sur la joubarbe. Volent le flambé et le machaon, les argus bleus et le vulcain, le tabac d'Espagne et l'agreste. Accrochés aux rochers, croissent de superbes bonsaïs spontanés de pins arolles. Des haïkus de Buson, de Bashô, d'Issa me reviennent en mémoire. Comme celui-ci, d'Issa :

> Le criquet a jeté
> ses moustaches sur l'épaule
> et s'est mis à chanter

Montée plus raide, dans le bruit des cascades du torrent. Buissons de saules et d'aulnes verts (en savoyard, « arcosses »). Adénostyles aux immenses feuilles et aux fleurs roses. Laitues de Plumier aux capitules bleu-violet, hautes de plus de 2 mètres. Parnassies des marais et gentianelles violet-mauve.

Passé le verrou glaciaire, au-dessus de 2 000 mètres d'altitude, s'ouvre une nouvelle auge glaciaire : le vallon du Saut. Perfection géologique en U, bordée d'un côté par la face sud de l'aiguille du Fruit (3 051 mètres), et de l'autre par les falaises rouges qui mènent au mont du Vallon (2 952 mètres) et au mont du Borgne (3 153 mètres). Sur ce fond plat, le torrent se divise, se retrouve, envoie des divergences, récupère sa substance : chenaux luisants d'une tourbière de rêve... Ici, se côtoient la parnassie des marais, la linaigrette et l'orchis à larges feuilles. Avec des scirpes, des populages, des sphaignes, des grassettes carnivores. La vipère aspic propulse son corps comme une onde liquide. Les grenouilles sautent, presque aussi nombreuses que des éclaboussures de pluie.

Je laisse le sentier qui, sur la gauche, franchit le doron et grimpe les éboulis gris-rose, gris-bleu ou gris-vert de l'aiguille du Fruit (direction : le versant de Courchevel et les lacs Merlet). Je vais droit. Je traverse des brousses de rhododendrons plus roses que de raison, mêlés d'asters des Alpes, d'arnicas et de campanules barbues. Une nivérolle volette de roc en roc. Un venturon montagnard bat la mesure. Un traquet motteux expose sa queue à deux lunes blanches. Un merle à plastron s'étonne en sifflant. Le vallon du Saut est propriété privée. Je passe les baraques d'alpage de la Plagne. Les vaches paissent. Naguère, le troupeau était de race tarine homogène : robe d'un intense brun-rouge et tour de l'œil maquillé de noir. Aujourd'hui, la société des ruminants se métisse.

Le sentier recommence de monter en lacets dans un camp de rocs éboulés où les joubarbes toiles-d'araignées voisinent avec des saxifrages et des orpins de plusieurs espèces. Pensées des Alpes et crépides orangées.

Dryades à huit pétales (qu'on nomme aussi « thés des Alpes »). Les plus belles fleurs du cru sont les ancolies des Alpes aux grandes corolles ouvragées, éperonnées, belles comme des châteaux de songe. Les saules nains m'attendrissent : qu'on se figure des arbres de 5 centimètres de hauteur, avec des feuilles réticulées, luisantes et du coton sur les fleurs... Du côté du nord, sur les pentes de la Grosse Tête, les falaises alternent avec des banquettes d'herbe tendre : il me prend des envies de brouter. Je ne suis pas le seul. Table ouverte : les chamois s'empiffrent. Je guette la cabriole. Mais les ruminants passent la majeure partie de leur existence à se bourrer la panse. Le film manque d'action.

Passage au bord du torrent. Derrière l'épaulement de roche, je découvre le refuge du Saut (2 126 mètres) et la cabane des gardes du parc national de la Vanoise. Juste au-dessus des petites bâtisses, une cascade de pierres indique l'entrée d'une ancienne mine de plomb argentifère. L'eau du bassin (du « bachal ») est fraîche et limpide. Pause casse-croûte. Je détaille, alentour, une flore exubérante de reposoir. Parmi les espèces amies de l'azote (nitrophiles), le rumex des Alpes joue le rôle de l'envahisseur aux vastes feuilles ovales tirées comme des langues, et aux épis fournis de fleurs brun-rouge. Des aconits napels exposent leurs fleurs violet-noir, en forme de casques de guerriers achéens devant Troie. Je cueille et je mâchonne une feuille d'épinard sauvage.

 *DU REFUGE DU SAUT AU COL DU SOUFRE,*
*3 heures*

Je néglige le sentier qui monte à gauche avant de se diviser en deux : une branche vers la montagne de la Grande Val, le col des Saulces et le col du Mône (autour

> ### L'armoise genépi
>
> Plante recherchée : trop... Son parfum lui vaut de macérer dans l'alcool, pour une liqueur sublime. C'est une cousine de l'armoise absinthe qui fit des dégâts dans le cerveau de Rimbaud, Verlaine et Toulouse-Lautrec. Ne pas abuser !
> Elle appartient à la famille des composées (ou astéracées). Nom scientifique : *Artemisia genipi* (ou *Artemisia nivalis*). Elle a une proche cousine, avec laquelle on la confond : l'armoise laineuse (*Artemisia eriantha*). C'est une plante vivace, velue, grise, haute de 15 centimètres, avec une rosette basale de feuilles palmées. L'épi, d'abord raide puis incliné, se compose de capitules munis chacun d'une dizaine de mini-fleurs jaune pâle. L'espèce paraît de juillet à septembre dans les moraines, entre 2 000 et 3 800 mètres d'altitude. Uniquement dans les Alpes.

du Petit-Mont-Blanc) ; l'autre vers l'aiguille des Corneillets et le col de Chanrouge. Autant de façons de gagner la vallée de Pralognan. J'en choisis une différente : le chemin qui file, à droite, vers la source du doron des Allues, le glacier de Gébroulaz et le col du Soufre.

Les pentes herbeuses sont une cour de récréation pour les marmottes : ces boules de lard et de poils brun-fauve se reniflent ou se bagarrent, guettent le péril (nommé « renard » ou « aigle royal ») et bondissent dans leur trou dès qu'une congénère siffle l'alerte. Elles résument la malice des Alpes. La montagne accouche d'une marmotte — et l'univers est en ordre.

Le sentier s'élève brusquement et domine de très haut le torrent qui s'encaisse et grogne sous des restes d'avalanches. Je m'ébroue dans un herbier vivant de fleurs. Turbans roses à mouchetures pourpre-noir : lis martagons. Défilés de mariées en robe blanche : paradisies faux-lis (ou lis de saint Bruno). Lanternes magiques blanc et rose, dont s'exhale un parfum de miel : grandes astrances. Petites coupes de libations vert et jaune à l'usage des diablotins : buplèvres en étoiles. La joubarbe toile d'araignée, dont les artichauts de feuilles sont cousus de fil blanc, alterne avec les petits cônes pourpre foncé de la nigritelle noire (ou orchis vanillé). L'orchis globuleux, en pompon incarnat, voisine avec le doronic à grandes fleurs en multiples soleils aux rayons de gloire... Dans les chaos de blocs, croissent la violette jaune à deux fleurs, le vératre blanc et l'élégante gentiane ponctuée, aux corolles en ballonnets jaune et rouille empoussiérés de brun. Je déniche, sur des vires, la saxifrage paniculée, l'androsace alpine, la primevère de Haller rose et l'alsine (ou minuartie) en minuscules étoiles blanches.

Sur les amples feuilles gris-vert des adénostyles, s'accouplent des centaines de coléoptères pareils à des bijoux bleu pétrole : des chrysomèles de la centaurée. Je lève les yeux sur le Revers de Gébroulaz : des chamois jouent les funambules sur une barre rocheuse. Le tichodrome échelette unit deux pans de falaise d'un trait d'ailes carmin. À gauche du sentier, un cône minéral gris pâle ressemble à un volcan. Il s'agit d'une extrusion de gypse, inattendue dans cet univers de silice. La géologie de la Vanoise est confuse, tourmentée. Ce monticule est d'autant plus étrange que j'y trouve plusieurs filons de soufre natif jaune-vert. La porte de l'Enfer ne doit pas être loin.

Commence la moraine, que le sentier escalade en zigzaguant sèchement. Sueur. Souffle court. Cœur qui cogne. Concentré d'acide lactique dans les mollets... Je laisse, à gauche, le chemin qui mène aux jolis lacs du mont Coua. Le prodigieux amoncellement de caillasse poudré par l'écume des torrents est plus riche de vie qu'on ne pense. Papillon vole : vanesse petite-tortue, nègre (ou érèbe) et piéride... La cicindèle verte vrombit en chassant le moucheron. La coccinelle explore les tiges. Entre les pierres, fleurissent des miracles de primevères visqueuses aux corolles rose-violet ; des benoîtes des montagnes en coupes d'or ; des violettes à deux fleurs jaunes ; des linaires des Alpes divinement mauves, avec une macule orange à la gorge ; et des achillées naines... Le genépi (l'armoise genépi) est plus discret et pousse près de la glace. Qu'on imagine une rosette de feuilles velues, gris souris, finement découpées, au-dessus de laquelle se dresse un épi incliné de fleurs vert-jaune, d'une senteur exquise : et on aura une idée de ce concentré d'élixir de la montagne. On admire et on hume, mais on ne cueille pas : on est dans la réserve du Plan de Tuéda, qui s'accole au parc national de la Vanoise.

Je passe l'ultime ressaut de la moraine. À 2 600 mètres, je suis accueilli par un congrès de chocards à bec jaune. Et c'est le choc. Le spectacle énorme, dantesque : la langue terminale du glacier de Gébroulaz. Grise. Maculée de terre et de roches. Sale, mais sublime. Zébrée d'étroites crevasses illuminées d'azur et de bleu-vert.

Les torrents de fusion filent et tourbillonnent, froids, bordés de sédiments où pullule le genépi. Le sentier devient indécis, signalé par des cairns. Il remonte le névé qui borde la rive droite du fleuve gelé. En été, la trace est nette. Sous la neige ou dans le brouillard, on hésite ; on pourrait se perdre. Le glacier a des allures de dinosaure endormi. Il est tout entier contenu par le parc national de la Vanoise, mais son statut juridique est curieux : il appartient à quelqu'un. C'est un des rares glaciers privés d'Europe. Je crois savoir, en écrivant ces lignes, qu'il est à vendre. Avis aux amateurs !... Je grimpe sur son dos. Je m'y balade. Je saute des crevasses. J'écoute l'eau qui glougloute dans les profondeurs. Je contemple, à l'horizon du sud, le prodigieux amas blanc, gris et noir des aiguilles jumelles de Péclet-Polset. Les Castor et Pollux de la Vanoise. Polset (3 501 mètres), à l'est ; Péclet (3 561 mètres), à l'ouest. Entre les deux, le mont Gébroulaz (3 511 mètres).

Au détour d'une épaule de roche jaune barrée de névés blancs, j'entrevois le col du Soufre. Un ultime raidillon. J'y suis : 2 819 mètres. Le vent siffle, souffle et ronfle comme un poitrinaire. De jolies saxifrages à feuilles opposées montrent le nez : ces fleurs sont baisers roses que la Muse accorde au randonneur un peu las.

 *DU COL DU SOUFRE AU PONT DE LA PÊCHE, 3 heures*

La descente est rapide, en lacets serrés, vers l'étendue d'eau du lac Blanc, où trempent les névés inférieurs du dôme de Polset. Je suis vite sur la rive. Je longe les rocs et les criques. En un endroit, l'eau se perd dans les profondeurs de la montagne, tel un petit maelström. Une chamoise et son bébé boivent. À gauche, dans les dalles des Grandes Galeries, j'invente un trésor de raiponces orbiculaires flammées de bleu. Un lagopède en habit d'été se piète dans la caillasse. Je repère les oreilles charbonneuses et le corps dégingandé du lièvre variable.

Devant moi, se dresse le refuge de Péclet-Polset (2 474 mètres)... Je domine le vallon de Chavière, qui mène à Pralognan vers le nord — et l'aval. En face, sur l'autre rive du torrent des Lauges, la vue remonte jusqu'au rempart crénelé (fabuleuse forteresse) des pointes de la Partie, de l'Échelle et de l'Observatoire. Au sud, le col de Chavière conduit à Modane et à la Maurienne.

Le refuge de Péclet-Polset appartient au Club alpin français. Il est vaste, mais... achalandé. C'est, avec Félix-Faure, le plus encombré de la Vanoise. J'y ai passé des nuits d'insomnie énervée, puis amusée, puis hilare. Vingt-cinq personnes sur un châlit de treize places :

remuant souvenir ; et odorant épisode !... Je pourrais y dormir. Je choisis de suivre le G.R. 55 vers Pralognan. Alpages de Chavière, de Chapendu, du Retort. Vaches. Fromage de Beaufort (le meilleur : celui du Retort). J'active mes mollets dans des étendues d'herbe piquées de carlines acaules et d'épervières orangées. Au bonheur des marmottes. Au profit des renards et des hermines. L'aigle royal niche dans la falaise de l'Observatoire.

Au pont de la Pêche, je retrouve la civilisation, c'est-à-dire le parc à voitures. Me voilà avancé : ma bagnole est à Méribel-Mottaret, à 9 heures de marche ! Ou bien je dors à la belle étoile, ou bien je fais de l'auto-stop... En allant vers Pralognan, je ne rate pas l'étape du pont du Diable : dans la pente qui mène au col des Saulces, s'étend une prairie magique où se pressent le lis martagon (nuance fesses de bébé rose), la puissante leuzée rhapontique (artichaut d'or au panache magenta), l'ornithogale à rayures vertes et la centaurée uniflore tissée de fils bruns. La vedette locale est le chardon bleu. Le panicaut des Alpes *(Eryngium alpinum)*. Je me perds à plaisir dans ses coupes de fine dentelle gris-bleu à reflets de cobalt et d'améthyste.

Je butine mon bonheur savoyard comme une abeille saoule de nectar et de pure beauté.

> NOTE SAISONNIÈRE ET RECOMMANDATIONS
>
> La balade de Gébroulaz, de type nivo-glaciaire, est impossible avant la fin juin ; et encore : parfois, on ne passe pas !
> Du point de vue de l'organisation, il faut choisir : ou bien dormir au refuge de Péclet-Polset, pour revenir au plan de Tuéda le lendemain. Ou bien prévoir une seconde voiture au pont de la Pêche, dans la vallée de Pralognan.

## 3. Vanoise

# La révélation des lacs Merlet

*Au-dessus de l'enfilade des stations de ski de Courchevel, commence aussi le parc national de la Vanoise ; à la porte de Pralin. Cette balade aux lacs Merlet, enchâssés sous la face orientale de l'aiguille du Fruit, récompense l'ami de la fleur sauvage. Ambiance polaire ; avec une surprise : une plongée en eau froide.*

*Aller-retour, des chalets d'Ariondaz aux lacs Merlet, 4 heures.*

*Carte I.G.N. au 1 : 25 000, 3534 OT, Top 25, les Trois Vallées, Modane.*

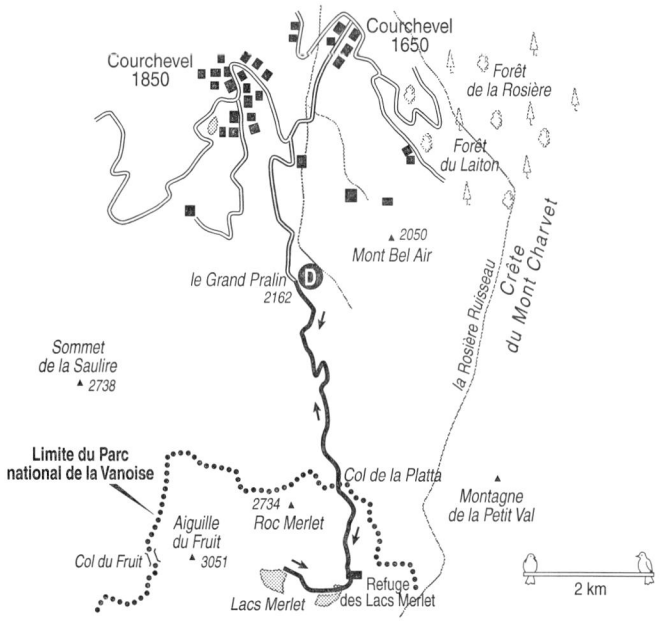

On peut ne pas aimer le ski, le béton, les routes, les pylônes de remontées mécaniques, les pistes ouvertes au bulldozer. On peut... Mieux vaut, alors, marcher en fermant les yeux au-dessus des stations de Courchevel. Par exemple, de Moriond — ou Courchevel 1650.
Je monte la pente. J'oublie les immeubles de dix étages. Je gagne l'alpage du Grand Pralin, puis du Petit Pralin. Les vaches me restituent la Savoie : par un effet de perspective, on jurerait qu'elles cheminent sur les glaciers de la Vanoise. J'ai la dent du Villard sous les yeux (la plus prodigieuse extrusion de gypse d'Europe ; une flore calcicole d'une incroyable richesse : épipactis, ancolies des Alpes, sabots-de-Vénus, clématites des Alpes, etc.). En face, vers le nord, je contemple le massif du mont Jovet et mon hameau natal de Tincave. En montant davantage, j'apercevrai le Mont-Blanc.
J'arpente la piste de terre jusqu'aux chalets d'Ariondaz. Je m'élève dans l'herbe à l'alpage de Plan Mugnier, le long des téléskis des Grandes Bosses et des Pyramides. Le merle à plastron sautille. C'est après les épaulements du col de la Platta (2 408 mètres) que commence la vraie — la belle — promenade des lacs Merlet. Le long de la base orientale de la Grande Pyramide de Chéops — je veux dire : l'aiguille du Fruit (3 051 mètres).
Je marche, parfois au bord d'un précipice, sous les à-pics du roc Merlet (2 734 mètres), au-dessus de l'alpage de la Grande Val et de la vallée des Avals, au fond de laquelle se tortille le torrent de la Rosière. Les pentes deviennent ce qu'elles étaient partout naguère : des splendeurs fleuries. Je dérange des volées de papillons apollons, érèbes, mélitées, agrestes et vulcains, sur des parterres de gentianes ponctuées et de carlines acaules, de centaurées nervées purpurines et de centaurées des montagnes bleu-violet, de trèfles des Alpes roses et de pensées éperonnées violettes à cœur d'or.

Un ressaut, un petit col, et je domine le refuge des lacs Merlet, qui appartient au parc de la Vanoise (altitude : 2 420 mètres). Je vagabonde sur les éboulis voisins. Je gagne le lac Merlet d'en-bas (2 394 mètres). Teinté de jade ou de turquoise, selon l'incidence de la lumière et les sédiments qu'y déversent les torrents. Alentour, les moraines sont rehaussées d'edelweiss, d'achillées naines, de séneçons argentés aux capitules d'un jaune solaire, d'hutchinsies blanches, de tabourets roses à feuilles rondes, de saxifrages et d'orpins de diverses espèces, telle la saxifrage à feuilles opposées aux corolles d'un rose purpurin, quasi fluorescent.

Le sentier grimpe vers le lac Merlet d'en-haut (altitude : 2 449 mètres). Les murailles de roche grise, les pentes d'éboulis et les névés de la face orientale de l'aiguille du Fruit, plongent dans l'eau saphir, bleu marine, presque cobalt. On jurerait un fjord du Groenland ou de la Patagonie. Une révélation ! On est ailleurs. Loin des remontées mécaniques de Courchevel. À cheval sur un rêve... Au début du mois de juillet, le lac est encore en partie gelé. Les pentes qui le sertissent exultent de gentianes acaules bleu-violet et de gentianes printanières bleu roi, de soldanelles en jupettes frangées mauves, de géraniums des bois rose-mauve et de cirses très épineux aux inflorescences en nids vert-jaune.

L'aigle et le chamois, animaux simples, hantent ce fragment d'Arctique ou d'Antarctique en pays tempéré.

 **AVEC LE PLONGEUR DES ALPES, OU CE QU'IL Y A DESSOUS...**

C'est ici qu'un jour, je rencontre une autre sorte d'animal. Plus inattendue. Un homme...

Un plongeur. Avec masque, palmes, combinaison et scaphandre autonome... On en trouve rarement à plus de 2 000 mètres d'altitude.

Il se nomme Jean-Pierre Martinot. Ce n'est nullement un « aventurier de l'extrême » en quête d'un exploit télévisé ou d'une improbable Sirène à queue de genépi. C'est un scientifique, un limnologue, c'est-à-dire un spécialiste des lacs. Il est attaché au parc national de la Vanoise. Il scrute les écosystèmes étonnants — et mal connus — que constituent les plans d'eau d'altitude.

« Les lacs de montagne, explique-t-il, sont des sanctuaires. Des vestiges de l'ère glaciaire. Précieux, mais menacés... Ils nous en apprennent beaucoup sur les facultés d'adaptation de certaines espèces d'algues, d'insectes, de mollusques, d'amphibiens, de poissons... Le but de mes plongées consiste à établir le bilan écologique de ce patrimoine en danger. Les lacs encore soustraits à l'influence humaine sont de plus en plus rares. Trop d'entre eux sont souillés par les déchets des touristes et des troupeaux ; quand ils ne sont pas purement et simplement vidés de leur substance, pour l'alimentation des centrales hydroélectriques, des stations de ski et des canons à neige.

« Un autre péril, poursuit Jean-Pierre Martinot, tient aux alevinages malencontreux des sociétés de pêche, qui croient bien faire en "repeuplant", mais ignorent qu'on ne déplace pas sans inconvénients les animaux dans la nature. L'introduction de truites ou d'ombles chevaliers dans les lacs d'altitude est une hérésie. Ces salmonidés n'ont jamais habité ces plans d'eau inaccessibles pour eux, séparés des torrents fertiles par de trop hautes cascades. Les poissons immigrés malgré eux sont voraces. Ils ont du mal à survivre et à se reproduire dans une eau forcément pauvre. Les ressources en nourriture s'effondrent et l'ensemble de la chaîne alimentaire se déstructure. Sauf à renouveler sans cesse l'apport extérieur, l'espèce exogène ne s'établit pas.

« Cependant, reprend le "plongeur des cimes", il arrive que des salmonidés introduits survivent envers et contre tout. Les biologistes sont encore incapables d'expliquer cet exploit. Comment un omble chevalier résiste-t-il à l'hiver montagnard sous la glace, dans une eau proche de 0 °Celsius, pratiquement sans oxygène ? J'aimerais contribuer à résoudre ce mystère !

« Nous commençons d'en savoir davantage sur la vie qui hante ces eaux cristallines. Nous y avons recensé plus de trois cents espèces d'algues microscopiques : ce phytoplancton compose le premier étage de la pyramide alimentaire. Puis viennent les daphnies et les cyclops, minuscules crustacés longs d'environ 1 millimètre et capables, pour respirer, de repérer la moindre bulle d'air en suspension dans l'eau. Au-dessus encore, grouille un peuple de larves et de nymphes, notamment de moucherons chironomes dont les adultes forment, à la belle saison, d'épais nuages bourdonnants autour des randonneurs. Ces invertébrés sont la proie des amphibiens, surtout des grenouilles rousses et des tritons alpestres, qui peuvent endurer dix mois de léthargie.

« Nos plongées, ajoute Jean-Pierre Martinot, nous ouvrent bien d'autres domaines de connaissance. En reconstituant l'histoire des lacs montagnards, dont l'âge varie entre 10 000 ans et quelques décennies, nous écrivons l'évolution des paysages — les flux et reflux des glaciers, etc. Nous vérifions les hypothèses de nos amis paléoclimatologues. Au fond du lac du Lou, près de Val-Thorens, nous avons repéré des troncs de pins cembros vieux de 3 500 ans, arrachés par une avalanche. Preuve qu'à l'époque, ces conifères poussaient au-dessus de 2 000 mètres, ce qu'ils ont peine à faire de nos jours.

« En quinze ans, nous avons conduit une quarantaine d'explorations. Dans les règles ! Pas question, dans un parc national, d'utiliser l'hélicoptère : nous portons notre matériel sur le dos. 25 kilos, et en avant !... Nous avons élaboré une typologie des plans d'eau que nous avons visités. En éliminant les simples mares (en patois savoyard : les « gouilles »), et les grands lacs de moyenne altitude (notamment artificiels, comme le barrage de Tignes), la Vanoise recèle une trentaine d'unités liquides d'une surface de plus de 0,5 hectare et d'une profondeur minimale de 3 mètres. Le plus profond de tous, c'est celui-ci : le lac Merlet d'en-haut. 30 mètres... Je rappelle, au passage, qu'il est délicat de plonger à 30 mètres en montagne : non seulement l'eau est froide, mais la diminution de la pression atmosphérique ambiante allonge et rend plus complexes les paliers de décompression.

« Nous distinguons quatre catégories de lacs d'altitude. Les lacs "polaires", à plus de 2 600 mètres, comme ceux de l'Arpont et de Chasseforêt, ont des équivalents en Alaska ; des glaciers s'y jettent ; on pourrait dire que des icebergs y dérivent ! Les lacs "froids", aux environs de 2 400 mètres, acceptent davantage de vie : tels sont les lacs Merlet, mais aussi le lac Rond et le lac Long au col de la Vanoise, le lac Blanc sous Péclet-Polset, ou les lacs du mont Coua au-dessus du Saut. Les lacs "de pelouse" (altitude moyenne : 2 100 mètres) sont sertis dans un cadre riant et généreux en végétation : tel est celui du plan du Lac, sous le refuge d'Entre-Deux-Eaux. Enfin, les lacs "de tourbières" (vers 1 800 mètres) désignent d'authentiques trésors botaniques et zoologiques ; ce sont, hélas ! les plus menacés par l'homme.

« J'aimerais, ajoute Jean-Pierre Martinot, conclure en notant que les lacs de montagne évoluent et meurent de mort naturelle. Après une phase de richesse maximale, ils s'eutrophisent. Les sédiments descendus des sommets les comblent. Pendant ce temps, d'autres trésors d'eau bleue se creusent grâce au labeur des glaciers. Le processus est aussi vieux que la montagne même. La différence est que notre espèce crée partout de fatals déséquilibres. Je voudrais être sûr que nous préserverons quelques-unes des splendeurs de cristal de la Vanoise ! »

## 4. Vanoise

# Le grand balcon de glace

*Le tour des glaciers de la Vanoise, de Pralognan à Pralognan, de refuge en refuge. En plusieurs jours. Pour qui veut goûter l'émotion de l'Alpe absolue, sous l'œil noisette des bouquetins et des chamois. En tournant autour du massif, sous la bénédiction des fleurs de l'extrême, de la glace et des cascades qui éclaboussent.*

*En boucle autour du massif de la Vanoise, 3 à 5 jours.*

*Cartes I.G.N. au 1 : 25 000, 3534 OT, Top 25, les Trois Vallées, Modane ; et 3633 ET, Top 25, Tignes, Val-d'Isère, Haute-Maurienne.*

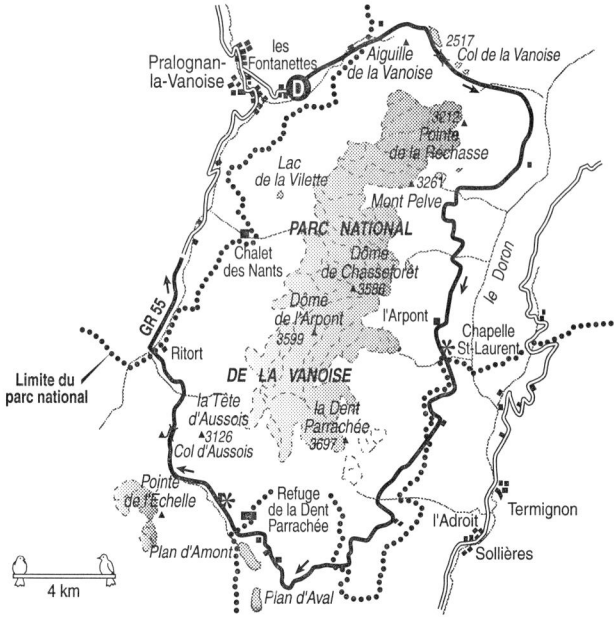

Le tour complet d'un massif : un rêve de randonneur. Le périple. La boucle entière : comme un parfum d'exploration. Une sorte de perfection. Accomplir le tour des glaciers centraux de la Vanoise est une balade sublime. Il y faut 3 jours en marchant bien. Mais 4 ou 5 pour qui aime les variantes et les dérives. Pour qui ne se contente pas de faire aller ses muscles, mais entend jouir de chaque perception, de chaque rencontre, de chaque surprise des cinq sens...

 *PREMIER JOUR : DES FONTANETTES AU REFUGE DE L'ARPONT, 8 heures*

On attaque le sentier — le G.R. 55, marques rouge et blanc — au hameau des Fontanettes (1 644 mètres ; parc à voitures), au-dessus de Pralognan. Direction : le col de la Vanoise par le vallon de la Glière : cascades. À gauche, le mont Bochor ; à droite, comme une écharde plantée dans la terre : l'aiguille de la Vanoise. Passé la forêt d'épicéas, la prairie alpine est éclaboussée de fleurs. On laisse le refuge (la buvette !) des Barmettes, puis les cabanes d'alpage de la Glière. On passe le lac des Vaches sur un pavage de pierres plates : découverte magique de la Grande Casse, le point culminant de la Vanoise (3 855 mètres). Dans la caillasse de la moraine, on admire les buissons rampants de la loiseleurie et la campanule du mont Cenis. Plus haut, le lac Long recueille les eaux et les avalanches du glacier des Grands Couloirs, voie normale d'escalade de la Grande Casse. Le refuge du col de la Vanoise (ou Félix-Faure, 2 517 mètres) est là. Populeux... On le salue et on descend vers le lac Rond, puis le ruisseau de la Vanoise. Érosion glaciaire et superbe écosystème d'altitude : viscaires, gentianes, androsaces, chocards à bec jaune, marmottes...

Au bout du val, on domine le vallon de la Leisse (qui mène à Tignes), le vallon de la Rocheure et le refuge d'Entre-Deux-Eaux. En face : le Grand Roc Noir (3 582 mètres). On passe le blockhaus mais on ne descend pas dans la vallée. On continue sur la droite, vers le refuge de l'Arpont. On traverse des éboulis grandioses, jaunis de lichens géographiques, sous la pointe de la Réchasse. On rejoint le G.R. 5 : on est sur le sentier-balcon de la Vanoise, dominé par un système de glaciers qui ne mesure pas moins de 12 kilomètres de longueur... On admire les petits lacs des Lozières, sous la roche Ferran et les monts Pelve (3 261 mètres), puis les séracs du dôme des Sonnailles et du dôme de Chasseforêt (3 586 mètres).

On peut (balade émotion) diverger 2 heures à droite, vers le lac glaciaire de Chasseforêt. On est heureux de poser son sac au refuge de l'Arpont (2 309 mètres).

 *DEUXIÈME JOUR : DU REFUGE DE L'ARPONT AU REFUGE DU FOND D'AUSSOIS,*
*9 heures*

Rien n'interdit de passer une journée enchantée au refuge de l'Arpont. Les chocards, les chamois et les bouquetins (personnages philosophiques) assurent le spectacle. Le lac glaciaire de l'Arpont (2 666 mètres) ressemble à un fragment d'Alaska.

On repart sur le G.R. 5, vers le refuge du Plan Sec. On domine la vallée de la Maurienne, sur les flancs est et sud du troisième pic majeur de la Vanoise (après la Grande Casse et le mont Pourri) : la dent Parrachée

> **Le chamois d'Europe**
>
> Cette vedette de la montagne est la seule antilope européenne. Famille des antilopidés ; sous-famille des rupicaprinés ; *Rupicapra rupicapra*... On en connaît diverses variétés : des Alpes, des Pyrénées (l'isard), des Abruzzes, des Balkans, des Carpates. L'espèce, peut-être originaire de Thrace (Grèce du Nord), se serait réfugiée dans les montagnes à cause des premiers chasseurs *Homo sapiens*.
> Le chamois des Alpes atteint 70 à 85 centimètres de hauteur au garrot. Le mâle pèse 40 kilogrammes (jusqu'à 60) et la femelle 30 (au plus : 40). Les cornes sont aiguës, en crochets, et ne tombent pas chaque année, au contraire de celles des cervidés. Le pelage, d'un brun variable (sombre en hiver, roux clair en été), porte une bande noire à l'échine.
> L'espèce rumine les herbes grasses de la prairie d'altitude. L'hiver, elle se contente de lichens, de bourgeons et d'aiguilles de conifères. Elle vit en hardes. La saison des amours est en novembre et décembre. Les mâles se défient et se battent. Les femelles portent durant vingt-trois semaines. Elles s'isolent pour mettre bas un bébé capable de marcher 1 heure après sa naissance.

(3 697 mètres). Flore et faune sublimes. On ne descend ni sur Termignon, ni sur Bramans, ni sur Aussois. On gagne le refuge du Plan Sec, au-dessus des lacs d'Aussois (Plan d'Aval et Plan d'Amont). On poursuit sur le G.R. 5. On peut tenter une variante jusqu'au refuge de la dent Parrachée (rude grimpette, site sublime !), mais le but est le refuge du Fond d'Aussois (2 324 mètres), qu'on atteint par la chapelle Notre-Dame des Anges.

 **TROISIÈME JOUR : DU REFUGE DU FOND D'AUSSOIS AU PONT DE LA PÊCHE,**
*8 heures*

On n'a guère dormi. On sent diverses courbatures. On attaque la côte (escarpée, parfois presque aérienne) du col d'Aussois. Lacets sévères pour les mollets. Cirque rocheux, ambiance minérale. Aigles, chamois, lagopèdes. On arrive au col (2 916 mètres, presque 3 000 !) en soufflant. À l'est, la tête d'Aussois. À l'ouest, la pointe de l'Observatoire, toute proche (20 minutes) et aisée à gravir : 3 015 mètres. Belvédère sur le vallon de Chavière et les cimes jumelles de Péclet-Polset.

On descend à la ramasse le grand névé raide de la face nord du col d'Aussois. On suit le sentier du ruisseau de Rosoire, qui déroule ses lacets vers les alpages de Ritort. Vallon de Chavière. G.R. 55 vers le pont de la Pêche. Et Pralognan...

# 12

# ALPES DU DAUPHINÉ

1. *Chartreuse* : La musique du silence
2. *Vercors* : La maison de l'ours futur
3. *Vercors* : Combeau, le vallon idéal
4. *Écrins* : Le ventre de la pierre
5. *Briançonnais* : L'esprit des deux cols
6. *Queyras* : Sa majesté le mont Viso
7. *Queyras* : Les papillons de Furfande

# 1. Chartreuse

## La musique du silence

Autour du monastère de la Grande Chartreuse, une balade de grande nature qui suscite plus d'une interrogation spirituelle. Vers la cime du Grand Som, une rude montée parfumée de fleurs. En arrivant au sommet, face au déploiement de paradis des Alpes, on entend comme une musique du silence.
En boucle autour du monastère, 7 heures 30.
Carte I.G.N. au 1 : 25 000, 3334 OT, Top 25, massif de la Chartreuse, sud.

Il fait nuit. Il fait froid. Je termine ma balade en longeant le grand monastère. Silence, silence... Ici, écrivait Stendhal dans ses *Mémoires d'un touriste en Dauphiné*, « l'âme n'a pour être émue qu'elle-même, si elle est d'une nature élevée ». Je ne sais rien de la nature de mon âme, ni de son degré d'élévation. Un flocon me fond sur le nez. Le brouillard s'épaissit autour des bâtisses, comme depuis des siècles en cette saison. J'ai l'impression d'emplir ma poitrine de paix, d'inspirer un air chargé de recueillement. Les murs nus du couvent, les clochers des chapelles, les rectangles à peine éclairés des fenêtres sont environnés d'un nimbe de vapeur, de prière et de détachement du monde, qui déteint sur ma cervelle de moine naturaliste mécréant et jouisseur.

 *DU MONASTÈRE AU HABERT DE BOVINANT, 3 heures*

Aucune balade ne laisse le marcheur identique à lui-même ; celle-ci moins qu'une autre... On ne côtoie pas neuf siècles de spiritualité et de méditation sans en sentir les effets, si matérialiste soit-on. Matin de demi-brume. Je commence de marcher devant les bâtiments de la Correrie, où est le musée du monastère.

Je songe à l'histoire des moines qui s'installèrent ici. En 1084, saint Hugues, évêque de Grenoble, entrevoit en rêve « Dieu construisant à sa gloire une habitation dans la solitude de la Chartreuse, et sept étoiles qui lui en montrent le chemin ». Sur quoi, il reçoit la visite de maître Bruno et de six frères venus de Reims en quête d'un lieu propice à l'édification d'un ermitage. Saint Hugues mène les religieux par le Sappey et le col de Porte, jusqu'au cirque montagnard de « Chartrousse ». Les bases du couvent sont jetées non loin des actuelles chapelles Saint-Bruno et Notre-Dame de Casalibus. En 1132, une avalanche anéantit les bâtisses et tue sept ermites. On reconstruit le monastère plus bas. Les Règles des Chartreux sont édictées. Se succèdent des incendies, la peste noire, un pillage du baron des Adrets, sans oublier la confiscation des biens de l'Église par la Révolution. Mais les moines sont toujours là, qui méditent en silence tandis que je me mets en route. J'incarne un Chartreux pensif et poétique, qui aurait fait vœu d'intempérance ; qui se serait détaché des choses du monde, à l'exception du parfum des fleurs et de la douceur du poil des mammifères.

Altitude de départ : 849 mètres. Le Grand Som (prononcer : « Grand Son ») culmine à 2 026 : presque 1 200 mètres à monter. Je laisse le sentier de gauche, dont les moines réservent le silence à leurs promenades. Je grimpe le chemin de droite, balisé de panneaux « Évocations et empreintes ». Qui a trouvé ce nom ? J'ai l'impression d'un itinéraire patronné par *France Culture*. Je traverse l'étroite bande de prairie d'hiver gris-jaune et je m'enfonce dans la forêt aux remugles de tanins, d'humus et de décompositions fertiles. Les sapins pectinés, bardés d'aiguilles luisantes insérées sur les tiges comme les dents d'un peigne, ont un air de moines en capuches. Ils embaument de résine ma méditation matinale. Ma pensée se fige en ambre jaune : on la retrouvera dans dix siècles, fossilisée avec une mouche à l'intérieur... Des hêtres, des épicéas, des sorbiers des oiseleurs ajoutent leur force à celle des sapins sur cette pente où le calcaire gris pâle affleure. Hiver doux et sec : presque pas de neige. Des géraniums herbes-à-Robert exposent encore leurs corolles rose baiser. J'aime les espèces qui fleurissent jusqu'à la saison froide : je salue en elles des anarchistes de cellulose, de chlorophylle et de pigments caroténoïdes. Je détaille des chevelures argentées de lauriers de saint Antoine aux graines plumeuses ; des feuilles d'aspérule en étages de collerettes vertes ; une violette en boutons ; des prénanthes pourpres fanés, aux corolles comme une poussière d'étoiles...

Après quelques lacets au-dessus de la Correrie, le chemin « Évocations et empreintes » file à flanc de montagne vers le nord. Un sapin accouche d'un écureuil. Un hêtre fructifie sous l'apparence d'un geai aux épaules d'azur. Les branches de conifères, où pendent des barbes de lichens usnées gris, accueillent la pépiante volée de frères les oiseaux (quoiqu'on soit chez les Chartreux, et non chez saint François d'Assise). Voici le bouvreuil pivoine et madame, en assortiment cramoisi et gris-mauve ; le pinson des arbres au poitrail de nuage rose ; le bec-croisé des sapins qui écaille quelque chose ; la mésange bleue et sa cousine charbonnière ; la sittelle torchepot, ventre orange et dos d'ardoise, qui dévale un tronc la tête la première.

Je gravis moins vite le sentier. Des fougères me bénissent. Des scolopendres me tirent leurs langues vertes de 30 centimètres, dont la face inférieure porte des hachurages de sporanges brun doré. Un buisson de daphné joli-bois attend la dernière neige d'avril pour éclore en corolles barbe-à-papa rose. Une épervière expose ses capitules : mini-soleils jaunes. Trois flocons tombent : les oiseaux s'amusent.

Je néglige le chemin qui descend à gauche, vers le couvent ; et, plus loin, celui qui grimpe à droite, vers le Grand Som (« 2 heures 30 », dit le panneau). Je m'émerveille à genoux (prière poétique) devant une souche de sapin rousse, sur laquelle se pressent des foliaisons de lichens vert-de-gris et vert de jade. Entre ces lames ondulées, croissent d'autres lichens en trompettes grises à bout rouge, un champignon clavaire chou-fleur jaune orange et des oxalis petites-oseilles dont les feuilles à trois folioles semblent volées à des trèfles. Le système est coiffé par un buisson de myrtille dénudé. Un houx garni de limbes cirés, épineux, vert foncé, domine des orchidées sèches — néottie nid-d'oiseau et épipactis pourpre (ou hélléborine).

Deux belvédères successifs, avec des rambardes de bois, invitent à contempler en contrebas, dans la vallée, le monastère qu'un rayon de soleil illumine. Les jardins. L'abbaye. Les chapelles. Le cloître et ses arcades. L'hôtellerie. La scierie. Travail et prière... Les Chartreux ont clos leur univers comme un atelier de Dieu. Je discerne, dans cette perfection d'architecture, l'image utopique de la *Cité du Soleil* de Tommaso Campanella.

Je me remets en marche. Je passe la combe de Montvernet en cueillant une mûre attardée : goût sauvage, macules grenat sur les doigts. Je franchis le ruisseau du Rialet à sec : le couloir à avalanches qu'il dévale offre, là-haut, une perspective sublime sur le Grand Som. Falaises ocre, gris et blanc où, en lignes diagonales, se cramponnent des bonsaïs de sapins, de pins et d'épicéas. Estampes de la Chine (ô ! Wang Lü du *Mont Hua* !) ou du Japon (salut à toi, Yosa Buson d'*Au pied des monts* !). Nappes de brume effilochées. Cimes bleues. Mauves des lointains. Gousses en papier d'argent des fruits de lunetières. Feuilles émeraude et roux des crépides. Limbes en dentelle ensanglantée d'un géranium herbe-à-Robert.

Le sentier domine les chapelles Saint-Bruno et Notre-Dame de Casalibus, perdues au cœur de la forêt. Il longe la falaise, redescend un peu, rejoint le chemin (tantôt traits rouges, tantôt flèches jaunes à pointe rouge) qui monte en lacets vers le col de Bovinant. Je laisse, à gauche, le sentier du Pas du Loup, que j'emprunterai tout à l'heure. Je lis, dans les prairies étagées de ce verrou glaciaire, la splendeur passée et future de la flore estivale : la pensée des Alpes violet bleu ; l'anthyllis vulnéraire et la menue campanule à feuilles de cochléaire ; la joubarbe des montagnes et la carline acaule, dont les capitules-baromètres en étoiles d'argent roulent dans la pente pour disséminer leurs graines.

 *DU HABERT DE BOVINANT AU MONASTÈRE, 4 heures 30*

Halte au « habert » (on appelle ainsi une cabane de bergers, en Chartreuse) de Bovinant. Je bois à la source du bassin, où le printemps fera frayer la grenouille rousse et onduler le triton alpestre au ventre de flamme. Deux venturons montagnards au plumage vert pâle sautillent sur les rochers ; puis quatre ; puis huit : la progression géométrique s'achève ; la bande ailée file vers le nord-est et Saint-Pierre-d'Entremont. Une demi-douzaine de chamois ruminent à l'abri du vent, dans le vallon du col de Mauvernay. Je gagne le col de Bovinant (altitude : 1 646 mètres). Sources, tourbières. Une touffe de populages aux fleurs en coupes d'or fleurit près d'une mare gelée : résistance des corolles. Force du faible : confirmation du *tao* ; Laozi est content.

Je trouve la bifurcation du sentier qui monte, à droite, vers le Grand Som : balisage de flèches jaunes à pointes rouges. La pelouse, constellée d'alchémilles aux feuilles étoilées jaunissantes, et piquetée de bâtons secs de grandes gentianes, se trouve bordée, côté roche, par des bancs d'adénostyles et de pétasites. Je passe entre des rocs rugueux. J'escalade les marches d'une barre de calcaire gris. Je souffle. Je domine le habert. Entre les deux itinéraires qui me promettent la cime (le sentier des Moutons, à gauche, celui du Sangle, à droite), je choisis le premier, par solidarité pastorale ou suivisme panurgien, comme on voudra.

J'avance dans une lande à rhododendrons qu'une

vision de juillet me présente rosissante de corolles et bourdonnante d'abeilles. Je renifle le souvenir grenat de l'orchis vanillé (ou nigritelle noire). J'imagine les turbans roses du lis martagon et les mini-gueules violettes à lèvres orange de la linaire des Alpes. Je caresse les rameaux et les pignons piquants du pin à crochets. J'identifie la camarine noire, ou « raisin de corneille » ; et l'airelle des marais, qui compte parmi les ingrédients de la liqueur du monastère. Je salue le traquet motteux, aux parements de queue blancs. Je m'engage dans une brèche de roche, et c'est la révélation.

Il me semble qu'éclate — *fortissimo* — une musique de grandes orgues. Jean-Sébastien Bach, au clavier dans la mer de nuages, fait vibrer le monde en harmonie avec les battements de mon cœur... Il se peut que le vent du sommet, en soufflant dans mes oreilles, produise cette illusion auditive. J'y soupçonne la traduction en *Toccata et fugue* du miraculeux panorama que la crête de la Chartreuse déploie sous mes yeux de moine abasourdi. À l'est, jusqu'aux falaises abruptes des Lances de Malissard, les vallées sont envahies par la brume. Au-delà de ce mur de château fort, je contemple un infini de montagnes. Au nord, les contreforts du Jura, les Aravis, les Bauges et le mont Granier émergent du coton blanc-mauve. Du nord-est au sud-est, la totalité des Alpes centrales étincelle : le Mont-Blanc avec les Jorasses ; la Vanoise où — moine ubiquiste — j'essaie de me voir moi-même du côté de Tincave ; la chaîne de Belledonne ; les Grandes Rousses et les Écrins... J'en reste idiot, juste capable de répéter, tel Quasimodo devant Esmeralda : « Beau ! Beau ! »

Je me remets en marche sur le bord oriental de l'arête. Le sentier va comme il peut à travers un lapiaz déchiqueté, fissuré, sculpté, aiguisé par l'érosion, où les semelles de mes souliers même sont à la torture. Le calcaire qui compose la Chartreuse s'est déposé au fond de la mer Téthys, à l'Urgonien, au début du Crétacé, voici environ 120 millions d'années... Je grimpe vers la cime du Grand Som, qui ressemble à une échine de dinosaure. Un faucon plonge. Je me représente la flore estivale de ces hauteurs, où se côtoient diverses saxifrages, l'aster des Alpes mauve, l'arnica jaune, la dryade à huit pétales, l'hutchinsie, le silène acaule en coussin rose, sans oublier le ravissant œillet des Chartreux...

Voici la borne et la croix en traverses de fer qui marquent la pointe. Le Grand Som : j'y suis. 2 026 mètres d'altitude. Deux chocards volent dans le vent : plumes noires, bec jaune, pattes roses ; incarnations de l'atmosphère... Ils n'ont pas peur. Ils s'approchent à moins d'un mètre et quémandent des miettes ou un bout de gras. Ils ont compris la fonction du randonneur, qui consiste à leur fournir le casse-croûte. Ils tournoient sur le fascinant abîme qui plonge, du côté méridional, vers Saint-Pierre-de-Chartreuse et le stupéfiant édifice en dent de requin de la dent de Crolles (2 062 mètres ; le « toit » de la Chartreuse) ; puis jusqu'au Vercors.

J'ajuste mon bonnet sur mon crâne : les orgues de Bach se transforment en symphonie de Mahler. Je médite, adossé à la borne du sommet. Les chocards tracent dans l'air leurs trajectoires en forme d'infini. Bon, je l'avoue : cette « méditation » sur le Grand Som s'achève par un morceau de pain et de fromage, que je partage avec les corvidés voraces. Je redescends par le même chemin : c'est comme si je me jetais dans le coton de la vallée. Revoici la brèche du sentier des Moutons ; le habert de Bovinant ; et l'embranchement du sentier qui mène au Pas du Loup.

Je bifurque à droite. Je franchis un vaste éboulis au bord duquel un espace d'herbe jaune (nard raide, je présume) est colonisé par des semis de carlines acaules : je n'ai jamais vu une telle concentration de ces composées ; cent soleils d'hiver luisent au ciel de mon rêve. Un tichodrome échelette, ailes rehaussées de rouge et long bec courbe, papillonne près de la roche. Un opilion, cette araignée au corps minuscule et aux interminables pattes, joue des échasses entre deux pierres. Le Pas du Loup a mérité son nom : le passage est délicat, tout contre la falaise, au-dessus d'un à-pic... J'entends en contrebas, dans la forêt épaisse, les appels éraillés du casse-noix moucheté et les coups de bec nerveux du pic noir au boulot.

Je néglige un petit sentier annexe qui file vers le haut. Je gagne la prairie alpine qui domine le col de la Ruchère. Une campanule en fleur (une seule fleur !). Un silène compagnon rouge (un seul de son espèce !). Une polygale bleue... Des pieds d'angélique archangélique et de mélisse : il en faut aussi dans la liqueur de chartreuse. Sous la terre, les bulbes de jonquilles attendent la tiédeur d'avril pour bourgeonner. Ici, à la fin de l'hiver, dansent les coqs de bruyère : tétras-lyres mâles à la queue courbe et aux caroncules gorgées de sang vif, dont les poules gris-brun font longtemps mine d'ignorer le manège.

Je dévale comme un gamin la pente vers les abreuvoirs et la hêtraie défeuillée du col de la Ruchère (1 407 mètres). Restes de trèfle des Alpes. Rosettes de gentianes bleues. Vestiges de vulnéraire des Chartreux — en vérité, non pas la vulnéraire des Alpes, cousine du trèfle, mais le millepertuis nummulaire... Des accenteurs alpins, bavoir crème strié d'encre de Chine, sautillent et volent vers les ruines de la prairie du Col. Un rougequeue me salue : je le reconnais, celui-là ; je le rencontre à chaque balade. Je trouve le sentier (marques rouge et jaune, G.R. de pays) du « Tour de la Chartreuse ». Il embouque une piste forestière, entre hêtres, sapins, épicéas, érables planes et ormes de montagne. Un sorbier emmitouflé de lichens est chargé de fruits rouges comme un feu d'artifice : les renards se gobergent de ces baies, qu'ils digèrent mal et dont ils laissent des paquets cadeaux.

Je me désaltère à la fontaine du habert de Billon (1 266 mètres). Sous la route asphaltée, j'enfile le sentier (le « chemin du Pavé ») qui zigzague à travers la forêt, vers le couvent. La nuit tombe. Quelques flocons me refroidissent le nez. La brume s'épaissit. Les arbres se transmutent en esprits de la montagne, que seules les prières des moines tranquillisent. Je n'y vois plus grand chose. Je rejoins la piste des chapelles Saint-Bruno et Notre-Dame de Casalibus, c'est-à-dire l'itinéraire « Évocations et empreintes » que j'avais abandonné sous le col de Bovinant. Je longe le réservoir du monastère, bientôt les bâtisses mêmes.

La fatigue, la beauté de la montagne, le brouillard de neige et la spiritualité du lieu se conjuguent pour emplir ma pauvre cervelle d'endorphines. Ma pensée barbote dans ces molécules de plaisir. Je boucle ce grand tour dans une manière d'extase.

> NOTE SAISONNIÈRE ET RECOMMANDATIONS
>
> Cette balade nécessite l'équipement minimal de la montagne : chaussures, vêtements chauds, provisions, etc. En hiver, elle n'est possible, dans son intégralité, que si la neige est absente. Sous une couche épaisse, la partie terminale (du col de Bovinant au Grand Som) devient dangereuse... Sur le reste du parcours, on peut passer. Attention, toutefois, au Pas du Loup, assez délicat. Et au brouillard !
> Le printemps et l'été éclatent de fleurs multicolores, d'oiseaux, d'insectes. L'automne et l'hiver sont plus propices à la rencontre des mammifères : renards, chevreuils, chamois...

# 2. Vercors

# La maison de l'ours futur

Vercors sous la neige. Parfaite lumière d'hiver. Froid qui revigore. La montagne contemple le monde et le marcheur regarde la montagne... Au-dessus du col du Rousset, dans l'immensité du haut plateau, en allant vers la cabane du Pré Peyret, on chevauche les falaises où l'ours brun pourrait revenir dans les Alpes.

Aller-retour, du plan de Beure à la cabane de Pré Peyret, 6 heures.

Carte I.G.N. au 1 : 25 000, 3236 OT, Top 25, Villard-de-Lans, mont Aiguille.

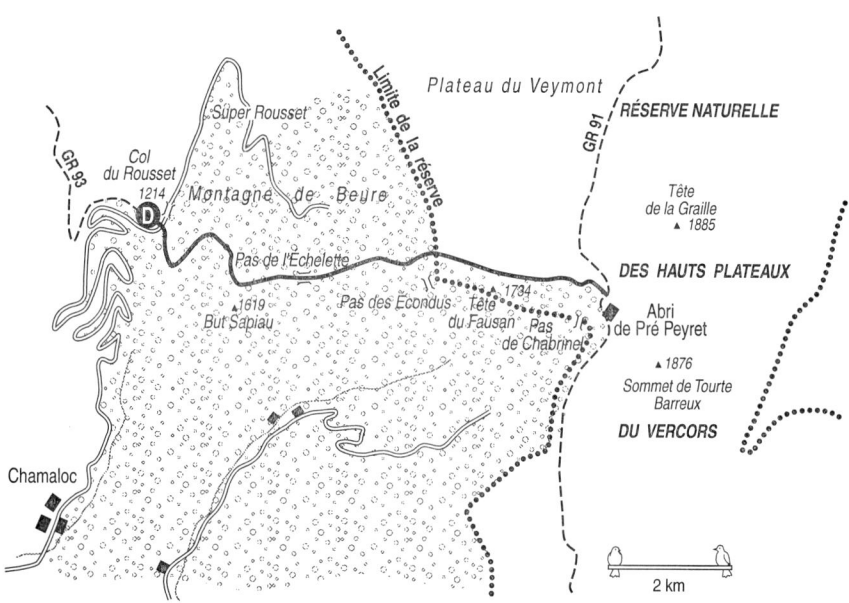

Là, parmi les hêtres et les épicéas de la forêt de Romeyer que je domine les deux pieds dans la neige... Sous les rochers de la tête du Faisan, dans l'éboulis vertigineux du pas des Écondus, face au développement gris-bleu des montagnes du Diois et des Baronnies... C'est ici, dans la muraille sud du haut plateau du Vercors, que les ours reviendront demain, si chacun continue de les désirer dans ces Préalpes. J'imagine le « Mossu », le « Moussu » ou le « Monchu ». Le « Monsieur ». Silhouette sombre et trapue. Museau fouineur. Narines au vent. Mains garnies de griffes. L'ironie plantigrade dans un œil noir.

 *DU PARC DE PLAN DE BEURE AU PAS DES ÉCONDUS, 1 heure 30*

Un casse-noix craille dans les épicéas : « Crééék ! Crééék ! » Un grand corbeau s'envole à droite : « Raaah ! Raaah ! » Une buse variable tourne en silence au-dessus de la combe Mouron. Je lace mes chaussures et je noue les cordons de mon sac au parc à voitures qui achève la route de la montagne de Beure (ah ! ce nom !), près du col de Rousset. Une vingtaine de centimètres de neige, et la fraîcheur de l'air dans chaque alvéole de mes poumons.

Altitude : 1 400 mètres. J'emprunte la piste de ski de fond qui s'élève au sud-est, entre les arbres, dans une combe parallèle au téléski. Je déteste les pylônes : j'ai l'impression que c'est une maladie de peau de la montagne. La neige est douce, lourde, humide, presque printanière. Elle disparaît par places. Le pied des épicéas se dégage : les troncs dégoulinent. Sur les ressauts dénudés, les touffes d'herbe jaune frémissent au vent d'ouest leur désir de pousses vertes. Promesses de chlorophylle... Une compagnie de sangliers a coupé le chemin : douze animaux, au moins. Je joue les pisteurs dans la neige — Dersou Ouzala du dimanche... Les « cochons », comme les appellent leurs fusilleurs, ont compris que, pendant la saison de chasse dans les vallées, ils ont intérêt à camper dans la réserve naturelle des hauts plateaux. Ils mangent des faines, des sorbes et déterrent des bulbes de jonquilles ou de crocus.

La piste oblique à l'est, dans un bois de hêtres courts, aux troncs tordus gris pâle. Elle passe devant une modeste bâtisse à l'enseigne du « chalet des Ours ». Acceptons l'augure... Je remonte le lit de cailloux gris-roux d'un ruisseau qui gargouille. Je laisse filer mon âme dans les glouglous : je suis enfant des neiges fondantes... L'eau vive est rare, sur ces hauteurs. Le calcaire du Vercors s'est formé dans la mer synclinale alpine (une province de la Téthys), à l'Urgonien, c'est-à-dire au début du Crétacé, à l'ère Secondaire, voici 120 millions d'années, au temps des allosaures, des iguanodons et des ankylosaures. Ce relief karstique est fissuré, orné de ciselures de roche (les « lapiés », ou « lapiaz »), coupé de dépressions (ou « dolines ») dont certaines s'effondrent en révélant des gouffres (« scialets »). Ce gigantesque fromage de pierre boit la moindre goutte et rassemble ses eaux en rivières souterraines qu'il restitue aux vallées sous l'apparence de sources chevelues.

Le spéléologue se régale. Et moi aussi, qui foule la surface des choses. Le casse-noix répète sa phrase éraillée. Le grand corbeau paraît contrôler la situation. Des corbeaux ordinaires (corneilles noires) passent dans le ciel du sud, où un nuage lenticulaire illuminé d'argent ressemble au génie réveillé d'Aladin. Je sors de la forêt dense. Des épicéas coniques et des pins à crochets parsèment la pente, où quelques genévriers communs prennent des allures de hérissons ou d'oursins. Je grimpe vers la crête de Romeyer.

Cap sur la croix qui en matérialise la cime : 1 703 mètres, à l'est du pas de l'Échelette. Je veux rejoindre le sentier de grande randonnée (le G.R. 93) qui vient du col de Rousset et mène à la cabane de Pré Peyret, non loin de laquelle il se confond avec le G.R. 91. L'ascension est raide et belle. Par places, la neige en congères édifie des murailles luisantes qui rappellent les vagues de la mer de Glace. Ailleurs, le sol dénudé frissonne de graminées sèches. Je m'agenouille. Je détaille les limbes fragiles, gainés de cristaux : joailleries du givre ; pierreries bordées de mille dentelles d'eau solide ; fantasmagories de conte. L'odeur du soleil dans l'herbe : ça me rappelle quelque chose.

Quelques fleurettes pressées s'épanouissent en dépit de la température. Des gentianes printanières bleu roi : prunelles de la montagne. Frigorifiées, mais triomphantes, du haut de leurs 3 à 4 centimètres. L'espèce prépare ses feuilles et ses bourgeons sous la neige, afin d'être prête à la première fonte. J'aperçois une petite renoncule jaune. Une potentille qui lui ressemble. Et la coupe blanche à rayures violet pâle d'un crocus chiffonné — ambassadeur transi du printemps au royaume de l'hiver.

Je gagne le sommet de la pente, et la croix. Je repère la marque rouge et blanc du G.R. Devant mes pieds, le vide... Vue plongeante, sublime, grandiose, sur la forêt de Romeyer, la vallée de la Drôme (une rivière qui serpente : géologie en acte) et les montagnes bleues du sud... Ici se rencontrent le vent froid des Alpes centrales, la brise humide de l'Atlantique et le vent chaud du sud, à l'odeur de lavande. Je tourne sur moi-même. Au nord, le plateau descend en pente douce vers la forêt domaniale du Vercors. Au nord-est, il se surélève en vague figée pour composer la succession des plus hauts pics du massif : le Grand Veymont (point culminant du système : 2 341 mètres), les cimes de Pierre Blanche, de Roche Rouge, du rocher de Séguret...

 ***DU PAS DES ÉCONDUS À LA CABANE DE PRÉ PEYRET,***
*1 heure 30*

J'avance sur la crête sublime. Je salue, sur fond de tête du Fausan et de plateau de Glandasse, le vol parfait de l'aigle royal. Je subodore le faucon pèlerin dans une ombre qui pique. Je me faufile dans le petit bois de pins à crochets qui coiffe le pas des Écondus. Un chevreuil (un brocard) démarre sous mon soulier ; disons : à peine à 20 mètres. Il soulève une poudre de magie blanche. Une dame tétras-lyre brune à taches grises s'envole avec lourdeur — missile biologique neige-neige à courte portée. J'aime cet oiseau dont le mâle, cousin du coq de poulailler, arbore un plumage laqué de noir et d'améthyste, et une queue arrondie qui évoque les accords d'Orphée. Les pins à crochets sont trapus, tordus comme des bonsaïs. Je détaille leurs rameaux, leurs longues aiguilles d'un vert de crépuscule, leurs cônes aux écailles hérissées chacune du crochet qui donne son nom à l'espèce. Les hauts plateaux du Vercors sont loin de tout, isolés et presque dépourvus d'eau de surface. Tout, sauf amicaux. Ils n'ont jamais connu d'occupation humaine permanente. Aucune route ne les traverse. Aucun village ne s'y est implanté. Nature vierge. Temple de solitude.

Je descends la côte en glissant (les pieds d'abord, les fesses ensuite) jusqu'au pas des Écondus. C'est là, sous cette crête, qu'on réintroduira l'ours brun. Quand ? On en parle depuis des années. La date n'est pas fixée.

Pour moi, le plus tôt sera le mieux. Mais les chasseurs et les éleveurs hurlent, et quelques députés ou maires opportunistes se font mousser sur la vague protestataire... Le biotope est pourtant parfait. Le plantigrade y trouverait des proies en nombre (chevreuils, chamois, lièvres...), des fruits sauvages (alisiers, myrtilles, faines...) et des grottes pour hiberner. Le « Mossu » aimerait ce coin, qui deviendrait son canton stratégique. Du reste, il n'y a pas si longtemps, il y logeait encore. Le dernier ours des Alpes fut observé ici, en 1937. On pense que l'espèce s'y est éteinte vers 1940.

Je reste longtemps assis sur une plaque d'herbe froide, à contempler les roches où j'imagine le plantigrade en goguette. Regardez-le qui flaire le vent, qui se met debout pour sentir où je suis, puis s'en retourne avec un air de mépris, de sa démarche chaloupée... Je me remets en route, de mon pas chaloupé. Je néglige le sentier de droite, qui descend la pente abrupte et devient le « balcon du Glandasse ». Je continue sur le G.R. 93. Pancarte explicative (donc utile) sur la réserve naturelle des Hauts Plateaux. Marques rouge et blanc sur les rochers ou les arbres. Cairns de loin en loin. Navigation à vue dans une combe enneigée qui ressemble à un morceau de Scandinavie. Par ici, mieux vaut ne pas se trouver seul à 7 heures du soir, par mauvais temps ; sous peine de devenir assez vite un promeneur recyclé.

La neige est constellée d'empreintes : renards, chamois, chevreuils, lièvres variables, etc. En suivant les cairns, je débouche sur une étendue étonnante, onduleuse, incertaine de lapiaz et de dolines, au bas de laquelle se dresse la cabane de Pré Peyret. La bâtisse est petite, mais bien close. Une seule pièce avec un châlit, une table et un poêle, plus une mezzanine où souffle un vent coulis. J'ai froid, soudain. Il y a du bois près du fourneau : je tente de faire du feu. J'enfume la pièce en mangeant le pain au saucisson fumé de mon casse-croûte. Le feu prend puis crépite au moment où je décide de partir ; donc, je l'éteins.

Il me reste des progrès à accomplir pour devenir trappeur dans le Grand Nord.

 ***DE LA CABANE DE PRÉ PEYRET AU PARC DU PLAN DE BEURE,***
*3 heures*

Je voudrais marcher beaucoup plus loin. Pousser ma balade dans la « plaine » de la Queyrie, jusqu'au pas des Bachassons ; et, de là, jusqu'en vue du mont Aiguille. Ou bien me lancer dans le grand tour par la cabane des Aiguillettes, le pas des Chattons (sous le Grand Veymont) et la bergerie de la Grande Cabane. Je n'ai pas prévu de bivouac. Il me faut redescendre avant la nuit. Je n'ai pas vocation à devenir un naturaliste recyclé. Plusieurs venturons montagnards poudrés de soufre me le confirment. Me le répètent deux niverolles. Me le martelle le grand corbeau. Je ne serais pas étonné de me l'entendre dire par le tichodrome aux ailes de corail rouge.

Je m'offre une escapade vers le nord, en direction de la fontaine de la Plante et de son gouffre (le scialet de la Fontaine de la Plante). Je reviens au sentier. Je joue les chercheurs de traces. On éprouve une satisfaction sherlockholmienne à identifier les empreintes du chamois, du sanglier ou du chevreuil. À deviner que le lièvre variable est passé par là. Que le renard l'a guetté, poursuivi et... raté. Que *Lepus timidus* s'est gîté sous un genévrier. Que le goupil s'est peut-être vengé sur la perdrix bartavelle ou le lagopède des Alpes. Tandis que l'écureuil a grimpé comme une flamme rousse le tronc du pin à crochets en entendant le pas furtif de la martre ou de l'hermine.

Dans le vallon qui me ramène au pas des Écondus, les traces les plus nombreuses sont celles du lièvre variable (ou lièvre blanc, ou blanchon). L'animal est gris-beige l'été, immaculé l'hiver ; sauf sur le bout des oreilles, qu'il a maculé de charbon. Je tente d'en lever un. L'animal en rit encore... J'aime la stratégie d'existence de ce rongeur philosophique, qui illustre le proverbe selon lequel, pour vivre heureux, mieux vaut se dissoudre dans l'environnement. Le problème du blanchon est que l'hermine a opté pour la même ruse évolutive ; à cette différence qu'elle a des canines acérées, et du noir au bout de la queue.

Au pas des Écondus, je choisis le sentier du milieu, qui court à la limite de la forêt et conduit aux Chalets, puis au chalet des Ours. Je prends garde à éviter la large piste qui descend à droite, dans la combe Male (la « combe Mauvaise »). Je surprends, dans les fourrés de hêtres et d'épicéas, le miroir blanc du derrière d'un chevreuil. Un pic noir tapote avec appétit le tronc d'un arbre mort. Un bouvreuil pivoine mâle, au poitrail de rose rose, bécote sa compagne en chemisier beige.

Coup de projecteur du dieu Soleil : le Grand Veymont luit comme un château de conte d'Andersen. J'enfonce avec délices dans la neige traîtresse d'un lapiaz où de profondes dolines me font soupçonner des gouffres amers. Chalet des Ours. Je puis témoigner : je les ai vus... Les ours du futur... En train de jouer sur les hauts plateaux du Vercors constellés de leurs empreintes. Avant de se rendormir dans leurs grottes.

Miracle de la vie sauvage à venir, sur un calcaire sécrété par des animaux marins contemporains des dinosaures, et que transfigurent les neiges de l'Alpe couleur d'hermine et de blanchon timide.

## NOTE SAISONNIÈRE ET RECOMMANDATIONS

Cette balade a été effectuée dans la neige du mois de décembre. Les animaux sédentaires (sangliers, chevreuils, tétras-lyres, etc.) survivent. La flore prépare ses splendeurs.

Lorsque la tempête de neige se déchaîne, ou que le brouillard tombe, les hauts plateaux du Vercors deviennent dangereux. Des promeneurs s'y sont perdus, et y sont morts de froid ou d'épuisement. Les sentiers sont parfois à peine esquissés. Ne partez pas seul. Ne vous risquez pas sur les hauteurs sans avoir écouté la météo. Sachez faire demi-tour à temps. Ou prenez un guide !

# 3. Vercors

# Combeau, le vallon idéal

*En raquettes, dans la virginité de la neige, une balade dans ce qui ressemble au vallon idéal : Combeau. Au sud du plateau du Vercors, vers le sommet de la Tête Chevalière. Avec le lagopède et le chamois. Devant soi, le mont Aiguille, le Grand Veymont et le merveilleux développement de Belledonne et des Écrins.*
*En boucle autour de l'auberge de Combeau, 6 heures 30.*
*Carte I.G.N. au 1 : 25 000, 3237 OT, Top 25, Châtillon-en-Diois.*

Loin de tout, c'est-à-dire près du ciel... Le sud du Vercors est un plateau de solitude et de magie où rien ne semble fait pour l'homme ; excepté la beauté.

Pour cette balade, je ne pouvais espérer meilleur guide que Bernard Fourgous. Il est garde du parc. Il connaît chaque rocher, chaque bosquet, chaque source, chaque gouffre de cette immensité calcaire que le brouillard ou la neige transforment en piège pour le touriste imprudent, vite égaré dans un espace où les sentiers ne sont qu'esquissés, le balisage réduit à des cairns et les repères trompeurs.

« Dès qu'il fait mauvais, sourit Bernard Fourgous, tout le monde peut se perdre. Il m'est arrivé de vivre la mésaventure des Dupond-Dupont de *Tintin dans le désert* : suivre des traces et m'apercevoir qu'il s'agissait de celles que j'avais faites un moment plus tôt ! »

Le Vercors est un rêve. Mieux vaut le savoir avant de partir. Ici, nul ne peut compter sur les seules données de la raison pour s'y risquer. L'intuition, voire l'inconscient, sont nécessaires. Mais faire confiance à quoi ?

 *DE L'AUBERGE DE COMBEAU À L'ABRI DE L'ESSAURE, 1 heure 30*

Éblouissement de la neige au soleil, devant l'auberge de Combeau. (Sur la carte, je lis « Combau » ; sur les panneaux : « Combeau ». Les administrations locales et l'I.G.N. ont du mal à harmoniser leurs orthographes.) Altitude : 1 365 mètres. Un grand corbeau rame dans l'azur et fait luire l'encre de ses ailes. En venant de Grenoble, sur le versant oriental du col de Menée, nous étions dans le brouillard. Côté Drôme, la lumière, la lumière absolue !

> **La réserve naturelle des hauts plateaux du Vercors**
>
> C'est la plus vaste de France : elle s'étend sur douze communes et 17 000 hectares.
> Activités traditionnelles. Élevage d'été sur les étendues herbeuses, coupes de bois dans les combes forestières. Encore aujourd'hui, le Vercors accueille de grandes transhumances (plus de vingt mille moutons). Autrefois, les bêtes venaient à pied des plaines du Rhône, à la fin du printemps. Désormais, elles font le voyage en camion.

Le patron de l'auberge — Gilles — nous tend nos raquettes. Avec un casse-croûte. « À quoi ? — Vous verrez bien !... » Il semble heureux de vivre ici, loin du monde et même du hameau de Bénevise. Près de l'infini de la montagne. Mais un voile de tristesse passe devant ses yeux. Il murmure que, voici quelques mois, Aline, sa compagne, nous aurait accueillis. Mais Aline s'est envolée. Cette mésange bleue, est-ce l'esprit de celle qui manque à présent ?

Raquettes fixées. Bonnet et gants. Calepin ouvert. Stylo réchauffé par quelques exhalaisons fumantes. En avant sur la piste tapissée de 60 centimètres de poudreuse. Bernard fait la trace : facile pour moi ! Les balades en raquettes sont fatigantes. On avance deux fois moins vite qu'en terrain sec. Nous longeons, vers l'amont, le torrent de Combeau. En Vercors, rares et précieuses sont les eaux vives : les fissures du calcaire boivent tout et empêchent les ruisseaux de chanter. Un cincle plongeur décolle d'une mare colonisée par les plantes aquatiques vert tendre, entre deux tas de neige. De quoi vit cet oiseau en hiver ? Trouve-t-il à suffisance des vers et des larves à se mettre sous le bec ? Le versant oriental, sous la tête de Praorzel, se hérisse de hêtres tordus, étranges, pour ainsi dire déjà entrés dans leur légende. Le versant occidental est crêpelé de pins sylvestres d'un vert obscur, peints par la nature dans le style de Caspar David Friedrich. Un casse-noix décolle et lance son cri de tissu déchiré. « On lit dans les livres, note Bernard, que l'espèce est inféodée au pin arolle. Mais, ici, point d'arolles. L'oiseau se moque de l'ornithologue. »

La cabane est appelée, tel un rébus enfantin, « Do mi si la do ré ». Le petit pont et la fontaine des Prêtres, cachés sous l'épaisseur blanche. Panneaux d'information du parc : « Les hauts plateaux du Vercors ». Virage à gauche, lacet à droite. De toutes parts, des traces d'animaux dans la neige. Les plus communes sont de lièvres et de renards. Sans cesse entrecroisées. Avec des arrêts, des demi-tours d'urgence, des trottinements sereins, des courses folles, des piétinements de panique où l'on subodore des embuscades et des crimes. Peut-être des rendez-vous d'amour. Des auréoles d'urine marquent les territoires.

« Ici, note Bernard, passe la frontière des aires du lièvre commun et du lièvre variable. Le premier est deux fois plus gros que son cousin d'altitude, mais ses empreintes plus petites. Le montagnard a des raquettes. »

Nous dominons un vallon de grâce où de vieux pins sylvestres jouent les bonsaïs. Des hêtres sertissent une grotte qui semble une bouche de baleine cosmologique, dont les fanons seraient autant de stalactites de glace. Un alisier offre à qui les désire ses constellations de fruits carmin : nombreux sont ceux qui les aiment, vu la multiplicité des traces et des crottes qui cernent l'arbuste. Un écureuil est passé. Une martre a dû le voir. Au creux de ce hêtre sec dort peut-être la chouette chevêchette. Ou celle de Tengmalm.

Nous touchons les bâtiments de la bergerie (trois cent cinquante génisses paissent ici, en été), sous les falaises de Ranconnet et de la Montagnette. Bernard m'entraîne à grimper la petite côte vers la droite, puis à redescendre dans le vallon consécutif et à poursuivre au nord-ouest, au fond du thalweg. Quelques longueurs de raquettes plus tard, l'abri est en vue.

**DE L'ABRI DE L'ESSAURE
À LA TÊTE CHEVALIÈRE,**
*2 heures*

L'abri de l'Essaure. Altitude : 1 653 mètres. Le refuge est entretenu par le parc. Bernard Fourgous vérifie si tout est en ordre. Si la porte ouvre bien, s'il y a une réserve de bois pour le feu (ayons pitié des futurs naufragés des neiges !), etc. Nous nous remettons en marche. Une grive draine attire le soleil sur son poitrail. La pente s'accentue. Les pins à crochets — cônes rugueux, hérissés d'une pointe par écaille — remplacent leurs cousins sylvestres, puis deviennent les seuls arbres du paysage. Mes raquettes défrisent un buisson de genévrier enfoui. Je caresse les tiges sèches qui percent la neige : gentianes jaunes, chardons laineux, origans.

« Au printemps, ce vallon est une splendeur botanique, murmure Bernard. Le sabot-de-Vénus fleurit en mai, peu avant l'élégante tulipe australe en flamme jaune et rouille, et le lis martagon rose moucheté de pourpre. Côté animaux, le bec-croisé des sapins voisine avec le tétras-lyre. La tulipe et le coq de bruyère sont d'ailleurs les emblèmes du parc régional du Vercors. Il y a des chevreuils, des chamois, des hermines. Et des marmottes qui, pour l'heure, rêvent d'herbe tendre dans la tiédeur de leurs tunnels. Les bouquetins se cantonnent plutôt sur les pentes du Grand Veymont, par là-bas. Des indices laissent soupçonner que le loup aurait à nouveau posé la patte en Vercors. Comme le lynx. Quant à l'ours brun, qu'on projetait de réintroduire voici quelques années, il attend toujours. »

Je contemple les falaises de la Montagnette. Ocre et gris, rose et blond, taillées en remparts et en pilastres. Elles me rappellent... Mais oui !... Un tombant de corail, près d'un chapelet d'îlots de la Grande Barrière australienne. Je le dis à Bernard. Il sourit.

« Justement !... Cette crête constitue l'un des rares exemples au monde d'une barrière de corail fossile, exhaussée telle quelle par un plissement géologique. »

Ces piliers, ces tours, ces créneaux sont des édifices de madrépores. Bâtis au fond de la mer Téthys (dont il ne reste que la Méditerranée), à l'Urgonien, au début du Crétacé, voici environ 120 millions d'années. Contemporains des allosaures.

Poussons sur nos mollets : la récompense est proche ! Sur la crête, près de la source temporaire (cachée sous la neige), il me semble que je deviens Caspar David Friedrich ; ou le personnage qui, debout au premier plan, contemple le paysage sur les tableaux du maître... Une prodigieuse mer de nuages ondule sur la vallée du Drac et le plateau du Trièves. Le coton gris se nuance de rose et de mauve, et, par endroits, se lève en vagues où le soleil joue comme un génie de conte. On ne voit ni le village de Chéchilienne, ni rien ce qui gît sous la vapeur. Mais ce qui en dépasse est pure splendeur. Au nord, les cimes du Vercors — le Grand Veymont, le mont Aiguille —, puis la Chartreuse et les Bauges. Au nord-est, la chaîne de Belledonne. À l'est, la totalité des Écrins. Au sud-est, le Dévoluy. L'aigle peut décoller : le paysage est à la hauteur de sa légende.

En contrebas, un chamois en livrée d'hiver presque noire broute un croissant d'herbe mise à nu par le vent. Nous laissons, sur la droite, le sentier qui descend vers Chéchilienne. Nous poursuivons sur la crête. Courte déclivité vers le col du Creuson. Nous attaquons la pente de la Tête Chevalière. Au bord de l'à-pic. Aussi près du vide que possible. Gare ! En raquettes, le pied n'est pas sûr. Une corniche de neige pourrait céder. Verticalité. Frisson.

Je marche jusqu'au bout d'un surplomb calcaire. Vertige et plaisir mêlés. Sous moi, des centaines de mètres de « gaz » (comme dit le varappeur). J'ai l'impression que je pourrais, d'un saut d'ange, aller me baigner dans le poème infini des nuages. Fantasme d'Icare.

 **DE LA TÊTE CHEVALIÈRE
À L'AUBERGE DE COMBEAU,**
*3 heures*

La bouche ovale d'un gouffre, en pleine pente. Une neige glacée, durcie, tôlée par le vent, et sur laquelle dérapent les raquettes. Petit moment de concentration à quelques mètres du vide.

Et la délivrance... Un cairn marque le pré-sommet de la Tête Chevalière. Un grand creux nous sépare encore de la cime principale. Descente et remontée dans une perfection blanche. Des chocards à bec jaune nous accueillent. De rares pins à crochets, rabougris mais sublimes, hantent ces hauteurs, tels des moines en prière. Bernard me conduit à une mare d'altitude, aujourd'hui gelée, mais qui entretient à la belle saison une incomparable diversité vivante.

« L'observation la plus ahurissante que nous ayons faite ici, personne ne veut y croire : une cigogne ! En escale, lors de sa migration... »

Une cigogne perchée sur la montagne ! On aura tout entendu... Cela vaut le coup de faire une pause. Sous le cairn (altitude : 1 912 mètres) qui signale que nul n'ira plus haut sauf s'il a des ailes, nous déballons le casse-croûte préparé par Gilles, l'aubergiste. Pain de campagne et fromage de tête maison. Un délice : les chocards à bec jaune sont d'accord. Mon regard fuit vers les lointains. Jusqu'à la vague minérale du Grand Veymont, où plane désormais, à nouveau, le vautour fauve. Jusqu'à la citadelle imprenable du mont Aiguille. Au Grand Pic de Belledonne. À la Meije, à la Barre des

Écrins et au Pelvoux. Vers le sud, jusqu'aux moutonnements bleus des Baronnies ; et à cette éminence azurée qui ressemble à un sein : le mont Ventoux. Du côté de l'ouest, le panorama inclut le mont Pilat, le Mézenc, le Gerbier-de-Jonc et le mont Lozère. Reste à descendre. Coups de raquettes vers la combe Chevalière. Ces traces ? Un lagopède... La perdrix des neiges se tient immobile près d'un rocher. Blanc sur blanc. Ne la dérangeons pas davantage... Cap sur le gros cairn qui, du haut de sa falaise, indique le creux quasi maternel où est bâtie la bergerie de Chamousset (altitude : 1 825 mètres). Route au sud-est, de cairn en cairn (ils sont rares !), dans l'immensité de pré Mouret ; de gouffre en muraille calcaire ; d'empreintes de renards en vols de corneilles et en terriers de marmottes obturés jusqu'aux beaux jours. Retour à l'abri de l'Essaure. Longue marche vers la fontaine des Prêtres et l'auberge de Gilles.

L'ombre du récif de corail de la Montagnette étend son mystère sur le vallon idéal de Combeau. Je ne sais plus si je suis promeneur pétri de chair humaine, chamois dans la neige ou poisson-ange sous un buisson d'acropores. Je me satisferais si, par une magie du Vercors, je pouvais passer de l'un à l'autre.

### NOTE SAISONNIÈRE ET RECOMMANDATIONS

**Partez plutôt en groupe. Ne gaspillez pas l'eau : vous ne trouverez guère de sources. Ne jetez rien : remportez tous vos déchets. Ne dérangez pas les troupeaux en été. Ne vous éloignez pas des sentiers. Respectez les refuges.**

**Lorsque la saison de la neige (et des raquettes) est passée, la nature sauvage explose de fleurs. Une adorable obsession !**

# 4. Écrins

## Le ventre de la pierre

*Nulle balade n'est plus au cœur du parc des Écrins que celle-ci... Marcher dans le ventre de granit de la montagne, depuis le hameau de la Bérarde. Remonter le torrent du Vénéon où les chamois vont boire. Déambuler de gentianes en genépis, jusqu'au refuge de la Pilatte que cernent des colosses de pierre et de glace...*
   *Aller-retour, de la Bérarde au refuge de la Pilatte, 7 heures.*
   *Carte I.G.N. au 1 : 25 000, Top 25, 2436 ET, Meije, Pelvoux.*

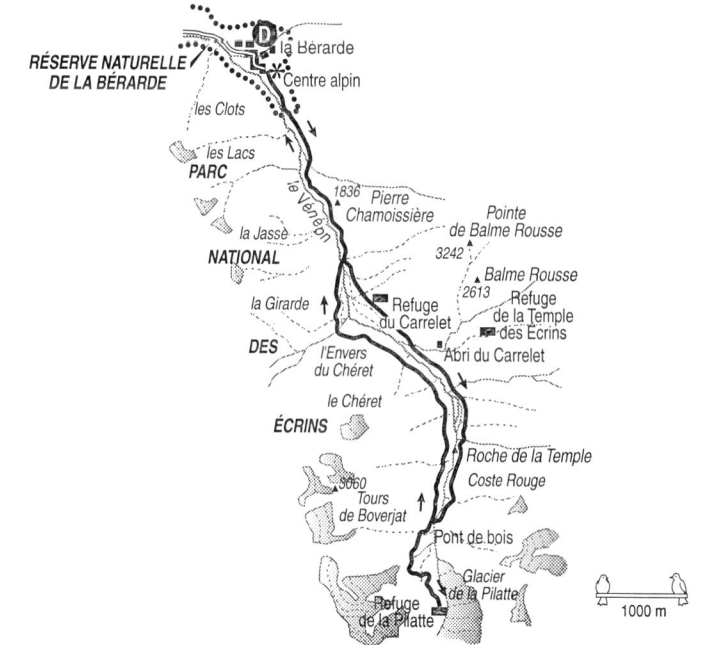

Un merle de roche se pose sur le clocheton de la chapelle. Il se lisse les plumes, cligne de l'œil et vole vers le nord, je veux croire jusqu'à la crête du Râteau, jusqu'à la cime de la Meije. Je me prépare à marcher devant le chalet du Club alpin français, au hameau de la Bérarde. Altitude : 1 740 mètres. Autrefois, quelques granges et baraques d'alpage. Aujourd'hui, de jolis chalets pour les amis de l'Oisans sauvage.

Ici bat le cœur des Écrins. Une page majeure de l'histoire — de la légende — de l'alpinisme y fut écrite. L'esprit des pionniers court dans ces rocs. Il semble que les âmes de Pierre Gaspard, William Coolidge, Edward Whymper ou Michel Croz hantent ces parois. Le ciel est bleu, de cet azur intense, cristallin, qu'on ne voit qu'en montagne. Où que le regard se dirige, les à-pics, les épicéas et les mélèzes composent, avec les névés et les glaciers suspendus, un tableau farouche dont le poète ou le peintre romantiques eussent aimé la convulsion épique. Mais la grandeur de ce paysage recèle quelque chose d'angoissant. Le sublime et l'effrayant sont complices. Dans ce cirque minéral que cernent les plus hautes cimes des Alpes du Dauphiné, la chose humaine devient dérisoire. Risibles querelles. Orgueil négligeable. Une paix me gagne. Un fatalisme métaphysique. Je cesse de comprendre les excès de mon espèce.

Je décolle avec le merle de roche. Il s'est ravisé : il ne vole plus vers le nord et la Meije, mais vers le sud, l'Ailefroide et le Pelvoux. Vers le refuge de la Pilatte. Il sera mon guide. Je n'en désire aucun autre. Pensez ! C'est la réincarnation emplumée de Pierre Gaspard, paysan de l'Oisans, qui conduisit jadis ces fous d'Anglais sur les sommets.

***DE LA BÉRARDE AU REFUGE DU CARRELET,***
*1 heure*

Il suffit de suivre les flèches du panneau : « Le Carrelet, 1 heure. La Pilatte, 3 heures 45. » Le sentier file vers le sud-sud-est, en remontant la rive droite du torrent du Vénéon, d'abord à travers des prairies semées de gentianes jaunes, d'achillées millefeuilles roses et de vesces craccas d'un délicieux violet, sur lesquelles zinzinulent les abeilles et les bourdons culs-rouges. Puis viennent des étendues confuses d'éboulis semées de bouleaux blancs, de genévriers vert-de-gris et de rosiers des Alpes aux fleurs rouges comme des passions d'adolescent. Le papillon apollon aux ailes de plexiglas rehaussées d'ocelles vermillon, et le tabac d'Espagne marqueté de roux et de pistache, accompagnent ma balade. Je caresse la haute haie rose des épilobes en épis, ou lauriers de saint Antoine.

Les eaux du torrent tourbillonnent sous les mélèzes vert pâle et les pins de montagne vert-noir. Camps d'aulnes verts confus, presque impénétrables. Buissons isolés d'épines-vinettes à la forte senteur organique. Je distingue le daphné joli-bois (ou mézéréon) aux amas de fruits écarlates ; et le lis martagon dont les fleurs sont des turbans des *Mille et une nuits* rose pâle, à mouchetures pourpres.

Je franchis, sur une passerelle de madriers, le ruisseau de la Ruine, né du glacier de la Véra Pervoz. Eaux qui fusent ou gargouillent entre les pierres. Amoncellement de rocs éboulés. Le sentier accorde ses tours et détours à la modulation sonore du torrent du Vénéon ; parfois gloussement guilleret, parfois doux murmure, à d'autres endroits froissement de roche, mugissement de rapide ou craquement sourd de cascade. Je traverse une autre étendue d'herbe, avec gentianes bleues défleuries, pulsatilles en fructifications chevelues, stellaires en étoiles, serpolets parfumés, bannières jaunes de verges d'or et des millepertuis. Par places, luisent au sol des carlines acaules aux capitules rayonnants : petits soleils d'argent d'un tarot divinatoire. J'herborise avec le nez autant qu'avec les yeux. De centaurée nervée en œillet de Grenoble rose, et en campanule de Scheuchzer à clochette d'améthyste.

Des marmottes sifflent, puis ondulent du popotin vers leur terrier. Des marmottons n'écoutent pas maman : péché d'herbe tendre, potentiellement mortel. Car l'aigle royal tournoie, et les aiglons adorent le marmotton... Une hermine en livrée estivale brun et blanc glisse sur un rocher et s'intéresse, elle aussi, aux jeunes rongeurs imprudents.

J'avance sous la pointe de Balme Rousse, dont l'épaule roux et gris me cache les 4 102 mètres de la barre des Écrins. En face, vers le sud, la tête du Cheret et les pics du Says. Dans un bois de pins de montagne, où le torrent du Chardon (né du glacier homonyme) conflue avec le torrent du Vénéon, voici le chalet-refuge du Carrelet. Altitude : 1 909 mètres.

 *DU REFUGE DU CARRELET AU PONT SUR LE VÉNÉON, 1 heure 45*

Je souffle. J'ai marché assez vite : 40 minutes depuis la Bérarde, au lieu de l'heure annoncée. Dans les conifères volettent des roitelets et des becs-croisés des sapins. Sur un rocher, une demi-douzaine de venturons montagnards. Devant le refuge, un merle de roche (le mien ?). Et un couple d'humains en balade. Le bonjour des randonneurs de rencontre. Des banalités. Quelques questions. Où vont-ils ? Et moi, où vais-je ? Ils veulent gagner le refuge de la Pilatte. Nous monterons donc ensemble.

La femme est jolie, petite, le cheveu blanc, les yeux clairs, le nez fin ; à la bouche, deux rides très marquées lui donnent un air de douce ironie. Son compagnon est à peine plus grand, le corps sec, le nez aquilin, le regard mélancolique. Juliette et Auguste. De Grenoble. Quatre vingts ans chacun. Mariés depuis cinquante-cinq ans... Ils le disent en riant. Ils sont vieux. (« Ne me parlez pas de "troisième âge", lance Juliette : à bas les litotes ! ») Ils assument le poids du temps en réendossant leur sac à dos après la pause. Je songe que je ne suis pas encore trop vieux, mais que nous entrons tous dans cette tranche de population en moins de temps qu'il n'en faut aux philosophes pour s'apercevoir qu'ils n'ont rien compris.

En avant pour le refuge. Auguste marche devant. Il donne le rythme. Le sentier est aisé, à travers le bois du Carrelet : petits pins, trembles, bouleaux et aulnes verts. L'écureuil gicle sur le tronc. Des papillons azurés font un halo bleu dans une trouée d'arbres. Des mésanges, des pinsons, des roitelets s'amusent aux chaises musicales dans les frondaisons.

Juliette et Auguste marchent en soufflant fort. Nous échangeons quelques brèves paroles. Ils connaissent cette balade depuis les congés payés de 1936. Ils ont, pour ainsi dire, commencé à s'aimer sur cet itinéraire. Ils le refont chaque année, comme un pèlerinage amoureux. Autrefois, ils montaient à la Bérarde à dos de mulet et couchaient dans une grange. (« En tout bien, tout honneur avant le mariage », précise Juliette.) Le chemin que nous foulons n'était alors qu'un étroit passage pour les bergers et les guides, les alpinistes britanniques bizarres, les chasseurs de chamois et les cristalliers.

Sous-bois de myrtilles. Juliette en cueille et s'en bleuit les lèvres. Voici des rhododendrons, des raisins d'ours, des cotonéasters aux petits fruits oblongs rouge vif. Nous laissons, à gauche, le sentier qui grimpe en lacets raides vers le refuge de la Temple des Écrins, sis à 2 484 mètres ; point de départ classique pour l'escalade du pic Coolidge et de la barre des Écrins. Nous passons le petit pont sur le ruisseau du ravin de la Temple. Nous filons sous le pic de la Temple et les falaises gris-roux de la Cloute Favier. Un tichodrome échelette semble ramper sur le granit : étonnant oiseau maculé d'écarlate aux ailes. Vue sublime, à l'est, sur les pentes de vertige et d'argent noir de l'Ailefroide (3 927 mètres). Vers le sud, nous distinguons la moraine et la langue terminale du glacier de la Pilatte ; et l'assemblée constituante des pics qui le dominent. La pointe du Sélé (3 556 mètres) et celle des Bœufs Rouges (3 516 mètres). Celle des Bans (3 669 mètres). Puis la Richardson (3 312 mètres).

Nous soufflons en chœur, appuyés à l'énorme roche de la Temple, entre sentier et torrent. Une vipère aspic se prélasse près d'une touffe d'épilobes des moraines d'un rose carminé ; la queue du reptile finit contre un bouquet de doronics à grandes fleurs jaune solaire. La benoîte des montagnes, dont le fruit semble une chevelure de sorcière rougeâtre et torsadée en flamme, voisine avec le puissant adénostyle aux plateaux de fleurs gris-rose, l'arnica, les orpins, les saxifrages, l'oseille surette et le lis martagon. Divers papillons — érèbes (ou nègres), apollons, gazés, mélittées, vulcains, petites-tortues, etc. — se chargent de l'animation de la basse atmosphère.

Nous voici, sur la Coste Rouge, à l'aplomb de l'Ailefroide. Deux chamois filent vers la falaise. Puis deux autres. Et trois plus loin... Des chocards à bec jaune tournent dans l'air vif. Le grand corbeau pose le losange de sa queue dans le bleu céleste. Dans l'éboulis, je me penche sur la joubarbe toile-d'araignée et sa cousine des montagnes ; le séneçon argenté, l'alchémille et le trèfle bai ; sans oublier la délicate linaire des Alpes aux fleurettes violet-mauve à gorge orange. Juliette me voit détailler cette flore subtile. Elle me demande les noms. Elle en connaît beaucoup. Auguste braque ses jumelles sur les chamois.

 ***DU PONT SUR LE VÉNÉON AU REFUGE DE LA PILATTE,***
*1 heure*

Voici le pont de bois sur le torrent du Vénéon. Altitude : 2 183 mètres. Courant violent. Remous d'eau grise, surchargée de particules. Auguste me montre la moraine que nous allons grimper. « Voyez-vous, dit-il, avant la guerre, nous traversions le ruisseau bien plus bas, sur trois troncs d'arbres juxtaposés. L'endroit où nous sommes était couvert par la glace... » Le glacier de la Pilatte a, en effet, comme tous ceux des Alpes, perdu beaucoup de sa substance ces dernières décennies. Il finit désormais par une langue de glace quasi verticale, accrochée au verrou qui ferme son cirque supérieur. J'en aurai la confirmation au refuge, en discutant avec les gardes-moniteurs du parc des Écrins : ce système glaciaire-là a perdu 1 400 mètres de longueur en cent quarante ans !

C'est ici qu'il faut monter. La pente devient raide. Les lacets s'enchaînent sans pitié pour les jambes, les poumons, le cœur. Juliette ahane doucement, sans se plaindre. Ses mollets se contractent. Elle caresse du creux de la main les pierres auxquelles elle s'accroche pour aider son ascension. Elle apprivoise la pente. De temps à autre, Auguste adresse une invective à son corps qui refuse, mais qu'il dompte, qu'il domine et oblige à avancer. Je les suis. Aurai-je le même courage à quatre-vingts ans ? Courrai-je encore mes chères montagnes en quête de cascades de glace grise et de végétaux des moraines : tabourets à fleurs roses, hutchinsies à fleurs blanches, saxifrages aizoïdes jaune acide, androsaces alpines rose pâle, rares éritriches nains d'un bleu roi qui fait concurrence aux saphirs de la légende ? Les montagnes se révèlent à nous dans leur magnificence. Là-bas, loin vers le nord, le Râteau et la Meije. Plus près, la barre des Écrins et l'Ailefroide. Au-dessus de celle-ci, le pic Sans Nom (3 913 mètres). Juste derrière, la cime du Pelvoux (3 943 mètres)... Nous franchissons les torrents qui dévalent du glacier du Says. Nous gagnons, parmi les linaires des Alpes et les myosotis nains, vers le refuge. Juliette soupire et s'assoit un moment sur une pierre. Auguste lui prend la main. Ils se regardent. Je suis de trop. Je contemple les crevasses et les séracs du glacier de la Pilatte, que nous dominons à présent sans contestation possible. « Nous sommes trop vieux, dit sans amertume Juliette. — C'est notre balade, répond Auguste. Cette année encore, nous l'aurons faite. — Jusqu'à quand ? demande la vieille dame. — Tant que nous serons ensemble », répond le vieil homme.

Ils repartent, doucement, doucement. Chaque pierre qui roule sous leurs pieds les déséquilibre et les retarde. Chaque pas qu'ils accomplissent leur donne de l'énergie pour l'enjambée suivante. Un effort, encore, et le refuge est là. Dans un envol de nivérolles. Altitude : 2 577 mètres.

 *DU REFUGE DE LA PILATTE À LA BÉRARDE, 3 heures 15*

Juliette et Auguste rayonnent. Nous entrons dans le refuge du Club alpin français. Ils en ont connu tous les gardiens successifs. Ils récupèrent de leur effort. Ils me remercient du fond du cœur, je me demande encore de quoi : c'est moi qui leur dois la leçon. Cérémonie du thé et de la tarte aux myrtilles. Juliette et Auguste passeront la nuit ici et redescendront à leur pied, demain matin.

Je file jusqu'au glacier, sur l'itinéraire classique de l'ascension du Pelvoux. Je longe une crevasse bleue. Je m'assois sur la neige. À 2 500 mètres d'altitude, j'ai l'impression de vivre dans le giron de la montagne. Au-dessus de moi, de toutes parts, des parois de vertige hautes de 1 000 à 1 500 mètres... Je me sens fœtus négligeable au creux du ventre de la pierre. Le « Ventre de la Pierre »... *Batn el-Hagar*... C'est ainsi que les Arabes baptisaient la Deuxième Cataracte du Nil, que les ingénieurs ont engloutie sous l'eau du barrage d'Assouan. Le Ventre de la Pierre — du Nil aux Écrins... J'aime ces correspondances. Elles prouvent que la géographie du monde est une, et l'esprit des hommes avec.

Je reviens au refuge de la Pilatte. Discussion glaciologique, botanique, zoologique et écologique avec deux gardes-moniteurs du parc, arrivés entre-temps. Je dis au revoir à Juliette et Auguste. Je leur promets de leur téléphoner. Nous décidons de refaire ensemble la balade l'an prochain. Qui sera au rendez-vous ?

Je dévale la pente vers la Bérarde. Au-dessus du pont sur le Vénéon, des chamois. Une trentaine. Mères et petits, subadultes et grands mâles. Le soir s'annonce. Ils vont s'abreuver. Je les approche à 5 mètres. Je me souviens des textes « scientifiques » que je lisais, voici trente ans, sur la « distance de fuite » de ces animaux. Elle était évaluée à 200 mètres ! L'observation était fondée. Elle ne chiffrait que la terreur de ces antilopes, que harcelaient des hordes de chasseurs.

Je choisis de redescendre à la Bérarde par la rive gauche. Le sentier se tient haut dans la pente. Parfois défoncé. Moins facile que celui de la montée. L'ombre le recouvre. Un traquet motteux s'envole. Des mésanges noires font dortoir dans un pin à peine plus gros qu'un bonsaï. La forêt redevient dense. Un vol lourd et noir : peut-être un coq de bruyère. Un tétras-lyre. J'ai mal vu... À la bifurcation de l'Envers du Chéret, qui domine le plan du Carrelet et son refuge, je choisis le chemin de gauche, qui remonte la vallée du Chardon jusqu'à la moraine du glacier. Je franchis le torrent sur un petit pont. Je marche de plus en plus vite. Le sentier reste longtemps perché, parfois à 100 mètres au-dessus du Vénéon. J'aperçois le village de la Bérarde, tout en bas. Le temps d'un rêve dans le ventre de la pierre ; d'une pensée pour le chamois et l'aigle ; d'un soupir triste et léger à l'intention de Juliette et d'Auguste, les vieux amoureux des Écrins ; et je conclus cette balade.

Avec, à la narine, le parfum tonique-amer de l'armoise genépi que j'ai flairée près du refuge, qui y poussera encore l'an prochain, et l'année d'après, et ainsi de suite dans les siècles des siècles.

### NOTE SAISONNIÈRE ET RECOMMANDATIONS

Cette balade de montagne ne se conçoit qu'avec l'équipement *ad hoc* ; et l'esprit qui correspond aux chaussures de marche et au sac à dos. Laissez toute hostilité, vous qui entrez sur le chemin. Vous ne pourrez le parcourir qu'après la fonte des neiges, et avant le retour des suivantes, de mai-juin à septembre-octobre.

Au printemps, paradez comme le lagopède et le tétras-lyre dans des semis de gentianes bleues et de pulsatilles blanches ou jaunes. Le bébé chamois gambade, le marmotton prend des risques, l'aigle nourrit ses aiglons. L'été est une splendeur : lis martagons et lis orangés, épilobes, arnicas, silènes, androsaces, edelweiss et compagnie, avec le vol des niverolles. L'automne déploie ses splendeurs : le jaune des mélèzes et le vert-noir des pins de montagne font un décor pour le bouquetin et le chamois, qui pensent à leur rut.

# 5. Briançonnais

# L'esprit des deux cols

*Au-dessus de Serre-Chevalier et de la vallée de la Guisane, non loin des cols mythiques du Lautaret et du Galibier, une balade dans le frisson de la première neige, vers l'Alpe du Lauzet et le Grand Lac. Avec, sous les yeux, le prodigieux développement de l'Oisans, par-dessus les derniers ors des mélèzes.*
   *En boucle autour du pont de l'Alpe. Le circuit complet, sans neige : 7 heures. L'itinéraire court, sous la neige : 3 heures 30.*
   *Carte I.G.N. au 1 : 25 000, 3535 OT, Top 25, Névache, mont Thabor.*

Froid. Froid vif sur le Briançonnais... Je baigne dans la parfaite lumière de la vallée de la Guisane. Un pâle soleil d'hiver illumine la montagne et mon cœur. Le ciel est d'un azur comme on en admire sur les fresques de Fra Angelico.

Je cligne des yeux. Je contemple les mélèzes encore délicatement enfumés de jaune, qui revêtent les pentes nord du massif des Écrins, de l'autre côté de la rivière, sous les pics jumeaux de Combeynot. Je souffle dans mes mains : doigts gourds ; et goutte au nez, sauf respect. Je me dis que, là-haut, au-dessus de l'Alpe du Lauzet, il fera plus que frisquet.

Le ciel est clair, mais je devine la neige. Je la hume, je la subodore, je la décèle dans une qualité de l'atmosphère, dans un soupçon de grésil, dans une humidité du vent ou une vibration de l'air. Je la sens comme lorsque j'étais enfant et que — justement — ma mère disait : « Tu sens la neige ! » Cela signifiait que j'étais énervé, intenable à cause de la modification du temps que, c'est sûr, les enfants perçoivent, puisqu'ils incarnent de petits animaux instinctifs.

 *DU PONT DE L'ALPE À L'ALPE DU LAUZET, 0 heure 45*

Je passe mon bonnet et mes gants. Ici, on supporte la laine polaire. Je domine le hameau du Lauzet, avec sa simple et belle chapelle grise. Au pont de l'Alpe, le torrent du Rif gargouille et chantonne. L'eau ondule, cascade et gicle sous une carapace de glace cordée, bulleuse, lumineuse, où j'identifie plusieurs monstres et fantômes de cristal — je suppose, venus du pôle Nord. Je me mets en marche au parc à voitures (altitude : 1 718 mètres), près d'une maison aux murs étrangement piquetés de pierres bleu saphir, et dont la façade s'orne d'un cadran solaire naïf et doré. Je caresse le tronc squameux d'un érable plane : il lui reste quelques feuilles dorées, comme de petits cadrans solaires. Près de l'eau, des saules, de rares hêtres et un sorbier des oiseleurs encore garni de grappes de fruits rouge-orange... Je consulte le panneau qui annonce l'Alpe du Lauzet et la via ferrata de l'aiguillette du Lauzet. Via ferrata... J'aime ce genre d'itinéraire en pleine paroi, avec échelles et cordes équipées, où il faut casque, baudrier, sangles et mousquetons ; mais ce n'est pas ma balade du jour.

Je marche : l'effort réchauffe le cœur du randonneur. Le sentier escalade la rive gauche du torrent du Rif. Balises rouge et blanc. J'emprunte une partie du G.R. 50, « tour du Haut-Dauphiné ». Les mélèzes exposent avec luxe leurs dernières aiguilles jaunes : je goûte la beauté hachurée des rameaux de ces conifères au bois imputrescible. Deux espèces de rosiers sauvages offrent leurs fruits blets et gelés : celui des Alpes, aux cynorhodons sphériques cramoisis ; et celui des chiens, constellé d'ovoïdes vermillon clair. Des épines-vinettes et des alisiers déclinent leurs baies en camaïeus rouges. Des genévriers et des groseilliers à maquereaux les accompagnent. Je m'amuse à identifier des plantes desséchées par l'hiver : de grandes gentianes jaunes ; des épilobes en épis (ou lauriers de saint Antoine) ; des carlines acaules (ou baromètres) aux capitules en étoiles d'argent ; des alchémilles dont les gouttes de rosée se solidifient en perles de givre... Le torrent du Rif chante sous ses tentures de glace : je dénombre neuf cascades superposées. Ce seront les neuf muses de ma balade. Un bouvreuil mâle se pose sur une branche. Sa compagne va venir : j'ai toujours vu l'espèce en couple. Et la voilà — moins rose de poitrail que lui, et moins charbonneuse de crâne. Elle frissonne. Moi aussi.

Je domine à présent les cascades. Un pinson des arbres perche sur la croix de bois vermoulue. En amont du verrou glaciaire, la vallée s'évase. Je longe un bois de pins à crochets et de mélèzes, sous l'énorme castel de roches ocre et gris-rose de l'aiguillette du Lauzet.

Voici les petits chalets aux murs de pierres et aux toits de lauzes de l'Alpe du Lauzet. Je compte neuf bâtisses, comme les chutes du torrent. Et une minuscule chapelle. Altitude : 1 940 mètres.

 ***DE L'ALPE DU LAUZET AU COL DU CHARDONNET,***
*1 heure 45*

Je traverse le hameau, qui n'est occupé qu'en été. J'imagine l'alpage en juillet-août, avec ses vaches philosophiques, ses pelouses vert cru piquetées de fleurs odorantes et l'odeur aigrelette de lait caillé. Aujourd'hui, l'herbe est jaune, comme d'ailleurs la montagne tout entière. Plus je monte, plus les pins et les mélèzes ressemblent à des bonsaïs. Un rapace nocturne décolle. Je l'entrevois à peine. Il me semble qu'il s'agit d'un hibou grand-duc. Les falaises, là-haut, sont propices aux acrobaties du faucon pèlerin et du tichodrome échelette, lequel possède des épaulettes purpurines et un long bec un peu courbe.

Le G.R. 50, « tour du Haut-Dauphiné », file vers la droite et Monetier-les-Bains, sous le nom local de « chemin du Roy ». Je continue à gauche, sur la variante du G.R. 57 et les lacets du vaste éboulis, en direction du Grand Lac et de la via ferrata. Je laisse le début de cette dernière à la bifurcation suivante. Je continue, sur la gauche, à longer le torrent du Rif, désormais presque solidifié à cœur, tel le serpent d'argent d'une légende indienne. Le carrefour suivant me propose un choix. Ou bien la simplicité de l'itinéraire de gauche qui, par les arêtes de la Bruyère, me mènerait en une heure à la bergerie du Clos de l'Âne, au-dessus du Grand Lac. Ou bien le grand tour de la vallée, en franchissant les deux cols jumeaux du Chardonnet et de la Ponsonnière... J'ai envie de marcher. Il n'y a pas de neige, ou si peu. Je la sens venir, mais elle me laissera le temps. Je choisis le sentier de droite, vers le col du Chardonnet.

La pente devient raide. D'anciens poteaux de téléphone, de guingois, me montrent l'arête, là-haut. J'enchaîne les lacets en ahanant. Une buse variable tourne devant l'aiguillette du Lauzet. Je reconnais certaines plantes dans leurs guenilles d'hiver. Les tiges sèches des antennaires (ou pieds-de-chat) et des trèfles alpins, des crépides et des pédiculaires, des boucages et des épervières. J'identifie des orpins, des saxifrages et des joubarbes aux « artichauts » de feuilles basales gonflées de sucs ; ainsi que des rosettes de pensées des Alpes et de gentianes bleues. Je grimpe dans la caillasse. Je lève la tête. Deux chamois, couchés sur une vire d'herbe jaune tendre, me regardent avec un air de compassion. Ils ont compris quel mauvais quadrupède j'incarne dans la montagne.

 *DU COL DU CHARDONNET AU COL DE LA PONSONNIÈRE, 2 heures 30*

Derniers cailloux de la montée, entre lesquels j'imagine les cent fleurs de l'été : campanules du Mont-Cenis gris-bleu, campanules de Scheuchzer violet vif, linaires des Alpes violet et jaune, séneçons argentés aux capitules dorés... Je débouche au col du Chardonnet. Le vent me cingle la figure. Il souffle de l'est. Glacial comme la Sibérie qui l'a vu naître. Des nuages arrivent de l'orient. La neige se prépare en Italie. Je la sens, vous dis-je. Ma mère le confirmerait.

Pour l'heure, à cette altitude (2 638 mètres), au bord du lac gelé de la Mine, je contemple le théâtre de la montagne. Au nord, les dents et dentelures ocre, jaune, rouille, brique, brun et vert de la tête de la Cassille, du pic de la Moulinère et du Grand Galibier. À l'ouest, les cols du Lautaret et du Galibier, comme deux bouches d'ombre hugoliennes, ocre brun et bleu-violet. Au sud et au sud-ouest, la cohorte des grands sommets de l'Oisans. Sublimes. Titanesques. Rétine pleine ! Du sud à l'ouest, le pic des Agneaux (pure pyramide) ; le mont Pelvoux (pain de sucre) ; les cimes de l'Ailefroide et des Bans ; la barre des Écrins (trapèze intrépide ; la plus blanche ; la plus haute : 4 102 mètres) ; le pic de Neige Cordier ; la Grande Ruine ; enfin, la Meije, cette superdent de dinosaure à la proportion des Alpes... Mes yeux vont de roches en névés et en glaciers. Je me perds par l'esprit dans la splendeur de l'Oisans sauvage. Le vent me glace jusqu'aux os, mais je reste immobile, subjugué par la scène. Il me semble qu'un aigle royal plane sur la vallée de la Guisane, et unit d'un trait d'ailes le mont Galibier et la barre des Écrins.

Je trouve, ici, le G.R. 57. Je le suis vers le nord. Il contourne par l'est l'éperon rocheux du col et passe près de quelques ruines. Ce sont des vestiges de bâtiments des mines de fer qu'on exploitait autrefois dans ce massif. Le sentier plonge dans l'immense éboulis de la face ouest de la tête de la Cassille. Étroit. Instable. Parfois à peine ouvert ou dégradé — raviné — par l'érosion. Une ondulation dans la caillasse. Une trace fragile à travers les dièdres de vertige et les couloirs d'avalanches. Impraticable, même franchement dangereux sous la neige.

Je m'y engage. Je marche. Je suis heureux. Je me sens minuscule dans cet univers de pierres, de couloirs et de barres rocheuses. Deux chamois me contemplent — une ironie au coin de l'œil. Ces ruminants me séduisent, mais ils m'énervent. On n'a pas le droit d'être aussi agile.

Je passe près d'un vieux pylône de monte-charge, qui rouille depuis des décennies dans la pente. Je repère une ancienne galerie de mine encore étayée de bois : l'ouverture mesure à peine 1 mètre de côté. Je songe à mon père, qui fut mineur de charbon en Vanoise, pour un salaire de misère. Il extrayait de l'anthracite. Ici, il s'agissait de fer. Mais, quelques centaines de mètres plus loin, je tombe sur une veine de charbon. La fameuse « couche du Briançonnais », qu'on retrouve çà et là dans toutes les Alpes du Nord. J'y ai vu, enfant, la sueur de mon père et l'angoisse de ma mère, mais aussi l'image d'une feuille de fougère fossile qui a ravi mon âme.

Je remonte vers le nord, jusqu'au vaste cirque inclus entre la tête de la Cassille (3 069 mètres), la roche verte des Béraudes et le pic rose de la Moulinière (3 073 mètres). La roche des Béraudes a l'apparence d'un rahat-loukoum où luisent des dalles d'une irréelle nuance pistache. Sur le sentier, un campagnol des neiges détale. Il est suivi d'une hermine en tenue d'hiver blanche, avec les oreilles et le bout de la queue noirs. Un accenteur alpin fait admirer, dans la moraine, les plumes brun-noir de son dos et son poitrail gris perle, aux côtés flammés de roux.

Je marche vers l'ouest, sous les falaises géantes du pic de la Moulinière, à travers la montagne de la Ponsonnière. Terriers de marmottes dans les espaces d'herbe. Leurs locataires dorment, à quelques mètres sous la surface, en attendant les beaux jours. Les rocs sont décorés de lichens géographiques jaune de soufre, de coussinets veloutés de silènes acaules et d'« artichauts » de saxifrages, d'orpins et de joubarbes. Je traverse des ruisseaux de glace vive qui alimentent en scintillant les petits lacs gelés des Crouserocs. Je bois à une source pure qui gargouille sous un bloc en forme de menhir.

 ***DU COL DE LA PONSONNIÈRE AU CHALET DU CLOS DE L'ÂNE,***
*1 heure*

Je domine le lac de la Ponsonnière, en parfait croissant de lune, où il me semble apercevoir un fragment de Groenland avec de la banquise et des icebergs. Un vol de chocards à bec jaune me signale que je touche le deuxième col de ma balade. Celui de la Ponsonnière...

À nouveau, le vent me fouette le visage. Vers le nord, la vallée glaciaire des Rochilles et du ruisseau de la Ponsonnière descend vers Valloire et la Maurienne. Je distingue un sommet de la Vanoise, tout là-bas. Un peu de l'esprit de mon père y reste accroché dans la neige... À la vérité, ce col de la Ponsonnière est l'exact jumeau du fameux Galibier, où se sont écrites tant de pages glorieuses (parfois dopées !) du Tour de France. Il unit le Briançonnais à la Savoie. Du côté du sud, la vue porte sur les Écrins — ce prodigieux édifice bleu-blanc-gris, cette confusion sublime de pics et de glaces. En contrebas du col, on dirait presque sous mes pieds, dans une annexe de la vallée du Rif, un surcreusement glaciaire recèle une simple merveille. Le Grand Lac. Une lune liquide saphir et émeraude, qui scintille sous les mélèzes d'or et reflète avec fidélité le pic des Agneaux, la barre des Écrins et les autres.

Je descends la variante du G.R. 57 qui me ramènera vers le G.R. 50 et mon point de départ. Je longe le lac de la Ponsonnière. Je file sur des successions de croupes glaciaires arrondies, presque voluptueuses. Douceur à mes pieds de la pelouse alpine. Des sources dévalent la pente, mais immobiles, gelées, figées, vers les creux où luisent des tourbières givrées qui semblent encore fleurir des pompons blancs des linaigrettes. Trois chocards à bec jaune m'accompagnent en tournoyant. Une boule de plumes détale devant mes pieds : un lagopède alpin. Il a revêtu sa livrée blanche d'hiver, quoique la neige tarde à venir. Je sens qu'il va, d'ici peu, avoir eu raison d'enfiler ce costume.

 *DU CHALET DU CLOS DE L'ÂNE AU PONT DE L'ALPE,*
*1 heure*

J'arrive à la bergerie en passant devant sa fontaine gelée : expansions de glaces, sculptures d'eau solide comme on en voit pour les fêtes de l'hiver en Chine du Nord, dans la province du Liaoning. La cabane et son annexe s'intitulent pompeusement, en lettres gravées au linteau de la porte : « Chalet pastoral du Clos de l'Âne ». Les chocards à bec jaune se posent sur les lauzes du toit. Je leur adresse un « Ciao ! » complice et je les abandonne à la froidure.

Je descends en sautillant et en pépiant comme un accenteur alpin, vers le col qui borne les arêtes de la Bruyère. Un sentier diverge sur la droite et oblique dans la pente, vers le creux d'ombre où niche le Grand Lac. Je le suis. Je vais jusqu'à l'eau. Sur le verrou glaciaire qui fait office de barrage naturel, un troupeau de bouquetins rumine. Je remonte vers les arêtes de la Bruyère pour récupérer le sentier qui, par le petit étang desséché de la cabane des Vaches, me mène à la passerelle effondrée sur le torrent du Rif ; de là, vers la bifurcation de la via ferrata et les maisons de l'Alpe du Lauzet.

Reste à dévaler le chemin qui file vers les neuf cascades, les alisiers, l'érable et le pont de l'Alpe. Je hume l'atmosphère. Les nuages arrivent de l'est. Ils se concentrent. S'épaississent. L'un d'eux ressemble à ma mère et me murmure que je sens la neige. J'ai de nouveau cinq ans. Je galope dans les ruelles du hameau. J'ouvre la bouche dans le vent devenu humide. Je sens, sur ma langue, se poser le premier petit hexagone de glace, qui y fond comme un souvenir d'enfance.

L'instant d'après, le rideau irréel et mouvant des flocons se tend sur la montagne briançonnaise. L'hiver couvre de son amour blanc et froid la parcelle d'univers sur laquelle je rêve que j'aurai toujours cinq ans, avec aux ailes des plumes noires de chocard à bec jaune.

### NOTE SAISONNIÈRE ET RECOMMANDATIONS

Je veux, ici, clairement définir les conditions de cet itinéraire. On peut passer par les deux cols tant que la neige n'est pas tombée ou quand elle a fondu, et à la condition d'être un marcheur endurant et sûr de ses souliers.
En hiver, en raquettes, lorsque la couche blanche est installée et surtout s'il y a des risques d'avalanches, on ne dépasse pas la bergerie du Clos de l'Âne.
La via ferrata, c'est encore autre chose : on ne la pratique qu'en été, avec un important matériel (mousquetons, casques, etc.). Avec un guide, si l'on débute.
L'hiver, dans cette vallée, offre l'occasion de saluer le chamois et le bouquetin très bas, parfois près du hameau de l'Alpe du Lauzet. L'hermine et le lagopède alpin sont en tenue immaculée. Les oiseaux résidents de la montagne survivent de rien. Les marmottes dorment sous terre, ainsi que les reptiles, les amphibiens et les larves d'insectes.

Le printemps gicle et cascade de sources et de soleil. Renaissance des fleurs sauvages. Après les soldanelles et les crocus, viennent les primevères, les gentianes, les pulsatilles des Alpes, les lis martagons, etc. L'été fait étinceler les Écrins. L'automne dore les mélèzes, et ainsi de suite.

# 6. Queyras

## Sa majesté le mont Viso

Le Queyras est tout entier dominé par la majesté du mont Viso, où naissent, côté français, le torrent du Guil et, côté italien, le fleuve majeur de la péninsule : le Pô. Tutoyer cette montagne parfaite constitue un enchantement d'automne. Balade au col de la Traversette et aux sources du Guil, dans l'or des mélèzes.
En boucle autour de la Roche Écroulée, 8 heures.
Carte I.G.N. au 1 : 25 000, Top 25, 3637 OT, Aiguilles, Saint-Véran, mont Viso.

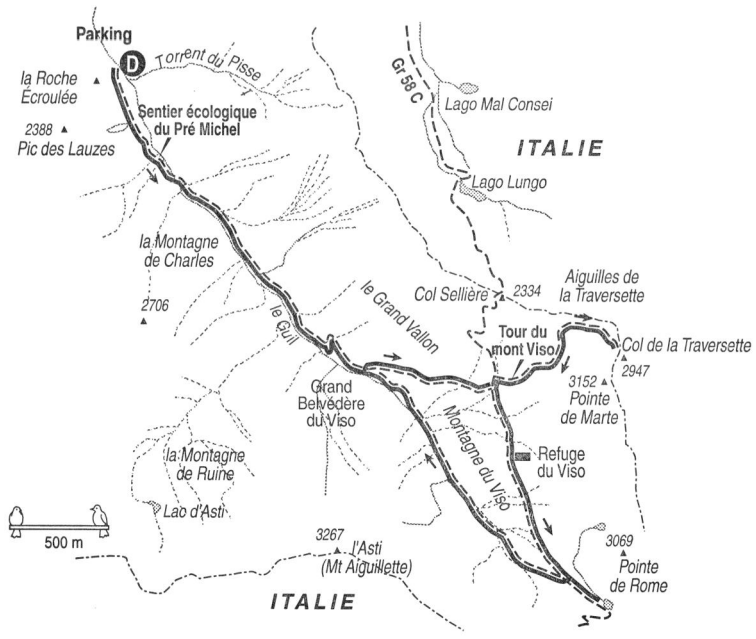

Un or végétal. La montagne semble peinte de soleil d'automne. Ce sont des mélèzes, bien sûr, dont les aiguilles ont jauni. Les conifères couvrent les versants et emmitouflent les ruisseaux comme une fourrure. Ils prennent d'assaut des cimes. Les arbres de la vallée sont lourds, puissants, le tronc épais, les branches amples. Ceux qui croissent à la limite de l'alpage ont la grâce biscornue des bonsaïs. Ils s'accrochent aux rocs, profitent des moindres fissures et donnent l'impression de ne vivre que de lumière et de vent. Difficile de leur résister... Ils invitent à la marche. Leur parfum de résine épouse celui des prairies d'altitude où les ultimes corolles, fragilisées par le givre, s'offrent à la gourmandise de l'abeille et du chamois.

Je renifle le vent d'Italie. J'écoute la chanson du Guil. Le torrent frissonne sur les pierres de son lit, et raconte, dans son langage, l'histoire d'une montagne en pyramide parfaite, dont le nom italien signifie « Visage ». Le mont Viso. Celui qu'on regarde et celui qui regarde...

 *DE LA ROCHE ÉCROULÉE AU GRAND BELVÉDÈRE DU MONT VISO, 1 heure 30*

Le torrent chante entre les rochers. Nicolas Crunchant me guide. Il est accompagnateur en montagne. Je l'ai rejoint au village du Ristolas. Nous nous mettons en marche au parc à voitures de la Roche Écroulée (altitude : 1 765 mètres). Un chaos où le ruisseau hésite, se faufile, ralentit dans de profondes gouilles vertes, avant de cascader et de fuir vers Abriès, Aiguilles, Château-Queyras, Guillestre et la Durance.

Le Guil... Nous allons monter vers sa source, là-haut, dans les névés du lac Lestio, sous la frontière italienne. Après être montés jusqu'au col de la Traversette, où l'on domine prodigieusement les sources du Pô. Face aux 3 841 mètres du Viso, cette pointe des Alpes italiennes qui baise la nue, cet obélisque gigantesque de rocs et de glaces où il semble que les séracs et les crevasses écrivent un texte en hiéroglyphes que seuls savent lire les chocards à bec jaune et les niverolles.

« La Roche Écroulée, explique Nicolas, s'éboula en 1890. Peut-être à cause d'un tremblement de terre. Ce fut un cataclysme : un pan entier de la crête des Lauzes, qui domine l'ouest de la vallée, s'effondra dans le torrent et créa un barrage derrière lequel l'eau s'accumula. Puis la retenue céda et un flux boueux dévasta la vallée... »

Le sentier est là (l'ancienne route asphaltée a été fermée aux automobiles). Un panneau du parc promet le Pré Michel, le Petit Belvédère, puis le Grand Belvédère du mont Viso. Les mélèzes se plaisent à caresser le passant : les aiguilles en sont douces comme une fourrure. Parfois encore vert tendre, le plus souvent jaune d'or, avec d'infinies nuances d'ocre, de brun, de mauve, de rose. Ces conifères dominent dans le Queyras. Leur bois, solide et imputrescible, a fait leur réputation. Et leur malheur. Ils ont été surexploités. « Par bonheur, dit Nicolas, il nous reste quelques sujets superbes, au tronc énorme, âgés de plus de cinq cents ans. Certains pionniers grimpent à 2 400 mètres d'altitude. »

Impossible de ne pas rendre leurs caresses aux mélèzes. On a envie de les flatter, de les flairer, de palper leur écorce noueuse, de prendre appui sur leur tronc, de se laisser saouler par leur parfum de résine. L'un d'eux croît contre une roche à la silhouette de dinosaure, faite de serpentine verte — l'un des minéraux typiques du Queyras. On jurerait une estampe de la Chine ou du Japon. L'aigle royal tourne sur cette scène, et siffle un poème de Wang Wei ou de Buson. Deux grands corbeaux surgissent et piquent vers le rapace, dont ils contestent le royaume.

Nous parcourons le sentier écologique du Pré Michel. Ici, l'été, croissent des splendeurs de grandes astrances à la fragrance de miel, d'œillets de Jupiter roses, de centaurées des montagnes bleu-violet, de gentianes jaunes et de lis martagons aux fleurs en turbans incarnats saupoudrés de pourpre, que visitent les papillons apollon, machaon, mélittée ou érèbe. Sur les branches, volettent le bouvreuil pivoine et le chardonneret aux ailes d'or et au front de rubis. Voici le Petit Belvédère du Viso. Le premier balcon de bonheur d'où l'on contemple le profil blanc-bleu de la montagne magique. À terre, les plaques de gelée blanche des matins d'automne n'empêchent pas certains végétaux de fleurir encore : les derniers colchiques, les ultimes gentianes bleues, de petites potentilles jaunes et des carlines sans tige (ou acaules, dites aussi « baromètres »), dont le capitule a l'air d'un soleil d'argent.

Le sentier s'élève et vient croiser l'ancienne petite route carrossable. Nous marchons sur d'épais tapis d'aiguilles de mélèze. L'impression d'être admis dans quelque palais de légende orientale, où les génies seraient le pic épeiche, le picvert et le roitelet. Des pins cembros (ou arolles), des bouleaux, des trembles, des aulnes, des sorbiers des oiseleurs ajoutent leur note personnelle. Sur les rocs de serpentine verte, croissent des lichens géographiques qui semblent des cartes à l'usage de Sindbad le Marin. Vers l'ouest, la crête des Lauzes (où, dit Nicolas, une harde de bouquetins a pris ses quartiers) et la crête de la Taillante déploient leurs tentures de pierres et leurs sierras qui culminent au — bien nommé — Pain de Sucre (3 208 mètres). Vers le sud, triomphe l'Asti (ou mont Aiguillette, 3 287 mètres) : chamois qui broutent. Au nord-est (mouflons dans l'alpage), se découpent le Monte Granero et la pointe de

Marte (3 152 mètres), entre lesquels se situe le col de la Traversette. Au sud-ouest — de plus en plus haute, de plus en plus belle —, la pyramide du Viso. Le mont « Visage ». Celui qu'on observe, mais qui vous scrute.

 ***DU GRAND BELVÉDÈRE DU MONT VISO AU COL DE LA TRAVERSETTE,***
*2 heures 30*

Au Grand Belvédère, une mésange boréale et un tarin des aulnes saluent notre modeste compagnie, perchés sur un aulne vert. Des plaques de neige précoce occupent les creux, mais ne contrarient pas les escapades au soleil des coccinelles et des cicindèles vertes, des criquets podismes et arcyptères. Je songe qu'ici, près des sources moussues, vit la singulière salamandre noire, au reste d'une espèce particulière au Queyras — une endémique —, comme le souligne fièrement Nicolas Crunchant. Cet amphibien, non seulement ne pond pas d'œufs, mais met au monde des petits développés (il est ovovivipare). L'espèce est capable de bizarreries. Si les conditions sont mauvaises, la femelle garde les bébés dans son ventre jusqu'à la belle saison suivante. Parfois même, deux ans de suite !

Le traquet motteux est parti en migration. L'été, il aime ces rocs hérissés de haies d'épilobes (lauriers de saint Antoine) aux fruits de coton gris. Des chamois se baladent dans la pente. Un pissenlit épanoui, à la tige courte, offre son nectar à une abeille engourdie. Un panneau promet, à gauche le col Sellière et le col de la Traversette, à droite le lac Lestio et le col de Valante. Nous optons pour la gauche, vers les bergeries en ruine du Grand Vallon et le torrent de la Poïto, sur le sentier du « tour du mont Viso » (« T.M.V. » ; balises jaunes). À droite, le plateau sur lequel est bâti le refuge du Viso. En arrivant au ruisseau, dans lequel barbote le cincle plongeur, nous rejoignons le G.R. 58 C (balises rouge et blanc). Direction : le col de la Traversette.

La neige s'épaissit. Le chemin devient étroit et souvent se perd dans la caillasse des gigantesques éboulis du Monte Granero, des aiguilles de la Traversette et de la pointe de Marte. Sueur et acide lactique. Sous le col, l'ancien tunnel qui servait au commerce du sel a été rouvert. Au col même (altitude : 2 947 mètres), un rocher gravé souligne combien, depuis des siècles, ce passage unit les deux faces des Alpes... Sur le versant italien, la descente est vertigineuse — et la vue fabuleuse : près de 1 000 mètres plus bas, luisent les petits lacs qui, près du refuge du plan du Ré, marquent la source du Pô *(sorgente del Po)*. On imagine le cours du fleuve vers Turin, la plaine de Lombardie, Plaisance et la Romagne ; jusqu'à son delta en mer Adriatique.

 *DU COL DE LA TRAVERSETTE AUX SOURCES DU GUIL, 2 heures*

Descente rapide et amusée, sous l'œil amusé des chamois qui attendent le gag de la chute... Nous rallions, près des ruines des bergeries du Grand Vallon, la bifurcation du sentier du « tour du mont Viso » et du G.R. 58 C, sur lequel nous marchons vers le sud-est. Nous traversons les alpages du Viso. Une hermine en tenue blanche se coule sous un rocher. Des lagopèdes, eux aussi habillés de neige, détalent au dernier moment.

Casse-croûte — mérité ! — au refuge (Club alpin français ; fermé en automne) du mont Viso (altitude : 2 460 mètres). Des pierriers enluminés de rosettes de saxifrages, d'orpins et de joubarbes, sur lesquelles volent des chocards à bec jaune et des pinsons des neiges (ou niverolles), nous mènent aux ruisseaux nés du lac Lestio, qui paressent en tourbières avant de devenir le Guil. Une courte pente à monter : et le lac est là, à moitié gelé, bleu-vert à reflets de cobalt et d'améthyste, au creux du cirque colossal que coiffent les pointes de Rome, Gastaldi (3 210 mètres) et Joanne. Des eaux de fonte et des cascades poudrent ces rideaux de roche et de névés : les voilà, les vraies sources du Guil... Entre les pointes Gastaldi et Joanne, au sommet de la pente de rocaille abrupte, le col de Valante (en italien : *Vallante* ; 2 860 mètres) forme, comme celui de la Traversette, la frontière avec l'Italie et donne sur le refuge Gagliardone, le vallon di Vallante et les glaciers nord du mont Viso (di Vallante, Coolidge...). Qui mènent aux parois finales du colosse...

 **DES SOURCES DU GUIL
À LA ROCHE ÉCROULÉE,**
*2 heures*

Reste à redescendre jusqu'à la Roche Écroulée, à travers névés et rochers, alpages et tourbières, en suivant le torrent du Guil, puis en dominant de très haut son lit. Dans un ravissement de lis martagons et de rhododendrons en fruits, de gentianes jaunes fanées, de benoîtes (dirait-on) coiffées de perruques de vieilles femmes, de genévriers hérissés et de campanules de Scheuchzer à une seule fleur violette, parfois encore épanouies... Des mélèzes et des arolles séculaires coiffent des châteaux forts de rochers sur lesquels, avec Nicolas Crunchant, nous ne pouvons nous empêcher de grimper.

Pour contempler de plus près l'aigle qui tourne puis file, telle une âme de la montagne, vers le prodigieux temple bleu et blanc du mont Viso.

> **NOTE SAISONNIÈRE ET RECOMMANDATIONS**
>
> Cette balade est longue et pénible, avec des dénivellations importantes : 1 200 mètres jusqu'au col de la Traversette. On peut l'écourter en ne gagnant pas ce dernier et en allant directement aux sources du Guil par le sentier du Tour du mont Viso. Quatre saisons sublimes. Équipement de balade en montagne requis.

# 7. Queyras

# Les papillons de Furfande

*Bien sûr, en automne, on ne les voit plus voler. Eux. Les plus beaux papillons d'Europe — les isabelles, qui enchantent le parc du Queyras au printemps... Mais on peut en rêver, parmi les mélèzes d'or et les pins d'émeraude, sur les pentes proches du col d'Izoard, en montant vers les chalets et le col de Furfande.*

*En boucle, depuis le parc du Queyron, 7 heures.*

*Carte I.G.N. au 1 : 25 000, Top 25, 3537 OT, Guillestre.*

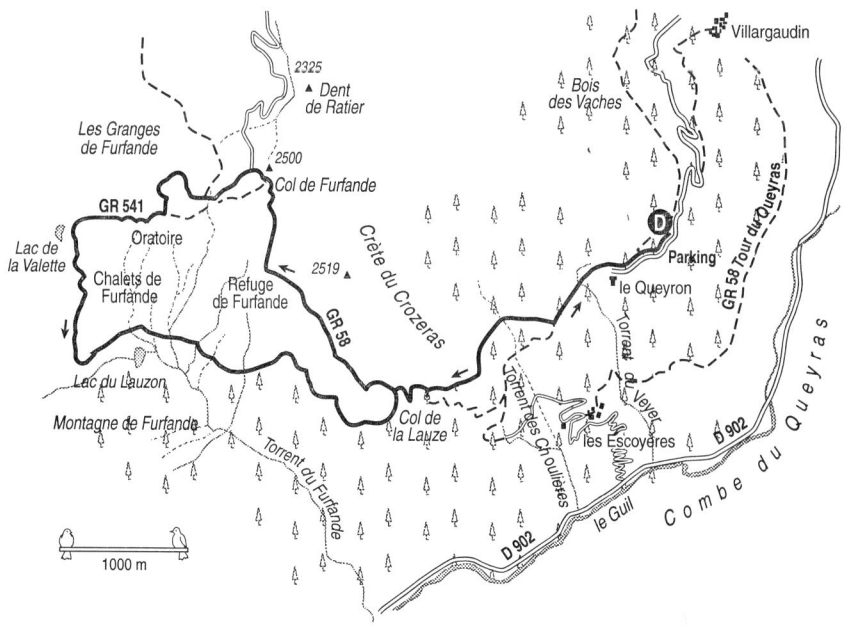

« Les papillons isabelles, sourit Yves Fouque... Les plus beaux de tous... J'en ai vu dans cette forêt. Leurs chenilles vivent sur les pins, dont elles mangent les aiguilles. Le meilleur moment pour les admirer, c'est le mois de mai. Alors, ils dansent sous la lune. Je dis bien : ils dansent ! Ils sont superbes, avec leurs vastes ailes vert-jaune, décorées d'ocelles et réticulées de rose, et leur "queue" qui ondule derrière eux comme une traîne... »

Au printemps, grâce à leurs antennes plumeuses, les mâles détectent à plus de 10 kilomètres les femelles qui leur adressent des messages d'amour parfumés. Des molécules de phéromones élaborées par des glandes de leur abdomen. Irrésistibles.

L'automne est là. Nous ne saluerons pas les isabelles. Mais rien n'empêche d'en rêver. Yves Fouque ne les oublie jamais. Il est accompagnateur en montagne. Amoureux du Queyras. Il a raison : où trouver nature plus riche et plus harmonieuse ? Où se sentir plus loin de la laideur du monde, c'est-à-dire plus près d'une idée de l'Éden ?

 ***DU PARC DU QUEYRON AU COL DE LA LAUZE, 1 heure 30***

Le bassin de bois du petit parc du Queyron, au bout de la piste de terre, au-dessus du hameau de Villargaudin, offre une eau limpide et fraîche. Altitude : 1 928 mètres. L'or des mélèzes se mêle au vert foncé des pins. La piste descend vers les deux chalets du Queyron, construits sur un nid d'aigle, au bout d'une falaise, d'où l'on admire, tout au fond, plus bas que le village des Escoyères, la vallée gris-bleu du Guil, qui se resserre en « combe du Queyras », puis en gorge de vertige. Une buse plane et file vers le sud et le pic de Guillestre. « Queyron », « Queyras ». Le même mot ?

« Oui, répond Yves Fouque. Tiré d'une racine qui signifie "pierre". Nous sommes au pays de la pierre... Mais, ici, dans la partie calcaire de la région. Bien différente du Queyras de silice et de schistes qui compose les grands sommets centraux, autour du mont Viso. »

Nous descendons (balises jaune et rouge) à travers prés, vers le torrent du Veyer, né du bois des Vaches. Nous entrons dans la forêt de mélèzes jaunis et de pins sylvestres, auxquels se mêlent déjà les pins à crochets chers aux papillons isabelles. Panneau « Furfande » : à droite. Au pied d'un vieux pin à crochets au tronc criblé de trous par les pics est édifiée une énorme fourmilière. Buissons de rosiers, d'aubépines, d'épines-vinettes et de deux espèces de genévriers : le commun et le sabine. Le sentier est bordé d'un mur de pierres.

« Une ancienne voie romaine, précise Yves. Jadis, toute cette montagne était peuplée. De paysans et d'éleveurs, de bûcherons, de charbonniers et de mineurs : les mines de cuivre de Saint-Véran étaient déjà exploitées à l'âge du Bronze. À présent, des trois hameaux de la combe du Queyras que nous apercevons depuis ce belvédère — les Escoyères, Bramousse et Montbardon —, seul le dernier est encore habité de façon permanente. »

Nous franchissons le torrent des Choulières, puis des éboulis hérissés de scabieuses mauves et de valérianes (ou centranthes) rouges. Un couple d'aigles royaux tourne et file vers le vallon d'Arvieux, sur la route de l'Izoard. On entend l'appel déchiré — « crèk-crèk-crèk ! » — du casse-noix moucheté. Dans une plaque de boue séchée, Yves Fouque identifie les empreintes mêlées du sanglier et du chamois. Nous rejoignons le G.R. 58 — balises rouge et blanc. Lacets rudes. Sous un vol de chocards à bec jaune, nous débouchons dans la splendeur du col de la Lauze.

**DU COL DE LA LAUZE AU COL DE FURFANDE,
1 heure**

Nous marchons tout simplement sur des blocs de marbre rose, de calcaire à nodules et de fossiles d'ammonites... « La nature est un temple où de vivants piliers... », psalmodiait Baudelaire. Rares sont les lieux où l'on propose au promeneur de cheminer sur des pavés naturels de marbre rose ! Yves Fouque cueille un champignon — un agaric, un rosé des prés aux lamelles saumonées — dont il m'invite à me régaler sur place. Cru. Avec tous ses parfums. Un délice. « Ici, dit-il, les printemps proposent des délires d'orchidées sauvages, de sabots-de-Vénus, de lis orangés et de lis martagons, de gentianes bleues et de pulsatilles. » Depuis ce belvédère, la vue à 360 degrés tient du prodige. Vers le nord, la crête de Croseras, ocre et gris, telle une forteresse du Moyen Âge. À l'ouest, la crête des Chamanches et son pic (2 670 mètres), puis la montagne de Furfande. Vers l'est et le sud, l'enfilade vert et bleu des pics du Queyras, de la pointe du Rais au pic de Guillestre...

Nous nous élevons à flanc de montagne, sous les falaises de la crête de Croseras, en coupant le ravin de la Grande Combe. Des gentianes bleues, des renoncules, des potentilles, des pissenlits sont encore en fleurs. Des criquets bondissent. De noirs scarabées et des chrysomèles rayées de rose et d'or s'affairent. Les marmottes sont endormies pour l'hiver dans leurs nombreux terriers. Mais les chamois ruminent dans la pente : nous en comptons quatre, puis douze, et finalement trente-cinq au-dessus de nous, peu avant d'arriver au col de Furfande. Altitude : 2 500 mètres.

***DU COL DE FURFANDE AU LAC DU LAUZON,***
*2 heures*

Nous buvons à la gourde près d'un étang d'altitude aux rives piquetées de linaigrettes en coton blanc, sous le col de Furfande. « Les chamois, explique Yves Fouque, sont malins : ici, ils n'ont pas peur. Ils ont compris qu'ils sont dans une réserve de chasse, et ils y restent. Le problème, pour eux, va prendre un autre visage : celui des loups. Deux petites meutes de ces prédateurs ont été signalées en Queyras. Dans cette partie du massif, justement... »

À la jonction des deux G.R., nous abandonnons le 58, qui continue par le col de Furfande vers le col d'Izoard. Nous descendons le 541, qui mène aux granges de Furfande. On est surpris de voir autant de chalets de pierre et de bois — minuscules et superbes — apparaître ainsi, dans la montagne. Par groupes, révélés au hasard des ondulations de l'alpage et des falaises. Nous dévalons la prairie alpine vers le fond du cirque gigantesque, qui évoque ceux de Gavarnie ou de Troumouse dans les Pyrénées, et que domine le pic obtus du Béal Traversier (2 910 mètres). Au creux de ces murailles de roche ocre, gris, roux et blanc, parmi les champs d'éboulis où fleurissent encore des edelweiss et où campe un troupeau de mouflons, au bas des derniers chalets, près de l'oratoire Notre-Dame de Furfande, s'étale un lac de pure émeraude — le lac de la Valette (2 199 mètres), dans l'eau glaciale duquel nous ne résistons pas au plaisir de tremper les pieds. Et au bord duquel nous décidons de casse-croûter.

Dans le val qui sert d'exutoire à ce plan d'eau (qu'Yves Fouque n'a jamais vu si rempli), nous laissons partir à droite le G.R. 541, qui sinue dans la pente vers les gorges du Guil et Guillestre, et dont une branche escalade la pente vers le col Saint-Antoine. Nous descendons (balises jaunes) vers l'admirable lac du Lauzon, d'un bleu intense rehaussé de jade, au cœur d'un bois de mélèzes dorés comme un autel baroque. On se dit qu'on a rarement vu plus sublime unité de teintes. On est approuvé par la niverolle et le rougequeue.

 ***DU LAC DU LAUZON AU PARC DU QUEYRON, 2 heures 30***

Au bord du lac du Lauzon, que des îles de rocs apparentent à un simulacre d'océan où vogueraient des icebergs, nous marchons sur un épais tapis brun-roux d'aiguilles de mélèze. Des roitelets fusent. Nous franchissons, sur des pierres, le torrent de Furfande. Nous touchons les chalets homonymes, souvent flanqués d'un minuscule jardinet — potager ou de fleurs. Nous buvons à la source captée. Nous remontons en travers la montagne de Furfande. Sous la crête de Croseras, les chamois ruminent toujours... Fruits de lis orangés et de lis martagons. Petits ravins, succession de sources, énormes ravines de vertige et rocs coiffés de bonsaïs de mélèzes ou de pins. Traces de chamois et de chevreuils dans la boue. Plus loin, de larges empreintes de canidé : gros chien ou loup ?

Nous rejoignons le G.R. 58 sur le plateau magique du col de la Lauze. Nous marchons à nouveau sur des pavés de marbre rose, dans le jaune absolu des mélèzes et l'émeraude des pins, en rêvant de voler comme de grands papillons isabelles aux ailes de vitrail vert et rose. Jusqu'au Queyron du Queyras. Sur la pierre de la pierre !

## NOTE SAISONNIÈRE ET RECOMMANDATIONS

Cette balade est longue et un peu dure, avec une dénivellation d'environ 600 mètres du Queyron au col de Furfande. Indispensable équipement de balade en montagne (bonnes chaussures, etc.).

Au printemps, outre respirer et jouir de la montagne, le but de cette promenade sera entomologique. Dans la superbe forêt qu'on traverse, les pins dominent. Or, ce sont les aiguilles de ces conifères que grignotent les chenilles du sublime papillon isabelle *(Graellsia isabellae)*. Antennes plumeuses. Ailes vertes, lisérées et ocellées de rose... On a plus de chances de rencontrer l'insecte au crépuscule. En France, le Queyras (et les Écrins) accueillent la sous-espèce *galliaegloria*, « gloire de la Gaule ». Les Pyrénées hébergent la variété espagnole.

# 13

# ALPES DU SUD

1. *Baronnies* : Les vautours de Saint-May
2. *Lure* : Bleu lavande à Contadour
3. *Haute-Provence* : Les Pénitents des Mées
4. *Haute-Provence* : La vague de pierre
5. *Verdon* : La symphonie du canyon sublime
6. *Mercantour* : La saxifrage au cœur
7. *Mercantour* : Le temple de Fontanalba

# 1. Baronnies

# Les vautours de Saint-May

*La Drôme provençale sent bon la lavande et le thym ; même en hiver. Au pays de Nyons et de l'olivier, le bleu des montagnes des Baronnies accueille l'aigle royal, tandis que le vautour revient. Une balade sur l'arête vertigineuse du rocher du Caire et du plateau de Saint-Laurent, au-dessus de Rémuzat.*
*En boucle autour des ruines de l'abbaye de Bodon, 4 heures 30.*
*Carte I.G.N. au 1 : 25 000, 3139 E, Série bleue, Rémuzat.*

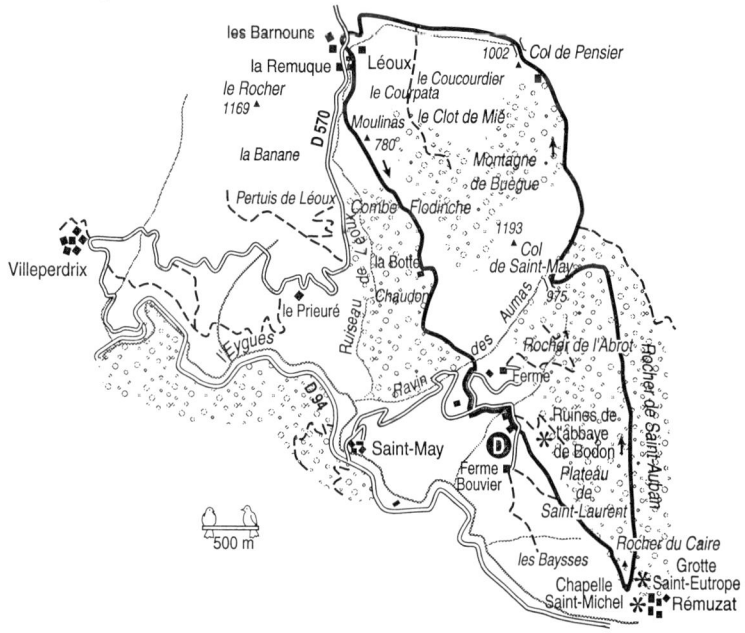

Je lève le nez, je hume, je flaire, je m'emplis les bronches, puis les poumons jusqu'au dernier alvéole. Certains disent qu'à la mauvaise saison, elles ne sentent rien. Désolé, mais mes narines perçoivent quelque chose.

O le parfum gris-bleu des lavandes en hiver ! Cette odeur douce, collante, coulante de miel et d'épices, de sucre et de pollen !... Ce composé d'essences subtiles me met l'âme en Provence ; c'est-à-dire en grâce ; en légèreté ; en acte de me poudrer de rayons de soleil, dans un rêve de lumière. Avec le bleu du ciel consubstantiel à la contrée...

Sauf que, ce matin, le soleil manque. Un épais brouillard gris à reflets mauves a avalé la contrée. Je suis venu par la route des gorges de Saint-May : mais je n'ai presque rien vu du défilé de roches, ni de la rivière Eygues qui l'a ouvert. Je suis monté jusqu'au hameau perché de Saint-May avec le sentiment de visiter un castel d'Écosse et son fantôme. J'ai gagné le calvaire et le parc à voitures qui jouxte les restes de l'abbaye de Bodon, sous le prieuré. Les nappes de ouate me cernent. J'en perçois la fraîcheur humide sur ma peau. Mais, partout alentour, l'odeur de la lavande (je persiste et signe) s'exhale et réintroduit la Provence. Devant mes yeux, un champ de lavandin passe les temps froids sous la forme d'une zébrure de touffes gris-bleu en brosse, alignées comme ces nuages en cordons pommelés que le météorologue baptise « cirrostratus ».

Qui dira le plaisir de ces effluves dans la brise ? Une chicorée sauvage aux fleurons de ciel bleu, encore épanouie à Noël, conforte ma conception de la puissance de la nature. Comme l'eau du Tao, elle est forte parce qu'elle est faible. Elle triomphe en ayant l'air de céder. Elle gagne en faisant mine d'être peu de chose. Presque rien. Rien du tout. Adorable ruse.

**DES RUINES DE L'ABBAYE DE BODON AU ROCHER DU CAIRE,**
*0 heure 45*

Altitude : 655 mètres. Balisage de ronds jaunes et de triangles homochromes, proposé par les « Randonnées de la Drôme ». Je me mets en marche sur l'étroite route qui s'élève à l'est de ce qui subsiste de l'abbaye de Bodon. Celle-ci fut fondée au début du VI$^e$ siècle par le bon saint Marius, dont le patronyme déformé donna « Saint-May » ; détruite par les Lombards à la fin du VI$^e$ ; re-ruinée par les Sarrasins aux VIII$^e$ et X$^e$ ; re-re-rasée durant les guerres de Religion ; de sorte qu'à la Révolution, il n'y avait plus grand-chose à jeter bas. C'est miracle s'il subsiste un chœur d'église et un réfectoire, aujourd'hui transformé en chapelle.

Je médite sur les relations du parfum de lavande et de la capacité humaine à saccager, spécialement les œuvres de l'esprit et les choses de beauté. J'ai parfois peine à me ranger dans la même espèce que mes congénères. Spontanément, je me classerais plutôt avec l'abeille qui lèche le nectar en zinzinulant des quatre ailes ; ou avec la fleur, qui régale l'insecte en faisant croire à l'humain que son odeur lui est offerte.

Au croisement, près la ferme, je file à droite. Selon la flèche du panneau « Rocher du Caire », que coiffe un micocoulier défeuillé. Le brouillard ne me laisse pas contempler grand-chose au-delà du bout de mon nez. Je me passionne pour les bords de la route. J'y repère quelques oliviers rabougris, des pins et des chênes dans la tendance « bonsaï », des buissons de cornouillers aux feuilles écarlates et des rosiers sauvages enguirlandés de fruits (cynorhodons) ovoïdes. Je note l'omniprésence des touffes de thym gris-bleu et des buis vert sombre ou brunâtres, que séparent de larges espaces où s'exaltent des touffes dorées-cuivrées de ces herbes typiques de la lande provençale, aux inflorescences en plumeaux ocre, que le botaniste appelle « calamagrostis argentés »... Des genêts, des euphorbes, des molènes aux amples feuilles de velours gris-vert piquetées de gouttes d'eau pareilles à des diamants voisinent avec des pieds de catananches : les capitules flétris de ces composées ont une apparence de paniers d'argent bleuâtre à l'usage des lutins.

Je marche vite. Après les maisons de Martine, fini l'asphalte. À gauche, le chemin n'est plus que de terre et de pierres. De pierres, surtout, comme il sied à la Provence. Le brouillard s'illumine de l'intérieur. On dirait qu'il s'embrase. Le soleil de 10 heures joue avec lui au jeu subtil et cruel qui consiste à le faire disparaître. Un merle et trois grives draines décollent à droite. Un couple de bouvreuils et une mésange charbonnière s'envolent à gauche. L'odeur du thym, plus capiteuse, plus charnue, plus poivrée que celle de la lavande, domine l'extrémité sauvage du plateau de Saint-Laurent.

 ***DU ROCHER DU CAIRE
AU COL DE SAINT-MAY,
1 heure 15***

Il me semble que j'atteins le bord du monde. Je suis le Bushman innocent et rieur du film *Les Dieux sont tombés sur la tête*, avec sa bouteille de *Coca-Cola*. Sauf qu'il n'y a pas de *Coca* dans ma gourde. Solidarité avec la viticulture drômoise : j'y ai mis de la clairette... Devant mes pieds, commence un abîme empli de vapeurs, au-delà duquel on jurerait qu'il n'y a rien, excepté le mystère des origines.

Je me dresse sur le rocher du Caire (altitude : 777 mètres). Dans le brouillard, je sais — grâce à ma carte

— que je domine de façon vertigineuse le confluent de l'Eygues et de l'Oule, le village de Rémuzat et la chapelle Saint-Michel (xi^e siècle). Sans oublier, au pied de cette arête, la grotte Saint-Eutrope, qui fut un lieu de culte solaire pré-chrétien, récupéré par l'Église comme destination des processions de la Saint-Jean. Plus de 300 mètres de hauteur : cette muraille, dite aussi « rocher de Saint-Auban », constitue un terrain d'acrobaties adéquat pour le faucon pèlerin. Pour son cousin l'épervier d'Europe. Pour l'aigle royal, qui la visite depuis les gorges de Saint-May. Pour le tichodrome échelette aux ailes lavées d'écarlate. Et pour le vautour fauve.

Le soleil perce le rideau de brume. Des pans de ciel se révèlent. Je distingue, vers l'est, de l'autre côté des vallées, la tête ronde du Mouret et la cime en triangle des Aiguilles. Le monde se dévoile dans un kaléidoscope de vapeurs, de volutes et de scintillements.

C'est à ce moment que l'âme réincarnée de ces escarpements paraît : le vautour fauve, justement. Les ailes étalées, d'un précieux brun argenté, avec des « doigts » de plumes ouverts. Le cou replié, engoncé dans l'hermine gris pâle d'une collerette Henri IV. La queue en un losange auquel aurait été donnée l'intelligence des courants aériens — la science de la brise... L'espèce avait été éliminée de la contrée par le fusil des chasseurs. Elle vient d'y être réintroduite par la volonté des naturalistes. Je salue le premier de ces grands rapaces qui ose prendre son vol aujourd'hui. Je me demande comment les vautours s'accommodent du brouillard. Je les imagine, tels des avions à tour de contrôle intégrée, se disant à eux-mêmes d'une voix monocorde, avant le décollage : « Ici, Papa Tango Charlie, conditions de vol déplorables, risque aggravé de Triangle des Bermudes sur le rocher de la Lauze ou la falaise des Graves ! »

La scène se dévoile. Théâtre de l'éphémère et de la

fantaisie. Caspar David Friedrich aurait pu peindre ces voiles de brouillard qui s'effilochent vers le haut, comme les embruns d'un océan. Une mer de nuages gris-mauve s'installe dans les creux et persiste dans toutes les directions, sur l'Oule, l'Eygues et les gorges de Saint-May. Il me semble que je plane au-dessus du monde.

Je vire en épingle à cheveux à gauche. Je marche sur l'étroit sentier de pierres qui frôle le vide entre les buis, sur la corniche blanche. Je chevauche la crête minérale. Cette vague de légende me rappelle qu'à l'ère des dinosaures, le massif des Baronnies fut une épaisse couche de sédiments dans la fosse Vocontienne, dépendante de la mer Téthys. Cette masse de calcaires et de marnes fut exhaussée, portée en surface, charriée, ondulée, rejetée, déformée, fissurée, travaillée par les deux plissements du Tertiaire : le pyrénéen et l'alpin.

Je domine la vallée de l'Oule, dont je devine à présent la douceur vert et brun dans les trouées de nuages. Je suis bien. Mes mollets frôlent les buis, les amélanchiers et les thyms, auxquels se mêlent des calycotomes épineux et des lavandes sauvages. De vraies lavandes aspics ; non plus des lavandins hybrides de culture. Je grimpe le rocher gris-roux, rose et crème de l'Abrot : vertige. Les nuées se disloquent. Un deuxième vautour fauve décolle et tournoie. Puis un troisième...

Le sentier s'élève en quelques lacets sur le ressaut du Devès, entre les genêts et les chênes pubescents — ou blancs. Les parfums de tanins dominent. Lourds, toniques, obsédants et — l'avouerai-je ? — passablement érotiques. Mêlés, cela va sans dire, de fragrances de truffes... Altitude : 1 048 mètres. Point culminant du plateau de Saint-Laurent et de ma balade. Un quintette de venturons montagnards siffle mon arrivée. Du côté du midi, la vue porte jusqu'au mont Ventoux ; vers le nord, jusqu'au massif du Vercors. Si je planais à l'étage des rapaces, j'apercevrais les Écrins et le Mercantour. J'assume ma condition aptère.

 **DU COL DE SAINT-MAY
AU HAMEAU DE LÉOUX,**
*1 heure 15*

Je dévale la pente vers le col de Saint-May. La prairie est semée de catananches desséchées, de panicauts champêtres et d'échinops, dont les capitules ont l'apparence d'oursins bleus. Le soleil achève de dissoudre les brumes. La mer de nuages se résout en limpide atmosphère. Dans l'herbe d'hiver, je vois gicler des criquets et voleter des mouches et des moucherons, que guettent des araignées chasseresses. Dites-moi que je n'ai pas la berlue ; une forme de zoopsie ; un syndrome de la solidarité exagérée avec la viticulture drômoise ! Je ne me souviens pas d'avoir aperçu, quelque part en France, autant d'insectes à Noël ou au Jour de l'An ! Un papillon vulcain (les Anglais le nomment « amiral ») palpite sur ses ailes noires à chevrons orange. Il vole vers le nord. Je le suis.

Je veux contourner la montagne de Buègue. Je laisse aller mes pieds, mes mollets, mes cuisses sur le chemin en pente raide, qui s'élargit et se défonce, glou-gloutant de sources, couvert de glaise gluante. Je patauge dans la gadoue rougeâtre. Mes chaussures acquièrent des « semelles » de 10 centimètres d'épaisseur. Je repère des empreintes d'ongulés. Elles doivent appartenir à un cerf et à une biche. J'imagine que ces autres, plus petites, sont celles du chevreuil. Cette collection de marques de sabots, avec des arrêts postérieurs nets, trahit le passage d'une horde de sangliers ; dont voici la bauge : une mare de boue où j'avoue qu'il pourrait me venir l'envie de me vautrer.

Je reste digne. La descente est assez abrupte. Ne conviendrait pas que je rate la bifurcation. Je repère la bâtisse ruinée qui la signale, avec son porche de pierres en arche romane. À gauche, toute. Un étroit sentier, balisé d'un point et d'un trait bruns, remonte en direction du col de Pensier. Il franchit plusieurs ravines dégoulinantes et un torrent : deux sangliers surpris détalent. Un troglodyte sifflote avec une force incroyable, vu la taille de sa poitrine. L'éminence de roche vers laquelle je marche a l'apparence d'un chapeau de gendarme. Je regarde son nom sur la carte : « rocher du Brachet ». Il domine le cirque du Souchon Rima. Joli nom, pour un chanteur de rumba... J'en longe la base. Je remonte le thalweg où cascade un ru d'hiver. Une ruine, encore, et je franchis le col de Pensier dans une mer onduleuse de genêts verts. Altitude : 1 002 mètres.

Je bascule dans le ravin du col de Pensier, sur la piste jeepable qui longe le torrent, entre la forêt d'Aiguebelle au nord, le Coucourdier et la montagne de Buègue au sud. Les rives du ruisseau se hérissent de peupliers, de saules et de clématites vignes-blanches. Un geai et une corneille noire s'envolent. Des chardonnerets picorent des graines sur des cardères (ou cabarets des oiseaux).

 *DU HAMEAU DE LÉOUX*
*AUX RUINES DE L'ABBAYE DE BODON,*
*1 heure 15*

Des micocouliers, des cerisiers et des abricotiers composent quelques vergers de bonheur. Dans les prés, je repère les rosettes de feuilles basales de plusieurs orchidées. Je parie pour la barlie à longues bractées et l'orchis bouc. Probablement aussi l'orchis casque.

La ferme des Bœufs et le gîte d'étape de Léoux. Jardins des oliviers. Enclos de chèvres. Ruchers. Micocouliers et prunelliers. Mauves sylvestres, achillées et molènes... Rien n'est charmant comme cette vallée où chante le ruisseau de Léoux. Déjà large. Je suppose, propice aux écrevisses et aux libellules ; aux grenouilles, aux rainettes et aux crapauds accoucheurs.

La petite départementale 570 monte jusqu'ici depuis le village de Villeperdrix. Villeperdrix !... A-t-on idée de nommer de la sorte un village ? Tout un art de vivre anime ce mot même. Il me semble qu'ici, les habitants ne se couchent pas : ils se piètent. Ils ont au bec la saveur des cent fruits de la Drôme provençale. L'olive, bien sûr ; la prunelle, la merise, la corme, la cerise, l'abricot...

Au carrefour du petit pont, je choisis la route qui accompagne un moment la rive gauche du torrent. La dernière maison passée, la chaussée se change en piste de terre. Un écureuil roux dans un pin. Trois roitelets dans un buisson. Depuis un ressaut, j'aperçois, tout en bas, le village de Saint-May et le début des gorges de l'Eygues. Je songe que cette rivière, après avoir arrosé Nyons, rebaptisée Aygues, puis Aigues, s'en va vers Orange et se jette dans le Rhône devant l'usine atomique de Marcoule. Je partage, sur cette question, l'avis du pinson que le rayon *gamma* inquiète. Je file vers la combe Flodinche, parmi les pins, les genévriers et les chênes pubescents, parfois tordus et grimaçants comme des Gremlins.

Après la borie restaurée de la Botte, le sentier redevient étroit ; pour ainsi dire monoplace. Un pied de polygale rose, en pleine floraison, nargue l'hiver qui blanchit le Ventoux. L'ultime versant de la balade est orienté plein sud. Le soleil y tape. Concentré de climat méditerranéen. Buis secs, cistes et calycotomes. J'y salue, par la pensée, la huppe et le guêpier, pour l'instant dans leurs pénates africaines ; le lézard vert et la couleuvre d'Esculape, endormis dans leurs trous ; la valériane rouge (ou centranthe), l'iris nain, la sérapias langue, l'aphyllanthe de Montpellier et l'hélianthème, en cette saison concentrés dans leurs bulbes ou leurs racines. Encore une ravine à franchir (je glisse sur une pierre boueuse ; je profère un juron ; le bruant zizi déplore mon vocabulaire), et je remonte sur la petite route qui, en quelques minutes, me ramène près des ruines de l'abbaye de Bodon.

C'est-à-dire au royaume des odeurs de lavande. Vraies ou virtuelles, selon qu'on a — ou non — les narines branchées sur le parfum du poème.

### NOTE SAISONNIÈRE ET RECOMMANDATIONS

Nulle difficulté pour cette balade de senteurs et de soleil en hiver, où il convient tout de même d'être bien équipé. Le rocher du Caire et le plateau de Saint-Laurent font partie des sites escarpés, on veut dire à prendre au sérieux par temps de brume, de pluie ou de neige.

L'hiver distille ses lumières sans pareilles et fait briller l'aile du vautour. J'ai été stupéfait par le nombre de plantes que j'ai repérées en fleurs à Noël ; ainsi que par le « courage » des insectes, qui sortent au moindre soleil. Le thym et la lavande parfument le pays. La truffe offre son bouquet dans la terre, sous les chênes blancs.

Au printemps paraissent les orchidées sauvages, les lis et les pivoines, tandis que reviennent de migration la huppe et le milan. L'été, la chaleur peut se faire lourde. Le plateau se dessèche. Les herbes et les buissons jaunissent. Mais c'est le temps de gloire pour les papillons, les coléoptères (énormes carabes), les lézards, etc. L'automne sait attirer les champignons, par exemple le plus beau d'Europe : l'oronge vraie (ou oronge des Césars), au chapeau d'un glorieux orange. Au dire des gourmets, le meilleur. Selon les mycologues : l'un des plus rares. Menacé. À dévorer, mais des yeux.

## 2. Lure

# Bleu lavande à Contadour

Parfum bleu des lavandes... Sur la montagne de Lure, la fleur et le ciel nouent une alliance de senteur et de couleur à laquelle l'abeille et le papillon sont conviés chaque jour, et l'humain parfois. Sur le sommet de Larran, l'horizon compose un spectacle sublime, du Luberon au Ventoux et à l'infini des Alpes...

En boucle autour du hameau de Contadour, 5 heures
Carte I.G.N. au 1 : 25 000, 3240 OT, Top 25, Banon, Sault.

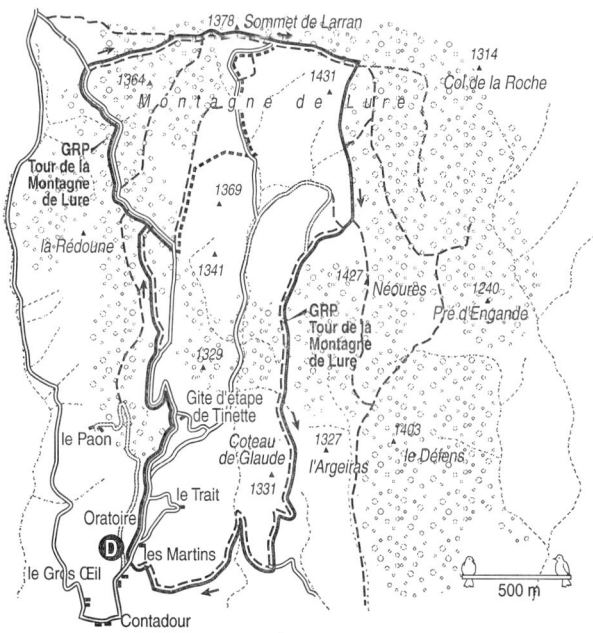

Il faut suivre l'inspiration du papillon. Toujours... Aujourd'hui, c'est un machaon qui invite. Un porte-queue. Un vitrail jaune et noir, avec deux lunes d'azur et d'orange à l'arrière. L'insecte butine un capitule rose tendre de chardon galactite. Il décolle vers le nord, le plateau de Contadour et le sommet de Larran, l'un des points culminants de la montagne de Lure.

C'est là que j'irai aussi. Je cligne des yeux au soleil du printemps. À 1 115 mètres d'altitude, le hameau de Contadour ressemble à un chat gris, endormi. Secret, heureux, nonchalant, ronronnant. Enviable existence !... Je marche en silence pour ne pas le réveiller. Je file sur la petite route de ce bout du monde. Je longe les fermes du Gros Œil et des Martins, vers le gîte d'étape annoncé de Tinette. Un rougequeue me regarde et siffle. Des criquets entament un concert. Dans le pré, un ophrys abeille tremblote. Sa fleur imite la mouche à miel. Elle attire le mâle d'hyménoptère sauvage. Elle lui offre son gros labelle velu, marron sombre, dans un écrin de pétales en forme de lèvres rose vif comme... Je renonce à l'écrire. On m'accuserait d'abus d'image coquine.

 *DU HAMEAU DE CONTADOUR AU GÎTE DE TINETTE, 0 heure 30*

Tout de suite, les lavandes. Telle une obsession bleue. Elles sont partout. Ensauvagées sur le bord du chemin et dans la pierraille. Cultivées en lignes parallèles dans les champs pentus. Je détaille ces mottes bleu-vert, empanachées de lilas, pas encore violacées au printemps. Mais déjà chères aux butineurs... Le meilleur des miels s'élabore dans ces myriades de minivasques, au creux de ces millions de nectaires généreux. Non seulement le machaon s'y pose pour y dérouler sa trompe, mais des dizaines d'espèces d'abeilles, de guêpes, de mouches, de coléoptères, de papillons se préparent au festin de sucres et d'essences parfumées. Le flambé porte-queue en vitrail jaune et noir. Le citron de Provence, aux ailes de soufre à deux soleils mandarine. La belle aurore de Provence, toute de dentelle noire sur trame jaune acide, avec deux lunes orange aux ailes de devant. Sans oublier la mélittée et le tabac d'Espagne, ces mosaïques de cuivre et de bois. Le silène de velours noir et blanc. Le tircis ocre brun à pois crème. La petite-tortue rouge brique à frises d'azur. Le paon-du-jour cramoisi aux ocelles célestes... Cette contrée de soleil et de fleurs — de la montagne de Lure jusqu'aux environs de Digne — est la plus riche d'Europe en lépidoptères. Je me représente Vladimir Nabokov, non seulement père littéraire de *Lolita*, mais lépidoptériste averti, brandissant son filet de gaze dans l'espoir de capturer une sous-espèce inconnue d'argus ou d'agreste, de belle-dame, de vulcain ou de diane.

Je passe l'oratoire et sa statuette de la Vierge, bleu et blanc comme un papillon argus. Je caresse les feuilles nouvelles, duveteuses, vert pâle, d'un chêne blanc. Je palpe les aiguilles vert foncé d'un vieux pin sylvestre tordu comme un gnome, dont les cônes mâles lâchent dans la brise des volutes de pollen doré, tandis que les jeunes cônes femelles rougissent, gluants de résine amoureuse. Les cônes de l'année dernière écartent leurs écailles ligneuses et laissent voir des semences à ailette que des passereaux décortiquent. J'arpente l'étroite route bordée de rosiers sauvages et de prunelliers, de genêts jaunes, de cirses mauves et de chardons chargés d'insectes. Dans la pierraille, les touffes jaune argenté des immortelles voisinent avec les chandelles rose vif des valérianes (ou centranthes) rouges. Outre les lavandes, des bouquets de marjolaine (ou origan), de sauge, de thym et de sarriette démontrent qu'ici, la plus parfumée des familles végétales — celle des labiées (dites « labiacées » pour la science) — a trouvé sa maison. Son royaume.

Un petit bois de chênes, de hêtres et de pins. Sous un arbre, une orchidée. L'une des plus belles, l'une de mes préférées : le limodore, qu'on dit « avorté » parce qu'il n'a pas de chlorophylle. Tige blême. Fleurs étranges, d'un mauve lavé de crème, infiniment délicat, rehaussé de lignes violettes où l'on pourrait déchiffrer un message en langue non terrestre... Un geai craille dans la courbe de la piste. Une huppe déploie sa calotte et file vers le creux du val. Une pie-grièche écorcheur, revenue de migration, a empalé sur les épines d'un prunellier une mante religieuse et un éphippigère, sorte de criquet trapu et ventru, à l'abdomen zébré de gris et de noir, et aux ailes atrophiées. Des traquets volettent, ainsi que des mésanges, des pinsons, des gobe-mouches et des grives. Musiciennes, les grives. Filles d'Harmonie.

 *DU GÎTE DE TINETTE AU SOMMET DE LARRAN, 2 heures*

Le gîte de Tinette est là, en contre-haut d'un champ de lavande. Quelques maisons de bonheur dans un ventre tiède de la montagne... Un chien aboie. Des chèvres bêlent. Ici s'achève l'asphalte de la route et commence la piste de terre. À côté d'un jeune cèdre bleu. Depuis le départ, je suis les balises jaune et rouge (peu nombreuses) du sentier de randonnée de pays (G.R.P.). La rocaille qui domine le fond du val luit sous le soleil et cerne deux petits jardins potagers — carottes, radis, choux pommés et choux de Bruxelles — ces derniers étranges, dans un contexte méditerranéen. Le merle noir et la merlette s'en amusent. La grive draine aussi. Des lézards gris filent se remettre au fourreau de leur trou quand ils détectent les vibrations du sol provoquées par mes pas ; dans la minute suivante, ils pointent à nouveau le museau dans leur fissure. Je cherche le plus puissant sujet de la famille : le lézard ocellé, au dos jaune-vert et aux flancs rehaussés de ronds d'azur. Le voilà — étalé au soleil, sur une pierre. Un mâle. Tête énorme, quasi dinosaurienne. Un petit monstre de 50 centimètres de longueur, dont la gorge palpite, dirait-on, la lumineuse et fragile beauté de la Haute-Provence.

À la deuxième épingle à cheveux du chemin, la révélation !... Je me retrouve comme un papillon négligeable dans une immensité bleue de lavandes dont les touffes ondulent en direction de l'ouest, et semblent se fondre dans l'azur parfait du ciel, sur lequel se détache le dôme en forme de sein du mont Ventoux. Je laisse glisser mon regard vers le sud, où le massif du Luberon (le Petit et le Grand) étale la frise outremer et gris perle de ses crêtes, au-dessus du lac de brume rose-mauve qui couvre la vallée d'Apt. Harmonie, vous dis-je... Je respire, je hume la splendeur. Je m'enivre.

Un papillon machaon (est-ce le même que tout à l'heure ?) me précède et m'invite à poursuivre vers le nord. Je vais d'un bon pas, sur la piste de terre rousse où bondissent des criquets et que traversent des chenilles de papillons écailles vêtues de longue fourrure acajou. Des corneilles noires partent en quête de je ne sais quoi. Je marche vers les silhouettes sombres des pins. Le paysage devient austère. Les conifères ont une allure de chevaliers de conte, et laissent entre eux des espaces d'herbe jaune et piquante, où croissent l'orchis bouc, l'orchis pyramidal et la polygale bleue, et où s'embusquent la mante religieuse et la larve d'empuse (ou diablotin) en trompeuse prière.

Longue traversée, dans un sentiment de rêve. À droite, une branche du chemin me conduirait vers le plateau des Fraches et l'ascension directe du sommet de Larran. Je préfère m'en tenir au G.R. de pays. Un virage à gauche et une bifurcation, au-dessus d'une bergerie de pierres : mais je file à droite, fidèle aux marques rouge et jaune. Contours fessus des collines. Volées de perdrix rouges. Un lièvre, puis trois chevreuils détalent. Traces de sangliers sous un chêne blanc. Je me demande si je verrai des cerfs et des biches. Peut-être des chamois. Avec de la chance — c'est-à-dire des courants aériens favorables —, je recevrai la visite de l'un des vautours réintroduits dans les Baronnies. Dans un creux d'ombre bleue, je m'agenouille près d'une fleur. Un lis martagon, aux corolles en boutons poilus, qui déploieront bientôt leurs turbans roses poudrés de pourpre. Ici, on célèbre chaque jour les noces des Alpes et de la Méditerranée. La montagne de Lure est ainsi : ambiguë et multiple.

Une bifurcation. Un panneau indique, à gauche, le pas de Redortiers et, à droite, le col de la Roche. C'est par là que je vais. Je monte vers la crête vers le sommet de Larran. Le machaon me précède. Si ce n'est lui, c'est donc son frère.

 **DU SOMMET DE LARRAN AU HAMEAU DE CONTADOUR,**
*2 heures 30*

Une borie en pain de sucre de pierres gris pâle marque la cime (altitude : 1 379 mètres), où ruminent des moutons. Je me dresse sur l'arête. Vers le nord, la pente est abrupte au-dessus de la vallée du Jabron. Les hêtres colonisent cet ubac. Vers le sud, l'immensité du plateau de Contadour déroule ses verts de toutes les nuances. Le mont Ventoux garde l'horizon de l'ouest, le Luberon celui du sud, par-delà les ondulations bleues du plateau du Vaucluse où je devine la sinuosité des gorges de la Nesque. Vers le nord, le paysage est rien moins que grandiose. Les Baronnies bleues s'attachent, par une magie de lumière, au Dévoluy (vigoureux pic de Bure) et au massif des Écrins, qui coiffe la vallée de Gap et celle de la Durance. La vue s'échappe au nord-est jusqu'au Queyras et au Mercantour, en un songe universel des Alpes.

Je chevauche la crête de cette colossale vague minérale dont j'aperçois, vers l'est, le sommet majeur : le signal de Lure (1 826 mètres), avec son relais de télécommunications. Tout en bas, le Jabron teinté d'argent sinue vers le village de Noyers-sur-Jabron, puis la Durance dans laquelle il se jette en aval de Sisteron. Il me semble que je surfe sur cette lame de pierre. L'herbe est piquetée de cirses roses, de gentianes et de grosses carlines à feuilles d'acanthes qui ont l'apparence de soleils pour tarots divinatoires, entourés de rayons onduleux. La saison est passée des fritillaires et des tulipes sauvages, mais n'est pas encore venue des chardons blancs — les panicauts blanche-épine qui, dans les Alpes du Sud, remplacent les chardons bleus du Nord.

Je m'arrête à la bergerie du pas des Agneaux. Ombre humide. Odeur organique. Je repars sur la crête. J'abandonne bientôt le G.R. de pays et ses balises rouge et jaune. Je file sur le sentier qui pique droit au sud, vers la borie qui signale le vrai point culminant de cette balade : 1 431 mètres. Pause casse-croûte au soleil, dans la brise chargée de parfum de lavande.

Je descends le chemin bosselé, entre les hêtres, les pins, les chênes, les genêts et les rosiers sauvages.

Mésange dans un prunellier. Volée de venturons montagnards sur la lande. Un autre lézard ocellé — une femelle. Une longue couleuvre d'Esculape, au dos de bronze et au ventre d'ivoire. Une borie superbe, dans laquelle je me coule. En ressortant, tiens ? Des lavandes ! J'aurais presque pu les oublier, celles-là : l'espèce ne croît pas sur la crête. Mais ces corolles ne peuvent pas s'empêcher de lâcher des molécules de bonheur dans le vent. Elles m'accompagnent à nouveau — physiquement — tandis que je perds de l'altitude. Une obsession merveilleuse.

Le sentier de crête file droit au midi. À l'est, le bois du Cracq et la vallée du Crapon. Du côté occidental, le ravin du Fond Brune qui donne son âme d'herbe au plateau de Contadour, et où trône une grande bergerie en partie ruinée, dans laquelle on se dit qu'on vivrait volontiers, fût-ce transformé en mouton par la magicienne de Lure. La Circé de la Haute-Provence.

Senteurs de pins. Hêtres noueux. Mystère des chênes blancs — truffiers, bien sûr ! À gauche, une vallée heureuse : deux camps de lavande plus bleue que de raison, autour d'une bâtisse basse ; simplicité ; lumière. Je longe le grand coteau de Glaude, tout entier planté de lavande, avec un hêtre géant, comme un signal, à son extrémité. Deux lacets me mènent à la grange de la Roche : vaste ferme vouée (vous l'avez deviné !) à la culture de la lavande. Gîte rural. Ne me reste qu'à gambader vers la combe boisée où ne chante aucun torrent permanent (gare aux fureurs de l'eau, les jours d'orage). À remonter sur le plateau où décolle et cajolle une alouette. Et à finir ce périple au hameau de Contadour, mettons à quatre pattes au-dessus d'une touffe de lavande. Pour une imprégnation définitive.

À cet instant du conte, je me métamorphose en papillon machaon.

NOTE SAISONNIÈRE ET RECOMMANDATIONS

Cette balade ne présente aucune difficulté, sauf pour se repérer, si le temps vire au brouillard et à la pluie. La plus belle saison est au printemps, quand des troupes discrètes d'orchidées sauvages investissent la montagne, et que les lavandes fleurissent en foule. En été, les panicauts blanche-épine, les insectes et les oiseaux dominent. L'automne voit paraître l'oronge et les cèpes. En Haute-Provence, les lumières ne sont jamais si belles qu'en hiver.

# 3. Haute-Provence

## Les Pénitents des Mées

*Froid de Noël en Haute-Provence. Les Pénitents des Mées sont habillés de givre, tels des moines en cortège dans un hiver du Moyen Âge. Autour du village des Mées, en cheminant parmi ces robes de bure minérales, une balade au pied du plateau de Valensole, dans la plus improbable des architectures naturelles.*
*En boucle autour des Mées, 3 heures*
*Carte I.G.N. au 1 : 25 000, 3341 OT, Top 25, montagne de Lure, les Mées, Château-Arnoux.*

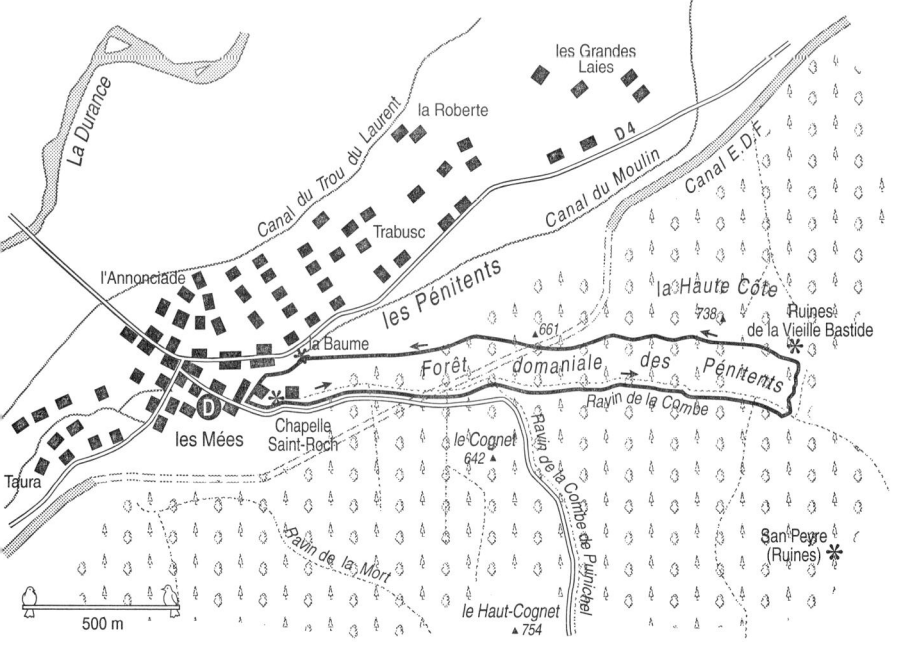

Aube de Noël aux Mées. Grand froid sur la Provence. La messe de minuit a été dite dans la petite église du village, dont le clocher étrange, fait de fers grillagés, ressemble à un filtre pour les âmes. Je regarde le jour poindre. La lumière est étrange, grise, presque mauve. Les enfants se retournent dans leur lit en rêvant du cadeau qu'ils auront dans leurs souliers. J'ai déjà le mien : ce souffle de vent des Alpes sur la vallée de la Durance. Comme une force de l'esprit.

J'ai enfilé mon tricot, ma fourrure polaire, mon anorak, mon bonnet et mes gants, bref ce que j'ai de plus chaud. Je me mets en marche sur la place du village, vers la rue Clovis-Picon (« Mort pour la France », dit la plaque ; mais quand ?). Un chat saute sur un balcon. Je me dirige vers la chapelle Saint-Roch. Je vais, en humant l'aube, du côté du soleil levant.

J'aime la Provence à la belle saison. Mais encore davantage en hiver, quand elle est à l'opposé de l'image qu'on se fait d'elle. Glaciale. Frissonnante. Blanchie de givre.

 ***DU VILLAGE DES MÉES
À LA SOURCE DE SAN PEYRE,
1 heure***

Sur la petite route de la Combe, devant moi, une silhouette semble s'évanouir dans la lumière diffuse, entre les ombres des chênes verts toujours en feuilles et des érables de Montpellier défeuillés. Est-ce un homme ? Une femme ? Une illusion ? Un rêve ? Je ne sais.

Un moine, peut-être, avec sa cape. Un pénitent. Le symbole géologique et spirituel de ce paysage singulier devant lequel je suis arrivé hier au soir, et où je me balade en songeant à mes Noëls d'enfant, plus neigeux dans la montagne, mais ni plus froids, ni plus emplis de mystère, ni plus imprégnés de poésie...

Je marche sur la chaussée jusqu'à la seconde chapelle — Notre-Dame-de-la-Salette —, puis en direction du camping. J'accélère le pas pour me réchauffer. Un couple de bouvreuils frissonne à la fourchure d'une branche de chêne blanc. Des pinsons et des bruants jaunes volettent sur un sureau. Des mésanges bleues, nonnettes et charbonnières se répartissent les fourrés : pour les oiseaux, Noël n'est pas un cadeau. Je me souviens que j'ai marché, ici, au printemps passé, en admirant des floraisons d'hépatiques à trois lobes et de scilles en épis bleu-mauve, d'urospermes de Daléchamp solaires et de polygales aux petites fleurs indigo en ailes de papillons. Des silènes ocymoïdes posaient sur les rochers leurs tapis drus de corolles d'un rose lumineux. Je n'en retrouve que les fruits et les feuilles desséchées, que la glace couvre d'une pellicule transparente.

Je quitte la route asphaltée. Je descends à gauche, en suivant les marques (traits jaunes) du sentier balisé. Je passe à la suite les deux barrages édifiés au XVIIIe siècle par les hommes pour essayer de maîtriser les crues du ruisseau de la Combe, le plus souvent réduit à un filet (gelé en cette saison), mais qui, après les violents orages d'été, se transmue en monstre de boue capable de tout emporter.

Je laisse le sentier des Pénitents (balises jaunes), qui monte la pente à gauche. Je continue le large chemin qui emprunte le fond du val, en direction de l'est. À ma gauche, la colline des Mées semble une gigantesque vague de tsunami figée, dont la face sud se couvre de pins d'Alep, de chênes verts et d'érables de Montpellier, auxquels se mêlent baguenaudiers, genêts, amélanchiers, genévriers cades et genévriers de Phénicie. Telle est la forêt des Pénitents : riche d'une flore méditerranéenne odorante, aujourd'hui transie par le vent. Les plaques de glace argentées craquent sous mes chaussures. Les herbes enrobées de givre semblent autant d'aiguilles de laiton pâle. Je frôle du bout du doigt une touffe de vieilles graminées et un buisson de prunellier. Je file sous l'œil du corbeau qui me survole en croassant d'un ton ironique. Un nuage, vers le sud, a des allures de capuche de moine. Toute la nature s'ingénie à se copier elle-même. Le monde est une assemblée de simulacres. Je me demande de qui (de quoi ?) je suis la pâle imitation.

 J'accélère le pas. Mon haleine se matérialise en buée. Je souffle sur mes gants pour réchauffer mes doigts. J'essaie d'identifier des plantes hérissées de cristaux. Mon mollet frôle une vieille tige fructifère brune d'orchidée ; je suppose qu'il s'agit de l'orchis casque. Une touffe vert sombre d'héllébore fétide — prête à rebourgeonner — me rappelle que cette espèce ne craint guère les hivers rudes. Un pissenlit réussit à verdir ses feuilles en dents de lion. Les limbes épais et gaufrés d'une molène prennent une texture de coton hydrophile.

 Voici la grande bifurcation. Tout droit, la piste s'échappe dans la forêt des Mées, vers les collines qui dominent la vallée de la Bléone, cette rivière qui traverse Digne et se jette dans la Durance un peu au nord du cortège des Pénitents. Je choisis la piste de gauche, qui ondule comme une anguille sous les chênes. Au virage, la source de San Peyre jaillit d'un tuyau un peu vulgaire — mais vive et pure, avec des sculptures de glace aux endroits où les gouttelettes retombent sur le chemin. Je bois, bien sûr. Claire. Froide. Avec un arrière-goût de tanin délicieux. Pourquoi pas de truffe ?

***DE LA SOURCE DE SAN PEYRE AUX PÉNITENTS,***
*1 heure*

La piste remonte en pente douce vers l'ouest et l'arête de la Haute Côte. Le vent siffle. Un pic-vert s'extrait des buis, dont il a volé pour ses plumes les couleurs vert et rouille. La pente se couvre de genêts et surtout de thyms farigoules gris-bleu, dont la plante parasite (l'orobanche du thym) dresse çà et là ses chandeliers de fleurs sèches, aux corolles jaunâtres épaisses et aux bouches pourprées de petits dragons bizarres.

Je touche le point culminant de cette balade (726 mètres). Un grand pin solitaire, dégingandé, en matérialise l'emplacement. Un panneau de bois indique les directions : « La Haute Montagne », « Les Mées par la Haute Côte »... Je choisis de descendre vers les Mées. Les ruines de San Peyre sont là, à deux pas. Vieilles bergeries envahies d'arbustes. Je me souviens d'une ruine analogue, que j'avais visitée l'autre printemps, de l'autre côté de la Durance, sur la montagne de Lure. Une touffe de jusquiame y était en fleurs. Je ne peux m'empêcher de regarder si je la trouve. La magie de la nature opère une fois encore. Cette tige et ces feuilles gaufrées, fanées, brunies, couvertes de givre, appartiennent bel et bien à l'espèce. La jusquiame noire... Une solanacée, cousine de la morelle noire, du tabac, de la belladone, du datura et de la mandragore ; comme cette dernière, une hallucinogène. Une plante de sorcier, une herbe de visions et de folie, une empoisonneuse qui relie le monde des hommes à celui des dieux...

Je foule, à présent, la plate-forme qui domine l'alignement prodigieux des Pénitents des Mées, lequel regarde la vallée de la Durance et son confluent avec la Bléone, contre l'arrière-plan bleu-gris de la montagne de Lure. Etrange contraste... Ici, sur la hauteur, tout semble sauvage, avec des rocs insoumis et des arbres en liberté ; une architecture de chaos ; un paysage primitif où l'homme semble de trop, superflu, incongru, sans importance ni nécessité. À l'inverse, en bas, dans la plaine, sur les alluvions de sa vallée, la Durance, jadis farouche et réputée « indomptable », a bel et bien été domestiquée. Asservie. Réduite en esclavage. Son eau, emprisonnée plus en amont derrière le barrage de Serre-Ponçon, coule dans un canal de béton qui, précisément, devient souterrain sous les Pénitents des Mées. D'où je me dresse, j'aperçois la grand route et l'autoroute, le terrain d'aviation et l'usine de Château-Arnoux.

J'ignore si je suis heureux de me sentir si loin de la civilisation, ou malheureux de m'en approcher de si près. Telle est l'incertitude de la vie, à Noël, en Provence. Un pinson me le répète à sa façon, perché sur une branche de viorne-tin.

 *DES PÉNITENTS AUX MÉES, 1 heure*

La forêt de pins domine l'arête de roche, sur la droite de laquelle s'alignent les Pénitents de pierre. Je pense aux papillons qui, à la belle saison, enchantent ces hauteurs : le machaon et le flambé (grands porte-queues), le sylvandre et le tircis, la belle-dame, le vulcain, le morio et tous les autres. Je songe aux écureuils roux, en ce moment frigorifiés, roulés en boule dans leur trou d'arbre. Aux martres et aux fouines, qui traquent le campagnol, la mésange ou le pinson. Je suis un petit mammifère ou un oiseau transis. Je participe de ce Noël aux glaçons. Je frissonne avec la nature. Je traverse l'hiver un poinçon de glace au cœur. Mais heureux de m'entendre pépier avec la sittelle ou le grimpereau.

Au carrefour, je descends sur le sentier de droite (traits jaunes), qui se faufile entre les Pénitents. J'examine l'alignement des pics et des tentures de pierres qui dominent la plaine de la Durance. Quelle folie géologique a produit ce cortège, cette procession de couvent titanesque, ce défilé de moines à l'échelle des géants de légende ? D'ici, les proportions de l'ensemble apparaissent dans leur vérité : chaque « personnage » minéral, en marche immobile, mesure plus de 100 mètres de hauteur. Cheminées, draperies, aiguilles, donjons, créneaux et arches se succèdent. Inépuisable fantaisie de la nature.

Je caresse les roches que je frôle entre les lacets. Des millions de cailloux, collés en poudingue par un ciment naturel, en forment la matière. Je me suis renseigné, bien sûr. Il semble qu'à la fin de l'ère Tertiaire, voici environ 5 millions d'années, tandis que les Alpes étaient nées de la mer une vingtaine de millions d'années auparavant, des torrents innombrables se liguèrent pour entasser, dans une dépression située en bordure du plateau de Valensole, de monstrueux amas de matériaux arrachés aux pentes. Ensuite, la puissance érosive de la Durance fit son œuvre. La rivière arracha le sable qui comblait les fissures des sédiments, dont certains s'étaient collés en poudingue. Naquirent ces silhouettes prodigieuses, selon les caprices du hasard, et pour le plaisir ahuri des humains dans mon genre.

Je me perds entre les blocs colossaux. Je domine des à-pics. Je m'introduis sous des arches de roche. J'explore des grottes. Je frôle des bonnets et des robes de pierre. Je repère, le long des lacets du sentier, des fruits desséchés des iris nains et des gueules-de-lion (ou antirrhinums), des garances voyageuses, des bugranes roses, des valérianes rouges et des sceaux-de-Salomon. Cette face nord, plus froide, forcément plus froide que l'adret par où je suis monté, accueille le noisetier et l'hépatique à trois lobes, la primevère officinale et l'hellébore fétide, le faucon pèlerin et le choucas des tours.

Le chemin, étayé de petites marches en rondins, va et vient, monte et surtout descend parmi les pins et les chênes, qui composent un bois sombre et dru. Après une vingtaine de lacets, je touche le bas du système et la large piste de terre qui, à droite, file vers San Peyre, et, à gauche, vers les Mées. C'est dans cette direction que je marche.

Les Pénitents de pierre, à présent, me dominent de leur masse monstrueuse. De leur hauteur hallucinante... Ils ont la tête au ciel et les pieds dans le sol. Le visage caché par leur capuche. Les flancs luisants de glace... Avec, sous leur robe plissée, des cavernes profondes et noires. Où vont ces personnages d'un autre temps ? Ils semblent en route pour une cérémonie dont je ne saurai jamais rien, mais qui est peut-être essentielle à l'ordre du monde.

Ne me reste qu'à revenir aux Mées. Une corneille noire croasse. Un geai crèque. Au clocher du village, la cloche sonne une autre messe. Ce Noël de glace me laisse au cœur la sensation d'une enfance un instant retrouvée, dans le mystère de la roche, des arbres, du ciel et de la Durance, quelque part en Provence, c'est-à-dire n'importe où sur la Terre.

---

NOTE SAISONNIÈRE ET RECOMMANDATIONS

L'hiver est propice à cette balade emplie de mystère, à laquelle seyent la glace et le froid, inhabituels en Provence. Les automnes sont riches de champignons, telle l'admirable oronge des Césars, au chapeau orange et au pied jaune, qui croît dans la forêt des Pénitents. Mais cette succulente cousine de l'amanite tue-mouches est devenue rare ; il faut la protéger. Les étés sont chauds, propices aux orages qui déchaînent les torrents ; c'est la saison des cigales, qui crissent à qui mieux mieux dans les pins. Printemps superbes ! Alors, toute la flore se déploie. Mélange d'influences de la Méditerranée et des Alpes. Avec des orchidées sauvages, des vesces violettes, des vipérines bleu et rose, des jusquiames noires et des centaurées des montagnes que survolent des feux d'artifice colorés de papillons, de criquets, d'abeilles et de coléoptères.

# 4. Haute-Provence

# La vague de pierre

*Tout autour, l'océan gris-bleu des montagnes et des plateaux de Haute-Provence ; et l'horizon des Alpes. Le sentier surfe sur la vague calcaire de la barre des Dourbes, dite aussi « montagne de Coupe ». Provence de fin d'automne : lumière sans pareille, buissons en fruits, beauté des herbes jaunies sous la caresse du vent.*

En boucle autour de la maison forestière de la Serre, 4 heures 30.

Carte I.G.N. au 1 : 25 000, 3441 E, Série bleue, Barrême.

Le vent du nord dégage froidement les nuages. Le cristal du ciel évoque une pierre philosophale. Je bois la substance de l'atmosphère comme un nectar alchimique. La parfaite lumière des Alpes de Haute-Provence inonde de bonheur mes poumons. Elle s'insinue par ma peau, coule dans mes veines, barbote dans mon cœur, gagne ma cervelle où elle recolore le monde à sa façon ; de sorte que, sans m'en rendre compte, je psalmodie avec Stéphane Mallarmé :

« *Je suis hanté ! l'azur, l'azur, l'azur, l'azur !* »

La poésie naît d'une combinaison de l'air froid qui fuse dans mes narines et du mouvement de mes pieds qui entament cette balade. Je ne suis plus dans un état politiquement correct. Conviendrait que j'alerte la brigade anti-drogue. Peut-on porter plainte contre le vent qui trafique l'oxygène et asservit les consommateurs dépendants dans mon genre ? La beauté me réduit en esclavage comme un opium, une morphine, une héroïne. Mallarmé, au secours !

 *DE LA MAISON FORESTIÈRE DE LA SERRE AU PAS DE LA FAYE,*
*1 heure 45*

Je me mets en marche au parc de la maison forestière de la Serre (altitude : 1 103 mètres), au bout de la route de terre qui serpente jusqu'ici depuis le hameau des Dourbes, à quelques kilomètres au sud-est de Digne. Deux pies en habit blanc et noir à reflets vert bouteille saluent mon sac à dos. Alentour, les collines et les montagnes de la Haute-Provence mélangent ou opposent leurs bleus, leurs gris, leurs mauves, leurs violets que rehaussent les ors, les ocres et les roux de leurs arbres en costume de fin d'automne.

Vers l'est, comme une prodigieuse forteresse de calcaire gris et blanc, ou comme une vague de tsunami figée, se dresse la barre des Dourbes, la face abrupte de la montagne de Coupe où j'entreprends de grimper. J'emprunte le chemin dit « G.T.P.A. » (« Grande Traversée des Préalpes ») ; balises jaune et rouge. J'avance parmi les chênes blancs (ou pubescents), les érables, les poiriers sauvages et les églantiers constellés de fruits ovoïdes — cynorhodons vermillon, cirés par le Monsieur Propre de la maison Nature. La prairie contiguë est parsemée de rosettes de feuilles de plantain et de tiges d'orchidées fanées (orchis bouc, orchis mâle, orchis casque...). Les troènes tendent, au bout de leurs rameaux, des cierges de fruits couleur de ténèbres, toxiques comme un brouet du diable. Des cardères, dont les capitules semblent des crânes de hurons, justifient leur surnom de « cabarets des oiseaux » en offrant leurs graines aux chardonnerets qui volettent — masque rouge et ailes à galons de soufre.

À l'intersection de la piste forestière, je reste fidèle aux traits jaunes et rouges : je prends à gauche. Sur les talus, les fruits d'argent des catananches bleues (lanternes du Japon) voisinent avec les touffes vert sombre des hellébores fétides. Je découvre, cachées dans des trous, à l'abri du vent et du gel, diverses fleurs encore épanouies : un plateau blanc rosé d'achillée millefeuille ; une campanule étalée bleu-mauve ; un œillet cramoisi ; des épervières et des sénéçons aux capitules jaune paille ; un érodium mauve, avec ses fruits en épées... Je m'émerveille de la faculté qu'ont certaines plantes à produire encore des corolles tard dans l'année, comme si elles voulaient assurer leur descendance à tout prix, crainte d'un désastre.

Entre deux pins sylvestres d'un ténébreux émeraude, le sentier quitte la piste sur la droite et monte en lacets parmi les pins à crochets, les pins noirs, les chênes blancs et les érables ; avec des bouleaux pour faire nombre et des mélèzes dont les rares aiguilles dorées disent l'imminence des froids. Un pic-vert plonge à dextre : calotte rouge sur citron de plumes. J'entends tapoter un de ses congénères à sénestre. Des volées de grives, de merles, de geais, de mésanges noires et nonnettes, de bruants jaunes et zizis, sèment une adorable confusion dans le paysage. Je manque écraser une mante religieuse, que les derniers soleils tiennent en éveil : elle me regarde de ses yeux brun sombre, en hochant doucement son étrange tête en triangle.

Le chemin balisé rejoint la (trop !) large piste forestière, que j'emprunte à nouveau pendant environ 1 kilomètre. Senteurs âcres et sucrées de résine en gouttes d'or et de cuivre. Revigorants parfums de conifères coupés, dont les billes en tas me rappellent les bûcheronnages de mon enfance, dans la forêt de Tincave. J'aime cette ambiance, même si mon surmoi écolo pleure (ô Ronsard !) le sang répandu « des nymphes qui vivaient dessous la rude écorce ». De nos jours, le massacre est d'autant plus sinistre que les arbres ne sont plus abattus à la cognée, mais à la tronçonneuse — la plus lamentable invention de l'homme après la bombe atomique et la kalachnikov.

Je hume la substance des mélèzes et des pins dans la forêt des Eychards. J'aperçois, dans une trouée, tout en bas, vers le nord-ouest, un quartier de Digne où conduisent les tributaires du torrent des Eaux-Chaudes (le ruisseau de Tartonne et celui du Vabret), qui dévalent leurs thalwegs bosselés de curieux terrils de marnes couleur de charbon. Au nord-est, je contemple les sommets enneigés qui dominent le col de Vars et la vallée de Barcelonnette. Un aigle royal décolle d'un mélèze et plane en direction du parfait pain de sucre du pic de Couard (1 988 mètres), où culmine la montagne de Coupe.

Deux lacets de la piste, un cri de geai, un appel de casse-noix, un craillement de crave à bec rouge — et le sentier se rétrécit brusquement. J'attaque la montée vers le pas de la Faye (orthographe de la carte I.G.N. ; sur les panneaux, je lis « Faille »). Je m'élève dans la forêt qui se raréfie, sous la falaise énorme, verticale — voire surplombante —, déployée comme une draperie d'aurore boréale ; ou comme une lèvre de la terre. Je songe aussi à la muraille d'eau ouverte dans la mer Rouge devant le peuple de Moïse, sur le chemin de Chanaan... La barre des Dourbes se révèle entre les arbres, à chaque détour. Des papillons attardés palpitent sur leurs pauvres ailes déchirées : un vulcain noir à galons orange ; un tircis et un agreste de velours brun ; un gazé aux ailes de plexiglas ; un colias de soufre aux ocelles cramoisis... Je me demande comment ils persistent dans leur être si tard en saison. Ce n'est, en tout cas, pas par hasard que le pays de Digne a la réputation d'être la contrée de France — et même d'Europe — la plus riche en lépidoptères.

De part et d'autre du sentier qui s'escarpe, la roche calcaire se couvre de plaques de buissons de buis : fourrure vert, roux et brun-rouge. Dans un creux, un chardon laiteux galactite expose ses gros capitules épanouis en rayons roses. Dans un autre berceau, j'identifie les tiges fanées du lis orangé (ou bulbifère). Les bords du chemin se hérissent de lauriers de saint Antoine en fruits cotonneux blancs, de pétasites aux immenses feuilles de parchemin vert, de molènes aux limbes de laine grise, de digitales à grandes fleurs naguère jaune crème et désormais desséchées... Ici, un bouquet de violettes à deux fleurs jaunes encore épanouies. Là, des touffes de thyms, de sarriettes, de fraisiers, de trèfles roses.

Je laisse, sur la droite, le « chemin sous la Barre » (balisé de jaune), qui longe le pied de la falaise vers le sud et le pas de Tartonne. Je continue de grimper vers le col entre les pins à crochets, les buis et les baguenaudiers. La roche, de plus en plus nue et blanche, se rehausse çà et là de touffes de saxifrages, d'orpins et de joubarbes. Deux grands corbeaux passent à ma hauteur, bec énorme et queue en losange, tandis que je foule le replat d'herbe qui domine de façon vertigineuse les mélèzes d'or des Eychards. Un éphippigère tout vieux, tout perclus, tout usé, arpente une touffe de lavande : modeste sauterelle aux ailes atrophiées et au gros abdomen rayé de noir et de gris.

Une fleur de potentille — minuscule simulacre du soleil — m'annonce que j'arrive au pas de la Faye. Ou de la Faille. Je dirais plus volontiers : au « pas du Vent », tant ici l'air vibre, claque, gifle, bruisse et s'affole. Comme s'il voulait faire comprendre au visiteur qui commande ce royaume.

 *DU PAS DE LA FAYE À LA MAISON FORESTIÈRE DE LA SERRE, 2 heures 45*

Le pas de la Faye. Altitude : 1 702 mètres. Le vent souffle comme un trompettiste endiablé dans cet entonnoir minéral. J'inhale à pleins poumons ma portion d'atmosphère. Je déguste à pleines pupilles, à pleines rétines, ma ration de lumière et de formes. Spectacle sublime... Au nord-ouest et à l'ouest, l'agglomération de Digne et la vallée de la Bléone. Au nord, le massif des Écrins — le pic d'Olan, la barre des Écrins, le sommet des Bans, le mont Pelvoux. Au nord-est, au-delà du pic de Couard (une tête d'ours vue par derrière), les cimes enneigées qui dominent Barcelonnette. À l'est, les hauteurs gris-brun, pelées, minérales, de Tournon et du

Cheval Blanc, qui introduisent à la haute vallée du Var, au mont Pelat et au grand Mercantour. Au sud et au sud-ouest, l'enfilade moutonneuse des hauteurs proches des gorges du Verdon et du val de Durance. Les Baronnies. La montagne de Lure. Le plateau de Valensole. Là-bas, comme une idée bleue de la Méditerranée.

Je frissonne et mon frisson se transmet, par la mécanique ondulatoire de l'air, aux plumes des deux grands corbeaux qui reviennent me survoler. Je les intéresse. Je me demande si c'est au titre d'aliment. Ils patrouillent au-dessus du col et croassent gravement. Ecoutons la philosophie présocratique du corbeau. Il professe que l'Être est Un, avec des plumes de charbon sur l'aile. Appelons-le Parménide et, au titre de l'aliment, cassons une petite graine à l'abri d'un rocher. Fougasse dorée et fromage de chèvre dans un nid de buis vert.

Lorsque je recommence à marcher, j'abandonne le sentier « G.T.P.A. », qui dévale la montagne de Coupe vers l'est, la forêt des Trois Asses et le hameau de Tartonne. Cap au sud, sur la crête. Ici, la piste est à peine un sentier, disons une trace notée de rares traits jaunes. Cheminement subtil (ami, regarde où tu mets les pieds!) sur le faîte de la barre des Dourbes, avec à droite du petit orteil, pendant près de 3 kilomètres, un à-pic de 50 à 250 mètres de hauteur ! Vertige probable, témérité déconseillée.

Je m'assieds un moment sur la borne où cette balade culmine (1 728 mètres). Puis je surfe sur l'écume blanche de la vague de pierre. Mettons que je suis un corbeau facétieux qui déblatère un texte de Parménide en se soûlant de lumière. Je me régale de progresser sur ce lapiaz, dans ce dédale sculpté par l'érosion de l'eau et du vent. Certains rocs, délités par le gel, polis par l'air et la pluie, semblent des plaques de marbre : on cherche le bas-relief. D'autres ont été ciselés en ronde-bosse : gargouilles d'églises médiévales, tarasques, mandragores et diablotins cornus.

Je songe au prodigieux destin de ces Préalpes, nées des sédiments de la mer Téthys pendant le plissement alpin, voici 45 à 15 millions d'années, et où tant de fossiles du Secondaire et du Tertiaire ont été exondés puis exhaussés pour exaucer la curiosité du savant. La Réserve géologique de Haute-Provence étale ici ses trésors. J'en imagine dans le ventre de roche que je foule. Un lis de mer pentacrine du Trias (230 millions d'années). Une ammonite géante du Jurassique (180 millions d'années). Une bélemnite du Crétacé (100 millions d'années). Une coquille d'huître et des dents de super-requin blanc carcharodon du Miocène (20 millions d'années)...

Les buis moutonnent sur la face orientale de la montagne. Rien d'étonnant si des moutons — des vrais, qui bêlent sous leur toison de laine — hantent aussi cette crête. En un endroit, ils y ont leur reposoir, à l'abri d'un bosquet d'arbustes : boue piétinée et tas de crottes. Sur l'humus que ces déjections engendrent, croissent des plantes amies de l'azote : orties, arroches, épinards sauvages, mauves à feuilles rondes ; avec de gros chardons onopordons acanthes aux capitules mouchés de violet-rose. Un pré en losange, vert franc comme un jardin anglais, surréaliste dans ce décor de roche sèche, occupe un redent. Et qu'est-ce que j'y vois ? Les galeries et les cônes de terre d'une taupe ! Obstination de la vie... Comment cette bigleuse lombricivore est-elle arrivée jusqu'ici ? J'escalade souvent les montagnes ; j'y rencontre rarement la taupe. Je tiendrai désormais le registre des lieux insolites où j'aurai vu l'espèce.

Je continue de marcher au bord du précipice. J'aime sentir le vide. Il me rend métaphysicien moins obtus et poète moins coincé. Par places, la roche se fissure comme une corniche de neige en surplomb. Tout croulera peut-être dans huit secondes sous mon poids. Quelle importance ? Un faucon pèlerin plonge vers la maison de la Serre, qu'on distingue 600 mètres plus bas. Trajectoire en parfaite hyperbole.

L'instant suivant, je contemple ce qu'on appelle le
« trou de Saint-Martin ». Une fenêtre naturelle dans le
calcaire. L'étrange orifice perce le sommet de la crête
minérale. Environ 5 mètres de hauteur sur 4 de largeur.
En silhouette, j'y vois une baleine la tête hors de l'eau,
en posture d'« espionnage ». Le vent s'y engouffre avec
une force fabuleuse : serait-ce une soufflerie pour
l'étude du profilage du faucon ? Je descends prudemment l'éboulis qui résulte de l'ouverture. Me voici sous
le linteau de la croisée. Je me penche au bord du vide.
La falaise est haute de plus de 100 mètres. Je ne suis
pas certain de la perfection hyperbolique de ma trajectoire, s'il me prenait la fantaisie d'imiter le faucon. On
raconte que cet orifice fut percé par saint Martin sur
son cheval, lequel bondit d'un seul élan de la pierre
Saint-Martin (où l'on voit encore la trace d'un sabot)
jusqu'au sommet de la Colette. Et que, le 11 novembre,
jour de la Saint-Martin, le soleil unit d'un trait d'or le
trou et la pierre homonymes.

Au pas de Tartonne (altitude : 1 658 mètres), je
rejoins le « chemin sous la Barre » qui me mènerait sous
le pas de la Faye, vers le sentier aujourd'hui peu praticable qui dévale en lacets jusqu'à la maison forestière de
la Serre. Je néglige cet itinéraire. Je continue sur l'arête
de la barre des Dourbes, par la Cloue de la Cabane, en
direction du pas de Labaud. C'est ici que la falaise est la
plus colossale : vertige sur les ravines du Chabourouet et
du Vabret, où il me semble voir gésir un énorme reptile
obscur à stries jaunes. La blancheur du castel de calcaire
surmonte la noirceur écailleuse du substrat. J'y vois
l'image géologique du combat de l'ange et du démon.

Au pas de Labaud (1 622 mètres), dans des bonsaïs
de hêtres, de pins noirs et de pins à crochets, deux
cairns indiquent le sentier qui descend vers le village
des Dourbes. Balisage de traits verts. Un écureuil roux
fuse dans un alisier garni de fruits rouges, puis vole sur

un érable. Une martre (pensé-je) a déposé sa crotte sous un cytise. Une carline acaule étale le soleil d'argent de son capitule en « baromètre ». Un œillet rose fleurit « *malinement tout près, tout près* », comme dit Rimbaud. Je me laisse porter par la pente, sur un tapis de feuilles mortes, parmi des foliaisons de primevères, d'hépatiques à trois lobes, de digitales à grandes fleurs, d'hellébores fétides, d'euphorbes réveille-matin et de prénanthes pourpres. Je quête le lis martagon. Je perçois le « grouik ! grouik ! » du sanglier qui détale.

Le sentier coupe la large piste forestière, et la retrouve plus bas, près d'un rocher dont la silhouette copie celle du trou de Saint-Martin. Dans un chêne se sont établis deux geais : je me demande ce qu'ils connaissent de cette légende. À partir d'ici, je me contente de faire aller mes mollets sur la route de terre récemment aménagée, qui n'est pas notée sur ma carte I.G.N. et traverse à mi-hauteur le cirque prodigieux du Vabret et du Chabarouet. Dans le ventre du démon noir et jaune que domine l'ange blanc de la barre des Dourbes.

Lorsque je foule le parc de la maison forestière de la Serre, en même temps qu'un chevreuil, je me persuade que j'ai rêvé ce combat biblique dans un accès de poésie imputable à l'abus d'azur du ciel, dans le vent délirant de la Haute-Provence.

### NOTE SAISONNIÈRE ET RECOMMANDATIONS

Aucun problème pour cette balade, sauf en cas de brouillard, de pluie ou de neige : alors, le sentier de la crête peut devenir dangereux. L'hiver est un poème. Le printemps voit exploser des merveilles d'orchidées, de lis et de lavandes. L'été donne une idée de la violence du soleil, tandis que l'automne s'enchante de l'or des hêtres et des mélèzes.

# 5. Verdon

# La symphonie du canyon sublime

*Le Verdon roule ses eaux vertes et mugit sous les falaises du Point Sublime. Monstrueuses murailles gris et ocre : le faucon pèlerin s'envole en son royaume... Balade sur le sentier Martel, cette portion du G.R. 4, au fond du plus vertigineux canyon du monde après le Colorado. En écoutant la symphonie de l'eau et de la roche.*

*En ligne, du chalet des Malines au Point Sublime, 6 heures.*

*Carte I.G.N. au 1 : 25 000, 3442 E, Série bleue, Senez, gorges du Verdon.*

Le cœur mugissant du canyon : c'est ici qu'il faut être, au ras du torrent qui bouillonne, tout en bas des falaises ; et non là-haut, sur les routes encombrées des corniches, avec la cohue des touristes qui mitraillent et caméscopent...

Descendre. Descendre encore. Encore... Quêter le mystère de l'eau dans le ventre de la pierre, dans cet utérus, dans cette matrice généreuse où le Verdon lance avec une sorte de rage sa substance liquide gris-vert et d'un aspect étrange. On dirait des muscles et des tendons d'eau. Une chair et une peau liquides qui ondulent. Des vertèbres d'écume.

Le Verdon invite le promeneur à régresser au stade embryonnaire. À redevenir fœtus au sein maternel de la terre — dans la tiédeur de la roche, avec, à l'oreille, le bruit viscéral du fluide qui gargouille. Symphonie biologique... On perçoit la puissance des molécules qui présida à l'apparition des précellules. L'acte créateur. Les idées folles de l'acide désoxyribonucléique ADN, dans les nids primordiaux de la Vie.

 ***DU CHALET DES MALINES À LA BRÈCHE IMBERT,***
*3 heures*

Je discute avec un groupe de randonneurs devant le chalet des Malines (noté « la Maline » sur la carte I.G.N.), à 8 kilomètres de La Palud-sur-Verdon, sur la route des Crêtes. Refuge du Club alpin français (C.A.F.). Altitude : 893 mètres. Une aire d'aigle — ou de faucon, comme on voudra. D'ici, le regard plonge vertigineusement dans l'entaille que la rivière, née près d'Allos, dans le massif du Mercantour, surcreuse chaque jour un peu plus dans son plateau calcaire.

## LA SYMPHONIE DU CANYON SUBLIME

Je distingue, par une trouée de falaise, l'eau luisante qui m'appelle, 350 mètres plus bas. L'organisation générale de ce défilé me subjugue. À-pics, épaulements, méandres : une piste liquide sinueuse, entre deux rideaux de pierre qui tombent en fronces colossales. Nuances de gris, d'ocre et de roux ; avec, en haut, les étendues forestières vert sombre et les plateaux cailloux du bois d'Aire (rive droite) et du Petit Plan de Canjuers (rive gauche).

Je me désaltère et j'emplis ma gourde au bassin, devant le chalet du C.A.F. Le ciel est d'un gris sublime, plombé, électrique, zébré de mauve étrange, pommelé de nuages qui pourraient claquer en orage. Je m'en moque : je suis équipé, il y a des grottes près du sentier et, de toute façon, j'aime la pluie. Un panneau promet la plage d'Issane dans 1 heure 20, la brèche Imbert dans 3 heures et le Point Sublime — le but — dans 6... Nul problème d'itinéraire : j'emprunte le sentier de grande randonnée, le G.R. 4 — balises rouge et blanc, auxquelles (depuis la création du parc régional du Verdon) des passionnés de nature ont ajouté des pancartes d'information en bois, à l'effigie du lézard ocellé. Je me sens en forme. J'ai envie de marcher vite. Lézard hâtif.

Je plonge dans les lacets. Je file, je cours, je ripe sur les cailloux, je saute des rochers, je prends des virages de cabri (qu'on se représente un cabri quinquagénaire, à la barbe grise !). Je retrouve mes impressions de gosse derrière les chèvres du village, dans ma montagne natale... J'aime ces défis physiques. Les moments où je me sens microbe, animalcule, brimborion, presque-rien, négligeable sujet dans un prodigieux système géologique. Il me semble, alors, que je jette ma force vivante à la face de l'univers. L'univers s'en moque : n'importe. J'existe, tout simplement. Ma vanité vérifie, au risque d'une entorse, le volet « *to be* » du dilemme shakespearien. Ce n'est jamais une expérience inutile.

Un papillon belle-dame palpite sur une touffe de valériane (ou centranthe) rouge. Il me signifie, par le code de ses ailes orange à mosaïques noires, que je délire. Il me diagnostique un trop-plein d'endorphines dans l'encéphale : l'ivresse du dedans... Je continue de dévaler le sentier dans le style caprin, ce que je déconseille au lecteur. La pente est raide, le bord des falaises proche, les marches de pierre inégales et traîtresses.

Je frôle en passant des fouillis de buis jaune-vert, de chênes pubescents, de pins, de genêts et de genévriers, auxquels se mêlent des amélanchiers fleuris de blanc et des baguenaudiers enguirlandés de fleurs papillons jaunes. Où la pente est moins raide, où s'accroche un peu de terre, croissent des muscaris en grappes bleu marine, des alyssons jaune acide, des polygales bleu-mauve, des stellaires, des sauges officinales et des thyms parfumés comme une herboristerie provençale. Des lotiers explosent en mini-feux d'artifice jaune et cuivre. Des euphorbes characias — ces Janus de chlorophylle — épient l'intrus de leurs cent yeux verts à pupilles sombres. Des silènes ocymoïdes font mousser leurs corolles rose bonbon dans les fissures, en compagnie d'orpins et de saxifrages. Des globulaires proposent leurs pompons lilas, près de fougères cétérachs (ou herbes dorées) au revers de velours jaune métallique, comme une tranche de livre précieux.

Vol de fauvettes à tête noire. Roitelets dans un buisson. Mésanges nonnettes en réunion syndicale. Deux papillons vulcains à galons orange justifient leur surnom anglais d'« amiraux ». Une aurore de Provence traverse le chemin sur ses ailes de vitrail noir et jaune à coins de feu. Je franchis les volées d'escaliers du pas d'Issane. Je dépasse un chêne au pied hypertrophié. Je laisse, à droite, la branche du sentier qui menait à la passerelle de l'Estellier : la méchante crue de novembre 1994 a balayé l'ouvrage. On ne franchit plus le Verdon au fond de ses gorges.

Je file, à gauche, vers l'amont. Je descends jusqu'à l'eau, où m'accueillent la bergeronnette grise et sa cousine jaune des ruisseaux. Je marche sur les pierres et le sable de la rive. Je touche le torrent. J'y plonge la main, le bras. Il mérite son nom de « Verdon » : il est vert. Vert d'argent. Vert d'écume. Vert truite. Vert de vie. Du reste, froid comme la montagne... Il tord son corps liquide en léchant le calcaire. J'accomplis cette balade en mai. Le flot est tumultueux — alimenté, là-haut, par la fonte des neiges... Les remous et les vagues claquent sur les ressauts. L'été, on peut se baigner ici. En ce moment, on risquerait de se noyer ! Avant la construction des barrages en amont (Castillon et compagnie), le débit de crue excédait parfois 800 mètres cubes par seconde : un monstre liquide ! Les empilements d'arbres arrachés aux rives, puis jetés sur les berges par la colère de l'automne dernier, prouvent que le torrent garde son caractère.

Le pré d'Issane et sa « plage » — une demi-lune de galets blancs, couverts de fagots de branches et de racines... J'ai mis 40 minutes pour arriver là, au lieu des 80 annoncées au refuge des Malines. Je souffle, mais je me sens bien. En nage, le cœur palpitant comme un papillon belle-dame, mais heureux. J'analyse de nouveau la raison de cette tentation du sport chez des intellectuels de mon acabit et de mon âge. La réponse demeure : « *to be* ». Après le « *Je pense, donc je suis* » cartésien, je propose le *cogito* du randonneur : « Je marche, donc j'existe. »

Le sentier file en contre-haut de la rivière, sous un couvert de chênes, de frênes, de hêtres et d'érables de Montpellier. Le sous-bois s'orne de fragons petits-houx, de daphnés bois-gentils, de buis, d'amélanchiers, de baguenaudiers et de troènes, entre lesquels je repère des touffes de violettes et de mercuriales, de sceaux-de-Salomon et d'hépatiques à trois lobes. Voici des fraisiers et des orchis à deux feuilles. Sur un éboulis, un peuple de cormiers aux limbes ovales lisérés de rouge... Je détaille les étoiles d'azur à six pétales des aphyllanthes de Montpellier et les chiffons d'or des corolles d'hélianthèmes. Des choucas des tours tournoient. Je vois plonger le faucon pèlerin. L'aigle royal niche dans les parages.

Je franchis les échelles de Guègues. La terre ocre rouge et ocre rose de la ravine plonge avec volupté dans le vert du Verdon. Je me surprends à désirer en faire autant. La baume (la « grotte ») aux Bœufs est un rêve d'architecte : les deux lignes de force sur lesquelles elle prend appui ont la forme simple et pure d'un *lambda* grec. Chicorée sauvage d'azur et salsifis étoilé rose et vert. Abeilles et bourdons butineurs. Criquets œdipodes à ailes rouges ou bleues. Sauterelles vertes... Voici la bifurcation du sentier dont la branche de droite mène à la presqu'île de la Mescla. Point de vue sur le plus resplendissant méandre du canyon ; et cul-de-sac pour promeneur contemplatif.

Je grimpe les lacets de gauche, dans un couloir en pente raide. M'y voilà. À mi-chemin. En principe, à 3 heures de mon point de départ et autant de mon but. J'ai mis la moitié de ce temps pour venir. Je me demande si c'est bien raisonnable. Pas le temps d'y penser : un gouffre s'ouvre devant mes pieds. Vertige à la brèche Imbert.

 *DE LA BRÈCHE IMBERT AU POINT SUBLIME, 3 heures*

Sensation de vide — de « gaz », comme disent les grimpeurs collés aux falaises alentour. Un « opéra vertical », selon Patrick Edlinger... Les arbres, cramponnés aux parois, semblent naître d'une estampe de la Chine ou du Japon. Sept ou huit volées d'échelles de fer, à moitié rouillées, plongent dans l'étroiture de roche : ne pas rater une marche ! Il y en a trois cent soixante-dix (je ne les compte pas : on m'en a donné le nombre). De toute façon, il en manque plusieurs. En été, on voit ici des familles en shorts et tennis, avec enfants qui se bousculent en pleurant qu'ils ont soif et chiens-chiens terrorisés... Je comprends que les autorités locales aient officiellement interdit ce passage. Mais soigne-t-on l'imprudence par un arrêté municipal ?

Une grive musicienne m'accueille au bas des échelles : chant flûté, morceau de Messiaen. Des pigeons bisets tournent sur l'autre rive du torrent. Il me semble apercevoir le ventre d'ardoise du merle bleu, puis les éclats purpurins des ailes du tichodrome échelette. Sous le long plafond de la baume des Hirondelles (on dirait le tunnel d'une vague de surf immobile), niche en effet l'hirondelle des rochers. Grise à ventre blanc. Le sentier était remonté à 710 mètres à la brèche Imbert. Le voici reparti vers le lit de la rivière, autour des 570 mètres. Je passe la baume aux Chiens, dont la roche gris et ocre jaune s'orne de longues coulées pourpre et noir. Je recense la pariétaire et le tamier grimpant, le laiteron, l'épervière piloselle et la julienne aux fleurs en croix de velours violet. Le sceau-de-Salomon propose ses clochettes vert et blanc, tandis que la valériane rouge offre aux insectes l'abondance du nectar de ses cymes. Je me demande si des chats sauvages se frottent les joues sur cette herbe-aux-chats...

Le G.R. 4 s'aplatit et court vers le nord, à une cinquantaine de mètres au-dessus du lit du torrent. Je n'ai guère ralenti l'allure. Des pommiers et des poiriers sauvages embaument. Le buis et les amélanchiers dominent. Des érables, des chênes pubescents, des hêtres, des frênes, des sapins, des aulnes et de rares bouleaux contemplent un Verdon plus vert que de raison, qui ronge ici des couches calcaires obliques. Le sentier épouse une dalle blanche. La plage de galets des baumes Frères me rappelle celle où les héros du film *La Rivière sans retour* embarquent sur leur radeau. Je cherche Marylin Monroe ; elle a raté notre rendez-vous. Je me console en mâchant une feuille acidulée de petite oseille. Je longe les falaises de l'Escalet, d'où dégoulinent de grandes traînées brun rouille, et je passe sous la baume homonyme. Je n'entends plus le bruit du torrent ; ou plutôt, je n'ai plus conscience qu'il emplit le monde. Dans la pente de la forêt domaniale des Gorges, sur la rive opposée, je vois remuer quelque chose. Mes jumelles... Ce sont des chamois. Un vieux mâle à gauche, trois femelles et un cabri à droite.

Aux tours de Trescaïre (notées « Trescaire » sur la carte I.G.N. ; mais le tréma leur va bien...), je tombe en arrêt devant celui qui, peut-être, incarne l'âme du grand canyon. Le lézard ocellé... L'exemplaire que je dévisage absorbe avec une louable conscience professionnelle sa dose d'ultraviolets. Vautré, affalé, avachi sur une dalle blanche... Il mesure au moins 50 centimètres de longueur. Tête énorme, préhistorique, cuirassée. Flancs vert-jaune persillés et ponctués de noir, et illuminés d'un semis d'ocelles d'azur... Lorsque j'étais enfant, je voulais être lézard : mettons que c'était mon totem. J'avais raison. Je réclame la métamorphose.

Je n'emprunte pas le premier tunnel à gauche (un panneau du Club alpin français le déconseille), mais le suivant. Les travaux d'aménagement menés ici par Électricité de France ont du bon. 100 mètres de galerie : le temps de patauger dans des flaques et de trouver ma torche. Le tunnel qui vient ensuite est plus long : 670 mètres. Nouvelles flaques. Test d'étanchéité des chaussures. À la fenêtre de la baume aux Pigeons, je descends jusqu'aux remous du torrent, qui engouffre le tumulte de ses eaux dans un défilé prodigieux : le couloir Samson.

Lorsque je sors du boyau obscur, je suis au pied de la falaise monumentale qui, 200 mètres au-dessus de ma tête, porte le Point Sublime. Du niveau de l'eau (610 mètres) à la pointe des Réglés (1 447 mètres), au-dessus du hameau de Rougon, le dénivelé total du canyon atteint son maximum : près de 830 mètres !

Je considère les stratifications de la roche en marchant vers le ruisseau et la passerelle du Baou (du « Bau », selon la carte). Je songe que ce gigantesque plateau calcaire s'est formé au fond de la mer Téthys, à l'ère Secondaire. Chaque étage du Mésozoïque s'y trouve représenté, du Trias inférieur, que le torrent attaque de nos jours, jusqu'au Crétacé supérieur — là-haut, où j'imagine que courent encore les derniers dinosaures. C'est après la surrection des Alpes, au Tertiaire, voici 45 à 15 millions d'années, que le cours d'eau s'est mis à ronger sa gorge en empruntant des jeux de failles qu'il a surcreusées. Le tracé « moderne » existe depuis 10 millions d'années. Les glaciations et les interglaciations du Quaternaire ont accéléré l'érosion de façon parfois monstrueuse.

Un faucon pèlerin s'élance d'une vire. Je suis heureux que les naturalistes aient entrepris de réintroduire ici le vautour fauve : la gorge admirable s'enorgueillit d'accueillir ce prince des planeurs. Je monte. Je gagne le parc à voitures du couloir Samson. Aïe ! Touristes typiques. Une dame en talons hauts se tord les pieds dans la caillasse. Un beauf en baskets rote sa bière et jette sa canette dans un buisson. Un gamin braille qu'il veut son sandwich. Je réclame ma réincarnation en lézard pour oublier ça.

Le G.R. 4 grimpe au-dessus du capharnaüm motorisé. Sous la falaise, je néglige le sentier de gauche (qui mène à la cascade du Baou, 20 minutes). Je monte, entre buis et pins, dans des enchantements d'aphyllanthes de Montpellier, de thyms et d'iris nains, jusqu'à l'embranchement de la Buvette Samson. De là, sur la gauche, jusqu'au Point Sublime (796 mètres). J'ai bouclé le parcours en 4 heures. J'ai goûté chaque seconde de ma marche. À l'instant où je me dresse sur le belvédère, les nuages du ciel crèvent en éclairs bleus qui illuminent le canyon entier, tandis que le fracas du tonnerre se mêle au mugissement de l'eau pour jouer la symphonie héroïque du Verdon.

J'étends les bras, j'ouvre les mains, je bois la pluie comme le prêtre inspiré d'un rite antique et barbare.

### NOTE SAISONNIÈRE ET RECOMMANDATIONS

Il s'agit d'une balade un peu rude ; parfois dangereuse. Rien de commun, pourtant, avec les voies d'escalade qu'ouvrent les grimpeurs sur les falaises alentour, et qui sont parfois cotées 7 ou 8 ! Pas question de partir sans solides chaussures, équipement de randonnée, provisions (notamment d'eau : celle du Verdon n'est pas potable). Sans oublier la torche pour les tunnels. Quand on arrive au parc à voitures du Point Sublime, ne reste qu'à rentrer au chalet des Malines... à 18 kilomètres de là par la route ! On revient en taxi (numéros sur la cabine téléphonique), à moins qu'on ne se soit fait conduire le matin aux Malines par ce moyen.

Le grand canyon est une splendeur en toutes saisons. L'été, on y goûte l'ombre et la baignade... mais il y a monde ! Au printemps et en automne, la nature éclate de fleurs, d'insectes, d'oiseaux, de champignons. L'ami des rapaces est au paradis : aigles, vautours, faucons, buses, circaètes, milans, etc. L'hiver, attention à ne pas partir tard : mieux vaut éviter de franchir de nuit certains passages.

# 6. Mercantour

# La saxifrage au cœur

Mercantour : là où les Alpes plongent dans la Méditerranée... À l'étage des bouquetins et des chamois, au milieu d'une flore endémique sur laquelle règne la saxifrage florulente, une balade de Gordolasque en vallée des Merveilles, en quête de ces gravures dont les hommes de l'âge du Bronze ornèrent les roches.
En boucle autour du pont Brûlé, 9 heures 30.
Carte I.G.N. au 1 : 25 000, 3741 O, Top 25, Saint-Martin-Vésubie, col de Turini.

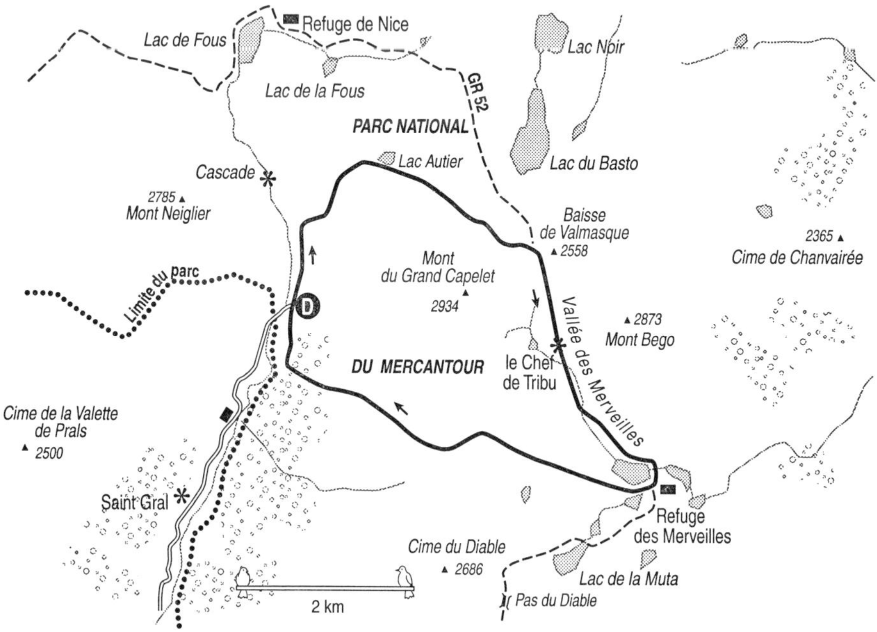

Le vent souffle, les nuées grises s'amoncellent, le Grand Capelet, la cime du Diable, le mont des Merveilles et le mont Bego disparaissent dans des tourbillons. Un crave à bec rouge craille. Un bouquetin chuinte l'alerte. Silence... Un éclair, puis un autre ; et c'est l'enfer. L'orage libère sa fureur sur la Gordolasque et les Merveilles. Le tonnerre claque, roule et se répercute. Odeur d'ozone. Zébrures. Fracas, déchirures, répliques. Et cette pluie qui larde les pentes avec une force incroyable. Milliers de litres d'eau qui ruissellent...

 *DU PONT BRÛLÉ AU LAC AUTIER, 2 heures*

Je me réfugie sous un auvent de roche. J'ai l'air malin, à plus de 2 600 mètres d'altitude, au col (on dit ici : à la « baisse ») du lac Autier... Je me recroqueville sous mon poncho, en principe imperméable. En principe, car je détecte des dégoulinements suspects... Je me sens quantité négligeable. Je n'en mène pas plus large que le bouquetin, le chamois, le crave à bec rouge, la pensée du Mercantour ou la saxifrage florulente qui résument la splendeur de cet extrême sud des Alpes. Le massif me fait l'honneur de ses rocs, de ses plantes, de ses animaux. Et de ses orages.

J'ai passé la nuit à Belvédère, village perché au-dessus de Roquebillière et de la vallée de la Vésubie. Vols de lucioles sous la lune : des centaines d'insectes clignotaient leur trajectoire d'objets browniens au-dessus des jardins. Un paon-de-nuit flopflopait sur ses ailes de velours sépia. Un sphinx tête-de-mort vibrait autour d'une lampe... Au matin, j'ai remonté en voiture le vallon de la Gordolasque. J'ai salué la cascade oblique du Ray, la forêt de mélèzes qui la domine (sangliers et

casse-noix), puis le lac de Saint-Grat. J'ai laissé ma voiture au parc du pont Brûlé. (Cette passerelle de bois fut incendiée par des chasseurs furieux de voir exister le parc national du Mercantour.)
    Je me déguise en randonneur. Chaussures, sac à dos, jumelles, barda pour la photo... Je traverse le pont Brûlé. J'emprunte l'ancienne route E.D.F. qui se défonce et n'existera bientôt plus. Le sentier du lac Autier grimpe en lacets, sur la droite : panneau indicateur. Je m'élève dans l'alpage piqueté d'aulnes verts, de saules marsaults, de sorbiers des oiseaux (grappes orange), de sureaux rouges (grappes vermeilles). Les mélèzes alternent avec les pins arolles. Par places, la pente est constellée de rhododendrons, quintessences de rose ; et semée de pensées du Mercantour d'un jaune léger, semblable à celui des jupes de fillettes au printemps. Pourquoi cette variété locale de pensée éperonnée n'est-elle pas violette comme ses cousines ? Bizarrerie évolutive. Les gentianes de Koch (vases pour lutins) sont d'un bleu plus intense que la mer où rêvent les dauphins. Elles me rappellent mes voyages avec Jacques-Yves Cousteau. Je mélange les Marquises et les cimes des Alpes : gâtisme poétique. Les orchis vanillés (ou nigritelles noires), aux fleurs pourpre foncé, ont l'air de gnomes ébouriffés ; elles exhalent le parfum qui justifie leur nom.
    Les ruisseaux sont bordés de myosotis aux yeux bleus et de populages aux yeux jaunes. Une salamandre tachetée se tortille dans l'herbe. Elle a des bosses aux côtés, l'œil proéminent, la bouche fendue des batraciens. On jurerait un morceau d'anthracite sur lequel un enfant turbulent aurait laissé dégouliner de la peinture jaune. Elle avance dans un semis de grassettes aux fleurs violettes, dont les feuilles gluantes sont garnies de fourmis et de moucherons qu'elles digèrent.
    Le sentier domine à présent de très haut le torrent

qui écume. Il passe entre de gros blocs teintés d'ocre, à l'ombre desquels s'abritent la primevère à larges feuilles (corolles bordeaux) et la violette à deux fleurs (pétales jaunes). Des criquets sautent. Des chrysomèles bleu roi s'accouplent sur les feuilles de pétasites qu'elles rongent en dentelle. Des cicindèles courent et volent : beauté des élytres verts à taches blanches de ces insectes chasseurs de mouches ! Un méloé aux élytres noirs atrophiés et à l'abdomen énorme, violacé, boudiné, songe peut-être aux hyper-métamorphoses (pas moins de trois formes larvaires !) qui ont façonné son ventre de Bibendum... Des papillons érèbes (ou nègres) volettent, tels des esprits brun-noir de la montagne. Leur cousin l'apollon aux ailes de plastique transparent tachées de noir et de rouge, unit les orpins de son vol indécis.

Je suis du regard l'apollon qui bascule dans la pente, vers le torrent. Et je les aperçois. Les chamois. J'en compte deux. Non : cinq... Dix... Une harde, au-dessus d'une cascade. Ils n'ont pas peur. Ils tondent l'herbe grasse, fétuque violette et nard raide. Pelage sombre. Queue chassemouches. Cornes en crochets. Le mâle me considère, puis les femelles. Les jeunes gambadent. Roger Settimo, l'un des « pères » du Mercantour (grand coureur de montagne devant l'Éternel), refuse d'appeler ces mâles des « boucs » et ces femelles des « chèvres », à la mode des chasseurs. Il parle de « chamois » et de « chamoises ». Il a raison.

Le sentier épouse la falaise. Un merle de roche siffle. Un tichodrome échelette (fin bec courbe, ailes gris et noir frappées d'un étendard cramoisi) vole contre un pan de pierre : on jurerait un alpiniste dans une dalle. Au bord du chemin, de grosses touffes de gentianes ponctuées : ces cousines de la gentiane jaune exposent leurs corolles bulleuses ocre vert et jaune-roux ; un lutin les a poudrées de suie... Et ça y est ! Je les aperçois, accrochées dans des fissures : les reines du

Mercantour. Les emblèmes du parc national. Les saxifrages florulentes... Quelques-unes sont épanouies : guirlandes de clochettes blanc rosé sur une hampe en forme de canne inversée. D'autres emmagasinent des réserves d'énergie biochimique. Leurs feuilles s'arrangent en spirale épaisse, vert sombre, luisante, qui peut atteindre 15 centimètres de diamètre et rappelle un oursin. La saxifrage florulente fleurit une seule fois, puis meurt épuisée. On dit qu'elle vit cent ans. J'aime cette légende.

Je traverse sur des pierres le torrent du vallon de l'Autier. Une grenouille rousse saute dans l'herbe. Des perles (insectes primitifs) traversent une plage de gravier que douche une cascade. Pente plus raide. Jambes lourdes, souffle court, plaisir d'avoir mal aux cuisses et aux mollets. Beauté des gentianes. Têtes chevelues des pulsatilles en fruits. Orchis brûlés rose pâle, empanachés de fumée brune. Carlines acaules (ou baromètres) en petits soleils blancs. Gnaphales tels des chatons de coton gris. Mille fleurs introduisent le voyageur au bleu parfait du lac Autier.

 *DU LAC AUTIER À LA BAISSE DE VALMASQUE, 2 heures 30*

Le lac Autier mesure 250 mètres de longueur et plus de 30 de profondeur. Il était riche en truites. Avant que le parc national ne soit institué, des fous y ont pêché à la dynamite. Le bassin n'a toujours pas recouvré sa richesse originelle... L'eau bleu-noir occupe le surcreusement d'un cirque glaciaire où convergent les torrents chevelus de la tête du lac Autier, des têtes Nord et Sud du Basto, et du Grand Capelet. Rives enchanteresses. Parterres de laîches et de linaigrettes aux fleurs de coton blanc. Près de l'émissaire, une colonie d'orchis blancs des montagnes. À la fonte des neiges, la place est occupée par des semis de soldanelles en jupettes mauves, de crocus d'albâtre et d'améthyste, et de gentianes printanières d'un bleu roi surréel. C'est là, aussi, que j'invente un trésor botanique : une population de fougères primitives en provenance directe de l'ère Primaire, mais pas plus hautes que le pouce : on les appelle « botryches lunaires ».

Le sentier file sur la rive gauche, vers un champ d'éboulis prodigieux qu'une dentelle de sommets borne au sud. Il faut grimper jusqu'à ce trou de ciel, là-haut : la baisse (le col) du lac Autier... Je marche. Sueur humaine et névés. Blocs qui roulent sous la chaussure. L'aigle royal plane sur le Grand Capelet. La délicate hutchinsie (boulettes de fleurs blanches) et son cousin le tabouret à feuilles rondes (boulettes de fleurs roses) survivent dans cette immensité instable. Ils pointent entre les pierres. Des éboulements les écrasent, mais ils se relèvent. Le faible triomphe du fort, le doux vainc le brutal : une illustration de la philosophie zen. Sur les roches qui bordent le vallon, la saxifrage est plus florulente que jamais. Je m'engage dans le couloir qui mène au col. Le sentier ne se voit presque plus. La pente ultime est âpre. Dans le ciel, les nuages s'assemblent et s'épaississent. En une demi-heure, le firmament passe du bleu au gris sombre. L'orage est sur ma tête. À l'instant où je débouche sur la crête, un éclair déchire le ciel.

Je me recroqueville sous mon poncho. La pluie claque sur les rochers. Les orpins, les saxifrages et les joubarbes toiles-d'araignées (artichauts de feuilles tendus de fils blancs, fleurs en étoiles de corail rouge) pleurent près des raiponces aux ébouriffements bleu pâle. Un crave à bec rouge craille. Un bouquetin chuinte l'alerte. À l'exemple de l'herbivore craintif, j'attends la fin de la tempête sous l'auvent d'un rocher. Et justement : je ne suis pas seul à prendre mon mal en patience ! À quelques mètres en contrebas, du côté sud, sur une vire herbeuse, six bouquetins dégoulinent. Ils sont couchés. Ils ruminent l'herbe et la tempête en clignant des yeux. Je reconnais un grand mâle de cinq ou six ans, aux cornes monumentales, annelées, arquées, luisantes ; trois femelles ; et trois jeunes. Les animaux m'ont repéré. Ils ne bougent pas. Solidarité de mammifères trempés.

L'orage se calme. La pluie cesse. Les nuages s'effilochent et se dissolvent dans l'azur rénové. Les bouquetins et moi-même nous ébrouons. Ils s'étirent, je m'étire. Ils descendent la pente d'herbe. Je contemple la scène. Vers l'est, le lac du Basto, bleu-vert, se prolonge sous les rochers du Basto par le lac Noir et le lac Vert (non loin duquel est édifié le refuge de Valmasque). Vers l'ouest, se dresse la baisse de Valmasque, que domine le dôme ocre jaune du mont Bego. La cime des orages. La montagne que la foudre aime à caresser de son doigt mortel.

Je dévale la pente derrière les bouquetins, qui broutent comme si je n'avais jamais existé. Un jeune tente de téter sa mère, mais celle-ci (une « étagne », dirait Roger Settimo) le juge trop âgé et s'esquive. Le sevrage constitue une épreuve pour chaque mammifère. Le parfum du lait maternel est irremplaçable. Le voilà, le Paradis perdu ! Je partage la déception du gamin.

Le sentier est de nouveau bien tracé. J'y marche vite. Sous la baisse de Valmasque, je rejoins le G.R. 52. Je passe le col vers l'ouest : entre le mont Bego et le mont des Merveilles, s'ouvre la vallée des Merveilles. Appellation méritée.

***DE LA BAISSE DE VALMASQUE AU REFUGE DES MERVEILLES,***
*1 heure 30*

Les « merveilles » en question sont à entendre dans le sens ordinaire, mais aussi médiéval : magie ; sorcellerie... La contrée respire le soufre, les feux de l'Enfer et le rire du Malin... La toponymie l'atteste : mont des Merveilles, cime du Diable (en italien : *testa dell'Inferno*), lac Carbon... À l'âge du Bronze, des hommes sont venus ici. Ils ont été subjugués par l'ambiance. Ils ont fait du mont Bego (grand attracteur de foudres) une cime sacrée autour de laquelle ils ont œuvré à d'énigmatiques gravures.

De la baisse de Valmasque, je contemple le lac des Merveilles, le lac Long Supérieur, le lac Fourca, le lac de la Muta, etc. Nuances gris-bleu. Le G.R. 52 descend en lacets vers un premier étang presque à sec (têtards dans des mares), puis vers le lac des Merveilles. Rochers. Fleurs de froid, d'ubac, dans l'encoignure de la vallée : pétasites, myosotis, parnassies, renoncules... Une hermine roux et blanc (bout de queue noir) ondule sur le sentier. Un lagopède en plumage estival gris-brun se confond avec l'éboulis.

À gauche du lac des Merveilles, dans la pente, je m'incline devant la « roche de l'Autel ». Je contourne cette énorme table minérale où sont gravées des dizaines de figures (« poignards », « cornus », « enclos », « attelages », etc.), les unes contre les autres, souvent les unes dans les autres... Je grimpe le sentier qui contourne le lac par la rive droite. J'explore les immenses dalles ocre rose qui regardent le mont Bego : j'y admire des centaines de gravures, notamment le « Sorcier », qu'on appelle aussi « Mago » — « Mauvais Génie » ; il a les deux mains levées, emmanchées d'un poignard... Je salue un garde du parc national. Le site est aujourd'hui surveillé. On doit, pour le visiter, être accompagné d'un guide. « Le saccage était tel, m'explique mon interlocuteur, que nous avons dû prendre des mesures drastiques... Vous qui aimez ce site, hurlez contre le touriste imbécile qui tente de détacher une gravure au burin pour l'emporter chez lui, et qui la fait exploser ! »

Je redescends au lac des Merveilles. Je suis le sentier du ruisseau vers l'aval. Au cœur d'un grand éboulis, une pierre gravée : un homme debout, en tunique, un poignard planté dans la tête, semble implorer. C'est le « Chef de Tribu ». Ou, plutôt, la copie de cette célèbre gravure. On redoutait que l'original ne soit volé pour le compte d'un riche amateur (un hélicoptère, un coup de treuil, et hop !). Il a été mis en sûreté au musée de Tende. Plus loin, sur la gauche, je contemple le menton barbu et la « couronne d'épines » du plus étrange « Christ » du monde ; gravé 1 000 ans, peut-être, avant la Passion...

Je descends vers le lac Long Supérieur et le refuge des Merveilles. J'admire les corolles en étoiles jaune pâle et la rosette de feuilles épaisses de la joubarbe d'Allioni. Endémique des Alpes du Sud que, j'en suis sûr, les artistes du « Sorcier » et du « Christ » ont aimée avant moi. Il me prend des envies de graver. C'est interdit.

 *DU REFUGE DES MERVEILLES AU PONT BRÛLÉ,*
*3 heures 30*

Je dîne et je couche au refuge des Merveilles. Soupe aux légumes et nuit agitée. Un homme, la prostate un peu faible, se lève toutes les heures et se cogne aux montants du châlit. Fréquentation excessive. Problème écologique, aussi. Le parc du Mercantour paie son succès. Fragiles équilibres.

Au matin, je me mets en route vers le col de l'Arpette. Il pleut. J'adore la pluie. Mais je la trouve froide, aujourd'hui. Le Mercantour est un trésor géologique, botanique et zoologique. Peut-être le plus riche de France. Mais, disent les autochtones (qui manquent de respect pour leur terre), c'est le « pot de chambre de la Côte d'Azur ». Le soleil fait évaporer l'eau de la Méditerranée. Les nuages crèvent sur le premier relief qui se présente : la cime du Diable, le mont Bego, le Grand Capelet. Et moi, et moi, juste en dessous...

Je choisis le sentier de gauche près du petit lac Mouton. Je marche la tête baissée, dégoulinant comme le papillon apollon accroché à son herbe. Les marmottes n'ont perdu ni leur appétit, ni leur sifflet. Une harde de chamois grimpe vers la cime des Verrairiers — droit dans la pente, tandis que j'ahane sur les lacets... Au col de l'Arpette, je me sèche dans une cabane de berger. Je descends vers la Gordolasque par le vallon d'Empuonrame.

J'y rencontre un avant-goût de civilisation sous la forme d'un gros tuyau noir : conduite forcée de l'E.D.F. D'un autre côté, j'y invente des lis martagons aux pétales roses comme des lèvres de jeune femme, et mouchetés d'une pourpre plus sombre que celle des murex chers à Lucrèce. J'y admire des aconits tue-loup aux corolles jaunes sculptées comme des onyx.

J'y perds mes regards dans la vaste fleur bleue de l'ancolie des Alpes : et mon esprit romantique entend dire un poème de Novalis.

NOTE SAISONNIÈRE ET RECOMMANDATIONS

La promenade ici décrite a été effectuée à la fin du mois de juillet. Plus tôt dans la saison (en juin), on manque la floraison de la saxifrage florulente (qu'on peut apercevoir jusqu'en octobre). En revanche, on admire des épanouissements sublimes de gentianes, de soldanelles, de pulsatilles et de pensées du Mercantour. Autre avantage : les chamois et les bouquetins se tiennent encore très bas ; ils sont moins farouches, parce que moins dérangés par les randonneurs. En avril-mai, ils pâturent même autour du pont Brûlé. Attention : avant juin et après octobre, l'abondance de la neige et le risque d'avalanches rendent aléatoire le franchissement de la baisse du lac Autier et de la baisse de Valmasque.

# 7. Mercantour

# Le temple de Fontanalba

*Sous le mont Bego où grondent les orages, dans le massif du Mercantour, une balade aux origines des Alpes et de la civilisation pastorale. En suivant le vallon de Fontanalba, depuis Casterino, jusqu'à la « Voie sacrée », on remonte le temps parmi les gravures de l'âge du Bronze. Au bout : le symbolique « Arbre de vie ».*
*Aller-retour depuis Casterino, 4 heures 30.*
*Carte I.G.N. au 1 : 25 000, 3841 O, Top 25, Breil-sur-Roya, Tende, Haute-Roya.*

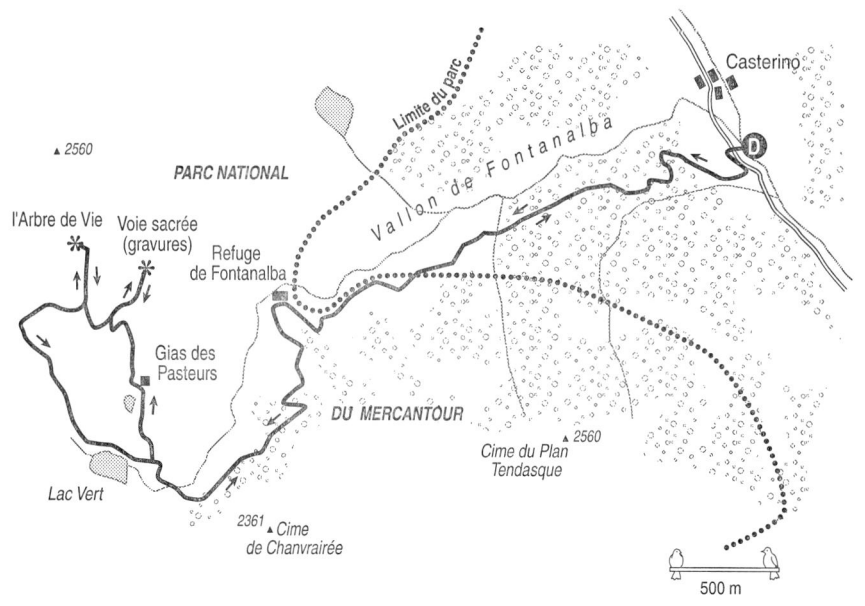

Le vent se lève, les nuées s'amoncellent autour du mont Bego. Un éclair, puis un autre ; et c'est l'enfer. L'orage libère sa fureur sur le vallon de Fontanalba et la vallée des Merveilles. Trombes, flashes, crépitements, craquements, parfum d'ozone. Là-haut, le chamois et le bouquetin ruissellent, la saxifrage et la joubarbe dégoulinent, la pensée du Mercantour semble verser des larmes. J'attends que la pluie se calme.

Un arc-en-ciel. Je me mets en marche au parc de Casterino (ou Castérine, altitude : 1 543 mètres). Panneau : « Fontanalba ». Je vais gravir ce vallon. C'est une de mes balades les plus chères. Je me demande si je fais bien d'en parler à tout le monde. Tant pis pour moi.

 **DE CASTERINO AU REFUGE DE FONTANALBA,** *1 heure 30*

Je m'élève sur le large sentier pavé, parmi les épicéas et les mélèzes, les sorbiers des oiseleurs (grappes de fruits orange), les sureaux rouges (grappes de baies vermeilles) et les cytises (feuilles à trois folioles et prodigieuses bénédictions de grappes de fleurs jaunes). Les mélèzes finissent par composer un peuplement homogène. Rien n'égale la légèreté vert pâle de leurs aiguilles. Des pinsons, des mésanges, des bouvreuils, des roitelets, des bruants, des pouillots animent les branches. Le gros-bec, le bec-croisé des sapins et le rougequeue dialoguent. Ce gros oiseau noir ? Peut-être le coq de bruyère — le tétras-lyre ; un mâle. Le pic noir tapote sur un vieux tronc pour un salaire de larves. L'écureuil fronce le nez. La martre ondule sur la souche. Un renard se faufile. Le loup viendra-t-il ?

Je domine le torrent de Fontanalba. Dans la pente, sous les arbres, je découvre une mer d'ancolies des

Alpes. Les plus belles fleurs de la montagne : des vases de libation aux longs éperons et aux pétales étoilés d'un bleu intense, de la couleur des ciels juste après l'aube ou juste avant le crépuscule... Je m'immerge dans ces corolles, je plonge, je palme comme sur un récif de corail. Je suis poisson-perroquet, poisson-papillon, poisson-ange ou poisson-demoiselle. Je butine les polypes azurés de mon rêve. Je plane sur cet atoll en pleine montagne, qui me rappelle Maupiti, Rangiroa ou Bora-Bora. Je mélange la Polynésie et les Alpes. Gâtisme poétique. Mais c'est si bon !

Un papillon flambé me ramène en surface. Un papillon belle-dame me conduit au refuge de Fontanalba. Altitude : 1 941 mètres. Je salue le gardien. Alentour, les mélèzes dégoulinent, mais la pluie est bien finie. L'eau du ciel ruisselle à présent de toutes parts sur la terre. Elle féconde les racines en appelant le soleil. Le mont Bego, là-haut, semble une forteresse jaune. L'aigle royal se risque hors de son aire et tourne.

 *DU REFUGE DE FONTANALBA*
*À LA « VOIE SACRÉE »,*
*1 heure*

Un coup de reins : et je foule le pont du lac Vert, puis la rive du plan d'eau. Un parfait double ovale de jade, serti dans les mélèzes, certains énormes et âgés de plus de cinq cents ans. Des marmottes sifflent. Une hermine, en tenue d'été noisette et ventre de neige, détale entre les rocs. Une vipère aspic s'est lovée sur les artichauts tissés de fils de soie d'une joubarbe toile d'araignée. Des marmottes se remplissent l'estomac de fétuques rouges et de sesléries bleues.

Je monte vers la cabane de la Vacherie supérieure.

De là, vers les lacs Jumeaux et le refuge (parc national du Mercantour) du Jas (ou Gias) des Pasteurs (altitude : 2 200 mètres). Les pentes herbeuses se constellent de rhododendrons ferrugineux : l'expression même du rose ; je me rappelle leurs cousins géants ou nains, violets, blancs, bleus, mauves, roses ou rouges, que j'ai rencontrés sur les contreforts du Tibet, en allant vers les sources du Mékong et du Yangzi. La pelouse se rehausse de pensées du Mercantour (ou de Bertoloni), d'un jaune léger comme un corsage de jeune fille. De gentianes de Koch, d'un bleu d'océan où soufflerait la baleine franche. D'orchis vanillés en pompons incarnats : il s'agit, ici, de nigritelles rouges, et non noires ; une espèce endémique du Mercantour... Des tulipes sauvages (ou australes) jettent de petites flammes parmi les graminées : vases de libation à l'usage des lutins, d'un vieil or lavé de cuivre. Ne cherchez pas nuances plus subtiles : ça n'existe pas au magasin de la nature.

Des papillons érèbes volent sur les carlines et les centaurées. Des apollons, aux ailes de plastique transparent, ponctuées de noir et de rouge, relient les rochers de leur vol lourd. Je considère les immenses dalles ocre rose qui mènent au mont Bego. Des chamois y marchent, aériens, près d'une cascade. Non loin, une harde de bouquetins ruminent. Des jeunes s'essaient à la bagarre. Ils se dressent sur leurs pattes arrière et se jettent front contre front. Leurs petites cornes claquent, leurs sabots ripent au bord du vide.

Je trouve la trace qui mène aux gravures rupestres. J'arrive au bas d'un dièdre incliné, qui semble mener au ciel et qu'on appelle la « Voie sacrée ». J'y monte. Impossible de ne pas songer à un temple. Aux degrés d'un autel... Sur les pierres, à droite, je détaille des dizaines de figures gravées — les unes contre les autres, parfois les unes dans les autres. Des « poignards », des « outils », des « cornus » (têtes de vaches), des « enclos », des « cabanes », des « peaux », des « attelages », des « personnages »...

 **DE LA « *VOIE SACRÉE* » À L'« *ARBRE DE VIE* », PUIS AU PARC DE CASTERINO,**
*2 heures*

Je m'assois entre un bouquet d'edelweiss et une pédiculaire aux corolles en becs de perroquets roses. Impossible de ne pas formuler la question : qui décora ces roches ? Il existe des figures semblables non seulement dans le vallon de Fontanalba, où je suis, mais de l'autre côté du Bego — dans la vallée des Merveilles. L'an passé, fin juillet, j'y contemplais le « Sorcier », le « Chef de tribu », le « Christ » et d'autres encore... Ces noms modernes n'ont, bien sûr, rien à voir avec l'idée qu'en avaient leurs créateurs. Ceux-ci sont plus anciens que le Christ, même s'ils ont laissé une tête d'homme barbu coiffé d'une « couronne d'épines »... Ils vivaient à l'âge du Bronze et au début de l'âge du Fer. Entre 2 500 avant notre ère et Jules César.

Qui étaient-ils ? Des bergers ? Des prêtres ?

Pourquoi sont-ils venus à pareille altitude inscrire dans la roche leurs cent mille figures ?

Je contemple le mont Bego. Les gravures le cernent. Impossible de ne pas comprendre que cette cime attire les orages, c'est-à-dire les craintes et les prières. Le Mercantour, ce « pot de chambre de la Côte d'Azur », inspire aussi les plus nobles ou les plus étranges pensées. La terreur. La magie. La sorcellerie. Le culte de la Foudre et de la Pluie... Intuitions, visions, mythes ou légendes se résolvent en gestes d'artistes, auxquels la pierre offre une manière d'éternité.

J'imagine, près de moi, un berger ou un prêtre de

l'âge du Bronze en train de graver un « cornu » dans la pellicule minérale ocre rose qui couvre les dalles polies par les glaciers. Il utilise des outils rustiques (couteaux de quartz, lames de bronze). Il cligne des yeux au soleil revenu. Il me sourit. Il dit quelque chose dans sa langue inconnue.

Je me lève. Je redescends vers les lacs Jumeaux. De là, je remonte en oblique vers les parois de vertige où dansent les chamois et les bouquetins. Je cherche, dans les fissures, les princesses du Mercantour. Les emblèmes du parc national. Les saxifrages florulentes. J'ai vu ces fleurs dans la Gordolasque, autour du lac Autier ; mais aussi près du refuge de Nice, autour du lac de la Fous. Guirlandes d'étoiles-clochettes blanc-rose sur une hampe raide. Avec, à la base, un artichaut de feuilles vert sombre. L'espèce ne fleurit qu'une fois, puis meurt. À l'âge de cent ans, dit l'aimable légende.

Je traverse des camps de pierres et des torrents chevelus. La marmotte siffle. Le merle à plastron s'étonne. Le traquet motteux expose les lunes blanches de sa queue. Pente raide. Souffle court. Une hermine ondule, puis détale. Je salue l'orchis brûlé rose pâle, encapuchonné de fumée brune. Et l'orchis des montagnes d'un blanc verdâtre.

Je tombe sur une autre série de dalles roses et de gravures préhistoriques. « Cornus », « attelages », « enclos » et compagnie.

Entre toutes, la plus étrange : un tortillon bulleux, peut-être l'idée d'un mélèze ou d'un nuage ; ou une admirable chenille cosmologique. Une manière d'Extraterrestre. On baptise l'œuvre « Arbre de vie ». Elle a cette force, cet élan. Elle jaillit. Mais oui ! Elle a la forme en double spirale de la molécule d'ADN...

J'ignore ce que les hommes de l'âge du Bronze ont vu dans cette figure. Mais il me convient que ce soit le symbole de l'acide désoxyribonucléique, dans le temple de Fontanalba.

# 14

# PROVENCE

1. *Vaucluse* : Les truffes de la Nesque
2. *Luberon* : Les deux horizons bleus
3. *Sainte-Victoire* : La nuit du Nouvel An
4. *Camargue* : Le vent du Vaccarès
5. *Calanques* : Le monde en bleu et blanc

# 1. Vaucluse

# Les truffes de la Nesque

*La Nesque creuse ses gorges de vertige en fouaillant le plateau du Vaucluse, entre le mont Ventoux et la fontaine de Vaucluse. Alentour, les pelouses calcaires s'illuminent de fleurs sauvages et les pentes s'ombragent de chênes blancs, sur les racines desquels vivent les « diamants noirs » — les truffes parfumées...*
*En boucle autour de Monieux, 8 heures.*
*Carte I.G.N. au 1 : 25 000, 3141 O, Série bleue, Sault.*

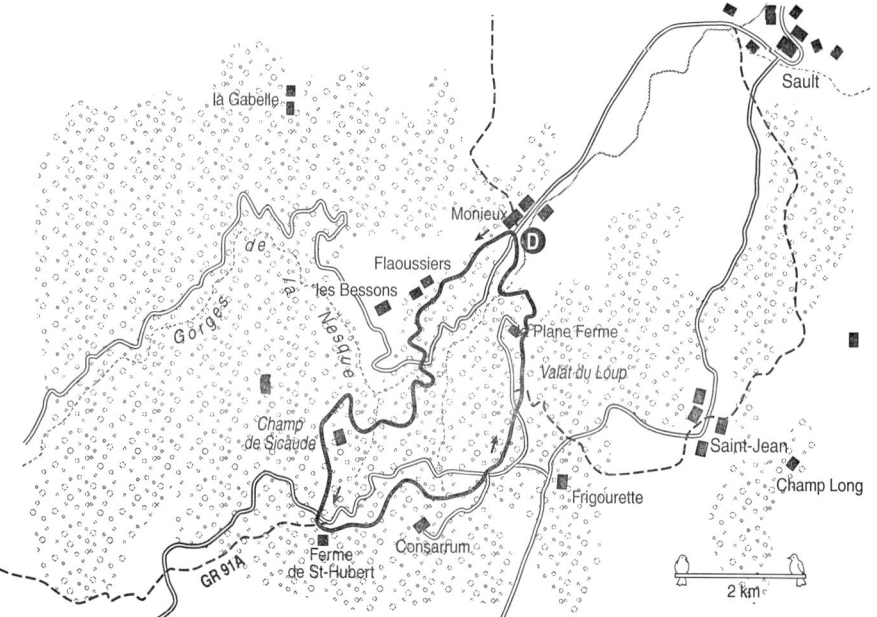

Je m'immerge dans la senteur des lavandes comme sur un récif de la Grande Barrière. Les touffes d'épis bleu-mauve ressemblent à des madrépores. Des vols de piérides, de citrons, de vulcains, d'abeilles et de bourdons imitent la cohorte des poissons-anges, des poissons-papillons et des poissons-demoiselles. Des coléoptères brillent comme des jades ou des onyx. Je ne sais plus où je suis. Je sais de moins en moins où je suis : gâtisme écologique précoce. N'importe. Je me fonds dans la masse des vivants. Je hume l'odeur âcre et sucrée des fleurs. Je dissous mon être sans importance dans la brise qui caresse la Provence.

 *DE MONIEUX À LA CHAPELLE SAINT-MICHEL, 1 heure 30*

Je baigne mon corps dans les souffles venus du mont Ventoux, où j'admirais hier encore l'or pâle des pavots rhétiques, la dentelle des panicauts blanche-épine, l'orange et violet des linaires des Alpes. Je marche sur la route de Sault à Monieux. À gauche, un champ de sauges officinales rose bonbon. À droite, un mas de pierres ocre à volets bleus. C'est juste après que je plonge dans les lavandes... Les labiées parfumées se balancent comme des ostensoirs dans une chapelle. À la frontière des touffes bleues et du talus d'herbes folles, croît un jardin d'Eden à la gloire de la botanique. Des coquelicots lumineux y rehaussent l'éclat de nigelles de Damas aux pétales bleu-vert surmontés d'une résille. Des salsifis jaunes, des mauves, des campanules carillons s'y mêlent aux orcanettes, dont les pétales bleu roi évoquent les lagons du Pacifique.

J'entre dans Monieux. Petite église. Sourire des habitants. Jupes bleu roi des femmes. Chats qui dorment en rond sur les murs. Je trouve, au sud du village, le sentier de grande randonnée — le G.R. 9 — sur lequel je vais voguer quelques heures. Balises rouge et blanc. Un panneau fléché propose, à gauche : « Chapelle Saint-Michel, 1 heure ; Saint-Jean-de-Durfort, 5 heures 25 ». Je goûte la précision du « 25 ». Qui donc calcule les temps de marche à la minute ?

Le sentier grimpe en pente douce vers le plateau sud du Ventoux. En contrebas, je contemple la vallée de la Nesque et le lac de barrage... Je vaque entre les pierriers calcaires et les chênes blancs (ou pubescents). Je défile entre des amélanchiers constellés de fruits bleu-noir qu'achèvent des restes de fleurs en étoiles. Le papillon belle-dame et son cousin vulcain palpitent sur les lavandes sauvages, les lins de Narbonne (corolles d'un bleu pâle irréel), et les capitules jaune solaire des buphtalmes à feuilles de saules. Je détaille un vieux mur hérissé d'orpins roses aux feuilles gonflées de jus : une H.L.M. pour les reptiles. Deux lézards gris et un vert sont à la fenêtre et me considèrent avec gravité. Sous un buisson de baguenaudier, dont les gousses ressemblent à des ballonnets de foire, se faufile un orvet. Sur le rocher suivant, un lézard ocellé bâille : caboche de dinosaure, dos piqueté de jaune et de noir, flancs décorés de ronds d'azur.

Je débouche sur le plateau où cohabitent chênes blancs et chênes verts. Une couleuvre vert et jaune file dans l'herbe : lanière biologique, nerveuse et même soufflante. Elle remise son corps sous un tas de cailloux que couronne un bouquet de leuzées conifères aux capitules de plastique et aux plumets de fleurs mauves. Un papillon gazé, aux ailes aussi translucides que les bractées des leuzées, zigzague autour d'un bolet à beau pied (chapeau beige ; pied écarlate à résille pourpre ; tubes jaune-vert ; chair jaune virant à l'outremer, sur laquelle bave une limace)... Ne me demandez pas comment on s'extasie sur un pied de bolet, même « beau », quand il ne manque guère de pieds de femmes pour le fétichiste. Je suis conçu ainsi. Je dois avoir un ancêtre faune, ou aegypan ; une aïeule dryade ; un chromosome végétal volé à un lichen ; que sais-je ? De la sève dans les veines et des auxines en guise d'hormones. Je perds mes regards dans le fouillis chlorophyllien où se côtoient les buis, les genévriers et de blancs hélianthèmes dont les pétales frissonnent.

Le sentier tourne brusquement à gauche et plonge dans la pente. Virage signalé. Ne pas continuer sur la route forestière. Je relève, dans un ovale de boue grenat, les empreintes d'une biche et d'un faon. Chants de linottes mélodieuses. Trilles de pinsons. Sifflets de merles. Le printemps frais a retardé la végétation. Des orchidées sont encore en fleurs. Lourd parfum de l'orchis bouc : l'espèce mime un petit sapin vert et brun pâle. Ses labelles démesurés se tordent comme les cheveux de la Méduse. Je n'avais jamais vu l'espèce épanouie à la mi-juillet, entre le rouge de la russule émétique et le beige de l'amanite vaginée... De jeunes cèdres étalent leurs branches glauques ; je les imagine fiers de leurs premiers cônes. Le mistral facétieux dissémine cette essence depuis les reboisements du mont Ventoux. J'enjambe, avec des excuses, un lactaire en entonnoir qui squatte le sentier. Courte halte à la bergerie Savournin. Murs de pierres sèches, odeur de suint, crottes de mouton. Scarabées sacrés qui roulent leur boule d'excréments (Sisyphe et Atlas réunis dans le même mythe). Hélas ! Le sentier est jonché de cartouches de chasse.

À l'instant où je débouche sur la route panoramique des gorges (la départementale 942), un aigle décolle. Un aigle ? Oui : de Bonelli !... Un jeune, le plumage brun, le dessous des ailes clair, le ventre roux. Je marche un moment sur la route, vers l'ouest, jusqu'au belvédère de la Nesque (ou de Castelleras). Balcon aménagé. Coup d'œil touristico-panoramique. Murailles calcaires ocre et blanc, creusées de cavernes et crêpelées de chênes. Je déchiffre la plaque où est gravée, en langue d'oc, une strophe du *Calendal* de Frédéric Mistral. Il y est question de gouffre sans fond et sans espoir où disparaît la Nesque. « *Aquelo Nesco s'encafourno...* »

Je reviens au G.R. 9. Une pancarte, sur la route, indique la direction de la chapelle Saint-Michel. Il faut descendre. Dans le trou. Au fond de la gorge, près de la rivière... Balade rapide, rochassière, cahoteuse. Passages parfois un peu aériens. Vertige pour citadins. Mais le sentier est bon et les à-pics admirables. Les cavernes aux toits d'arches romanes semblent des rêves d'hommes (plutôt de femmes !) préhistoriques. Le chemin mène à des auvents gris et roux où l'eau dégoulinante écrit des messages en hiéroglyphes. Je me fais l'effet de passer sous de vastes portiques, et je songe à Baudelaire. J'aperçois, ancré dans une fissure, un admirable bonsaï naturel de genévrier, qui couvre un pan de roche comme une étole de fourrure. La capacité d'adaptation des arbres me rassure. Quand nous en aurons fini avec nos âneries saccageuses et pollueuses, ils seront encore là. Ils nous survivront, avec leur sourire de branches.

La chapelle Saint-Michel se dresse au creux du système, blottie contre la falaise, abritée par un gigantesque toit de roche. Une date sur le linteau de la porte : 1643. Des graffitis. Dans le clair-obscur du dedans, près de l'autel, une modeste statue de l'archange terrassant le démon. Sur les murs, des images de fleurs naïves.

**DE LA CHAPELLE SAINT-MICHEL AU GÎTE DE SAINT-HUBERT, 2 heures 30**

Je traverse la Nesque sur un pont de rondins mouillés. L'eau forme une gouille verte et profonde, avec des reflets noirs et des lueurs étranges où le mystique pénètre le sens de la phrase inscrite dans l'abside de la chapelle : « *Quis ut Deus* ? » Ombres propices, fraîcheur, humidité.

Je remonte vers le soleil, sur la rive gauche. Un faucon hobereau tourne dans l'atmosphère. Des hirondelles de rochers aux plumes grises font leur nid dans une cheminée verticale, au plafond de la colossale arche rocheuse qui domine le sentier. La Nesque est une rivière bizarre. Elle force sa route dans le calcaire du plateau du Vaucluse. Elle s'y perd. Elle y joue à cache-cache avec la lumière. Fissures, infiltrations, énigmes des souterrains dans un relief karstique. L'eau reparaît plus loin. Une partie contribue, dit-on, à alimenter la fontaine de Vaucluse.

La grimpette est brève, dans le parfum capiteux des chèvrefeuilles, près des tamiers aux grappes de fruits rouges. Je salue les limbes à trois lobes de l'hépatique, les clarines bleues de la campanule carillon, les hachures florales de la digitale jaune. Je mâchouille une baie carmin de groseillier des Alpes : subtilement fade... Au sommet de la pente, les pieds sur un surplomb, je jouis de la magie des gorges. Le rocher du Cire domine la rive gauche ; il a des allures de donjon. Le plateau qu'il achève est à 750 mètres d'altitude, le fond de l'entaille à 500. Un empire pour l'aigle royal (un couple niche ici). Des fiefs pour les faucons. Les hommes du Néolithique ont apprécié ces parages. Je salue un trio d'archéologues. Ils fouillent avec minutie le sol d'une caverne.

> *La truffe noire*
>
> Au IV$^e$ siècle avant Jésus-Christ, le naturaliste grec Théophraste l'appelle déjà le « diamant de la terre » et croit qu'elle naît des « pluies d'automne accompagnées de coups de tonnerre ». La truffe noire (la vraie, celle du Périgord ; pour la science, *Tuber melanosporum*) se compose de filaments blancs (ou hyphes), dont le réseau souterrain compose un mycélium. La boule brun-noir représente le fruit (ou carpophore) du végétal. L'espèce pousse en symbiose avec un arbre — le plus souvent le chêne blanc, ou pubescent *(Quercus pubescens)*. Le mycélium forme, avec les radicelles de ce dernier, des nodules (ou mycorhizes) de 0,5 à 1 millimètre de diamètre.
>
> Le fruit commence par une agglomération d'hyphes dite *primordium*. La truffe atteint sa taille définitive en hiver. Elle pèse alors de 5 à 250 grammes, mais on en trouve de 1 kilogramme. Le record (10 kilogrammes) date du début du XIX$^e$ siècle. La peau *(peridium)* du fruit mûr est d'abord rougeâtre, puis brun-noir et bosselée. La chair *(gleba)* est grise, veinée de sinuosités blanchâtres encadrées de filets marron. Dans les lobes tourmentés de la *gleba* se trouvent les assises fertiles *(hymenium)* où mûrissent les spores noires.

Le sentier sinue entre les chênes pubescents et les érables de Montpellier. Avec le parfum des arbres, je hume l'âme du plateau du Vaucluse. Une pie-grièche écorcheur empale un criquet. Un geai des chênes crie dans un chêne : nature en ordre.

Casse-croûte aux ruines de Peisse, dans une bergerie écroulée. Clairière d'herbes folles où flambent le jaune des millepertuis, le rose des coronilles et le mauve des vesces. Des ascalaphes décollent : j'aime le vol précis de ces ersatz de libellules aux ailes hachurées de carbone et de soufre. Des argus azurés, des zygènes tachetées et une abeille charbonnière butinent les pompons bleus des échinops. Un papillon machaon se pose, fragment de tapis volant jaune et noir.

À la bifurcation du sentier, je prends à droite. Sur le G.R. 9, toujours... Le chemin de gauche me ramènerait au plan d'eau de Monieux ; or, je veux boucler un plus large tour. Je monte et descends en suivant la piste balisée de rouge et blanc. S'ouvrent, çà et là, de sublimes perspectives, avec la cime immaculée du Ventoux à l'horizon des gorges. Les creux humides hébergent la langue verte des scolopendres, la fourrure épaisse des mousses et des foliaisons de lichens sombres importés des sylves du Carbonifère. Quelques mètres plus loin, les ressauts exposés au soleil nourrissent une végétation méditerranéenne xérophile, avec des immortelles, des hélianthèmes, des thyms, des sarriettes. Je traverse des prairies hérissées de scabieuses, pompons mauves où les papillons demi-deuils et mélittées sucent le nectar en compagnie d'agrestes aux ailes de velours brun.

Voici la bergerie du champ de Sicaude et sa chapelle ruinée, dont le toit est effondré mais le clocher debout. Un érable et un mûrier s'étreignent devant le porche. Le premier peaufine ses fruits en samarres, rotors d'hélicoptère avant la lettre. Le second rougit ses sphérules agglomérées en pains de sucre. J'aime le mûrier. Il me parle d'un temps où l'on élevait le ver à soie dans le Midi, et où Jean-Henri Fabre cheminait dans la campagne en quête de carabes et de fourmilions. Aujourd'hui, la cigale chante moins fort que le pulvérisateur d'insecticides... Je coupe à travers une cerisaie en terrasses (fruits tardifs charnus, sucrés ; je maraude ; chut !). Je rejoins le G.R. 9 sur la crête. Il se fait route de terre, puis redevient sentier en obliquant à gauche (bifurcation à la boîte aux lettres ; ne la ratez pas !). Pins, cèdres et chênes. Terre labourée par les sangliers. Une route : la départementale 5. De grands bâtiments roses : le gîte d'étape de Saint-Hubert.

***DU GÎTE DE SAINT-HUBERT À MONIEUX,**
4 heures*

Le gîte de Saint-Hubert est un bonheur. Une vieille charrue et une charrette y trônent sur un parterre de mauves. Poules et coqs en liberté, canards dans un enclos, cochons et moutons : un lieu de rêve pour une halte. Il me prend l'envie d'y passer la nuit, d'autant que le propriétaire parle de méchoui pour le dîner. En coupant du bois de chêne pour son feu, il me raconte la difficulté de vivre des paysans du plateau. Le tourisme « vert » et la vente directe des produits du sol constituent son unique espoir.

Non loin du gîte, deux attractions : le sentier botanique et le mur de la Peste. Le premier vient d'être tracé. Des panneaux y renseignent le voyageur curieux, qui apprend à identifier le pin noir et le cèdre, le cytise et l'amélanchier, l'aphyllanthe et l'asphodèle... Le mur de la Peste commence au bout d'un sentier, à un quart d'heure à l'ouest de la ferme. Édifice rectiligne... En 1720, la peste noire ravage Marseille et gagne la Provence. Pour protéger le Comtat Venaissin, le vice-légat du pape ordonne la construction de cette barrière de pierres sèches renforcée d'enclos, de guérites et de postes de garde. Plus de 15 kilomètres d'une muraille haute de 1 mètre, entre le col de Lagas et Bourbourin... Un millier de soldats y prennent position et empêchent quiconque de passer jusqu'à la fin de l'épidémie, en 1723. En ce temps-là, le devoir d'assistance reste à inventer !

Je décide de boucler la boucle aujourd'hui. Tant pis pour le méchoui. Je marche de nouveau sur le G.R. 9, maintenant moins pierreux, plus moussu, plus doux à la semelle. Par ici, le bois s'honore de chênes puissants. Les orchidées d'été enchantent les taillis : ces colibris de corail sont les corolles de la céphalanthère rouge. Ces ostensoirs exsudent le nectar lourd et lisse d'un épipactis (ou helléborine). Les aphyllanthes de Montpellier constellent les talus d'étoiles d'azur. Les leuzées conifères, les digitales jaunes, les calaments chataires ornent les bas-côtés. Crottes de renard. Empreintes de cerf. Une vipère aspic, au dos gris-brun et au zigzag dorsal obscur, traverse le chemin ; timide ; discrète ; pacifique.

Je franchis deux fois la départementale 5. Une huppe fait éclater la rousseur de son dos et le damier de ses ailes. Elle m'indique la bifurcation vers le plan d'eau de Monieux. Je quitte le G.R. 9, qui file vers Saint-Jean-de-Durfort (gîte d'étape). Je choisis le sentier marqué d'une croix, puis de traits brun-rouge. Direction : la Plane et le Viguier. Ici même, en hiver, voici 3 ans, j'ai cherché la truffe sous les chênes avec le fermier du Viguier.

Par un effet de mon imagination, j'ai les narines emplies de l'odeur capiteuse du champignon noir. La truffe est incroyable. C'est le « diamant de la terre ». Sa senteur virtuelle ne se dissipe ni dans les prés bêlants de moutons, ni parmi les roseaux du plan d'eau, ni dans les relents de soupe au pistou qui montent d'une cuisine de Monieux.

Car le parfum de ce champignon, comme celui de la lavande, résume la Provence autour du mont Ventoux. Une huppe me le upupe dans le vent.

---

NOTE SAISONNIÈRE ET RECOMMANDATIONS

La balade décrite ici a été accomplie au 14 juillet. Au printemps, la Provence donne à voir de superbes orchidées, des crocus, des fritillaires, des iris nains, des tulipes sauvages, etc. En automne, mille fruits mûrissent. Et, en hiver, la truffe...

Il neige parfois sur le plateau du Vaucluse, dont l'altitude avoisine 800 mètres. Mais aux premiers rayons du soleil, les lézards et les couleuvres pointent le nez hors des murs.

## 2. Luberon

# Les deux horizons bleus

*Une traversée lumineuse du Petit Luberon, des gorges de Regalon à Oppède-le-Vieux, dans les garrigues et les falaises où niche l'aigle de Bonelli et où tournoie le vautour d'Égypte ; en passant par les Hautes Plaines d'où l'on admire le Ventoux, la montagne de Lure, les Alpilles, la Sainte-Victoire et la Méditerranée.*
*Aller-retour, des gorges de Regalon à Oppède-le-Vieux, 8 heures.*
*Carte I.G.N. au 1 : 25 000, 3142 OT, Série bleue, Cavaillon.*

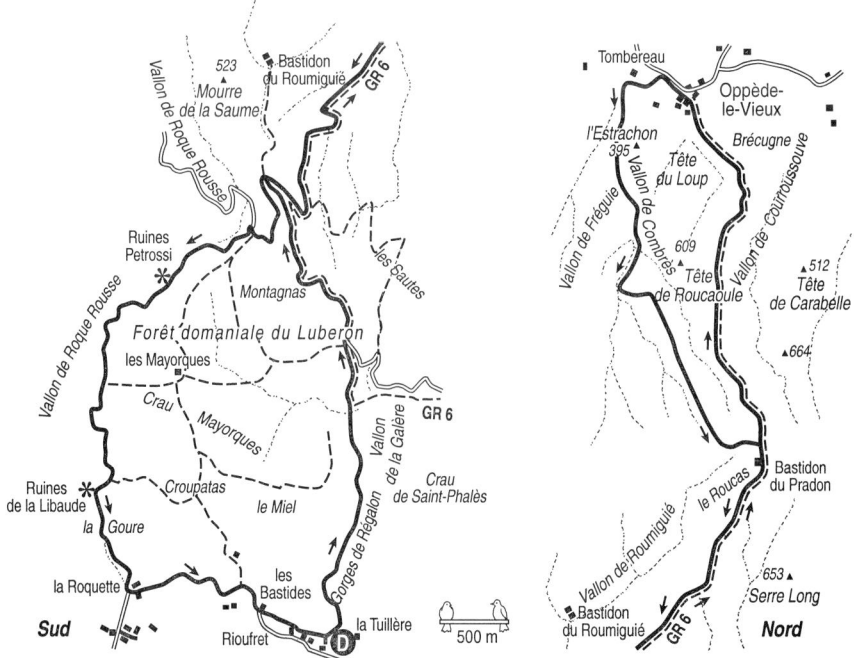

Les oliviers, les pins d'Alep, les chênes verts et les peupliers des bords de la Durance frémissent sous les falaises ocre et gris du Petit Luberon, lequel ressemble aux murailles d'un château de Provence. Je cligne des yeux en regardant les pans calcaires que transfigure un grand soleil de fin d'hiver. Deux ombres brun-noir planent au-dessus des créneaux de roche et s'élèvent en tournant dans l'azur : des aigles ! Des aigles de Bonelli... Le dernier couple nicheur de ce massif patrouille. Il guette le lapin ou la perdrix rouge. Nourrira-t-il, au printemps prochain, un aiglon emmitouflé dans son duvet gris pâle ? Cela n'a pas été le cas l'an dernier. Les ornithologues du parc régional sont inquiets comme de futurs papas. Je songe au triste destin des rapaces, qui furent massacrés au long des siècles et nous semblent aujourd'hui si nécessaires. Comment ne pas rêver, dans ce bleu du ciel né du mistral, aux ailes de ceux qui incarnent les plus nobles héritiers des dinosaures par la grâce des archéoptéryx ?

 *DU PARC DE REGALON AU VALLON DE ROUMIGUIÉ,*
*1 heure 30*

Je marche vers le territoire des aigles depuis le parc à voitures de Regalon. Je traverse le petit bois de pins d'Alep où les mésanges bleues, les nonnettes et leurs cousines à longue queue jouent les pommes de pin volantes, en compagnie de divers pinsons, pouillots, bruants et fauvettes (la mélanocéphale à calotte de satin noir ; la pitchou à dos gris et poitrine rousse). Je caresse les branches des chênes verts. Je cueille un gland pointu, luisant comme un éclat de jade ; j'en croque un bout : chair livide, concentré d'amertume. Je

comprends, par les papilles de ma langue, la notion de
« tonique amer » chère aux phytothérapeutes. Je franchis la jeune oliveraie nimbée d'argent gris-vert qui introduit au canyon de Regalon. Six pies voleuses dansent derrière leur queue d'archéoptéryx. Deux choucas des tours volent à la poursuite de leur bec anthracite et me montrent l'entrée de la gorge. Je mets les pieds dans le torrent : jamais je n'ai pu m'empêcher de prendre ce plaisir puéril. L'eau gicle et frétille. Elle gazouille la musique juvénile que murmurent tous les ruisseaux du monde, et que Robert Schumann a transcrite dans ses *Scènes d'enfants*.

J'entre dans le canyon de Regalon comme en un temple. Ombre beige, ombre brune, ombre noire : que dit la bouche d'ombre, ô Hugo ? Je passe entre deux parois de roche dont les créneaux, les tourelles, les mâchicoulis et les échauguettes, à 40 mètres au-dessus de ma tête, se hérissent de bouquets lumineux de pins, de chênes verts, de buis et d'érables de Montpellier. Des choucas et des pigeons bisets jouent les esprits de l'air. Je chemine dans le ventre du massif, dans le boyau vital que l'eau née du Luberon creuse pour fuir la montagne. Le passage devient de plus en plus exigu. Le sentier, parfois noté de traits bleus, n'existe que par bribes, comme des empreintes de salamandre sur une berge de sable. Je pense aux grenouilles, aux crapauds accoucheurs, aux rainettes méridionales qui habitent ce clair-obscur.

La gorge se rétrécit encore. Les bras tendus, je caresse les deux murs à la fois. Je marche sous des porches et des ogives, je franchis des cascades, j'observe des lierres séculaires au tronc énorme, qui enroulent leurs anneaux comme des boas pour escalader la roche vers la lumière. J'ôte mes chaussures pour traverser un bassin où je baigne jusqu'aux genoux. Je remonte une autre cascade, puis je m'introduis dans un tunnel où je touche la paroi des deux épaules. La galerie aboutit à une caverne où jaillit l'essentiel de la résurgence qui compose le torrent de Regalon.

Je renais à la lumière comme un papillon s'extrait de sa chrysalide. J'admire les plus considérables buissons de fragons (ou ruscus) petit-houx que j'aie jamais vus : ces végétaux exhibent leurs fruits en boules rouges, collés sous leurs fausses feuilles ovales-aiguës. Je salue les osyris blancs (ou rouvets), constellés de baies vermillon, et les asperges sauvages aux feuilles semblables à des cheveux d'anges. Je frôle les limbes épineux des salsepareilles (ou smilax d'Europe) qui prennent d'assaut des arbres. Je me frotte à de superbes buis aux feuilles cirées. Dans cette tranchée tiède et humide, les végétaux poussent plus vigoureux, plus gros que leurs cousins des hauteurs soumis au mistral, à la sécheresse et aux brutales variations climatiques. Le canyon de Regalon est un ventre fertile. Une pie-grièche grise me le confirme dans un trait d'ailes.

Je rejoins le sentier de grande randonnée (le G.R. 6, balises rouge et blanc) dans le virage en épingle à cheveux qu'il accomplit au creux du thalweg. Vers la droite, le chemin conduit à la Font de l'Orme. Je l'emprunte à gauche, en remontant le vallon : il serpente dans une jungle de chênes verts, d'érables de Montpellier, d'aubépines, de chèvrefeuilles étrusques et de viornes-tins que des lierres aux feuilles vert véronèse enlacent. Un traquet rieur (bout de charbon à queue d'ivoire), un merle noir, une grive draine s'envolent. Un geai exhibe l'azur de ses épaules. Des sangliers ont fouillé le sol dans leur façon grognonne. Je relève les empreintes d'un chevreuil près d'une flaque : l'espèce n'est pas rare dans le Luberon, où les gardes du parc veulent réintroduire le mouflon et le bouquetin. À la saison chaude, cet entonnoir est une magie d'insectes, avec des mantes religieuses, des criquets, des éphippigères, des longicornes, des chrysomèles, des guêpes et des abeilles domestiques ou charbonnières. Sans oublier une folie de papillons psychédéliques : paons-du-jour, vulcains, machaons, flambés, citrons de Provence, écailles, argus, demi-deuils, mélittées et silènes.

Me voici sur la route forestière qui serpente entre les falaises des Sautes (à l'est) et des Montagnas (à l'ouest). Je marche vite, dans la lumière du vallon de la Galère. L'espace semble se dilater. Le Petit Luberon offre à présent ses vastes *craus* (plateaux) et ses *mourres* (rocs et falaises). La forêt claire de chênes verts et de pins d'Alep qui mousse au bas des collines fait place, à mi-pente, à une garrigue gris-vert de laquelle émergent des séries de têtes rocheuses : on jurerait les *mesas* en chandelles et en cônes tronqués de l'Arizona. On s'attend à voir John Wayne sur son cheval. Un faucon crécerelle vole sur place. Je soupçonne le merle bleu. Ici niche le hibou grand duc qui, la nuit, glisse sur ses ailes de soie jusqu'aux rives de la Durance. Au printemps, la bondrée apivore et le milan noir, le martinet alpin et la huppe reviennent d'Afrique. Le guêpier et le rollier font leur nid sans quitter leur costume de conte persan. Le circaète jean-le-blanc (l'aigle des reptiles) scrute de ses yeux orange le roc sur lequel le lézard (gris, vert ou ocellé) déguste sa ration d'ultraviolets ; à moins qu'il ne vise la colérique couleuvre vert et jaune, l'élégante couleuvre à échelons ou la venimeuse couleuvre de Montpellier. Aux beaux jours, sept couples de vautours percnoptères (ou d'Égypte) achèvent leur migration dans cet écosystème : précieux nettoyeurs de carcasses aux plumes blanches à bout noir, et à la caroncule jaune.

***DU VALLON DE ROUMIGUIÉ À OPPÈDE-LE-VIEUX,***
*2 heures 30*

Je gagne le fond du vallon de la Galère et l'entrée du vallon de Roumiguié, où la route forestière fait un long lacet. Je persévère sur le G.R. 6, qui grimpe à droite, puis à gauche (cairn), sur l'arête qui sépare le vallon de Roumiguié de celui d'Aigado. Je froisse dans mes doigts une ramille de romarin aux fleurs bleu pâle. Je hume ce concentré de Provence. Le sentier de pierres blanches s'élève dans une garrigue des merveilles où dominent les chênes kermès râblés et piquants, mêlés de buis aux feuilles cirées-cuivrées, de cistes cotonneux, de pistachiers, de genévriers, de lavandes, de thyms, de sauges et de sarriettes. Des aphyllanthes de Montpellier préparent, au secret de leurs bourgeons, leurs corolles en étoiles d'azur. L'euphorbe characias élabore son latex blanc comme une nébuleuse. La leuzée conifère, le salsifis étoilé et l'antirrhinum gueule-de-loup concoctent leurs inflorescences burlesques. Des rosettes de feuilles d'orchidées luisent au soleil en attendant la magie printanière : orchis bouc, orchis bouffon, sérapias langue, limodore avorté, ophrys bécasse, ophrys araignée, ophrys abeille ; peut-être le rare ophrys de Provence ou le rarissime ophrys de Bertoloni.

Ce cœur palpitant du Petit Luberon m'épate. Le parc régional et l'Office national des forêts l'ont fait protéger par un arrêté de biotope. L'U.L.M., l'escalade, le parapente, la chasse photographique, même le vélo tout terrain et la balade hors sentier y sont prohibés. Un grand corbeau croasse qu'il a voté la mesure. Je contourne un cône de roche tronqué, pareil à la tour du Diable du Wyoming où atterrissent les Extraterrestres des *Rencontres du troisième type* de Spielberg. Le G.R. 6 longe sa cime : les non-humains sont les choucas. On attend le vautour fauve, qui migre des Baronnies où l'espèce a été réintroduite. Je contemple, au sud et au sud-est, le prodigieux développement du val de Durance et la trouée de Sénas que la rivière empruntait du temps qu'elle empierrait la Crau. Je détaille la montagne Sainte-Victoire, repeinte en violet Cézanne ; la dentelle bleue des Alpilles ; enfin, là-bas, les traits d'argent fondu de l'étang de Berre et de la Méditerranée.

Je me laisse caresser la barbe par la barbe d'aiguilles glauques d'un cèdre de l'Atlas : le conifère étale ses branches à l'abri d'un ravin. Il présente comme une offrande au ciel ses fruits trapus, vert-de-gris, aplatis à leur sommet, pour tout dire extraterrestres. Je gagne la crête et le plateau de Roucas : les rafales que le mistral me tire dans la figure sont une preuve d'affection. Je prends des notes penché à 60 degrés, comme les arbres locaux. Je marche en tirant des bords vers la ligne de jeunes cèdres qui barre l'horizon du nord. J'invente, entre les pierres, les plateaux de fleurs asymétriques et rosâtres du tordyle d'Apulée. Je vois onduler les oriflammes velues des stipes pennées, qui jettent une fourrure d'argent jauni sur le dos de la montagne. Je salue la grande éphèdre : ce buisson gris, rescapé du Secondaire, appartient à la lignée des chlamydospermes, qui relie les conifères aux plantes supérieures ; ses cousines sont les énormes welwitschias du désert de Namib et les gnétales des jungles d'Asie tropicale.

Une cabane (O.N.F.) m'attend sous les cèdres : le bastidon du Pradon *(Bastidoun dou Pradoun).* En poutres et planches de cèdre, bien sûr. Comment ne pas y boire une rasade ? On peut y faire du feu dans la cheminée, et même y dormir sur un bat-flanc. La petite route goudronnée, désormais interdite à la circulation, est à 5 minutes. Je la franchis. Lumière des Hautes Plaines que le vent du Rhône exalte et fait vibrer ! Je contemple l'énorme mamelle blanche du mont Ventoux badigeonnée de neige et, vers le nord-est, les crêtes de la montagne de Lure. Devant l'immense développement des Alpes lointaines...

Je continue de suivre G.R. 6 en direction d'Oppède-le-Vieux, entre les chênes kermès et les buis, avec d'autres éphèdres et de brèves pelouses où se plaisent l'iris nain, l'ail à tête ronde, l'orchis mâle et le lin de Narbonne... Un renard a posé sur un rocher en forme de siège sa crotte encombrée de fruits d'églantier mal mâchés. Une chouette a régurgité sa pelote de poils et d'os de mulot. Je dévale la face nord du massif comme un bouquetin de peuplement balourd, relâché par une erreur des gardes, mais heureux de gambader. Je fais sonner sous mes sabots les cailloux blancs de la montagne qui tire son nom de la louve (en provençal : « *loube* ») ou du lièvre (« *lebre* »). Cette échine calcaire que Jean Giono préférait baptiser « la Grande Baleine bleue », et dont je psalmodie les syllabes : « Luberon ! » Le mistral emporte le mot jusqu'à la mer.

 **D'OPPÈDE-LE-VIEUX AU PARC DE REGALON,**
*4 heures*

Je suis parti tôt : j'entre dans Oppède-le-Vieux à l'heure du déjeuner. Village perché ; ruelles d'ombre brune ; amalgame d'âmes humaines, de pierres, de platanes et de micocouliers. Je me régale de pain de seigle et de fromage de chèvre, sur lequel je verse du miel de romarin. Essayez ! Je grimpe au nid d'aigle visiter la chapelle et les ruines du château fort. Je m'allonge sur une dalle au soleil. Je deviens lézard. Je ferme les yeux. Je respire le Midi. Je frémis comme ce papillon aurore de Provence éveillé de sa léthargie d'hiver, mais qui n'ose pas déployer ses ailes de soufre et d'orange.

Je me remets en route sur le G.R. 6, sous le parc à voitures (balises rouge et blanc et jaune et bleu sur le même poteau : barbouillis !). Je chemine vers l'ouest entre les vieux murs. Les pervenches me font des clins d'œil. Les ombilics étalent leurs feuilles en crêpes épaisses. Les lierres et les ronces se regardent de travers. Au creux du val, je repère le sentier (marques bleues ou jaunes) qui zigzague à gauche et remonte le vallon de Combrès. Cèdres et chênes verts, chênes pubescents et hêtres : je goûte l'ombre de ce versant septentrional. Les buis et les fragons côtoient les fougères, les anémones et les hépatiques ; plus tard en saison, la néottie nid-d'oiseau et le lis martagon... Je gagne vers le haut : cèdres énormes. Ceux du Luberon ont commencé d'être plantés vers 1860 et de disperser leurs graines vers 1900. Ils peuplent à présent 250 hectares et accueillent sous leur ramée trois cent cinquante espèces de champignons.

Je marche entre deux falaises colossales. À l'est, la tête du Loup ; à l'ouest, l'Estrachon... Il me semble que je traverse les ruelles, les chemins de ronde, les escaliers, les corridors, les cours d'un prodigieux castel homothétique de celui que les hommes édifièrent à Oppède-le-Vieux. Le canyon de Combrès fut-il le modèle des architectes du Moyen Âge ? Lui-même reproduit le grand château fort du Luberon, lequel est une tourelle du château fort du monde !

Je franchis des défilés, des éboulis, des cavernes. Avant l'immense balme qui clôt le vallon de Combrès, le sentier emprunte une corniche aérienne. J'y domine un cirque de calcaire ocre et or, qui s'ouvre en perspective sur la vallée mauve et bleu du Coulon (ou Calavon). Je fais un signe au grand corbeau qui passe : nous nous comprenons à demi-plume... Je débouche sur la garrigue des Hautes Plaines. Je rejoins la route goudronnée, que je foule pendant quelques hectomètres vers l'orient, jusqu'au croisement du G.R. 6. Et je refais à l'envers mon chemin de tout à l'heure : le bastidon du Pradon, le Roucas, le sentier qui serpente jusqu'au vallon de Roumiguié.

C'est là que j'innove : j'abandonne le G.R. Je continue sur la route forestière, vers la citerne. Au panneau, je choisis la direction de la ferme Pétrossi — superbe bâtisse que l'Office national des Forêts restaure. Je pousse jusqu'à la ferme Mayorques, sur la *crau* homonyme : le parc régional y a aménagé une Maison de la Nature. Je redescends dans le vallon de Roque Rousse, qui coupe la falaise parallèlement à celui de Regalon. Les ruines de la Libaude. L'étrange roche percée de la Goure. Aux bâtisses de la Roquette, je prends à gauche, sous les pins, vers l'affleurement d'ocre jaune, rose, mauve et pourpre qui rappelle les carrières de Roussillon.

Au Rioufret, je bois à la fontaine. L'eau fraîche m'inonde l'âme de la substance du Luberon. La montagne de la Louve. La « Grande Baleine bleue ». Le Château fort du monde. Au bout de la balade, les aigles de Bonelli sont entrés dans mon rêve.

### NOTE SAISONNIÈRE ET RECOMMANDATIONS

Cette traversée du Petit Luberon est une splendeur des quatre saisons. L'hiver, la lumière est sublime. Au printemps, forêts et garrigues pullulent de fleurs, d'insectes, de reptiles, d'oiseaux. L'été, la gorge de Regalon devient un miracle de fraîcheur. L'automne embaume de romarins, de thyms et de champignons. Partez bien chaussé. N'oubliez pas vos vêtements chauds : lorsque le mistral souffle sur les Hautes Plaines, même en été il fait froid !

Ne vous engagez pas dans la gorge de Regalon si

l'orage menace : après une grosse pluie, ce canyon du Midi peut se transformer en torrent furieux. Lorsque, au retour, vous remontez le vallon de Combrès, sachez que le sentier n'est pas noté sur la carte I.G.N. Faites attention à la corniche : ne la passez pas par fort mistral, par temps de pluie ou de brouillard. Ni de nuit... Vous pouvez boucler l'itinéraire en une journée (8 heures tranquilles) ; ou choisir de coucher à Oppède-le-Vieux.

## 3. Sainte-Victoire

# La nuit du Nouvel An

*La montagne Sainte-Victoire — ce monument de nature et de grâce ! Elle domine Aix-en-Provence. On jurerait un temple antique, avec ses autels, ses statues et ses colonnades. Depuis des siècles, écrivains, poètes et peintres y composent des hymnes à la beauté provençale. J'ai voulu y passer la nuit du Nouvel An.*

*En boucle autour de Puyloubier, 4 heures.*

*Carte I.G.N. au 1 : 25 000, 3244 E, Série bleue, Trets, montagne Sainte-Victoire.*

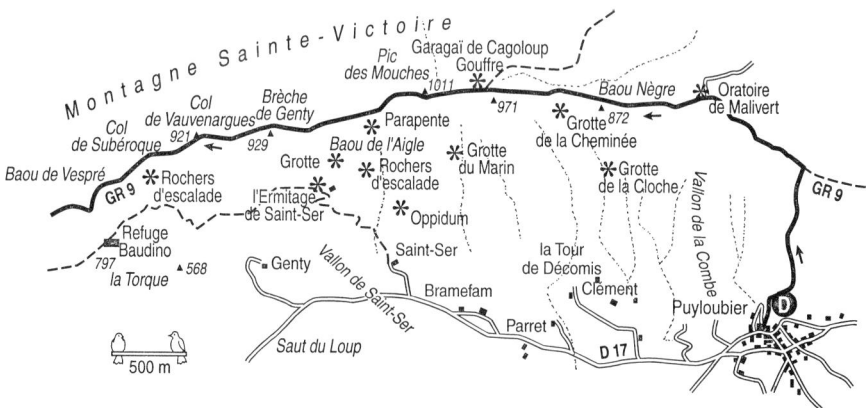

Elle est sublime. Elle s'impose. Elle domine la plaine de Trets comme une vague colossale. Avec des friselis de pierre, des dentelures, des aiguilles, des dièdres, des piliers, des cavernes, des arrondis liquides et des pans de roche analogues aux arcatures des déferlantes ; sans oublier cette écume d'arbustes vert et noir à la crête. Oui : elle ressemble à *la Vague* d'Hokusai. On parierait que le graveur japonais l'a admirée ; qu'elle l'a inspiré lorsqu'il travaillait à son chef-d'œuvre.

Sur quoi un fantôme bleu-violet murmure que cette folie calcaire a choisi de copier les fantaisies colorées d'un certain Paul Cézanne...

 ***DE PUYLOUBIER À L'ORATOIRE DE MALIVERT,***
*1 heure*

La Sainte-Victoire. La montagne bleue. Ou grise, ou gris-bleu, ou gris-rose, ou violette, ou dorée, selon la saison et l'heure. On prétend y entendre le chant des cigales même en hiver. À moins que ce ne soit le vent... Je me prépare à grimper sur sa crête. Je désire fouler le faîte de cette lame calcaire que la folie du plissement alpin a érigée au milieu de la Provence pour offrir un royaume au romarin et au ciste, à l'aigle de Bonelli, au lézard ocellé et à l'œil éternel du peintre.

31 décembre. Froid vif, neige et glace sur la Provence. Souffle un soupir de mistral qui m'a instillé dans la cervelle une idée saugrenue : je veux passer mon réveillon là-haut. Sans foie gras, ni dinde, ni champagne, ni chocolat. Je ne regretterai pas cette pléthore organisée. Je désire changer d'année au sommet de la Sainte-Victoire, le corps sur la roche et le nez dans les étoiles.

Je me mets en marche près de la coopérative vinicole de Puyloubier. Altitude : 337 mètres. Je repère les balises rouge et blanc du G.R. 9, que je ne quitterai guère. Je m'engage dans les venelles du village. « Grand Rue », « rue qui Monte », « impasse des Genêts » (gîte d'étape), « rue Sainte-Victoire », bien sûr. J'ai mon bonnet, mes gants, mes chaussures de montagne. J'emporte non seulement deux fourrures polaires, mais une couverture de survie. Et une lampe de poche.

Passé les dernières maisons de Puyloubier, le sentier file sous des arceaux de chênes verts, de genêts, de cistes et de ronces, auxquels se mêlent les rameaux des asperges sauvages, aux feuilles aussi fines que des poils ; comme une fumée vert pâle. Sous la vague minérale gigantesque, les pentes sont crêpelées d'une garrigue de cistes, de romarins, de chênes verts et de chênes kermès. De bruyères arborescentes, de pistachiers et de genêts. Et de calycotomes épineux... Ces papilionacées bardées de pointes croissent en foule. Et sont en fleurs. Un 31 décembre, sous le givre. Leurs corolles aux ailes jaunes tapissent les contreforts du massif. Nappe d'or pâle, sous les paillettes argentées de la glace.

Je suis parti dans l'après-midi. Je marche vite. Je me réchauffe en agitant mes mollets. Je souffle une vapeur de bestiau au labour. Je m'amuse à faire la locomotive : il n'existe aucune idiotie puérile que je ne pratique avec délices. Le soir tombera vite. Je foule un sentier glacé, caillouteux, dur aux pieds, qui s'élève en lacets dans un lapiaz gris pâle duquel dégouline par endroits cette terre rouge ou grenat que colorent des oxydes d'aluminium et de fer, et qui identifie la beauté élémentaire de la Provence. Celle qui inspira les peintres et les poètes. Je m'arrête pour contempler deux petits chênes. Un vert (ou yeuse) et un kermès. Feuilles cirées, bordées d'épines, plus agressives chez le second :

les pointes disparaissent chez le chêne vert adulte. Les glands sont mûrs. Des rongeurs (mulots, écureuils), des oiseaux, des sangliers en ont cueilli, grignoté, dispersé. Par ce froid, je suppose qu'il s'agit d'une nourriture de première nécessité. À droite, un buisson de romarin s'est, lui aussi, couvert de fleurs tardives : capiteux parfum de résine et délicates corolles au bec courbe, d'un bleu pâle irréel, auxquelles le givre ajoute cette lumière triste et belle qu'on retrouve sur les lèvres des héroïnes romantiques.

Je frôle des buissons de cistes (fruits gris-brun, en papier kraft froissé) ; des euphorbes characias qui verdissent avec vaillance ; des touffes frigorifiées de crépides, d'anis odorants, de lavandes stéchades, d'immortelles stéchades, de valérianes (ou centranthes) rouges et d'aphyllanthes de Montpellier. Des arbres calcinés, aux moignons noirs, témoignent du gigantesque incendie qui, l'autre année, ravagea la Sainte-Victoire. La vie renaît, comme elle est programmée pour le faire tant qu'il lui reste de l'ADN. Dans les fissures de roche, je repère ces délicieuses fougères cétérachs, qu'on nomme aussi « herbes dorées » parce que leur dessous est brodé de velours brun-jaune. Telle fut la robe de Lucrèce Borgia.

Je débouche sur l'arête. Gifles du vent sur la figure. Souffle coupé, puis goulées d'un air à la fois glacial et brûlant, tel un coup de tord-boyaux. Je vacille un peu. Ivresse à la Saint-Sylvestre, à la Sainte-Victoire... À droite, un sentier descend vers le Grand Vallon, ses bois de chênes verts et son ruisseau gelé. Je continue à gauche. Je chevauche la crête, entre les cailloux blancs, au-dessus du pylône électrique. Je foule la piste venue du versant nord et nommée « chemin de Malivert ». Voici l'oratoire homonyme.

##  DE L'ORATOIRE DE MALIVERT AU PIC DES MOUCHES,
*1 heure*

Altitude : 778 mètres. Une Vierge à l'Enfant de simple stuc blanc, dans une niche ouverte au sud-est, au sommet d'une borie... Le G.R. 9 oblique ici, à gauche. Ne convient pas de continuer sur le large chemin de Malivert, qui redescend le versant nord. Je marche vers le Baou Nègre. Mes semelles crissent dans 15 centimètres de neige durcie. Des aiguilles de glace pendent aux corniches. Les chênes verts et leurs cousins pubescents (ou blancs ; les truffiers), auxquels se mêlent des pins sylvestres, des genévriers et des amélanchiers, sont poudrés comme des Noëls d'enfants. Norvège en Provence ! Je comprends la neige que les sculpteurs de santons ne manquent pas d'ajouter sur le toit de leurs crèches. Une bande de venturons montagnards discute dans une clairière. Des mésanges et des pinsons sautillent sur les branches. Un rougegorge grelotte et s'ébouriffe. Un grand corbeau plane vers le saut du Loup et les crêtes bleues de la barre du Cengle. Je suis déjà venu par ici au printemps. Je me remémore la richesse de la flore et de la faune du massif, lorsque le soleil éclate et que les cigales crissent. Il me semble apercevoir, sur un caillou, l'énorme lézard ocellé qui s'y chauffait en mai, près d'un orchis de Provence aux labelles jaune pâle. Ou la couleuvre à échelons qui se coulait dans l'herbe, sous un bouquet de lavande colonisé par une araignée argiope lobée, un éphippigère, un capricorne et un papillon citron de Provence ; tandis que s'affairaient l'hirondelle des rochers, le merle bleu, la huppe fasciée et le guêpier aux plumes de pierreries.

Il fait froid. Il fait hostile. Il fait hiver. Les orchidées sauvages et les insectes sont sous la terre, sous forme de bulbes, d'œufs ou de larves. Un lichen brun rouille me rappelle le sublime papillon jason, le grand porte-queue de la Méditerranée, qui hante ces parages. J'avance sur la crête. La Sainte-Victoire me soûle. Je domine la Provence à l'étage de l'aigle de Bonelli : ce rare rapace honore les lieux. Tout en bas, dans une brume légère, la plaine de Trets rougeoie de sa terre oxydée, finement quadrillée de vignes, jusqu'à la barre rocheuse bleu-vert de la montagne de Regagnas, par-delà l'autoroute. Je repère, dans l'abrupt de gauche, le sentier audacieux qui mène aux grottes de la Cheminée et de la Cloche, et dont une branche file vers les rochers d'escalade, la grotte du Marin et la vallée de la Tine. Non loin de la chapelle et de l'ermitage de Saint-Ser. Juste au bas du pic des Mouches, dont j'approche la cime.

Trois corneilles décollent en craillant. Le grand corbeau revient. Il tournoie, queue en losange, près des falaises du Baou de Vespré. Le sentier serpente en face nord, parfois sur l'arête au vent, le plus souvent à l'abri de bosquets de chênes et de pins où j'aménagerais mon refuge si j'étais sanglier. Où je ferai ma bauge ce soir, quand je serai devenu cochon sauvage pour vivre les douze coups du Nouvel An seul sur la montagne. Transi, mais heureux, tandis que d'autres s'alourdiront le ventre de pâté de sanglier.

Au gouffre (« *garagai* ») de Cagoloup (le « Loup-qui-crotte »), un chemin descend vers le nord. Flèche et inscription sur un rocher : « Col des Portes, 40 minutes. » La cime approche. Le voilà, le pic des Mouches. Les Anciens qui l'ont baptisé parlaient-ils de mouches domestiques, de taons ou de mouches à miel ? Je rallie les derniers cairns. Je me dresse au sommet. Altitude : 1 011 mètres. Une girouette indique sans surprise que le vent vient du nord. Je consulte la table d'orientation, qui porte en son centre une reproduction de la carte de Cassini. Je ne suis plus que contemplation. Je tourne sur moi-même avec la lenteur de la girouette. Au nord, par-delà le pont Mirabeau sur la Durance et le massif du Luberon, la vue porte jusqu'aux Écrins. À l'est, je devine le Mercantour enneigé, comme un ours blanc. Au sud-est et au sud, voici Puyloubier, le mont Aurélien, la Sainte-Baume, le bourg de Trets et la chaîne de l'Étoile. À l'ouest, la plaine d'Aix-en-Provence et le lac turquoise de Bimont. Au nord-ouest, le château de Vauvenargues et le mont Ventoux.

 ***DU PIC DES MOUCHES AU BAOU DE VESPRÉ ET À PUYLOUBIER,***
*2 heures*

J'aime n'avoir plus que le ciel sur la tête. La Sainte-Victoire me semble un promontoire de splendeur sur l'océan des jours. Je continue un moment ma balade vers l'ouest, sur le G.R. 9. J'ai l'impression d'arpenter la colonne vertébrale d'un reptile colossal. Je pense au temps du Crétacé, quand ce roc calcaire était un fond sédimentaire que les dinosaures arpentaient, et où ils laissèrent quelques-uns des plus beaux nids remplis d'œufs qui nous soient parvenus.

Je passe le Baou de l'Aigle, d'où s'envolent les parapentistes, imitateurs jaloux du rapace majeur. Après la brèche de Genty et le col de Vauvenargues, je gagne le col de Subéroque, où aboutit le sentier des Plaideurs. Encore un effort, et je me dresse au bord du sublime à-pic du Baou de Vespré. Rocher vertical, gris comme en un rêve. Altitude : 1 010 mètres. Tout en bas, le toit du refuge Baudino. À l'ouest, la Croix de Provence, l'émetteur radio et le prieuré de la Sainte-Victoire. Dans l'air, au sud, un rapace. Un grand. Un aigle. Que j'imagine de Bonelli.

Je reviens sur mes pas jusqu'au pic des Mouches. Je pourrais, que dis-je ? je *devrais* redescendre dans la vallée. La prudence le commande. La nuit tombe. Le ciel occidental se colore de sang. Le soleil se noie entre la chaîne de l'Étoile et la plaine d'Aix-en-Provence. Je devrais renoncer. Il me faudrait à peine une heure pour rejoindre Puyloubier. Mais je me sens trop bien.

Je me réfugie dans un bosquet de chênes où le vent n'entre pas. J'endosse tout ce que j'ai comme vêtements. Je m'enveloppe dans ma couverture de survie. J'attends. La nuit se fait. Entre les nuages, les étoiles s'allument. La lune est au dernier quartier : mince croissant livide. Un hululement de chouette. Un craquement, une forme noire détale : sanglier, biche ou chevreuil ? Je déguste le silence. Le froid me lèche. Les heures de solitude redonneront son prix au commerce de mes semblables. Je bois un peu d'eau de ma gourde. Glaciale. J'ai à manger, mais je n'ai pas faim. Je m'engourdis avec délices. Je cherche l'étoile Polaire, la Grande Ourse, la galaxie d'Andromède. Je décolle, je file vers les étoiles. Je deviens particule. Je m'imagine épinglé comme un négligeable atome sur l'axe du monde.

Le temps coule, couleur de nébuleuse. Je guette la nouvelle année allongé sur le dos du dinosaure de pierre. Les douze coups de minuit sont des battements de mon cœur.

Cette nuit de la Saint-Sylvestre, au sommet de la Sainte-Victoire, il me semble que le monde entier recommence, pour me plaire, un épisode essentiel de son cours.

---

NOTE SAISONNIÈRE ET RECOMMANDATIONS

Cette balade d'hiver, à la Sainte-Victoire, vaut par son atmosphère. Pureté des horizons de Provence que l'air glacé exalte. Attention : les sentiers pierreux deviennent glissants avec le givre. Ayez de bonnes chaussures de montagne et des vêtements chauds (fourrure polaire, gants, bonnet). Ne partez pas seul. Avertissez quelqu'un que vous allez là-haut. Ne tentez pas, comme moi, de passer la nuit au sommet, sauf si vous avez l'expérience de ce genre de bivouacs. N'y traînez pas d'enfant !

Toutes les saisons sont superbes. Printemps de fleurs et d'orchidées. Étés bourdonnants d'insectes et hachés de chants d'oiseaux. Automnes couleur de champignons — et du plus beau de tous : l'oronge des Césars.

## 4. Camargue

# Le vent du Vaccarès

*Une dérive de naturaliste mouillé, la tête à la pluie, les pieds dans la vase fertile et les yeux noyés de merveilles. Roseaux d'or qui frissonnent, taureaux noirs, chevaux blancs, flamants roses : la Camargue (la Camargo) est la fille du Rhône (lou Rose), de la mer et des hommes. Un mystère d'eau et de terre...*
  Aller-retour, du mas de Méjanes au mas de Cacharel, 6 heures.
  Cartes I.G.N. au 1 : 25 000, 2943 E, Série bleue, Arles ; et 2944 O, les Saintes-Maries-de-la-Mer. Ou carte I.G.N. au 1 : 50 000, parc naturel régional de Camargue.

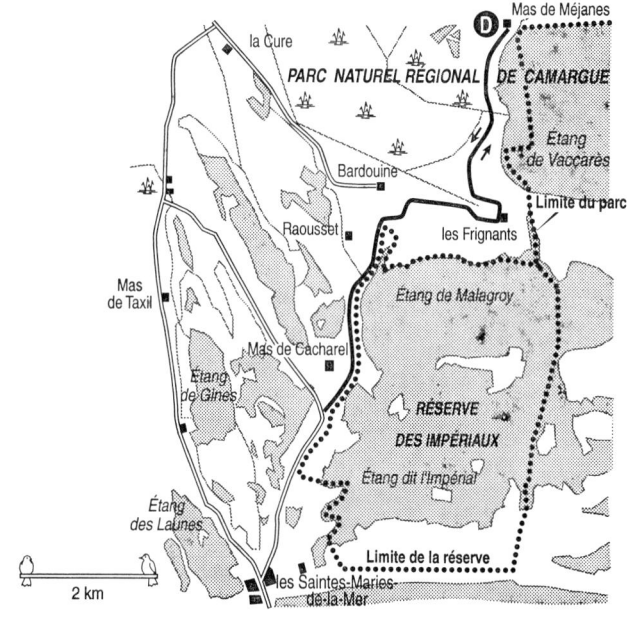

La mer de roseaux ondule au bord du Vaccarès *(lou Vacarés)*. Les vagues de tiges imitent les vagues de l'étang que le mistral soulève. Tout se courbe, tout plie, tout veut fuir dans le grand marécage. Les nuages du ciel se cabrent ou ruent — taureaux noirs et chevaux blancs. Une étrange lumière irradie du large, par-delà la digue où la Méditerranée se brise. La pluie tombe. Les rafales la plaquent à terre avec une incroyable brutalité. L'union primordiale de l'eau d'en haut et de l'eau d'en bas s'accomplit presque comme un viol.

 ***DU MAS DE MÉJANES AUX FRIGNANTS,***
*1 heure*

Je suis venu en voiture par le marais de la Grand Mare *(la Grand Mar)*. J'ai admiré le long cou du héron pourpré et le plumage de neige improbable de l'aigrette garzette : j'ai cru entrevoir un ange. J'ai surpris le ragondin au poil de palissandre. J'ai suivi le vol du busard des roseaux : le rapace a tourné sur l'immensité jaune des joncs, tel un esprit de la Camargue... La pluie tombe dru. Je hume le vent chargé de gouttes. Je marche sur la route de terre qui commence environ 1 kilomètre au sud du domaine de Méjanes. À droite, une manade *(manado)* — un troupeau libre de taureaux noirs. À gauche, un groupe de chevaux blancs ; les poulains sont anthracite. J'aime le mufle philosophique des vaches camarguaises, proches de l'aurochs primitif. Quant à Crin-Blanc, il a des problèmes : le tourisme le transforme en serf corvéable à merci ; il souffre sous le poids des citadins qu'il promène à longueur de vacances sur le même circuit ; sa race dégénère parce qu'on l'hybride pour gagner du temps et de l'argent.

J'observe la Camargue comme si c'était la première

fois. Avec elle, c'est toujours la première fois... Je marche vers le sud. Je longe un canal — une roubine *(roubino)* — qui débouche dans le Vaccarès *(lou Vacarés)* au trou de l'Or. Vers l'ouest, l'œil se perd dans les eaux indécises et les végétaux frémissants des marais des Bruns et de la Sigoulette. Du côté de l'est, le Vaccarès se balance comme une mer. Il semble infini. Il mesure plus de 12 kilomètres de longueur, mais 1 mètre à peine de profondeur moyenne (2 à 3 mètres dans de rares « fosses »). Friselis d'écume argentée. Vols de canards : des milliers de morillons, de pilets, de souchets, de chipeaux, de tadornes, de colverts, de nettes rousses, de sarcelles décollent en direction de l'île de Mornès que j'ai visitée hier, sur le bateau de mes amis de la réserve naturelle. Un privilège que je déguste encore un peu aujourd'hui.

Je passe le canal Michel et le maset de Fabre. Je songe à la somme de travail humain qu'il a fallu pour que la Camargue devienne cette magie, ce haut lieu de nature, ce fragment de « patrimoine mondial » au sens de l'UNESCO... Le Rhône et la Méditerranée ont été apprivoisés par les ingénieurs en hydraulique. Le héron cendré doit ses meilleures mares à l'obstination des bâtisseurs de digues et à la vigilance des gardians. Mais ce subtil équilibre peut basculer. L'extension des cultures de maïs et de riz au nord, celle des salins industriels au sud-est, et celle du tourisme autour des Saintes-Maries-de-la-Mer, assombrissent le futur de la contrée. Sans parler du réchauffement climatique global de la planète, qui pourrait élever le niveau des mers et lancer la Méditerranée à l'assaut du delta.

À la hauteur du mas Michel, je choisis le chemin de gauche, qui conduit aux Frignants et à l'île de Mornès. Cette dernière appartient tout entière à la réserve naturelle : on n'y entre pas. C'est une splendeur. Les sables et la vase à peine exondés y portent des peuplements serrés de tamaris *(tamarisso)*, de nerpruns alaternes *(oulivastre,* ou *dalader),* de genévriers *(mourven),* de phragmites, de massettes, de joncs piquants, de laîches (ou carex), de salicornes, de soudes, d'obiones et d'arroches... Je contemple, vers le sud-est, la ligne verte du bois des Rièges (ou d'Eriège, ou de Riruge) : ce cordon littoral fossile se hérisse d'arbres — saules, peupliers, etc. — sans aucune discipline, heureux d'être libres, enchevêtrés de lianes épineuses — des salsepareilles d'Europe (ou smilax), qu'on nomme « *arièges* » en provençal. Le passage de Nègue-Bœuf (de *Nègo-Biou,* « Noie-Taureau ») y sépare les Rièges proprement dites du Petit-Riège. Les sangliers et les lapins y abondent. Les échassiers y règnent. Un héron cendré en décolle. La légende dit qu'on y rencontrait autrefois la Bête du Vaccarès (la *Bèstio dou Vacarés),* sorte de monstre mélancolique à figure d'homme, cornes de bouc et sabots fourchus, dont les enfants faisaient semblant d'avoir peur.

 *DES FRIGNANTS AU MAS DE CACHAREL,*
*2 heures*

La pluie redouble, le mistral s'amuse. Je retourne au chemin du mas de Cacharel et je marche à nouveau cap au sud. Je traverse l'ancien Rhône de Saint-Ferréol. Je débouche sur la vaste plaine vaseuse inondable — la sansouïre *(la sansouiro)* des Combettes ; puis sur l'étang bleu de Malagroy, qui compose avec celui de l'Impérial la réserve des Impériaux.

Je fais corps avec la Camargue. La tête sous l'averse et les cheveux au vent (encore faudrait-il qu'il en reste), je suis aussi trempé que les canards ou les ragondins de la réserve. J'aime sentir les gouttes sur mon crâne. Je frissonne quand l'eau ruisselle sur mon visage et dégouline dans mon cou. C'est une perversion innocente. Je la cachais à mes congénères, qui pestent au moindre nuage. Je la proclame depuis que je sais qu'elle est exaltée par les poètes et les peintres de la Chine et du Japon : Li Po, Bashô, Hokusaï, Issa... L'averse aiguise les sensations tactiles. Elle exalte le nez et révèle le goût de l'air. Elle rythme les bruits du monde comme un cœur qui bat. Elle rend les couleurs plus belles, plus essentielles. Elle me met en harmonie avec le système des vivants.

J'observe, à travers les roseaux, un couple de canards. Des nettes, ou brantes rousses (ou roussâtres). Le mâle déploie une rare élégance, avec sa caboche fauve doré et son bec vermillon. La femelle, blanc crème, le dos ocre et la calotte café au lait, possède la beauté discrète des meubles hollandais (ô Baudelaire !). Les amoureux ont les plumes emperlées. Le vent soulève leur doux duvet. Ils m'ont repéré, mais ne semblent pas me craindre. Ils savent qu'un homme aussi mouillé que moi ne peut pas être méchant. J'ai constaté qu'il existe une solidarité des animaux trempés, à laquelle l'humanité pourrait être associée si elle ne parlait pas sans cesse de la pluie et du vent comme du « mauvais » temps. Je ne connais pas de vœu plus idiot que celui de l'éternel été : c'est le Sahara, le désert du Namib, la Vallée de la Mort !

Je salue les nettes et j'avance sur le chemin de Cacharel. Je ne résiste pas à l'envie de marcher dans l'étang. Mes chaussures me pèsent : non seulement elles collent au fond comme des ventouses, et chacun de mes pas provoque un gargouillis ridicule, mais je veux sentir le glissement de l'argile entre mes orteils. C'est un autre de mes plaisirs primitifs. La vase (la *fangasso* des Provençaux) effraie la majorité des humains, qui craignent je ne sais quels fatals enfouissements. Mais la boue n'est

> ### *La Bête du Vaccarès*
>
> La légende raconte qu'une Bête hantait et hante encore l'étang du Vaccarès. Joseph d'Arbaud (1874-1950), félibre et ami de Frédéric Mistral, a donné sa version de l'histoire en 1926, dans *La Bête du Vaccarès (La Bèstio dou Vacarés)* :
> « Entre les roseaux emmêlés, difficilement, je distinguais un arrière-train couvert de poils bourrus, grisâtres et fauves, deux pieds à la corne fendue que, bien aisément, j'identifiais. [...]
> « Mais à peine, pour la seconde fois, avais-je fini de crier, que je sentis mes cheveux se dresser sous mon chaperon. [...] Car la Bête qui se retournait avait une face humaine. »

pas froide : les fermentations dégagent des calories. Et rien n'est sensuel comme la caresse d'une terre liquide qui coule sur l'épiderme.

Une mouette rieuse, la tête barbouillée de chocolat, lance le cri moqueur auquel elle doit son nom ; le vent lui rentre son esclaffement dans la gorge. Une échasse blanche, bec en aiguille, dos noir et corps juché sur de fins pilots rouges, se lève en m'entendant marcher : une rafale la dissuade de bouger. L'espèce semble de construction trop fragile pour affronter le mistral qui s'énerve... Derrière une banquette de vase et de sable, je surprends des huîtriers-pies au long rostre en lame de couteau vermillon. Plus loin, je salue une avocette — cet échassier improbable dont le bec est une alène de cordonnier recourbée vers le haut. Puis quelques chevaliers gambettes au croupion blanc, une barge à queue noire, un courlis cendré, des pluviers dorés recroquevillés sur eux-mêmes... Aucun de ces animaux ne fuit. Nous vacillons en chœur, les pieds dans la vase et la tête au vent fou.

J'avance vers un carré de roseaux. Le butor étoilé qui s'y dissimule compte sur une vieille ruse pour passer inaperçu : il lève le bec vers le ciel et fait comme s'il était une tige. L'eau qu'il reçoit sur le crâne lui dégouline dans les yeux ; il papillote comme une vieille lampe. De l'autre côté des joncs et des phragmites, je salue la sarcelle d'hiver, le plus petit des canards d'Europe, avec ses joues vertes à flamme orange ; le morillon au bec d'azur, en compagnie du pilet à la longue queue pointue ; et le tadorne de Belon, blason blanc à bandes orange et vert sombre, qu'achève un bec corail.

Je grimpe à nouveau sur le chemin de terre — la draille *(la draio)*. Je longe la roubine. Un busard des roseaux se cramponne comme il peut sur le petit arbre qui lui sert de perchoir. Fini de faire le fier sur le marécage ! Aujourd'hui, le rapace ne répandra pas la terreur dans les rangs des petits passereaux — telles les fauvettes des roseaux : cisticoles, locustelles, rousserolles et bouscarles.

Je goûte par tous les pores de ma peau, toutes les cellules olfactives de mon nez, tous les cônes et bâtonnets de mes rétines, la splendeur de la sansouïre ! Qui ne connaît pas cette étendue de terre plate, inondable, que colonisent les buissons de salicornes, d'obiones et de limoniums, ne peut pas soupçonner les délires de la Camargue. Qui n'a pas contemplé la sansouïre sous la pluie n'a jamais approché les vrais mystères des amours de l'eau douce, de l'eau saumâtre et de la terre... Les obiones ont de petites feuilles arrondies, d'un gris-vert irréel. Les limoniums (ou lavandes de mer, ou saladelles, ou encore statices) couvrent des étendues magiques de leurs fleurs mauves, à la fin de l'été. Les salicornes sont superbes : de loin, elles semblent ternes, verdâtre, gris et brun ; de près, elles exposent avec une subtile vanité leurs rameaux articulés, gorgés d'eau (jadis, on appelait l'espèce l'« eau de mer en bâton »), où les verts tendres et les jades des jeunes pousses le disputent aux verts francs, aux roses, aux mauves, aux pourpres des tiges mûres.

Une populeuse assemblée de salicornes, sur un promontoire de vase noire, cache en partie un trio d'aigrettes. Je songeais tout à l'heure à des anges ; je pense à présent aux Trois Grâces. Plus léger, plus délicat, plus blanc, plus éthéré que le plumage de cet échassier, vous ne trouverez pas. Cela n'existe pas en magasin. Cela n'a pas été refait par l'évolution. Le Bon Dieu même — s'il existe ! — s'en est tenu là... Je m'assois dans la boue. Je me souviens que les aigrettes faillirent disparaître à la fin du siècle dernier parce que les femmes voulaient porter leurs plumes pour être à la mode : insondable égoïsme, bêtise infinie de l'*Homo sapiens* des deux sexes ! Les garzettes sont aujourd'hui protégées. Mais ces merveilles au bec de carbone sont sensibles au froid. Lorsque la température chute à — 10 °Celsius, les trois quarts d'entre elles peuvent mourir en une seule nuit.

 *DU MAS DE CACHAREL AU MAS DE MÉJANES, 3 heures*

Les taureaux, les chevaux et le mas de Cacharel. La route goudronnée (départementale 85 A) qui file vers les Saintes-Maries-de-la-Mer. Je reviens vers Méjanes. Vagabondages, zigzags, errances de rêve entre roseaux et roubines. Chemins enchantés dans la sansouïre. Je marche pieds nus dans la glaise : c'est comme si je caressais la douceur de ma planète mère. Je traverse un canal, de l'eau jusqu'à la taille : mouillé pour mouillé...

Et les voilà, bien sûr, les rois démocratiquement élus de la Camargue. Les flamants roses ! J'en aperçois une trentaine, à ma droite, dans l'eau gris-bleu de l'étang des Impériaux. Ils trempent jusqu'aux genoux. La plupart se tiennent sur une patte. Vous aurez beau les considérer comme vous voudrez, et aussi souvent que vous le désirerez, de dessus, par côté ou par-dessous, vous ne réussirez jamais à vous habituer à leur forme... Ces grands oiseaux qui vous contemplent un homme les yeux dans les yeux lorsqu'ils se dressent sur leurs échasses roses et déroulent leur long cou sont à la fois grotesques et sublimes. Grotesques, dans le sens où Edgar Poe employait ce terme, c'est-à-dire bizarres et fascinants. Sublimes, dans la mesure où rien n'égale l'harmonie des teintes de leur plumage, à peine lavé de rose pâle sur le cou, le ventre et le dos, et rehaussé d'incarnat lumineux et de noir sur les ailes.

Dans l'étang des Impériaux giflé par le vent, les flamants roses méprisent la tempête. Ils se bécotent. Ils esquissent des gestes de parade. Ils tracent, par de simples torsions du cou, des successions de lettres en écriture cursive. Qui traduira ces messages ? Ils plongent la tête dans l'eau. Ils ramassent de la boue à l'aide de leur énorme rostre busqué, difforme, monstrueux comme un nez d'ivrogne, inversé par l'évolution et doté de lamelles pour servir de filtre à crevettes — selon le même principe que la gueule et les fanons des baleines. Et ils déjeunent... Indifférents à l'averse et au mistral, ils se délectent. Ils se gobergent. Ils s'emplissent le jabot.

Je ne vais pas rater l'occasion. Voilà des années que j'en rêve. Pas un être humain à des kilomètres à la ronde... Je vais goûter la vase de l'étang. Je vais — enfin — connaître le plaisir que ressentent les flamants, les canards ou les cygnes quand ils se mettent à table. Je descends dans le bassin. Je m'agenouille. Je courbe la tête vers le clapot. Je plonge le cou dans l'eau. J'ouvre la bouche et je la referme. Je pousse avec ma langue le liquide épais entre mes dents. Je filtre.

Il me reste un demi-gramme de terre collée au palais. Peu nourrissant. Curieux... Pas un seul crustacé ni un seul vermisseau ne crisse sous ma molaire. Pour le goût, je vais vous faire un aveu : c'est salé !

## NOTE SAISONNIÈRE ET RECOMMANDATIONS

Cette balade a été effectuée à Noël. La Camargue est sublime en hiver ; avec des enchantements d'oiseaux. Bien entendu, les époques de migration sont des temps de grâce pour l'ornithologue. Alors reviennent (entre autres) le guêpier, le rollier, les hirondelles, la bondrée apivore, le circaète jean-le-blanc, le gorgebleue, la piegrièche, les milans, etc.

La belle saison permet d'admirer une flore glorieuse d'iris jaunes (ou pseudacores), de matricaires, de liserons soldanelles, de panicauts de mer, de lis de mer, de limoniums, etc. Et une faune innombrable d'insectes (mantes religieuses, libellules), d'amphibiens (grenouilles, rainettes), de reptiles (lézard ocellé, tortue cistude, couleuvre de Montpellier)... Parmi les mammifères, les plus secrets sont les castors, qui creusent leurs terriers dans les berges du Petit Rhône.

Vous pouvez effectuer cette balade à pied, en vélo tout terrain ou encore à cheval (en vous adressant aux mas voisins). Dans tous les cas :

— Tenez compte du mistral.

— Emportez de l'eau potable. L'eau abonde en Camargue, mais elle est rarement bonne à boire. Ni fontaine, ni source...

— Pensez aux moustiques, insectes éminemment utiles qui nourrissent les oiseaux, mais dont vous éviterez les coups de baïonnette en vous enduisant de crème répulsive.

— Évitez les habits « fluo » qui alertent et inquiètent les oiseaux. Fondez-vous dans l'environnement. Un proverbe dit que, « en Camargue, les esprits sont si malins qu'ils se cachent en pleine lumière ».

# 5. Calanques

## Le monde en bleu et blanc

*La mer et la roche blanche, comme un ciel inversé avec ses nuages... C'est l'esprit de la Méditerranée des anciens Grecs en route pour Phocée, que contemplent les dauphins à la peau blanc et bleu. Avec, sur les falaises, le gris-vert timide de la garrigue et, sous la surface, le vert liquide des posidonies.*
 *Carte I.G.N. touristique au 1 : 15 000, les Calanques de Marseille à Cassis. Ou cartes I.G.N. au 1 : 25 000, 3145 E, Série bleue, Marseille ; et 3245 E, Série bleue, Aubagne, la Ciotat.*

Il n'y a pas plus bleu, ni plus blanc, que la lumière des Calanques entre Marseille et Cassis. Un concentré de Méditerranée rocheuse et littorale, peut-être le souffle d'Homère et de Virgile dans un poème de calcaire et d'eau née des prunelles de la déesse Téthys. Une ode antique récitée par Pythéas le Navigateur, et rechantée sur le mode ironique par un congrès de goélands leucophées.

Les Calanques ! Je les ai vues pour la première fois quand j'avais dix ans. En colonie de vacances. Elles m'ont offert ma première image de la mer. J'habitais la Savoie. La montagne. Je n'en étais jamais descendu. Je me remémore cette perfection bicolore, ce blanc et ce bleu absolus posés l'un sur l'autre comme des cumulus sur un ciel inférieur. Je me rappelle ce parfum de roc et de garrigue salé et sucré par les embruns et la résine ; ces cris d'oiseaux plus légers que des reflets de soleil sur le nez des dauphins...

 ***LES CALANQUES DE FALCO,***
***DE MARSEILLE À MARSEILLE EN BATEAU,***
*premier jour, 8 heures*

J'ai la chance insigne d'embarquer sur le bateau de Falco, le *Hou Hop*, qu'il a rebaptisé comme le premier « pointu » de son père. Albert Falco (Bébert, pour les équipiers de la *Calypso*), je le connais depuis 20 ans... Nous avons bourlingué ensemble sous le bonnet rouge de Cousteau, de la Méditerranée à l'Amazonie et de la mer Caraïbe à la Nouvelle-Zélande. Il fut le *Capitaine de la Calypso*. Il a donné ce titre au livre de souvenirs que je l'ai aidé à rédiger ici-même, dans son cabanon de la calanque de Sormiou, avec des cigales en guise de machine à écrire. Je le salue sur le quai du Vieux-Port de Marseille. Il n'a pas vieilli. Il a l'âge toujours recommencé des vagues qu'il caresse du regard.

Amarres larguées. Le fort Saint-Jean et la pointe du Pharo. Cap au sud : à bâbord, la pointe et l'îlot d'Endoume ; à tribord, le château d'If et les îles du Frioul. Là-bas, le cap Croisette et l'île Maire (Maïre, pour les Marseillais). La mer balance à peine. Elle me rappelle que je l'aime à la manière d'un nourrisson. J'ai sur la langue le goût de son sel et dans la narine l'odeur de ses algues. J'admire le vol rasant de ses cormorans huppés aux plumes de charbon vert.

Nous passons l'anse bleue des Goudes, sous la montagne de Marseilleveyre, pelée comme une brebis après la tonte. Je me souviens des méduses orties-de-mer que je caressais dans cette eau, lorsque j'avais dix ans : elles possédaient la longue chevelure vert et rose des nymphes de *L'Odyssée*.

Falco engage le bateau dans le passage des Croisettes, entre le cap Croisette et l'île Maire. Falaises immaculées et premières calanques (en provençal : *calanço*) : Callelongue, la Mounine, Marseilleveyre, les Queyrons... À tribord, l'île Jaïre (ou Jarre). Nous doublons l'île Plane (Calsereigne), basse, herbeuse, d'un étrange vert pistache dans cet univers bleu et blanc.

Falco rayonne. L'île Riou se dresse droit devant, comme un château de croisade. Donjons, créneaux, échauguettes, mâchicoulis, pinacles... Nous contournons l'édifice par l'ouest : l'îlot Moyade, la tête de Fontagne, le rocher du Doigt, la calanque de la Culate... Puis les vertigineuses tours du Riou, la calanque des Anglais et la tour de la Vigie, où l'île culmine à 190 mètres. L'anse du Fer à Cheval et la tête de l'Âne... Nous jetons l'ancre devant les Empereurs (ou Impériaux) : deux écueils, deux cailloux magiques plantés dans le bleu.

Les navires d'Ulysse et de Pythéas à jamais figés à quelques encablures de la Provence.

Pour le plongeur, c'est le plus bel endroit de la côte marseillaise. Les mérous, les dentis et les loups restent rares : ils ont été traqués par les pêcheurs et les chasseurs sous-marins, prédateurs insatiables. Mais ces fonds sont magiques : des nuages de castagnoles violettes, de girelles à zébrures orange et de barbiers rose bonbon introduisent le visiteur masqué dans un univers des merveilles. Passe le serran-écriture à la face tatouée de virgules bleues. Dans un cirque de sable, le labre mâle fait son nid et danse pour attirer sa belle. La prairie de posidonies ondule dans les courants. Des étoiles de mer rouges rampent. Des oursins violets pâturent. Une nacre (ou pinne, ou jambonneau), plantée dans le sol par la pointe, reflète un rayon de lumière sur sa coquille alvéolée. Un poulpe malin change de couleur et file dans sa fissure enluminée de zoanthaires d'or. Un semis d'algues acétabulaires, comme de délicats champignons à chapeau strié, mène au tombant. Vers 20 mètres de profondeur et jusqu'à plus de 100, la pente se hérisse de gorgones jaunes, pourpres ou blanches, d'éponges grises ou mauves, d'ascidies transparentes comme du verre. Avec des grottes d'ombre où des branches de corail rouge échappent encore aux pillards... Une forêt de conte où se faufilent des lutins — je veux dire des calmars électriques, des sars, des mostelles, des congres, des daurades et des saints-pierres à la gueule tordue, qui portent un gros ocelle noir sur chaque flanc.

« J'aime ce fond plus qu'aucun autre, dit Falco : et j'en ai vu, depuis ma première mission sur la *Calypso*, ici même, il y a plus de quarante ans ! Si les pêcheurs et les chasseurs sous-marins y consentaient, cet archipel redeviendrait un paradis. En quelques saisons, les mérous, les dentis et les loups se presseraient à nouveau dans ces falaises. Les gorgones et le corail leur offriraient des théâtres. Yves ! Écris-le en gros caractères : il nous faut un parc marin ici ! Un parc national, un vrai ! Avec tous ses attributs... Les Marseillais, les plongeurs, les estivants, les pêcheurs eux-mêmes le méritent. Je rêve de préserver, pour les générations futures, la totalité des îles et des calanques, depuis le cap Croisette jusqu'à Cassis. Avec, si possible, une réserve intégrale qui inclue Plane, Riou, les Impériaux et le Grand Conclu... »

Albert Falco prononce « Grand Conclu », en bon Marseillais. Sur la carte, on lit « Grand Congloué ». Le *Hou Hop* nous y mène. Falco se tait. Ici, sous la quille, gisait l'épave antique que l'équipe de la *Calypso* explora en 1952, et qui fut le théâtre des débuts professionnels d'un jeune plongeur que Cousteau surnomma « le Petit Dieu de l'eau » et ses camarades simplement « Bébert »... On aperçoit encore, accrochée à la roche, l'échelle de fer rouillée qui servait à remonter le matériel et les amphores.

Nous longeons le rivage septentrional de Riou : l'île est désormais placée sous la tutelle du Conservatoire du Littoral. Voici la calanque de Monasterio. Les ruines de la sablière et la plage (la seule). Là-haut, dans un cabanon, vit un ermite : l'ultime locataire humain de Riou, où une population du Néolithique s'était établie cinq mille ans avant Phocée. Le Bau Rouge. La calanque de Fontagne. Riou semble pelée : de rares pins de style bonsaï, des figuiers, des oliviers rabougris, deux chênes verts, des genévriers, un bouquet de tamaris... Elle héberge, en réalité, plus de deux cents espèces de plantes, dont certaines rares. On y salue, dans une cacophonie de dix mille couples de goélands leucophées (les « gabians » des Provençaux), le puffin cendré, le puffin des Anglais, le pétrel-tempête et le merle bleu, sans oublier le martinet pâle, le hibou grand duc et le faucon pèlerin.

Navigation dans la lumière bleue ; cap sur le continent blanc. Au fond de la calanque de l'Escu, une source alimente un réservoir de pierres : les navigateurs grecs y faisaient déjà de l'eau. La calanque de Cortiou est hélas ! tristement fameuse parce que Marseille y déverse ses égouts. La saleté des hommes s'échappe par un porche en voûte romane. L'eau brun-jaune, couverte de mousse blanche, pue le cadavre et le chlore. La station d'épuration fonctionne de travers, c'est le moins qu'on puisse dire. Falco connaît ces fonds. Il me décrit leur splendeur évanouie. Aujourd'hui, rares sont la moule, la gorgone, le poisson. Détergents, P.C.B., métaux lourds, produits chimiques...

Le *Hou Hop* longe la pointe du Vaisseau, où le calcaire blanc bleuâtre s'ordonne en stries paraboliques (géométrie géologique !) ; et le « Tableau », sorte de cadre monochrome brun creusé dans la falaise, ici monstrueusement haute. Le bec et la calanque de Sormiou. Brève escale : je salue le pin tordu sous lequel, voici 5 ans, j'écoutais la musique des cigales. Cabotage à fleur de roche en direction de l'est. La calanque du Cancéou. Le trou souffleur. La pointe du Figuier où, juste sous la surface, s'ouvre la grotte Cosquer que des hommes ornèrent de gravures et de peintures voici vingt mille ans, quand le niveau des mers était inférieur de 120 mètres au niveau actuel. Bouquetins, aurochs, chevaux, phoques et pingouins décorent ce « Lascaux de Provence ». « J'en avais trouvé l'entrée dès 1960, murmure Falco, un regret dans la voix. Je n'avais qu'une petite lampe. J'avais renoncé, par prudence, à aller au bout du boyau... »

Voici la calanque de la Triperie, puis le cap Morgiou. Perfection de la roche tranchée net. L'autre année, venu de Sormiou par le sentier de la crête, je m'étais mis debout sur cette pointe. Comme la grimpeuse aux mains nues qui sourit, de là-haut, son bonheur de mouette... La calanque de Morgiou me semble du même vert émeraude qu'une escale de Jason ou d'Ulysse. Celle de Sugiton fait ironiquement surveiller ses nudistes par un vaisseau de pierre qu'on baptise « le Torpilleur ».

Sous la Grande Candelle et le mont Puget, nous longeons quelques-unes des plus hautes falaises d'Europe (le Marseillais dit : « du monde »). Le *Hou Hop* baigne sa coque dans la calanque de l'Œil de Verre (dite aussi : « de Saint Jean de Dieu »). Falco m'indique une énorme résurgence d'eau douce : miracle des sources en pays calcaire. Nous longeons l'anse des Enfers, l'anse de la Baume et l'îlot du Dromadaire (bosse attendue !). Nous rêvons devant le paysage japonais de la calanque du Devenson : Hokusaï, j'en suis sûr, peignit cette estampe. Ou Hiroshige... Roche, mer et pins. Poème zen.

La calanque de l'Oulle, puis le tour du plateau de Castelvieil, nous introduisent au secret bleu-vert de la calanque d'En Vau. Ne dites à personne que c'est la plus secrète et la plus belle : la mer y murmure dans sa langue liquide les splendeurs sans pareilles de la Provence. Deux dauphins communs aux flancs gris-bleu tachés d'un X crème viennent à l'avant du bateau nous souffler de garder ça pour nous. La calanque de Port-Pin fut, elle aussi, conçue par un artiste de la Chine ou du Japon : les pins parasols y psalmodient, en notes vert sombre, l'union éternelle de la roche et de l'eau. Au fond du système glougloute la résurgence cristalline d'un réseau hydrographique souterrain que les équipiers Cousteau explorèrent en scaphandre sur 3 kilomètres.

La dernière — la calanque de Port-Miou — n'est plus qu'un long port de plaisance où s'alignent, sur les deux rives, des centaines de bateaux, et à l'ouest duquel les carrières Solvay éventrent la montagne. Falco a déjà viré de bord.

Deux dauphins tursiops viennent surfer et souffler sur la vague d'étrave du *Hou Hop*. Les goélands leucophées craillent le chant du monde dans l'air limpide. Le soleil et la mer mêlés composent (ô Rimbaud !) ce qui s'appelle « Éternité ».

**LES CALANQUES DE L'OISEAU, ALLER-RETOUR, DE PORT-MIOU À PORT-MIOU, À PIED,**
*8 heures*

Par en bas, les Calanques se pratiquent en bateau ou en palmes, sur la piste du dauphin. Par en haut, elles nécessitent les ailes de l'oiseau ; à la rigueur de bonnes chaussures. Sûrement pas des tongs de plage ou des espadrilles : qui aime se baigner en route pose plus vite ses godasses que son entorse.

Matin d'automne. Lumière d'argent sur l'eau. Brise de mer. Le cap Canaille garde la baie de Cassis (prononcez « *Cassi* ») du côté de l'est. Ce dinosaure de roche rose est pétri d'un grès riche en rudistes (sortes de moules primitives) du Turonien. Il contraste de façon étonnante avec le massif des Calanques, fait de calcaire blanc de l'Urgonien. Colorisée, la géologie devient douce à l'esprit.

 **DE PORT-MIOU AU COL DE LA CANDELLE,**
*3 heures 30*

Je marche à partir du parc à voitures de Port-Miou. Je refuse de voir les carrières Solvay à droite. Je néglige les alignements de bateaux de plaisance à gauche. Je file sur la piste en direction de Marseille (sur le G.R. 98-51 ; ne cherchez pas les marques rouge et blanc : le baliseur a mangé le message), tel un mulet aux écailles d'argent sur un fond de sable sans cachette. Je me sens vulnérable. Figuiers, pins d'Alep et pins maritimes, oliviers asservis à la laideur minière et vacancière. Mais Dieu ! que l'entaille serpentine de Port-Miou fut belle, du temps qu'elle était vierge !

Je gagne la calanque de Port-Pin. Charmante et, en effet, pinesque (pinière ? pineuse ? risquons un adjectif). Son eau semble une encre aigue-marine où le génie du conte aurait pilé une émeraude pour la nuance. Ma tête s'emplit de parfums de résine. Je grimpe la colline vers le plateau de Caldeiron. Le sentier traverse une garrigue légère où le pin rescapé du feu côtoie le pistachier térébinthe et le pistachier lentisque, le chêne vert et le kermès, avec des volutes de chèvrefeuilles implexes (ou d'Étrurie) dont les fruits rose-orange sont offerts dans des vasques de limbes glauques. La bruyère à fleurs nombreuses me couvre de baisers pourpres. Le sphinx gazé butine la valériane. La salsepareille (ou smilax) d'Europe mûrit ses grappes d'un rouge éclatant. La fauvette à tête noire, la pie-grièche écorcheur et le gobemouches volent entre les romarins pâles et les calycotomes épineux. L'immortelle d'Italie mêle son odeur puissante au miel délicat des dernières lavandes. Le papillon tircis palpite sur ses ailes de velours crème et brun, et croise la trajectoire indécise du machaon, du vulcain, de la belle-dame et du jason, le superbe porte-queue du Midi.

La descente vers En Vau n'est pas aisée. Le sentier (balises rouge et blanc) s'apparente, par places, à un escalier psychédélique conçu par un architecte drogué au parfum du myrte. Prière de s'accrocher : mais l'effort paie. Cette calanque est un rêve. Falaises blanches crêpelées de pins d'Alep, de pins maritimes et de pins parasols, au-dessus d'une eau si profonde qu'on dirait un poème... Je ne résiste pas : je me déshabille. Je plonge. Je nage en me rêvant dauphin. Je descends toucher une étoile de mer orange entre deux touffes de posidonies.

Je me sèche sur la plage. Je remonte le chemin du vallon d'En Vau, entre deux haies de sumacs de Virginie. Ces arbustes aux feuilles composées brandissent des grappes nébuleuses de fruits brun-roux et velus.

Importés d'Amérique et plantés dans des parcs, ils ont repris leur liberté. Ils colonisent certains coins des Calanques. L'espèce est toxique, mais (surprise !) je découvre que les renards en mangent : leurs crottes sont emplies de graines.

Au carrefour des trois chemins, un lézard ocellé indique la piste : à gauche, vers le col de l'Oulle. Marques rouge et blanc, puis traits verts (parfois rouges... ou bruns ; on est loin de la rigueur des balisages alsaciens !). Vaste panorama sur ce qui mérita un jour le nom de « forêt de la Gardiole », mais n'est plus qu'un semi-désert brûlé... Ici, pourtant, l'Office national des Forêts replante : arbousiers, chênes verts et chênes kermès, érables, genévriers et frênes à fleurs. Une compagnie de perdrix rouges caquette et s'envole. Je descends dans le creux jaune doré du vallon de l'Oulle, où je choisis le sentier qui remonte à droite, puis file au-dessus du vallon des Chaudronniers, vers l'énorme piton de pierre blanche de la Grande Candelle. Un papillon machaon, tout vieux, tout usé, les ailes décolorées et effrangées, tente de voler pour la dernière fois : automne cruel.

J'ai déjà plusieurs fois dominé les Calanques. Soudain, c'est comme si j'étais le goéland ou le grand corbeau qui les inspirent. Je débouche sur la crête de l'Œil de Verre, où les falaises sont les plus hautes. 400 mètres au-dessus des vagues. Inévitable vertige, puis délectation de lumière et de vent... Minute pascalienne, forcément pascalienne, où l'innocence monstrueuse de la nature écrabouille le néant vaniteux de l'homme ! Au large, dans le bleu scintillant de la Méditerranée, la dentelle outremer de Riou et de son archipel. À l'ouest, les entailles de Sugiton, Morgiou et Sormiou. À l'est, le rose carminé du cap Canaille...

Je suis abasourdi. Je marche par habitude — un pied puis l'autre, traits rouges, traits verts —, entre les chênes verts et les cistes, vers les Escaliers. Je contourne le cirque énorme du Val Vierge et la Grande Candelle (454 mètres).

 *DU COL DE LA CANDELLE À PORT-MIOU, PAR SUGITON,*
*4 heures 30*

Le col de la Candelle... Je suis en route depuis plus de 3 heures. Les Calanques se méritent. Casse-croûte sous la coupole du mont Puget (564 mètres), dans un ballet de libellules, de papillons zygènes et de passereaux pressés. Je descends le sentier-balcon vers l'ouest et Sugiton (marques vert et jaune : j'aurai essayé tout l'arc-en-ciel).

Bien avant la mer, j'emprunte à gauche le sentier qui file à mi-pente, au-dessus de la falaise des Toits et de la calanque des Pierres Tombées. À l'Œil de Verre, je frôle la mer, 400 mètres au-dessous du sentier que je foulais tout à l'heure. Au pas de l'Œil de Verre, bref épisode sportif. Un peu d'escalade... Le promeneur est prié de s'accrocher à une chaîne pour franchir une dalle d'une vingtaine de mètres de hauteur. De là, je remonte (pente raide) sous le col de la Candelle, où je rejoins le chemin que j'ai couru avant mon casse-croûte.

Retour enchanteur vers En Vau, Port-Pin et Port-Miou. Demain, je rejoins Falco au Vieux-Port pour aller contempler sous l'eau le ballet des calmars. Je me sens la chimère des Calanques : rostre de dauphin, tête de goéland, ventre de chêne, pieds en calcaire urgonien. Ma tête à moi ?

# 15

# CÔTE D'AZUR

1. *Plaine des Maures* : La balade de la tortue
2. *Saint-Tropez* : Aphrodite au cap Lardier
3. *Port-Cros* : Le Paradis retrouvé
4. *Esterel* : La passion en rouge et vert
5. *Tourrettes* : La montagne aux pivoines

# 1. Plaine des Maures

## La balade de la tortue

    *Il est des lieux inspirés où les couleurs, les parfums et les sons élèvent le corps et l'esprit du marcheur jusqu'au cercle du poème. Je range la plaine des Maures parmi ces pays de sortilège. Une garrigue de rêve, une impression de savane africaine, et la tortue d'Hermann au coin du buisson de bruyère.*
    *En boucle autour du pont de la Basse Verrerie, 4 heures.*
    *Carte I.G.N. au 1 : 25 000, 3445 E, Série bleue, Collobrières.*

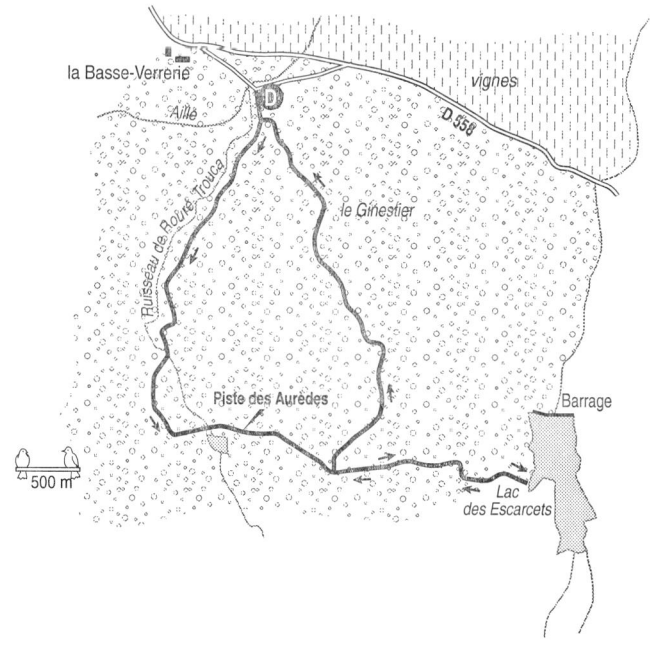

Plus que le massif même, cette houle de rochers roses que drainent l'Aille et ses affluents déploie une magie minérale, végétale et animale. Chaque fois que j'y vagabonde, je ressens, par chaque fibre de mes nerfs, l'harmonie de mon être et du monde. La douceur des pierres, le chant des frais ruisseaux, les parasols des pins, la sépia du tronc des chênes-lièges, les vibrations des insectes, les paraboles des oiseaux introduisent le promeneur subtil dans une sphère de bonheur.

 *DU PONT DE LA BASSE VERRERIE AU LAC DES ESCARCETS,*
2 *heures*

Cette balade n'a pas d'itinéraire, mais des méandres. Elle n'a pas de chemin, mais des lumières, des odeurs, des bruits. Elle divague. Elle erre. Elle flâne avec délices. Elle a des extases, des frémissements, des incohérences. Elle ne connaît pas de but, mais elle pourrait finir au cœur de n'importe quel buisson qu'une tortue d'Hermann (animal philosophique) aurait choisi pour maison de sa maison d'écailles.

Je marche en partant du vieux pont sur l'Aille, près de la ferme de la Basse Verrerie, sur un diverticule de la départementale 558. Le lit majeur de la rivière est encombré d'une jungle où les cannes de Provence se mêlent aux peupliers, aux saules, aux aulnes et aux ailantes importés de la Chine (avec les grands sphinx rose et vert qui y pondent). Des massettes balancent leurs quenouilles brun-noir. Des lampourdes exhibent leurs glomérules de fruits épineux. Une rousserolle (ou une locustelle — une fauvette des roseaux) vole au-dessus du courant, tandis qu'une bergeronnette hoche la queue sur une pierre. L'eau a monté. Les Maures dégorgent le surplus du monstrueux orage qui les a aspergées durant la nuit.

Je choisis, le long d'une vigne chargée de grappes bleues, le chemin qui conduit au gué du ru de Rouré Trouca. J'écarte les cannes de Provence. Ce qui était hier filet d'eau s'est mué en un torrent violent, terreux, couleur café au lait. J'ai oublié mes palmes !... Je reviens à la route en saluant un bébé lézard vert derrière une feuille de vigne. Je traverse le cours d'eau 200 mètres en aval, sur un pont de pierre dont le parapet sert de reposoir à une libellule rouge (petite nymphe à corps de feu), à un papillon agreste brun aux ocelles crème et à un lézard ocellé jaune à ocelles bleus. (Sans donner dans la paranoïa, j'ai le sentiment qu'on m'observe.) Je vais remonter le val sur la rive droite jusqu'au gué noyé, et retomber sur le sentier qui me conduira au lieu-dit la Pinède, puis à la piste des Aurèdes.

Je passe un contrefort de roches et je débouche dans le poème. Rien n'égale l'harmonie de ce paysage de grès rose, de pins parasols vert sombre, de chênes-lièges et de chênes verts que séparent des vagues de buissons d'émeraude et des nids douillets d'herbes d'argent ; avec, à l'horizon, le gris-bleu des collines des Maures, et cette crête de la chapelle Notre-Dame des Anges où je marchais hier. Il me semble que je foule une savane d'Afrique. Je m'attends à voir surgir les lions et les éléphants... La première phrase de *L'Éducation sentimentale* de Flaubert me trotte dans la tête : « Ce fut comme une apparition... » Je ne rencontre pas la femme absolue, mais un paysage féminin aux cheveux verts. Mes sens et ma volonté se dérèglent. Je ne ferai rien de ce que j'ai prévu. En tout cas, pas dans l'ordre. Je divaguerai dans cet espace de rêve. Je m'y fondrai comme la tortue d'Hermann.

Je caresse les feuilles d'un ciste de Montpellier : gaufres de velours. Au pied du même arbuste, au printemps, s'extirpe du sol l'étrange artichaut rouge et or du cytinet : ce parasite est un cousin de la rafflésie géante de Bornéo, la plus grosse fleur du monde. Je me coule dans la savane des Maures. J'assiste au triomphe automnal de la callune fausse-bruyère : millions de clochettes mauves, fragments oubliés d'aurore... Je hume le parfum mi-farine, mi-moutarde des genêts à balais. Ils donnent leur nom à cette partie de la plaine : le Ginestier. Les bruyères arborescentes, les cistes à feuilles de sauge, les cistes blanchissants, les calycotomes, les myrtes, les filaires, les lentisques composent une garrigue du bonheur. Les arbousiers exhibent leurs pendeloques de fruits orange à peau granuleuse, à chair blanche et à saveur aigrelette.

Je me pose sur un rocher en pente douce où croissent l'orpin et l'ombilic penduline, et dans les fissures duquel le soleil d'octobre illumine les hampes d'étoiles bleu-mauve de la scille d'automne. Un lézard vert me surveille dans un genévrier : mimétisme et ironie. Une couleuvre de Montpellier s'est lovée sous un ciste : elle élabore un venin semblable à celui du cobra, mais l'inocule rarement à l'homme car ses crochets sont à l'arrière de sa bouche. Les saisons se télescopent dans ma cervelle limitée. Je pense aux fleurs du printemps. Je me revois, en avril, agenouillé devant des parterres de tulipes australes aux corolles or et ocre. J'admire, par la pensée, les iris nains aux pétales chiffonnées de satin crème ou de velours violet sombre (la nature propose l'espèce en deux coloris). Je me rappelle l'orchis à longues bractées, aux labelles anthropomorphes rose bonbon à galons pourpres (soldats d'opérette) ; l'orchis bouffon en costume rayé vert et bordeaux (gangster pour rire) ; l'orchis punaise à la senteur... controversée. Les sérapias de quatre espèces tiraient la langue comme des lutins rieurs : sérapias langue, sérapias négligée, sérapias en cœur, sérapias à petites fleurs. Je me remémore la larve (miniature verte emperlée de pourpre) d'une sauterelle barbitiste perchée sur un labelle.

L'automne a remis au ventre de la terre, c'est-à-dire dans leur bulbe ou leur rhizome, les tulipes, les iris et les orchidées. D'autres fleurs boivent la lumière des Maures : outre les scilles, je salue l'aster à feuilles de sédum (mini-marguerites lilas), le lumineux urosperme de Daléchamp (soleil jaune pâle), l'odontitès (en pointillé paille et roux), sans oublier le calament chataire aux discrètes corolles roses, mais au parfum d'une incroyable puissance.

Je marche à mon gré. Je dérive de roc en roc, de ru en ru. Je soumets ma poitrine, mon ventre, mes cuisses à la flagellation ou à la griffure des buissons : masochisme béat. J'épouse les méandres d'un tributaire du Rouré Trouca. J'ôte mes chaussures et je trempe mes orteils. Je n'ai jamais résisté à cette tentation... L'eau sinue, cascade, glougloute et emplit des vasques profondes. Elle est moirée, comme éclairée de l'intérieur par une étrange luminescence vert doré. Des libellules dansent : l'agrion au corps de ciel bleu, le caloptéryx aux ailes violettes, l'orthétrum à l'abdomen d'aigue-marine... Des papillons palpitent : l'argus azuré, le colias jaune à ocelles purpurins, le flambé, le morio aux ailes de velours noir à liséré crème...

Je retombe sur le chemin de la Pinède. Je l'emprunte en direction des Aurèdes. Je dérive à nouveau dans la garrigue en suivant un criquet œdipode à ailes bleues. L'insecte se pose et rebondit : et il a des ailes rouges ! Un magicien a changé l'espèce sous mon nez, sans que je m'en aperçoive. Les oiseaux migrateurs sont encore là. Le circaète jean-le-blanc plane : gare au reptile ! Sur un chêne-liège, la huppe upupe en érigeant sa calotte noir et blanc. Elle m'introduit au fief de la pie-grièche, qui me présente le domaine du guêpier. Cet arlequin méridional s'intéresse (motif alimentaire !) à l'æschne qui joue l'hélicoptère sur le genêt. Je poisse mes doigts en caressant la tige de l'inule visqueuse (fleurs en chandeliers jaune).

 ***DU LAC DES ESCARCETS À LA FERME DE LA BASSE VERRERIE,***
*2 heures*

Je salue les baies rouges de l'osyris blanc (ou rouvet) et les grappes vermeilles du smilax (ou salsepareille d'Europe). Où sont passés les Schtroumpfs ? Je dissous mon être baladeur dans un nuage d'odeur safranée : les fleurs fanées de l'immortelle stéchade. À l'extrémité orientale de la piste des Aurèdes, un panneau annonce la piste de la Tire et la retenue des Escarcets. Je gagne le lac de barrage. Ce réservoir d'eau bleue, dans sa ceinture de roseaux verts, sous le rideau gris-bleu des Maures, a été aménagé par l'homme pour lutter contre les incendies de forêt. Une flore et une faune opportunistes et superbes l'utilisent à leurs fins particulières. J'entreprends d'en faire le tour. Les petits fonds vaseux sont colonisés par cent espèces végétales, qui dissimulent mille mystères animaux. Les joncs, les phragmites, les laîches, les massettes, les iris pseudacores, les sagittaires (feuilles en flèches) et les utriculaires carnivores (gobeuses de daphnies) côtoient les butomes en ombelle, qu'on appelle aussi « joncs fleuris » et que je trouve en fruits. Le soleil d'automne glorifie les libellules. Elles dansent des ballets : æschnes, anax empereurs, libellules déprimées, gomphes, agrions et orthétrums s'assortissent en attelages amoureux acrobatiques pour perpétuer l'espèce. Je danse comme une libellule (cessez de rire !) en essayant de les suivre. Des gerris patinent sur les anses. Des ranâtres, des nèpes,

> ### La dernière course de la tortue
>
> La tortue d'Hermann a inspiré La Fontaine. On l'appelle savamment *Testudo hermanni*. Elle a battu le lièvre à la course. Mais elle est en train de disparaître. En France, on ne la rencontre plus que dans quelques lieux du Var (justement : la plaine des Maures) et en Corse. Elle est éteinte en Espagne continentale. Ses effectifs diminuent aux îles Baléares, en Italie et dans les Balkans.
>
> La « tortue des Maures » (en provençal *tartuga de terro*, « tortue de terre ») porte une dossière jaune, brun et noir qui atteint 20 centimètres de longueur. Madame est plus puissante que monsieur. C'est en 1789 (à quoi s'amusent les naturalistes sous la Révolution !) que le Strasbourgeois Hermann lui donne son nom. Les amours de l'espèce sont bruyantes. La femelle creuse un nid, pond ses œufs et les couvre de terre. L'incubation dure 2 mois. La température doit être de 25 à 28 °Celsius pour que la proportion de mâles et femelles soit équilibrée. L'animal peut espérer vivre 50 ans. Peut-être un siècle.
>
> Hélas ! La tortue d'Hermann souffre de l'homme. L'urbanisation et les défrichements la privent de ses biotopes. Les captures pour le « plaisir » ruinent ses effectifs. Le coup de grâce vient des incendies de forêt. L'espèce est protégée. En France, depuis 1979, il est interdit de la capturer, de la colporter et de la vendre. Il n'empêche : elle avait vaincu le lièvre à la course, mais elle n'a aucune chance contre la tronçonneuse et le feu. Si La Fontaine ressuscitait, il changerait sa fable.

des dytiques plongent et rament. Je repère, sur une tige immergée, la bulle d'air argentée d'une argyronète : l'araignée scaphandrier ! Je perçois le trille nerveux du grèbe castagneux, mais l'oiseau se cache. Divers canards cancanent au mieux de leurs possibilités vocales. Un héron cendré s'envole.

La plaine des Maures recèle une incroyable richesse biologique. La quasi-totalité des reptiles et des amphibiens de France s'y côtoient. Les oiseaux, les mammifères abondent. Une couleuvre à collier ondule entre les roseaux. Deux rainettes méridionales perchent sur le sabre d'une feuille d'iris. Ici, au printemps, chantent la grenouille agile, le crapaud calamite, le crapaud pélobate et le crapaud accoucheur. Je cesse de bouger. Un ovale gris se matérialise dans l'épaisseur liquide. Un bec émerge, deux narines béent : une tortue d'eau ! Une cistude — ou tortue bourbeuse, ou émyde... Elle a la carapace emperlée de noir. Elle me repère et disparaît. Je me souviens de ma balade d'hier, dans la montagne des Maures : dans un torrent proche de la chartreuse de la Verne, j'ai surpris deux cistudes accouplées et une anguille qui ondulait.

Je laisse le lac des Escarcets. Je rejoins la piste des Aurèdes, puis je marche au hasard dans la garrigue — cette fois, vers nord. Vagabondages parfumés. Détours accordés à la splendeur des arbres, des buissons et des herbes. Je visite des maisons de genêts enguirlandées de gousses brunes. Je passe des brouillards de callunes et des nuages de pins. Je caresse le tronc noirci par le feu d'un chêne-liège. Les insectes crissent. Un coléoptère aux ailes atrophiées et à l'abdomen en anneaux noirs — un staphylin — file sous une pierre. Une cicindèle aux élytres verts détale. Un grand capricorne balance ses antennes plus longues que son corps (Radio Hexapode ?)... Un géophile arpente une souche : les mille-pattes aussi participent de la gloire du milieu. Sous un caillou, je débusque une scolopendre de 12 centimètres de longueur ; avec une carapace jaune laiton.

Je me remémore l'histoire géologique de la contrée. Jusqu'à la fin de l'ère Secondaire, les Maures, les îles d'Hyères, l'Esterel, la Corse et la Sardaigne formaient ce qu'on nomme le « massif Pyrénéo-Provençal ». Au nord et à l'ouest de ce système s'étendait une mer Alpine, d'où allaient émerger la Provence calcaire et les Alpes. La plaine des Maures est apparue à la fin du Tertiaire, après un recreusement. L'érosion y a révélé de vieux grès du Permien, âgés de plus de 220 millions d'années. Ce substrat siliceux, acide, nourrit une flore admirable, qui se reconstitue avec vaillance après chaque incendie. Rochers dénudés, pelouses, garrigues, maquis, bosquets serrés : autant de biotopes. De havres de nature.

Je fouine dans les buissons. Je débusque le psammodrome d'Espagne, sorte de lézard à pattes réduites ; et le seps strié, quasi-orvet dont les membres résiduels n'ont plus aucun rôle locomoteur. J'entrevois un rollier au plumage de pierres précieuses. Sur l'arbre voisin, je discerne la silhouette de l'engoulevent : l'oiseau compte sur son camouflage ; il a le bec largement fendu et émet un ronflement bizarre. Un bruant ortolan se perche sur un arbousier. Un loriot décolle : son ventre jaune claque au soleil comme une couleur de Gauguin. Sur une souche, trône le plus petit mammifère du monde : la musaraigne naine, ou pachyure étrusque. Elle a le corps gros comme une phalange de petit doigt. Elle pèse 1,5 gramme. Il en faudrait cent millions pour équilibrer le poids d'une baleine bleue.

Mes sens utilisent leur langage biochimique et électrique pour raconter cette magie de nature à mon cerveau qui délire. Je deviens carabe, grand fourmilion, martin-pêcheur, petit duc, muscardin, que sais-je ? Fouine ou sanglier... Je palpite au rythme de la plaine. C'est à ce moment que je tombe sur la tortue d'Hermann. Elle force le passage d'un buisson de calycotome. Je m'allonge devant elle. Je caresse de l'index sa carapace veloutée, dont les décorations polygonales noir, jaune et brun résument la géométrie du monde. Elle rentre dans sa coque et dissimule ce qu'elle peut sous son bouclier d'écaille. Au bout d'une minute, elle sort à nouveau les membres et la tête. Je détaille les rides de son cou et la monstruosité préhistorique de son bec crochu. Elle marche, patte après patte, avec des hésitations et des saccades, comme si chaque geste mobilisait un circuit spécial de ses neurones. Elle se hâte avec lenteur, selon la formule du fabuliste. Elle s'enfile dans l'herbe

sèche, sous une touffe de lavande stéchade dont les épis fanés exhalent un parfum de miel.
Il me vient des raideurs dans les membres. Je marche avec saccades. Des griffes me poussent aux doigts. Mes dents régressent, ma bouche se fend en bec, mon corps sécrète une carapace. Je porte ma maison sur mon dos. À la fin de la balade, je salue le soleil d'automne dans une défroque de chélonien ahuri, mais fier de penser que, dans la mythologie chinoise et japonaise, la tortue porte le monde.

### NOTE SAISONNIÈRE ET RECOMMANDATIONS

Nulle difficulté, dans ce parcours, sauf l'itinéraire lui-même : hors des grandes pistes, les sentiers sont étroits, fantaisistes, et on vagabonde plus qu'on ne randonne. Gare aux gros orages, en été, dans le lit des torrents méditerranéens !

La saison chaude et la saison froide marquent une pause dans l'explosion de la vie : l'une trop sèche, l'autre engourdie de glace. Les automnes et les printemps sont fabuleux de variété botanique et zoologique. L'une des plus belles et des plus précieuses contrées de France ; hélas ! aussi l'une des plus menacées par les saccages des hommes.

## 2. Saint-Tropez

# Aphrodite au cap Lardier

*La Côte d'Azur ne ressemble plus guère à la splendeur d'eau, de roches et de forêts qu'elle fut naguère. Trop bétonnée... Il en reste quelques fragments qui ravissent le corps et l'âme. Au sud de Saint-Tropez, par exemple. Au cap Lardier. Où l'on partage le bonheur retrouvé du dauphin, du pin parasol — et d'Aphrodite.*
*En boucle autour de Gigaro, 5 heures.*
*Carte I.G.N. au 1 : 25 000, 3545 OT, Top 25, Saint-Tropez, Sainte-Maxime.*

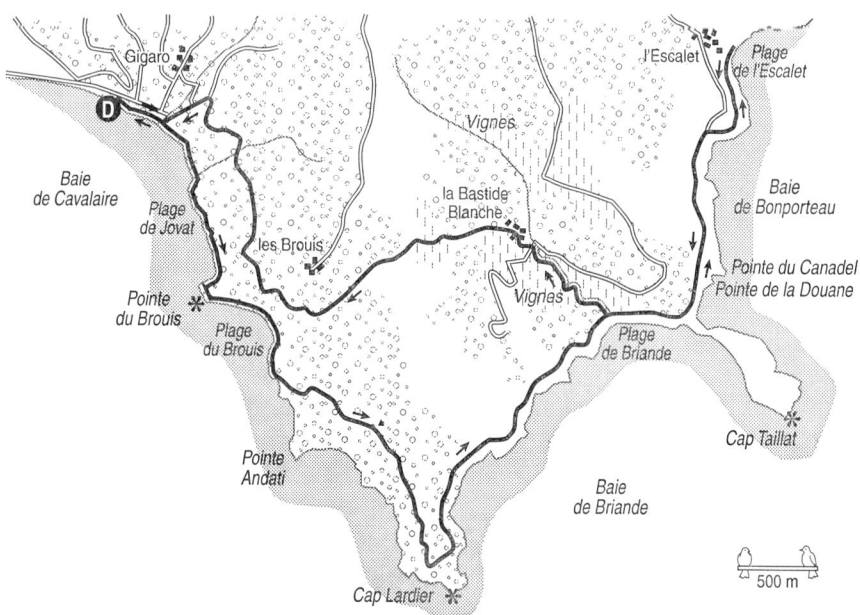

Bien sûr, bien sûr, il y a Saint-Tropez, d'où je viens : le premier cercle d'un Enfer d'artifice, de villas de luxe, de bateaux de frime et de bagnoles toutes catégories. Mais il y a le goéland qui passe. Le leucophée de l'ornithologue. Le « gabian » du marin provençal.

À la Croix-Valmer, je me dis que je puis espérer. N'est-ce pas ici que, en 312, l'empereur romain Constantin aperçut dans le ciel une croix de lumière avec l'inscription « *In hoc signo vinces* » (« Par ce signe, tu vaincras »), qui le persuada de se convertir au christianisme ? Je n'ai nulle bouffée de mysticisme, mais je distingue, en effet, une croix de fleurs sur un massif de laurier-rose. Je lis dans ce présage que la vie triomphera du béton. Si je devais fonder une religion, ce serait celle des corolles. Sans clergé ni rituel. Des papillons pour servants, la montagne et la mer pour autels, Jean-Jacques Rousseau pour prophète et *Les Rêveries du promeneur solitaire* pour bible.

Je ne blasphème point. Je rends hommage à la vraie puissance. Née des quatre éléments.

 ***DE GIGARO AU CAP LARDIER,***
*1 heure 30*

Je cherche et je trouve le quartier de Gigaro, à l'est de la baie de Cavalaire. Un panneau indique le sentier littoral et la direction du cap Lardier. Je dérive sur la plage, près de l'embouchure du ruisseau. Dans les roseaux et les cannes de Provence, je guette la rainette méridionale et la libellule déprimée. Sur le sable, je contemple, vers le large, le cap Cavalaire et les îles d'Hyères : le Levant, Port-Cros, Porquerolles. La mer se mêle au soleil. Un gabian dit une strophe de Rimbaud.

Le sentier littoral — l'ancien sentier des douaniers

— a été restauré par le Conservatoire du Littoral, qui possède et gère désormais un cap Lardier soustrait à l'appétit des promoteurs... Le chemin invite à marcher au bout de la plage, au-delà d'un massif de carpobrotus mains-de-sorcière (ou figues des Hottentots) : ces plantes, originaires d'Afrique du Sud, ont conquis la côte méditerranéenne, avec leurs feuilles épaisses en forme de doigts et leurs fleurs de gloire à cœur jaune et lames dorées ou magenta.

Le chemin s'élève sur la roche rose. Granit de Camarat, dit le géologue. Je palpe le grain de cette pierre. Je regarde vers le bas. J'ai l'impression de planer par-dessus les écueils où clapote une eau idéale — outremer, saphir et jade, comme on en rêve sur les photos retouchées des publicités pour mers du Sud. Mais en vrai !... Les falaises sont crêpelées de buissons de garrigue : romarins aux corolles de pâle d'azur, lavandes stéchades aux épis de flammes violettes, cistes de Montpellier aux petites fleurs blanches à cœur jaune, pistachiers lentisques et pistachiers térébinthes, cistes à feuilles de sauge (grandes corolles blanc et jaune), cistes cotonneux (les mêmes, en rose et jaune)...

Vol rasant du cormoran huppé. Acrobaties du pétrel-fulmar. Je passe la source (iris pseudacores et laîches) et la plage de Jovat, puis la pointe du Brouis. Toute cette falaise, jusqu'au cap Lardier, entremêle les chênes-lièges et les chênes verts aux pins d'Alep. Les plus parfaits sont les pins parasols. Troncs brun-rouge, avec ces ramures rayonnées qui leur valent leur nom et des aiguilles de sombre émeraude : on comparerait ces conifères à des plumeaux géants ; à des dinosaures en peluche ; ou à des cerveaux végétaux qui songent. À quoi rêvent les pins parasols au-dessus de la mer ?

La plage du Brouis. Un trésor de sable, de rocs et de garrigue. Au bord de l'eau, je ramasse une coquille de murex rejetée par la vague : l'animal semble avoir donné sa pourpre aux jolies vipérines de Crète qui poussent sur le talus. Je guette l'écume : près de la Méditerranée, Aphrodite ou Nausicaa ne sont jamais loin. Sur le haut du sable, je m'agenouille devant des fleurs secrètes. Le chardon (ou panicaut, ou éryngium) maritime, d'un étrange gris-bleu-violet moiré d'argent. La luzerne marine, minuscule papilionacée jaune, toute poudrée de sable et qui exhale un parfum d'une force incroyable. Le silène soyeux, avec ses petits ballonnets et ses pétales en cœurs rose tendre. Le lis de mer (ou pancrace), presque partout anéanti sur la Côte d'Azur, dont je détaille les corolles profondes, immaculées comme les jeunes filles de Chanaan, et dont la fragrance est à la fois érotique et divine. Ces senteurs sont mes drogues.

Je décolle. Je plane avec les gabians. Je craille avec eux. Le vent caresse mes ailes et les plumes de mon cou. L'odeur de l'iode s'insinue par mes narines, jusque dans ma cervelle ébahie. Montée raide sur les rochers, parmi les pins, les chênes verts et les chênes-lièges entremêlés de myrtes perlés de baies noires, de fragons (ou ruscus) petits-houx aux fruits en billes rouges, et de salsepareilles (ou smilax d'Europe) aux grappes de fruits vermeils. Sur le replat de la pointe Andati (altitude : 110 mètres ; le point culminant de cette balade), je néglige la piste de gauche, qui revient vers Gigaro. Une huppe recommande l'itinéraire.

 *DU CAP LARDIER À LA PLAGE DE L'ESCALET, 1 heure 30*

Je file droit devant, sur un sentier étroit, entre les arbres de plus en plus rabougris que les vents dominants obligent à pousser en oblique. Je cueille quelques fruits grenus d'arbousiers (ces vieux grognards de la garrigue, qu'on surnomme « buissons de fraises »). Je frôle des haies confuses de bruyères arborescentes. Mon pied déplace une pierre sous laquelle dormait un petit scorpion occitan : j'agace l'arachnide avec une brindille ; il brandit son dard, au bout duquel perle une gouttelette de venin ; piqûre sans danger, mais douloureuse. Je domine, ici, de haut la mer, où il me semble que soufflent des dauphins.

Les rochers se dénudent. J'arrive au bout du cap. J'écarte les bras dans le vent, à l'altitude des goélands et des pétrels-fulmars, les pieds au bord du gouffre. La Méditerranée bat les rocs 50 mètres plus bas. Mon esprit — au moins lui ! — s'en va, par-dessus les ondulations de la houle, jusqu'en Corse, en Sardaigne, en Sicile, en Grèce, en Afrique... Je songe à ce que fut la splendeur de cette côte au temps où, dans les grottes que je devine entre les écueils, venaient dormir et aimer les phoques-moines, que décrivit Aristote et dont s'inspira la légende des Sirènes. Je bénis le Conservatoire du Littoral d'avoir racheté les 260 hectares de ce domaine. Plus les 11 hectares de la baie de Briande et les 78 du cap Taillat, de la pointe de la Douane et de celle du Canadel ! Au total, 350 hectares, sur 10 kilomètres de côte, se trouvent aujourd'hui protégés pour le plaisir de tous. J'ose croire, pour l'éternelle renaissance d'Aphrodite dans l'écume. Ou pour les voyages d'un Ulysse du XXI$^e$ siècle.

Je me remets en marche, désormais vers le nord. Le sentier descend vers la mer, qu'il frôle à plusieurs reprises dans la baie de Briande. Je dérive sur les rochers côtiers. Je cherche, au ras des vagues, la rare patelle (arapède) géante, la littorine et le buccin. Je ne résiste pas. J'ai, dans mon sac, mon masque et mon tuba. Je plonge. Les trous d'eau verte sont un bonheur : le sable du fond se hérisse de rubans de posidonies. Des oursins, des étoiles de mer orange et des étoiles de mer soleils vivent sur ces fonds, où croissent aussi de petites algues padines en éventails et quelques nacres (ou pinnes, ou jambonneaux), hantées de crevettes et de poissons bariolés : crénilabres, girelles, serrans-écritures et saupes rayées de vert clair comme des bagnards d'opérette.

Je me sèche. Je repars. Je longe la plage de Briande et les vignes de la Bastide Blanche. Je traverse l'isthme du cap Taillat (ou cap Cartaya). Je gagne la pointe de la Douane, puis celle du Canadel, en humant les mauves, les cinéraires maritimes aux feuilles d'argent ciselé, et les immortelles jaunes qui ont volé leur senteur au safran et à la cannelle.

À la plage de l'Escalet, Aphrodite s'avance vers moi. Mettons : une jeune fille nue, aux yeux verts et aux hanches en amphore, avec au creux du ventre une forêt d'algues noires qui ravit mon regard. Elle mérite de boire l'ambroisie à la table de l'Olympe. Humble mortel, je détourne les yeux.

 *DE LA PLAGE DE L'ESCALET À GIGARO,*
*2 heures*

Reste à revenir à Gigaro. Je reprends ma trace sur le sentier littoral, jusqu'à la plage de Briande. Où je marche vers l'intérieur des terres, entre les vignes de la Bastide Blanche. (Ah ! les blancs et les rosés que ces ceps donnent ! Une saveur d'Aphrodite, un goût de déesse, forcément long en bouche...) Je caresse les grappes encore vertes. Je salue, sur les talus, les gros « pissenlits » jaunes des urospermes de Daléchamp. Un lézard ocellé cligne des yeux sous une aristoloche. Une couleuvre de Montpellier s'est lovée sous les pompons violets de l'herbe-au-bitume. Papillons tircis, jasons et machaons. Aux maisons de la Bastide Blanche (qui n'aimerait vivre là le reste de son âge ?), je tourne à gauche. Je descends le vallon des Brouis, jusqu'à la route forestière qui me ramène à Gigaro.

Parmi les pins parasols, c'est-à-dire sur un nuage en forme de cerveau qui rêve.

> NOTE SAISONNIÈRE ET RECOMMANDATIONS
>
> Bien sûr, mieux vaut éviter d'effectuer cette balade au plus fort de la saison touristique sur la Côte d'Azur ! Mais c'est question de goût : la compagnie des humains *aussi* est excitante.
> Les lumières de la mer sont plus belles en hiver. Les fleurs plus colorées au printemps. Le raisin plus sucré en automne.

# 3. Port-Cros

# Le Paradis retrouvé

*Port-Cros : un parc national. Une île intacte, dans une Méditerranée que le béton inquiète. Une occasion de rêver sur ce que fut la Côte d'Azur avant le tourisme de masse et le béton. Deux balades : l'une à pied, au vallon de la Solitude ; l'autre avec palmes, sur le sentier sous-marin de l'anse de la Palud.*
*Carte I.G.N. au 1 : 25 000, 3446 ET, Top 25, le Lavandou, parc national de Port-Cros.*

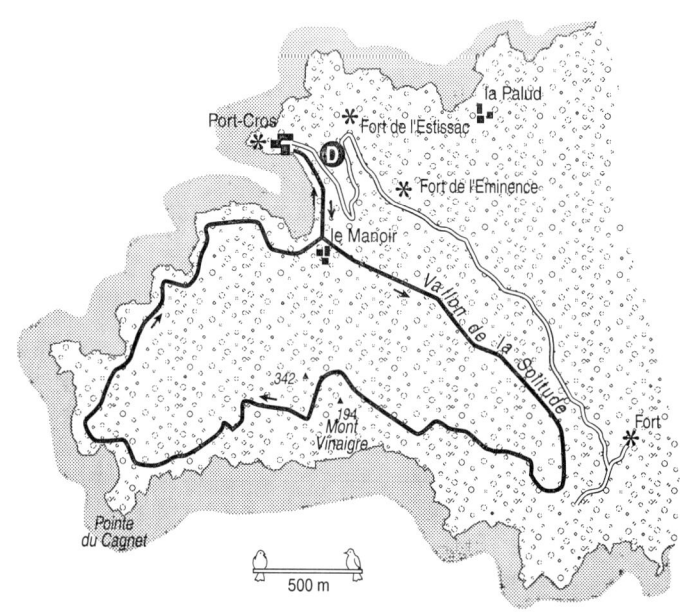

Je crois que j'éprouve, pour l'île de Port-Cros, quelque chose comme une passion. Lorsque j'y arrive en bateau, j'ai l'impression de retrouver celle que j'aime. La côte, crêpelée d'une épaisse forêt vert sombre, plonge dans la mer par des systèmes de falaises ocre, rose et gris sur lesquelles le bleu des vagues fut volé à un tableau de Matisse. Les cris des goélands se mêlent à ceux des cigales. Les chênes verts, les chênes-lièges et les pins d'Alep nouent leurs senteurs à celles des pistachiers lentisques et des myrtes. Je regarde, selon mon bon plaisir, onduler la couleuvre à échelons sur l'humus ou le congre dans les profondeurs. Je me sens en harmonie avec cette harmonie de terre et d'eau.

Port-Cros est un parc national — terrestre et marin. Les lois qui protègent ce trésor semblent sévères : elles ne sont que fragiles. Des imbéciles ou des imprudents pourraient tout anéantir en un jour, en mettant le feu à la forêt par fort mistral.

Aujourd'hui, je n'ai nulle envie de penser au malheur. Je ne désire que jouir de ce Paradis retrouvé.

 ***OMBRE BLEUE DANS LE VALLON DE LA SOLITUDE,
À PIED, EN BOUCLE AUTOUR DU PORT,
2 heures 30***

J'arrive au port. Soleil radieux. L'eau bleu pâle, limpide, rend au ciel ses mille éclats. Les mulets, les saupes, les oblades qui tournent autour du débarcadère ont la grâce innocente des créatures d'un Éden. Je gagne la plage. Pas d'hébergement à Port-Cros : attention à ne pas manquer la dernière navette pour revenir à Hyères !

Je marche vers le sud, le long de la plage. Je touche

une assemblée de cannes de Provence et de tamaris, qui borde un fond marécageux où palpitent les fauvettes des roseaux, les rainettes méridionales et des amphibiens rares comme le discoglosse sarde (mignon petit crapaud). Les insectes pullulent : les cétoines (ou hannetons des roses) sont à table sur des bouquets de mauves royales ; voici un grand capricorne, des criquets d'Italie et un carabe doré ; ainsi que des libellules de dix espèces : anax empereurs, agrions vierges, agrions demoiselles, sympétrums... J'ai rarement vu autant de papillons sur un si petit espace ; entre autres, le sublime jason, ou porte-queue du Midi ; et des volées de flambés, machaons, belles-dames, morios, paons-du-jour, etc.

Au-delà de la ligne de tamaris, à la bifurcation, sous la statue blanche de saint Christophe, je prends le chemin de gauche qui remonte le vallon de la Solitude. Superbe nom, pour un passage dans l'épaisseur de la forêt de chênes verts, de chênes-lièges et de pins d'Alep, auxquels se mêlent quantité de buissons et de lianes : ruscus (ou fragons) petits-houx, salsepareilles (ou smilax) d'Europe, chèvrefeuilles étrusques, asperges sauvages... Je longe le barrage : il est à moitié vide. Concert de cigales dans les pins. Pouillots, bruants, mésanges, pinsons dans les frondaisons. À terre, rampe la couleuvre à échelons aux motifs dorsaux géométriques.

Je dérive. Je me perds dans le bois. Je caresse le tronc d'un gros chêne-liège : c'est le logis d'une nymphe oréade. Je me frotte aux feuilles cirées d'un chêne vert : et j'entends une strophe de Pindare. Je pose ma joue sur l'écorce fendue d'un pin d'Alep : un vers de *l'Énéide* de Virgile s'en échappe. La substance de la Méditerranée est ici — non seulement sa géologie, ses plantes et ses animaux, mais ses civilisations humaines, ses mythologies, ses œuvres d'art et ses plus beaux poèmes. Une huppe me le confirme dans une clairière. Et un rollier sur un rocher.

Je débouche dans la lumière, sur le chemin des crêtes, très haut au-dessus de l'îlot de la Gabinière, sur l'aire d'atterrissage réservée aux hélicoptères en cas d'accident ou d'incendie. Je descends le raidillon, droit dans la pente. Je glisse, je me griffe dans une folie d'arbustes du maquis, entre les pins d'Alep tordus par le vent : arbousiers, filaires, nerpruns, pistachiers lentisques et térébinthes, cistes de trois espèces, lavandes stéchades et romarins... Je me retrouve au bord d'une falaise qui ouvre sur une baie d'un bleu marine mêlé d'émeraude et d'améthyste, que borde à l'est le cap du Sévereau et à l'ouest la pointe du Vallon, et que limite, au sud, l'îlot de la Gabinière. Je goûte le spectacle de ce rocher devenu sanctuaire marin, où les poissons reviennent en foule : daurades, pageaux, mostelles, congres, dentis... Et même les mérous, les gros mérous gris-brun, tachetés, à la lippe proéminente et aux mœurs pacifiques ; pour ainsi dire, ressuscités sur la Côte d'Azur, peut-être en train de s'y reproduire (récentes observations de bébés), après avoir été massacrés par les pêcheurs professionnels et sous-marins...

Je remonte au sentier du littoral, que j'embouque vers l'ouest. Il suit la ligne de crête. Je m'en sépare un moment pour gagner le point culminant de l'île, le mont Vinaigre (altitude : 194 mètres), d'où la vue est splendide sur l'îlot Bagaud, Porquerolles, la presqu'île de Giens, le cap Bénat et les Maures. D'ici, il me semble que je plane sur la forêt primaire de la Méditerranée. J'oublie que, presque partout, elle a été saccagée. Je me figure à quel point elle fut aimable, du temps des Grecs et des Romains. Je me rappelle aussi que les îles d'Hyères furent, autrefois, rattachées au massif des Maures, dont elles partagent le socle minéral et l'origine géologique.

Je redescends vers la plage et le port. Je hume le bonheur de cette nature en grâce. Je choisis, près de l'eau, un rocher sur lequel je m'allonge au soleil, entre la forêt émergée de pins et de chênes et la prairie immergées de posidonies.

Entre deux royaumes des merveilles. À Port-Cros, Paradis retrouvé !

 **LE POULPE ET LA POSIDONIE,
EN PALMANT SUR LE SENTIER SOUS-MARIN**
*1 heure (ou le temps qu'on aime barboter !)*

Je reviens au port. Casse-croûte léger. Je me remets en route, au-dessus du fort du Moulin, vers le nord, sur le sentier botanique. Je passe la bâtisse restaurée du fort de l'Estissac. Je débouche au-dessus de l'anse de la Palud, que borne au nord le rocher du Rascas. Je marche sur la plage.

Un sentier sous-marin balisé permet de découvrir l'essentiel de la flore et de la faune des petits fonds de la Méditerranée. Le vieux tamaris tordu comme un bonsaï, ancré dans le sable, laisse les vaguelettes lécher le bas de son feuillage de dentelle légère. Les panicauts de mer jettent au hasard leurs taches bleu-vert sur le sable éclatant. Des goélands criards filent entre les pins nourrir leurs poussins affamés. Le grand soleil exalte la splendeur de la mer et de l'île.

Je tire mon matériel de mon sac. J'enfile mes palmes, j'ajuste mon masque et mon tuba. Je me coule avec volupté dans cette Méditerranée qui fut partout si belle, et qui le reste en si peu de places.

Je nage en suivant les balises immergées. Lumière, moirures, transparences, éclats fugaces... Dans moins d'un mètre d'eau, et à 2 mètres à peine du rivage, je croise un banc de mulets argentés, gras et graves comme des sénateurs, qui ne m'accordent pas la moindre importance. Ils avancent à la paresseuse, au-dessus d'un jardin d'algues padines déployées comme des éventails de Chine, et d'algues acétabulaires en parasols délicatement nervurés (unicellulaires géantes !). Les poissons s'écartent au dernier moment quand je tends la main vers eux : il me semble que je pourrais caresser leur ventre gris pâle, ou passer mon doigt sur leurs écailles à reflets verts. Combien de temps cela fait-il que je n'ai pas observé, chez des animaux de nos mers, cette tolérance à peine agacée, plutôt impolie pour l'humain vaniteux, mais si rassurante pour l'ami de la nature ?

Le fond irrégulier, semé de rochers et de failles, laisse apercevoir par places des creux de sable d'un blanc lumineux, qui paraissent plus douillets que des nids. J'entre dans le royaume des posidonies. J'aime ces herbes sous-marines — non pas algues, mais plantes à fleurs (phanérogames) —, aux longues feuilles rubanées vert sombre : elles recèlent des trésors vivants. Une étoile de mer orange jette ses feux sur un amas de rhizomes bruns. Une pinne (ou nacre, ou jambonneau) de 30 centimètres de hauteur a fiché l'extrémité pointue de sa coquille dans le substrat, et bâille pour filtrer l'eau. Un escargot murex promène les fioritures de son logis spiralé. Des oursins violets parsèment la matte végétale : ils s'en nourrissent. Un troupeau de saupes broute les feuilles que le courant berce : ces poissons arborent, sur les flancs, des lignes horizontales de jade et d'or ; pour la voracité, ils font plutôt songer à des chèvres dans une luzerne !

Tandis que le fond s'éloigne, et que la rousseur des rochers abrupts se résout comme toutes choses en bleu sombre, je salue, çà et là, d'autres habitants de l'écosystème. Une blennie cache son corps de petit poisson discret dans un trou, mais expose fièrement à la fenêtre sa tête anguleuse, surmontée d'une singulière encornure de cerf. Un crabe-boîte calappa se ferme comme une boîte de violon en ramenant devant lui ses pinces roses. Des crevettes giclent. Une mante de mer fait mine de prier : gare au fretin imprudent ! Une assemblée de vers spirographes déploie les panaches blancs de leurs tentacules pour collecter le plancton. Plus loin, un concombre de mer rampe sur un carré de sable, où se dessine aussi la parfaite géométrie de l'étoile de mer-soleil (ou astropecten). Entre des gorgones blanches passent des castagnoles aux écailles d'un obscur améthyste. Un poulpe fait une démonstration de caméléonisme aquatique.

Plus bas, à la limite du bleu-noir, la silhouette serpentine d'un congre oscille, puis se fond tel un rêve dans l'immensité fluide.

# 4. Esterel

## La passion en rouge et vert

Un château de roche rouge crêpelé de garrigue d'argent vert, dont les murailles jaillissent de la mer la plus bleue du monde : tel est l'Esterel. Nostalgie de la Côte d'Azur originelle ; balade minérale et parfumée, en passant par le pic de l'Ours et le Mal Infernet. En attendant la floraison subtile des orchidées printanières.
En boucle autour du col de Notre-Dame, 4 heures 30.
Carte I.G.N. au 1 : 25 000, 3544 ET, Top 25, Fréjus, Saint-Raphaël.

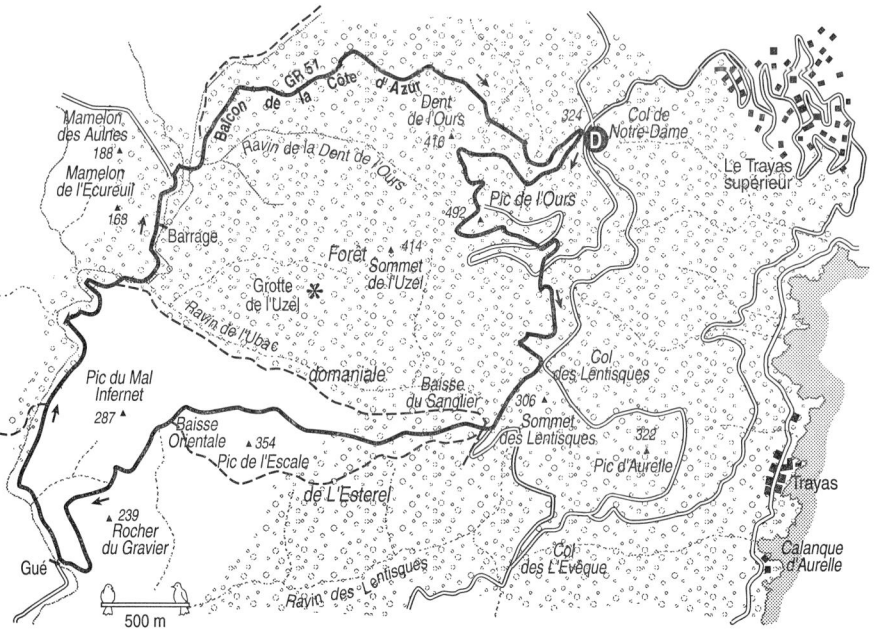

La main ouverte, la paume grattouillée par le minéral, je palpe avec volupté le rocher mamelu, tiède, rose-rouge, à la pointe duquel je suis assis et d'où je contemple l'immense développement de la Côte d'Azur, depuis le golfe de Saint-Tropez jusqu'au cap d'Antibes. Le bleu intense de la Méditerranée se résout en argent liquide dans les échancrures marines que le soleil illumine à travers un nuage, en y jetant des rais de lumière pareils à ceux que les images pieuses de mon enfance faisaient tomber de l'œil divin dans son triangle.

Balade au pic de l'Ours. Odeur du soleil dans la garrigue. Il me semble que les photons crépitent leur nature corpusculaire sur les rochers. Ce sont aussi des longueurs d'onde (leur autre nature est ondulatoire) : en haut, l'azur du ciel ; en bas, l'outremer de l'eau ; entre les deux, le rouge et le vert... Rouge brique, ocre rouge, écarlate, rose, rouille, vermillon, cramoisi : les teintes que prennent les minéraux sont hallucinantes. Elles contrastent avec les verts argentés, émeraude, véronèse, jaunâtres ou grisâtres des végétaux... Je me souviens du mot de Van Gogh : « Avec le rouge et le vert, j'ai voulu peindre la totalité des passions humaines. » Je recenserai, avec ces deux couleurs, mes passions printanières à l'Esterel.

 *DU COL DE NOTRE-DAME AU GUÉ DU MAL INFERNET,*
*2 heures*

Un milan noir, la queue fourchue dans le bleu d'en haut, tient le rôle du rapace sans lequel il n'est pas de bonne balade. J'ai gagné le col de Notre-Dame (altitude : 324 mètres). D'ici, la garrigue plonge vers la corniche de l'Esterel et la mer, entre la pointe du Cap Roux et celle de l'Esquillon, avec au nord-est le croissant de la baie de Cannes que gardent les îles de Lérins — Sainte-Marguerite, Saint-Honorat. Falaises rouges, on dirait nées de l'eau bleue. Pentes hérissées de pics et de tours de pierre, de chênes verts, de chênes-lièges, de pins d'Alep et de pins maritimes. Oh ! que ce lieu dut être sublime avant la catastrophe immobilière ! La Côte d'Azur a été saccagée. Il en subsiste de rares fragments vierges, que préserve le Conservatoire du Littoral et qui font saliver le promoteur.

Par bonheur, l'intérieur de l'Esterel reste peu bâti. Le décret de classement du massif — 14 300 hectares, dont 700 de façade maritime — a été signé en 1996. Enfin ! Trois accenteurs alpins s'approchent à deux pas de mes souliers. Dos ardoise, gorge tachetée de noir et de blanc, flammèches rousses sur les côtés de la poitrine : j'aime la familiarité de ces passereaux. Ils me donnent le signal. Je décolle avec eux — quoique dans un style plus balourd.

J'emprunte le sentier de cailloux rouges et de terre grenat qui escalade le pic de l'Ours. Il faut grimper là-haut, où se dresse cette laideur de métal rouge et blanc : un relais de télécommunications. Je ne veux pas le voir. Le milan noir n'en a cure : il tourne autour. Je hume à bronches ouvertes l'odeur des buissons qui me caressent ou me griffent. Les grappes de clochettes blanc rosé des bruyères arborescentes composent des nuages pour des angelots de peintures baroques. Je palpe un rameau de romarin aux fleurs d'un bleu céleste : le parfum de résine qui colle à mes doigts suffit à mon bonheur du jour.

Le chemin se dédouble. Je choisis la branche de droite, qui monte en pente douce vers l'arête, entre la dent de l'Ours et le pic homonyme. Un papillon citron de Provence palpite sur ses ailes en tranches citron à deux soleils orange. Un machaon frais éclos fait reluire ses rayures jaune et noir, sa queue bordée de bleu et les petits astres rouges qui s'y lèvent. Les arbousiers aux feuilles rouillées pendeloquent de fruits vert-jaune, hérissés de grumelures rouille dont la grive s'étonne — mais qu'elle gobe. Senteur mielleuse des lavandes stéchades aux épis violet-noir surmontés de flammes violet vif. Je lis, dans ces inflorescences, la combustion de quelque métal extraterrestre. Les Vénusiens sont parmi nous. En voici un, sous l'aspect d'une abeille charbonnière vrombissante, noire à reflets violets... Vénusien moi-même, j'apprécie les volutes gris-bleu et l'entêtant parfum safrané des immortelles stéchades. Je me pique la peau aux pointes des calycotomes épineux : mini-poignards verts, fleurs papillons d'or. Je me laisse frôler par le velours vert florentin des baguenaudiers (fleurs papillons d'or, *bis repetita*). Je me frotte les jambes à trois espèces de cistes : de Montpellier, orné de petites corolles blanches ; à feuilles de sauge, éclaboussé d'amples coupes immaculées au cœur d'étamines jaunes ; enfin blanchissant, dont les pétales rose-pourpre ont l'air d'avoir été froissés, telle la page d'un poète qui n'aurait pas aimé sa première inspiration, puis l'aurait récupérée dans la corbeille.

Je grimpe entre les petits chênes (verts et lièges) et les petits pins (maritimes et d'Alep). Rien que de petits végétaux, ici : les incendies successifs ont tué les géants. Je me souviens de ce que m'a raconté Roger Settimo, l'initiateur du parc national du Mercantour. Il habitait l'Esterel durant la guerre. Il y travaillait à la mine, mais la contrée était un paradis. Un jour de juillet 1943, par fort mistral, les Allemands y mirent le feu. Pour se débarrasser des résistants... Roger faillit périr. Les flammes, dit-il, avançaient à l'horizontale et mesuraient 200 mètres de longueur. « Tout le massif fut carbonisé, soupire ce témoin du désastre, des hauteurs de Saint-Raphaël jusqu'aux collines de la Napoule. La forêt n'a jamais repoussé comme avant. D'autant qu'on n'a cessé de la réincendier. Volontairement ou non... »

Je lacère mes mains aux tiges barbelées de la salsepareille (ou smilax d'Europe), dont on tressa la couronne du Christ au calvaire. Je suis l'Agneau de Dieu qui endosse les péchés écologiques du monde. Hélas ! J'incarne aussi l'unique divinité nullipotente du panthéon... J'en reviens à ce que je fais de moins mal : me balader dans la nature. En son honneur. Je repère trois buissons de filaires à feuilles étroites — l'un avec une mante religieuse en oraison, le deuxième avec un phasme qui simule une brindille, le dernier orné d'une araignée argiope de Brünnich à l'abdomen jaune pâle, strié de fines lignes tremblées blanches et noires... Voici le daphné gnidium, dont les rameaux arborent des manchons de feuilles linéaires qui lui donnent un aspect de conifère bouffi. Je rencontre le nerprun purgatif, dont les limbes amers sont plus toxiques que la ciguë de Socrate. Dans les rares espaces ouverts, verdissent des manières de poireaux dont les hampes raides portent d'étranges pommes de pin molles, qui s'épanouissent en étoiles blanches à six rayons : des asphodèles, bien sûr. Hannetons et cétoines y font des stages de maniement des mandibules. Un chardonneret s'y perche.

Je débouche en pleine lumière au sommet du pic de l'Ours (altitude : 492 mètres), près du relais de télécommunications. Au sud-ouest, la vue porte, par-delà Fréjus, jusqu'au golfe de Saint-Tropez. Au nord-est, elle ne s'arrête qu'aux cimes du Mercantour, couvertes de neige comme un cortège d'ours blancs. Au nord-ouest, voici le mont Vinaigre (614 mètres), où culmine l'Esterel. Au sud, je salue le pic du Cap Roux où je me baladais hier, et dans la pente duquel s'ouvre la Sainte-Baume (la « Sainte-Grotte »). Saint Honorat, dit-on, y vécut en ermite au IVe siècle, tandis qu'on édifiait « son » monastère sur « son » île de Lérins. J'ai lu les *ex voto* de la chapelle. L'un d'eux m'a plongé dans un abîme métaphysique : « Saint Honorat, aide-moi à retrouver la foi en Dieu. » Je livre ce paradoxe aux logiciens.

Je traverse l'étroite route de service asphaltée qui monte au pic de l'Ours. En avril-mai, fleurissent ici des orchidées sauvages qui résument l'élégance de l'Esterel. L'orchis bouffon. L'homme pendu aux labelles suppliciés. Le limodore avorté violet pâle. L'ophrys bécasse. L'ophrys abeille. La sérapias à long labelle, avec son énorme langue pourpre pendante ; et sa cousine la sérapias langue, qui tire une délicate langue rose de gamine impertinente.

Je repère (ronds jaunes et cairn) le sentier qui descend en lacets vers le col des Lentisques, en coupant deux fois la chaussée. Je le dévale... Sur ces pentes, les rochers rouges portent des habits de lichens qui les reteignent de citron, de vermeil, de violine, de vert-de-gris ou de gris souris. C'est l'occasion d'un peu de géologie. Le minéral rouge qui compose l'Esterel date de la fin de l'ère Primaire — du Permien —, voici plus de 250 millions d'années. On l'appelait naguère « porphyre rouge ». Les géologues y voient désormais une rhyolithe (qualifiée d'« amarante »), née de la transformation sédimentaire d'un massif volcanique, et mêlée d'ignimbrites — ces laves hyperfluides, expulsées sous forme d'aérosols puis vitrifiées... J'aime que ce paysage date d'un temps de bouleversements planétaires : la fin du Permien vit des extinctions plus massives encore que celle des dinosaures, au terme du Secondaire.

Au col des Lentisques, sous le réservoir qui fuit (une aubaine pour les insectes assoiffés), les pistachiers lentisques abondent, en effet ; en compagnie de leurs cousins térébinthes. Un énorme bouquet de mimosas y délire sa floraison jaune en hiver. En avril-mai, la huppe revient de migration et s'y pose en upupant. J'allonge le pas sur l'étroite route asphaltée (CD 100, vers Agay). Je laisse, à droite, une première piste de terre qui s'engage en descente dans le ravin sauvage de l'Ubac de l'Escale. À la baisse (« col ») du Sanglier, la vue redevient fascinante : vers l'est et le sud-est, les calanques du Trayas, la pointe du Cap Roux et celle de l'Observatoire ; vers le nord et le nord-ouest, le pic de l'Ours, puis les falaises rouges de la Grosse Vache, des Survières et de Marsaou. La Grosse Vache me plaît bien ! Je choisis, à droite, la piste qui conduit à la baisse Orientale ; ou plutôt l'un des deux sentiers jumeaux qui y mènent — celui qui passe à l'ubac du pic de l'Escale, et non à l'adret. Des bouquets d'euphorbes characias offrent aux butineurs leurs corolles en coupes vertes à cœur noir — les cent yeux du dieu Janus. Les chèvrefeuilles étrusques embaument tant qu'ils peuvent. Une palette de fleurs printanières enchantent le marcheur subtil : la vipérine de Crète aux corolles en flammes purpurines, l'herbe-au-bitume violet pâle, la rue à feuilles étroites, le chardon laiteux, le cynoglosse de Crète aux pétales mauves veinés de pourpre, l'aphyllanthe de Montpellier aux fleurs en étoiles d'azur...

À la baisse Orientale, l'amorce de l'étroit sentier qui descend vers le ravin du Grenouillet se cache dans les bruyères, les lavandes et les cistes, au bout d'une aire déblayée de végétation. Le regard file, au nord, vers le ravin du Mal Infernet et le lac de l'Écureuil ; au sud-ouest, vers le plan d'eau turquoise qu'alimente le torrent du Grenouillet, à deux pas de l'arboretum d'eucalyptus et de la maison forestière du Gratadis. Je dévale la montagne dans une garrigue coupée d'éboulis de caillasse rouge (fragments de rhyolithe amarante). Je contourne le rocher du Gravier. Des lézards gris giclent. Un gros lézard ocellé ventru, jaune-vert, les flancs constellés de points bleus, absorbe sa dose réglementaire d'ultraviolets sur une souche. Des geais volent entre les chênes-lièges. Deux lacets, et je suis au fond du vallon du Grenouillet. Au gué. Ma mie, ô gué !

***DU GUÉ DU MAL INFERNET AU COL DE NOTRE-DAME,***
*2 heures 30*

Creux de vallée maternel... J'ai quitté la garrigue, le monde du sec, de la lumière. J'aborde l'univers de l'humide, de l'ombre. L'eau est omniprésente. On jurerait qu'elle imprègne l'âme des rochers, des végétaux, des animaux. Jamais, autant que dans les contrées méditerranéennes, on ne perçoit sa présence. De façon physique. Par tous les sens. Elle scintille pour la vue, gargouille pour l'oreille. Impossible de résister à la tentation de la toucher, de la goûter, de la flairer. On la devine dans les entrailles du sol. Peut-être titille-t-elle quelque mystérieux sens tellurique ou magnétique... Je foule le gué, consolidé au mortier, sous lequel le torrent se perd dans le gravier avant de reparaître en vaste gouille à reflets vert et rouille. Je remonte le cours du ruisseau parmi les aulnes, les laîches et les viornes-tins aux feuilles cirées et aux fleurs étalées en plateaux blancs. Une bergeronnette jaune hoche la queue. Des rougegorges, des bruants jaunes et des merles piou-pioutent. Au printemps, le vallon retentit du chant des rainettes méridionales, des grenouilles agiles, des crapauds pélodytes ponctués. Dans les mares nagent de jolies truitelles à reflets amarante. Une anguille ondule. Verrai-je respirer la tortue cistude ?

Je marche sur la route de terre qui conduit au lac de l'Écureuil. Je domine le torrent dans le défilé du Mal Infernet, sous le pic homonyme. L'eau gargouille sur des rapides tapissés de mousse vert pâle, puis s'arrête en longs bassins d'émeraude, de cobalt et d'ambre. Au bord de la piste, une fontaine vive m'abreuve. Puis une autre, plus fraîche, au-dessus d'un barrage et d'une cascade sonore. Je repère la passerelle qui amène ici, venant du mont Vinaigre, le G.R. 51, lequel se confond avec le sentier balcon de la Côte d'Azur. Balises rouge et blanc. Au bord de la route, une immense couleuvre de Montpellier prend le soleil. Longue de 2 mètres. Sombre, presque noire. Elle rassemble ses anneaux quand elle me localise et dresse la tête dans la position du cobra dont elle est la cousine. L'unique couleuvre venimeuse d'Europe possède des crochets insérés très en arrière, qui la rendent inoffensive.

Détours de route à l'ombre des chênes-lièges. Des aiguilles de roche où s'accrochent des bonsaïs de pins évoquent un paysage de la Chine. Le sentier néglige, à gauche, le ravin de Mathieu, qui s'abaisse entre le Pain de Sucre et le Mamelon des Aulnes. Virage à droite : ici s'achève la piste du ravin de l'Ubac de l'Escale, que j'aurais pu emprunter depuis le col des Lentisques. Nouveau gué renforcé au mortier. Une haie d'eucalyptus gommiers bleus : je raffole du parfum âcre et délicieux de ces arbres... Sous le Mamelon de l'Écureuil, un barrage. Le fond du val est occupé par un marécage où je me perds un moment entre les aulnes, les laîches et les roseaux ; avec des plantes fort anciennes : des prêles élevées et des osmondes royales, déjà présentes dans l'Esterel au début du Secondaire... Le lieu me fascine. Je me demande où je suis. Ces eucalyptus et ces mimosas : aurais-je bondi par magie dans quelque coin d'Australie ? Les chênes, les pins, la cohorte des arbustes de la garrigue me rappellent que je hante les rives de la Méditerranée. Télescopages dans l'espace-temps. Le milan noir n'y comprend pas grand-chose, lui non plus.

Le barrage principal retient un lac de l'Écureuil admirable — gris-bleu, avec des reflets de jade et d'améthyste. L'écureuil ne manque pas de me saluer, bien sûr. Ni le renard, ni le sanglier, qui détalent. Impossible de résister au plaisir de nager. Je pique une tête sous l'œil sarcastique d'un trio de corneilles noires. Je reprends le chemin — le G.R. 51. Je traverse à gué les cornes nourricières du plan d'eau — le ravin des Trois Termes, celui de la Dent de l'Ours (où un sentier remonte vers le pic de l'Ours), enfin celui de la Couche de l'Âne où je trouve, sur la droite, la pancarte qui annonce, en lettres bleues effacées : « Col de Notre-Dame ».

Reste à refaire le dénivelé perdu, dans un maquis d'ubac luxuriant, avec à l'œil (en baissant le nez) le petit muscari bleu et l'aurore de Provence ; ou (en levant la tête) les falaises rouges de la Grosse Vache et des Grosses Grues.

La balade s'achève à l'instant où le milan noir bascule par-dessus l'arête, entre l'azur du ciel et l'outremer de la Méditerranée, vers l'éternelle passion rouge et vert de la corniche de l'Esterel.

---

### NOTE SAISONNIÈRE ET RECOMMANDATIONS

De toutes les saisons, le printemps est la plus riche, la plus colorée, la plus parfumée. Fleurs à profusion, avec des orchidées sauvages d'une variété fascinante... L'insecte éclôt, l'amphibien coasse, le reptile sort de son trou, l'oiseau revient de migration.

L'été, la chaleur se fait accablante. N'oubliez pas d'emporter beaucoup d'eau à boire, surtout si vous avez des enfants : lors de la canicule, les sources du Mal Infernet se tarissent. Attention au feu ! La garrigue et les forêts implorent prudence...

L'automne est un enchantement de parfums de fruits sauvages et de champignons. Ne cueillez pas. Espérons que l'Esterel sera bientôt classé parc régional — flore et faune protégés.

L'hiver, la Côte d'Azur gratifie le promeneur de ses plus belles lumières. La Méditerranée devient émeraude, ou violette, ou cobalt...

# 5. Tourrettes

## La montagne aux pivoines

Au-dessus de Tourrettes-sur-Loup et du bleu trop parfait de la Méditerranée, la garrigue des collines entretient mille vies de mystère. On se croirait à des années-lumière du béton des rivages. Ici, les pivoines sont les princesses et les lis turbans les princes. Symboles de la gloire secrète de la Côte d'Azur.

En boucle autour du domaine des Courmettes, 5 heures 30.

Carte I.G.N. au 1 : 25 000, 3463 ET, Top 25, Cannes, Grasse, Côte d'Azur.

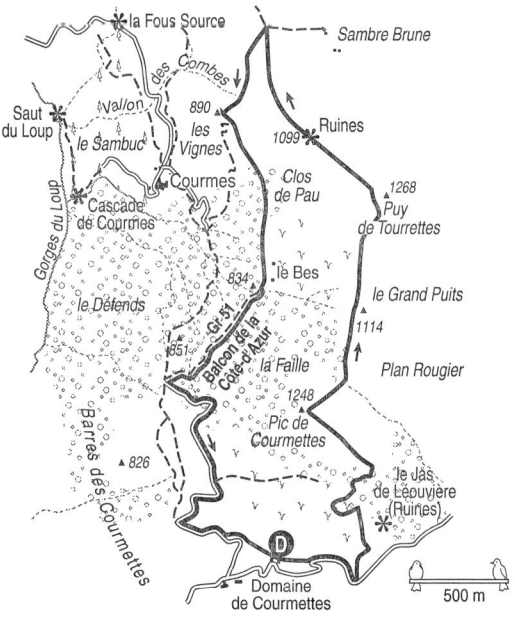

Là ! Là aussi !... Dans chaque ventre douillet de la colline : des pivoines sauvages. Épanouies... Je vais. Je cours de touffe en touffe. Je m'arrête. Je m'agenouille. Je me prosterne devant ces splendeurs offertes. J'y vois des taches de sang. Des cœurs. Des amours. Des passions. Des délires... J'aime ces galaxies de corail tombées du ciel, ces amples coupes végétales d'un irréel rose-pourpre, qui virent à l'écarlate lavé d'améthyste quand elles fanent. Sous la corolle, les sépales verts se confondent avec le feuillage découpé. Au creux du vase, le buisson jaune des étamines emmitoufle un gynécée bizarre, formé de deux ou trois obélisques vert pâle, duveteux, que coiffe une crête carminée. Enfant, je nommais ces pistils mes « petits coqs ».

Je suis resté assez jeune pour me métamorphoser en abeille. Je tournoie, je plonge dans une fleur offerte. Je gigote. Je me barbouille de pollen alchimique. Je m'enivre. J'escalade un pistil jusqu'au stigmate collant d'extases. Je tâte le vent avec mes antennes. Je redécolle poudré d'or. Direction : la ruche. Qui dira la saveur du miel de pivoine au mois de mai, sur les collines de la Côte d'Azur ?

 *DU DOMAINE DES COURMETTES AU PIC DE COURMETTES, 1 heure 30*

Si loin de l'aéroport de Nice et des horreurs bétonnées qu'on distingue pourtant, tout en bas... Le chemin de terre blonde file vers l'est, au sortir des bâtiments de pierre blanche et des vieux arbres du domaine des Courmettes. Le soleil éclabousse la mer, qui semble plus bleue que de raison. Des moutons paissaient ici l'autre jour ; ils sont partis en transhumance vers le Mercantour, immatériel liséré blanc comme un mouton à l'horizon de l'est.

J'effectue cette balade avec Anne Malausa — la naturaliste responsable de cette réserve naturelle volontaire (statut juridique peu commun). Nul ne connaît mieux les trésors de ce balcon de la Côte d'Azur — que le touriste ignore. Anne incarne la grâce savante et opiniâtre. Nous allons entre les prés piquetés de brunelles et de vesces craccas violettes, d'herbes-au-bitume (ou psoralées) en pompons vert et mauve, de trèfles étoilés ocre et sang, de sainfoins roses et de gesses rouges aux ailes cramoisies ; pour ne citer que quelques-unes des fleurs que survolent des escadres de bourdons cul-rouge ou cul-brun ; d'abeilles domestiques et charbonnières ; de papillons lycènes, belles-dames, piérides ou machaons ; de capricornes aux allures de diables ; ou encore de petits hannetons trichies aux élytres carrelés de jaune et noir, et à l'abdomen hérissé de poils roux.

« Les Courmettes, raconte Anne Malausa, furent autrefois cultivées. Elles furent le grenier à blé du village de Tourrettes. Il en reste une flore mêlée de la garrigue et des champs, et l'adorable profusion des insectes adaptés à ces plantes. »

Nous passons une source où se prélassent la rainette méridionale bleu-vert et un peuple d'orchis de mai aux vigoureux épis rose pâle ponctués de rose-pourpre.

Je frôle un érable de Montpellier. Je caresse un chêne vert. Le chemin grimpe à gauche vers le pic de Courmettes. Le « chip chip chip » des criquets répond au « tri tri tri » des cigales. Dix mille fleurs racontent, dans leur langue colorée, le simple bonheur de vivre et de donner du nectar. Les polygales bleues, couleur de voile de la Vierge, ne craignent pas la proximité des orchis mâles, disons... phalliques. Un merle siffle en imitant un téléphone portable : il se moque de notre civilisation. Une pie-grièche, un rougegorge, une mésange nonnette et un accenteur mouchet donnent un concert. Sur un frêne à fleurs, une apparition : dans leur costume rose, bleu et vert d'arlequins au bec effilé, trois guêpiers revenus d'Afrique.

Nous passons les ruines de Léouvière. Un bref détour, à gauche, nous conduit au cœur d'un bois sauvage et doux, au cœur duquel trône un chêne vert énorme, au tronc d'un diamètre colossal et aux basses branches grosses comme des troncs ordinaires. Ce géant est âgé de mille ans, au moins. Anne suppose qu'il fut sacré au Moyen Âge. On y célébra des messes et des fêtes plus païennes. On y rendit peut-être la justice. À moins (plus noire hypothèse) qu'il n'ait servi de gibet.

Retour au sentier. Grimpette dans les arbres, les genêts, les buis et les cistes. La caillasse roule sous nos pieds. Une splendeur botanique ponctue cet effort : une orchidée livide, violet pâle et crème, avec des stries légères sur le labelle, et dressée comme un sceptre de prince crépusculaire : le limodore, qu'on dit « avorté » parce qu'il n'a pas de chlorophylle. Près de ce personnage végétal, une couleuvre de Montpellier longue de 2 mètres, au dos de bronze antique, lève la tête et gonfle le cou comme le cobra son cousin. Un pouillot siffle sur une branche voisine — guère rassuré.

 *DU PIC DE COURMETTES AU SENTIER BALCON DE LA CÔTE D'AZUR, 1 heure 30*

Dérapages imprévus sur la caillasse instable. Souffle accéléré dans la pente. Rires. Nous sortons du petit bois. En allant à gauche et en longeant le bord de la falaise exposée au sud, nous trouverions une station de lis pompons, ou turbans. Anne me promet que nous en verrons d'autres, plus loin. Désormais, la garrigue et le calcaire blanc, sculpté en lapiaz selon la fantaisie de l'eau, passent alliance avec le vent. Le thym farigoule et l'héliantème ajoutent le gris-mauve et le jaune solaire au gris-vert des cistes et des genêts, à l'azur des lins de Narbonne et au rose acide des silènes ocymoïdes. Dans l'herbe, des trous abritent de grosses araignées velues, à l'abdomen rebondi et aux chélicères riches en venin : les lycoses de Narbonne ; chasseresses efficaces, en embuscade, dans le style de leurs cousines les mygales. Je soulève un caillou : un scorpion du Midi, à la carapace d'ambre, réprouve mon intrusion et brandit son dard dissuasif ; piqûre douloureuse, mais pas dangereuse.

Coup de vent sur le visage. Voici le sommet du pic de Courmettes. Altitude : 1 247 mètres. Odeur mêlée de mer et de thym. Devant nous, un à-pic de vertige donne, à l'ouest, sur les falaises et les gorges du Loup, sinueuses, on dirait mangées d'ombre bleue. L'an passé, il y avait sur cette cime un signal géodésique en ferraille.

« Des vandales l'ont abattu, me dit Anne Malausa. Probablement des chasseurs que l'idée même de réserve rendait fous... »

Un faucon pèlerin plonge. Anne le suit du regard avec la fierté de la naturaliste qui veille sur un lieu inspiré dont elle est responsable. Elle m'explique que le domaine des Courmettes héberge plus de quatre-vingts espèces d'oiseaux, entre autres le merle de roche, le martinet alpin, la bondrée apivore, le circaète jean-le-blanc et l'autour des palombes ; sans omettre un couple d'aigles royaux. Dans la classe des mammifères, elle nomme le chevreuil, le cerf (cinquante sujets), le sanglier, maints carnivores (martre, renard, fouine...). Et même deux chamois, qu'on a aperçus sur ces rocs sans savoir d'où il venaient. Du Mercantour. De la montagne

du Cheiron. Ou du plateau de Canjuers, au-dessus du Verdon.
Nous descendons la pente vers le nord en longeant le bord de la falaise. Petits chênes blancs mêlés de chênes verts. Lavandes aspics bleues comme des nuits américaines de cinéma. Chardons rolands (ou panicauts champêtres), ophrys abeilles et délicats ornithogales en étoiles blanches à revers verts. Nous remontons la côte (les martinets nous encouragent) jusqu'au sommet du puy de Tourrettes. Altitude : 1 268 mètres.
C'est là, dans les creux frais, que fleurissent les pivoines. Merveilleuses ! Corallines !... Jamais je n'en ai visité une station aussi populeuse. Je ne me lasse pas de leur théâtre aux nuances d'aurores décrites par Homère ; aux couleurs des passions humaines ; ou à la gloire des inventions de la vie et du triomphe des fleurs et des insectes, après l'extinction des dinosaures.
Un dinosaure, ou son cousin, en voici un, justement — sous les traits du plus gros saurien d'Europe : le lézard ocellé, aux écailles jaune-vert et aux flancs ponctués de pois bleu ciel. Le reptile sied aux pivoines, et réciproquement. Je décèle une complicité entre eux, que confirme une huppe dans un jeune charme-houblon.
Descente sur le sentier un peu difficile à trouver (il convient de bien rester sur la ligne de crête) qui longe l'arête du puy de Tourrettes. Vastes vestiges de parcs à moutons en pierres sèches, quasi pharaoniques, environnés de rosiers pimprenelles aux corolles blanc crème. Au loin, le village de Saint-Barnabé et la station de Gréolières, séparés par la montagne du Cheiron, au sommet de laquelle je fus, dirait Guillaume Apollinaire, « l'an passé à *Laetare* ».

***DU SENTIER BALCON DE LA CÔTE D'AZUR AU DOMAINE DES COURMETTES,***
*2 heures 30*

Nous touchons la plaine de Saint-Barnabé et le sentier balcon de la Côte d'Azur (ici confondu avec le G.R. 51) dans un feu d'artifice de criquets, de sauterelles, de papillons et d'ascalaphes aux allures de libellules aux ailes d'opale. Casse-croûte à l'ombre d'un bouquet d'aubépines. Détour botanique vers l'est et le chaos de rocs ruiniformes que les bergers baptisent le « Village Nègre ». Là — et plus loin sur le lapiaz — poussent les lis pompons (qu'Anne Malausa appelle « pomponnes »). Je me prosterne devant la perfection de leurs turbans orange vif, mouchetés de noir. J'invente, entre les « maisons » calcaires et les blocs gris pâle — en forme de castels du Moyen Âge ou de géants de légende orientale —, une population tout aussi rare d'iris graminées aux pétales violet livide, striés de vert pâle, dans les tons du limodore. Sur ces hauteurs, tout n'est que correspondances ; et les stipes pennées qui ondulent dans le vent comme des cheveux d'anges ne démentent pas cette impression : la terre et le ciel s'interrogent et se répondent.

Nous revenons à la croisée des chemins et au G.R. 51, que nous suivons vers le sud, entre les pins, les prunelliers, les poiriers sauvages et les chênes blancs, en frôlant un talus constellé d'anthyllides vulnéraires orange et jaune, d'euphorbes petits-cyprès et d'orchis tridentés roses. Je contemple, entre les genêts éclaboussés de corolles solaires, l'ancien château de Courmes et les gorges du Loup. Puis le village de Courmes, que le pic de Courmettes domine dans une géométrie identique à celle de la montagne Sainte-Victoire au-dessus d'Aix-en-Provence. Correspondances, vous dis-je... Céphalanthères blanches, petits lis blancs et gueules-de-lion (ou antirrhinums). Haies de chèvrefeuilles aux parfums de paradis. Papillons argus, vulcains, tircis et paons-du-jour. Concerts d'oiseaux.

La source est là, au détour du sentier, fraîche comme un rêve d'ombre provençale. Anne boit dans ses mains, comme la Manon de Marcel Pagnol. Je m'asperge au bassin de pierre. Nous rentrons par le large chemin qui domine le plateau des Mares, en évitant cette zone protégée entre toutes, où l'ophrys de Bertoloni (au labelle de velours grenat à miroir violet) contemple l'aigle royal, les cerfs à la remise ou le manège des libellules, des couleuvres et des amphibiens — crapaud commun, salamandre jaune, grenouille agile, pélodyte ponctué, rainette méridionale... Passé le réservoir, puis l'ancien four à chaux, viennent les bâtiments mêmes des Courmettes. Où une huppe se rappelle au bon souvenir général en jouant du chapeau.

Je dissous mon rêve dans la brise, au-dessus de la Méditerranée qui scintille, dans le souvenir d'une pivoine rose comme les joues d'une jolie naturaliste qui boit le bonheur du monde à la source de beauté de la Côte d'Azur.

### NOTE SAISONNIÈRE ET RECOMMANDATIONS

Nulle difficulté, pour cette balade à la fois si près et si loin de la Côte d'Azur touristique... Quelques hésitations d'itinéraire, notamment pour descendre du puy de Tourrettes jusqu'au G.R. 51 : bien se tenir sur la ligne de crête ! Attention au brouillard, sur le pic de Courmettes : côté ouest, la falaise est haute...

L'été, il faut emporter de l'eau, mais la source fraîche, au-dessus de Courmes, ne tarit jamais, même au plus fort de la canicule. Plaisir de boire.

Toutes les saisons sont superbes, avec des hivers doux

ou froids. Les printemps s'enguirlandent de fleurs rares (pivoines, lis pompons, orchidées, iris graminées...). Les étés et les automnes plaisent à l'entomologiste (Jean-Henri Fabre y trouverait son content) comme à l'ornithologue.

On est prié d'éviter (accès interdit) le plateau des Mares, précieuse zone humide dans les collines méditerranéennes. Lieu stratégique pour quantité d'espèces, et auquel les naturalistes veulent épargner les gros sabots humains.

# 16

# LANGUEDOC, ROUSSILLON

1. *Hérault* : Sous le vent du Larzac
2. *Gard* : En passant le pont romain
3. *Corbières* : La femme de Tautavel
4. *Banyuls* : Les vignes de la mer
5. *Canigou* : Un hiver au blanc d'Espagne

# 1. Hérault

# Sous le vent du Larzac

*Un voyage enchanté dans la garrigue, au bord méridional du causse du Larzac. Autour du rocher des Vierges... Le vent des Grands Causses souffle vers la Méditerranée. Les plus sublimes fleurs poussent en cette fin de printemps ; mais ce pays est d'abord celui des insectes. Un décor pour* Microcosmos...
    *En boucle autour de Saint-Jean-de-la-Blaquière, 4 heures 30.*
    *Carte I.G.N. au 1 : 25 000, 2642 ET, Top 25, Saint-Guilhem-le-Désert, cirque de Navacelles.*

Je hume le vent du causse qui souffle sur le Languedoc — le cers, chargé de thym, de lavande et d'ail sauvage. Le Larzac me plaît. Je m'y sens bien. J'y rêve au grand large de la pierre et de l'air. Je me souviens de mes jeunes années. J'étais étudiant en philosophie à Montpellier. Je filais dans la garrigue, je courais de dolines en chaos calcaires. Je guettais les orchidées au printemps et l'herbe du causse argentée en été ; sans oublier certaine demoiselle native de Lodève, aux cheveux noirs et aux yeux du même bleu que les fleurs d'aphyllanthes.

J'y suis revenu (ne le dites pas à la police) après Mai 68, lors des « événements » de la région. J'ai crié « *Gardarem lou Larzac !* » dans le picotement des gaz lacrymogènes, sous la menace des matraques de C.R.S., avant de manger le fromage de chèvre, le soir, chez des amis du Caylar. En refaisant le monde. Je crains que le monde ait peu changé. J'ai vieilli, j'aime encore les fleurs sauvages et les yeux des filles brunes.

 **DE SAINT-JEAN-DE-LA-BLAQUIÈRE À L'ARÊTE DU MONT HAUT,** *1 heure 30*

La place du village de Saint-Jean-de-la-Blaquière. Platanes et tilleuls. Un pinson au poitrail rose m'indique la rue étroite et la place du Tilleul ; puis la petite départementale 144, qu'il faut suivre sur environ 2 kilomètres. Je passe le pont du ruisseau Marguerite : les hirondelles chassent jusque sous les piles. L'eau devient rare, mais héberge des légions de rainettes, grenouilles, moucherons, éphémères et libellules — æschnes bleues, anax empereurs, agrions demoiselles et jouvencelles.

La route serpente vers l'est. Je caresse avec mes mollets l'herbe des bordures, où se côtoient les papilionacées en pompons violets des psoralées (ou herbes-au-bitume) ; les panaches jaune pâle, divinement odorants, des résédas ; les banquettes d'orge sauvage aux longues arêtes d'argent vert... Ici, en avril, à la limite du bitume (provocation de la flore!), paraissent de merveilleux ophrys jaunes, dont les labelles au cœur brun et bleu ardoise se rehaussent d'un large liséré blond comme un gâteau du dimanche. Je tends l'oreille. Les criquets et les cigales crissent en rythme — chacun leur partition, mais en harmonie, sous la baguette d'un chef d'orchestre qui est peut-être cette grive ; ou ce lézard ocellé, au dos chiné de jaune et noir et aux flancs ornés de pois bleus.

Je marche dans la plaine, à 160 mètres d'altitude. Je vais monter tout là-haut. Sur ce rempart de château fort. Ce chaos calcaire dressé à l'orient. Ce contrefort du Larzac, ce pilier du causse, à 536 mètres... Je me dresserai tout à l'heure sur le rocher des Vierges.

Des asphodèles blancs, galaxies raides d'étoiles à six branches, jouxtent des coquelicots d'un glorieux écarlate, des pavots cornus qui les imitent en jaune pâle, et des vipérines d'Italie qui ont l'air d'étages de petites bouches violacées. Magritte est passé par là : ceci n'est pas une fleur. Un papillon citron de Provence palpite sur ses ailes d'ophrys jaune, illuminées d'orange à cœur. Un papillon vanesse vulcain (ou amiral) et son cousin belle-dame (ou vanesse du chardon) visitent des cardères. Je commence à comprendre que le monde n'appartient pas aux hommes, mais aux fleurs, et surtout aux insectes, leurs complices ès nectars et pollens. La route me sourit, éclairée par ces gros réverbères végétaux qui ressemblent à des pissenlits jaune pâle, et qu'on appelle « urospermes de Daléchamp ». Je jouis du parfum des touffes de thym et des pieds de fenouil sauvage, sur lesquels je localise les chenilles et les chrysalides du papillon machaon (ou porte-queue), aux ailes de vitrail noir et or, allumées vers le bas d'une lune rouge et d'une frise d'azur. Une huppe s'envole sur la garrigue, à droite. Des mésanges profitent de l'abondance d'insectes. Il faut reconnaître que la goinfrerie sied à ces belles.

Je repère, à gauche (discrètes balises jaunes), la petite chaussée par laquelle je redescendrai tout à l'heure du rocher des Vierges. Je hume une touffe de sauge violette, qui domine une banquette d'hélianthèmes chiffonnés, blancs à cœur noir. À droite, un sentier mène à la colline et au dolmen de l'Ayral : temple de rocs ; mythologie oubliée.

Je trouve, à gauche, la piste qui monte vers l'hôtel-restaurant du Sanglier. Je la suis pendant quelques mètres. Très vite, j'oblique à droite sur le large chemin qui file au sud-est, au milieu des vignes. J'avance d'un bon pas. Des alouettes, des grives, des merles se lèvent en sifflant dans leur langue. Je détaille l'inflorescence en étoile jade et grenat du salsifis à feuilles de poireau : un bijou, un vrai ! Je m'incline devant le chardon laiteux (ou galactite). Il accueille, sur les soucoupes rose pâle de ses capitules, une bonne douzaine d'espèces d'insectes : des pucerons ; de frêles moucherons ; une grosse mouche volucelle aux allures de guêpe ; un capricorne noir poudré de jaune, aux antennes démesurées ; un coléoptère vert cuivré doté de grosses cuisses tordues ; un hanneton trichie fasciée, au corps velu et aux élytres jaune et brun ; sans oublier une coccinelle, une cétoine, des abeilles et un bourdon cul-rouge.

À la fourche du sentier, je choisis la branche de gauche, qui descend vers le thalweg sur de larges dalles ocre rouge. Sous l'arrondi du mont Haut, ce paysage semble un fragment de Lune tombé sur notre planète. L'érosion des orages y a sculpté des tours, des cônes, des cratères, des pans de roche sédimentaire noir et brique, que rehaussent les fleurs lumineuses, blanc à cœur jaune, des cistes (de Montpellier et à feuilles de sauge) ; les étages de vases de libation purpurins ou jaune clair des gueules-de-loup (ou antirrhinums) ; les buissons de calycotomes épineux et de genêts à balais constellés de fleurs papillons d'or... Un amoureux a écrit, en lettres de galets, sur un front d'érosion, cette déclaration que j'inscris sur mon calepin pour la postérité : « Nina G., je t'aime, Lou. »

Il a plu hier. Le torrent gargouille et glougloute. Le sentier le traverse, le longe puis le retraverse. Je mets les pieds dans l'eau avec l'habituelle délectation des gamins de mon âge. Buissons de filaires à feuilles étroites et de cerisiers mahalebs (ou bois de sainte Lucie) aux petits fruits toxiques noirs. Volées d'agrions demoiselles, de libellules déprimées et de grandes æschnes bleues ou vertes. Je caresse du doigt les feuilles épineuses d'un chêne kermès, qu'escaladent les lianes bardées de pointes du smilax d'Europe (ou salsepareille), avec leurs grappes de fruits rouges. Un criquet égyptien long comme le doigt, en costume à rayures grises, s'est posé sur la fumée verte d'une asperge sauvage. Un geai décolle et replonge dans le maquis. Je monte les lacets du sentier, vers l'arête. Je débouche au sommet, dans le bleu parfait des coupes du lin de Narbonne et des capitules bordés d'argent de la catananche, qu'on nomme aussi « cupidone ». La petite fille Amour.

 ***DE L'ARÊTE DU MONT HAUT
AU ROCHER DES VIERGES,
1 heure 30***

Je m'emplis les poumons, le cœur, la cervelle de la splendeur de ce rebord de causse. Au nord, l'arête de vent me conduira à la cime ultime du rocher des Vierges. À l'ouest, d'où je viens, je regarde vibrer la campagne gris-bleu et gris-vert de Saint-Jean-de-la-Blaquière. À l'est, je contemple les étendues de vignes de Montpeyroux, de Saint-Jean-de-Fos et d'Aniane, qui ouvrent la plaine de l'Hérault, lequel descend du mont Aigoual et inspire la magie du village de Saint-Guilhem-le-Désert. Au sud, je me dissous dans la luminosité parfaite du ciel, qui n'a d'autre fin que la mer. Les nuages, les merveilleux nuages, là-bas..., là-bas..., roulent comme une vague vers les vagues. Le vent du causse — le cers inséparable de l'âme languedocienne — unit les éléments du paysage en un seul baiser.

Je foule la large piste qui remonte l'arête aérienne en direction du rocher des Vierges, par l'est du mont Haut et la Roque Combarde. Les lins luisent. Les aphyllanthes de Montpellier, ces liliacées en touffes aux tiges filiformes et aux fleurs bleues comme des yeux de fille de Lodève, sont ici plus intensément colorées qu'ailleurs ; je me demande si je suis objectif... Je regarde passer le papillon jason (ou pacha à deux queues) du Midi, l'un des plus grands lépidoptères d'Europe, avec ses ailes de vitrail grenat, brun-noir et fauve. Je butine le thym rose en empruntant sa trompe au flambé (ou porte-queue) jaune et noir, cousin plus clair du machaon. Le paon-du-jour cramoisi fait palpiter ses ocelles bleu et blanc sur une immortelle stéchade au parfum de curry. Une grande sauterelle verte avance avec précaution ses six pattes sur un chardon aux fleurons incarnats, tandis qu'un éphippigère — son cousin presque sans ailes, au gros abdomen boudiné et strié de noir et blanc — escalade un ciste. Une grosse araignée argiope lobée guette la mouche, non loin d'une argiope fasciée (ou de Brünnich), à l'abdomen strié de lignes tremblotées blanc, noir et jaune. À terre, le coléoptère orycte rhinocéros (ou nasicorne), armé sur le front d'une unique défense impressionnante, se faufile dans l'ombre des brindilles. Une larve de mante empuse — un diablotin gris-brun —, à l'abdomen relevé en U et à la tête en triangle (voyons-y, d'évidence, une créature extraterrestre), joue *Microcosmos* sur une tige de pâturin.

*Microcosmos*... Mais oui, ce rebord du causse du Larzac constitue le royaume des insectes, comme l'est aussi la pente du causse du Comtal, près de Rodez, où mes amis Marie Perennou et Claude Nuridsany ont tourné ce merveilleux grand film sur les petites bêtes, qu'ils préparaient avec passion depuis des années... Je suis avec eux, à quatre pattes, le nez au ras de l'herbe, à observer la mouche, la mante religieuse, le carabe doré et la guêpe poliste ; le scarabée rouleur de boule, le lucane cerf-volant et la fourmi moissonneuse en plein boulot non salarié.

Je salue par la pensée Claude et Marie, depuis longtemps mes complices en graminées folles, orchidées sauvages et bestioles bizarres... Un milan noir décolle vers l'est, une bondrée apivore vers l'ouest. Je passe la plantation de cèdres de la Roque Combarde. Je marche dans le parfum des fleurs et du vent. Un lézard vert paresse sur une souche. Deux lézards gris bronzent sur un rocher. Quelques vieux oliviers tordus — et superbes — me mènent à la petite route asphaltée qui conduit au pied du rocher des Vierges. La couleuvre vert et jaune ondule sur le talus. Je trouve, dans le virage en S, peu après les ruines, le sentier qui monte à travers le lieudit « les Cades » ; à savoir, « les Genévriers » : et, en effet, ces arbustes abondent. Je retrouve la route. Une abeille charbonnière aux ailes violacées me montre les amoncellements de blocs, là-haut, où il me reste à grimper. Je grimpe, donc. Coup de reins, sueur, souffle court.

Au sommet, la splendeur.

##  DU ROCHER DES VIERGES AU VILLAGE DE SAINT-JEAN-DE-LA-BLAQUIÈRE, 1 heure 30

Les derniers pas de l'ascension vers ce château fort géologique s'effectuent dans le bois des Félibres, sur une piste en lacets, puis un sentier agrémenté de marches. Une inscription en lettres d'argent occupe la falaise : « *Als felibres morts per la patria.* » « Aux félibres morts pour la patrie. » Les félibres, les poètes de langue d'oc... Je les entends déclamer leurs vers sonores et superbes, tandis que je m'élève entre les chênes verts et les érables de Montpellier, que des buissons de baguenaudiers illuminent de fleurs papillons jaunes, et que cernent les lierres et les ruscus petits-houx aux fruits rouges. Un sirex, cousin de la guêpe muni d'une tarière, explore le tronc d'un pin mort pour pondre ses œufs sous l'écorce. Un corbeau décolle vers les abîmes de la vallée. Une sittelle torchepot descend un tronc. Des ombilics nombrils-de-Vénus, aux feuilles en galettes rondes, et des polygales aux corolles en becs d'oiseaux bleus ou roses, ornent les pierres sur lesquelles volent toutes sortes de papillons tircis (ou pararges) brun châtaigne, mélittées et tabacs d'Espagne tachetés d'orange et de blanc.

Les énormes blocs de la cime semblent sculptés dans le gris des nuages. Une cabane sert d'abri pour le promeneur que surprendrait l'orage. La chapelle, blanche et trapue, avec son toit roux de tuiles du Midi, résume la foi des vignerons des villages alentour. Le rocher des Vierges est devenu celui de la Vierge, après avoir été voué à des divinités — des nymphes — celtes ou gallo-romaines probablement moins sages... Je sens le souffle mêlé de l'Histoire, de la légende et de la nature, qu'un vol de venturons montagnards traduit dans la langue des félibres.

Je m'approche des abîmes : aux quatre points cardinaux, un à-pic. Je me dresse sur le donjon du monde. Vers le nord, le pic de Saint-Baudille et le col du Vent qui mène à l'immensité du plateau du Larzac... C'est ici, à l'orée de la forêt de Notre-Dame des Parlatges, que j'ai découvert l'autre jour une station de pivoines sauvages ; le plus beau rouge de la Terre ; l'idée de la perfection couleur corail.

Je redescends le chaos du rocher des Vierges jusqu'à la petite route asphaltée que je suis vers la gauche — le nord —, en direction de la Borie. La chaussée cesse bientôt d'être goudronnée et se transforme en piste. Une buse plane au-dessus de la vallée boisée — bien nommée — d'Arboras. Sur les talus, sous les chênes verts et les chênes pubescents, parmi les aubépines, les buis et les filaires, pointent cent corolles où zigzaguent, rampent, volent, crissent, zinzinulent, butinent, copulent ou pondent des légions d'insectes. Les lézards et les passereaux insectivores font des festins. La fouine et la genette traquent ces gobeurs d'insectes et laissent, l'une sur les pierres, l'autre à la fourchure des branches, les résidus odorants de leurs repas.

Juste après les bâtisses de la Borie, je choisis la piste qui descend à droite, à travers les Pestrils, sous le Puech Bouissou — un pic rond couvert d'arbres. Balises jaunes. Un écureuil me surveille sur son chêne. Au lieudit « les Frigoules », une vieille vigne cagneuse, mais courageuse, m'amène aux bâtisses des Vergnes (ou de la Croix Blanche), où je rejoins le G.R. 653, dit aussi « chemin d'Arles ».

À gauche toute, maintenant, vers le virage en épingle à cheveux de la départementale 153 E 1. J'entame ma descente sur le G.R., vers le bois de Latude, puis je laisse les marques rouge et blanc au profit des jaunes, sur la piste de terre et de pierres qui sinue dans les Côtes, vers le vallon du Rouvayret et la départementale 144, par où je reviendrai à Saint-Jean-de-la-Blaquière. Je vais, pensif, au soleil de la garrigue, les pieds sur les cailloux, heureux de côtoyer des folies de fleurs : anthyllides roses, réglisses mauves, coquelicots d'un intense cramoisi, pavots cornus jaune pâle, lins de Narbonne d'un bleu des mers du Sud. Sans oublier les euphorbes characias, dont les cent yeux de dieu Argus me regardent avec la curiosité amusée des créatures qui savent, et qui voient passer l'ignorance du promeneur sous le rocher des Vierges, dans l'orbite calcaire du causse du Larzac, en allant vers la mer.

NOTE SAISONNIÈRE ET RECOMMANDATIONS

Nulle difficulté, sur ce chemin de garrigue et de vent ; sinon que le balisage (en général de traits jaunes ; par places, avec le rouge et blanc des G.R.) est rare, et que la cime rocheuse mérite un peu de prudence. Les orages peuvent taper fort : la foudre frappe volontiers les pitons isolés comme le rocher des Vierges. Lorsque le feu du ciel menace, le refuge du sommet paraît bienvenu.

La saison la plus riche est à la fin du printemps et au début de l'été : profusion de fleurs du Midi, et surtout d'insectes en tous genres. Qui veut se reprogrammer *Microcosmos* « en vrai », avec les odeurs de la brise et les crissements des bestioles, accomplira ce parcours dans un enchantement. L'automne et l'hiver sont plus intimes, avec les fruits des arbustes, le thym qui embaume, les vols de passereaux qui ne migrent pas. Les printemps précoces chantent leurs couleurs au signal de la huppe et de la grive musicienne revenues d'Afrique, avec des orchidées sauvages propres à tournebouler le plus chenu botaniste. L'ophrys jaune résume la famille, comme un dessert de miel.

## 2. Gard

# En passant le pont romain

    *Redevenir romain — ou gallo-romain — en l'an 2000 : c'est possible. Il suffit de passer le pont... du Gard, bien sûr ! Puis de flâner dans la garrigue, jusqu'à la carrière de calcaire blond où furent débités les blocs de l'ouvrage. Et d'écouter, dans le Gardon, le chant de l'eau cévenole sous les chênes verts.*
    *Aller-retour, du pont du Gard aux carrières de Vers, 5 heures.*
    *Carte I.G.N. au 1 : 25 000, 2941 E, Série bleue, Remoulins.*

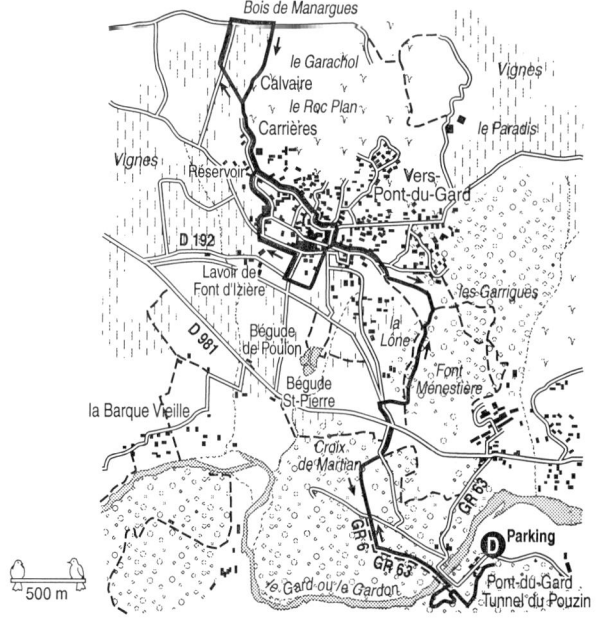

« Il suffit de passer le pont... », chantait Georges Brassens. Aucun ouvrage jeté sur une rivière n'est plus propice au rêve que le pont du Gard. À peine la balade commencée, il s'impose. Illuminé, transfiguré par le soleil de l'aube, il barre la vallée du Gardon comme une dentelle colossale, si ces deux mots veulent s'épouser. Une dentelle de pierre blonde, sous les rayons rasants. Avec des reflets gris-roux, gris-bleu, gris-vert.

Claude Monet aurait pu peindre ce monument comme la cathédrale de Rouen. L'ouvrage eût mérité une « série ». Je contemple ses trois rangées d'arches superposées. Une idée de la perfection ! Les blocs pèsent plusieurs tonnes. Des hommes — des esclaves — les ont tirés jusqu'ici, hissés à des dizaines de mètres de hauteur, et ordonnés avec une précision millimétrique. Le monument a franchi vingt siècles. Je ne suis pas certain de durer aussi longtemps. Je ne suis même pas sûr que, dans 2 000 ans, notre civilisation de pétrole et d'orgueil laissera d'aussi solides vestiges.

 **UNE VISITE DU PONT DU GARD,**
*0 heure 30*

Je quitte le parc à voitures, ses commerces, ses baraques à frites et à souvenirs. Je remonte la rive droite du Gardon, sur les rochers d'où je plongeais, un été passé (il n'y a pas si longtemps, me semble-t-il — mais déjà tant d'années), avec mes jeunes enfants. L'eau est haute et le courant rapide. La neige fond sur les Cévennes. Les gouilles paisibles et fraîches où nous barbotions se sont muées en abîmes où tourbillonnent de glauques mystères. Les castors, revenus dans la rivière, ont creusé des terriers sur les berges : je les cherche. Une bergeronnette des ruisseaux jaune me pépie quelque chose : j'ai du mal à traduire. Un papillon citron de Provence, aux ailes jaune-vert à deux soleils orange, volette sur une crucifère. Un papillon jason se pose sur un buis : j'accompagne du regard ce superbe porte-queue méditerranéen, tout de velours brun et brique. Je remonte vers la route. Des pies et des grives se chamaillent dans les arbres. Un héron cendré médite sur une plage.

Je m'engage entre les arches de pierre titanesques, le long de la chaussée asphaltée qui jouxte le monument. Naguère, on roulait ici en voiture. Le pont du Gard, cet aqueduc édifié pour le transport de l'eau, avait été asservi en banal pont pour la circulation. Par bonheur, plus aucune bagnole n'y pétarade. Les travaux de restauration ont débuté. Ce qui me chagrine, c'est qu'on n'a plus accès aux deuxième et troisième étages. J'y avais emmené mes jeunes enfants. Nous avions — délicieux vertige — marché sur le toit, à 49 mètres au-dessus de la rivière. C'est interdit, maintenant. Je comprends qu'il fallait arrêter les dégradations, et je sais que nos sociétés à responsabilité limitée haïssent les numéros d'équilibrisme en famille. Mais c'est dommage. J'avais aussi visité la grotte de Lascaux — la vraie — avant qu'elle ne soit fermée au public.

Je longe les piliers des arches, côté amont, en contemplant la rivière. Même de ce premier étage, on domine l'eau gris-vert et les rochers qui la bordent d'une hauteur impressionnante. On se prend à rêver que, si l'on était champion, on plongerait comme un jeune homme d'Acapulco. Oiseau, on volerait vers l'horizon bleu de la garrigue. Je déchiffre les graffitis laissés par les visiteurs. Dans toutes les langues et à toutes les époques. La vieille pierre inspire. En y gravant ses initiales ou son message, le passant arrime dans l'Histoire son destin éphémère.

**DU PONT DU GARD À VERS-PONT-DU-GARD,
1 heure 30**

Le pont du Gard — cet aqueduc — mesure 275 mètres de longueur et 49 de hauteur au-dessus du niveau des basses eaux de la rivière. Il constitue le chef-d'œuvre d'un canal d'une cinquantaine de kilomètres, édifié au I$^{er}$ siècle de notre ère pour amener les eaux de la fontaine d'Eure, près d'Uzès, jusqu'à la ville de Nîmes (*Nemausus*). La conduite aquifère contournait le vaste plateau des Garrigues, sur lequel je me propose de me balader.

Je relisais, hier au soir, le passage des *Confessions* où Jean-Jacques Rousseau raconte sa visite ici-même : « Après un déjeuner d'excellentes figues, je pris un guide et j'allai voir le pont du Gard. (...) L'art de ce simple et noble ouvrage me frappa d'autant plus qu'il est au milieu d'un désert où le silence et la solitude rendent l'objet plus frappant et l'admiration plus vive. » Un vrai rousseauiste dans mon genre n'allait pas emporter autre chose, pour sustenter sa balade, que des figues. J'en grignote une ou deux. Une grive litorne me regarde avec envie.

Rive gauche. Je monte l'escalier qui démarre au bout du pont. En suivant les balises rouge et blanc du G.R. 6 et les marques jaunes du sentier de petite randonnée... Brève grimpette, et déjà je baigne dans les parfums de la garrigue. Les chênes verts, quelques chênes blancs et des érables composent l'essentiel du couvert. Je palpe leurs troncs à l'écorce rude, tapissée de lichens foliacés vert pâle. Je m'écarte un instant vers la gauche. Je me retourne. La vallée s'ouvre en perspective sur le Gardon qui serpente et le pont du Gard qui le coupe, plus doré que jamais.

Je sinue, au gré du sentier. Je froisse et je hume les feuilles des buissons : genévriers, buis, pistachiers térébinthes, pistachiers lentisques et myrtes aux baies couleur d'encre de Chine. À terre, j'identifie l'euphorbe. L'arum pied-de-veau. L'anémone en étoile bleu pâle. Et la première orchidée sauvage de l'an 2000 : l'orchis à longues bractées, dont les labelles blancs tachetés de rose semblent des gnomes rigolards... Le smilax (ou salsepareille d'Europe) fait admirer ses grappes de fruits vermillon et ses lianes bardées d'épines, qui servirent à fabriquer la couronne du Christ. Les fragons piquants (ou ruscus petits houx) exposent sous leurs fausses feuilles — et vrais rameaux étalés — les sphères rouge vif de leurs fruits.

Les arbousiers alternent avec des cistes (de Montpellier, à feuilles de sauge, cotonneux...) et les chênes kermès aux feuilles coriaces, qu'on appelle en langue d'oc *garis*, mot qui a peut être donné « garrigue ». Les touffes de thym farigoule bourgeonnent en gris-vert et en gris-bleu. La pie-grièche écorcheur, déjà revenue de migration, guette la première mante religieuse sortie de sa léthargie. La huppe agite sa coiffe et décolle. Suivie d'un papillon tircis de velours brun et blanc qu'un gobemouche aimerait déguster.

Le sentier longe les arceaux de l'aqueduc romain. Certains effondrés. D'autres solidement campés depuis deux mille ans. Des lézards prennent le soleil. Une longue et noire couleuvre de Montpellier s'est lovée sur une souche d'olivier. Je touche du pied la petite route asphaltée. Le G.R. 6 file avec elle sur la gauche. Je continue tout droit. Je me confie aux marques jaunes du sentier de petite randonnée. Je marche le long des ruines de l'immense aqueduc, entre vieilles pierres et vergers d'oliviers gris-bleu, qu'on jurerait enfumés par la magie d'un conte.

Je passe la colline de la croix de Martian, au-dessus de laquelle tourne un milan noir. Je redescends. Voici l'extrémité de la petite route goudronnée. Et la large départementale 981, que je traverse (sur la départementale 227) vers Vers-Pont-du-Gard. « Vers Vers » : jamais, je n'aurais espéré accomplir programme de marche plus poétique. « Vers Vers ». Le mouvement est tout, le but n'est rien, je me plais à le répéter ! Franchie l'ancienne voie ferrée, j'emprunte, à droite, la piste qui monte vers la fontaine Ménestrière. Entendrai-je chanter le ménestrier ? Je suppose qu'il s'agit de la grive musicienne. De la linotte mélodieuse. Ou du loriot jaune. Peut-être aussi de la cigale : mais il est encore trop tôt, en saison, pour ouïr cet insecte. Les abeilles des ruches voisines entament à peine leurs vols de reconnaissance. Plusieurs panneaux « Défense de truffer » disent la richesse noire qui pousse en symbiose avec les racines des chênes.

J'aime marcher dans la garrigue. Je m'y sens bien. En paix. Je me demande si la cause de ce sentiment réside dans la roche que je foule, dans les plantes que je caresse et qui me caressent, ou dans la lumière qui baigne l'univers du midi. Je ne me pose plus la question : « *Carpe diem* », comme disaient les Romains, qui tombèrent sous le charme du pays nîmois. Le calcaire du chemin gratte la semelle de mes souliers. Irrégulier, pointu, en vagues, en dômes ou en pierres fendues. L'eau des pluies, chargée de gaz carbonique, joue ici le rôle du sculpteur fou et crée les reliefs de karst, qui me plaisent parce que je n'y comprends rien. Des canyons coupent le plateau, creusé de dolines arrondies comme des ventres. Des gouffres béent. J'imagine les rivières souterraines qui se tortillent dans leurs galeries décorées de concrétions, forment des lacs ou tombent en cascades dans les profondeurs obscures, hachurées de stalactites et de stalagmites.

Avant de ressortir au niveau du Gardon, en résurgences connues des seuls castors.

**DE VERS-PONT-DU-GARD AUX CARRIÈRES,**
*1 heure*

Je fredonne un air de linotte en descendant la côte, vers Vers-Pont-du-Gard, dont j'entrevois le clocher rouge, là-bas. Les vergers — abricotiers, pêchers, cerisiers, pruniers, poiriers — en sont à des stades variés de leur floraison. Le vieux mur qui borde le chemin se hérisse de lierres, de ronces, de polypodes et de smilax, mais aussi d'asperges sauvages dont pointent les délectables turions printaniers vert et violet. J'en cueille et j'en grignote. Saveur fraîche, un peu amère. Ne jamais se priver d'un plaisir simple !

Les premières maisons. Je me propulse dans le village plus vite que je ne l'aurais souhaité, à cause d'un chien qui refuse de croire que je suis un vieil ami des chiens. Je me demande encore comment mon mollet échappe à ses cordiales salutations. Je m'assois sur la margelle du grand lavoir rond. Je mange des figues à la mémoire de Jean-Jacques.

Je continue vers le sud-ouest en suivant une venelle que borde le mur d'une propriété plantée d'arbres magnifiques et bien plus que centenaires : cyprès, thuyas, cèdres, platanes et chênes géants, entremêlés de bambous... Je longe le cimetière. Je remonte vers le nord en me fiant aux panneaux « Pierre du Pont-du-Gard » ou « chemin du Roc Plan ». Une corneille me fait signe. Je la suis. M'y voici... Les carrières... Elles sont en exploitation depuis plus de deux mille ans. Aujourd'hui comme au temps des Romains, on en extrait un calcaire d'un beau jaune, dur mais doux, facile à tailler mais résistant, doté d'un grain d'une finesse sans égale ; pour ainsi dire, une caresse de la terre... Un panneau mentionne : « La Pierre du Pont-du-Gard authentique ; maison fondée en l'an 161 de notre ère. » Peu de sociétés ont cet âge ! En nos temps de « jeunes pousses » de l'Internet, je juge rassurante cette pérennité.

Je passe le grand réservoir. Je chemine sur l'ancienne voie romaine où s'escrimèrent, suèrent, souffrirent et parfois moururent des cortèges d'esclaves. Je mets les pieds dans les rainures profondes où roulaient les roues des chars chargés de blocs. Au calvaire de pierre, je choisis le chemin de gauche, près des vignes. Puis je vais à droite, sur la petite route asphaltée, et encore à droite. Une alouette monte au ciel — enfin, presque. J'embouque l'allée de terre suivante à gauche, vers le bois de Manargues. Un bassin d'eau verte sert de reposoir aux chevreuils. Le geai décolle. Les chênes et le vent murmurent, en imitant Virgile — ou peut-être le félibre —, que j'ai assez voyagé dans l'espace-temps pour aujourd'hui.

 **DES CARRIÈRES AU PONT DU GARD,**
*2 heures*

Je reviens par le Garachol. C'est ici, perdue dans les buissons et les fleurs de la garrigue, que s'étendait la majeure partie de la carrière romaine à l'époque où le pont du Gard était en construction. Je marche sur une autre portion de voie antique. Le parfum des cistes, des lavandes et des genévriers me plonge vingt siècles en arrière.

Mieux que Proust et sa madeleine : je revis une scène que je n'ai jamais vécue ! Je pousse ma pierre. Je suis Sisyphe. Lorsque j'aurai bâti le pont du Gard, il me restera une civilisation à créer. Je n'aurai peut-être pas fini de sitôt.

### NOTE SAISONNIÈRE ET RECOMMANDATIONS

Il arrive rarement qu'une œuvre humaine égale les plus beaux édifices de la nature. Le pont du Gard réussit cet exploit. C'est un haut lieu du monde. Les Romains l'ont, dirait-on, lancé pour l'éternité au-dessus du Gardon. Mais un tel chef-d'œuvre se respecte !

Toutes les saisons sont propices à la balade. Chênes verts en chatons et orchidées du printemps. Parfums de myrte, de romarin et de lavande en été. Champignons en automne. Rêves en hiver.

# 3. Corbières

# La femme de Tautavel

*Non loin de Perpignan, dans la garrigue de Vingrau qui domine la Caune — la grotte — d'Arago où fut exhumé le crâne d'un très vieil Européen, une dérive dans un paysage primitif où semblent passer les ombres du rhinocéros laineux et de l'ours des cavernes. Sur les sentiers de l'homme — ou de la femme — de Tautavel...*

En boucle autour du pont sur le Verdouble, 6 heures.
Cartes I.G.N. au 1 : 25 000, 2447 E, Série bleue, Tuchan ; et 2448 OT, Série bleue, Thuir, Ille-sur-Têt.

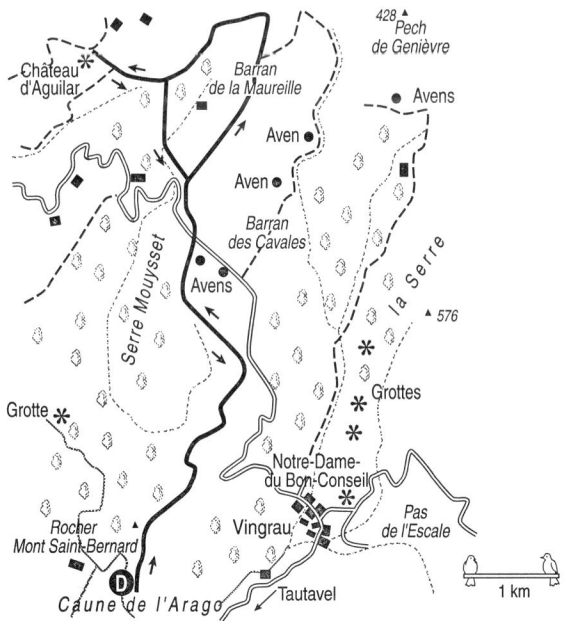

Il marche à quelques dizaines de mètres devant moi, dans les buissons confus du Planal de la Caune d'Arague (ou d'Arago). Un peu voûté, l'air pensif, la tête grosse, le maxillaire épais, le dos couvert de poils brun-roux. Il laisse derrière lui un parfum de sueur et d'intelligence.

Il ronronne, murmure, vocalise : je comprends qu'il chante en cheminant. Il est râblé. Costaud. Armé d'un épieu de bois et de galets taillés. Il rapporte une botte de racines comestibles et un jeune cerf mégacère. Je le devine heureux comme on peut l'être durant la Préhistoire, quand on appartient à l'espèce *Homo erectus* et que la chasse a été bonne. Je salue en lui le maître du feu. L'un des premiers Européens. Immigré d'Afrique, bien sûr. Et prospère en Roussillon quatre cent cinquante mille ans avant le traité de Maastricht.

J'ignore ce qu'il pense vraiment. Mais je ne le sens pas, non plus, tellement éloigné de mes préoccupations d'internaute mangeur d'O.G.M.

 *DU PONT SUR LE VERDOUBLE*
*À LA ROUTE FORESTIÈRE DE VINGRAU,*
*1 heure*

L'homme de Tautavel. *Homo erectus*, notre lointain ancêtre... Bien sûr, je le ne vois qu'en songe ; mais qui peut assurer que le rêve est moins réel que le réel — ô Platon, ô Calderon ? Platon et Calderon me viennent à l'esprit à cause de la caverne et du cachot : car le cœur, le nœud géographique de cette balade, est la Caune (la grotte) d'Arago. Théâtre d'illusions. Dans l'ombre du porche de roche, je me demande si je suis une âme platonicienne à jamais incapable de savoir s'il existe une réalité au-dehors. Et je répète, comme une incantation, la phrase du roi Sigismond enchaîné : « La vie est un songe. »

La balade commence entre les saules et les lauriers-roses, au pont sur le Verdouble. La rivière, profonde et verte, s'échappe en chuintant de la gorge de Gouleyrous qu'on ne remonte pas à pied sec, même en été, et qui se transforme en piège lorsqu'une crue y déverse de monstrueux remous jaunes. Je rêve. Je laisse mon regard frétiller avec la truite ou l'épinoche dans l'eau mystérieuse où flottent le potamot et la sagittaire à feuilles en flèches. Une rousserolle s'assoit sur un roseau. Un héron cendré pêche. Un faucon hobereau tourne près des falaises. Des hirondelles zèbrent l'air d'octobre : prêtes à migrer vers cette Afrique où *Homo erectus* est né. Des corneilles filent vers le village. Des attelages de libellules accouplées — æschnes bleues, libellules déprimées, sympétrums rouges, petites nymphes à corps de feu, etc. — enchantent l'atmosphère. J'aime le ballet des libellules amoureuses en automne. Il symbolise la fertilité de la terre qui s'endort.

Je grimpe parmi les vignes aux feuilles jaunies (raisin noir ; j'en maraude), bordées de chardons galactites roses, d'anis odorants et d'inules visqueuses dont les fleurs sont autant d'yeux jaunes. Un sentier raide, récemment empierré, monte en lacets vers la Caune d'Arago. Le raisin me semble du même bleu couvert de pruine gris pâle que l'abdomen des æschnes. Les feuilles des ceps dégoulinent de grosses gouttes et boivent la lumière pour se sécher des averses de la nuit. Je me frotte aux herbes et aux buissons qui me bénissent. Je sécherai comme la vigne : à la tramontane et au soleil. Les buis, les chênes verts, les pistachiers, les cistes enveloppent la falaise d'une fourrure ébouriffée. La grotte est fermée à clef, isolée des vandales et des pillards par une grille verte. Aucun fouilleur n'y travaille encore, ce matin. Une caverne et des barreaux : comment ne pas évoquer Platon et Calderon ?

La Caune d'Arago domine de 100 mètres la plaine

de Tautavel et le Verdouble où les grands animaux venaient boire. Je comprends que l'homme préhistorique ait aimé cet endroit. La grotte est orientée à l'est : chaque soleil de l'aube la salue. Longue de 40 mètres et large de 10 à 15, elle est creusée dans un relief karstique : on y trouvait naguère des stalactites. Au début du Tertiaire, le plateau calcaire dans lequel elle est creusée gisait encore au fond de la mer Téthys. Le contrecoup du plissement pyrénéen le souleva, et le Verdouble y tailla sa gorge mugissante. Les hommes occupèrent le site — de façon discontinue — entre sept cent mille et trente-cinq mille ans avant notre ère. *Homo erectus*, puis *Homo sapiens*. L'« homme debout », puis l'« homme sage ».

L'homme de Tautavel, qu'on connaît par ses os et ses outils, hantait les lieux voici quatre-cent cinquante mille ans. Le fossile principal qui nous en reste (une face et un os frontal, référencés *Arago XXI*) est celui d'un garçon de vingt à vingt-cinq ans, doté d'une dent de sagesse intacte. La pièce fut mise au jour le 22 juillet 1971 par le professeur Henri de Lumley et son équipe. *Homo erectus*... L'« homme debout » est, en réalité, moins dressé que ne le suggère son nom. Il présente quelques traits de la brute épaisse. Front plat. Menton fuyant. Gros bourrelet sur chaque orbite. Mais il est malin. Sa capacité cérébrale atteint 1 000 centimètres cubes (nous en sommes nous-mêmes à 1 300 — et encore : pas tout le monde !). Il mesure 1,60 à 1,70 mètre. Il possède un langage articulé. Il dialogue peut-être. Il échange des idées. Je parie qu'il chante et qu'il raconte des blagues : l'humour vient en parlant. Il apprivoise le feu, qui le fascine. Il fabrique des outils de toutes sortes : épieux, bifaces, grattoirs, choppers...

Je me représente le clan d'*Homo erectus* devant la caverne. Les chasseurs ont tué un rhinocéros des prairies. Ils en font griller de larges biftèques. Ils se régalent de la moelle des os, qu'ils brisent à coups de pierres. Ils sont bien. Au chaud dans leurs fourrures. Serrés les uns contre les autres. Tout contre, même, en ce qui concerne ce jeune couple (hétérosexuel ?) dans l'ombre... Les enfants jouent. Un intellectuel barbu psalmodie, en la mimant, une merveilleuse histoire de lion des cavernes. Tel est mon ancêtre en littérature : seuls quatre mille cinq cents siècles et un traitement de texte nous séparent. Je me dis qu'il monte chaque matin saluer le soleil sur le toit de la grotte. De crainte que l'astre ne refuse de paraître le lendemain.

    Je veux gagner le plateau, moi aussi. Je repère sur la droite, près de l'entrée, une sorte d'escalier naturel qui s'insinue entre les buissons. Je grimpe. Je me hisse (brève et facile escalade, glissante par temps de pluie) dans l'étroiture d'une cheminée qui débouche sur le Planal. Je contemple, avec les yeux de l'homme de Tautavel, la perspective sublime de la vallée embrumée de bleu ; avec, à l'est, la dépression de Vingrau, aujourd'hui mousseuse de vignes de jade et d'or.

    Je repère sur ma carte, dans la forêt domaniale de Vingrau, un chemin qui ne commence nulle part mais qui conduit, au nord-nord-est, jusqu'à la départementale 12 (Vingrau-Tuchan). Impossible de le manquer : encore faut-il traverser 400 ou 500 mètres de maquis pour le rejoindre. Je marche sur un simulacre de layon, en suivant la ligne de crête et les empilements de pierres laissés par les bergers. Quand la trace s'évanouit, je tire des bords entre les buissons, de trouée en trouée. Pour le marin comme pour l'explorateur, le zigzag est le plus court chemin d'un point à un autre. Je bouscule des cistes, des pistachiers et des filaires. Je force des croupes confuses de chênes kermès, de genévriers et de calycotomes épineux. (Merci pour les sensations fortes !) J'écarte des tentures d'arbousiers et de bruyères. Je hume le parfum oriental des fruits noirs du myrte. L'odeur tonique des grandes férules s'ajoute à celle des romarins aux fleurs d'un bleu si pâle qu'il paraît blanc. Ce que la carte nomme avec emphase la « forêt domaniale » de Vingrau n'est plus qu'un maquis haut, enrichi de bosquets de chênes verts et de pins pignons tordus par le vent. Ici, comme dans la plupart des contrées méditerranéennes, le feu a passé trop souvent. Troncs noircis : flammes récentes. Les lavandes fleurissent encore en octobre : j'en froisse un épi que je porte à ma narine. Ma drogue favorite, avec le nectar du narcisse.

J'avance, je m'extirpe et (je l'avoue) je me plais à me dépêtrer de ce fouillis végétal. Un muret et... voilà le chemin ! Il s'agit d'une ancienne piste forestière, aujourd'hui peu fréquentée comme le prouvent les jeunes pousses de chênes, de cistes et d'arbousiers qui l'envahissent. Je l'explore jusqu'à son extrémité méridionale : un rucher y tient lieu de village. Les seules maisons du plateau sont habitées par des abeilles. Réjouissons-nous : les hommes préhistoriques et moi-même aimons le miel... Je reprends le chemin dans l'autre sens. Le merle noir et la grive draine se gobergent de baies de myrte. Le lézard vert détale à ma gauche ; le lézard gris à ma droite ; plus loin, le lézard ocellé. Je suis un homme de Tautavel. J'ai mon épieu et ma hache de pierre. Je pars à la chasse. Vu mon adresse, ma vitesse de course et ma dextérité, mon clan n'a pas intérêt à avoir trop faim, ce soir.

 *DE LA ROUTE FORESTIÈRE DE VINGRAU AU CHATEAU D'AGUILAR, ET RETOUR AU PONT SUR LE VERDOUBLE,*
5 *heures*

Homo erectus a forcément foulé ce « planal » — ce plateau perché. Posé ses pieds nus et velus où je pose mes chaussures. Détaillé ces pierres calcaires et ces euphorbes aux feuilles gris-bleu. Contemplé les falaises monumentales qui bornent la vallée de Tautavel à l'est et au sud-est (hélas ! de nos jours, des saccageurs y exploitent une carrière de marbre et voudraient éventrer davantage la montagne).

Je respire l'air pur de la Préhistoire : moins de poussières, alors ; moins de gaz carbonique, de méthane, d'ozone et d'effet de serre... Des frissons me courent sur la peau. Le vent se lève. Le soleil se cache derrière un gros paquet de nuages. Le brouillard s'épaissit sur la plaine de Paziols et de Tuchan, puis monte à l'assaut du plateau. Des criquets œdipodes à ailes bleues ou à ailes rouges sautent devant les premières gouttes de pluie. Des lichens vert pâle attendent la douche fertile : ils fructifient comme des chevelures de terre dans chaque espace dénudé de la garrigue.

Une buse plane. Sept perdrix rouges décollent. Un chevreuil montre son cul blanc et s'évanouit dans un fourré. Je songe aux dizaines de millénaires qui ont coulé ici, sous les yeux des hommes. Aux flores qui se sont succédé sur le même socle minéral : il y a 550 000 ans, une steppe herbeuse froide, propice au renne et au cheval. Il y a 450 000 ans, une forêt tempérée humide, puis plus sèche et déjà méditerranéenne. Lors des glaciations de Riss et de Würm, une toundra arctique avec rennes, mammouths, rhinocéros et bœufs musqués. De nos jours, la sylve méditerranéenne, le maquis et la garrigue...

Je me représente les animaux qui se sont croisés, ignorés, pistés, fui ou mangés sur ce « planal » magique : le cerf élaphe, le daim et le renne, identiques à leurs homonymes actuels, quoique plus gros ; le cerf mégacère aux bois démesurés ; le cheval de Mosbach ; le bison d'Europe ; l'aurochs ; le mammouth ; le rhinocéros des prairies et son cousin de Merck ; la chèvre thar, le chamois, le bouquetin ; le sanglier ; le mouflon ; le bœuf musqué... Parmi les carnivores, l'ours des cavernes (ou de Deninger), le loup étrusque et le chien préhistorique dhôle ; le lion des cavernes aux crocs énormes et la panthère d'Europe ; le lynx des cavernes ; le chat sauvage... Sans oublier le peuple innombrable des rongeurs (lièvre siffleur, écureuil et castor), des poissons, des reptiles, des oiseaux, des insectes.

Je soupçonne, dans les fourrés que voici, le lion des cavernes et le lièvre siffleur ; pardon : le renard et le lapin de garenne. Je subodore, dans ce bosquet, l'ours et le bœuf musqué — à moins qu'il ne s'agisse des papillons tircis et mélittée.

Voilà qu'il pleut pour de bon. J'enfile ma peau de renne ; excusez la confusion : mon poncho de plastique. Mon esprit s'embue avec mes yeux. Ma matière grise se mouille avec mes orteils. *Homo erectus* trempé, dégoulinant, presse le pas. Je néglige les embranchements de la piste. Je traverse le Planal de la Coste, le Camp de la Barte et la Coume Narbonne. En arrivant à la départementale 12 (panneau noté « 1 400 »), je salue des buissons d'osyris blanc (ou rouvet) enguirlandés de boules de fruits vermillon.

Je n'emprunte pas le goudron : je choisis la piste qui diverge à gauche, en direction du Camp d'en Salles. Lavandes stéchades, valérianes rouges (ou centranthes) et vipérines vulgaires en perles de pluie. Cynoglosses, orobanches du thym et leuzées conifères en fruits de papier brun. Devant les bergeries en ruine, les buis s'habillent de feuilles jaune et rouge sang. Je me frotte à des bouquets de buplèvres ligneux hauts parfois de 2 mètres, et qui semblent offrir aux insectes leurs plateaux de fleurs safranées.

Je divague un moment sur la droite pour contempler la bouche d'ombre d'un aven ; et me voici de nouveau sur l'asphalte, que je foule pendant quelques centaines de mètres. Je salue la borne frontière des départements de l'Aude (où je vais) et des Pyrénées-Orientales (d'où je viens). La départementale change de numéro : elle était 12, elle devient 39. Je me demande si l'homme de Tautavel était aussi compliqué. Je repère — et j'embouque — la piste qui commence à droite, avant le virage en épingle à cheveux. Les troènes exhibent des grappes de fruits obscurs : trous noirs pour une cosmologie botanique. Le gobe-mouches, la pie-grièche écorcheur et l'hirondelle volent sous la pluie. La couleuvre de Montpellier n'a pas d'aussi bonnes ailes et c'est, je pense, la raison pour laquelle elle se cache.

Je continue dans les parfums de la garrigue, jusqu'à l'embranchement du point 362 de ma carte I.G.N. (Je sens que je n'expliquerais pas ça facilement à *Homo erectus*.) Je rentre par le sentier de gauche. Je m'attarde aux ruines de la bergerie de Sanègre. Je visite la bergerie de Chagrin. La scabieuse rose et l'herbe-au-bitume (ou psoralée) bleu-violet sont encore en fleurs. Je repère des camps d'iris nains et de narcisses dorés des Corbières (promesses de corolles au printemps). Au panneau indicateur, je descends à droite jusqu'au château d'Aguilar (ou de Viala). Sur son piton, le castel de l'Aigle a fière allure. Et le voilà, le rapace désiré... L'aigle de Bonelli. Rare et menacé. Il file au-dessus de la vallée de Fontmarty. Vignes vert pâle enchâssées dans le maquis fauve et vert bouteille.

Je reviens à la départementale 39, puis 12. Je rebrousse chemin par la piste de la forêt et du Planal de Vingrau. Pluie préhistorique. Je clapote dans mon pantalon. Je baigne dans mes chausses. Ma chemise est à tordre. Mais je me sens bien. Je rentre à la Caune d'Arago, où les miens m'attendent. En tant qu'*Homo erectus* pour rire, je n'ai rien chassé de comestible. En tant qu'*Homo sapiens*, j'ai avalé un casse-croûte. J'ai

rempli d'images et d'odeurs les cases à sensations de mon néocortex. Je marche vite. Mes pieds font « floc ! floc ! » dans mes chaussures. Fin de la piste. Le maquis à traverser en zigzags. Les murets de pierres. La cheminée qui mène à la grotte. C'est là que je découvre un plant séché de limodore. La plus secrète et peut-être la plus merveilleuse des orchidées d'Europe ; avec des fleurs violet pâle, comme des yeux de femme amoureuse... L'averse redouble. Je ne sais plus qui je suis, ni dans quelle tranche d'humanité j'émarge. Je descends l'étroiture de roche. À l'entrée de la Caune, une forme mince m'attend. Silhouette féminine. Longs cheveux noirs. Gros sourcils. La peau douce. Les seins fiers. Les hanches larges. Si poilue, donc si belle. Avec des yeux violets, couleur de limodore.
Moi *Homo erectus*, toi *Femina erecta*.

### NOTE SAISONNIÈRE ET RECOMMANDATIONS

Le printemps est plus riche de fleurs : orchidées sauvages, narcisses, tulipes, iris nains, etc. La belle saison convient aux migrateurs : huppes, milans, fauvettes... Mais l'automne et l'hiver évoquent mieux la froide Préhistoire de la contrée.

L'itinéraire ne présente aucune difficulté, excepté le passage de brève escalade (quelques mètres, sans danger pour le marcheur bien chaussé) de la cheminée qui mène de la Caune d'Arago au Planal. Attention, toutefois, au retour par temps de brouillard ou de pluie ; ou de nuit. La falaise d'Arago mesure 100 mètres de hauteur. Erreur d'itinéraire interdite... Si le temps se gâte, ou s'il est tard dans l'après-midi, choisissez la prudence : revenez par la route départementale 12 et le joli village de Vingrau.

# 4. Banyuls

## Les vignes de la mer

*Lumière de Matisse sur la côte catalane... Près de la frontière espagnole, les falaises de Banyuls et du cap Rédéris veillent sur la réserve naturelle marine où ondulent la girelle et le mérou. Balade le long du rivage, parmi les fleurs de la côte et les vignes de la mer, sur des sentiers qui se perdent, de rocs en plages ignorées.*

*En boucle autour du parc du Troc, 3 heures. Sans compter le temps des plongées.*

*Carte I.G.N. au 1 : 25 000, 2549 OT, Top 25, Banyuls, col du Perthus.*

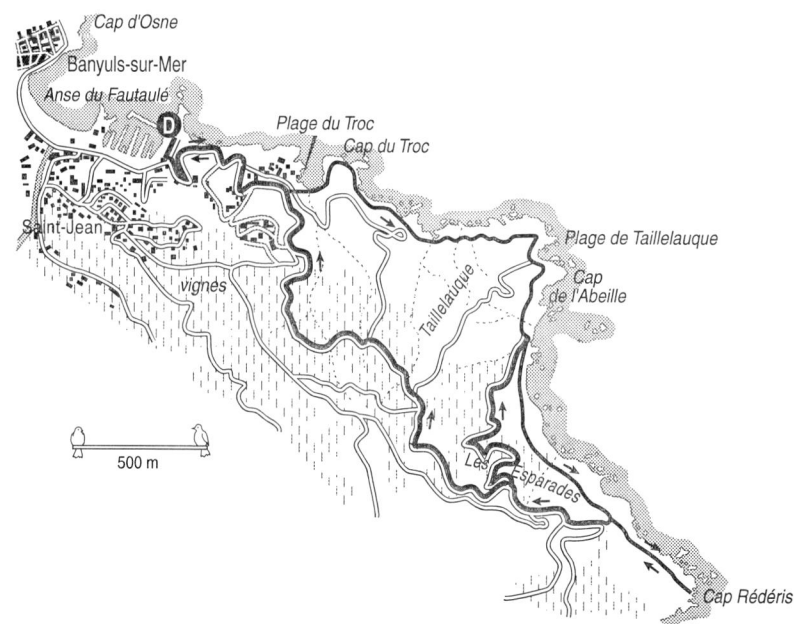

La lumière, la vraie lumière de la côte catalane... Une Méditerranée aux parfums d'Espagne. Je retrouve, dans ce tableau, les couleurs de Matisse. *Fenêtre ouverte sur les splendeurs de la mer.* Non pas sur le port de Collioure, comme dans la toile du maître, mais sur le havre voisin de Banyuls. Une harmonie rose et bleu. La roche et les vagues. Deux parties d'un même rêve, deux ailes de la délicatesse du monde. Je hume les senteurs de la garrigue, auxquelles se mêlent les odeurs de sel et d'iode. Les cris railleurs des goélands signifient quelque chose que je ne parviens pas à traduire. Je me mets en marche au petit parc à voitures par lequel on accède à la plage du Troc. Les maisons de la côte proposent leurs jardins de lauriers-roses, de pervenches et d'acanthes. Leurs oliviers méditerranéens, leurs agaves du Mexique et leurs pittospores de Chine. Un raccourci du monde, au creux d'un bout du monde.

Je cligne des yeux au soleil comme un lézard heureux sur un vieux mur.

*DU PARC DU TROC
À LA PLAGE DE TAILLELAUQUE,
0 heure 30*

J'avance sur le sentier qui contourne la colline. Je laisse derrière moi les dernières bâtisses aux murs blancs et aux toits de tuiles rouges. Les pentes qui vont à la mer composent un adorable jardin de nature, où les fleurs indigènes se mêlent à celles qu'on rapporta de lointains voyages, qu'on planta dans les jardins et qui reconquirent leur liberté. Je détaille la simple beauté des espèces indigènes : la valériane (ou centranthe) rouge en pompons rose chair, la vipérine de Crète aux fleurs écarlates et violettes (les deux tons voisinent sur chaque inflorescence spiralée), la gesse rouge aux corolles en papillons cramoisis.

Je me plais à la splendeur des carpobrotus, ou mains-de-sorcière (dits également « figues des Hottentots »), dont les feuilles gonflées en forme de doigts enserrent des fleurs splendides, immenses, avec un cœur d'or et des palissades de lamelles tantôt dorées et tantôt purpurines. Cette espèce est originaire d'Afrique du Sud ; elle colonise de nos jours les rivages de toute la Méditerranée. En compagnie d'une compatriote aux fleurettes en cornets jaunes : l'oxalis pes-caprae, dit aussi « des chèvres ». Les agaves d'Amérique fichent, çà et là, leurs énormes rosettes de feuilles gonflées et épineuses, et leurs hampes florales de 4 à 5 mètres de hauteur, véritables cierges pour colosses.

À gauche, une divergence du sentier mène en pente raide jusqu'à la plage — sorte de demi-lune gris-rose de galets et de sable, coincée entre des falaises ocre, crème et grenat, et que lèche une eau d'un superbe mélange de saphir, de cobalt et d'émeraude. Impossible de résister à la tentation. Un goéland qui passe et un merle qui s'égosille dans un buisson m'ordonnent d'y aller. Je dévale les pierres en accrochant au passage une touffe de lavande stéchade aux fleurs violet vif, et dont le parfum subtil et puissant m'imprègne les doigts. Je foule le sédiment.

Il fait chaud. En une minute, je suis en tenue — c'est-à-dire sans tenue ! — pour mon premier bain du jour. Je renonce à peindre ce plaisir. La caresse liquide sur les pieds puis les jambes. Le frisson qui remonte vers le ventre. Le tressaillement de bien-être qui naît dans les cuisses et les reins, puis se propage jusque dans la nuque. Le moment où tout le corps s'immerge, où l'élément liquide en reprend possession. La sensation de quitter l'univers vulgaire de la pesanteur pour le libre monde de l'apesanteur. Je nage, je barbote, je vais d'une pierre à l'autre, je m'enfonce, je ressors, je ris comme un gosse... Un trio de mouettes rieuses (les Trois Grâces ?) passe et me rappelle qu'il me reste un élément à conquérir : l'air. L'atmosphère. Qui me donnera des ailes ? Qui m'apprendra à voler ?

Je sors de l'eau, je frissonne, mais je laisse le soleil me sécher. Je remets (entre autres) mes chaussures. Je remonte au sentier, encore large, et qui épouse en hauteur le détour de la plage. Des touffes de muscari à toupet violet et bleu-vert jouxtent des buissons de cistes de Montpellier et de cistes à feuilles de sauge, ainsi que des hampes d'asphodèles blancs et de pures merveilles de mauves royales, ou lavatères, aux fleurs en coupes rose pourpre à cœur de charbon. Autour des petites mares résiduelles du torrent, volent des libellules et des papillons jasons et argus, vulcains et belles-dames, machaons, tircis et grands mars changeants. Ainsi que des nuées d'abeilles, de guêpes et de mouches à l'abdomen d'or, de cuivre ou de velours brun. Une rainette méridionale, d'un vert presque bleu, s'immobilise dans une touffe d'ails triquètres (ou à trois angles) aux fleurs en clochettes blanches à six dents ornées de fines raies vert clair.

Une bâtisse, là-haut, ressemble à une chapelle rustique avec son clocher. J'y monte. Sauf respect, c'est... la station d'épuration de Banyuls ! Champêtre, charmante, mais tout de même... Juste avant l'édifice, je quitte le large sentier. De nouveau, je me laisse aller vers la mer, je descends jusqu'à l'eau dans des traces à peine marquées. Je marche de rocher en rocher, dans un bonheur difficile à peindre. Parfois, je tombe sur un figuier de Barbarie (ou oponce) aux raquettes brandies. Ou bien je descends toucher un brin d'algue sur un caillou mouillé. À certains moments, je remonte vers des creux de rocs humides, où il subsiste un peu de terre, où sourd de l'eau douce et où se rassemblent des profusions de fleurs. Les orpins (ou sédums), les asperges sauvages et les lavandes stéchades voisinent avec les grands liserons roses et les immortelles d'Italie ocre, à la lourde senteur poivrée ; et avec le cortège des buissons auxquels la garrigue confie la mission de parfumer la terre et la mer : thyms mauves, calycotomes épineux aux fleurs papillons jaunes, genêts d'Espagne qui leur ressemblent (sans épines), romarins aux fleurettes d'azur, cistes de trois ou quatre espèces...

 ***DE LA PLAGE DE TAILLELAUQUE AU CAP RÉDÉRIS,***
*1 heure.*

Je suis bien. Je respire l'air du large. Je caresse le minéral qui me porte. Il s'agit d'une sorte de micaschiste onduleux, rose-crème, disposé en fines strates cordées. On jurerait un nuage oublié sur la terre. Non loin des vagues, des plantes amies du sel osent pousser dans des fissures. J'identifie la carotte sauvage maritime, l'armérie rose (ou gazon d'Espagne), le crithme perce-pierres, et une espèce endémique de la côte Vermeille — une cousine de l'œillet, munie de feuilles charnues tapissantes : *Polycarpon polycarpoides*. Plus haut, j'ai aperçu une autre fleur qui ne pousse que dans la région : le muflier gueule-de-loup *Antirrhinum asarina*.

Je me faufile au ras des vagues, entre les pierres. Je vais de mini-anse en mini-cap, je me mouille les pieds, je glisse, je me rattrape, je me prends pour une arapède (une patelle chapeau-chinois) ou un bernard-l'hermite. Entre deux falaises, je tombe sur la petite plage de Taillelauque (en catalan, « *Tallalauca* »). Pas question de manquer mon deuxième bain du jour ! Cette fois, je tire masque, tuba et palmes de mon sac à dos. Cette mer à laquelle je tends les bras, c'est la réserve marine de Banyuls. L'un des endroits enfin préservés de la Méditerranée. J'avance dans l'eau avec la lenteur qui sied aux dauphins débutants. Je palme au-dessus du sable, puis d'une série de touffes (ou mattes) de posidonies aux longues feuilles en rubans vert bouteille, et dont certaines tiges portent de discrètes fleurs jaunâtres. Ici commence l'herbier littoral — le biotope principal, à la fois le poumon, le garde-manger et la pouponnière de cette mer. Un quatuor de mulets et un sextuor de saupes rayées longitudinalement de vert laitue semblent jouer à cache-cache. Des étoiles de mer orange cherchent la moule ou la coque, tandis qu'une nacre bâille, le pied fiché dans le sédiment sur lequel se traînent des oursins, et que colonisent des rangées de jolies algues padines en éventails. J'avance en frôlant la falaise. Mille grottes ou fissures offrent leur ombre complice à des peuples de crevettes, de mantes, de crabes, de poulpes, de calmars et de poissons : blennies, crénilabres, serrans-écritures, girelles illuminées d'orange, castagnoles violettes, anthias (ou barbiers) orange, etc. Je sais que, plus loin, plus profond, commence un étage chatoyant de gorgones paramuricées d'or et d'écarlate, entre lesquelles on trouve des branches de corail rouge, des semis de zoanthaires d'or, et où ondulent la murène et la mostelle, le congre et le denti, le corb (ou corbeau de mer) et le mérou philosophique.

 Je sors de l'eau. Rhabillage consécutif. Je me remets à marcher en rêvant que je suis un mérou : difficile à imaginer sur le pur plan de l'adaptation au mouvement. Je contourne le cap de l'Abeille : formidables falaises en surplomb sur des écueils et des pics érodés, entre lesquels, parfois, viennent souffler des dauphins communs, des dauphins (ou sténelles) bleu et blanc et des dauphins tursiops ; tel le fameux Dolphy, l'« ambassadeur » — en vérité, l'ambassadrice : c'était une femelle ! — qui se baladait naguère entre Cerbère, Banyuls et Collioure, et se plaisait à jouer avec les enfants.

Je contourne les rocs du cap de l'Abeille et je touche ma troisième plage de la journée. Une piste de terre, réservée aux viticulteurs, y descend depuis la route de Collioure. Elle est plus grise que la précédente, avec un sable aux reflets bleus. Et séparée de la suivante (minuscule et encaissée) par un pain de sucre de roche coupé net par l'érosion, au sommet duquel je me hisse en empruntant un sentier esquissé au bord du vide, à peine visible et (objectivement) dangereux. Encombré de cistes, de lavandes, de calycotomes, de romarins et de genêts sur lesquels le pied trébuche. Gare au vol plané : ici, tout le monde n'est pas pétrel-fulmar, goéland leucophée ou mouette à tête noire !

J'aperçois le cap Rédéris, là-bas, comme un gigantesque dauphin prêt à reprendre le large. Mettons, un cachalot cosmogonique. Ou un Grand Léviathan... Je monte la pente dans une ancienne plantation de chênes-lièges ensauvagés, où la végétation semble devenue folle. Par places, des vignes aux ceps en forme de bonsaïs viennent tutoyer le bord ultime des falaises. Ici mûrit l'un des raisins les plus sucrés et les plus subtilement parfumés du monde. Ici fleurissent et fructifient les vignes de la mer. Ici naît le vin de Banyuls — ce nectar d'alcool et de sucre, que (j'imagine) Ulysse goûta durant son voyage de légende. À consommer avec modération, ça va de soi. Et sûrement pas avant de parcourir cet itinéraire !

***DU CAP RÉDÉRIS AU PARC DE LA PLAGE DU TROC,***
*1 heure 30*

Gare à l'herbe glissante et aux roches instables, traîtresses, qui céderaient sous le pied. Ne pas entreprendre cette balade lorsqu'il pleut ou qu'il y a du brouillard... Mais quel plaisant vagabondage, sous le soleil ! Je me frotte aux buissons. Je me griffe aux salsepareilles et aux ronces. J'avance, je recule, je zigzague, je gagne, je m'extirpe des épines et des fourrés. C'est ainsi que j'apprécie la nature : quand elle résiste ; quand elle me défie. Je ne déteste pas qu'elle exprime un peu de hargne.

Je grimpe vers la route nationale 114 dans la pente des Esparades, en choisissant pour repère le pylône du relais de télécommunications. Je ahane. Je transpire. Je débouche sur l'asphalte. Je gagne la table d'orientation, dans le virage en épingle à cheveux du cap Rédéris. Le pic Jouan *(« puig Joan »)*, dernier contrefort du massif des Albères, et donc des Pyrénées, domine la scène : 457 mètres d'altitude. Vers le nord, le cap de l'Abeille et le cap Béar. Vers le sud, le cap de Peyrefite *(« Perafita »)*, le cap Canadell et le cap Cerbère. Tout là-bas, l'Espagne — ce promontoire de rêve.

Me reste à descendre, à travers vignes et garrigues, sur l'échine du cap Rédéris. À marcher dans le vent jusqu'au vertige de sa pointe, qui domine comme un rempart de l'Atlantide la réserve naturelle marine : 650 hectares, dont 65 — ici, autour du cap Rédéris — soumis au régime de la protection renforcée. La pêche y est prohibée, bien sûr ; mais aussi la plongée sous-marine.

Des goélands tournent au ras des falaises, au bas desquelles la mer éclate en poèmes d'écume. Je rentrerai à Banyuls par le même chemin de hasard, c'est-à-dire par un autre itinéraire de rêve. Car (me souffle un papillon qui passe) la lumière n'est jamais deux fois la même sur les pétales du ciste, sur l'aile de l'oiseau, sur le dos bleu du dauphin.

### NOTE SAISONNIÈRE ET RECOMMANDATIONS

Au programme : la Méditerranée, où elle lèche les Pyrénées. Des bains secrets près de Banyuls... Cette balade est simple, mais elle peut être dangereuse : pas de balisage ; des rochers à courir près de l'eau ; des falaises à longer au ras du vide. Un itinéraire à proscrire en cas de brouillard ou de pluie. Et gare aux vents forts, dont les rafales peuvent déséquilibrer l'imprudent.

L'été offre l'eau la plus chaude pour la baignade, mais le dessus et le dessous de la mer sont plus grouillants d'espèces au printemps et en automne. Et la mer plus belle en hiver.

# 5. Canigou

# Un hiver au blanc d'Espagne

*Le mont Canigou, la splendeur, la pyramide sacrée, l'ange blanc de la Catalogne... On dit qu'il fait pousser la neige sur les orangers... Plaisir paradoxal de s'y balader en hiver, quand il ressemble à l'Himalaya. Dans la neige, et en chaussant des raquettes. Comme un petit Canada repeint du blanc d'Espagne !*
*En boucle autour du refuge de Mariailles, 6 heures 30.*
*Carte I.G.N. au 1 : 25 000, 2349 ET, Top 25, massif du Canigou.*

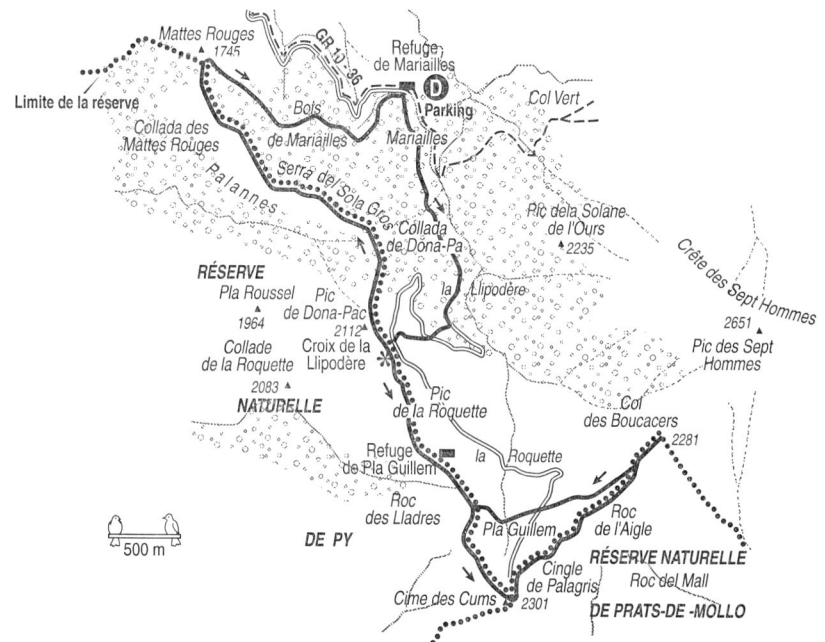

On entend parfois — entre Vallespir, Conflent et Cerdagne — raconter cette histoire : Dieu créa les Pyrénées. Il n'en fut pas vraiment satisfait. Elles étaient sublimes, mais finissaient en pente trop douce, trop paisible, dans la Méditerranée. Alors Sa main toute-puissante écrasa l'argile encore malléable du Roussillon. Sous Ses doigts jaillit un massif prodigieux, doté de cinq arêtes et coiffé d'une parfaite pyramide, que Son regard pétrifia en granit. Ce fut le mont Canigou... Dieu vit que cela était bon et laissa la Nature se charger des détails.

Celle-ci revêtit les cimes d'une dentelle de pierre, de tours de lumière et de rideaux d'ombre. Elle y posa de riants alpages et des forêts profondes. Elle y fit jaillir des sources, qu'elle coupa de cascades chevelues. Elle y installa une foule de plantes et d'animaux — d'adorables lis jaunes et des gentianes bleues, des isards, des grands tétras, des aigles et des vautours... Les hommes, attirés par ces merveilles, s'installèrent sur les pentes en lançant un cri de liesse : « *Canigo !* » Le nom est resté.

 ***DU REFUGE DE MARIAILLES
AU REFUGE DE PLA GUILLEM,
2 heures 30***

Le *Canigo* des Catalans. Le mont Canigou... Je songe à la légende de sa création, que rapportent plusieurs auteurs. J'aime cette cavalcade de granit, cette vague minérale verte, poudrée d'écume blanche, qui vient, de l'intérieur des terres, battre les roches rouges et les sables grenat de la côte Vermeille — la côte du Roussillon.

Je veux y monter. Le problème est de nature météorologique. Il neige presque sans interruption depuis trois jours... Sortilège blanc. Vallées noyées de brume floconneuse. Cimes fantomatiques. Où est passée la montagne éclatante au soleil de la Catalogne ? On jurerait les Alpes ou un pan des Rocheuses. Un morceau des Andes ou de l'Himalaya transporté jusqu'ici par un miracle de la tectonique des plaques... Lorsque j'ai imaginé cette balade, le temps était serein et le ciel sec... Je voulais, depuis le chalet des Cortalets, grimper vers le pic Joffre (2 362 mètres), gagner la pointe terminale (2 784 mètres), passer la cheminée et la brèche Durier au-dessus du « glacier », et revenir aux Cortalets par l'arête aérienne du Barbet. L'itinéraire classique. Adieu, classicisme ! La neige épaisse change tout.

Soirée à Vernet-les-Bains. Je discute avec Michel Sagnol. Il est accompagnateur en montagne. Grand, sec, des lunettes, la barbe noire un peu grisonnante. « Résumons, dit-il dans un sourire : demain, il fera beau. Promis. Mais tenter de grimper au sommet serait une folie. Il y a 1 mètre de neige aux Cortalets, à 2 150 mètres d'altitude. Combien plus haut ? Au reste, le sol n'a pas encore gelé en profondeur. L'énorme masse qui vient de tomber ne demande qu'à glisser en avalanche sur le randonneur téméraire, qui passerait aussitôt de la rubrique "Balade" à la rubrique "Faits divers" dans les colonnes de L'Indépendant de Perpignan... »

Michel Sagnol propose un autre itinéraire. En raquettes, bien sûr ; sinon, nous n'irons pas loin. La neige est à 1 500 mètres... Le refuge des Cortalets, trop exposé, en pleine face nord, est inaccessible. Mieux vaut approcher par l'ouest et le refuge de Mariailles — en catalan : « *Marialles* » (1 718 mètres) —, qui est ouvert toute l'année. Nous y monterons en 4 × 4, seule façon d'éviter la marche d'approche depuis le col de Jou. Pour une fois. Parce que c'est l'hiver et que les jours sont trop courts... Depuis Mariailles, nous avancerons sur la piste qui mène à la Collade de la Roquette et à la Croix de la Llipodère. Nous grimperons jusqu'au refuge de Pla Guillem (2 276 mètres). Si la neige n'est pas trop molle ou trop ventée, nous entreprendrons la grande traversée sur l'arête, vers le col des Boucacers (2 281 mètres). Nous pourrons alors (peut-être !) nous lancer dans l'ascension du pic des Sept Hommes (2 651 mètres), sur la crête homonyme qui ferme au midi le cirque du Cady. Face à la pyramide terminale du mont Canigou.

Nuit inquiète. Aube radieuse... Non seulement la neige ne tombe plus, mais un grand soleil allume le massif. Les crêtes fument sur le ciel d'un bleu intense. Nous nous élevons en 4 × 4 sur les lacets du ravin du Trabès. Les chênes verts et les chênes blancs, les érables, les frênes, les hêtres, les bouleaux, les sapins pectinés et les pins à crochets composent, selon l'altitude et l'exposition, la forêt domaniale du massif. Avec des noisetiers, des sureaux, des alisiers, des genêts à balais et des daphnés joli-bois. Sans oublier des peuples de fougères et des fourrures de mousses... Malgré les cahots qui me font commettre des écarts d'écriture (je reste seul responsable de mes écarts de pensée), je note la présence de l'hépatique à trois lobes, de l'euphorbe réveille-matin, de l'hellébore fétide et de la primevère élevée. Pour l'heure, ce ne sont que racines, bulbes ou rhizomes dissimulés dans la terre ; rosettes de feuilles et bourgeons ; humbles promesses de multiples splendeurs végétales...

Nous trouvons les premières plaques de neige au col du Cheval Mort. Puis la couche ne cesse de s'épaissir. Un geai aux épaules d'azur, un pic-vert, des corneilles, des grives draines et des litornes, des mésanges et des bouvreuils, cherchent quelque chose à se mettre sous le bec. Une buse tourne en quête d'une proie. Cet éclair roux furtif dans les buissons ? Un renard, bien sûr.

Le refuge de Mariailles est niché dans les sapins et

les pins à crochets, sous de superbes falaises ocre qui ouvrent leur rideau minéral sur le vallon du Cady. Le mont Canigou enneigé ressemble à un prodigieux gâteau de sucre, confectionné par un pâtissier de conte qui aurait un peu forcé sur le banyuls ou le rivesaltes. À l'est, le roc des Isards et le pic Quazemi (2 422 mètres) cachent le pic ultime. Au sud-est, se déploie la crête des Sept Hommes où nous monterons si nous en avons le temps et le courage. Un bonjour à la rayonnante Marie-José Camé-Ordronneau, la gardienne du refuge ; et nous chaussons les raquettes.

Michel Sagnol se met en marche. Pour une fois, je n'ai qu'à me laisser guider. Nous filons sur la neige épaisse de la piste qui mène à la Croix de la Llipodère et au Pla Guillem. « Frout ! Frout ! » disent les raquettes dans la poudreuse. « Chip ! Chip ! » répondent les guêtres qui se frottent à chaque pas. « Pff ! Pff ! » râlent les poitrines qui alimentent la machine en oxygène. Une musique concrète à laquelle les corneilles ajoutent leurs croassements moqueurs... Le théâtre est sublime. Rocs gris-bleu ou ocre jaune. Crêtes immaculées, coupées à la perfection sur le bleu du firmament. Au-dessus du ruisseau de la Llipodère, n'est-ce pas l'aigle royal qui tourne ? Après trois jours de mauvais temps, le jabot du rapace est vide : il faut partir en chasse.

Je me sens un peu ivre, comme si j'avais moi-même abusé du banyuls ou du rivesaltes. Oxygène puissance deux. Lumière puissance quatre. (Mettons nos lunettes de soleil !) De chaque côté de la piste, dominent les pins à crochets et les bouleaux, mêlés de sapins, d'alisiers, d'églantiers et de genêts à balais... Dans la neige, cent traces d'animaux. Chemins secrets. Croisements subtils où je devine des errances, des rencontres et des drames... Ces longs pieds écartés, entre lesquels s'inscrivent deux petons plus petits, signent le déboulé du lièvre. Deux de ces rongeurs se sont vus, flairés, puis séparés devant un buisson. Hasard ou rendez-vous d'amour ? Défi de mâles, peut-être... Ces empreintes en trapèzes ont été laissées par un écureuil qui a changé de tronc. Voici les marques minuscules des pattes du campagnol, et la piste de l'hermine qui le traquait... Ces deux grosses traces parallèles ? Une mère et son petit. Des ongulés. Sabots pointus, un peu recourbés en dedans à leur extrémité : mais oui ! Des isards ! Le massif du Canigou nourrit mille huit cents de ces antilopes européennes à cornes en crochets. L'hiver, les hardes descendent dans la forêt, où les animaux se contentent de lichens, d'écorces et de vieilles feuilles. La neige est dure aux herbivores.

Au premier virage en épingle à cheveux de la piste, je tombe en admiration devant un simple — et parfait — buisson d'églantier chargé de fruits (cynorhodons) rouges. Je me représente la flore de cette montagne au printemps. Pulsatilles soufrées. Erythrones dents-de-chien en petites comètes purpurines. Lis des Pyrénées en turbans jaunes à mouchetures noires. Asphodèles en bâtons d'étoiles blanc et ocre. Ancolies des Pyrénées d'un bleu de nuit américaine. Pédiculaires des Pyrénées, renoncules des Pyrénées, gentianes des Pyrénées, violettes des Pyrénées, gentianes de Koch (tiens ? ça change...) et gentianes printanières bleu roi. Cirses roses, crépides et œillets superbes. Arnicas et asters. Myrtilles et rhododendrons... Il me semble que, sous la neige, comme en une fantasmagorie de Walt Disney, je vois s'épanouir ces formes et ces couleurs adorables. J'impute l'hallucination aux endorphines libérées par mon pauvre encéphale que l'exercice des raquettes surmène.

Au deuxième virage en épingle à cheveux, le panorama touche au sublime. Vers l'est, la cime ultime du Canigou se distingue, plus triangulaire et plus triomphale que le pic Quazemi qui la cachait jusque-là. Au nord, par-delà la vallée de la Têt, la cité de Prades, le village de Molitg et la Serre d'Escales boisée, s'étendent les Corbières d'un bleu-mauve irréel, où je cherche par réflexe la Caune de l'Arago et le campement de l'homme de Tautavel. Au nord-ouest, je discerne le pic de Madrès et le cône enneigé du pic Carlit, qui domine Mont-Louis et Font-Romeu. Je me souviens que, longtemps, le Canigou fut tenu pour le sommet culminant des Pyrénées : ses arêtes, ses couloirs d'avalanches et ses pilastres de roches semblaient, à nos aïeux du siècle de Louis XIV, aussi difficiles à vaincre que l'Annapurna ou le K2 pour nous.

« Frout ! Frout ! » des raquettes. « Chip ! Chip ! » des guêtres. Voilà la Collade (le « col ») de la Roquette. À l'ouest, la vue bascule sur les arrondis boisés de la réserve naturelle de Py et Mantet, puis sur la faille des gorges de la Carança. Vers le sud-ouest, l'œil traîne avec délices sur la crête neigeuse des Esquerdes de Rotja qui, par le Roc Colom, unit le Canigou à la Catalogne espagnole. Fuite du regard. Évasion de la raison. Pur plaisir de la lumière, du vent sur la figure, du froid sur les doigts, du faucon pèlerin perché sur le pin à crochets, de l'aigle qui plane vers le village (bout du monde) de Mantet.

Michel Sagnol court ces montagnes en tous sens, toute l'année. Il en goûte la splendeur avec la même intensité que moi. Nous saluons le panneau (« Collade de la Roquette, 2 083 mètres ») et la croix de fer de la Llipodère, à demi-enfouie dans la neige. Nous attaquons la pente sur l'arête, dans la « profonde », entre les petits pins à crochets où la lumière joue à cache-cache avec des ombres d'émeraude. Scintillements de cristaux... Passé le pic de la Roquette (2 273 mètres), que coiffent des amoncellements de rochers aux formes étranges, eux-mêmes semés de bonsaïs de pins, le refuge du Pla Guillem (2 276 mètres) est en vue.

*DU REFUGE DE PLA GUILLEM À CELUI DE MARIAILLES,*
*4 heures*

Casse-croûte nécessaire, mais suffisant, au refuge du Club alpin français (C.A.F.). Grosse cheminée où danse le feu, solide maçonnerie, marmotte (ou yéti ?) dessinée sur la porte... Lorsque nous ressortons, l'immense plateau de Pla Guillem luit comme une banquise du Groenland ou de l'Antarctique. Nous nous remettons en marche sur la ligne de crête arrondie. Nous passons devant l'ancienne cabane de bergers, en direction du sud-est et de la cime des Cums (2 301 mètres). Nous dominons, maintenant, la réserve naturelle de Prats-de-Mollo et la vallée en velours bleu du Vallespir. Michel Sagnol trouve un réseau de traces de lagopèdes. Les empreintes à trois doigts vont et viennent, s'entrecroisent, se chevauchent, divergent, se retrouvent... Je renonce à déchiffrer leur histoire. Les perdrix des neiges apprécient ce biotope où le vent souffle, fait voler la couche blanche et découvre par plaques la lande à rhododendrons nourricière. Près d'un amas de roches, un espace dénudé d'herbes sèches sert de restaurant à des isards, qui ont dégagé la neige avec leurs sabots. Plus loin, je vois bouger quelque chose. Une forme claire. Je jurerais que c'est un lagopède. L'instant suivant, ce fantôme s'évanouit dans le blanc. Blanc sur blanc. Triomphe d'un camouflage !

Nous nous apercevons que nous sommes au col des Boucacers (2 283 mètres) quand... nous voyons la pente remonter de l'autre côté. Nous commençons à piocher avec nos raquettes et à souffler fort... Nous grimpons les contreforts de l'arête des Sept Hommes — baptisée ainsi par erreur par les cartographes (on leur avait dit « Sept Bornes »). Grimpette musclée, mais superbe. Nous gravissons une bonne partie de ce talus de près de

400 mètres de dénivelé. Mettons la moitié. Mais l'heure tourne : en ce moment, la nuit tombe vers 17 h 30. Nous devons nous ménager le temps de rentrer. Prudent demi-tour.

Sous la cime des Cums, nous retrouvons la piste qui descend à droite, fait un virage en épingle et revient à la Collade de la Roquette à flanc de montagne. Le temps se gâte. Des nuages gris et mauve se rassemblent sur les crêtes. Le brouillard monte de la vallée de Py et Mantet. Voici la croix de la Llipodère. Une ombre gris-brun décolle en contrebas, dans les pins qui se transforment en créatures légendaires — trolls, djinns et géants biscornus. Je l'entrevois un quart de seconde. Je veux croire qu'il s'agit de l'un des plus rares oiseaux de ce massif et de France. Un grand tétras. Une femelle gris-roux, qui se piète sous un arbre.

Michel Sagnol m'entraîne sur l'arête de Dona Pa. Nous chevauchons la Serra del Sola Gros : bois confus, piste incertaine, trace à inventer... Sans quitter l'approximative ligne de crête, nous redescendons dans l'épaisseur de la forêt par la Collada de Mattes Rouges Palannes, jusqu'aux Mattes Rouges, c'est-à-dire jusqu'à la piste forestière (immanquable) qui nous ramènera, sur la droite, au refuge de Mariailles...

Un écureuil roux nous regarde nous débattre dans la neige profonde, inégale, tantôt portante et tantôt molle, encombrée de rocs fissurés, de buissons de genêts, de framboisiers, de ronces et de branches mortes. La marche en raquettes, dans une forêt de montagne, constitue un exercice de souplesse, d'adresse, d'équilibre et d'endurance, forcément ponctué de glissades et de cabrioles du plus vif intérêt. Ainsi cheminons-nous ; ainsi suons-nous ; ainsi jurons-nous quand notre dignité d'animaux verticaux nous abandonne ; ainsi rallions-nous notre base de départ. En croisant le vol du pinson, du bec-croisé des sapins et du pic épeiche. En suivant des sentes de sangliers. En levant une biche. En nous fiant à une clôture de barbelés qui n'aboutit à rien. En dévalant un éboulis. En remontant une ravine parce que nous pensions avoir trop descendu. En finissant par poser nos raquettes sur la piste qui conduit à Mariailles...

J'ai toujours aimé ces errances hivernales, quand la nuit tombe, quand le froid pince et qu'au bout du sentier, il y a le feu qui crépite dans la cheminée. J'ai quitté ma caverne depuis 12 000 ans. Au fond, je n'ai pas changé. Chasseur du Paléolithique qui trouve son gibier surgelé au supermarché, mais qui réinvente sa vie sauvage sur les pentes d'un mont Canigou de rêve.

> NOTE SAISONNIÈRE ET RECOMMANDATIONS
>
> Ne prenez pas le Canigou à la légère. Ni à la belle saison, ni (bien entendu) en hiver. Il s'agit d'un haut sommet qui flirte avec les 3 000 mètres. Cette balade dans la neige, en raquettes, m'a été offerte par un accompagnateur en montagne qui connaît les pièges du massif et les couloirs à avalanches. N'hésitez pas à vous offrir les services d'un de ces professionnels. N'oubliez pas votre attirail : vêtements chauds, gants, guêtres, lunettes de soleil, etc. Souvenez-vous qu'en raquettes, la marche est plus pénible et plus lente que sur le sol sec. Pensez-y, notamment pour vous ménager des temps de retour suffisants. Avant la nuit !
> Pour le reste, le Canigou est une splendeur. Au printemps, en été et en automne, il compose un ensemble biologique unique, sous la double influence de la Méditerranée et de l'altitude, où se succèdent les étages de l'olivier, du chêne vert, des feuillus, des conifères et de la prairie alpine — jusqu'au « glacier ». Flore et faune sublimes !

# 17

# ATLANTIQUE, AQUITAINE

1. *Ile d'Yeu* : Le sentier des naufrageurs
2. *Poitou* : Le marais de Rabelais
3. *Ile de Ré* : Les baleines de la mémoire
4. *Médoc* : L'alchimie du vin
5. *Arcachon* : La dune du long regard
6. *Landes* : Alligators au bayou d'Huchet

# 1. Île d'Yeu

## Le sentier des naufrageurs

*L'île d'Yeu — ce rêve de Vendée au large... La côte Sauvage qui la borde au sud et au sud-ouest mérite son appellation. Dans les embruns et le bruit obsédant du ressac, le regard y porte, mettons, jusqu'en Guyane ; sur la route de la tortue luth. Balade sur un sentier littoral qui fut, jadis, celui des naufrageurs.*
  *En boucle autour de la pointe du Châtelet, 4 heures 30.*
  *Carte I.G.N. au 1 : 25 000, 1126 OT, Top 25, île d'Yeu.*

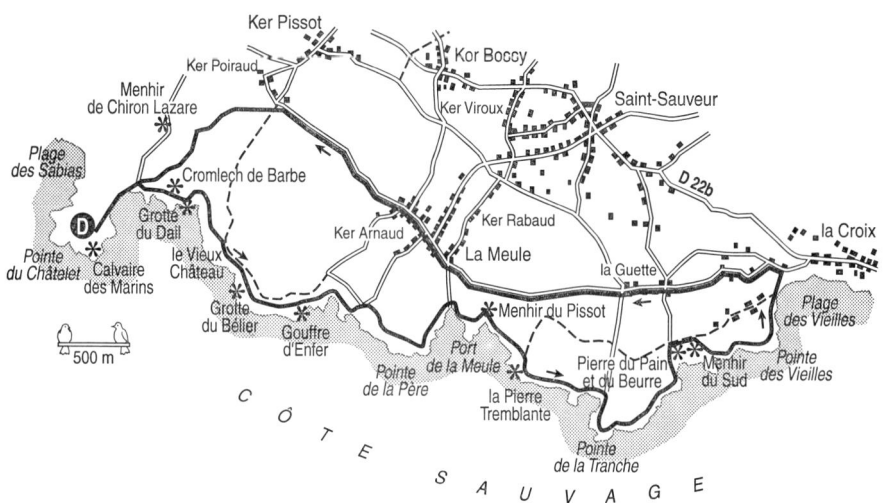

L'énorme croix du calvaire des Marins se dresse sur son socle en forme d'étrave, parmi les rochers gris-roux de la pointe du Châtelet. Le vent souffle avec une puissance qu'on dirait retenue. Les rouleaux s'abattent obstinément sur la plage des Sabias. Les goélands, les sternes et les mouettes tournent et craillent. Je regarde Jérémie. Loup de mer à barbe blanche, casquette et raglan bleu marine. Je l'ai rencontré ce matin, dans un bistrot de Port-Joinville, dans la tradition des récits d'îles aux trésors. Il accepte de me raconter cette côte. *Sa* côte. À sa manière. Comme il l'a connue gamin, puis jeune mousse, bien avant la télévision. Il me montre les récifs baignés d'écume livide.

« L'île d'Yeu ! dit-il. Elle s'est embusquée dans l'océan, entre l'Aquitaine et la Bretagne. On dirait un animal aquatique. Un grand poisson. Un dauphin. Une baleine. Ou une Sirène. Elle est belle et traîtresse. Attirante et fatale. De la pointe du But à celle des Corbeaux, par le Châtelet et la Tranche, ce ne sont qu'écueils, caps et promontoires. J'ignore combien de vaisseaux y ont achevé leur course. L'*Excelsior* anglais en 1870, par exemple. L'*Ernestine* français en 1871. Ou encore le *Bordeaux* hollandais en 1875... Lorsque ce dernier s'échoua, par une nuit sans lune, le capitaine et son équipage s'enfuirent en canot. À l'aube, les habitants de l'île d'Yeu — les Ogiens — gagnèrent le bord et découvrirent le petit déjeuner prêt ; les théières encore tièdes ; et la cargaison intacte. Avec, dans une cage, un tigre terrorisé... Mais, monsieur, ne me faites pas dire qu'ici, des naufrageurs accomplirent leur sale besogne. »

## DE LA POINTE DU CHÂTELET AU VIEUX CHÂTEAU,
*0 heure 30*

Les naufrageurs, c'est connu, ont existé ; mais « pas ici, monsieur ». Ailleurs. En Bretagne, peut-être. À Groix ou à Belle-Île. À Noirmoutier. Ou à l'île de Ré... Je souris en invitant Jérémie à me dévoiler quelques trésors de cette côte Sauvage. Il se met en marche devant moi. Nous laissons le calvaire des Marins, où est gravée la date de 1934. Nous passons sous le mur de pierres de la redoute romaine. En vérité, la base de l'ouvrage est antérieure aux Latins. Même aux Celtes. Au Néolithique, des bergers se réfugiaient déjà dans cette enceinte avec leurs ouailles.

Jérémie avance sur la plage des Sabias avec la précaution qui sied à ceux qui en ont vu et enduré, et dont les jambes portent le poids de plus d'une tempête. Je me demande quel âge il a. Il me répond que la pointe du Châtelet se nommait « du Chastelier » à l'origine, par référence au Vieux Château qui se dresse de l'autre côté de la baie. Me voilà renseigné... Je note que la blancheur de l'aile de la mouette s'accorde à celle de la barbe de mon compagnon. Nous allons sur le sentier littoral, que nous ne quitterons plus jusqu'à l'anse des Vieilles, près du hameau de la Croix. Les goélands argentés, les goélands marins et les goélands bruns se disputent la partie du ciel où se mêlent les embruns et les émanations parfumées des herbes côtières et des algues océanes. Une escadrille de cormorans huppés vaque à ses occupations. Des mouettes rieuses, des sternes pierregarins, des gravelots, des huîtriers-pies, des pluviers, des chevalier, des vanneaux, des courlis et des barges quêtent le bout de gras sur les vagues ou dans les flaques. Le fretin, le ver arénicole, la larve de bivalve ou le gastéropode goûteux.

Le sentier littoral est balisé de rares flèches rouges. Il serpente au sommet de la falaise, au rebord ultime de la lande prostrée sous le vent. J'aime cette opposition quasi bretonne (le vrai Vendéen me pardonnera cet amalgame), entre la croupe terrienne et l'ondulation de la houle. Par places, des iris gigots pointent leurs touffes de feuilles en sabres vert clair, tandis que les asphodèles en sont au stade du poireau, avant que ne croisse la hampe où ils exposeront leurs corolles en étoiles de lait. Je goûte, à mes pieds, la douceur de l'herbe rase, couchée par les rafales, et que surmontent d'épaisses chevelures en désordre de fougères-aigles brunies par l'hiver, de ronces, de prunelliers, de bruyères et d'ajoncs aux glorieux panaches de fleurs papillons jaunes. Les ajoncs d'Europe... Les « bûches fleuries », comme on les nomme ici. Refuges pour les korrigans rieurs et les troglodytes mignons ; les elfes farceurs et les alouettes lulus. Lutins et passereaux unis en un seul peuple.

« Voici le cromlech de Barbe, reprend Jérémie. Teutatès le Gaulois y contemple la mer. Nous avons passé l'anse de la Vache. Et celle du Poiron. Vous ne trouverez pas ces noms sur votre carte. Là-bas, dans la baie, ces rochers sont baptisés les "Ours". Juste en dessous de nous, s'ouvre dans la falaise la grotte du Dail. Enfant, j'y ramassais des huîtres sauvages, des oursins et des pousse-pied. Vous connaissez les pousse-pieds, qu'on écrit aussi "pouce-pieds" ? On dirait des mollusques comme les coques, mais ce sont des crustacés. On les trouve dans les pires endroits battus par les vagues. Jadis, ça ne valait rien. À présent, les Espagnols, qui en raffolent, les achètent à prix d'or. Et ces animaux deviennent rares. »

Nous sautons le ruisselet qui gargouille et frissonne dans la combe du Jar. Nous remontons la pente. Le Vieux Château est là. Brun-roux nuancé de gris-bleu. Remparts, tourelles, échauguettes, mâchicoulis, donjon.

Les créneaux sont ocre brun, de la couleur des falaises alentour. Et les uniques soldats qui restent sont les oiseaux de mer... Je palpe un caillou de la bâtisse. Je me souviens que l'île d'Yeu se compose, pour l'essentiel, d'un gneiss du Cambrien transformé par la chaleur et la pression (métamorphisé, dit le géologue) au Dévonien, voici 400 millions d'années, à l'époque où apparurent les poissons à mâchoires. Requins primitifs et placodermes (ou poissons cuirassés). Avant les poissons osseux. Bien avant l'idée même des vertébrés tétrapodes. Le Vieux Château ne nous rejette pas si loin en arrière. Il date peut-être du XI$^e$ siècle, bien que le premier texte qui le mentionne soit de 1356. Le Génois Jean Doria vint, au service du roi de France, y repousser les assauts des Espagnols, puis des Anglais.

 *DU VIEUX CHÂTEAU AU PORT DE LA MEULE, 1 heure*

Jérémie marche un peu courbé pour offrir moins de prise au vent qui forcit. Il me murmure de prendre garde. Sur cette lande, croît en automne une plante dont les fleurs blanches viennent en spirale sur la tige. La spiranthe d'automne. Une orchidée au port étrange.

« Oui ! dit Jérémie : mais, ici, nous l'appelons l'"herbe à la Détourne". La tradition affirme que quiconque marche dessus perd aussitôt le sens de l'orientation et s'égare dans les falaises. S'il s'en sort vivant, il devient incapable d'avoir deux fois de suite le même avis sur quoi que ce soit. Une girouette. »

Ai-je un jour, par mégarde, foulé l'« herbe à la Détourne » ? Je présente plusieurs symptômes du sortilège... Nous avançons sur le sentier. Nous parlons moins, attendu que le vent tient le crachoir. Mon compagnon m'indique les noms de lieux comme il se les remémore. Je n'en trouve pas un sur dix sur la carte. Le savoir populaire s'évanouit avec chaque ancien qui nous quitte.

Sous le Vieux Château (ses remparts, ses tours, son pont-levis que survole un faucon crécerelle), voici le trou à Lazare, puis les rochers du Goéland et du Cailloué, avant les grottes de la Liane, du Bélier et du Jujouet. Lesquelles précèdent la Basse de la Plate et le cap des Degrés. Nous allons au bout de ce promontoire, vers le rocher du Cheval de Bois. De là, jusqu'au gouffre d'Enfer. La mer remplit et vide en alternance cette obscure et inquiétante étroiture de gneiss aux parois de vertige trempées d'écume. Marmite bouillonnante qu'on imagine, en effet, appartenir à Satan.

Un fou de Bassan rame vers le nord. Destination probable : Rouzic et les Sept-Îles. Peut-être l'Irlande ou l'Écosse. Nous continuons vers la pointe de la Père. Jérémie m'indique l'anse de la Tuée (ou du Fourneau), le roc du Chapeau, l'anse du Tranchet, le roc de la Macroure et le colossal monolithe, un peu de guingois, qu'on baptise le « Grand Vilain » ou la « tour de Londres ». Des centaines de goélands préparent leurs nids sur les pentes herbeuses de la pointe de la Père. En rangs d'oignons. À notre approche, ils décollent comme dans une séquence des *Oiseaux* d'Hitchcock. Ils hurlent des imprécations. Ils logent entre la mer et — surprise moins agréable — une vaste excavation artificielle. Une carrière où les hommes débitent le gneiss en blocs, en gravier et en sable. Nul besoin d'être psychologue pour comprendre que Jérémie apprécie modérément cette saignée dans la chair minérale de son île. Je n'en rajoute pas dans le registre écolo. La lande qui s'étend ensuite a des allures d'Irlande — Kerry ou Connemara. Nous passons un vallon encombré de fougères et de ronces, où pioupioute bruyamment le troglodyte mignon. Une fourrure de roseaux rosâtres et dorés cascade vers le rocher de la Gueule-de-Chien. Un boqueteau de cyprès de Lambert nous introduit au havre de la Meule.

 ***DU PORT DE LA MEULE
À LA PLAGE DES VIEILLES,***
*1 heure 30*

La Meule... Quelques petite maisons blanches à contrevents bleus, nichées au fond d'une anse étroite et sinueuse, que garde une jetée ocre et un roc baptisé « tête Jaune ». Marée basse. Quelques barques couchées sur le sable, qu'un héron cendré arpente avec componction.

« J'ai beaucoup pêché en partant d'ici, raconte Jérémie, tandis que descendons la pente raide, puis les escaliers qui mènent au quai. J'avais mon bateau. Un bon petit chalutier en bois... La Meule était déjà fameuse au xv$^e$ siècle pour ses homards et ses langoustes, ses crabes et ses bernicles, ses soles et ses bars. Nous sortions aussi, le printemps venu, pour de grandes pêches au thon blanc. Le germon abondait alentour. Ne me demandez pas où il est passé... »

Mon compagnon salue un collègue, plus jeune, qui répare un filet. Il me semble fatigué. Je lui propose d'attendre ici, le temps que je fasse le tour par la plage des Vieilles et que je revienne. Il refuse. Il s'arrêtera au hameau de la Croix, chez un cousin. Nous nous remettons en route en montant la pente vers l'est, jusqu'à la chapelle blanche à porte bleue que nous apercevions tout à l'heure, depuis la pointe de la Père. La chapelle Notre-Dame de Bonne-Nouvelle... Rien n'est simple, pur, dépouillé comme cette architecture adaptée à l'austère splendeur de la côte Sauvage. Chaque lundi de

Pâques, les Ogiens implorent ici la Vierge protectrice du marin.

La combe et le « menhir » du Pissot — au vrai, un rocher à la silhouette de château fort qu'aucun Celte n'aurait pu dresser, même avec de la potion magique — nous conduisent à la pierre Tremblante, monolithe en forme de rat géant, long de 7 mètres, qu'on peut en effet faire basculer sur son pivot à la seule force des bras. Au-delà, le Courseau du Risque-de-Vie (dangereuse entaille de roche) et la falaise de la Taillée forment l'assise d'une lande adoucie qui, par les Cimées et les Belions (toponymie garantie Jérémie), nous mène à l'anse des Fontaines. Merveille secrète. Ici, des sources naissent de toutes parts et glougloutent vers le sable d'un ocre (rouge, rose, jaune) de rêve. À marée basse, les rochers emmitouflés d'algues brunes (fucus, himanthalies, laminaires digitées et sucrées), d'algues vertes (ulves laitues de mer et entéromorphes) et d'algues rouges (porphyres, corallines, rhodimènes), définissent des flaques où pullulent bigorneaux et patelles, crevettes et anémones de mer, étoiles de mer du nord et lièvres de mer (ou aplysies) — ces limaces aquatiques brun-noir impressionnantes, qui pèsent parfois plus d'un kilogramme.

Nous marchons vers la pointe de la Tranche. Sur l'arête herbeuse, un jeune homme joue au cerf-volant. Un goéland s'approche de lui, face au vent. Il me semble que le garçon pilote l'oiseau avec un fil invisible. J'en aurais rêvé à son âge. La pointe de la Tranche et les rochers de la Jusette composent un monument minéral que coupe une faille large et profonde. Une passerelle de deux madriers permet d'aller outre. Nous visitons, ici, l'extrême sud de l'île d'Yeu. Le vent porte des senteurs de baleine ou d'archipel des Açores. Les rocs humides nourrissent des jardins japonais de plantes délicates et tenaces : l'armérie maritime (ou gazon d'Espagne), en coussinets de velours véronèse, que la belle saison empanache de pompons roses ; le crithme maritime, cousin hirsute de la carotte, aux plateaux de fleurs blanches ; la spergulaire des rochers, aux corolles en étoiles mauve ; la silène maritime, aux calices en ballonnets roses ; la cochléaire du Danemark, aux délicates feuilles en cœurs... J'aime cette flore de l'extrême. Ces lichens en cartes géographiques jaunes ou rouille ; en fourrure grise ; en foliaisons hérissées de trompettes à bout rouge...

Deux grands corbeaux habitent la falaise. Ils tournent au-dessus des déferlantes et proposent une concurrence obscure à la blancheur des goélands. Jérémie me regarde herboriser avec ce mélange de curiosité et d'apitoiement qui caractérise ceux que les mystères botaniques passionnent modérément.

Nous reprenons la balade vers ce qu'il me dit être les Tonnes, le bec des Vieilles (charmant rocher), le Petit puis le Grand Vilain des Soux, la grotte des Va-Nu-Pieds puis celle de la Mauvaise Plate. Avant le bec et la plage des Soux (ou des Sauts, ou des Sots). Sous le menhir du Sud, nous jetons un œil aux pierres jumelles baptisées le « Pain » et le « Beurre ». Toponymie d'un temps qui n'était pas à l'abondance... La pierre Percée et le trou Pissot nous guident vers les anses de la Belle Amande et de la Cochenoille, d'où nous gagnons la pointe, le port et la plage des Vieilles.

Les rouleaux de l'Atlantique s'exténuent, après avoir doublé les rochers des Ours des Vieilles. Rêvé-je ? Il me semble, là-bas, voir des dauphins.

**DE LA PLAGE DES VIEILLES
À LA POINTE DU CHÂTELET,**
*1 heure 30*

J'accompagne Jérémie chez son cousin, au hameau de la Croix. Je défalquerai de mon horaire le temps que nous mettrons à boire une petite prune. Et une autre pour la route... Je remercie mon guide.
Je veux rentrer au Châtelet par l'intérieur des terres. J'irai vite, pour la raison qu'il se met à pleuvoir. Belle lumière, dans la manière d'une estampe d'Hokusai. Je file sur la petite route goudronnée, qui se mue en route de terre, jusqu'au lieu-dit la Guette. De là, vers la Meule. Bosquets de chênes verts et de cyprès. Taillis de prunelliers et de ronces, mêlés de genêts à balais, d'ajoncs, de lierres et de fougères. Passereaux variés (mésanges, pinsons, bruants, fauvettes...) dans les branches. Polypodes vulgaires et iris gigots. Plantains et chardons. Avec les premiers insectes de l'année : abeilles, bourdons et mouches ; papillons citrons, aurores et piérides. Un lapin de garenne détale. Dans la boue, les empreintes d'un immigré : le rat musqué, ou ondatra. Voici la Meule, puis Ker Arnaud, où je trouve le large chemin qui conduit aux serres de la Bergerie. De là, en passant près de la piste d'aéromodélisme, je regagne le parc de la pointe du Châtelet.
Je ne crois pas rêver. Près des rochers des Ours, une bande de dauphins dansent dans la vague. Mettons que ce sont les sirènes de l'île d'Yeu.

NOTE SAISONNIÈRE ET RECOMMANDATIONS

Cette balade n'est pas difficile. Elle peut, parfois, devenir dangereuse. Ne jouons pas les naufragés volontaires ! Une falaise trempée d'embruns, par un vent de force sept ou huit, ne constitue un terrain de batifolage ni pour les enfants, ni pour les adultes en espadrilles. Toutes les saisons sont belles, à l'île d'Yeu. L'automne et l'hiver sont austères, mais c'est la période que les cétacés préfèrent pour visiter les eaux locales. Printemps éclatants de fleurettes, et piaillants de nichées d'oiseaux. Étés aux plages décorées de liserons soldanelles, de chardons (ou panicauts) bleus, de juliennes des plages et de lis de mer. Gare aux baignades : les anses de la côte Sauvage recèlent des pièges qui peuvent être fatals aux meilleurs nageurs.

# 2. Poitou

# Le marais de Rabelais

*Depuis les ruines de l'abbaye de Maillezais, où François Rabelais fit retraite et dont il s'inspira pour son abbaye de Thélème, jusqu'au marais mouillé que hantent le héron philosophique et la loutre secrète, une balade de digue en digue, entre Jeune Autise et Sèvre Niortaise... Dans la lumière irréelle de l'eau verte.*

*En boucle autour de Maillezais, 6 heures 30.*

*Carte I.G.N. au 1 : 25 000, 1428 E, Série bleue, Maillezais, Vix.*

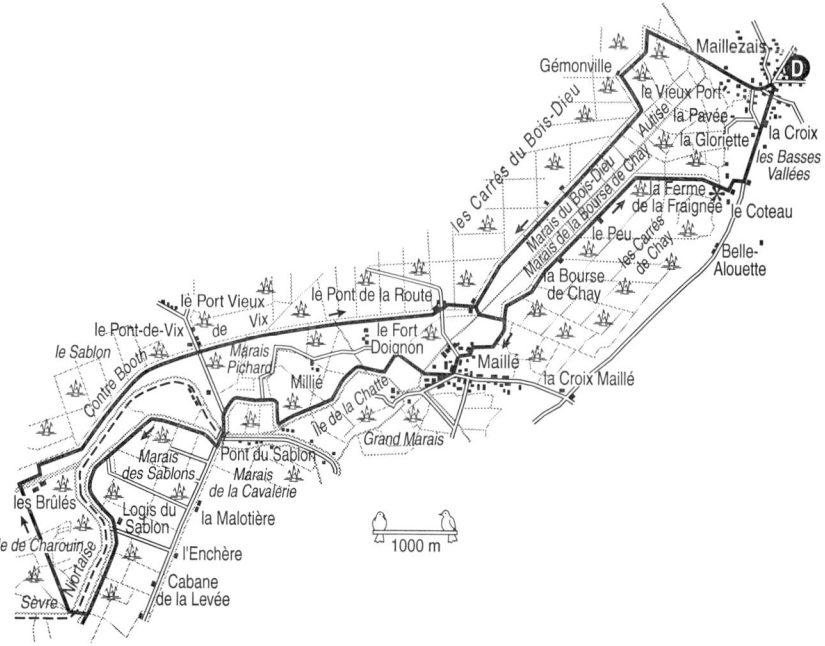

Supposons que j'ondule comme la loutre et que les lentilles d'eau teignent ma fourrure de jade : c'est la meilleure façon d'explorer le marais Poitevin. Supposons que je marche sur cette levée de terre avec le jeune Rabelais : j'attendais cette occasion depuis longtemps ! Nous sommes en 1520. Je m'imagine en ombre de celui qui n'a pas encore écrit *Pantagruel*. Maître François est moine chez les franciscains cordeliers, à Fontenay-le-Comte. Il profère des horreurs religieuses qui frisent l'hérésie. Il est menacé. Il se réfugie chez monseigneur d'Estissac, évêque de Maillezais. Il se fait oublier, en retraite à l'abbaye Saint-Pierre. Il aide le prélat dans ses tournées diocésaines : je leur emboîte le pas sur les digues. Mettons que je sois ce martin-pêcheur au dos de turquoise et au ventre de feu, qui survole le prélat. Ou ce papillon citron qui palpite entre les ronces. Rabelais cueille un rameau de saule, dont l'écorce contient de l'acide acétylsalicylique. De l'aspirine. Il ignore ces mot, mais il sait que la décoction soulage la migraine. Il fera bientôt sa médecine à l'université de Montpellier. Il y rencontrera Guillaume Rondelet. Un ami à moi, par-delà le mur du temps. Passionné de baleines, de dauphins et de moines de mer.

 *DE MAILLEZAIS À MAILLÉ,*
*2 heures*

J'ai acheté mon fromage et mon quignon de pain monastiques. Je marche dans l'ombre de François Rabelais, à partir de l'église romane Saint-Nicolas de Maillezais (XII$^e$ siècle). Je me dirige vers l'abbaye Saint-Pierre. Il n'en reste que des ruines, dont deux arcs d'ogives où le soleil s'inscrit telle la prunelle de Dieu le Père. Le monument trônait jadis sur un promontoire qui dominait la mer. Du XI$^e$ au XVI$^e$ siècle, les moines des abbayes locales entreprirent le prodigieux travail d'assèchement (de « prise », dit-on ici) de l'embouchure de la Vendée, de la Sèvre Niortaise et du Mignon. Où je contemple un paysage de champs, de canaux et de prés mouillés, le golfe des Pictons, cerné de forêts obscures, formait alors une immense vasière envahie par l'océan à marée haute. Le marais Poitevin apparaît comme une création humaine, mais lue et approuvée par la nature. Levées de terre (« bots », ou « booths »), canaux extérieurs (« contre-bots ») et intérieurs (« achenaus »), digues et chenaux secondaires (« conches ») : cette hydraulique complexe régule, mais respecte, les rivières. Dois-je ajouter que le respect se perd ?

L'itinéraire est balisé par le parc régional du Marais Poitevin (qui s'est vu, récemment, retirer son label : juste punition d'un impardonnable laxisme). C'est un sentier de grande randonnée, un G.R. de pays (balises rouge et jaune). Passé l'abbaye Saint-Pierre, je foule un moment la départementale 68 qui file vers Doix. Le printemps rit dans les canaux d'eau verte, dans l'image inversée des arbres qui s'y mirent, sur les bords de la chaussée que rehaussent des peuples de ficaires en étoiles d'or et de pâquerettes à cœur jaune et jupette de ligules roses. Les frênes têtards (c'est-à-dire taillés en moignons) débourrent : leurs bourgeons de velours brun-noir éclatent. Je détaille leurs fleurs sans pétales, les mâles dotées d'étamines d'un jaune vaporeux, les femelles hérissées de longs pistils vert pâle. La sexualité du frêne est délicate à conter aux enfants des écoles, en ces temps de nouvel ordre moral : certains arbres sont mâles, d'autres femelles, d'autres mâles avec des branches femelles, d'autres femelles avec des bouts mâles. Le vent règle le destin du pollen. Le hasard conclut ces orgies.

Au quatrième pont après l'abbaye, le sentier tourne

à gauche sur la digue — la levée du Bois-Dieu —, vers l'aqueduc de Maillé. Rabelais s'y engage. Je marche derrière lui, entre deux haies de frênes et de saules blancs, dont les chatons d'argent débourrent, eux aussi, et révèlent des mousses citron d'étamines ou des touffes velues de pistils languides. La digue est encapée d'une fourrure de graminées vertes, bordées de ronces, de lierres, de nids de ficaires, de lamiers pourpres aux fleurs en becs de fulmar, et d'arums gouets (ou pieds-de-veau) aux feuilles en triangles, dont la spathe de papier gris contient parfois la masse d'arme d'un épi rouge. Les iris des marais (ou pseudacores, ou faux-acores) et leurs cousins bâtards ne sont encore que touffes de feuilles en sabres : ils allumeront bientôt leurs flammes jaunes ou violet-mauve. J'imagine, çà et là, des butomes en ombelles (ou joncs fleuris), offrant à hauteur de poitrine leurs bouquets du Japon de corolles roses ; et des glaïeuls des marais aux pétales rose-pourpre déployés comme des bannières.

À droite de la digue, dans le marais desséché des Carrés du Bois-Dieu, la glèbe drainée, cultivée, semble lasse des labours de l'automne. À gauche, ce qui subsiste de marais mouillé — le marais du Bois-Dieu — étincelle. D'un côté, le gris-brun de la terre ; de l'autre, le vert de l'herbe et l'argent de l'eau. Parabole du sec et de l'humide. Chlorophylle en liberté contre culture industrielle. Rabelais s'esclaffe : on raconte que le marais Poitevin naquit d'un besoin urgent de Gargantua, qui aurait lâché la bonde un pied sur la cathédrale de Fontenay et l'autre sur celle de Luçon. Une version différente assure que le marais mouillé existait avant le colosse ; que celui-ci s'y serait penché pour boire ; et qu'il aurait créé le marais sec en étanchant sa soif.

Un rapace aux plumes lumineuses, d'un beige très pâle, presque blanches, décolle devant moi, se pose plus loin, repart quand j'arrive, etc. Une chouette effraie ! En plein jour. Affolée par la lumière... Elle devrait retourner dormir. Je le lui dis. Elle se réfugie dans le grenier de la bâtisse de Gémonville. Au cœur des frênes et des saules, des théories de passereaux volettent : pinsons, verdiers, mésanges (bleues, charbonnières, noires et nonnettes), linottes mélodieuses, bergeronnettes grises, bruants variés, sittelles torchepots... Un congrès de pies discute, puis s'éparpille. Trois corneilles tiennent une réunion restreinte. Une poule faisane gris-brun décolle avec un bruit d'hélicoptère ; son mâle la suit en costume romantique roux rehaussé de vert sombre.

Les canaux sont encombrés de lentilles d'eau : je rêvère ces mini-plantes à fleurs dont les feuilles flottantes mesurent 5 millimètres, et qui se font passer pour des algues. Mieux que les nénuphars, elles posent le problème plurimillénaire du végétal qui double sa surface tous les jours. Rabelais connaissait la colle. Je descends par un pont vers le marais mouillé. J'explore un pré. Par bonheur, je n'ai pas de bottes : tout est inondé, je patauge, je suis heureux. « Floc ! Floc ! », disent mes orteils et les grenouilles. D'ailleurs, les voilà, ces sauteuses : elles mettent le museau en surface. Elles ne vont pas tarder à gonfler leurs joues comme Dizzy Gillespie. Grenouilles vertes de dix nuances : pomme, émeraude, véronèse, bouteille, bleuté... Grenouilles agiles ocre à reflets roses. Rainettes communes aux interminables doigts emboulés (Extraterrestres en mal de téléphone). Crapauds pélobates, communs, accoucheurs, calamites. Sans oublier, dans ce peuple amphibien, la salamandre tachetée et les tritons. Marbré, crêté et des Alpes.

Je remonte sur la digue. Je rattrape Rabelais, qui répète en riant la phrase initiale du *Prologue* de *Gargantua* : « Beuvurs tres illustres, et vous, Verolez tres precieux... » J'encaisse l'apostrophe : ça m'apprendra à me balader derrière un génie de la Renaissance... À droite, le rideau de frênes s'ouvre par places sur le drame du marais Poitevin moderne : des fossés de drainage, trop larges et trop profonds, évacuent trop vite l'eau des crues de l'hiver, tandis que des pompes électriques sucent, vident, épuisent en été la nappe phréatique. La cabane Blanche bée aux quatre vents : j'entre dans l'étable au sol de chaux, avec ses râteliers et ses rainures pour le purin. La porte donne sur l'embarcadère grâce auquel l'éleveur venait chercher son bétail en bateau durant les crues. Devant la ferme, j'invente de simples trésors botaniques : chardons des ânes (ou onopordons), lamiers pourpres, cirses des marais, plantains, boutons d'or, pissenlits, etc. ; avec des semis de véroniques petits-chênes aux pétales d'azur... Deux martins-pêcheurs filent comme des météores sur le canal. Je savoure cette balade d'une beauté d'argent vert et gris, parfois monotone mais coupée d'événements minuscules d'une extrême importance. Un merle noir fait rouler la bille de son sifflet réglementaire. Une grive draine s'égosille. Des canards colverts décollent : les mâles se rengorgent de leur tête et de leur col d'émeraude ; les femelles ont à l'aile une fenêtre du même azur que les véroniques.

Je passe la cabane Beauregard. Je longe le marais de la Maroterie. J'ai perdu Rabelais : le facétieux Panurge l'a métamorphosé en busard des roseaux ; il reviendra tourner au-dessus de ma tête. Je gagne l'aqueduc de Maillé. Il a été bâti pour que les eaux de la Jeune Autise (ou Autize) coulent vers la Sèvre Niortaise et non vers le canal de Vix, qui draine le marais sec. J'aime jouer avec les courants. J'ai creusé mille chenaux de sable quand j'étais gosse. J'aurais pu être le « recalour » (le « recalibreur ») du marais Poitevin : j'aurais consacré ma vie à tenter de maîtriser ce fluide qui n'admet aucun maître : l'eau...

Je repasserai par ici pour boucler le grand huit que je me suis promis d'accomplir. Je néglige la digue du nord, qui file vers la réserve de Charouin. C'est mon but, mais je m'y rends par le sud. Direction : « Maillé par la Fontaine rouillée ».

 **DE MAILLÉ À MAILLÉ PAR LES COMBRANDS,** *3 heures 30*

Je salue la source pure (mais « rouillée » ?) où les « maraîchins » puisent depuis des siècles. Le bourg de Maillé. Son église Notre-Dame. Je traverse la bourgade en suivant les marques rouge et jaune du G.R. de pays. Elles mènent au canal de Bourneau (« le Port »), puis au pont qui franchit le canal de Maillé sur l'aqueduc, puis au chemin communal qui va vers Fort Doignon et Millié.

Quelques hectomètres d'asphalte, et le sentier s'échappe à gauche, sur une nouvelle levée de terre. J'enfonce dans une heureuse gadoue. Rabelais chemine à nouveau devant moi, j'ignore par quel sortilège. Je suis au pays de Mélusine, la fée à queue de serpent ; mais tout de même !... Je longe le méandre de la Sèvre Niortaise qui définit l'île de la Chatte. Rabelais m'éclabousse avec ses chausses. Le soleil révèle des théâtres de lumière où se juxtaposent les prés inondés et les conches tapissées de lentilles d'eau, sous la dentelle obscure des frênes. Je respire l'esprit du marais... Et tiens ? Le sentier s'interrompt devant un canal.

Un bateau plat, une chaîne : il faut passer comme le « maraîchin », en se halant vers l'autre rive. Un ragondin, la tête calottée de lentilles d'eau et la gueule chargée d'herbes fraîches, me considère de ses petits yeux en attendant le gag. Je ne fais rire personne. Au lieu-dit la Vieille Vague, je rejoins la route communale de Millié. Le fossé se hérisse de bouquets de cardères (ou cabarets des oiseaux). Pas moins de vingt chardonnerets y mêlent leurs masques rouges et leurs ailes à galons jaune et noir. Un pic-vert au plumage pâle, presque citron, déménage sa crête sanglante : la légende locale prétend que le « *pigrola* » (c'est lui !) fut le seul qui n'aida pas le « Grand Recalour » à creuser les canaux ; il fut condamné à errer de tronc en tronc, sans jamais pouvoir se reposer ni boire à terre.

Je rejoins la départementale 25 B et le pont du Sablon, sur lequel je franchis la Sèvre Niortaise. À cette saison, le fleuve est large, et d'un sublime argent bleuâtre. Les civelles qui ont échappé aux filets des pêcheurs le remontent pour devenir anguilles. Le sentier balisé (rouge et jaune) reprend à droite, avant le panneau « Charente-Maritime ». La digue herbeuse est douce aux pieds, mais je manque me faire mordre par un chien à la territorialité exacerbée : ma carte I.G.N., déployée à bout de bras, me protège de ses dents comme la Bible sauve le héros du Far West.

Je longe le marais de la Chaudière. Coulées de ragondins sur la digue ; pieds palmés imprimés dans la boue. Je renifle la loutre. Trop craintive pour se faire voir... De vieux frênes au tronc creux nourrissent des jardins miniatures de lierres, de lamiers, de boutons d'or et de violettes, que des cortèges de fourmis entretiennent. Des dizaines d'araignées courent sur les lentilles d'eau : où est la raison de ce remue-ménage ? Après les bâtisses de Sablon, la Sèvre est proche ; on la sent se frotter les flancs contre la rive. Les arbres forment un dôme sur ma tête ; illusion de sous-bois, avec des parterres de fleurs. Les orties et les ronces me baisent. Je détaille les feuilles luisantes d'une orchidée à venir — je pense, l'orchis pourpre. Traces de chevreuil.

Au Logis du Sablon, un pigeon ramier décolle en exposant la barre claire de ses ailes et l'argent mauve de son poitrail. Des poules d'eau filent comme si elles fuyaient leur derrière blanc. Un râle d'eau violet-brun démarre derrière son long bec. Une bécassine vole en zigzag. Je traverse le canal de la Route d'Eau, puis le hameau des Combrands. J'oblique à droite sous les frênes. Je franchis le pont sur la Sèvre Niortaise. Je me promène dans la réserve naturelle de l'île de Charouin, qu'une pancarte orthographie « Charrouin ». Un papillon paon-du-jour palpite. Un vol de cygnes (douze, en escadrille) rase les arbres. Battements d'ailes à la fois énormes et doux ; blancheur excessive de ces plumes où même les rayons du soleil semblent timides... Un busard des roseaux. Un grand cormoran. Deux hérons cendrés. Une aigrette garzette venue de la baie de l'Aiguillon. Des sarcelles d'hiver... L'air de Charouin est empli d'odeurs et d'oiseaux, c'est-à-dire favorable au cœur et aux poumons, que des aubépines en fleurs à l'étage des narines tonifient de toute façon. Je marche vite sur la route de terre : il m'arrive d'obéir à des pulsions sportives, que dégonflent cependant le moindre insecte ou la moindre corolle. Je traverse sans le voir le champ labouré qui achève le méandre.

Passerelle sur le canal du Sablon. Quelques hectomètres à droite, puis à gauche en suivant les marques du G.R. ; et je pose le pied sur la levée du Contre-Booth de Vix, près du Grand Canal. Cap au nord-est. La digue est trouée de marques de sabots de cheval. Je ramasse une grande coquille de moule unionidé d'eau douce. Un relais de papillons morios noirs à liséré blanc me conduit de saule en frêne jusqu'à la départementale 25 B, au Pont-de-Vix. De là, je file vers l'aqueduc de Maillé. Et coucou, le revoilà !

## DE L'AQUEDUC DE MAILLÉ À MAILLEZAIS, *1 heure*

Rabelais m'attend, assis sur le pont, les jambes pendantes. Je crois comprendre qu'il compose *La Dignité des Braguettes* ; ou *Des Poys au lard cum commento* ; à moins qu'il ne songe à l'abbaye de Thélème et à sa devise : « En leur reigle n'estoit que ceste clause : FAY CE QUE VOULDRAS. » Je finis mon grand huit sur les digues. Je choisis la levée du sud-est, appelée « ceinture de la Bourse de Chay » (d'après la carte) ou « de Chaix » (selon le panneau). Perce-neige blanc et vert et clins d'yeux de grandes pervenches à la ferme homonyme. Les ragondins s'activent : leurs coulées témoignent de leur ardeur à exister. Des traces de loutres : j'imagine ces ondes de fourrure consubstantielles à l'onde liquide. Mais les pièges que voici ne sont pas à ragondins, puisque appâtés à la chair de poisson... Je crains des braconniers. Je n'ose penser qu'on traque une espèce rare. (Je me renseignerai. On me dira que ce sont des nasses à visons ; car le vison d'Europe à la sublime robe châtaigne honore encore le marais Poitevin. Je ne me sentirai pas consolé...) Je file sur la digue, à présent abîmée par trop de roues d'engins. Je gagne la ferme de la Fraignée et le Bout de la Levée, d'où je rejoins la départementale 15, qui me ramène à Maillezais.

Rabelais se gausse de la folie saccageuse des humains qui ne respectent pas la splendeur des choses. Maître Alcofribas Nasier formule mieux que quiconque ce péril au chapitre XXIII de son *Gargantua* : « Nature ne endure mutations soubdaines sans grande violence. »

NOTE SAISONNIÈRE ET RECOMMANDATIONS

De digues en canaux, de prés mouillés en maisons basses, avec des frênes à l'horizon et la silhouette philosophique du héron dans les iris jaunes : une balade sans problème, excepté ceux qu'endure le marais lui-même. Restes de splendeur pour les quatre saisons.

# 3. Île de Ré

# Les baleines de la mémoire

*L'île de Ré. La puissante houle de l'Atlantique s'exténue sous le phare des Baleines. On attend les souffles : les léviathans reviendront-ils ? Balade sur la conche des Baleines, vers le petit bois de Trousse-Chemise, à travers la réserve ornithologique de Lilleau des Niges. La plage, les bois, le marais : le sortilège !*
*En boucle autour du phare des Baleines, 7 heures.*
*Carte I.G.N. au 1 : 25 000, 1329 OT, Top 25, île de Ré.*

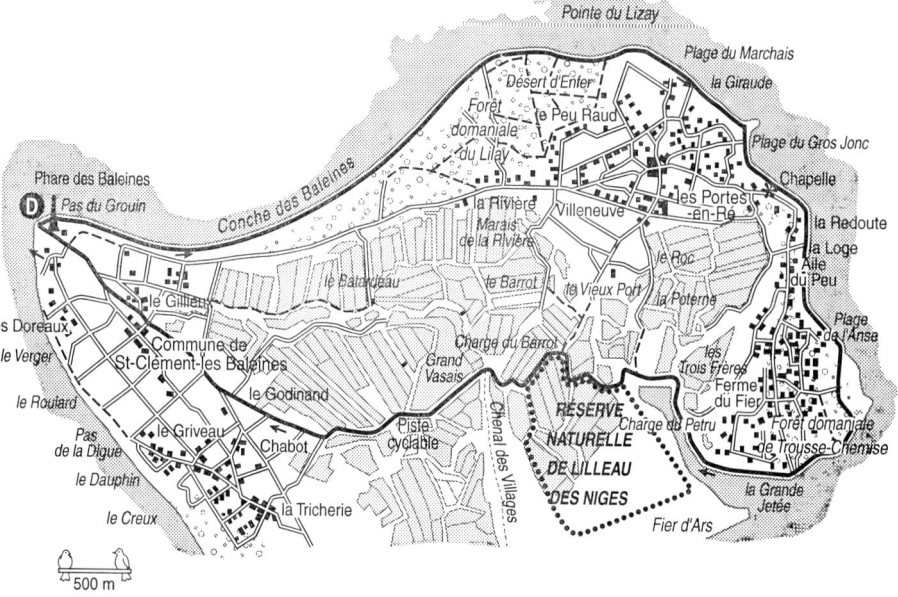

J'ai grimpé les marches du phare des Baleines. Je les ai comptées, comme tous les enfants de mon âge, mais je n'ai pas retrouvé le même nombre en descendant. Je suis navré d'imposer ces puérilités au lecteur, mais je n'ai plus évolué depuis le cours moyen deuxième année.

Là-haut, près de la lampe monstrueuse dont l'éclat porte à plus de 60 kilomètres, et qui tourne sans bruit sur son socle de mercure, j'ai rêvé de baleines. Il y en avait, par ici, jusqu'au XVIII$^e$ siècle. De grandes baleines franches noires, dites « baleines des Basques » ou « de Biscaye ». Pour la science, *Eubalaena glacialis glacialis*. En hiver, elles venaient dans le golfe de Gascogne s'aimer, donner le jour à leurs bébés et les nourrir d'autant d'amour que de lait tiède. Au printemps, elles remontaient vers le nord en longeant l'île de Ré. Une année (se souvient-on laquelle ?), plusieurs d'entre elles s'échouèrent sur cette plage rhétaise et lui valurent son nom : la conche des Baleines. Monstrueuse offrande de la mer... Hélas ! Ces cétacés de 18 mètres et de 50 tonnes ont été exterminés, « piqués » par les Basques, puis par l'Europe entière. Aujourd'hui, l'espèce n'est plus représentée, dans l'Atlantique Nord, que par un groupe de quatre cents rescapés, en baie de Fundy, à la frontière des États-Unis et du Canada.

 ***DU PHARE DES BALEINES
À LA POINTE DU FIER,
3 heures***

Je songe aux baleines de l'île de Ré. J'espère que le troupeau qui subsiste en Amérique reconquerra un jour son royaume de vagues, et que les souffles magiques poudreront à nouveau les rouleaux gris-vert qui déferlent sur le plateau rocheux du pas du Grouin.

Je descends vers l'écluse à poissons que les Rhétais ont construite au pied du phare, avant même que le phare actuel ne dresse sa silhouette brun-rouge sur ce bout du monde. Marée basse. Brise parfumée de molécules océanes... Je grimpe sur le long muret quadrangulaire qui forme le piège dans lequel bars, mulets, tacauds et daurades pénètrent à l'heure du flux, et dont ils restent prisonniers au reflux : l'eau file vers le large par des grilles. Les pêcheurs se répartissent les prises comme au Moyen Âge. Ils embrochent le poisson à la foëne dans les flaques de retrait. Le mur d'enceinte se compose de millions de cailloux, assemblés sans autre ciment que le calcaire des huîtres sauvages et des algues incrustantes qui se fixent dans les interstices.

Je visite le système. Je patauge dans une mare où des algues constituent une mini-forêt de mystère : laminaires rubanées jaune-vert, aux rebords onduleux ; laminaires digitées divisées comme des mains ; fucus vésiculeux bruns aux bulles gonflées de gaz ; buissons rameux de cystoceires d'argent ; foisons purpurines, roses ou grenat d'algues rouges... Je vois filer de minuscules blennies cornes-de-cerf. Un crabe enragé chemine en diagonale. Des crevettes grises giclent en marche arrière. Un lièvre de mer, aux « cornes » et au corps de volumineuse limace marron-roux, broute une laitue de mer. Des étoiles de mer du nord rampent sur leurs bras grumeleux, en quête d'une moule à ouvrir et à digérer sur place, estomac éviscéré... Je détaille le pied écarlate d'une anémone de mer-cheval et les taches vert pistache sur fond cramoisi d'une anémone de mer-fraise. Puis les fortifications miniatures des balanes et des chthamalus sur les pierres. Un goéland me craille d'aller sur la plage : cette petite faune est fragile et je me comporte comme un éléphant dans un magasin de porcelaine.

Je quitte l'écluse à poissons. J'avance sur le sable en direction de la pointe du Lizay. Le ciel grisaille. La mer verdit, s'argente et se moire. Les rouleaux déferlent, et s'écrasent et lèchent le sédiment ocre de leur longue langue d'écume blanche. Des goélands argentés et leurs cousins bruns et marins becquettent, apparemment chacun leur tour (affaire de hiérarchie : les marins sont les plus grands, les plus forts, les premiers servis), des fragments de nourriture sur un tas d'algues. Je m'approche : ce sont trois seiches mortes. Il n'en restera bientôt que des os blancs comme la lune et légers comme des plumes.

Des sternes pierregarins et leurs cousines caugeks me lancent, dans leur langue, des imprécations dont je préfère ignorer la traduction. Un cormoran huppé rase les vagues, puis deux, puis trois, puis cinq, puis huit : une suite de Fibonacci ! La nature est mathématicienne, ce matin. La preuve ? L'ellipsoïde de ce galet vert. La spirale de cet escargot littorine jaune. La sinusoïde de ces petits gravelots qui détalent au bord de l'écume. Le cône de révolution de ces patelles (ou chapeaux chinois). L'ovoïde de ces ascidies d'un bleu diaphane, rejetées par la mer comme les perles d'un collier de Sirène.

Je longe un moment la digue, bordée de tamaris en nuages de fleurs roses, au pied desquels poussent des fouillis de mâcerons vert cru, de livèches, de giroflées et de betteraves maritimes. Dans les creux de sable humide ondoient des fourrures végétales de lagures ovales — graminées qu'achève un pompon ocre gris. Je foule de courtes dunes aplaties, crêpelées d'oyats (ou ammophiles). Chaque bosse de sable se constelle d'euphorbes des rivages, de cakiles rose pâle, de juliennes purpurines, de liserons soldanelles en trompettes rose chair, de chardons bleus (sublimes panicauts de mer), de luzernes marines jaunes au parfum surréel... Je hume le soleil et la mer mêlées — ô Rimbaud ! L'éternité retrouvée...

Je dérive. Je marche comme il plaît à mes pieds.

Tantôt je frôle le bord de l'eau, que survole un fou de Bassan en route vers la populeuse colonie de son espèce, à l'île Rouzic, aux Sept-Îles. Tantôt je dénombre les strates de coquillages laissés par le jusant, en imaginant la perplexité des chercheurs de fossiles dans trente millions d'années, quand l'espèce humaine ne sera plus qu'un objet d'enquête paléontologique pour les poulpes devenus rois du monde. Ou bien, encore, je m'enfonce dans le bois du Lizay. J'emplis mon âme du parfum des pins maritimes et des cyprès. Quelques rameaux verts brandissent des lanternes chinoises de soie blanche : nids de chenilles processionnaires. Un faisan décolle en habit de prince de la Renaissance : Lorenzaccio parade ; sa faisane suit en tenue de camouflage brun-gris. Des bruants, des traquets, des linottes mélodieuses, des mésanges huppées entrecroisent leurs trajectoires. À la limite du bois, croissent des mousses plus vertes que de raison, des plantains cornes-de-cerf et des spergulaires, des marguerites et des silènes enflées. Un faucon crécerelle fait le Saint-Esprit.

J'ai l'esprit aussi aérien que le faucon : voilà pourquoi je traverse sans émotion perceptible la partie nudiste de la plage. Chacun sait que je ne me passionne que pour les canards, les pluviers, les tournepierres, les vanneaux huppés et les huîtriers-pies. Ou les vols de bernaches cravants : j'adore ces petites oies noir et blanc qui hantent par milliers l'île de Ré en hiver. Le printemps venu, quelques-unes oublient de s'envoler pour la Scandinavie ou la Sibérie. Je ne parle pas des bernaches pour détourner la conversation. Il se trouve simplement que je réalise cette balade au printemps et que les nudistes ne sont pas encore arrivés ; ou pas encore dépouillés. La sous-espèce *Homo sapiens* sans habits migre en été, saison à laquelle elle perd son enveloppe textile.

Les dunes s'élèvent. La mer déferle sur le plateau

rocheux du Lizay. Des surfeurs se livrent à leur art, qui consiste à skier sur une pente bleu-vert que la mer invente à chaque seconde. Les baleines franches noires aussi font du surf : on les a surprises à ce jeu près de la péninsule Valdés, en Argentine. Se sont-elles livrées à ces délicieuses puérilités par ici ? Je laisse derrière moi les ruines du Canon porte-amarre. Je longe les plages des Portes-en-Ré : le Marchais, le Gros Jonc... Voici la chapelle Notre-Dame des Marins, dans son écrin de viornes-tins, de mimosas et de pins maritimes. La poudrière du fort de la Redoute. La grande plage de la Loge et celle de l'Anse du Fourneau. La pointe du Fier, enfin.

*DE LA POINTE DU FIER
AU PHARE DES BALEINES,
4 heures*

La mer monte. Elle couvre le banc du Bûcheron. Elle lèche la pointe du Fier avec une manière de gourmandise. Je m'assois sur la plage, devenue étroite, dans un creux douillet cerné de coquilles d'huîtres, de moules, de patelles, de lutraires, de vénus, de coques et de couteaux... Au nord-est, l'immensité bleu-gris du Pertuis Breton ; avec, sur l'autre rive de la baie de l'Aiguillon, la pointe d'Arçay. À l'est, le goulet du Fier d'Ars, par où la mer investit le cœur même de la partie nord-ouest de l'île de Ré.

Je me remets en marche. Je me promène un moment sous les pins parfumés du petit bois de Trousse-Chemise. Hélas ! Le coin romantique et coquin de la chanson de Charles Aznavour a été mité par l'anarchie immobilière des villas « typiques ». Clôtures, grillages, pelouses tondues bien ras : fautes de goût. Je reviens au rivage entre deux touffes de silènes maritimes aux calices rose pâle, gonflés comme des ballonnets de foire. Je contourne la péninsule dans un miroitement d'eau bleue piquée de voiliers blancs ou rouges. Je contemple, de l'autre côté de la passe, les marais salants de Loix. Divers goélands argentés, un marin et deux bruns tournoient dans l'air tiède. Une assemblée de mouettes rieuses discute le bout de gras. Je me souviens des armadas de bernaches cravants qui, l'hiver dernier, cacardaient dans le havre de la Grande Jetée.

Je trouve et j'emprunte la digue qui longe le golf : je me remémore les milliers d'autres bernaches qui tondaient cette pelouse au mois de février ; de loin, je les avais prises pour des oies domestiques... Je grimpe sur le rempart que les mâcerons assaillent, et que je suis vers la Poterie. À l'est, le marais des Trois-Frères, puis celui des Ains. À l'ouest, le chenal du Roc, puis le Vieux-Port. Des aigrettes garzettes posent leurs taches immaculées dans les salines : la brise lève parfois le plumet de leur crâne ; leurs pattes et leur bec sont fragments de charbon. Le vert acide des algues (festons et falbalas de laitues de mer, écheveaux de filaments d'entéromorphes) contraste avec le noir de la vase et l'argent bleu des bassins d'eau calme. J'aime ce mélange indécis de terre et de mer — le sortilège de ces milieux qui s'épousent, dans une lumière que je n'ai vue que chez Constable et Corot. Une vieille barque noir et vert, éventrée au bord d'un canal, dit le temps qui passe sous les pommelures éphémères des nuages.

Les haies fleuries, les livèches, les mâcerons, les pâquerettes, les ficaires mènent le marcheur vaguement saoul jusqu'aux maisons du Roc. Je tourne à gauche, derrière le Vieux Port, puis encore à gauche sur l'étroite route goudronnée, transformée en piste cyclable, qui longe la réserve naturelle de Lilleau des Niges. Direction : la Tricherie. Au petit pont, j'entre dans le temple. Les servants de l'autel sont une vingtaine d'aigrettes garzettes : je comprends la nécessité de leur robe virginale. Des hérons cendrés les assistent avec la componction qui sied aux prêtres des anciens rites. Il est question, ici, d'une cérémonie en l'honneur du printemps, de la nature, des marécages et des oiseaux qui les hantent. Le soleil allume une torche d'or dans chaque bassin de l'ancienne saline. Dans ces fossés bordés de tamaris et de mâcerons, sur ces talus hérissés de mauves althées et de betteraves maritimes, dans ces prés verts trempés par les averses, les crustacés, les mollusques, les insectes pullulent et composent un goûteux menu de cène pour des processions d'emplumés. Un couple de canards colverts décolle à dextre : le mâle a les ailes lunées d'émeraude, madame est brun-gris à deux galons d'azur. À sénestre, un ménage de tadornes de Belon se dandine dans un pré : sexes semblables, orange, blanc et vert comme le drapeau irlandais. Ici, en hiver, outre des théories de bernaches cravants, on admire des vols de vanneaux huppés, de barges rousses, de pluviers argentés, de chevaliers gambettes, de chevaliers aboyeurs et de chevaliers arlequins, sans oublier les visites des sternes caugeks ni celles — récentes — des spatules blanches qui remontent, en été, parader en Hollande.

Lorsque le printemps revient, la place est ouverte aux nicheurs. Ils sont nombreux. J'en entrevois quelques-uns. Avocettes au long bec fin, recourbé vers le haut. Tadornes de Belon en couples fidèles. Sternes pierregarins — queue fourchue, parangons de légèreté. Harles huppés. Sarcelles d'hiver — tête rousse et joues vertes. Canards morillons. Bécasseaux variables. Courlis cendrés. Gravelots à collier interrompu. Échasses blanches sur leurs pattes rouges... En mai, quelques-unes des onze mille bernaches cravants qui passent la saison froide à Ré ne sont pas encore parties pour l'immense voyage de 12 000 kilomètres qui les mène vers le Grand Nord. Elles profitent de la générosité des eaux

locales : voyez-les se gaver de zostères et de spartines (qu'on appelle ici « blé de mer »), d'algues vertes, d'herbes tendres des marais et des prés...
 J'avance dans la réserve, vers le clocher pointu de Saint-Clément-des-Baleines. Les fleurettes du bord de la piste me font signe : renoncules d'or ; véroniques petits-chênes aux corolles de ciel bleu ; stellaires étoilées ; pâquerettes blanches à cœur jaune avec, au bout de chaque lame, une marque de baiser rose... Les creux d'eau salée sont bordés de fouillis d'obiones, de soudes, de salicornes, de laîches. Des phragmites hérissent les bassins d'eau douce. Au secret de ces herbiers, nichent de jolies fauvettes des roseaux — bouscarles, locustelles, rousserolles — que le busard des roseaux terrorise en tournant comme l'ombre du destin. Une bande de bruants file vers un pré où paît un troupeau de moutons scottish blackface : efficaces tondeurs de prés salés... Plusieurs verdiers tourbillonnent. Une bergeronnette grise hoche sa longue queue sur la route. C'est à ce moment que je l'aperçois — le gorgebleue à miroir... Monsieur et madame, dans un buisson d'aubépine. De la taille du rougegorge — dessus brun, dessous blanc, avec un « sourcil » clair. Sur la poitrine du mâle, ce gros anneau de saphir bordé de rubis, dont le centre est blanc pur (rouge chez la sous-espèce septentrionale)... L'île de Ré n'accueille pas moins de cent cinquante couples nicheurs de ce bijou, dont elle compose la première patrie en Europe.
 Je contemple les gorgebleues qui gazouillent. Le temps s'écoule comme un train de nuages pommelés. Je deviens gorgebleue, ou verdier, ou poule d'eau : qu'importe ? Je picore par la pensée divers crustacés et mollusques goûteux. Je plane comme le busard. J'entreprends des migrations sibériennes. Je me relève de ce songe avec des plumes au bout des doigts. J'ondule, dans le vent qui se lève et je prends la direction de la Tricherie.

Les automobiles odorantes et vrombissantes de la départementale 735 me redonnent substance humaine. Hélas !... Je traverse le village et le bois du Peu Naud, qui compose une langue de la forêt domaniale de la Combe à l'Eau. Je revois les vagues de l'océan. Je remonte vers le nord-ouest, par la côte Sauvage, en scrutant les hauts-fonds du Creux, du Dauphin, du Pas de la Digue, du Rouland, du Verger. Treize cormorans volent au-dessus des rouleaux : le chiffre suivant de la suite de Fibonacci ! Je le savais. C'était écrit... Je touche le phare des Baleines en ayant compris que la nature, dans sa sagesse mathématicienne, fera forcément refleurir ici le souffle magique des léviathans. J'attends sans impatience les baleines franches de l'île de Ré.

> NOTE SAISONNIÈRE ET RECOMMANDATIONS
>
> Cette balade est aisée, mais assez longue : rien n'empêche de la partager en tronçons pour deux ou trois journées paresseuses. Pas le moindre risque, sauf aux extrémités de la plage du Gros Jonc où, durant les marées hautes de pleine eau, il reste peu de place pour marcher.
>
> La moins bonne saison pour ce grand tour est l'été : trop de monde (les Portes-en-Ré méritent leur surnom de « Saint-Tropez » de l'île), et pas assez d'oiseaux disponibles... L'hiver est superbe, avec ses folies de bernaches cravants, mais aussi la splendeur de ses tempêtes. Les deux saisons de la migration — le printemps et l'automne — enchantent le plus exigeant ornithologue. Trésors emplumés pour obsédés de la jumelle ou du télescope... Avec, aussi, des récompenses pour le botaniste et le cétologue.

# 4. Médoc

# L'alchimie du vin

*Fin d'été. Bientôt les vendanges. Déjà le goût du vin... Un itinéraire gouleyant et long en bouche, au cœur du Médoc. Rêvons — avec modération — de châteaux Lanessan, Camensac, Belgrave, Lagrange, Talbot, Léoville, Langde, Beaucaillou, Beychevelle, Branaire Ducru, Gruaud Larose... Balade grand cru, ça va de soi !*
*En boucle autour du château Lanessan, 5 heures.*
*Carte I.G.N. au 1 : 25 000, 1435 E, Série bleue, Castelnau-de-Médoc, Saint-Laurent-et-Benon.*

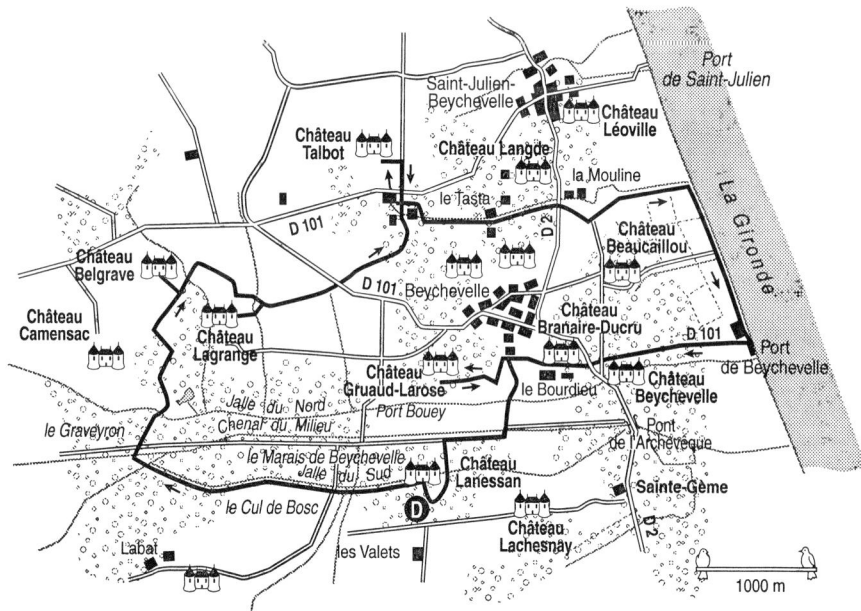

Je regarde la grive draine perchée sur le cep tortueux. Bec et pattes gris, poitrine mouchetée d'or et de brun. Je lui demande si elle aime. Elle pique un grain sur la grappe et me siffle que oui, « tchioup ! tchioup ! ». Elle avale la baie à peine rougie de cette fin d'été. Je lui susurre que, mûr et fermenté, le raisin est un délice. Elle le sait. Elle y a goûté, l'automne dernier. Elle s'est saoulée de grains blets oubliés par les vendangeurs. La grive est une métamorphose de nymphe bacchanale.

Je commence cette balade devant le chais du château Lanessan, dont je viens de taster le millésime 1980. Une gorgée, une seule. Je m'étais promis de ne pas céder à la tentation. Encore une résolution de fichue. Il faut avouer que ce cru est superbe. Voluptueux. Avec des épanouissements de cerise sauvage et de violette, et un parfum de vent du nord sur la Gironde. Quelque chose comme un résumé du terroir du Médoc, où la rudesse des sols d'alluvions s'exalte en saveurs organiques capiteuses et complexes.

 *DU CHÂTEAU LANESSAN AU CHÂTEAU CAMENSAC, 1 heure 30*

Les portes et les fenêtres rouge sombre (bordeaux, bien sûr !) des bâtisses du château Lanessan symbolisent l'alchimie du vin, sous le soleil du Médoc qu'une gaze de brume atténue. Je hume l'odeur de la vigne. Me reste en bouche le goût du grand cru, ce jus de fruit travaillé par la biochimie d'une levure et le génie jouisseur et gourmand de l'homme. Je songe aux générations de vignerons qui se sont succédé ici. Je pense aux poètes qui ont chanté le vin. Homère boit sa coupe face à la mer et Li Po sous la lune. Omar Khayyam et Rabelais trinquent en riant. La grive lance un trille complice. Elle se prend pour Li Po. Elle en a la musique triste et belle. Au bas du château Lanessan, vers le nord, un pont franchit un canal baptisé « Jalle du Sud ». Je passe sur l'autre rive. J'avance vers l'ouest, sur la digue herbeuse, en côtoyant le fossé liquide vert d'argent. Un milan royal tourne dans le ciel — bec crochu et queue fourchue. Une grenouille saute, ploc ! le bruit de l'eau — comme dans le haïku de Bashô. Je me sens bien. Ne croyez pas que c'est le vin. Disons que j'ai l'âme teintée de château Lagrange ou Gruaud Larose.

Je longe le marais de Beychevelle qui draine vers la Gironde une partie des pluies du Médoc et sépare les appellations contrôlées Haut-Médoc et Saint-Julien. En apparence, je m'éloigne de la vigne. En vérité, je suis à l'étage de ses racines. La sève de la terre monte par capillarité vers les collines et s'insinue dans chaque pied de cabernet sauvignon, cabernet franc, merlot, malbec ou petit verdot. Un nuage, comme un idéogramme ou un hiéroglyphe gris, m'explique comment la pluie, le soleil et le vent participent du terroir. Je foule un substrat d'alluvions glaciaires et fluviatiles. Sables et graviers. « Graves pyrénéennes » de la fin de l'ère Tertiaire. « Graves garonnaises » du début du Quaternaire — de l'époque de la glaciation de Günz. Un sol trop pauvre pour nourrir autre chose que de la vigne. D'où sa richesse. D'où sa gloire.

Un bois de peupliers, de saules et de frênes occupe la rive septentrionale de la Jalle du Sud et s'étend jusqu'au Chenal du Milieu. Ombre douce. Herbe drue. Sur la digue, une plume de pic-vert. Sur une branche, un écureuil roux étonné. Des volées de pinsons, roitelets, bruants, pouillots et mésanges à longue queue animent la frondaison. Un couple de tourterelles me rappelle que, pour l'espèce, viendra bientôt la saison du massacre. Le Médoc est une contrée paradoxale où cohabitent certains des plus subtils et certains des plus grossiers esprits de la Terre. D'un côté, des magiciens du vin ; de l'autre, une cohorte de canardeurs sans loi ni vergogne ; le pis est que, parfois, ce sont les mêmes... Le sous-bois moutonne de ronces, de chèvrefeuilles, de viornes lantanes aux grappes de fruits vermillon, de prunelliers chargés de prunelles à pruine gris-bleu, dont l'arrière-goût ressuscite (me semble-t-il) dans les vins de Lanessan ou de Camensac.

Les bords du canal se hérissent de touffes d'iris des marais jaunes (ou pseudacores) — en cette saison, palissades de feuilles de jade et de tiges raides aux fruits en capsules ocre. Des æschnes bleues, des libellules déprimées, des agrions vierges, des coenagrions demoiselles azurés volent de roseaux phragmites en roseaux massettes ; de là, jusqu'aux épis purpurins des stachys épiaires. Un chardonneret élégant (de l'or aux ailes, une escarboucle sur le front) picore les graines de cardères (ou cabarets des oiseaux). Des buissons d'hibiscus exhibent les longs pistils raides, rouges, gluants de leurs fleurs aux pétales de soie vieux rose. Des liserons blancs serpentent sur tout ce qui pousse. Des eupatoires chanvrines d'un rose rouille accueillent des congrès soiffards de papillons gammas, tortues et vulcains. Des boutons d'or, des plantains moyens, des vesces violettes, des verveines bleues sèment leurs taches. Des reines-des-prés (ou ulmaires) colonisent de vastes espaces : panaches vaporeux de fleurs blanches d'où s'exhale un entêtant parfum sucré que les abeilles et moi-même adorons. Un papillon colias aux ailes de soufre à ocelles roses palpite près d'une grande bardane. Je détaille les capitules de cette plante. Leurs crochets leur permettent de s'agripper aux poils ou aux habits. « Velcro », modèle déposé par la nature.

Un héron cendré décolle : vol lourd, cou plié en S, ailes trop amples pour ce milieu d'arbres. Je découvre son nid sur une fourchure de branches : un tapis de fientes, à terre, le trahit. Un ragondin nage en portant dans la bouche une touffe d'herbes. Sur l'eau patinent des gerris. Je repère les massues vermillon des fructifications d'arums (ou pieds-de-veau), et les épis de fleurs jaunes, en rhytons antiques, de la linaire commune. Sous le tube rose d'une corolle de grande consoude, l'épeire diadème guette le papillon tircis. Sous la fleur voisine, une araignée thomise a pris la couleur même des pétales, et attend l'insecte malchanceux qui ne l'aura pas vue.

Voici la ligne de chemin de fer. « Passage privé, interdit au public », dit un panneau. Par conséquent, je traverse. Le héron cendré m'approuve. De l'autre côté du remblai commence une manière de jungle. Une folie végétale... Sur un demi-kilomètre, la berge de la Jalle du Sud n'est pas débroussaillée. Commence la section sportive de l'itinéraire... Je me coule dans la végétation jusqu'à la taille, parfois jusqu'aux épaules. Magma chlorophyllien... J'endure les ronces et les orties. Je me prends les pieds dans des branches de peupliers tombées. Je bois les couleurs, je renifle les parfums mêlés des menthes sauvages, des reines-des-prés, des stachys épiaires, des roseaux, des grandes berces, des liserons et des tamiers aux feuilles en piques (l'herbe aux femmes battues de la médecine populaire). Je jouis de l'aventure. Sueur et saine souffrance de l'explorateur d'âge mental modeste... Des fauvettes des roseaux s'envolent en protestant que je les dérange. De puissantes prêles aux étages de feuilles linéaires me rappellent qu'au Carbonifère, voici trois cents millions d'années, les ancêtres calamites de ces plantes excédaient 30 mètres de hauteur.

Je touche la vanne et le petit pont sur la Jalle du Sud. Fin de la jungle. Un crochet à droite, un autre à gauche : et je foule la large piste qui jouxte le canal du Milieu. Je franchis le pont près des panneaux « Circuit du Haut-Médoc ». Je vais en face, dans la direction du château Camensac — désormais, sur une large allée de terre. Coup d'œil complice du bruant ortolan perché sur un cep.

 *DU CHÂTEAU CAMENSAC AU CHÂTEAU LANESSAN,*
*3 heures 30*

La vigne, partout la vigne, avec des bouquets d'arbres — pins parasols, peupliers, chênes — autour des châteaux... Sous mes souliers, la terre du Médoc, gravière, sableuse. J'en égrène une poignée. Elle est sèche, avec ce mélange de douceur et de rudesse qu'on retrouve dans le vin. Je palpe un sarment à l'écorce rude et cordée. Je suis, du bout de l'index, les nervures d'une feuille. Je caresse une grappe rouge. Cépage cabernet sauvignon... J'aime le raisin quand il n'est encore que promesse ; rêve de vigneron. Peut-être millésime d'exception. Probablement une année ordinaire. À moins que ne s'abattent la grêle, la pluie continue et la pourriture consécutive ; le désastre... Je contemple un nuage en forme de point d'interrogation. Il résume le Médoc. Le vent de la Gironde me baise la joue. Je conçois que les sociétés paysannes aient besoin de sorciers, fussent-ils ingénieurs à la Météorologie nationale.

Les rangs de vigne sont « propres ». Au cordeau. Nettoyés. Entretenus, bichonnés avec une minutie qui frise l'obsession. Mais la nature sauvage revendique. Entre les ceps, pointent de délicats liserons rose tendre ; des épervières simulacres de soleil ; des oseilles vert et rouge ; plus loin, des mauves sylvestres aux pétales roses veinés de pourpre. Nul ne m'ôtera de l'esprit l'idée que des sucs, des nectars, des fragrances, que sais-je ? des sèves, des solutions biologiques complexes, des oligo-éléments passent de ces plantes dans la vigne. Le vin est affaire non seulement de cépage, de terre, de soleil et de pluie, mais de voisinage végétal. Le doux mucilage de la mauve et l'acidité subtile de l'oseille s'inscrivent dans la saveur des crus de Camensac ou de Belgrave.

Je repasse la voie de chemin de fer : talus crêpelés de robiniers faux-acacias ; d'onagres bisannuelles aux vastes corolles jaunes ; et de vipérines bicolores — bleu-violet et rose bonbon... Un merle siffle. Une corneille croasse. La vie coule comme les quatre saisons de la vigne — à la fois régulière et imprévisible. Je marche vers le château Belgrave. Grands chênes et mares couvertes de lentilles d'eau. Un terrain vague est envahi de morelles noires, de daturas stramoines (solanacées hallucinogènes), de silènes enflées, de millepertuis perforés, d'achillées millefeuilles et de pulmonaires. La grive draine m'a suivi ; à moins que ce ne soit sa cousine. Elle chante à tue-tête. Je la soupçonne de se prendre pour le rossignol : Dieu sait ce que l'ivresse laisse croire !

Château Lanessan, château Camensac et château Belgrave : trois Hauts-médocs. J'entre, à présent, sur le terroir de Saint-Julien. Au carrefour qui suit Belgrave, je vais à droite. Un bout de route goudronnée me mène au château Lagrange. Superbes bâtisses, pour un troisième cru classé. Long étang bordé d'arbres centenaires : chênes d'Amérique, érables sycomores, séquoias à l'écorce brun-rouge fibreuse... Je continue sur la piste de terre qui file vers la départementale 101, que je traverse. Je poursuis jusqu'à la route goudronnée qui dessert le hameau du Long. À 10 minutes du château Talbot : détour obligé.

Puis je marche vers l'est et le hameau de la Mouline, sur un chemin goudronné, bordé de bambous et de cyprès. Fossés luisants de lysimaques nummulaires jaunes et d'iris des marais homochromes ; de menthes poivrées, de morelles douces-amères, de compagnons blancs, de consoudes ; sans omettre la rare sagittaire à feuilles en flèches. Moineaux, pinsons, mésanges. Des criquets crissent. Des bourdons vrombissent. Un papillon nocturne, aux ailes de coton gris, mouchetées de noir, atterrit sur ma main et n'en veut plus bouger. Je le confie à une feuille de bardane.

Je franchis la départementale 2 à l'entrée de la Mouline. À 100 mètres du château Langde et environ 1 kilomètre du château Léoville, donc de Saint-Julien-Beychevelle. Léoville : deuxième cru classé du Médoc, comme Ducru-Beaucaillou et Gruaud Larose, que je visiterai tout à l'heure... Telle est l'aristocratie longue en bouche et riche en saveurs du Bordelais. Il m'en monte au nez des bouffées capiteuses de fruits rouges, de chêne, de musc et de merise. Avec cette grâce inimitable qui relève les arômes jusqu'au point absolu où le cerveau ne dispose plus d'assez de neurones ni de mots pour célébrer son plaisir.

Je chemine vers la Gironde, au-delà de la Mouline, le long des dernières vignes. On dit que ce sont les meilleures... Un busard cendré tourne, puis file vers l'eau. Je traverse des prairies de fauche que rehaussent des bouquets tristes et beaux de linaires communes ; des touffes d'étoiles d'azur de chicorées sauvages ; et des fleurs papillons roses de coronilles. Une ligne électrique, des pylônes de chasse : l'écologiste sent pointer en lui la nervosité. J'oublie ces morceaux de laideur et de cruauté satisfaite en touchant l'estuaire. L'eau grise fuit vers la mer, à l'image de ma négligeable existence. Elle emprunte ses nuances aux nuages. Pas une seconde, elle n'est semblable à ce qu'elle fut l'instant d'avant. Des hérons cendrés, des mouettes, des cormorans volent au-dessus des roseaux et des peupliers.

Je respire l'union essentielle de la terre et de l'eau. Je ressens ce mélange de bonheur et de mélancolie qu'apporte aussi le vin. Li Po et Omar Khayyam chantent dans mon âme la fugacité de la vie, qui se déguste comme un verre de grand cru. Sans laisser d'autre trace qu'un parfum de baie rouge bientôt dispersé par le vent... Je me fonds dans le fouillis végétal de la rive. Fauvette des roseaux et papillons (belle-dame et petite-tortue). Faucon crécerelle et papillons (piéride et mélittée). Des postes de pêche au carrelet me font songer à ce qui grouille dans ces eaux limoneuses. Le saumon, l'alose et l'anguille (ou sa larve civelle) en migration. La lamproie, survivante bizarre de l'âge des agnathes (les premiers poissons, dits « sans mâchoires » ou « à mâchoires rondes ») : cette dernière se comporte en parasite et suce le sang de ses victimes avec sa bouche-ventouse. Je pense à l'esturgeon, qui manqua disparaître de ces eaux et y revient depuis qu'on protège un peu mieux les gravières où il fraie.

Je remonte la rive boueuse, sur le chemin de terre où suèrent des générations de bateliers. Un canal à passer sur un pont de pierre enserré d'autant de ronces que dans *La Belle et la Bête*. Un autre fossé fangeux, dont le pont introduit à la croix d'un calvaire, puis à une large allée de tilleuls. Terriers de ragondins dans le talus. Volées de passereaux dans les feuillées. L'allée me ramène, vers l'ouest, jusqu'au château Ducru Beaucaillou. De là, je pique vers le sud et le château Beychevelle... Autrement dit : « Baisse-voile ». On raconte que les navires qui remontaient la Gironde affalaient ici leur voile en manière de soumission au duc d'Épernon ; ou en signe d'allégeance à l'évêque ; ou au contrôleur des finances !

Je retraverse la départementale 2 vers le hameau du Bourdieu et le château Branaire Ducru. De là, je marche vers le château Gruaud Larose. On m'y reçoit. Le chef de culture, M. Frédéric, me procure un authentique plaisir d'écologiste en m'expliquant qu'il répand de moins en moins de fertilisants : l'analyse chimique du sol lui permet de fournir aux ceps l'exacte quantité d'engrais requise. Cette année, il a — en outre — remplacé les insecticides par un traitement biologique aux phéromones : abusés, les lépidoptères eudémys ne se reproduisent plus.

Je reviens à mon point de départ — le château Lanessan — en empruntant la piste de terre qui, de Beychevelle, file au sud et traverse la Jalle du Nord puis le chenal du Milieu, avant de rejoindre (à droite, puis à gauche) le pont sur la Jalle du Sud... J'ai dans la narine une folie de parfums. Gruaud Larose 1975. Violette et fraise, mauve sylvestre et herbes du chemin, avec des remontées de truffe et de chicorée sauvage. Sans oublier des molécules d'eau grise de la Gironde, chargées de vent d'Amérique.

> NOTE SAISONNIÈRE ET RECOMMANDATIONS
>
> Nulle recommandation particulière de prudence pour cette balade, si ce n'est de déguster avec modération le produit des châteaux ! Toutes les saisons sont belles en Médoc, avec de fameuses migrations d'oiseaux : tourterelles, grues, etc.
> On observera, bien sûr, les phases du travail de la vigne. Janvier et février : la taille. Mars : les labours de « déchaussage » et de « décavaillonnage ». Avril : les plantations et l'« échalassage » (le soutien des ceps sur les pieux). Mai : les labours superficiels contre les mauvaises herbes et les traitements contre les parasites (mildiou, oïdium). Juin : durant la floraison, le liage (« accolage ») des sarments sur les fils de fer. Juillet et août : les aspersions de bouillie bordelaise ; l'attente ; l'espoir du cru exceptionnel. Septembre : la vendange. Octobre : la fin de la vendange et les travaux de chai. Novembre : le buttage des ceps. Décembre : le 15, le début de la taille nouvelle.

# 5. Arcachon

# La dune du long regard

*La plus grande dune d'Europe : d'en haut, le regard et l'esprit volent vers le banc d'Arguin et se perdent sur l'océan Atlantique. Jusqu'en Amérique... Le Pilat (ou Pyla, ou Pila) est une sentinelle blonde pour les dauphins et les sternes du bassin d'Arcachon. Les pieds dans le sable et la tête au vent du large.*

*En boucle autour du parc à voitures du Pilat, 6 heures.*

*Carte I.G.N. au 1 : 25 000, 1337 ET, Top 25, bassin d'Arcachon.*

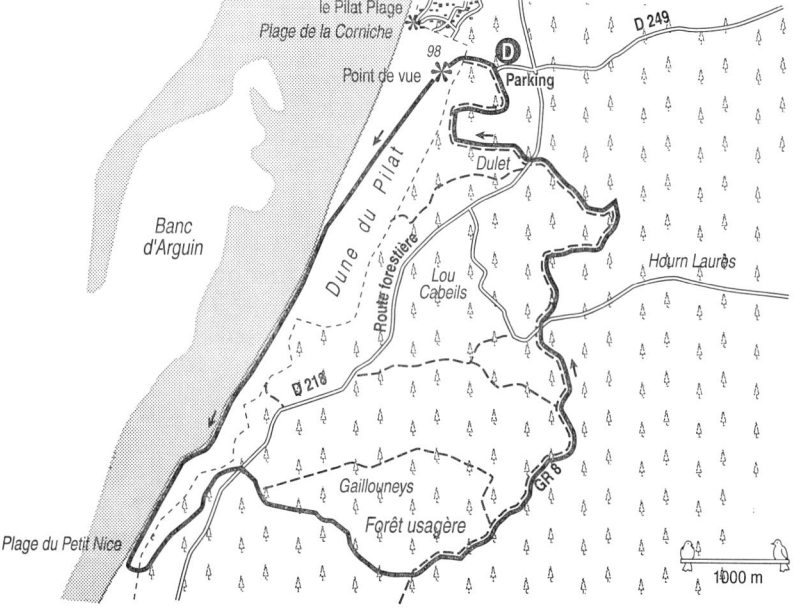

Les dauphins filent dans l'eau gris-bleu qui clapote au bas de la montagne de sable. Des dauphins nez-en-bouteille, ou tursiops, ou grands souffleurs. Dos gris, reflets d'ardoise, ailerons en faux... Ils sont cinq. Un sixième suit, mais ne se mêle pas au troupeau. Une femelle, nommée « Françoise ». Une originale. Elle compte parmi les sujets qu'on appelle « ambassadeurs » parce qu'ils se rapprochent des hommes — par curiosité, plaisir ou besoin de société. Les cétacés ondulent, sautent et donnent des coups de queue aux nuages. Ils se frôlent. Ils se parlent dans leur langue sifflée et cliquetée. Ils sourient, de ce perpétuel sourire que l'évolution a collé au coin de leur bec. Nous jouissons du soleil d'Arcachon. Eux, dans le goulet du bassin. Moi, au pied de la dune géante.

 *DU PARC À VOITURES À LA CIME DU PILAT, 0 heure 45*

J'enfile mes chaussures de montagne. Je ne confonds pas la dune avec le mont Blanc, mais je sais que mes souliers de randonnée embarquent peu de neige ; donc, peu de sable... Certains disent qu'ils me poussent aux pieds dès que je marche ; d'autres, que je les mets même pour aller au bureau : méchantes langues. Je laisse le parc à voitures, cette vacuité (hors saison), ce trop-plein (en saison) que bornent, vers le haut, des boutiques de souvenirs et des baraques à crêpes. Ici, les marchands du temple font partie de l'écosystème. J'emprunte le sentier (mini-portion de G.R. 8) qui court entre les troncs bruns, craquelés, fissurés, des pins maritimes. Je renifle le parfum tonique de la résine : j'ai la poitrine emplie d'odeurs et l'âme couleur d'ambre. Entre les branches garnies d'aiguilles vert sombre, le

dôme de la dune ocre, presque blanc, luit doucement dans le soleil de ce matin de printemps.
Je grimpe la dune sur l'itinéraire des touristes. Au bas de la pente, le pied des pins, des arbousiers et des houx disparaît dans le sédiment que le vent pousse inexorablement vers l'est. Des arbres qui croissaient naguère loin du sable sont désormais assiégés par les granules minéraux. Image de mort par constriction. La dune est un boa dévorateur de plantes et d'espace. Je contourne le toupet sec, bientôt englouti, du dernier pin. L'ascension est courte, mais rude. Je monte en ahanant. Deux pas en avant, un pas en arrière, selon le mot d'ordre de Lénine. (Les associations d'idées les plus idiotes naissent du défaut d'oxygène : je soumets cette humble idée aux neurobiologistes.) Je caresse le sable du bout des doigts, puis à pleines mains. Il est doux comme un lange de bébé, avec parfois des rugosités de langue de chat. Pour la couleur, il varie de l'ocre au blond, au gris pâle et à l'ivoire, avec des traînées sombres. Cette magie minérale coule et fait avancer le temps. Rien n'est plus symbolique, ni plus mythologique.
Je sors sur l'arête, comme disent les alpinistes. Un goéland argenté craille et déploie dans le vent l'impeccable frange noir et blanc de ses rémiges. Je contemple un infini. La dune du Pilat : la dune du long regard... Devant moi, le sable moutonne et s'étage en paliers descendants vers la mer. À mi-pente, un vieux blockhaus de guingois... Au sud, j'admire la dune dans sa longueur extrême : un simulacre de Sahara beurre et noisette. À l'ouest s'étalent les camps de lumière beige, argent et gris-bleu du banc d'Arguin. Cette île changeante, qui encombre une partie de la passe d'Arcachon, a l'air d'un crabe aplati. En ce moment, la marée monte : le crustacé s'enfonce... Au nord-ouest, le cap Ferret prend une allure de vapeur à l'horizon. L'océan Atlantique, d'un

admirable bleu-vert, moutonne comme dans un voyage au Nouveau Monde. Je me retourne : à l'est, aussi loin que porte la vue, la forêt des Landes ondule comme un océan symétrique vert sombre, presque noir, de cette teinte absolue que le Titien accroche au manteau des apôtres.

Il m'a fallu peu de temps pour escalader la dune. À l'aplomb du parc à voitures, je ne foule que le deuxième sommet du système. Je regarde le premier vers le sud. Il me nargue. Je marche dans sa direction sur l'arête, de bosse en vallon. J'avance sur les traces d'une mouette : chemin d'ivrogne ! Elle s'était, je présume, saoulée comme moi de vent du large et d'odeur de résine. L'échine de la dune fut agrémentée d'une crête reptilienne. Une tempête en a resculpté la surface. Elle est désormais adoucie, arrondie, fessue, mamelue : en un mot, femelle.

 *DU SOMMET DE LA DUNE AU PETIT-NICE, 2 heures 15*

Je m'arrête. Je sature mes lobes optiques de jeux de soleil sur le sable. Je foule la cime principale. 103 mètres au-dessus du niveau de la mer. Mettons : entre 102 et 104, ça dépend du vent... Je descends vers l'océan, de l'iode dans les alvéoles pulmonaires et du sel sur les lèvres. Je me sens aérien, presque goéland, quasi cormoran... Je contemple la splendeur inondée du banc d'Arguin, dont seule une portion reste émergée à présent que le flux est à son maximum. La dune du Pilat mesure 2 700 mètres de longueur et 500 de largeur. Impression saharienne, ou arabique. Je joue les méharistes sur mes deux pieds de dromadaire en chaussures de montagne. Sir Lawrence et son turban. Je dévale la pente. Vers le bas du massif, des stries horizontales barrent le sable. La teinte de ces bandes est rougeâtre (oxydes de fer), gris-bleu, gris sombre ou noirâtre (restes de tourbe). Il s'agit de vestiges de sols. De paléosols, comme disent les géologues, qui ont reconstitué la fascinante histoire de ce paysage.

Le Pilat commence de se former voici huit mille ans, sous un climat froid de queue de glaciation, sur une étendue basse occupée par des marécages et par une forêt de pins sylvestres, d'aulnes, de bouleaux et de noisetiers. Je repère, à la base de la dune, juste au-dessus du niveau de la haute mer, le sol le plus ancien (« Paléosol 1 »), noirâtre, gorgé de débris végétaux et de pollens. Cette couche compacte, mais friable, fait songer à un gâteau. Il en coule de petites sources : ici suinte l'eau douce de la nappe phréatique landaise. Voici quatre mille ans, un réchauffement s'amorce : gris pâle, avec des reflets de rouille, le « Paléosol 2 » se situe entre 3 et 4 mètres d'altitude. Le « Paléosol 3 », entre 20 et 30 mètres, commence de se constituer voici trois mille ans, et s'accumule jusque vers l'an 1600. Il recèle mille traces d'occupation humaine : coquilles d'huîtres empilées, outils de silex puis de métal, poteries... C'est au XVIIe siècle que le paysage prend son aspect actuel. Les petites dunes crêtées (ou « barkhanes »), qui composaient jusque-là l'essentiel du système, sont submergées par des dunes paraboliques énormes, nées notamment du travail du vent sur la région sableuse voisine de la Grave.

Je marche vers le sud. Plage absolue, on dirait infinie. Eau claire qu'anime un léger clapot. Tapis d'algues vertes (ulves, entéromorphes) sur de rares rochers plats, usés par le ressac. Des vols de goélands argentés et de mouettes rallient le banc d'Arguin. Un quarteron de gravelots et une dizaine de tournepierres détalent. Vingt oies cendrées (je les compte) migrent vers le nord : rien n'égale l'harmonie de cette ligne de corps battants, qu'attache — dirait-on — un fil invisible. Sur la montagne de sable (authentique désert du Pilat!), ne nichent que la bergeronnette grise, le rougequeue noir et le cochevis huppé. Au bord de l'océan, la faune est plus nombreuse. Le banc d'Arguin constitue la base arrière de maintes espèces emplumées. La sterne caugek y a installé sa principale colonie française. Elle côtoie le gravelot à collier interrompu, l'huîtrier-pie, l'échasse, l'avocette et l'aigrette garzette, parfois la spatule blanche ou la grande aigrette en route pour leurs vasières du bassin d'Arcachon.

Je divague sur la plage en pente douce, en direction des blockhaus qui la hérissent à l'horizon du sud. Du côté de la terre, sur le talus de sable que coiffent des bouquets de pins maritimes, j'observe des camps d'oyats (ou ammophiles) : ces graminées aux feuilles aiguës, dont les racines fixent les dunes, se mêlent de liserons soldanelles (corolles rose chair en trompettes), de panicauts maritimes (ou éryngiums, ou chardons bleus : inflorescences en couronnes d'épines gris-bleu), d'euphorbes des rivages, de gaillets des sables, de chiendents-joncs gris-vert, d'immortelles teintes (et parfumées) de safran... En été, volent des libellules et courent de petits coléoptères aux élytres noirs ondulés, qu'on baptise ténébrions des sables.

Près de la ligne écumeuse du ressac, je recense assez peu de coquillages : couteaux, coques, praires, donaces, vénus, tellines... La raison de cette rareté tient dans la puissance prodigieuse des courants locaux. Le sédiment est instable, fuyant, souvent brassé, remanié, trituré, bouleversé. Les mollusques ne réussissent guère à s'y installer. Lorsque les tempêtes oublient la contrée pour un temps, les hôtes du dessous reviennent : leurs populations explosent.

Je marche comme sur n'importe quelle plage : avec

le sentiment d'être le premier. Seul au monde. Auteur des premières empreintes de pas qu'on ait laissées dans ce sédiment que la mer repolit aussitôt comme un miroir... Je note l'abondance des petits tortillons de boue expulsés par les vers arénicoles. Je découvre des dizaines d'œufs de gélatine lactescents, rejetés par les vagues. Je les examine. Une bouche centrale, huit sillons méridiens garnis de mini-tentacules en peignes : ce sont des cténaires, ou cténophores (« porte-peignes ») ; peut-être du genre hormiphore ou pleurobrachie ; des cœlentérés, en tout cas, cousins des méduses et des gorgones, mais hérissés de cellules collantes (colloblastes) et non pas urticantes (cnidoblastes). Quand elles dérivent dans les courants, ces outres animales luisent comme des lumignons de Noël.

C'est en levant les yeux que je les aperçois. Les dauphins dans la passe. Dans leur jardin liquide. Les tursiops, grands souffleurs ou nez-en-bouteille. Cinq ensemble, un isolé. Ailerons en faux, dos gris bleuâtre, rostres luisants, corps musclés : voici les esprits de la mer !... Mais comme toujours, je les aperçois une minute, et salut ! Quelques coups de godille, et ils s'évanouissent dans le mystère liquide qui les a engendrés.

J'approche des blockhaus. Ces monstres de béton vomirent la mort subite pendant la Seconde Guerre mondiale. Dérisoires symboles : l'érosion marine les a offerts aux vagues. Ils sont penchés, bancals, abattus. Ils perdent pied. L'un d'eux, où le flux ne pénètre plus que lors des marées de vive-eau, a été transformé en aquarium naturel par la facétie des éléments. Ses parois sont colonisées par les moules, les huîtres et les balanes ; des crevettes, des crabes et des poissons gobies y ont élu domicile. Jamais, autant qu'en observant ces restes de force brutale, je n'ai compris la sagesse des Anciens : *Sic transit gloria mundi*. Près des blockhaus, les courants ne jettent pas seulement à la côte des coquillages et des algues. Ils apportent l'ordure. J'ai le regret d'écrire qu'ici, la splendeur et l'ignominie s'épousent. Je contemple un champ de déchets venus de France, d'Angleterre et surtout d'Espagne. Par une manière d'humour noir (dépêchons-nous d'en rire, de crainte d'en pleurer), j'inscris quelques trouvailles sur mon calepin : bouteilles de verre, flacons de plastique ou de métal, bidons, bombes aérosol, fragments de filets, restes de moteurs, de caisses, de raquettes de tennis, de chaussures... Vin rouge « Vieux village ». Crèmes de beauté « Lancaster » et « L'Oréal ». Tabac de Norvège « Petteröes Blanding ». Huile solaire « Dermoprotector Sanex ». « Agua oxigenada ». « Limpia luminia *(Agite bien el producto)* ». Cageots « Lagisa, Gijon ». Et ainsi de suite... J'implore les touristes ! Je me prosterne devant l'Espagne, ce pays pour lequel la mer reste encore trop souvent une décharge commode : assez ! Ne versez plus vos camions d'ordures dans l'Atlantique ! Les courants ramènent tout sur les plages de Gascogne. Les tortues, les baleines et les dauphins ont raison de tenir notre espèce pour une honte de la biosphère.

 *DU PETIT-NICE*
*AU PARC À VOITURES DU PILAT,*
3 *heures*

J'arrive au Petit-Nice. Nom racoleur et récent, pour un vaste parc à voitures sous les pins. Cabanes à frites, territoire d'estivants... Voici quelques années, en avril, les tempêtes s'étaient succédé pendant deux semaines dans le golfe. J'étais venu me promener sur cette plage. J'avais trouvé, en un après-midi, huit cadavres de dauphins échoués : des dauphins communs et des sténelles bleu et blanc, dont une femelle avec un fœtus à terme...

### Colère ocre et bleu

J'ai dit, dans ce texte, combien je suis outré par la vision des ordures (notamment espagnoles) que la mer rejette sur les plages, et par le fait qu'aucun sentier ne fasse le tour complet de la dune du Pilat.

Je râle derechef. Contre ceux qui abîment le banc d'Arguin... Cette réserve naturelle, créée en 1972, et dont la gestion a été confiée à la Société pour l'Étude, la Protection et l'Aménagement de la Nature dans le Sud-Ouest (la S.E.P.A.N.S.O., affiliée à France-Nature Environnement), constitue un site ornithologique d'importance mondiale. Outre les quatre mille et quelques couples de sternes caugek qui ont choisi d'y nicher, cette île changeante, ocre et bleu, accueille des dizaines d'espèces du large, de limicoles et d'échassiers.

Hélas ! Des touristes y débarquent en bateau et saccagent les nids. Hélas ! Des chasseurs y braconnent le bécasseau variable, l'avocette (rebaptisée pour l'occasion « alouette de mer ») et les petits limicoles (renommés « pieds-rouges »). Hélas ! Des ostréiculteurs, au mépris du règlement, y aménagent de nouveaux parcs à huîtres qui empiètent sur la partie encore sauvage de l'île. Les oiseaux, dérangés, effrayés, n'ont plus de place. Et disparaissent.

J'avais compris à quel point les cétacés, quoique adaptés à la vie marine, souffrent du mauvais temps. Lorsque celui-ci se prolonge, ils s'épuisent et parfois se noient.

Reviendrai-je à mon point de départ en suivant la côte ? Je préférerais accomplir le tour complet de la dune du Pilat en passant par la forêt. Je remonte jusqu'à la route de Biscarosse. J'ai beau chercher sur ma carte : aucun sentier ne file vers le nord en longeant la montagne de sable. Les campings et les propriétés privées bloquent tout passage. Quoi ? Autour de ce monument de nature, classé « Grand site national » en 1978 et que viennent admirer un million de visiteurs chaque année, la commune propriétaire (la Teste-de-Buch) n'a même pas tracé de chemin de randonnée ? Édiles : inscrivez ce projet à votre ordre du jour !

Je repère la ligne électrique moyenne tension qui coupe la forêt à l'est de la route. Je sais, par expérience, qu'entre les pylônes E.D.F., la piste est dégagée. En effet, ça passe... Je marche entre les genêts aux fleurs papillons jaunes et les arbousiers aux feuilles rouillées. Les pins pignons frémissent : grosses pignes à terre, exploitées par les écureuils. Odeur absolue de résine... Des troncs gemmés voici vingt ans, puis abandonnés, pleurent encore des larmes ambrées. Je salue le houx vert et le fragon petit-houx — le ruscus à aiguillons, aux fruits sphériques rouge vif. Je goûte la caresse des fougères. Je salue le ciste à feuilles de sauge, la bruyère à balais et sa cousine commune, la germandrée des bois et la garance voyageuse. Je repère, dans la mousse, des champignons clavaires en massues orange et des lichens-trompettes. Abeilles. Bourdons. Des chenilles processionnaires du pin défilent à la queue leu leu : voraces personnages aux longs poils fauve et roux, luisants et urticants. L'adulte de l'espèce est un modeste papillon gris.

 Je flâne dans la forêt landaise. Je suppose le chevreuil, la fouine et le blaireau. Je rêve de la genette. Dans des trouées d'arbres, j'aperçois la crête éléphantine de la dune. Je rejoins la route goudronnée, sur la gauche de laquelle je cherche — et trouve — les marques rouge et blanc du sentier de grande randonnée : le G.R. 8. Celui-ci me ramène au parc à voitures. Boucle bouclée. Au pied de la plus grande colline de sable d'Europe, j'ai plus de résine dans les veines qu'un pin maritime, et plus de sédiment dans les souliers qu'un gamin de trois ans. La huppe se moque.

 Les dauphins d'Arcachon sifflotent dans ma cervelle.

# 6. Landes

# Alligators au bayou d'Huchet

Il existe, dans les Landes, un bayou de Floride : le courant d'Huchet, qui déverse dans l'océan Atlantique les eaux de l'étang de Léon. Entre dune et forêt, une jungle d'eau et d'arbres parfois géants. Le fief du martin-pêcheur et de la loutre, où l'on s'attend, parmi les racines de cyprès chauves, à voir onduler l'alligator...

Aller-retour, de la plage des Moliets à l'étang de Léon, 7 heures.

Carte I.G.N. au 1 : 25 000, 1342 O, Série bleue, Soustons.

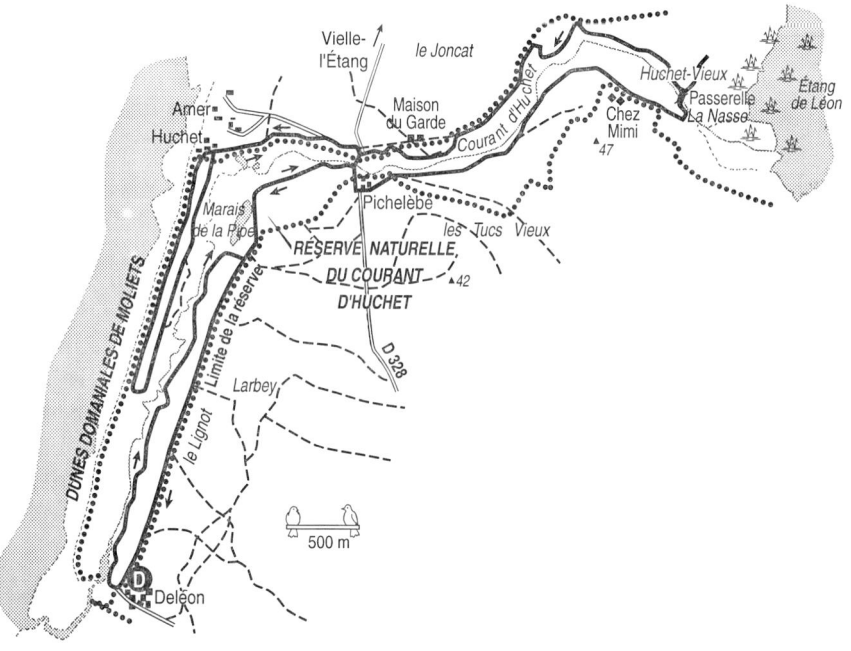

Je me faufile. Je patauge. J'avance en flicfloquant dans l'eau brune, dans un fouillis sans fin d'arbres moussus dont le tronc vert et brun possède les nuances des écailles des alligators qui peuplaient mes rêves d'enfant. Je suis un Indien Séminole en Floride, avant l'arrivée des Blancs. Je regagne mon camp. Et, tiens : voilà l'alligator. Il avance en nageant sous la surface, les yeux au ras des feuilles flottantes, la gueule entrouverte. Un monstre... Moins dangereux, cependant, que le serpent mocassin d'eau, dont l'intérieur de la bouche immaculé encadre deux crochets au venin fatal...

 *DE LA PLAGE DE MOLIETS À L'ÉTANG DE LÉON,*
*3 heures*

Bien sûr, il n'y a ni alligator, ni mocassin d'eau : rien qu'un tronc immergé et une racine onduleuse. Je fantasme mon plaisir primitif dans ce qui compose l'un des plus admirables paysages d'Europe — une manière d'Everglades en miniature, ou de delta du Mississippi à l'échelle du centième. La réserve naturelle du courant d'Huchet ressemble à l'idée que je me suis toujours faite du Nouveau Monde : une folie végétale et animale, au gré d'un fleuve et de ses marécages.

Je commence ma balade au parc à voitures fléché « Courant d'Huchet », au nord de Moliets-Plage. Ici finit le Mississippi pour enfants dont je prétends remonter le cours. Ici, le fleuve s'unit à l'infini de l'océan Atlantique. Des goélands argentés volent, dirait-on, vers « d'incroyables Florides » (ô Rimbaud !). Des gravelots, des tournepierres et des pluviers becquettent puis détalent sur la grève. Un cormoran met le cap sur Bayonne. Marée basse. L'eau bleue — quasi cobalt — du fleuve bouillonne en s'immisçant dans le bleu-vert du fluide universel. La longue plage landaise s'allonge vers le sud, couleur crêpe de la Chandeleur, avec des reflets roux, des troncs d'arbres échoués, des paquets d'écume figée, des laisses d'algues et de coquillages ; sans oublier, hélas ! les ordures convoyées depuis l'Espagne par le courant du golfe de Gascogne. (Quand donc les Espagnols cesseront-ils de jeter leurs déchets ménagers dans la mer ? — Quand donc, répliquent les Espagnols, les Français renonceront-ils à charger des navires de plutonium à la Hague ? — Où voyez-vous, conclut Monsieur Bon Sens, qu'une idiotie en annule une autre ?) Les rouleaux de l'océan se brisent sur le sable en lames opalescentes, où je veux croire que s'inscrit la silhouette rieuse d'un dauphin. Sur la rive droite de l'embouchure, la dune vierge est crêpelée de touffes d'oyats gris-jaune : on dirait un cougouar hirsute, vautré dans un bayou.

J'avance vers le nord, sur la piste sableuse, presque rectiligne (le Lignot), qui compose la frontière orientale de la réserve. Je me fie aux balises vert pâle, à l'emblème du panicaut (ou chardon bleu) de mer. Je chemine à l'ombre des pins maritimes et des chênes-lièges, sous lesquels se pressent des profusions d'ajoncs et de genêts fleuris de jaune, de ronces, d'arbousiers, de chèvrefeuilles, de lierres, de houx verts et de filaires à feuilles étroites. Je ne me satisfais pas de la piste, fût-ce invité par un vol de mésanges à longue queue (j'en dénombre sept sur un chêne-liège).

À la première occasion, je pique à gauche sur un layon, et je gagne le sentier indécis qui longe le courant. Je méandre avec les méandres. Je frissonne comme un enfant qui explore le Nouveau Monde dans un livre de Jules Verne. Je me griffe aux épines d'ajoncs, je me câline aux branches de chênes. Je traverse des confusions d'aulnes, de saules et de cotonniers beccharis. Je patauge dans la gadoue fertile, jusqu'à l'eau brun-vert que protège une palissade de roseaux. Le fleuve coule avec puissance au printemps. Il paresse, par moments, dans des étangs encombrés de rubaniers, de myriophylles du Brésil (importés et plutôt envahissants), de potamots et de lentilles d'eau. Il se disperse dans des bras secondaires qui se réunissent selon la fantaisie du fluide. L'anguille sinueuse et sa larve la civelle, la loutre onduleuse et la timide tortue cistude savent le secret de ces chenaux. Des iris pseudacores jaunes brandissent au-dessus de la surface les sabres vert tendre de leurs feuilles. Un couple légitime de canards colverts décolle en synchronisme — madame en collant gris-brun, monsieur en frac à parements vert sombre. Dans des encoches de la rive, des barques attendent le nautonier : certaines ont espéré trop longtemps ; leur fond a pourri ; elles ont sombré, le nez seul encore hors de l'eau, retenu par l'amarre. On croirait des alligators captifs.

Les saules et les aulnes qui débourrent répandent des millions de lancettes de jade autour du courant, que domine à l'ouest la croupe ocre de la dune. Je détaille un pin tordu, prosterné vers le fleuve : ses jeunes cônes femelles rougissent comme des tétons turgescents ; ses cônes mâles auront bientôt leurs vapeurs de pollen. À terre, des pignes mûres, rongées comme des arêtes de poissons, disent l'appétit des écureuils et des loirs. Sur une fourchure de branche, une crotte fièrement posée borne le territoire de la genette... Les clairières se constellent de buissons de cistes et de touffes d'immortelles stéchades au parfum d'épices.

Je croise la sente de la Pile, que j'emprunte sur la gauche à travers bois, jusqu'à la cabane ; et, de là, de nouveau jusqu'à la rive du petit fleuve. Dans ce secteur, le courant d'Huchet gronde comme un cours d'eau majeur. Un barrage de pieux de bois le force à sauter. Il écume. Il rage. Il joue les Mississippi avec une conscience que le bouvreuil pivoine et moi-même louons en chœur — l'oiseau au sec sur sa ramille, votre serviteur les pieds dans l'herbe mouillée. Deux hérons cendrés vaquent à leur partie de pêche à la foëne : les rainettes et les grenouilles sont de sortie, après la léthargie hivernale.

Je regagne la piste principale, qui longe les roselières du marais de la Pipe. Le busard des roseaux, conformément à sa raison sociale, tourne sur ces ondes végétales et plonge en quête d'une fauvette des marais — rousserolle, phragmite ou bouscarle. J'atteins la cabane d'observation, bâtie sur une éminence par les responsables de la réserve. Deux aigrettes garzettes blanches arpentent une mare ; j'ai dans l'idée que leur eau fleure le fretin : alevins d'aloses, civelles, goujons et épinoches... Deux poules d'eau se mettent à couvert. Un ragondin nage, une touffe d'herbe à la bouche. Des canards de dix espèces, des oies sauvages, des avocettes, des échasses, des chevaliers, des courlis, des râles, etc., hantent ces parages, selon la saison. Le héron cendré et son cousin pourpré, le bihoreau, le garde-bœuf et le butor jouent à cache-cache avec l'ornithologue. On voit passer la spatule blanche et la cigogne noire.

Quelques centaines de mètres de piste sur des empreintes de chevreuil, entre les pins, les ajoncs et de gros genêts à l'écorce fibreuse, me conduisent au hameau de Pichelèbe et à la petite départementale 328. Pont sur le fleuve — le seul, avec la passerelle de la Nasse, que j'emprunterai tout à l'heure. Près de la maison rose des bateliers, croissent de vénérables chênes-lièges et, dans l'eau, une sublime colonie d'arums blancs, ou zantédeschies. Vastes feuilles triangulaires et fausses fleurs (spathes) immaculées, en entonnoirs tranchés en biais... L'espèce, native d'Afrique du Sud, s'est évadée des jardins. Elle colonise avec grâce le courant d'Huchet. La couleuvre à collier se coule dans ses touffes. La rainette y perche.

Quelques dizaines de mètres vers le sud, sur le goudron de la route, et j'embouque, à gauche (balises « réserve naturelle »), la piste qui mène à la Nasse. Le chemin traverse une splendeur de forêt landaise, où des vagues figées de fougères-aigles vert et roux montent à l'assaut des troncs de pins et de chênes-lièges. Un geai change d'arbre. Un troglodyte mignon crie sur une fougère ; quand j'approche, il volette sur la suivante ; et ainsi de suite jusqu'à ce que je quitte son territoire. Je descends patauger dans le courant d'Huchet : iris jaunes, populages, renoncules d'or et punaises aquatiques (ou gerris) qui patinent en eau calme. Empreintes de loutres et de hérons dans la vase. Je remonte sur la piste forestière en me conformant aux instructions gazouillées d'une mésange charbonnière. Je défile sous l'arc de triomphe d'un chêne-liège colossal, pluricentenaire, mille fois ramifié, caparaçonné d'une monstrueuse armure d'écorce gris clair. Deux maisons (« Chez Mimi »), et je suis à la Nasse. Au bord de l'étang de Léon.

 *DE L'ÉTANG DE LÉON À LA PLAGE DE MOLIETS, 4 heures*

L'étang de Léon... Barques alanguies. Moirures. Scintillements. Saules et peupliers romantiques. J'ignore pourquoi, mais en touchant l'eau mère du courant d'Huchet, où tout n'est que sensations subtiles, musiques et lumières, parfums et caresses de la brise — en un mot, poésie —, il me remonte aux lèvres une chanson idiote que nous braillions en chœur, quand nous étions étudiants, au retour des matches de rugby :

Ô Léon, Léon, Léon,
Roi de Bayonne, roi de Bayonne,
Ô Léon, Léon, Léon,
Roi de Bayonne et des couil...

Désolé. Cette chronique, ordinairement de niveau acceptable, selon ce que j'en espère, sombre dans la rengaine de troisième mi-temps. Un grèbe huppé plonge pour effacer mes faiblesses : qu'il en soit remercié. Je me balade au hasard de la rive. L'étang de Léon souffre maint saccage. Il reste riche. Voici la touffe épaisse du butome en ombelle (ou jonc fleuri) ; les feuilles en flèches de la sagittaire ; les trois folioles du trèfle d'eau, ou ményanthe ; les rosettes flottantes de la mâcre, dont les fruits méritent leur surnom de « châtaignes d'eau ». Les limbes lunaires des nénuphars annoncent des floraisons d'œufs cosmiques, qui éclosent en lotus. La rare aldrovandie carnivore vivait ici, mais elle a disparu.

Je récupère le chemin. Direction : le pas du Loup et Vielle-l'Étang. Balises rouge et blanc. Je franchis la passerelle. Le courant d'Huchet dans son enfance bouillonne et gronde. Crue printanière. Reflets d'argent sous un cloître végétal aux arches de saules et d'aulnes. La trajectoire orange et bleu d'un martin-pêcheur unit les deux rives. À la bifurcation, je vais à droite, vers Vielle-l'Étang. Je reviendrai par la même route. Le sentier sépare la forêt du marais, où des chenaux d'eau bleue reflètent d'étranges assemblées de têtes aux cheveux verts : ce sont des touffes de laîches et de marisques ; les feuilles de ces dernières se bordent de dentelures redoutablement coupantes. Des lézards filent sur le talus. Un merle gicle. Vole la première libellule à l'abdomen d'azur. Un papillon vulcain — quatre galons orange — se pose sur une crotte et déguste. Un papillon tircis (ou pararge) fait palpiter ses ailes de velours châtaigne à pois crème. Deux papillons citrons copulent sur une feuille morte. La pointe septentrionale de l'étang de Léon constitue la limite de la réserve naturelle. Demi-tour. Je rallie la bifurcation, où je vais à droite, vers le pas du Loup. Tapis de mousses pour mes pieds d'ambassadeur de la chlorophylle. Je domine la rive droite du courant d'Huchet. J'entre dans le naos du temple. L'eau se faufile, se perd, se retrouve dans des enchevêtrements d'arbres aux racines biscornues, et dont les troncs prennent toutes les inclinaisons possibles entre la verticale et l'horizontale. Ceux qui se dressent ont la face nord poudrée de lichens jaunes et la face sud hérissée de barbiches de lichens gris. Ceux qui gisent en travers du courant exhibent des jardins japonais de mousses, de polypodes et de lierres : épiphytes et lianes... Ici, la Floride et la Louisiane s'insinuent dans la cervelle du promeneur en état de jubilation avancée. Dans la convexité d'un méandre, des touffes étranges, hautes de deux mètres, avec des « bouquets » terminaux vert pâle, m'emportent non seulement dans l'espace, mais dans le temps : l'osmonde royale, la plus spectaculaire de nos fougères (dite aussi « fougère fleurie »), incarne l'un des plus vieux représentants de la flore européenne. Elle est apparue au Trias, voici plus de deux cent millions d'années.

Passé la jonction du pas du Loup, le sentier baigne dans une hallucination de forêt riveraine où la pinède et l'aulnaie-saulaie s'épousent, se baisent et se fécondent. Les noisetiers pendeloquent de chatons. Fougères mâles, fougères femelles et scolopendres. Le fragon piquant (ou ruscus) et l'osyris blanc (ou rouvet) s'emperlent de baies rouge vif. Le petit Mississippi de mes rêves court dans des folies de cotonniers, d'iris jaunes, de ciguës vireuses, d'arums blancs exotiques et d'arums tachetés indigènes. Un martin-pêcheur pose l'orange et le bleu de ses plumes sur le jaune des fleurs d'un ajonc : la nature ne craint pas les teintes criardes.

Sortilège du marais : la Floride se réalise... Près de la maison du Garde, d'énormes cyprès chauves — pour la science, *Taxodium distichum* — bordent le courant d'Huchet comme ils composent la sylve inondée des Everglades de Floride et des bayous de Louisiane. Ceux-ci ont été plantés, mais le genre existait à l'ère Tertiaire en Europe. Ils aiment ce coin des Landes. Ils s'y reproduisent. Je caresse leur tronc ridé qui grimpe au ciel en hyperbole. Dénudés en hiver, ils ont le pied cerné de dizaines de quilles — lutins ou moinillons — d'une cinquantaine de centimètres de hauteur : ces pneumatophores assurent, hors de la boue délétère, l'oxygénation des racines. La magie tropicale se renforce. Voici des magnolias de 15 mètres. Et les splendeurs d'Huchet : les hibiscus roses. Pour le botaniste, *Hibiscus roseus*... L'espèce, dont on ignore si elle a été importée d'Amérique ou si elle appartient à la flore indigène, achève de me faire dérailler. J'imagine, à la fin de l'été, ces peuples d'arbustes cousins des mauves, dont les corolles incarnates, larges de 10 centimètres, brandissent en leur centre un dard raide, rouge et gluant comme un phallus ; sauf qu'il s'agit d'un pistil, l'organe femelle de la fleur...

J'émerge de la Petite Floride comme on s'extirpe d'un songe — au pont de Pichelèbe. Ici, jusqu'en 1832, le courant d'Huchet filait vers l'ouest, droit à la mer. La stabilisation de la dune l'a contraint de bifurquer vers le sud, jusqu'à Moliets. J'emprunte la route de terre (bizarrement double) qui longe l'ancien lit, jusqu'aux bâtisses d'Huchet. J'erre sur la dune. L'Atlantique déferle. Je marche tantôt près de l'écume, tantôt sur la crête de sable. Je hume le vent du large chargé de parfums d'Amérique. Sur le sentier de découverte, j'admire des congrès d'espèces littorales : l'oyat, bien sûr ; mais aussi l'euphorbe des rivages, la julienne des sables, le cakile maritime, le gaillet des sables, le liseron soldanelle et le chardon (ou panicaut) de mer... Une bande de goélands s'envole vers l'embouchure.

Je reviens à Pichelèbe : pas d'autre pont. Je rejoins, par la cabane d'observation du marais de la Pipe, la piste forestière du Lignot et sa variante au ras des méandres. Lorsque j'arrive à la plage de Moliets, la marée haute envahit les bouches du courant d'Huchet. La pluie se met à tomber sur la Petite Floride.

J'ai le cœur rose hibiscus, la cervelle ridée comme une écorce de cyprès chauve, et l'âme écailleuse comme le ventre d'un alligator.

> NOTE SAISONNIÈRE ET RECOMMANDATIONS
>
> La balade est facile, quoique un peu longue ; surtout si on la pousse jusqu'au nord de l'étang de Léon et (comme je l'ai fait) presque au bout de la dune de la rive droite.
>
> Sauf à la nage, nul espoir de franchir le courant d'Huchet ailleurs que sur le pont de Pichelèbe et la passerelle de la Nasse. En été, quand le débit du fleuve est au minimum, et à marée basse, on passe l'embouchure à gué — en maillot de bain. Mais lors des crues, le courant est rapide.
>
> Le plaisir de la trempette dans l'océan s'assortit d'une sérieuse mise en garde : ici comme ailleurs, sur la côte landaise, il faut faire attention aux pièges mortels des « baïnes ». Mieux vaut obéir aux panneaux « Baignade interdite », quand ils sont apposés.
>
> Toutes les saisons parent la réserve naturelle de plantes et d'animaux précieux. Les iris jaunes sont en fleurs en mai-juin, les hibiscus roses en août et septembre. Les cyprès ne sont vraiment chauves qu'en hiver. Le printemps et l'automne voient arriver des légions d'oiseaux migrateurs — canards, limicoles, etc.

# 18

# PYRÉNÉES

1. *Luchon* : Contrebande à Venasque
2. *Gavarnie* : La lumière de la brèche
3. *Béarn* : Le pic aux yeux de velours
4. *Pays basque* : La grâce de Sainte-Engrâce
5. *Pays basque* : Les eaux sauvages d'Holzarté

# 1. Luchon

## Contrebande à Venasque

*Hautes-Pyrénées... Au fond de la vallée de Luchon, au-dessus de l'Hospice de France, le vieux sentier des mineurs et des contrebandiers conduit en Espagne. Fleurs endémiques, isards et vautours, au royaume de l'ours Pyros. Une balade de plaisir au subtil parfum d'interdit, par le port de Venasque.*
*En boucle autour de l'Hospice de France, 7 heures.*
*Carte I.G.N. au 1 : 25 000, 1448 0T, Top 25, Bagnères-de-Luchon.*

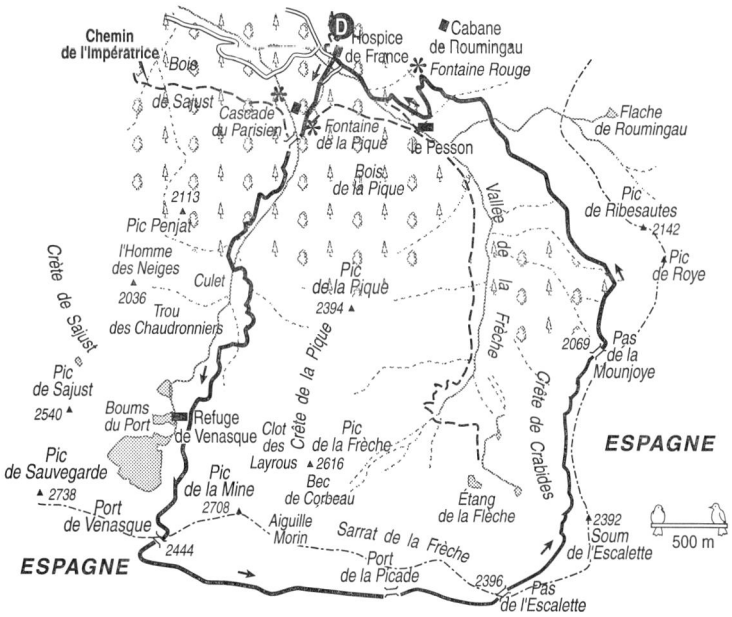

Matin d'été. La barrière des Pyrénées, énorme, est encore noire et mangée de brume. Un rai de soleil tombe sous un hêtre et fait luire, dans l'humus, un bouquet de lathrées clandestines. Les clandestines... J'aime ces corolles et la discrétion que leur nom résume. Une touffe de fleurs à ras de terre, sans chlorophylle. On croirait un nid de becs de perroquets bleu-violet. Elles exhalent un parfum subtil et puissant à la fois. Elles m'encouragent, puisque je me propose de passer en douce en Espagne, sur le chemin des contrebandiers. Elles inspireront ma balade.

Sac au dos, fourmis dans les chaussures, je contemple, depuis le parc de l'Hospice de France, le cirque géant qui s'ouvre entre les pics de Sauvegarde et de la Mine. C'est là-haut que je vais, sur ce sentier qui grimpe en lacets parmi les névés, les barres rocheuses et les pans d'herbe vert cru. Je descendrai du côté espagnol, puis je reviendrai en France par le pas de l'Escalette. Avec l'espoir de rencontrer Pyros, l'ours mâle de Slovénie, réintroduit dans cette contrée avec les femelles Mellba et Ziva ; sachant qu'un chasseur fusilla naguère Mellba sans sommations ni regrets.

 *DE L'HOSPICE DE FRANCE AU REFUGE DE VENASQUE,*
*2 heures 30*

Je commence à marcher devant les bâtiments en apparence abandonnés de l'Hospice de France. Altitude : 1 385 mètres. Un homme met, lui aussi, un pied devant l'autre. Sac au dos, tenue de montagnard. Il est trapu ; la quarantaine ; l'œil noir ; le sourcil épais ; la barbe courte et drue. Quelques mètres plus loin, nous rejoignons une femme. La quarantaine aussi, petite, fine et jolie ; l'œil gris ; quelques cheveux de la même nuance. Un pont à franchir sur le ruisseau de la Pique, bordé de populages aux corolles d'or et de cresson aux feuilles bleues comme en un poème de Rimbaud. Nous montons tous les trois au refuge de Venasque. Je prends l'initiative du « Bonjour ! » Après quoi, tout est simple et nous lions connaissance par la grâce des fleurs. La femme se nomme Marie-Jeanne. Elle travaille à la Sécurité sociale, à Toulouse. Lui s'appelle Gilbert. Il est facteur — pardon : « préposé » — dans une bourgade de la vallée de Luchon.

Nous passons les premières prairies, entre le bois de Sajust et celui de la Pique, où (j'ai mené l'enquête hier) se pressent des trésors d'ancolies des Pyrénées d'un bleu de crépuscule d'été, ainsi que deux espèces de lis turbans : le martagon rose à mouchetures pourpres et l'espèce des Pyrénées jaune empoussiérée de noir. Un troupeau de vaches en robe blanche (la race « blonde des Pyrénées »), avec son taureau placide, nous regarde perdre notre premier souffle, puis trouver le deuxième dans les lacets. Le torrent de Venasque cascade, écume, chuinte ou chante en ouvrant sa tranchée sous les falaises du pic de la Pique — une gigantesque pyramide de rocs gris et lisses, dont la base se hérisse de hêtres vert acide et d'épicéas vert foncé, et les pentes moyennes de pins à crochets en bonsaïs noirs comme l'anthracite.

La prairie est une pure splendeur botanique : trompettes bleu roi des gentianes acaules et des gentianes printanières ; chandelles jaunes des grandes gentianes ; nuages piquants rose et mauve des cirses des Pyrénées ; plateaux de cobalt et d'améthyste des chardons bleus (ou panicauts, ou éryngiums) des Pyrénées, dits aussi « de Bourgat ». Gilbert a pris la tête de notre trio : c'est le régional de l'étape. Marie-Jeanne chemine en second. Je ferme la marche en inscrivant, sur mon carnet, les noms des espèces que j'identifie. Les fleurs, comme ces benoîtes des montagnes jaunes ou ces horminelles des

Pyrénées en étages de corolles violet-noir. Ou les insectes, telles ces cicindèles vertes, petites panthères du règne invertébré ; jolies, mais terribles chasseresses de bestioles. Ou comme ce méloé noir, aux ailes atrophiées et au volumineux abdomen. Ou encore ces papillons — le tabac d'Espagne (pas loin de chez lui !), le flambé et son cousin le précieux machaon, le rare apollon aux ailes de verre à pois rouge, le nègre (ou érèbe) des montagnes en velours brun-noir.

Marie-Jeanne me demande le nom des fleurs, mais Gilbert lui raconte des bêtises et l'intéresse davantage. Ses histoires de P.T.T. sont plus passionnantes que mes composées liguliflores. Il connaît chaque homme, chaque femme, chaque famille de sa tournée — le vieux qui boit son armagnac à heure fixe ; la dame qui attend depuis dix ans la lettre d'un fils ; l'adolescente qui en reçoit chaque jour de deux amoureux différents ; et ainsi de suite. Il est intarissable, sur le registre de la tristesse comme de la gaieté. Impossible de lutter, même avec des alliés aussi prestigieux que l'iris xiphioïde, cet endémique des Pyrénées dont les rois de France firent leur « fleur de lys », et qui enchante ces pentes en bleu-violet... Je regarde planer le milan noir. Je guette l'envol du gypaète barbu, dont les Pyrénées recèlent encore quelques exemplaires.

En abordant les barres rocheuses et les névés, nous cessons de parler. Lorsque le muscle de la jambe souffre, le muscle de la corde vocale la met en veilleuse. Les rhododendrons exaltent leur roseur sublime. Les sources et les ruisseaux éclaboussent les rocs. Près de l'eau, croissent des saxifrages aizoïdes jaune acide, des grassettes carnivores à grandes fleurs violettes et quelques primevères mauves tardives. Un merle à plastron s'envole. Un tichodrome échelette montre la tache cramoisie de son aile. Une douzaine de venturons montagnards s'égaillent. Nous passons la cabane de l'Homme, aux trois quarts effondrée, et dont un panneau promet qu'elle sera reconstruite. Le trou des Chaudronniers est là, avec le début du sentier qui s'élève en lacets sur la gauche, vers le Clot des Layrous. Les mines de minerai de fer étaient nombreuses, dans ce massif, dont Gilbert fait remarquer qu'il ne culmine pas par hasard au pic de la Mine. Marie-Jeanne a du souffle : elle a escaladé le verrou glaciaire sans forcer. Elle sourit. Gilbert lui tend sa gourde. Elle y boit avec une humidité sur la lèvre et un éclat dans les yeux dont je me demande à quelle synthèse des protéines il doivent leur existence. Un grand corbeau décolle de la crête de la Pique et disparaît derrière le pic de la Frèche (altitude : 2 616 mètres), par le col homonyme. En quelques minutes, nous atteignons le refuge de Venasque.

 *DU REFUGE DE VENASQUE AU PAS DE L'ESCALETTE,*
*2 heures*

Le refuge de Venasque (altitude : 2 248 mètres) est humble, mais plein de grâce. Il domine de quelques mètres le deuxième des trois lacs communiquants des Boums du Port, au creux du cirque qui s'étale entre les pics jumeaux de Sauvegarde (2 738 mètres) et de la Mine (2 708 mètres). Les eaux bleu turquoise, profondes au maximum d'une trentaine de mètres, luisent entre les schistes et les gneiss gris, beige et ocre. Elles abritent, affirme Gilbert, qui ne pêche pas lui-même mais connaît quelques pêcheurs du coin, la truite fario, l'omble chevalier et le saumon de fontaine. Sac à terre, nous prenons place à l'une des tables de bois du refuge.

Le gardien s'appelle Jacques. Il nous accueille avec un de ces thés de montagne qui ressuscitent le randonneur sous l'œil malin des chocards à bec jaune : ces corvidés quémandent le pain avec un sans-gêne exquis. Jacques explique que son petit refuge n'est ravitaillé qu'à dos de mulet. Gilbert lance en riant qu'il en sait quelque chose : il lui arrive de faire le « mulet » pour Jacques. Marie-Jeanne picore des fruits secs, va s'allonger sur une pierre plate et ferme les yeux au soleil, au bord du lac. Gilbert la regarde et sourit. Je note, sur mon calepin, qu'elle l'intéresse davantage que la splendeur du paysage alentour. Petite étude de caractères. J'ai l'habitude d'observer la vie sauvage plus que le comportement de mes congénères. Jacques raconte une histoire de truite énorme qui logerait au fond du lac ; puis une autre de géant velu qui habiterait une ancienne mine du massif et viendrait, les nuits d'orage, effrayer les randonneurs. Après quoi, il nous explique que l'ours Pyros est passé ici une semaine plus tôt. Pour Pyros, il ne galèje pas : un naturaliste me l'a dit hier au soir. Pour la super-truite et le monstre poilu, je laisse le lecteur juge.

Gilbert donne le signal du départ. Il a chargé dans son sac à dos la gourde de Marie-Jeanne, dont il a décrété qu'elle était trop lourde. J'inscris ce comportement, que je qualifie d'altruiste, quoique intéressé. Le mâle humain devient attentif à chaque pas de sa belle. Je note cette conduite avec la rigueur scientifique indispensable. L'ultime montée vers le port de Venasque est raide. Nous franchissons des névés glissants. Voici la brèche en V, sous un vol d'aigle royal, tandis que sifflent et détalent des marmottes affolées par la silhouette du rapace.

Le port de Venasque. Altitude : 2 444 mètres. Un univers de rocailles rehaussé de lichens et semé de fleurettes : les coussins roses des silènes acaules ; les « artichauts » des joubarbes et des orpins ; les clochettes purpurines des saxifrages à feuilles opposées, qu'on retrouve jusqu'au Groenland ; les boules roses des tabourets à feuilles rondes ; les panaches blancs de leurs cousines hutchinsies ; sans oublier la linaire des Alpes aux gueules d'amour violet vif, maquillées d'orange à la lèvre. Gilbert fait à Marie-Jeanne les honneurs du lieu. Il déploie la même emphase possessive qu'il mettrait à lui présenter sa maison. Je comprends que la femme est déjà venue ici, mais qu'elle fait semblant de découvrir le site pour lui faire plaisir. Voici la borne frontière. Un pas, et nous sommes en Espagne. Je me demande combien d'immigrants ou de réfugiés politiques ont foulé ces cailloux. Sans parler des contrebandiers : je rends grâces à ces anarchistes de la raison économique et sociale. Une harde d'isards détale avec la légèreté du clandestin que la maréchaussée poursuit. Des marmottes sifflent. Je lève les yeux. J'ai devant moi, côté sud, l'un des plus fabuleux tableaux des Pyrénées, avec le sommet majeur de la chaîne : le pic d'Aneto (altitude : 3 404 mètres), qui couronne le massif de la Maladeta. Rocs hugoliens, neiges sublimes, glaciers, à-pics de vertige ; pour un poème vertical composé en calligramme par la Terre en folie, voici quelques millions d'années.

En Espagne, nous longeons la face sud du pic de la Mine. Plein adret. Les névés ont disparu, sublimés au soleil. Rien que des éboulis. Des myriades de pierres de toutes tailles, de toutes formes, de toutes nuances minérales, séparées par d'étroites plaques d'herbe. Dans une fissure de rocher à la silhouette de Sphinx, je découvre la fameuse ramonde (ou ramondie) des Pyrénées : cette endémique aux fleurs violettes à bec pointu appartient à la famille des gesnériacées, dont la quasi-totalité des autres membres (telle la « violette du Cap », ou saintpaulia, chère aux fleuristes) poussent en Afrique du Sud, à 10 000 kilomètres de distance. Mystère végétal.

Après quelques dizaines de mètres de descente, Gilbert nous entraîne sur la branche gauche du sentier, qui longe la rive nord d'un étang rond, puis file vers l'est et le port de la Picade. Marie-Jeanne coiffe un chapeau de soleil charmant, Gilbert un bonnet assorti. Le hasard n'existe pas ! Les deux couvre-chefs harmonisent leurs nuances avec celles des ramondes et des gentianes des Pyrénées violacées ; comme avec les coloris des papillons petites-tortues, vulcains et paons-du-jour qui palpitent contre la prodigieuse silhouette du pic d'Aneto.

J'inscris que mes compagnons de balade se regardent et se sourient plus souvent que la moyenne des êtres humains ; que leurs bras ou leurs hanches se frôlent ; qu'ils ont des secrets dans les gestes, les inclinaisons du corps ou les murmures que je ne partage pas. Une mère isard et son cabri détalent dans une barre rocheuse, tandis que, près d'une source, je considère la renoncule des Pyrénées blanche ; et, sur une banquette de graminées grises, l'edelweiss qui ne pouvait pas ne pas honorer cette splendeur.

Le port de la Picade, sur lequel tournent des vautours fauves, n'est qu'à quelques encablures. Nous le passons, sous la dentelle de pierres du Sarrat de la Frèche. Plus herbeuses et plus vertes, les pentes du pas de l'Escalette se profilent. Nous y sommes. Borne frontière. Retour en France.

 *DU PAS DE L'ESCALETTE À L'HOSPICE DE FRANCE, 2 heures 30*

Nous dominons les profondes vallées espagnoles qui, vers le sud, nous séparent des pics de la Maladeta et d'Aneto. Vers le nord, les gouffres de la vallée de la Frèche sinuent entre les crêtes du pic de la Mine et du pic de la Pique à l'ouest, et les crêtes du Soum de l'Escalette et du pic de la Mounjoye à l'orient. De l'autre côté de ces dernières, s'ouvre la faille énorme du val d'Aran, d'un bleu de mystère, où la montagne Pyrénées accouche du fleuve Garonne. Franchement, je comprends qu'à cet instant Gilbert prenne la main de Marie-Jeanne, et qu'elle la lui offre avec un sourire. La grâce sied aux roches et aux fleurs. Dans l'herbe, des galaxies de trèfles alpins roses, de violettes cornues des Pyrénées, de gentianes, d'arnicas frères du soleil, de lotiers d'or et de cent autres espèces, bénissent de pollen et parfument de nectars capiteux ces frémissements d'épidermes, ces battements de cœur, ces émois, ces prémices de bonheur. C'est la première fois que, dans une balade, je vois se former aussi vite un couple d'*Homo sapiens*. Qui plus est, pas vraiment d'âge tendre... Tandis qu'ils descendent, main dans la main, devant moi, sous le Soum de l'Escalette, vers la borne frontière suivante et le pas de la Mounjoye (altitude : 2 069 mètres), j'ai la faiblesse de supposer que Gilbert et Marie Jeanne — la Poste et la Sécurité sociale amoureuses — ne vont pas tarder à s'embrasser. Ils le font, en effet, dans la gloire du pic d'Aneto — avec la légèreté de ceux qui ont déjà aimé, et qui n'en sont que plus impatients de recommencer.

    Je me détourne discrètement. Je marche sur un névé. Des empreintes s'y inscrivent en cristaux de glace gris-bleu. Les doigts d'un lagopède. Les pattes d'une hermine. Les sabots aigus d'un isard. Et ces larges mains-là ? Parbleu : celles de l'ours ! Pyros a marché sur cette neige, l'autre jour. Il s'y est assis. Je m'assois dans la cuvette qu'il a creusée avec ses deux fesses. On en mettrait quatre comme les miennes. L'ours représente le symbole de la vie sur ce massif, comme Gilbert et Marie-Jeanne enlacés, comme ces criquets jaune et vert qui crissent, comme cette vipère innocente qui sinue dans le trèfle, comme ces milans noirs qui jouent les acrobates dans l'atmosphère.

    Je me souviens à peine de la descente enchantée

vers l'Hospice de France, à travers les bois les prairies illuminés de fleurs. Là où, au printemps passé, j'admirais des constellations d'érythrones dents-de-chien en forme de comètes roses ; de fritillaires des Pyrénées en clochettes à damiers pourpre-vert ; de narcisses pseudonarcisses (ou jonquilles) jaunes ; et de narcisses des poètes blancs à couronne lisérée de rouge. Rouge passion. Présage de plaisir. Annonce de bonheur. D'amours recommencées. D'unions essentielles.

La neige et le roc. La terre et les sources. Les mâles et les femelles de chaque espèce vivante, dans la splendeur sublime des Pyrénées.

NOTE SAISONNIÈRE ET RECOMMANDATIONS

Impossible de boucler cette balade avant la fin du mois de mai (date à laquelle ouvre le refuge de Venasque) et après le mois d'octobre (temps des premières bourrasques). Trop de neige. Sentier impossible à repérer parmi les barres rocheuses et les névés, malgré quelques cairns. Même en été, certains passages escarpés exigent de l'attention. La haute montagne est égale à elle-même. Pas de balade sans bonnes chaussures, vêtements chauds et provisions suffisantes.

Au printemps, les pentes nourrissent des merveilles de fleurs : soldanelles, primevères, fritillaires, jonquilles, narcisses des poètes, scilles lis-jacinthes, érythrones dents-de-chien... Maints oiseaux migrateurs franchissent les cols : milans, bondrées, etc. Les ours sont réveillés, les isards gambadent. Au début de l'été, la flore déverse des tombereaux de splendeur : lis martagons, lis des Pyrénées, ancolies des Pyrénées, iris des Pyrénées, ramondes des Pyrénées, etc. Au fur et à mesure que la neige fond, les herbivores montent vers les sommets : les isards campent sur les cimes. Les ours sont là, certes. Mais où ?

## 2. Gavarnie

# La lumière de la brèche

*Quitter Gavarnie par le chemin de Compostelle, puis grimper parmi les iris vers les crêtes du cirque prodigieux que coiffe le pic du Marboré... Dans la musique des torrents et la lumière des glaciers, gagner la brèche de Roland, cette entaille de roc que le preux ouvrit d'un coup de son épée Durandal...*
*En boucle autour de Gavarnie, 7 heures 30.*
*Carte I.G.N. au 1 : 25 000, 1748 OT, Top 25, Gavarnie.*

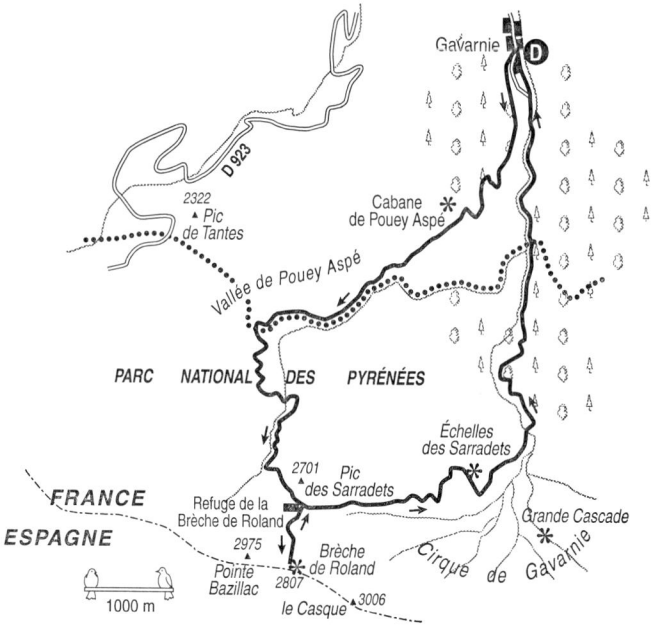

Arthur Rimbaud embrassait l'aube d'été. J'ai embrassé les Pyrénées — et j'ai trop présumé de mes forces. Mon sens poétique se dissout dans la sueur. Je tire la langue. Je respire comme une forge. Mes yeux se brouillent. Ma cervelle juge que mon cœur bat trop vite, mon cœur que mes jambes sont trop lourdes, mes jambes que la pente est trop raide. J'ai prétendu couper droit, comme un isard agile. J'ai soutenu la comparaison pendant 6,50 mètres. À présent, les poumons hors d'usage, j'imagine que tous les animaux du massif sont réunis sur la crête et se tordent de rire au spectacle grotesque du naturaliste qui grimpe.

Je m'arrête pour un peu d'oxygène. Le cirque de Gavarnie déploie ses demi-cercles superposés de roche en nuances gris et brun, que barrent les traits fumeux blancs des cascades. Les glaciers suspendus sont les gradins de l'amphithéâtre. Perfection géologique ! Miracle minéral... Le problème est que le site est victime de sa splendeur. Trop de voitures au village, trop de touristes partout, trop de traces humaines.

 *DE GAVARNIE AU GUÉ DU GAVE DES TOURRETTES, 2 heures 30*

Sombres falaises, neige et cascades chevelues : je m'imprègne de cet amphithéâtre où rêvèrent les romantiques. Où Victor Hugo trouva l'inspiration. Une effilochure de brume dorée joue avec le soleil sous l'assemblée des crêtes : le Taillon, le Casque, la Tour, l'Épaule, les pics de la Cascade... Le pic du Marboré, enfin, où le système culmine à 3 248 mètres.

Je me mets en marche au village de Gavarnie (altitude : 1 365 mètres), sous l'église (XII$^e$ siècle) Notre-

Dame du Bon Port. Un panneau annonce le sentier d'Espagne et (ça donne du courage!) « Saint-Jacques de Compostelle, 911 kilomètres ». Je m'élève sous les épicéas, les hêtres et les mélèzes, vers le port (le « col ») de Boucharo. Je remonte la vallée de Pouey Aspé.

Chante le gave des Tourrettes, avec la voix du Charles Trenet des *Jeunes années*... Les prairies alentour sont une folie de fleurs. Mille couleurs, mille formes, autant d'hallucinations! Sainfoins, gentianes jaunes, achillées blanches, rhinanthes crêtes-de-coq citron, œillets superbes rose pâle aux pétales effilochés... Je guette la palpitation des criquets, des carabes dorés, des papillons apollons, machaons, agrestes ou vulcains sur les scabieuses et les campanules agglomérées. Que dire ? Ces profusions de nature m'exaltent. Le gypaète barbu — notre plus grand rapace — plane sur le pic de la Pahule.

Autour de moi, la prairie montagnarde est si densément fleurie que j'ai l'impression d'être entré dans un rêve psychédélique. Je veux m'asseoir : je crains d'écrabouiller des trésors botaniques sous mes fesses grossières. Un genou en terre, dans la position qui convient pour cet acte de dévotion, je contemple et je hume les corolles. Les Pyrénées m'offrent à voir et à renifler ce qu'elles ont de plus exceptionnel. Les vastes pétales violet sombre des iris xiphioïdes (« en forme d'épées ») sont zébrés de l'or de leurs stigmates velus ; on jurerait des galaxies ; l'odeur est celle du lis blanc, avec un soupçon de poivre. Je songe aux iris bleus des monts Sikhoté Aline, tels que les décrit Vladimir Arséniev dans *Dersou Ouzala* ; mais il reste des tigres et des ours en Sibérie orientale — tandis que les ours des Pyrénées...

Je poursuis ma quête. Les casques bleus des aconits napels semblent avoir été ramassés devant les murailles de Troie ; Achille contre Hector, le rusé Ulysse et les prédictions de Cassandre : l'espèce est une empoison-

neuse. Les chardons bleus des Pyrénées (ou éryngiums, ou panicauts de Bourgat) incarnent des étoiles d'argent bleu-vert à reflets lilas pâle, reliées par leurs tiges raides. On jurerait des constellations dessinées sur une carte du ciel : Orion, la Grande Ourse, le Verseau, le Sagittaire, la Vierge et le Scorpion. Mon horoscope dit que je dois remonter la pente. C'est malin !
Les cirses des Pyrénées s'agglomèrent en nuages incarnats, comme dans le ciel d'un western au mot « *Fin* ». Les gentianes bleues, les centaurées des montagnes violettes, les astrances verdâtres, les nigritelles noires (ou orchis vanillés), les trèfles alpins rayés de rose, les potentilles dorées et cent autres merveilles sèment leurs microplanètes de couleurs au firmament vert de la pelouse. Les saxifrages des Pyrénées (ou à longues feuilles) accrochent dans les fissures des falaises leurs chandeliers carminés à bougies de fleurs blanches.
Je m'élève. Je respire. Une jolie vipère aspic rouge brique, au dos sinué de noir, traverse le sentier et se coule dans un carré de trèfles alpins incarnats et de gentianes de Koch bleu roi. Je repère une station de lis martagons roses à macules pourpres. Valse des fleurs... Un pas avec l'horminelle des Pyrénées, dont l'inflorescence est une flamme violet-noir. Deux pas avec l'ancolie des Pyrénées, d'un bleu irréel de nuit américaine. Trois pas avec le chardon bleu : les fleurs fanées de cette espèce prennent des tons de rouille que j'ai déjà vus chez Van Gogh.
Voici la cabane de bergers de Pouey Aspé. Des vaches blanches y paissent une pelouse plus verte que l'Irlande, semée de colchiques des Pyrénées (ou bulbocodiums, ou groins-de-cochon). Partout, alentour, ondule la houle des iris xiphioïdes. Rien n'est sublime comme ces flammes d'un bleu-violet intense, on jurerait non terrestre. À ces délires végétaux s'ajoutent des car-

lines (ou baromètres) jaunes, pareilles à des soleils de tarots de Marseille. Et des cirses des Pyrénées d'un vieux rose que Colette eût aimé, et qu'adorent des bourdons au derrière rond comme des fesses de courtisanes Belle Époque.

 ***DU GUÉ DU GAVE DES TOURRETTES À LA BRÈCHE DE ROLAND,***
*2 heures 30*

Le sentier escalade en lacets la barre rocheuse de Peyre Nère. Un milan noir me domine quand je débouche sur le replat. Un merle de roche s'enfuit. Le torrent paresse et se divise. Le cincle plongeur (le « merle d'eau ») y pêche la larve goûteuse. Je cherche — et je trouve — la petite salamandre grise aux allures primitives qu'on appelle « euprocte » et qui ne vit que dans les Pyrénées. Une endémique de plus... La bergeronnette printanière offre la lumière jaune de son poitrail.

J'abandonne le sentier d'Espagne, qui file dans la vallée vers le port de Boucharo. Je franchis le gave vers le sud. J'embouque le raidillon, sous l'œil amusé d'une tribu de marmottes. Une douzaine d'isards traversent la pente à droite, dans une rocaille constellée de géraniums des Pyrénées mauves, nervurés de pourpre. Des martinets crissent. Le traquet motteux expose sa queue à deux lunes blanches et bout noir. Je marche. J'adopte le pas nécessaire à la circonstance : lent, posé, régulier, accordé au poids de mes chaussures et de ma sagesse, c'est-à-dire des années qui passent. Je chemine en bon père montagnard. Je regarde le port de Boucharo. Fameuse frontière, d'où vingt-cinq siècles d'Espagne vous contemplent ! Un Don Quichotte randonneur grimpe la pente à toute allure avec son sac à dos et sa salade (sa casquette) sur la tête. Sancho Pança le suit, dans le style rond et essoufflé.

Je poursuis mon effort sur le sentier, vers la brèche de Roland. Roland de Roncevaux — le preux trahi par Ganelon et blessé par les Maures — sonne du cor pour appeler Charlemagne ; à moins que ce coup de trompe ne soit le cri du chocard à bec jaune... J'aperçois, dans un creux d'herbe haute, entre des pierres, les tiges et les turbans jaunes du lis des Pyrénées. Sous la corolle retroussée de chacune de ces fleurs, pendent six étamines aux anthères minium et un gros pistil raide. Je souris à l'idée que le Maure a laissé quelque chose de sa civilisation dans ces hautes terres, sous la forme de ces coiffes végétales. Je me dis, ensuite, que le lis des Pyrénées jaune à points noirs est la copie conforme (à la couleur près) du lis martagon rose à pois pourpres, répandu à la fois dans les Pyrénées et d'autres massifs d'Europe ; et du lis pompon orangé qui enchante les collines des Alpes du Sud. Je m'imagine en Charles Darwin des montagnes, réfléchissant aux mystères de la différenciation évolutive avec des lis en guise de pinsons des Galapagos. Je me demande où est la cause de ces variations de teintes. Je n'entrevois pas le moindre début de réponse. Un couple de lagopèdes m'évite les affres de la recherche : il démarre en caquetant devant mes pieds. Ces perdrix des neiges ont endossé leur livrée d'été. Leur plumage gris-brun les déguise mieux que des soldats en manœuvre. Elles volent mal. Elles se posent dans un champ de cailloux où je les perds de vue. Sortilège d'un parfait camouflage ! Je sais où sont ces oiseaux, mais impossible de les distinguer. L'éboulis est constellé de fleurettes, notamment de minuscules pétrocalles des Pyrénées, qui me font penser à des bonbons roses

Sur un tertre d'herbe vert pomme, j'aperçois en même temps une marmotte et deux bouquets d'edelweiss. Le rongeur aux dents orange siffle et file dans son terrier, excédé d'avoir été dérangé pour si peu. Les marmottes existaient jadis dans les Pyrénées ; après en avoir disparu, elles y ont été réintroduites par l'homme au début du XXe siècle. L'étoile des neiges joue les vedettes, comme d'habitude. Surprenante composée ! Le coton de ses capitules floraux est un miracle de douceur blanche ; presque une publicité pour couches-culottes. Disons, en plus noble langage, que cette fleur paraît dans sa fourrure d'hermine. Ou qu'elle émerge à la fois dans les deux règnes : le végétal et l'animal.

Un effort, une suée. Je rejoins, dans un royaume de caillasses éboulées, le sentier (Haute Route Pyrénéenne) qui vient du port de Boucharo. Des benoîtes des montagnes en rosaces jaunes jouxtent des tapis d'érines des Alpes purpurines. Les rochers sont superbes, exaltés de reflets d'or et de cuivre. Les névés nourrissent des sources que je goûte l'une après l'autre. Je franchis les cascades écumantes du ruisseau du Taillon, où le sentier se risque. Je débouche dans la splendeur des moraines et des grands névés. Entre les pierres, croissent des trésors d'altitude : saxifrages à feuilles opposées, linaires des Alpes violettes à gorge orange, androsaces roses, tabourets à feuilles rondes...

De l'autre côté de l'arête, sur un promontoire, se dresse le refuge de la brèche de Roland. En face, sous la puissance minérale du Marboré, le cirque de Gavarnie déploie ses étages titanesques. Roches en demi-cercles, à-pics, vires, dièdres, surplombs que strient à la verticale les traits tremblés des cascades... Sur l'arête de droite, là-haut, entre la pointe de Bazillac et le Casque, j'aperçois une parfaite encoche en rectangle dans la falaise. La brèche de Roland... Coupure nette. Propre. Sans bavure, en U parfait. Fenêtre sur l'infini. J'imagine le spasme formidable au cours duquel le paladin à l'agonie trancha la montagne d'un coup d'épée magique ! C'est là que je désire aller baiser le ciel d'Espagne.

Un rocher gris bordé d'un névé. C'est une copie en miniature du pic du Marboré, dont la puissante pyramide me fascine. Étrange homothétie... Je fais le tour du caillou. Deux cicindèles accouplées font luire le vert-de-gris de leurs élytres, puis s'envolent dans la lumière. Un campagnol des neiges détale dans une fissure. Le trou dans lequel il entre sert aussi de vase à des ramondes (ou ramondies) : j'aime ces raretés botaniques — les plus endémiques des endémiques pyrénéennes. Cette espèce est une survivante de l'époque où le climat local ressemblait à celui des tropiques. Elle appartient à la famille des gesnériacées, dont elle est le seul représentant en Europe, mais qui compte des dizaines d'espèces en... Afrique du Sud ! Je détaille ses feuilles gaufrées et ses fleurs pentagonales rose-mauve, dont le cœur est un bec d'oiseau orange.

Je songe à la formidable poussée tectonique qui créa la barrière pyrénéenne, au début de l'ère Tertiaire. J'imagine ce prodigieux mécanisme. Je vois, comme en un dessin animé, la péninsule Ibérique chassée par la dérive de l'Afrique, et venant télescoper la vieille Europe. Le plancher de la Téthys (la Méditerranée primitive) se soulève. Les sédiments se plissent comme les draps d'un lit d'amoureux ; les pics s'érigent ; les minéraux, échauffés par le frottement, coulent en nappes et se solidifient dans des positions bizarres. Peu après, la neige et les glaciers, le gel et les torrents commencent leur œuvre d'usure. Violence des surrections. Patience des érosions.

Là-haut, une harde d'isards. J'en compte huit, dont trois petits. Ils me regardent et galopent. Ils s'immobilisent et me fixent. Ils m'espionnent depuis Gavarnie. Ils me suivent et se moquent. Je les haïrais d'aller si vite, de façon si aérienne, s'ils n'étaient aussi beaux. Lorsqu'ils courent, ils oublient de toucher terre. Quand ils s'arrêtent, cramponnés au roc par les arêtes de leurs fins sabots noirs, on dirait les génies des hautes terres. Partagé entre la jalousie et l'admiration, je sens peser sur moi la lourde glaise originelle de l'humaine condition.

Un vol de chocards à bec jaune m'accueille au refuge. Ils ont faim. Je leur laisse recycler un reste de biscuit. Je repars dans la pente, sur le rude sentier de la moraine. Je foule le glacier suspendu de la Brèche. Je le traverse. J'attaque l'ultime ascension. J'y suis ! Sur la brèche même, large de 40 mètres, entre des murailles verticales ocre, hautes de plus de 100... Adossé au bleu du ciel. Debout sur l'arête comme sur un arc de triomphe inversé. Altitude : 2 807 mètres.

 *DE LA BRÈCHE DE ROLAND À GAVARNIE,*
*2 heures 30*

Vers le sud, la vue porte sur l'infini minéral du cirque de Cotatuero et du parc national espagnol d'Ordesa-Monte Perdido ; jusqu'aux lointains bleus des sierras aragonaises. Je descends un moment la pente espagnole. Une évidence me frappe : les Pyrénées sont une montagne à double face. Un massif à deux visages. Un Janus minéral... Le versant nord est blanc et vert (neige et herbe), humide, avec des sources qui chantent (salut, Trenet !), des prairies en fleurs et toutes les espèces animales qui vont avec. Au sud, en exagérant à peine, commence le désert. Les prémices asséchées de l'austère Espagne. Falaises gris, ocre et brun. Pics désolés, canyons encaissés. La pierre établit son empire... Les oasis n'en sont que plus belles. Où l'eau sourd de la roche, l'espace verdit, grouille, rampe, pulse et vibre de mille existences pressées, urgentes, ternes ou vivement peintes, fines ou épaisses, fragiles ou caraponnées, palpitantes ou somnolentes.

Je remonte à la brèche de Roland. La grande ombre du gypaète barbu surveille la scène. Un papillon apollon aux ailes de plastique transparent rehaussées de points noirs et rouges, cherche un orpin sur lequel pondre.
Je redescends côté France. Je ripe en riant sur le glacier. Je dévale en ramasse le névé qui me conduit au refuge. Tasse de thé pour récompense. Le brouillard monte : je dois me presser. Parce que j'ai décidé de rallier Gavarnie par l'itinéraire le plus aérien. Le chemin des échelles des Sarradets, qui dévale — trace directe, presque à la verticale — le cirque gigantesque.

Point d'échelles, à la vérité, mais une succession de passages escarpés, en trois ou quatre endroits à la limite de l'escalade, où l'équilibre et de bonnes chaussures composent les ingrédients du succès. Mais, en face, sous le pic du Marboré, se joue le spectacle sans égal de la Grande Cascade ! Dont la musique de concerto m'accompagne, à pleine puissance, puis *moderato*, puis en sourdine, enfin comme un rêve, au-delà de l'hôtellerie du Cirque, jusqu'au village.

Où flotte comme un parfum de lis jaune et d'iris bleu-violet qui résume la montagne.

---

NOTE SAISONNIÈRE ET RECOMMANDATIONS

Cette balade est longue et dure (près de 1 500 mètres de dénivelé), par conséquent réservée aux bons marcheurs. Du reste, praticable uniquement à la belle saison ; et par beau temps... La descente par les échelles des Sarradets est à déconseiller à ceux qui souffrent du vertige.
On peut beaucoup alléger — et abréger — l'itinéraire en allant en voiture jusqu'au port de Boucharo, puis en empruntant le sentier de la Haute Route Pyrénéenne. Aller-retour jusqu'à la brèche de Roland : 3 heures.

## 3. Béarn

# Le pic aux yeux de velours

*Sous la somptueuse pyramide du pic du Midi d'Ossau, au cœur des Pyrénées béarnaises où les derniers ours de France ont leur patrie, une grande traversée entre les vallées d'Aspe et d'Ossau, sous les yeux de velours bleu des iris. En espérant épier l'un des derniers plantigrades indigènes du massif.*
*Deux journées de balade.*
*Carte I.G.N. au 1 : 25 000, 1547 OT, Top 25, Ossau, vallée d'Aspe.*

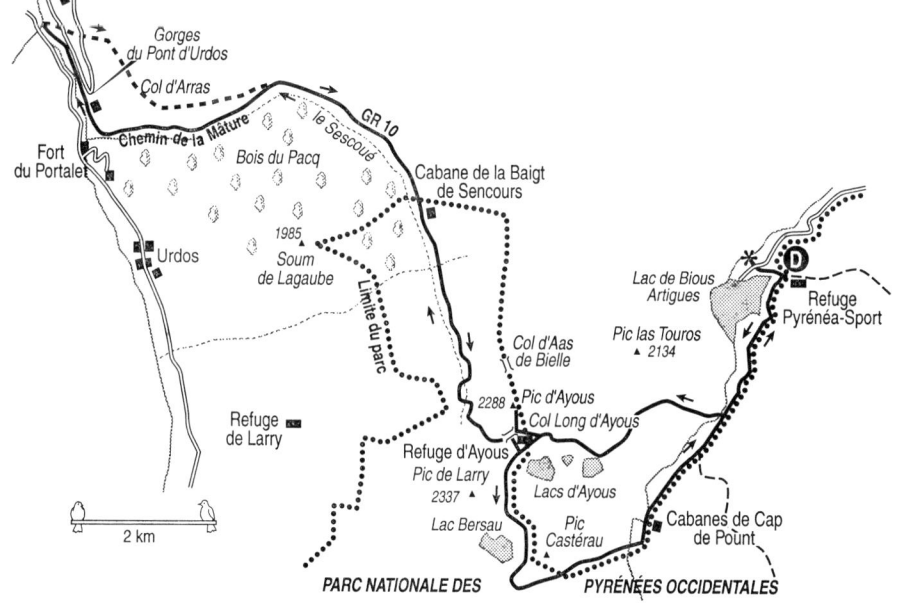

Je contemple (que dis-je ? je révère !) le pic du Midi d'Ossau lavé de gris-bleu par la brume du matin calme. Il me semble magique. Inspiré... On jurerait un totem indien, la Tour du Diable du Wyoming ou la grande pyramide maya de Tikal, dans la jungle du Guatemala... Il domine la vallée, la forêt, le reste de la montagne, non seulement par son élévation, mais par ce que (faute de mieux) j'appellerai son « esprit ». Je m'étonne (moi, le rationaliste borné, le vulgaire matérialiste !) de ce que ce sommet possède une force, un magnétisme, pour ainsi dire une âme.

 *PREMIER JOUR : LE COLLIER DE JADE DES LACS D'AYOUS, ALLER-RETOUR DE BIOUS-ARTIGUES AU COL D'AYOUS,* 7 *heures*

J'emplis mes poumons d'oxygène béarnais. Les Pyrénées investissent mon corps. Je suis sous influence. Subjugué. Dépendant... Plaisir compulsif des odeurs, des sons, des couleurs. Caresse des herbes. Parfums sauvages. Mes sensations sont mes drogues. Douces. Renouvelables. Innocentes.

Je lace mes chaussures de montagne, ou plutôt mes chaussures me lacent. Je les soupçonne de me commander. Elles choisissent mes balades. Je crois les enfiler : elles réquisitionnent mes orteils. Elles ont besoin de leur drogue, elles aussi : de gadoue, de caillasse, de neige ou d'herbe tendre... Je marche à partir du parc à voitures du lac de Bious-Artigues (altitude : 1 422 mètres), au-dessus du bourg de Gabas, en vallée d'Ossau. L'eau du barrage est verte et profonde ; les épicéas s'y mirent comme dans un poème d'Apollinaire. Je veux saluer le vautour fauve et l'isard, la marmotte à sifflet

incorporé, le batracien, l'insecte et le cortège fleuri des endémiques pyrénéennes. Je décide de gagner le col d'Ayous par une portion du fameux G.R. 10 qui roule sa bosse d'est en ouest du massif.
Mes chaussures sont en forme : profitons du véhicule. Je foule la piste forestière qu'empruntent les voitures tout terrain des bergers. Un coup d'œil aux marécages du bout du lac : restes de tourbières où le sol oscille sur des coussins d'eau secrète, avec des grassettes piégeuses de fourmis, des orchis tachetés rose pâle à pointillés pourpres, des linaigrettes aux fins cheveux d'argent, des populages comme des ducats d'or et des sauts de grenouilles rousses comme des clins d'œil. Je m'élève sous le couvert des épicéas, des sapins et des hêtres. Le gave de Bious chante sous le pont d'Ayous : on dirait du Trenet. Le sous-bois clair regorge de myrtilles à bleuir (je me balade fin juin), d'aspérules odorantes, de myosotis bleus, de silènes compagnons rouges, de géraniums herbes-à-Robert roses et de géraniums sanguins sanguins... Des renoncules à feuilles d'aconit blanches surmontent des nébuleuses d'hellébores verts. Musique légère de pinsons, de mésanges, de becs-croisés, de traquets. La bergeronnette hoche obsessionnellement la queue. Le geai crèque. On imagine le renard, la fouine et la belette. On soupçonne le blaireau... L'écureuil et la martre vaquent à leurs occupations particulières, que l'écureuil préfère distinctes.
Je débouche dans l'auge glaciaire où serpente le gave de Bious : les moutons paissent l'herbe grasse de ce qui fut un vaste marécage. À la pancarte, je choisis le sentier de droite, vers le refuge d'Ayous (« 1 heure 30 »). Je caresse des hampes d'asphodèles où se massent des galaxies d'étoiles blanches à raies brun-roux. Je m'incline devant les corolles baroques, improbables, de l'ancolie des Pyrénées bleue, aux pinceaux d'étamines jaune pâle. Sur un rocher, comme un rouge à lèvres sur

une statue, l'érine des Alpes étale ses fleurettes rose chair. À la cabane du col Long d'Ayous, la prairie se peinturlure de fleurs éclatantes que mâchouillent les criquets et les sauterelles, entre les derniers hêtres en bonsaïs vert clair et les premiers rhododendrons ferrugineux.

Il fait chaud. Il fait parfait. Une buse tourne sur la forêt. Des corneilles s'égaillent. Je franchis des ruisselets glouglouteurs aux rives piquées d'orchis, de grassettes et de linaigrettes. Je bois à la source d'un rocher que couronnent les mini-pompons bleus des globulaires naines. Dans les pelouses, les trèfles alpins brandissent leurs fleurs papillons nervurées de rose. Les épervières exhibent des pilosités qui me fascinent. (J'aime les poils des fleurs.) Les arnicas rayonnent, tels des simulacres de soleils. Les grandes gentianes explosent de corolles épaisses et lisses, teintées de miel.

Voici le premier lac d'Ayous : le Roumassot, dans lequel se mire le donjon vert et gris du pic de Larry (2 337 mètres). Des têtards de grenouilles rousses y achèvent leurs métamorphoses : deux pattes, puis quatre — et la queue en moins. Des gerris patinent sur leurs six pieds à tension superficielle incorporée. Des vers noirs se tortillent au fond. Je plonge l'index devant une de ces annélides : la bête s'agite, me localise et colle à ma peau la ventouse ronde de sa bouche. L'écologiste poussera-t-il l'amour de la nature jusqu'à donner son sang à la sangsue ?

Une barre rocheuse, échevelée d'une cascade et décorée de linaires jaunes, de saxifrages aizoïdes et de joubarbes toiles-d'araignée, me mène au petit lac du Miey, deuxième de la série ; qu'une ravissante pelouse alpine sépare du troisième : le lac Gentau. Altitude : 1 947 mètres. Sur une bosse de la rive occidentale, se dresse le refuge d'Ayous (parc national des Pyrénées). Je m'y dirige en notant que les locataires légitimes du paysage sont la niverolle (ou pinson des neiges ; gris, noir et blanc), le merle de roche, le venturon montagnard au poitrail de citron acide, le coléoptère méloé noir au volumineux abdomen de charbon, et sa cousine la rhagie commune aux élytres de laiton feutré... Un aigle plane en direction du pic de Larry. Je mange sous le refuge. Fromage de brebis, pain de seigle, eau fraîche : une extase la bouche pleine. Le pic du Midi d'Ossau double son image dans l'eau couleur de plomb du lac Gentau. Mon estomac rassasié s'en fiche. Mais ni mes yeux, ni ma cervelle.

Je remballe mes déchets dans mon sac, je gribouille trois notes sur mon carnet et je coupe à travers la moraine pour rejoindre le G.R. 10, que j'avais laissé au nord du lac Gentau... Je monte vers le col d'Ayous. Pente raide. Chaussures hors de forme : elles bluffaient, au début la balade. Une nichée de marmottes (maman de coton brun et quatre marmottons crème et noir) me considèrent sans grande crainte. Je détaille des colonies de champignons dorés sur de vieilles bouses de vaches : recyclage. La pente se hérisse d'orchis mâles rubiconds, aux éperons brandis comme des marottes obscènes ; d'orchis sureaux que la nature propose en deux coloris (framboise ou vanille) ; d'horminelles des Pyrénées aux corolles en becs de cygne violet sombre ; de chardons fausses carlines, endémiques pyrénéens aux feuilles épineuses d'argent et aux capitules rose berlingot. Les joubarbes toiles-d'araignées, collées de soie blanche, voisinent avec les gentianes printanières et les gentianes de Koch bleu roi, et annoncent des jardins japonais de lotiers jaunes, de globulaires, de lunetières, de céraistes blancs, de vulnéraires de Dillenius roses.

À cette altitude, à la fin juin, les chardons bleus (ou panicauts, ou éryngiums) et les iris des Pyrénées ne sont pas encore épanouis. Je les identifie, pourtant : promesses d'inflorescences en étoiles bardées d'épines pour les premiers, qu'on dit aussi « de Bourgat » ; feuilles linéaires gris-bleu pour les seconds, que les botanistes baptisent « xiphioïdes » (en forme d'épées).

Un vol de craves à bec rouge et un coup de vent — baiser ricaneur de la montagne — saluent mon arrivée au col (altitude : 2 100 mètres). J'arrache une page de mon carnet, sur laquelle j'écris : « À demain ! », et que je glisse sous un caillou. Plaisanterie privée ! Deux vautours fauves, perfections emplumées, tournoient au revers du pic de Larry, où rumine un troupeau d'une quarantaine d'isards. Les chamois des Pyrénées, plus trapus et plus ébouriffés que leurs cousins des Alpes, adorent cette partie du Béarn. L'été venu, ils s'y rassemblent parfois en congrès gourmands de centaines de sujets.

En marchant sur d'étranges dalles superposées de roche hétérogène, glomérulée, d'un rouge-violet foncé que je n'ai vu nulle part ailleurs, je gagne la cime voisine du pic d'Ayous (2 288 mètres). Je contemple, à l'est, la pyramide dominatrice, obsédante, du pic du Midi d'Ossau (2 884 mètres), puis les névés blancs du Balaïtous (3 144 mètres) et les lointains gris-bleu du Vignemale, où culminent les Pyrénées françaises (3 298 mètres). Au sud, se disposent le collier de jade des lacs d'Ayous et la tour moyenâgeuse du pic de Larry. À l'ouest et au nord, voici le Soum de la Hourquette de Larry et le vallon de la Baigt de Saint-Cours, que je remonterai demain si les petits vautours affamés ne me mangent pas.

Je redescends, saturé de splendeur, en courant comme un gosse jusqu'au refuge d'Ayous. De là, je choisis le chemin qui remonte la moraine du pic de Larry, avant de longer la rive orientale du quatrième lac d'Ayous : le Bersau (2 082 mètres). Gentianes bleues. Saxifrages à feuilles opposées. Androsaces pubescentes à cœur de brique. Grégories de Vitaliano jaunes. Isards paisibles et marmottes... Je dévale les lacets du chemin, entre le pic de Bielle et le pic Castérau. Au bas du système, à un kilomètre à vol d'aigle de la frontière espagnole, je jette un œil dans un gouffre. Mystère de l'eau qui se perd au ventre de la terre... Je salue le cinquième lac d'Ayous, celui de Castérau, que surmonte le petit lac Paradis. Je file vers le gave de Bious, les cabanes de la Hosse et de Cap de Pount dans une gorge frangée de pins à crochets, au fond de laquelle sont creusées de superbes marmites de sorcières. Vasques bleu-vert où barbote le cincle plongeur. Prairies délirantes d'asphodèles, de rumex rougeâtres, de géraniums, d'iris et d'arméries blanches... Vols de papillons nègres, gazés, mélittées, apollons, petites-tortues.

Je traverse l'auge glaciaire en suivant un troupeau de moutons bêlants, où je joue les moutons noirs. Je rejoins Bious-Artigues et la civilisation humaine par la médiation de cette étrange pastorale.

 *SECOND JOUR : LES VERTIGES DE LA MÂTURE, ALLER-RETOUR DU PONT DE CEBERS AU COL D'AYOUS,*
*10 heures 30*

Aube cotonneuse en vallée d'Aspe, au-dessus du village d'Etsaut où la Maison du parc national organise une exposition permanente à la gloire de l'ours brun. Je patauge dans le lit du gave. Je veux voir le desman, ce mammifère insectivore improbable à l'allure de taupe à trompe (pieds palmés et queue de rat), qui plonge en quête d'invertébrés aquatiques et noie du même coup le biologiste dans des interrogations. D'où vient l'espèce et pourquoi cet endémisme ? Une ombre file sous la surface, entre deux pierres. Je me persuade que je l'ai vu.

Je décide de boucler ma traversée de la vallée

> ### *L'ours des Pyrénées*
>
> L'ours des Pyrénées : ce symbole ! Combien en reste-t-il, en l'an 2000 ? Deux populations, l'une en Béarn, l'autre dans les Pyrénées centrales.
> La population du Béarn — dans les vallées d'Aspe et d'Ossau — se compose d'animaux indigènes. Les ultimes « vrais ours français ». Ils sont cinq ou six : la femelle Cannelle et son petit d'un an ; un (ou deux) jeunes mâles : Chocolat et (ou) Pyren ; et deux mâles plus âgés : Papillon et Camille. Le fait que Cannelle ait eu un petit montre que le groupe reste génétiquement viable.
> La population des Pyrénées centrales, qui s'étend aujourd'hui vers l'Ariège, comprend six individus. Réintroduits (des montagnes de Slovénie) ou nés des deux femelles réimplantées. On y recense le mâle adulte Pyros ; la femelle adulte Ziva (souvent en Espagne) ; les deux oursons de Ziva, dont un mâle baptisé Néré ; et les deux oursons de la femelle Mellba, abattue par un chasseur imbécile.
> Les Pyrénées comptent ainsi, au total, onze ou douze ours bruns. Fierté de toute la France.

d'Aspe à la vallée d'Ossau comme un ours bien léché. Par le G.R. 10. Je laisse ma bagnole au parc de Passette, au-dessus du pont de Cebers. En avant sur le chemin de la Mâture... D'ici au col d'Ayous par la Baigt de Saint-Cours (ou de « Sencours »), la dénivellation est conséquente. Départ vers 600 mètres d'altitude, arrivée à 2 100. J'en appelle au courage de mes souliers. Le sentier commence dans des prairies touffues, mangées de buissons et rehaussées de scabieuses mauves, de rhinanthes crêtes-de-coq jaunes, de gesses, de serpolets, de marguerites... Dans ce théâtre joue l'orchestre des mille insectes où les abeilles tiennent la partie du violon. Le papillon apollon flopflope sur ses ailes à pois rouges et noirs, en quête d'un orpin où pondre. Le gazé butine avec volupté la vesce violette. Le machaon file comme un cerf-volant jaune rayé de charbon. Une vipère aspic aux écailles gris-roux coule sous une pierre le large zigzag noir de son dos.

Au virage à angle droit qui domine le fort du Portalet, je comprends le pourquoi des pointillés sur la carte (« passage délicat ») ! Le chemin de la Mâture est ainsi nommé parce qu'il servait jadis à convoyer les troncs de chênes destinés aux bateaux de la Royale. Il est large de plus de 1 mètre et bien tracé, mais c'est une entaille en demi-lune ouverte à la pioche dans le mur de calcaire (la Pène de Lamounédère) qui plonge à la verticale, sur près 500 mètres, dans la gorge du ruisseau Sescoué... La tête tourne à ceux qui redoutent le vertige. Les fous de grimpe exultent : cette paroi est un théâtre d'acrobaties pour chaussons d'escalade. Je me penche. Je regarde en bas. J'aime la sensation du vide — du « gaz », comme disent les enfants spirituels d'Edlinger et de Destivelle. Ces pans de roche gris clair, tièdes, rugueux, nourrissent dans leurs fissures une flore admirable de vipérines et de dompte-venin (poison et contrepoison : normal), de buis, d'hélianthèmes et de curieuses germandrées des Pyrénées aux corolles jaune et brun. La reine des fleurs locales est la saxifrage à longues feuilles. Je détaille l'un de ces artichauts épais, argentés, d'où procède un axe floral de plus de 60 centimètres de longueur, arqué et alourdi de centaines de fleurs virginales.

Passé la falaise, le sentier sinue dans une jungle de chênes, de buissons et de graminées repeintes aux couleurs bleues des ancolies et des raiponces en épis. S'y mêlent des sanguisorbes carminées et des paradisies faux-lis (ou lis de saint Bruno) blanc pur, que visitent les taches impressionnistes des papillons agrestes, vulcains, paons-du-jour et petites-tortues.

J'arrive aux maisons Perry : fontaine d'eau fraîche offerte dans la cour. Passereaux variés : pies, geais, traquets, bruants, que sais-je ? Pinsons, pouillots, sittelles et rougequeues... Des ascalaphes volettent. Des lézards gris ou verts prennent leur ration d'ultraviolets. La prairie montagnarde devient excentrique. Ombellifères mêlées de millepertuis jaunes, de sureaux, de rosiers et de bardanes qui mûrissent leurs fruits « Velcro »... Le géranium lucide et le salsifis sauvage introduisent aux turbans roses ponctués de pourpre du lis martagon.

Dans le sous-bois suivant, le chevreuil démarre en montrant son cul blanc. La rosalie des Alpes — la miss Europe des coléoptères — déploie ses antennes de capricorne et ses élytres azur et noir. Des campanules étalées et des gueules-de-lion (ou antirrhinums) roses enchantent les bordures. Quelques lacets, et voici la jonction du sentier du col d'Arras, qui contourne les escarpements de la Mâture. Chant du torrent en amont de la prise d'eau. Sonnailles des vaches de la Borde de Passette. Et je les contemple en pleine floraison. Eux !... Les iris des Pyrénées... Ces météores bleu-violet qu'on jurerait descendus d'un autre monde... Ils croissent parmi les fougères. Ils me jugent. Ce sont les yeux de velours de la montagne. Ils résument le ciel et la terre. Ils portent, sur leurs pétales, des inscriptions violettes sur fond jaune en langue extraterrestre.

Je passe des torrents sur des ponts sertis d'orchis tachetés, d'helléborines (ou épipactis) pourpres, de laitues sauvages et d'adénostyles aux immenses feuilles quasi tropicales. Hêtres tordus et épicéas barbus de lichens gris. Je scrute, à l'ubac du vallon, le bois du Pacq. « Zone à ours », comme on dit en Béarn. Je voudrais saluer le Fauve absolu... Je quitte un moment le chemin. Je grimpe au hasard dans la forêt. Pente raide, souches, branches mortes. Sueur et souffle court. Je croise l'écureuil et le pic noir. Je subodore le grand tétras. Je barbote dans une clairière où ondulent des vagues d'ancolies bleues comme l'océan Pacifique... C'est là, près d'un rocher couronné de joubarbes, qu'il me semble entrevoir un derrière brun qui disparaît dans les fourrés. Image fugace. Rêve éveillé ? Est-ce une production de ma cervelle fatiguée ? Un artefact né de mon désir obsessionnel de contempler la Bête ? Je m'en moque... Je me persuade que je l'ai rencontré. L'ours brun des Pyrénées. Le plus bel animal d'Europe. Le « Monsieur », le « Mossu », le « Moussu », le « Courailhou » (« Vagabond »), le « Pédescaus » (« Va-nu-pieds ») aux oreilles rondes et aux petits yeux malins...

Je reviens au sentier. Chaos rocheux. Ruisseaux chantants. Je rallie la petite cabane de la Baigt de Saint-Cours. La pente environnante, à l'étage des derniers arbres, est un jardin psychédélique où se pressent les ancolies des Pyrénées, les aconits napels (encore en boutons), les pigamons à feuilles d'ancolie (inflorescences de dentelle rose) et les doronics à grandes fleurs solaires. J'invente des trésors botaniques de chardons bleus des Pyrénées (ou panicauts de Bourgat) ; de benoîtes des ruisseaux tintinnabulantes de clochettes brun-rose ; de lis martagons ; de violettes cornues ; sans oublier ces fragiles coquelicots jaune clair qu'on appelle méconopsis du Pays-de-Galles...

Casse-croûte mérité à la cabane de la Baigt. Altitude : 1 560 mètres. Je repars dans la pelouse de l'étage alpin, le long du ruisseau hanté par les cincles. Je marche de gentianes jaunes en rhododendrons, sur des tapis de trèfles alpins, de céraistes blanches, de lotiers d'or et de cuivre, d'iris bleu-violet et de jasiones des montagnes violet-mauve. Sources piégées par les grassettes et colonisées par les populages. Grenouilles rousses. Je cherche l'euprocte, ce triton atypique des Pyrénées. Choucas (ou chocards ? trop loin pour être distingués). Troupeaux de vaches. Marmottes et, sous le Soum d'Aas, une harde d'isards.

Je distingue, là-haut, la croix et la pancarte du col d'Ayous. Derniers lacets lassants : 1 500 mètres de dénivelé se paient. J'injurie mes chaussures. Elles réagissent positivement. Je gagne vers la crête. Voici la bifurcation du sentier. À droite : le refuge de Larry ; à gauche : le refuge d'Ayous. L'ultime effort : et je ramasse, sous la pierre, le message que je me suis écrit hier. Je le brandis sous les ailes du prince gypaète, face à la parfaite pyramide du pic du Midi d'Ossau.

> NOTE SAISONNIÈRE ET RECOMMANDATIONS
>
> Cette double balade est à effectuer en été, la saison la plus propice à la contemplation des splendeurs de la nature béarnaise. Au printemps et en automne, l'isard se laisse observer de plus près. L'hiver, l'ours dort : ne pas déranger ! Attention à la neige, aux orages, au brouillard, au froid... La montagne peut faire payer cher l'erreur d'itinéraire ou le mauvais équipement. De fin octobre à avril (selon l'enneigement), le col d'Ayous est à peu près impraticable.
> La dénivellation (1 500 mètres) entre le fond de la vallée d'Aspe et le col d'Ayous exige un minimum d'entraînement. Si vous vous sentez « juste », renoncez... Si vous craignez le vertige, évitez la portion aérienne du chemin de la Mâture. Empruntez le sentier qui contourne ce passage, entre Passette et la Borde de Rouglon, par le col d'Arras.

# 4. Pays basque

# La grâce de Sainte-Engrâce

*Marcher. Monter. S'élever. Gravir la montagne au Pays basque, vers un enchantement de cimes et de ciel, au-dessus de l'austère et sublime église médiévale de Sainte-Engrâce. Saluer les cayolars d'Idiartolha et d'Errayzé. Redescendre les gorges d'Ehujarré sous les arabesques des vautours, parmi les fleurs des Pyrénées...*
*En boucle autour de l'église de Sainte-Engrâce, 5 heures 30.*
*Carte I.G.N. au 1 : 25 000, 1446 ET, Top 25, Tardets-Sorholus, Arette, la Pierre-Saint-Martin.*

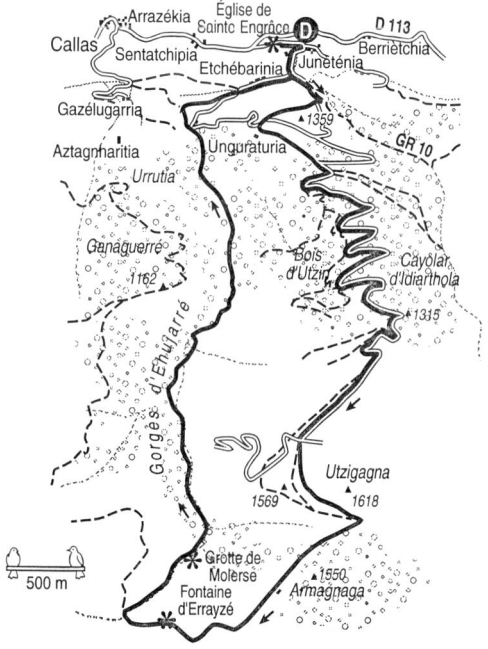

C'est une église romane au creux d'une vallée perdue, près d'un chemin de pèlerinage. Massive, sous les falaises blanches, contre le vert profond de la forêt. Elle fait le dos rond. En harmonie avec cette contrée de la Haute-Soule, où le Pays basque s'adosse au massif d'Anie comme un ours brun un peu las contre un rocher des Pyrénées.

Je contemple l'église de Sainte-Engrâce. Elle date du $xi^e$ siècle. Des martinets crissent dans l'air d'été. Vers le sud, par-delà les crêtes et les nuages, je sens l'Espagne — sa lumière, son âme. L'âme basque n'est pas mièvre non plus. Faite de musique (puissant chant choral), de pics, de forêts vertes et de vertes prairies ; car rien n'est plus vert que le Pays Basque !

Je me mets en marche (altitude : 615 mètres) sur la petite route qui, après l'église, descend au creux du val. G.R. 10 (balises rouge et blanc) et itinéraire des gorges d'Ehujarré (marques vert et blanc). Je passe entre frênes, noisetiers et noyers, dans le parfum des mélisses, des silènes compagnons rouges et des origans marjolaines qui teintent de rose ce début d'itinéraire. Des papillons de vingt espèces agitent leurs voiles dans la brise, au son ronronnant des abeilles, bourdons, mouches, coléoptères et ascalaphes aux ailes d'or ou d'argent diaphanes.

Le torrent chante en basque avec la bergeronnette des ruisseaux. Bifurcation. Je vais à gauche, entre deux haies de ronces aux mûres gonflées de sucres noirs, mêlées d'églantiers, de cornouillers et de géraniums herbes-à-Robert roses. Deuxième fourche : adieu, G.R. 10, je continue à droite. Fougères, aubépines, prunelliers. Après la ferme d'Unguraturia, le bois d'Utzia s'épaissit. Les arbres bruissent en toute majesté — épicéas, chênes, hêtres... Dans les trouées, j'aperçois l'église de Sainte-Engrâce, sous la montagne homonyme et ses pics aux noms venus d'ailleurs (mais d'où viennent les

Basques ?) : Murrutchégagné, Garhondoko, Uhlunaguerré... Montée raide, en lacets. Sueur et halètements. À terre, parmi les feuilles mortes, pointent de superbes plantes. L'ail des ours aux fleurs en coupelles blanches. La scille-jacinthe aux corolles en clochettes mauves. La lathrée clandestine, belle parasite qui ressemble à un nid de becs de perroquets violets dans l'humus, et dont le parfum est un des plus suaves que j'aie reniflés... Un chevreuil détale. Traces de sangliers. De biches. Un geai lance son appel de castagnettes. Des pics tapotent à qui mieux mieux. Les marques vert et blanc sont rares, le sentier augmenté de lacets inutiles et de diverticules qui, pour qui se laisse embarquer, ne mènent à rien — sauf, vers l'ouest, à de superbes balcons sur les gorges d'Ehujarré.

Myrtilles, framboises et fraises des bois : je me change en ours des Pyrénées bien léché ; et même pourléché. Après tout, les plantigrades de la vallée d'Aspe ne sont pas loin. Au sortir de la forêt, je débouche sur le plateau où est la cabane de bergers — le cayolar — d'Idiarthola. Altitude : 1 315 mètres. J'ai avalé un dénivelé de 700 mètres : rien d'étonnant si mon mollet se rebiffe. Un milan plane. La queue d'un renard se fond dans un buisson. Une vipère est lovée : ne pas déranger ; quart d'heure de plaisir reptilien. Des bruyères à grosses fleurs rose-mauve, gonflées comme des ballonnets — des daboécies —, me confirment que je suis bien au Pays Basque : plante endémique.

Je gravis le sentier raviné. La vallée de Sainte-Engrâce exalte sa beauté dans un étrange bleu-vert. Sur ces pentes, paraissent au printemps des gloires de narcisses des poètes, de jonquilles jaunes (narcisses pseudonarcisses), de fritillaires des Pyrénées vertes à damiers pourpres, et d'érythrones dents-de-chien dont les pétales sont autant de comètes roses. L'été venu, ce ne sont que splendeurs de gentianes jaunes ; d'iris xiphioïdes en flammes violettes ; de lis des Pyrénées en turbans de soufre poudrés de suie ; et de cirses des Pyrénées pareils à des blaireaux roses de barbiers de Séville. Le sentier passe en contre-haut des cayolars d'Utzipia, tapis sous une falaise comme des isards à la remise, dans un écrin d'épicéas et de hêtres. Bref détour vers l'ouest, jusqu'à la fontaine d'Utzipia. Eau fraîche sur la figure. Je repars vers les altitudes où tourne le vautour. Une belette zigzague. Je guette le manège de ces coléoptères qu'on appelle « cicindèles » : chasseurs redoutables à leur échelle, avec leurs élytres vert-de-gris tavelés de blanc. Je longe le sommet d'Utzigagna (1 618 mètres), dans une immensité d'herbes — on dirait une steppe — qui ondule au vent d'Espagne. Le poème de Victor Hugo *(Gatzibelsa, l'homme à la carabine...)* me remonte à l'oreille, mis en musique par Brassens.

« Le vent qui vient à travers la montagne
Me rendra fou... »

Je regarde, à l'ouest, la crête-frontière que tant d'oiseaux migrateurs survolent deux fois par an ; et la cime de Lahoura, rattachée au pic de Chardékagagna où je fus naguère, au-dessus des gorges d'Holzarté, pour une autre de ces balades. À l'est, se profile l'énorme amas minéral du pic d'Anie. L'ours brun, totem des Pyrénées, me regarde depuis son nuage.

À droite du sentier, un gouffre : dans cette contrée calcaire, l'eau joue sa partition au secret de la terre. Crinières blondes : trois juments et leurs poulains broutent. Je descends dans le canyon où se cachent les cayolars homonymes. Je m'assois près d'une de ces cabanes, à deux pas d'une vague figée de roche blanche hérissée de bonsaïs de pins sylvestres. Un troupeau de brebis, marquées d'un monogramme de peinture rouge,

rumine. Je tire mon casse-croûte du sac. Fromage du Pays Basque aux herbes de la montagne.
 Je repars. Je contourne la crête calcaire pour fouler la piste qui traverse la hêtraie d'Arratchipia, avant de descendre dans le dièdre de roches et de terrasses herbeuses de Droundagagnéko, semé d'aconits napels bleu nuit et de joubarbes des montagnes roses. Je débouche sur la « plaine », près des enclos et des cayolars d'Errayzé. Chardons laineux dans l'herbe. Mille plantes douces au palais des moutons. Épilobes en flammes roses. Lotiers corniculés aux fleurs papillons or et orange... À la fontaine d'Errayzé, des volées subtiles de libellules ; des drosères carnivores ; des linaigrettes de coton ; un congrès de grenouilles rousses ; et ces petits amphibiens des Pyrénées qu'on nomme « euproctes » — modestes cousins gris des tritons.
 Je finis de traverser le plateau vers l'ouest. Je pique à droite vers les gorges d'Ehujarré, dans lesquelles se jette aussi le torrent de Beltza. Se jette et cascade joliment (gouille bleue au pied de la chute)... avant de se perdre dans le sol. Cas d'escamotage liquide ! La descente est raide, les pierres instables. Les pans de calcaire lumineux des falaises se mettent à ressembler à des murs d'église romane. Je jouis de la simple beauté des campanules. De la perfection des chardons bleus des Pyrénées, dits aussi « panicauts (ou éryngiums) de Bourgat », plus petits et étalés que ceux des Alpes, avec une magie de métal bleu sur les bractées. Je trouve l'ancolie des Pyrénées ; la carline sans tige en étoile d'argent ; le méconopsis du Pays-de-Galles, ce délicat coquelicot jaune... Un tichodrome échelette décolle d'une paroi sur ses ailes écarlates. Des merles de roche bavardent. Trois, quatre, cinq, six vautours se mettent à tourner au-dessus du canyon : vents favorables. La gorge se resserre. Des lézards verts palpitent. J'arrive à la grotte de Molerse. Profonde et fraîche. Je m'y réfugie. Impossible de ne pas m'y voir comme

l'homme de Platon, condamné à ne connaître de la vérité du monde extérieur que des ombres portées. Des papillons scintillent dans la lumière de l'entrée, telles les idées pures du philosophe.

Le retour n'est que douceur et chant basque, avec le rose purpurin des lis martagons, le bleu nuit des aconits napels et l'incarnat des œillets superbes, aux pétales laciniés. Avec le vert des hêtres tordus par la fée, sous le couvert desquels croissent des jardins de scilles-jacinthes. Éboulis et ravines. Branches et racines qui se tordent. Pilastres. Obélisques branlants. Murailles qui montent au ciel. Majesté des gorges d'Ehujarré! Je me perds dans les yeux rose et bleu de la pulmonaire. J'en ressors sous l'aspect d'un papillon machaon jaune et noir à lunes bleues et ocelles rouges, que le vent enlève dans l'azur.

L'eau du torrent reparaît brusquement parmi les roches. Elle murmure, gargouille et zigzague comme le desman des Pyrénées qui y barbote. Elle éclabousse le cincle qui y quête l'éphémère. À la fin du mystère, la piste me ramène au porche de l'église de Sainte-Engrâce, dont il me semble que je ne me suis séparé que par le songe.

NOTE SAISONNIÈRE ET RECOMMANDATIONS

Nulle grande difficulté, pour cette balade où l'on est invité à unir sa voix à la chorale des sommets, au-dessus de l'église romane de Sainte-Engrâce et des gorges d'Ehujarré.
Sauf qu'il s'agit de gorges, avec les précipices afférents... Gare au brouillard, au mauvais temps et aux erreurs d'itinéraire. Le sentier est balisé (G.R. 10, puis marques vert et blanc). Mais, par endroits, de façon plus que lâche. On a vite fait de rater un signal.

Les vautours sont là toute l'année, mais les hivers neigeux ne permettent pas d'aller les observer en altitude. Les fleurs des Pyrénées étalent leurs nuances du printemps à l'automne — des premiers crocus dans la neige aux derniers chardons bleus roussis par le froid.

# 5. Pays basque

# Les eaux sauvages d'Holzarté

*Les eaux vert et blanc du gave tumultueux s'engouffrent dans la gorge d'Holzarté. Elles écument en chantant un air du Pays basque, de ceux qu'entonnent les bergers de Larrau. Elles sont l'âme de ces Pyrénées-Atlantiques où un peuple aux origines énigmatiques parle une langue aux sonorités de torrent.*

*En boucle autour de Logibar, une balade de 4, 8 ou 12 heures, selon les possibilités de chacun.*

*Carte I.G.N. au 1 : 25 000, 1447 Nord, Série bleue, Larrau.*

J'y vas-t'y, j'y vas-t'y pas ? Au-dessus de la piste, des cascades énormes explosent en écume blanche sur les rochers moussus et les troncs déracinés. En aval, même spectacle ; mais en plus raide ! Sur le chemin, l'eau sauvage, profonde, d'un bleu minéral...

Je goûte le romantisme du décor, mais j'ai ce gave à traverser. Ce gave sorti de son lit à cause de la fonte des neiges, qui gronde, gargouille et me bloque... Une quinzaine de mètres à franchir d'un flux qui tourbillonne, avec ce précipice, à droite... J'y vas-t'y ? Au moins essayer... J'ôte mes chaussures. Pieds nus, en short, je range avec soin mon carnet de notes et mon appareil de photo dans mon sac. Je me risque dans l'eau glaciale. Le courant me saisit, me pousse, me bouscule. Je chancelle. Je tâte le fond glissant avec mes orteils, redevenus (mettons) ceux d'un homme de Neandertal ; la fonction recrée l'organe : Lamarck avait raison. J'évite à chaque seconde le grand plouf. J'ai de l'eau aux fesses, aux hanches. Je me sens frappé, chassé, cogné par le courant qui veut m'emporter. Je résiste, je sens que je vais glisser... Je me maudis d'avoir osé — mais je touche l'autre rive. Je regarde mes pieds de Néandertalien rougis (que dis-je ? bleuis !...) par le froid.

Une bergeronnette des ruisseaux hoche la queue. Sa façon de rire.

 **DE LOGIBAR À LA PASSERELLE D'HOLZARTÉ,**
*0 heure 30*

Qu'on se rassure : je n'ai nullement l'intention de noyer des légions de lecteurs, à la façon du joueur de flûte d'Hamelin et des enfants du conte... Il se trouve que j'accomplis cette balade un 2 mai. La neige fond follement dans la montagne de Larrau : tous les gaves sont en crue.

Au mois de juin, puis en été, les torrents auront regagné leur lit. Où je manque basculer sous la force du courant, ne restera qu'un ru gazouilleur, franchissable d'un bond.

Je me mets en marche au gîte-étape de Logibar, sur la départementale 26, non loin de Larrau. Le petit parc à voitures des gorges d'Holzarté est une merveille sous roche, avec dans la paroi des bouquets de saxifrages à feuilles rondes, d'érines des Alpes en mousse rose et de géraniums herbes-à-Robert : rien de délicat comme cette espèce aux feuilles de dentelle pourpre et vert et aux corolles à cinq lames, pelures de berlingots roses striés de carmin... Passé le pont de la Mouline, sur le gave d'Holzarté, je choisis le sentier de droite — la variante du G.R. 10 (marques rouge et blanc) qui conduit à la passerelle d'Holzarté (on écrit parfois : « Holçarté »). Je reviendrai, ce soir, par l'autre branche. Je remonte la rive droite du torrent. Fracas d'eau sauvage. Le gave bouillonne en vert et blanc. Je me sens truite fugace, cincle plongeur ou desman des Pyrénées. J'ai lu la pancarte : on construit une microcentrale électrique à Logibar. Pour la S.N.C.F. On va turbiner les ruisseaux qui dévalent. Turbiner, c'est-à-dire mettre en tuyaux ; capter... Les eaux vives d'Holzarté seront réduites en esclavage. J'en ai assez, de ces aménagements décidés en petit comité par trois technocrates en cheville avec un entrepreneur et un quarteron d'élus. La beauté du monde agonise dans des projets idiots.

Je renifle les hêtres avec mes yeux. Je bois leurs feuilles avec mes oreilles : c'est dire si je suis dans mon état normal. Le bord du sentier est pavoisé d'ancolies bleues, de lamiers jaunes aux fleurs en bec de Chantecler, de boutons d'or et d'orcanettes aux corolles en tubes jaune pâle à la dimension des abeilles, que les bourdons pressés violent pour accéder au nectar... Des escargots des jardins promènent leur coquille jaune et brun. Des limaces font les cornes. Dans les branches, les oiseaux sifflent, chantent, zipzipent ou kioukioutent selon leur partition, en mesure mais sans chef d'orchestre ; à moins qu'Olivier Messiaen ne se soit réincarné dans cet écureuil roux... Les rochers se pomponnent de joubarbes des montagnes et de globulaires lilas pâle. Les prairies sont piquetées d'asphodèles, de primevères et de pulmonaires aux corolles que le marchand Nature propose en deux coloris au choix : bleu ou rose.

La gorge devient sublime : elle me vole dans la cervelle les mots pour la dire. Je contemple ses murailles blanches, couronnées de hêtres vert clair et d'aubépines vert sombre. Voici la passerelle, jetée en travers de la tranchée d'Olhadubi, peu avant que celle-ci ne conflue avec le canyon d'Holzarté. Le soleil du matin baigne ce paysage d'une extrême douceur. J'emprunte le pont de planches qui se balance sur ses câbles porteurs. La « passerelle du vertige », comme on la nomme ici... Tout en bas, à plus de 100 mètres sous mes pieds, le gave... Sur le portique, côté rive gauche, une date en chiffres romains : « MCMXX ».

 ***DE LA PASSERELLE D'HOLZARTÉ AU CAYOLAR D'ARDANÉ PÉKOA,***
*2 heures 30*

Le G.R. 10 s'élève en lacets dans la forêt d'Holzarté. Les hêtres m'éclaboussent de photons verts. Le sousbois, où les houx astiquent la cire de leurs feuilles sombres, recèle des trésors. Un geai aux épaules bleues crècrèque et me montre l'orchis mâle. Une sittelle descend un tronc de sapin pectiné la tête la première, vers une banquette d'oxalis aux feuilles de trèfle. Un pinson s'égosille au-dessus des coupes fragiles du méconopsis du Pays-de-Galles (qu'on se figure un coquelicot jaune).

## LES EAUX SAUVAGES D'HOLZARTÉ

Un coléoptère longicorne arpente l'humus ; il a déployé ses antennes d'espion extraterrestre et se cache dans une touffe de clandestines ; ô le parfum de ces fleurs parasites qu'on nomme aussi « lathrées », et dont la grosse corolle semble un bec de perroquet violet... Il me trotte dans la cervelle un poème en un seul vers, dans le style d'Apollinaire, dont la musique m'obsède :
*Et l'unique parfum des lathrées clandestines*
Je m'aperçois que c'est le chant du rossignol.
Sur l'arête forestière, le G.R. 10 continue à gauche, vers le pont d'Olhadubi. Je suivrai cet itinéraire tout à l'heure. Pour le moment, je veux aller dans la montagne. Je choisis de marcher à droite, sur l'ancienne piste forestière qui file au sud-ouest, sur le flanc de la gorge d'Holzarté. À partir d'ici, plus aucun balisage... Arbres déracinés en travers. Empreintes de renards et de blaireaux dans la terre humide. Dans des trouées de la forêt, je contemple le cône bosselé et les névés du pic d'Ohry (2 017 mètres), le point culminant des Pyrénées-Atlantiques. Au premier ruisseau, je salue la grassette à grandes fleurs : une tige filiforme sur laquelle perche une seule large corolle violette ; à la base, ces feuilles vertes, luisantes de sucs, qui piègent et digèrent les insectes... Au deuxième ruisseau, une chouette niche dans un trou d'arbre. Au troisième torrent, une limace déploie ses cornes de taureau noir qui chargerait au ralenti. À la quatrième eau, la mousse est douce comme un placenta. Au cinquième ruisseau, je tombe sur le problème que j'évoquais au début de cette humble narration : le gave de Pista est sorti de son lit ; il faut passer. En avant, jusqu'aux hanches ! J'ai la sensation de communier avec les Pyrénées par la froidure des eaux vives ; je suis truite, cincle plongeur ou desman au long nez fureteur.

Je passe le sixième ruisseau (l'Ardanéko Erréka) et la baraque vert kaki des ouvriers qui travaillent au captage des eaux pour la centrale. Je descends brièvement la route défoncée qu'ils ont ouverte au bouteur. J'enfile la première piste forestière à gauche. Quelques centaines de mètres et je trouve (à gauche, dans la pente) le sentier qui grimpe vers les ruines d'Olhamagnaguia (ô la chanson des noms basques !)... Hêtres centenaires, aubépines et houx luisants. Les fougères, en ce début de mai, ne sont encore que crosses épiscopales or et vieux cuivre. L'herbe est semée de ficaires en étoiles jaunes. Des papillons citrons, des piérides, un paon-du-jour palpitent. Une mésange huppée me tchiptchipe quelque chose. Les bergeries passées, le sentier redescend un peu, puis remonte le vallon d'Ardané Pékoa. Je me dissous dans un poème de fleurs. Sous les falaises ocre d'Olhazarréko Botchia, les pentes buissonnantes, roncières et lacérantes (demandez l'avis de mes mollets !), sont un bonheur de botaniste. Les primevères coucous jaunes et les héllébores verts voisinent avec des touffes de pulmonaires uniformément roses. De vaporeuses cardamines mauves soulignent le pourpre des orchis mâles. Des violettes, des globulaires, des séneçons, des véroniques bleues s'allient comme des impressions de couleurs sur un Monet. Du lis martagon, je ne salue encore que les feuilles en verticilles fournis (trop tôt pour les corolles). Mais je m'agenouille devant deux trésors : le narcisse jonquille jaune des Pyrénées (ou à fleurs pâles), dont la collerette centrale est en cylindre et non en trompette ; et la fritillaire des Pyrénées, une endémique dont les fleurs en cloches à damiers vert et pourpre (plus ou moins nets) carillonnent la magnificence du monde à l'intention d'un coléoptère rouge vif.

 Je monte entre des coussins bleu roi de gentianes printanières et des semis bleu-noir de gentianes de Koch gonflées d'importance. Un crave à bec rouge décolle au-dessus de la cascade qui conduit au replat (une auge glaciaire) où est bâti le cayolar (la cabane de bergers) d'Ardané Pékoa.

*DU CAYOLAR D'ARDANÉ PÉKOA*
*AUX GORGES D'OLHADUBI,*
*4 heures 30*

S'asseoir un instant. Boire une lampée d'eau fraîche. Repartir entre les buissons de daphnés lauréolés, les mousses de feuilles d'aconits napels et les touffes d'hellébores verts... Un grand corbeau passe dans le ciel, en direction du dôme (vu d'en bas, bizarrement semblable au puy de Dôme) de Gatzarrigagna, qui borne l'horizon et fait frontière avec l'Espagne. Je franchis le verrou glaciaire. Je débouche dans l'ample vallon en U d'Ardané, entouré de cimes de 1 500 à 1 900 mètres. Aux noms... basques ! Achourterrigagna, Gatzarrigagna, Otchogorrigagna, Chardékagagna... Deux milans royaux tournent au-dessus de moi comme si j'étais comestible ; puis deux autres. Taches blanches sous les ailes. Queue fourchue. Vol parfait... Ils s'embusquent derrière les crêtes pour cueillir les passereaux en migration. Le fond du vallon, où les torrents s'anastomosent et où, de toutes parts, les eaux dévalent, est un bonheur pour la flore des marais d'altitude. Je me représente, en été, le coton blanc des linaigrettes et les drosères rosées-du-soleil carnivores, dans des tournis de libellules. Pour l'heure, les rives des ruisseaux resplendissent de populages d'or et de pâquerettes aux lèvres incarnates. Les mares grouillent de têtards de grenouilles rousses. Je repère, dans un bassin, un euprocte des Pyrénées, petit cousin grisâtre et endémique des tritons.

Je gagne le cayolar (éventré, en ruine) d'Ardané Gagnékoa, puis la bâtisse que l'aménageur enragé des montagnes (vous savez ? celui qui sévit un peu partout...) a édifiée près de la piste jeepable ouverte depuis le port de Larrau. J'emprunte cette route, trop large à mon goût, jusqu'au col de Béhiloguia : 1 497 mètres, cairn et point culminant de mon itinéraire. Vol de venturons montagnards. Une niverolle semble les suivre. Sous les névés de mai, je devine, en projet, la glorieuse flore estivale des pelouses d'altitude : gentianes bleues, pensées cornues, asphodèles, carlines acaules, horminelles et chardons roses des Pyrénées — sans oublier Sa Majesté l'iris xiphioïde bleu-violet... Je m'attends, à chaque instant, à voir débouler des isards. Trois fois hélas ! Dans les montagnes du Pays Basque, les chasseurs les ont totalement exterminés.

Je marche vers le cayolar de Pista Gagnékoa. Des gouffres collectent l'eau de fusion des névés. Après les deux cabanes de bergers accolées, le sentier s'évanouit. Celui qui figure sur ma carte au 1 : 25 000 a dû exister. Autrefois... La descente du vallon de Pista est raide. Premier commandement : se tenir à gauche, dans la partie herbeuse : falaises à droite. Deuxième commandement : ne pas tenter le diable par temps de brouillard ou de neige ; rebrousser chemin par Ardané Pékoa... Il fait clair. J'y vais. Ici naît le gave de Pista, que j'ai traversé tout à l'heure et qu'il me faudra repasser... L'eau, descendue des gouffres alentour en rivière souterraine, s'extrait soudain de la montagne en tourbillons fous. En résurgence énorme. À peine a-t-elle écumé quelques mètres au soleil, que le sol se dérobe. Elle tombe en chevelure blanche, d'une hauteur de 50 mètres, avec un bruit de Niagara. Je bade devant cette cataracte, au milieu d'une poussière de gouttelettes qu'un arc-en-ciel habite.

Au pied de la cascade, le cayolar de Pista Pékoa menace ruine. Des villageois de Larrau le réparent pour en faire un refuge non gardé. Ils sont outrés par les travaux de la centrale, comme par les canardages obsessionnels des chasseurs. Nous disons ensemble du mal de ces saccageurs, puis je dévale la pente sur des tronçons de sentier qui me mènent, par landes à fougères et bosquets enchanteurs, jusqu'à la route forestière que les engins du chantier défoncent.

De là, je rallie la piste que j'ai empruntée tout à l'heure. Deuxième traversée du ruisseau de Pista en crue. La bergeronnette m'attend. Quand je délace mes chaussures, elle commence à rire avec sa queue.

 ***DES GORGES D'OLHADUBI À LOGIBAR,***
*3 heures 30*

Je marche en sifflotant un air de troglodyte mignon sur la piste forestière coupée de ruisseaux (mésange noire, pic-vert, bouvreuil, sanglier), qui me ramène au G.R. 10. Lorsque je foule à nouveau le sentier aux marques rouge et blanc, je l'emprunte à droite, vers l'est et le pont d'Olhadubi. Le sous-bois est envahi par une vapeur odorante d'ails à fleurs blanches ; des ails subhirsutes aux longues feuilles velues... Fraîcheur de l'ubac. Passereaux affairés à leurs nids. Bruit tonitruant de l'eau : le torrent d'Olhadubi cascade, lui aussi. Au pont d'Olhadubi, en contrebas du cayolar homonyme, il chante sur les roches grises comme sur un toboggan.

Le G.R. 10 remonte à l'adret. Plein soleil. Vue sublime sur les gorges et les crêtes qui unissent le Chardékagagna au pic d'Ohry. Lande en pente abrupte, hérissée d'ajoncs et d'asphodèles. Sources serties de primevères farineuses roses, de populages jaunes, de grassettes améthyste, de polygales bleues. Rochers enluminés d'érines des Alpes roses et de gentianes de Koch saphir. Bosquets riches en fougères-aigles, lamiers jaunes, méconopsis du Pays-de-Galles et lathrées clandestines. Merles de roche. Faucon qui plonge. Vipère aspic dans l'herbe verte. Vols saccadés de cicindèles vertes. Papillon machaon sur un cirse rose. Au pied de la même composée, un coléoptère en habit noir à rayures crème : le cérambyx dorcadion molitor (mais oui !). Lorsque j'arrive au col, qu'honore une vieille aubépine en arbre au tronc rèche, je choisis la piste de terre qui descend à Logibar par le bois d'Ugnhurritzé. Je ne rate pas le G.R. quand il bifurque à gauche, près des bâtisses de Latsagaborda. Sous la grange de Pékoberhoa, je file droit sur l'arête magnifiée d'ancolies et de scilles lis-jacinthes des Pyrénées bleu pâle. À la fin, quelques lacets me ramènent au pont de la Mouline et au gîte-étape de Logibar.

Le grondement des eaux sauvages d'Holzarté ressemble à une symphonie basque en vert et blanc majeur.

> NOTE SAISONNIÈRE ET RECOMMANDATIONS
>
> La balade complète est longue : 12 heures ; avec un dénivelé de 1 100 mètres (de 380 à 1 497 mètres, sans compter la remontée des gorges d'Olhadubi). On a compris qu'il s'agit d'une sortie en montagne, c'est-à-dire en chaussures *ad hoc*, avec vêtements et provisions convenables. Telle quelle, elle n'est praticable que de mai à octobre. Les floraisons (gentianes, etc.) s'étalent dans le temps, en fonction de l'altitude. Au printemps et en automne, les oiseaux migrateurs abondent : le col « libre » d'Orgambidexka est à portée de plumes.
>
> On peut n'accomplir qu'une partie du parcours — de Logibar à Logibar, par le vallon d'Ardané, sans conclure par les gorges : il faut, dans ce cas, 8 heures. Ou bien on boucle — en 4 heures de plaisir — le tour des gorges d'Holzarté et d'Olhadubi.

# 19

# CORSE

1. *Cap Corse* : Le doigt de la déesse
2. *Agriates* : Le désert du taureau noir
3. *Fangu* : La grande transhumance
4. *Girolata* : Le balbuzard et le myrte
5. *Mare a mare* : Le chemin des deux mers
6. *Cagna* : Le lion de Roccapina

# 1. Cap Corse

# Le doigt de la déesse

*Le cap Corse : ce doigt pointé vers le continent. Cette échine de roche crêpelée de maquis, et jetée dans la mer par une fantaisie géologique... Difficile de choisir les mots qui rendent la beauté de ce résumé de l'île qu'on dit «* Très Belle » *(la* Kallysté *des anciens Grecs). Deux balades, l'une sur la côte, l'autre dans la montagne.*
*Carte I.G.N. au 1 : 25 000, 4347 OT, Top 25, cap Corse.*

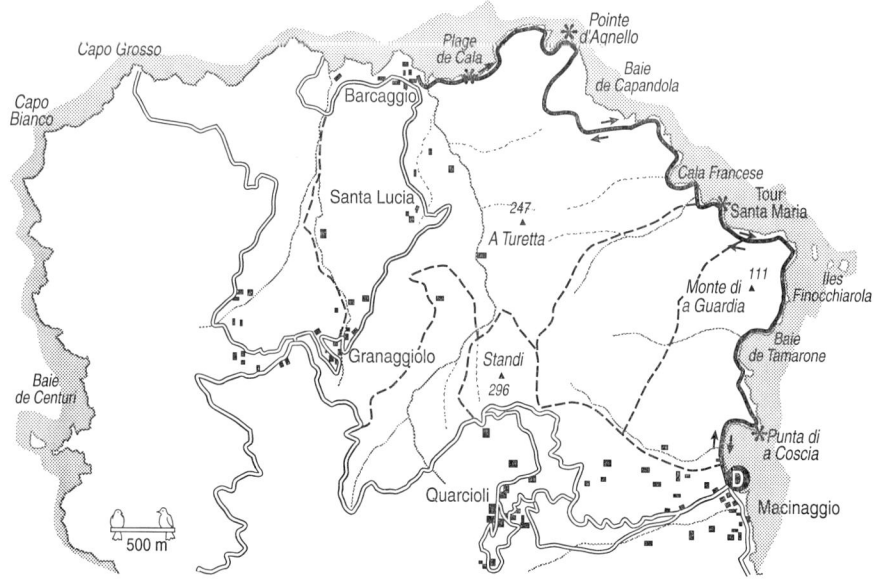

Le vol des goélands leucophées. Les senteurs du maquis. Les lumières de la Méditerranée, intactes, préservées, telles qu'elles furent sans doute au temps d'Ulysse et de Pythéas... Tout au nord de l'île, le cap Corse — ce doigt de déesse marine qui désigne la beauté même... Entre les petits ports de Macinaggio et de Barcaggio, la mer et le maquis mêlés s'offrent au promeneur. De plages perdues en caps sublimes. Au plaisir du lis de mer et du cormoran huppé.

 *PREMIER JOUR : ALLER-RETOUR, DE MACINAGGIO À BARCAGGIO, 6 heures*

L'itinéraire débute au petit port de Macinaggio. « Pointus » de pêche et voiliers qui se balancent... Je suis sidéré par la perfection de cette lumière, de ces couleurs, de ces proportions... Au bout de la plage blanche, constellée de liserons soldanelles incarnats, de petits silènes sétacés roses et de luzernes marines jaunes, je trouve le sentier littoral qui file vers la Punta di a Coscia. Je marche, les narines ouvertes : impossible de ne pas inhaler. La drogue est irrésistible. On peut en abuser... Le maquis bas, serré, confus, fertile, exhale cent parfums organiques qui titillent mes centres du plaisir olfactif : arbousiers, romarins, bruyères arborescentes, pistachiers lentisques et térébinthes, calycotomes épineux ; sans oublier les lavandes stéchades et les cistes (de Corse, de Montpellier, à feuilles de sauge).

Après la baie de Tamarone (ô la beauté bleu argent des chardons bleus, ou panicauts de mer !), le chemin ondule autour du Monte di a Guardia. Je contemple les îles Finocchiarola (tour génoise en ruine), où les oiseaux marins règnent. Je file avec les ailes du pétrel-

fulmar ou de la mouette ; du moins me semble-t-il...
Halte délicieuse parmi les vulpins bleus, les asphodèles blancs, les euphorbes characias et les armoises marines aux feuilles d'argent vert, près de la chapelle Santa Maria. Une huppe me considère sur sa branche d'olivier. Des coins d'ombre humide, dans le maquis haut, ont été repeints aux couleurs purpurines des cyclamens. De l'autre côté de la rade, se dresse la tour carrée Santa Maria, aux flancs béants. Le pied dans la mer. Devenue territoire des algues corallines, des arapèdes et des sternes.

Je longe le sable. Je remonte sur le sentier du maquis. Je caresse des feuilles de vigne, de lavandes stéchades et de romarins pâles. Le site protégé de Capandula (ou Capandola, géré par le Conservatoire du Littoral) propose au promeneur la splendeur de la plage de Cala Genovese — cette lune de sédiment roux où les vagues déposent des amas de feuilles de posidonies brun-noir, qui ressemblent à des chevelures de Néréides. Je m'émerveille devant les rocs rose et grenat de Punta Vecchia. Je m'allonge un moment sur le sable immaculé de Cala Francese : ici, forcément, quelque barque grecque vint à terre. Je ne puis m'empêcher de chercher des traces de sandales de marin dans le sédiment. Je n'ai jamais répudié mes illusions d'enfant.

D'étranges falaises de schistes gris-brun, lavées de rose et de violet, m'attendent. Une assemblée de rochers zoomorphes. Voici, sculptés dans le minéral par la fantaisie de l'érosion, des phoques moines et des dauphins, des vaches et des éléphants, des fleurs et des têtes de chien, de cheval ou de lion ; ce que l'imagination désire... Ces fantasmagories de roches me mènent à la baie de Capandola. De là, dans le parfum des luzernes marines et des matthioles tricuspides violet-rose, je gagne la pointe d'Agnello. Puis la plage de Cala. Jusqu'au port de Barcaggio. Moirures de l'eau et couleurs

vives des « pointus » méditerranéens. La Paix. La Beauté même.
   Plus au nord de la Corse, on ne peut pas. À moins de se métamorphoser en goéland, en dauphin ou en baleine. Là-bas, au large, soufflent les cachalots et les rorquals communs. Les rêves de la mer.

 **SECOND JOUR : ALLER-RETOUR DU VILLAGE DE POZZO AU MONTE STELLU,**
*5 heures*

   Je veux, aujourd'hui, contempler la splendeur du cap Corse depuis son plus haut sommet : le Monte Stellu. Cette balade entre maquis et rochers, d'un dénivelé de plus de 1 000 mètres, résume ce qu'est la Corse : une montagne de la mer.
   L'itinéraire commence en haut du village de Pozzo, au-dessus de l'église, sur la place où est le restaurant « U Monte Stellu ». Logique. Je domine de 270 mètres le bleu de la Méditerranée et le port d'Erbalunga. Je n'ai pas oublié mes chaussures de montagne. J'ai ma petite laine et mon vêtement imperméable dans son sac. Après la fontaine, une flèche bleue et un panneau indiquent le sentier, large et muletier, balisé de points ou de traits bleus, récemment réaménagé entre deux murs de pierres sèches hérissés de fougères, d'ombilics et de jolis géraniums herbes-à-Robert roses... Le maquis, alentour, est dru, élevé, composé de cistes de Corse (amples pétales chiffonnés roses) et de cistes de Montpellier (petites corolles blanches), de chênes verts, d'arbousiers (ou arbres aux fraises) et de bruyères arborescentes, avec des pistachiers et des romarins bleu pâle sur lesquels paradent la huppe fasciée, la grive musicienne et le merle moqueur. Les espaces d'herbe verte dégagés

pour le bétail se constellent d'euphorbes, de férules odorantes jaune-vert et d'asphodèles — ces chandeliers végétaux qui semblent brûler leurs fleurs blanches.

Je grimpe la colline, sur laquelle s'affairent diverses corneilles mantelées en habit noir et gris. J'admire l'humble papillon tircis, la belle-dame et le rare papillon hospiton (le machaon de Corse), le paon-du-jour et l'aurore. Les lézards de Sicile, au dos vert et noir (pas deux dos identiques !), fusent en compagnie des lézards de Teghime, leurs cousins gris. La rude montée me fait souffler, mais j'aime... Je salue, dans les coins d'ombre humide, les mini-comètes rose vif des cyclamens et les plumets violet-mauve des orchis bouffons. Un rapace au ventre de soie blanc et au bout des ailes noir (le busard saint-martin ?) plane sur les rochers rouges de l'Aqua Morta. Je détaille les corolles vert pâle et les feuilles à trois doigts de l'hellébore de Corse. Les orpins (ou sédums) bleus sur les rochers. Les germandrées petits-chênes. Ou une oothèque de mante religieuse.

Je salue l'ondulation rapide de la couleuvre vert et jaune. Mais j'ai un problème. Je m'aperçois, sur la carte I.G.N., que le sentier restauré sur lequel j'avance ne mène, pour le moment, qu'à un enclos à vaches. Or, il convient, pour gagner le Monte Stellu, que je rejoigne le sentier qui passe plus haut — l'ancien, sans balisage — qui file vers la bergerie de Teghime. Le mieux est de couper vers l'amont par une sente de chèvres, juste après les rocs de l'Aqua Morta : grimpette sportive... (D'après ce qu'on m'a dit à Pozzo, la commune d'Erbalunga a prévu d'aménager le sentier balisé de bleu jusque sous les pentes finales du Monte Stellu. Dans quelques semaines, si le programme est respecté, cette petite gymnastique entre le nouveau et l'ancien chemin deviendra inutile.)

Le vieux sentier, entretenu dans leur manière brouillonne par les vaches et les chèvres, et revendiqué par les buissons et les lézards, gifle et griffe le promeneur sensuel, qui voulait tout à l'heure se mettre en short, mais ne regrette pas d'avoir gardé son pantalon de toile ! L'odeur des romarins, des bruyères qui s'ébrouent dans la brise, des arbousiers dont je froisse les feuilles finement dentelées, des cistes qui se rompent en exsudant leur laudanum, fournit une subtile récompense.

J'arrive à la bergerie de Teghime, sur un plateau d'herbe vert tendre où l'amateur de nature déplore un pylône EDF. Les petits rois du lieu sont les lézards — de Teghime, bien sûr... Le rougequeue, le pinson, toutes sortes de mésanges, vingt espèces de passereaux enchantent le maquis. Je cherche, dans la confusion des bruyères, à une cinquantaine de mètres au nord des bâtisses rondes, la source qui donne en toute saison, et sur laquelle je me prosterne pour boire : goût de roche rehaussé de senteur de lavande. Les prés nourrissent des merveilles de fleurettes : polygales bleues, petites crucifères en coussins jaunes, jolies romulées en coupes violettes, orchis à peu de fleurs jaune livide, orchis lactés blanc et rose, orchis bouffons violets, orchis mâles purpurins...

Je me repère grâce à quelques cairns. Je marche sur les fragments discontinus d'un sentier que je devine. Je m'élève vers l'ouest, sur le flanc supérieur de la combe du ruisseau d'Arega. Je croise des vaches qui détalent, farouches, agiles et montagnardes. Le sentier n'en est plus un. Je monte au jugé — à l'instinct — dans la pierraille et les buissons de buis. Je souffle de plus en plus fort : la pente terminale est raide. Je découvre, dans les creux humides et frais, des merveilles de crocus de Corse rose-mauve, qui semblent autant de graals pour les corneilles.

Je débouche sur la crête. L'autre versant est un chaos de roches vertigineux, que le brouillard né de la mer prend d'assaut. La cime ultime du Monte Stellu (altitude : 1 307 mètres), coiffée d'un signal, nécessite encore un petit effort du mollet. Je contemple, de ce prodigieux belvédère, la majeure partie du cap Corse, depuis les faubourgs de Bastia jusqu'aux lointains de Macinaggio ; vers l'ouest, le golfe de Saint-Florent et le désert des Agriates, en un prodigieux développement de roche rose et de maquis gris-vert, que frange une mer bleu d'argent où je dissous mon rêve.

    Je suis debout sur les rochers du Monte Stellu. Les étoiles qui nomment cette cime scintillent en plein jour dans mes neurones béats.

# 2. Agriates

# Le désert du taureau noir

*L'une des plus belles baies du monde. Au nord-ouest de la Corse, l'anse de Peraiola, à l'embouchure du fleuve Ostriconi... Balade vers les bergeries de Terricie, dans les parfums du maquis et la finesse des orchidées, au désert des Agriates. Ici meugle encore le taureau noir sacré des civilisations de l'âge du Bronze.*
*En boucle autour de la plage de Peraiola, 6 heures.*
*Carte I.G.N. au 1 : 25 000, 4249 OT, Top 25, l'Ile-Rousse.*

Au nord, l'immensité vert et rouge du désert des Agriates (ou Agriate). Au sud, les sommets bleus de la Corse centrale, que le Monte Cintu et la Punta Minuta dominent dans leur habit de neige tardive... Me voici de retour sur cette île où je n'ai pas eu le privilège de naître, mais où je renais chaque printemps. Ma *Kallysté*, ma « Très Belle » ! Je marche au soleil, sur un sentier pierreux bordé de buissons confus. Des papillons hospitons — les machaons porte-queue de Corse, plus sombres et plus romantiques que ceux du continent — font palpiter leurs ailes de vitrail jaune et noir sur la vapeur glauque des feuilles de férules. Je me faufile entre deux rocs, et c'est à cet instant que je l'aperçois.

 ***DE L'EMBOUCHURE DE L'OSTRICONI AUX BERGERIES DE TERRICIE,***
*3 heures*

Le taureau noir.

Mythologique, ténébreux, luisant de poil comme ceux de la Crète minoenne ; soufflant de l'air par les naseaux ; charbonneux comme ceux que les peuples de la Méditerranée adoraient à l'âge du Bronze, par lesquels ils obtenaient des fragments de la puissance divine, et qu'ils défiaient lors de cérémonies d'initiation dont nos corridas sont les résidus cruels et bâtards. Je revois cette fresque d'Akrotiri, à Santorin, sur laquelle un athlète bondit par-dessus un taureau noir. Je me remémore les « cornus » des gravures rupestres de la vallée des Merveilles. Je participe de cette époque héroïque et païenne dont je porte depuis trente-cinq siècles l'empreinte, et que résume la légende du Minotaure. L'esprit de la Méditerranée soulève ma poitrine de petit taureau noir.

La balade commence aux bouches du fleuve Ostriconi. Au parc à voitures (quelques places) qui domine l'anse de Peraiola, sur la départementale 81. Je tiens ce paysage pour un des plus beaux de la planète et je pèse mes mots... Je suis venu ici souvent. La première fois, je portais sur les épaules un enfant qui ne marchait pas encore ; il est aujourd'hui chercheur à l'université. Le temps suspend tout, excepté son vol. Je retrouve la trace de mes précédents passages par l'instinct de mes souliers. J'accomplis la descente enchantée sur le sentier raviné qui zigzague entre les cistes à feuilles de sauge, ceux de Corse et ceux de Montpellier, les bruyères arborescentes aux dix mille clochettes blanches, les romarins fleuris d'azur, les pistachiers gorgés d'odeurs et les arbousiers aux fruits pendeloques à la peau grenue.

Je domine le fleuve Ostriconi. L'eau, née là-haut, dans la montagne de Pietralba, forme au bout de son cours le marais de Foce, hérissé de roseaux teintés de cuivre, dont elle s'échappe en coulée d'argent bleu pour se fondre à la mer... La plage est blanche comme un ventre de femme au bas duquel la Méditerranée aurait jeté des pilosités brunes de posidonies. La dune, crêpelée du gris-vert des oyats, se couvre vers l'arrière d'un maquis luxuriant qui monte à l'assaut des mamelles de granit rose de Punta Liatoggiu et de Cima a Forca. Je réclame une meilleure plume que la mienne pour exalter l'harmonie de ce paysage où je m'imagine en Ulysse rescapé du naufrage, et réveillé par le baiser de Nausicaa. Je tiens les argents et les bleus de cette anse pour les détails d'une *Annonciation* de Piero della Francesca, ou le décor d'une scène mythologique de Piero di Cosimo.

Je m'attarde. Je regarde. Je musarde. Un papillon tircis virevolte dans sa robe de velours crème à pois bruns. Entre les cistes et les pistachiers, des terrasses d'herbe tendre composent des jardins miniatures où se retroussent les jupettes blanches et les corsages jaunes des narcisses tazettes. Où tremblotent les ailes roses à raies pourpres des orchis papillons. Où rayonnent les anémones étoilées mauves à cœur obscur, dites « des jardins » quoique sauvages. Où pointent les mini-pyramides violettes aux labelles ponctués des orchis bouffons. Sur une de ces plates-bandes, voici dix ans, j'avais inventé comme un trésor une station de rarissimes ophrys bourdons, que je ne retrouve pas. J'espère qu'ils fleuriront après les narcisses.

Un busard des roseaux tourne sur le marais de Foce : on dirait Hermès avec un message. Il faut franchir le fleuve. Je me déchausse. Rien n'évoque davantage une initiation, une entrée dans le temple, un rite de baptême, que cette traversée de l'eau de la montagne. Je me mouille jusqu'aux genoux. Mes orteils et mes mollets jouissent du liquide froid. Des alevins giclent de toutes parts. Je grimpe sur la rive opposée. Le sable blanc m'accueille en se donnant comme une peau de princesse phéacienne. Divers goélands leucophées piaillent leur nostalgie d'Ulysse. J'arpente la plage. Je cligne des yeux au soleil. Je hume le vent. Je me dirige vers la dune. Il faut choisir entre le sable dans les chaussettes et les piqûres d'épines : je remets mes souliers... Les oyats accrochent des chevelures de Stan Laurel sur chaque crête aréneuse. Dans les creux du sédiment, des silènes soyeux oscillent sur leurs tiges filiformes et baisent la brise de leurs corolles rose pâle, dont chaque pétale est un cœur enroulé sur les bords. J'identifie le silène de Corse, plus blême que son cousin de soie, et mâchuré de sable. Je hume le parfum puissant de la luzerne marine aux corolles papilionacées jaune clair. Le liseron soldanelle entrouvre ses entonnoirs de chair près des limbes piquants du chardon bleu (ou panicaut) de mer. La matthiole à trois pointes pose ses croix pourpres sur ses feuilles de velours découpées comme un pourpoint de Peter Pan. Je me faufile sous un peuple odorant de genévriers oxycèdres à gros fruits, rare espèce dont les dunes de l'Ostriconi nourrissent de très vieux et très gros sujets taillés en bonsaïs dans la forme « couchée par le vent ».

Des lézards de Sicile détalent : on dirait des traits d'union à damiers vert et noir. Des coléoptères, des criquets, des abeilles s'affairent. Des papillons paons-du-jour et des aurores aux coins d'ailes orange dansent dans l'atmosphère. Un scarabée roule sa boule vers son trou. Je rejoins, derrière les dunes, le large chemin qui mène à l'est, vers le gué et les Grandes Ruines. Le sable tassé nourrit des tapis de paronyques en courts plumeaux d'argent ; des érodiums de Corse aux fruits en épées tirées ; des éphèdres grises dont les tiges semblent des squelettes, et dont les plus proches parentes sont les welwitschias géantes du désert de Namib. Des chardonnerets élégants dissimulent dans les chênes verts l'or de leurs ailes et le rouge de leur front. Je quitte un moment la piste. Je vais à droite, vers le marais. L'ail à trois angles colonise les prairies humides : clochettes blanches à six raies vertes. Les iris jaunes (ou pseudacores) enflamment les chenaux, dans lesquels les feuilles en sagaies des alismes plantains d'eau dissimulent la grenouille verte et le rare crapaud couleur caramel à taches brun-rouge qu'on baptise « discoglosse sarde ».

Je reviens au chemin. Je marche vers les Grandes Ruines. Je les avais visitées. Quelqu'un a réparé les murs et habite la bâtisse principale. La bergerie porte encore, sur son toit de terre, un jardin naturel de figuiers de Barbarie, de sérapias en cœurs et d'orchis papillons. Au-delà, le sentier divague entre les rocs cernés de raquettes épineuses de figuiers de Barbarie. Les dalles aplaties rougissent de mini-grappes de raisins — je veux dire : de feuilles d'orpin bleu gonflées d'eau. Le maquis propose au botaniste un échantillon parfumé de buissons en fleurs : filaires à feuilles étroites ; calycotomes illuminés de jaune ; lavandes stéchades aux épis violet-noir surmontés d'un panache de bractées mauves ; sans omettre les cistes de Montpellier, sur lesquels les cicadelles sèment leurs « crachats de coucous » bulleux, et que les artichauts des cytinets, carminés puis jaune vif, parasitent à la racine.

C'est alors que surgit le taureau noir : crétois ; de l'âge du Bronze ; sublime ; musclé ; obscur... Je plonge dans le mythe. Je suis Thésée ou l'athlète (rêvons !) qui bondit par-dessus les cornes lyrées du fauve. Le stade m'acclame. J'émerge de mon rêve de gloire par la médiation d'une raquette de figuier de Barbarie clouée dans le mollet. Le taureau détale. Les bovidés corses sont des aurochs farouches... La huppe upupe et se moque de l'athlète supposé. Les lézards filent, comme propulsés par la flèche de leur queue. Un criquet égyptien décolle à la façon d'un hélicoptère et percute un hélianthème d'or à cœur brun. Le muscari à toupet ressemble à un rince-bouteilles d'un bleu magique. La nature ne craint pas le kitsch. Sur les prés défrichés, les asphodèles dressent leurs chandeliers d'Israël aux fleurs à six pointes blanches, rayées chacune d'une strie médiane brune.

Une bâtisse, deux carcasses de voitures, des cartouches de chasse : bref, la civilisation... J'ai rejoint la route de terre qui vient de la départementale 81. Je l'emprunte à gauche, devant une bergerie faite d'une grotte et d'une façade de pierres sèches. La piste contourne le chaos de granit rouge de Punta di Granaia. J'accélère. Je m'enfonce vers le nord, au cœur du désert des Agriates. Maquis brûlé. Moignons charbonneux d'arbousiers, de romarins, de chênes verts. Prairies printanières vert franc, que l'aridité estivale réduira en camps d'ocre... Les grandes férules — dentelles glauques — abondent :

les papillons hospitons testent chaque touffe du bout des tarses pour savoir où ils pondront ; leurs chenilles dépendent de cette ombellifère au goût d'anis. Je passe le ruisseau tari de Scubella. Je chemine à la vitesse d'un papillon citron, relayé par un papillon piéride qu'encouragerait un carabe aux élytres verts. Des cortèges de fourmis traversent le chemin. Une corneille mantelée décolle avec la pesanteur de la grâce — si j'ose ce télescopage. Ventre et dos gris. Nonne qui retourne à son couvent — ô Camille !

À gauche, les empilements rocheux rouges des Tre Manesche (« Trois Menottes »). À droite, un chemin et un panneau : « Fromage ». En contrebas, sur une aire de maquis dégagé vert tendre, la bergerie de Monticellacciu. Je m'arrête : j'achète un brucciu. Le berger me dit qu'il aime cette existence en marge du monde, mais qu'il est un des derniers à garder des vaches dans les Agriates. J'ai l'impression de discuter avec un pâtre de l'âge du Bronze. Il est mythologique, mais il détesterait que je le lui dise : il désire être réel. La Corse entière est une mythologie en quête de réalité, et que le réel épuise. Je n'ai pas de remède contre ce mal, sauf à répéter que le parfum du maquis vaut l'industrie lourde, et que personne ne peut espérer avoir les deux en même temps.

Je marche à nouveau sur la piste de terre. À la Bocca (« col ») di Mercuriu (où est le mercure ?), à 121 mètres d'altitude, je franchis un portail de fer surréaliste, et je bois une lampée à l'ombre d'un chêne vert emprunté aux *Bucoliques* de Virgile. D'ici, l'œil découvre à nouveau le bleu de la Méditerranée, qu'il avait perdu derrière la Cima a Forca et les Tre Manesche. Sur les pentes avoisinantes, le maquis est confus, luxuriant, admirable. Il n'a pas brûlé depuis longtemps. Il habille le sol d'une cape de vie. Il chante sur toutes les nuances de vert la puissance de la chlorophylle. Des merles et des grives reprennent le refrain dans leur manière sonore. Une linotte mélodieuse renchérit. Un loriot lance son éclair jaune. Un romarin aux corolles célestes et un calycotome solaire mêlent leurs celluloses. La salsepareille (ou smilax) d'Europe escalade les buissons et griffe l'intrus. L'asperge sauvage vaporise ses feuilles sur le ciste à feuilles de sauge, qui épanouit ses coupes blanches à cœur d'or dans un arbousier de plus de 8 mètres de hauteur.

 **DES BERGERIES DE TERRICIE
À L'EMBOUCHURE DE L'OSTRICONI,**
*3 heures*

Je saute le ruisseau de Valdu Castagnu, dont l'eau abreuve des escadrilles de guêpes, d'abeilles et de papillons. La piste remonte le thalweg et rencontre le chemin de l'Acciolu sur sa gauche, peu avant les bergeries de Terricie. Celles-ci ne sont plus que ruines, mais composent un ensemble monumental. On songe au Temple du Soleil. Ces baraques de pierres sèches, dont les charpentes de chêne croulent, ont abrité (j'en jurerais) des bergers de l'âge du Bronze. Une vache et son veau me le confirment en hochant la tête... Je me régale de mon brucciu et d'un bout de pain de seigle, assis à côté d'un lézard de Teghime qui me considère sans grande crainte. À la fin du casse-croûte, un grand corbeau à la queue en losange décolle derrière un chêne vert : il emporte dans son bec non pas un brucciu, mais une couleuvre vert et jaune plus longue que lui. Il vole avec difficulté. Lourde charge, même pour le plus costaud des passereaux ! J'ignore s'il a lui-même escagassé le reptile.

Je redescends la piste de terre. Deux lézards se poursuivent : le chasseur rattrape sa proie, lui mord la nuque, lui tord l'abdomen et y colle son ventre. C'était une déclaration d'amour... À la fourchure, je choisis le chemin de droite, vers la baie de l'Acciolu. Je nage dans les lumières et les parfums. Je ne rate pas la bifurcation qui conduit à la mer. Entre la Punta di Corbu et la Tromba di l'Acciolu que domine la Punta homonyme, le maquis se rehausse d'ocre, de bleu et de mauve, et cascade jusqu'à l'outremer de la Méditerranée qui le baise. Un absolu géologique, océanographique et botanique... Au creux du système, une plage d'un bleu d'argent... J'y cours. Je me déshabille. Je plonge. L'eau du printemps est froide. Je nage jusqu'à des rochers grenat en survolant un herbier de posidonies que je me promets d'explorer avec un masque. J'imagine les ondulations de ces touffes de rubans vert bouteille que broutent la saupe et l'oursin, entre lesquels croissent l'algue padine en fragile éventail et l'acétabulaire en champignon de conte, et que visitent des théories d'étoiles de mer vermillon, de murex à la coquille hérissée de pointes, de poulpes aux yeux de soie et de mulets rayés dont les dauphins banquettent.

Je sèche au soleil comme un cormoran huppé. Je regagne le chemin principal en saluant les armoises maritimes gris-bleu, les immortelles aux parfums d'épices et les curieux épis rose et pourpre des fumeterres. Je laisse à ma droite le cône impeccable de la Punta di l'Acciolu. À la Bocca d'Affacadojo, la piste de terre se transforme en un sentier cahoteux qui descend frôler l'anse de Pinzuta. Falaises ocre rose où les balbuzards pêcheurs (les aigles de mer), protégés dans la réserve naturelle de Scandola, sont cordialement invités par les amis de la nature à venir nicher... Le Conservatoire du Littoral, qui œuvre si bien pour la Corse et notamment pour les Agriates, concocte un projet de réimplantation du rapace. La brise de mer souffle jusqu'ici un sable fin que colonisent les éphèdres et les immortelles. La large piste reprend, hélas ! abîmée par les ornières des motos « vertes ». Elle domine le ruisseau de Sualelli, jusqu'à l'anse de Vana que le soleil éclabousse de photons. Je caresse les fleurs rose pâle des tamaris qui ombragent l'embouchure du mini-fleuve. Un papillon paon-du-jour se pose sur un galet. Impossible de résister : je me baigne derechef. Le cormoran huppé me regarde avec ironie. L'anse de Peraiola et l'Ostriconi ne sont pas loin. Je finis la balade dans des constellations arc-en-ciel de cistes, de bruyères, de lavandes, de calycotomes et de romarins. Les buissons du maquis complotent pour saturer mes rétines et soûler mes narines. Le sentier domine une eau bleue comme une publicité de vacances. Des mains-de-sorcière (ou figues des Hottentots, ou carpobrotus) accrochent aux rochers leurs artichauts de fleurs purpurines ou jaune pâle. Je descends sur la plage où j'ai commencé mon périple. Je me perds avec volupté dans les pilosités brunes des feuilles de posidonies que la mer offre à la terre. Parfum organique, salé, iodé, sensuel, sexuel. Sur le sable humide, des empreintes de pieds de femme. Ceux de Nausicaa, bien sûr.

### NOTE SAISONNIÈRE ET RECOMMANDATIONS

Cette balade aux Agriates est une magie de fleurs printanières, d'insectes et d'oiseaux. En automne et en hiver, les couleurs du maquis sont sublimes. En été, la mer devient grise, mais elle est plus douce à la peau : impossible de ne pas se baigner. Un masque ne surchargera guère votre sac à dos, et vous permettra d'admirer les splendeurs qui palpitent sous la surface. N'essayez pas de forcer le maquis en maillot de bain ou en short : votre épiderme lacéré vous ferait regretter votre témérité. En été, danger d'incendies !

# 3. Fangu

# La grande transhumance

Au-dessus de Galéria, la haute vallée du fleuve Fangu : splendeur sauvage sous les neiges éternelles du Capu Tafunatu. Vers le col de Capronale, dans les pas des bergers, sur l'itinéraire de la grande transhumance... Au pays du gypaète barbu et du mouflon de Corse, dans les hautes terres de l'île.

Aller-retour de Barghiana au col de Capronale, 8 heures.

Carte I.G.N. au 1 : 25 000, 4150 OT, Top 25, Porto, Calanche de Piana.

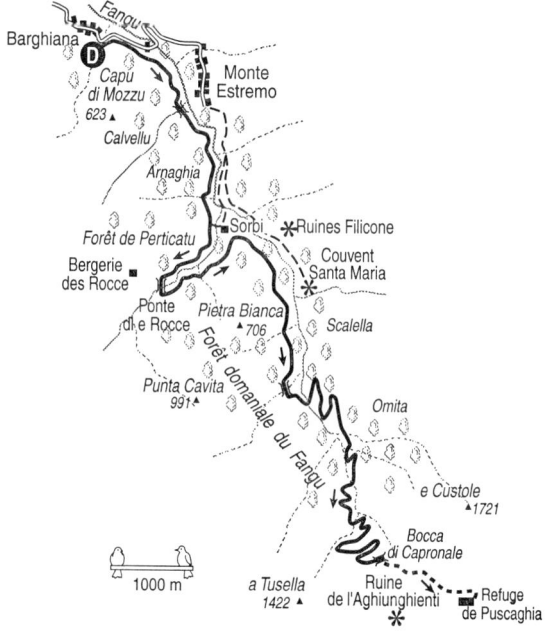

« Là-haut ! me dit Antoine Simeoni... C'est de là qu'il descend, mon fleuve. Le Fangu... L'enfant des neiges éternelles du Capu Tafunatu, les seules que nous ayons en Corse... C'est dans cette vallée que j'ai passé mon enfance, que je vis et que je finirai mes jours. Je suis le dernier habitant du hameau de Tuvarelli. Les autres maisons sont fermées, certaines, hélas ! tombent en ruine... »

Nous sommes assis au bord du Fangu, entre le pont de Tuvarelli et le Ponte Vecchiu, devant la sublime tranchée que le fleuve ouvre dans la roche rose. Nous gagnerons le village de Barghiana. De là, nous marcherons vers le col de Capronale et le refuge de Puscaghia.

Antoine Simeoni sourit et me montre la route de Manso. « Aujourd'hui, dit-il, elle est goudronnée. Autrefois, c'était un chemin pavé sur lequel, au mois de juin, vaches et chèvres arrivaient par centaines. Les bergers les amenaient ici depuis la plaine de Calvi et la Balagne. Les troupeaux franchissaient la Bocca di Marsolinu. Il n'existait aucune route, alors, ni dans l'intérieur des terres, ni le long de la côte. J'étais enfant. Nous saluions les pâtres en riant. Nos parents leur offraient à boire, le temps de prendre des nouvelles. Nous suivions la transhumance dans la montagne. Le parfum m'en remonte aux narines... Tout a tant changé... Des bergers, il n'en reste guère. Et ceux qui continuent d'élever des bêtes leur font faire le voyage par la route, en bétaillère... »

 *DE BARGHIANÀ À LA BOCCA DI CAPRONALE, 4 heures*

Nous nous mettons à marcher, Antoine et moi, sur la piste de terre qui débute sous l'église blanche et le cimetière de Barghiana. Altitude : 212 mètres. Nous filons à flanc de vallée, sous les arbres — chênes verts, oliviers, frênes, pins... De l'autre côté du Fangu, j'aperçois les rares maisons de Monte Estremo. Un hameau du bout du monde : ici, s'arrête la route asphaltée. Nous dominons le cours supérieur du fleuve qui, à Barghiana, reçoit en renfort le ruisseau de Candela. Diverses corneilles mantelées nous font un accueil corse : j'apprécie le salut complice de ces oiseaux philosophiques, que je retrouve chaque printemps dans l'île. Gilet gris ; cape, manches et queue noirs... La forêt domaniale du Fangu est une beauté qui bruisse de chants d'insectes et d'oiseaux. Une paire de huppes se dit des mots doux. Un geai coupe la piste et plonge dans les arbousiers. Des mésanges, des pinsons, des gobemouches, tout un peuple siffleur et gazouilleur enchante le chemin. Mettons que nous sommes en transhumance.

La route de pavés et de terre est superbe. Bâtie par les générations de villageois. Je dis bien : « bâtie ». Elle surplombe le fleuve, sur des murs de soutènement en pierres taillées qui font penser aux constructions fabuleuses des empires de l'âge du Bronze. Mon compagnon en est fier. Il revendique l'héritage. Il dit la perfection des assemblages, l'épaisseur des arcs-boutants qui calent la chaussée lorsqu'elle franchit un ravin. Là-haut, le ciel se charge de nuages. Le brouillard rend indécise la dentelle gris sombre des cimes — Capu Bucellu, Capu Rostali, Capu Scaffone... Sublime âpreté des montagnes de la Corse... Des vaches sur la route — des vraies, en liberté : le poil fauve et blanc ; petites et maigres, mais musclées ; le sabot sûr. Le taureau est noir, comme ceux qu'adoraient la plupart des peuples méditerranéens de l'âge du Bronze... Nous avançons dans l'entremêlement des odeurs de forêt et de maquis : ce dernier remonte haut en altitude quand la pente est offerte au soleil et que la roche affleure. Je caresse les rameaux des arbousiers, des chênes verts, des bruyères arborescentes, des baguenaudiers aux fleurs papillons jaunes, des lavandes stéchades aux flammes de corolles violet sombre. À terre, le sous-bois printanier exhibe des trésors de violettes, de cyclamens en mini-comètes roses, de fraisiers, de fougères et d'orchidées sauvages, comme ces céphalanthères blanches. Les hellébores de Corse, avec leurs feuilles dentées à trois « doigts » et leurs corolles en coupes vert livide, sont endémiques ; de même, d'ailleurs, que ces délicates nivéoles *Leucoium longifolium*, aux corolles prosternées en étroites clochettes. Près des torrents qui dévalent, les éboulis composent des jardins japonais où coexistent l'orpin (ou sédum) bleu aux feuilles gonflées comme de petits raisins, l'ail à trois angles vert et blanc, le muscari à toupet bleu-violet, l'ombilic penduline vert rougeâtre et — ô surprise, à cette distance de la côte — le lis de mer. Le pancrace d'Illyrie, aux bouquets de feuilles en sabres et aux admirables inflorescences immaculées, qui exhalent un parfum de Bible.

Nous avons tourné le Capu du Mozzu. Vers l'est, tout là-haut, dans une trouée de montagne, Antoine Simeoni me désigne les pointes ultimes du Capu Tafunatu (2 335 mètres)... On dirait le modèle de ces menhirs dont les civilisations de l'âge du Bronze ont parsemé la Corse. Là-haut sont les sources ultimes du Fangu, que j'entends bruisser en contrebas. La piste de terre remonte un peu le val du ruisseau des Rocce, dans la forêt de Perticatu. Elle franchit en épingle à cheveux le Ponte di e Rocce : cascades et mares. Aucune raison pour que ces eaux n'hébergent pas la tortue cistude... Un papillon porte-queue de Corse (ou hospiton) inspecte une férule pour pondre. Des piérides, des belles-dames, des vanesses tortues palpitent sur leurs ailes de vitrail. Antoine Simeoni m'explique comment, en Corse, le partage des biens se faisait sur parole, entre anciens. On pouvait donner un champ à un enfant et l'olivier qui poussait dedans à un autre. Un bout de la maison à la sœur, un autre au frère. Aujourd'hui, cette indivision constitue un problème pour l'économie de l'île. Après trois ou quatre générations, une bâtisse peut appartenir à trente personnes à la fois. Souvent, elle finit en ruine.

Après que la route a pris la direction du sud, sous Pietra Bianca, Antoine m'indique, sur la rive opposée du Fangu, des amas de pierres à peine visibles dans le maquis dense. C'est tout ce qui subsiste de l'ancien couvent Sainte-Marie, où les bergers ne manquaient jamais de s'arrêter pour faire leurs dévotions à la Vierge. Pour qu'elle les protège de la foudre, de la neige, de la maladie... À peine ouvert, à gauche de la piste, entre les chênes verts et les arbousiers, un sentier mène au site. La route de terre se prolonge au-delà de ce qu'indique la carte I.G.N. Elle finit après le pont du ruisseau de Campottoli Rossi. Altitude : 485 mètres. À présent, il va falloir grimper. Vraiment. Près de 850 mètres de dénivelé jusqu'au col de Capronale.

La source de Tassi glougloute sa fraîcheur en contre-haut du pont de pierre jeté sur le ruisseau de Capronale, dont nous remontons désormais le vallon. Les premiers lacets sont aisés, quoique le sentier, devenu étroit, s'encombre de cailloux à la mode corse. Je hume la tonique odeur de tanin des chênes verts, qui sont ici énormes, avec des troncs de 1 mètre de diamètre et des cimes qui culminent à 30. « Nous voici dans la plus vaste forêt de chênes verts d'Europe, m'assure Antoine Simeoni. L'une des richesses de cette vallée du Fangu que l'UNESCO a classée "réserve de biosphère". Franchement, je ne me serais jamais douté qu'un jour, la terre de mon enfance serait d'importance internationale ! » Trois épingles à cheveux. Nous passons des torrents à sec et d'autres en eau, hantés de papillons argus, de bergeronnettes jaunes et de mésanges noires, et près desquels pousse la grassette de

> **La réserve de biosphère du Fangu**
>
> Depuis 1977, la totalité de la vallée du Fangu, sur les communes de Manso et de Galéria, a été classée « réserve de biosphère » par l'UNESCO. La zone protégée, incluse dans le parc naturel régional de la Corse, occupe 23 400 hectares, mesure 20 kilomètres de longueur et s'étage entre le niveau de la mer et 2 547 mètres d'altitude (à la Punta Minuta). C'est l'une des réserves « MAB » (*Man and Biosphere*, « Homme et biosphère ») les plus riches et les plus variées d'Europe.
> Le Laboratoire d'écologie de Pirio y accueille des chercheurs. La Maison de la Mer *(Casa marina)* de Galéria y sert de base d'hébergement, d'accueil et de travail pour les scientifiques et les scolaires.
> La réserve comprend plusieurs écosystèmes : l'herbier de posidonies de la baie de Galéria ; la plaine alluviale du fleuve, avec ses marais et ses forêts d'aulnes ; des forêts de chênes verts ; tous les types de maquis corse jusqu'à 900 mètres d'altitude ; des vallées humides ; des versants montagneux... Parmi les principales espèces végétales, figurent nombre d'endémiques, comme l'érodium de Corse, le pancrace (ou lis de mer) d'Illyrie, etc. Du côté animal, on salue le mouflon de Corse, le sanglier, diverses chauves-souris, des oiseaux aquatiques (aigrette garzette, héron pourpré), des rapaces (hibou grand duc, balbuzard pêcheur, aigle royal, faucon pèlerin, gypaète barbu), des amphibiens et reptiles : discoglosse sarde, discoglosse corse, euprocte de Corse, crapaud vert, tortue cistude, lézard de Bedriaga...

Corse — plante carnivore aux fleurs violettes et feuilles-pièges gluants. Un loriot jaune s'égosille au sommet d'un chêne au tronc creux. Boutis de sangliers dans la pente. Un renard s'esquive. Un écureuil escalade. Nous sautons un gros arbre mort sur le chemin. Voici la maison forestière en ruine. Et sa source. Antoine et moi nous découvrons un péché commun : nous goûtons l'eau de chaque résurgence. Tasteurs de fontaines !

Les chênes verts se mêlent de pins laricios, de frênes et de hêtres. Perspectives admirables sur les crêtes, la cime de la Punta Silvastriccia (2 025 mètres) et la Punta de Curia. Le vaste cirque que nous gravissons, dans lequel s'assemblent les eaux mères du ruisseau de Capronale, se compose en éboulis, falaises et chaos de rocs jusqu'à la crête inégale où se niche la Bocca di Capronale. Quand nous repassons sur la rive gauche du torrent (enfoui, à cet endroit, sous un amoncellement de blocs ocre et gris), je repère sur la carte qu'il reste quatorze lacets à gravir avant le col. Je les compte à l'envers, en traçant une croix sur mon carnet dès que nous les avalons. Quatorze : peuple épars de calycotomes nains. Treize : congrès vert pâle d'hellébores de Corse. Douze : punaise pyrrhocore rouge et noir, comme un fruit maléfique. Onze : digitales pourpres. Dix : gros hêtre. Neuf : chêne vert virgilien, dont l'ombre a reposé des générations de troupeaux et de pâtres. Huit : milan noir. Sept : pins laricios colossaux, au port de cèdres du Liban. Six : crucifères blanches dans un écrin de benoîtes des montagnes. Cinq : murs de pierres cyclopéens pour tenir le sentier. Quatre : cascades légères et feuilles d'orchidées tachées de pourpre. Trois : vue panoramique sur les falaises mangées de brume et hérissées de silhouettes de pins, comme dans une estampe de la Chine. Deux : petits houx verts collés à la roche humide.

 *DE LA BOCCA DI CAPRONALE AU REFUGE DE PUSCAGHIA, ET RETOUR À BARGHIANA, 4 heures*

Encore un effort, essuie la sueur de ton front et pousse sur tes jambes ! Voici le dernier lacet avant le col — la Bocca — di Capronale. Nous y sommes. Altitude : 1 329 mètres.

Le col... Une assemblée de roches, de pins laricios et de corneilles mantelées, dans un concert de musique concrète offert par le vent. Une vieille pancarte de bois indique le nom du lieu, mais une altitude fantaisiste : 1 370 mètres. Une petite croix de fer blanc, sur une pierre plate, est environnée de pièces de monnaie. Offrandes au dieu du Fangu... Antoine Simeoni est heureux : on jurerait qu'il a de nouveau dix ans, et qu'il vient d'accompagner la grande transhumance. Nous grignotons une part de figatelli, un bout de brucciu et du pain bis. Sur le versant sud, la pente appartient à la forêt communale d'Evisa-Ota-Serriera ; elle est piquetée de buissons bas de calycotomes épineux et de rochers nus, entre lesquels des pans d'herbe verte attirent... les mouflons ! En voici cinq, puis un sixième, et trois autres encore, qui paissent tranquillement. Je les observe : la démarche et la dégaine moutonnières, bien sûr ; mais une noblesse au front... Le grand mâle exhibe des cornes spiralées dont il a lieu de s'enorgueillir. Deux agneaux jouent au plus costaud avant la tétée.

Nous nous mettons en route en descente, vers le refuge de Puscaghia. « C'était autrefois une simple bergerie, dit Antoine. J'y ai passé des nuits d'orage qui ressemblaient à des apocalypses. Elle a failli tomber en ruine, comme tant d'autres. Puis le parc régional l'a restaurée et aménagée en abri pour les randonneurs. » Nous dévalons l'étroit sentier vers le ruisseau de Lonca, jusqu'au creux du cirque que dominent, au nord, la Punta de Curia, la Punta Silvastriccia et le Capu a e Ghiaghiole, lequel introduit au Capu Tafunatu lui-même ; tandis que, à l'est, s'élèvent le Capu di Guagnerola et la Punta de Cricche, sous laquelle commence le superbe peuplement de pins laricios de la forêt de Lonca... Le refuge est là, sur la rive gauche du torrent de Lonca, modeste bâtisse de pierre à l'intérieur de laquelle sont une table de bois, quelques couchages et une cheminée... Altitude : 1 097 mètres. Silence d'Antoine. Je sais qu'il a l'impression de rattraper un peu de temps passé, mais que celui-ci lui file entre les doigts, tel le brouillard sur le Capu Tafunatu.

Il faut, à présent, remonter plus de 200 mètres jusqu'à la Bocca di Capronale, avant d'entamer la descente finale vers Barghiana. Je le précise à l'usage de ceux qui n'ont pas expérimenté, du bout du soulier, la montagne corse : un dénivelé total de 1 350 mètres en une journée durcit le mollet et tire la sueur de la peau... Quand nous atteignons le col, les mouflons y sont encore. L'instant suivant, ils ont disparu. J'ai toujours pensé que les animaux connaissent la magie de l'escamotage... Là-bas, une silhouette se profile dans l'atmosphère : le gypaète barbu, le plus grand rapace d'Europe, hante ces montagnes. Il est loin. Je le vois mal... L'oiseau s'enfile dans un dédale de vallées ouatées de brumes et fait la nique à ma curiosité.

Nous redescendons les quatorze lacets. Moins dur qu'à la montée, sauf que l'organisateur de la randonnée a encore ajouté des cailloux... Parmi les pins laricios, vit la rare et élégante sittelle de Corse aux plumes teintées d'ardoise fine. À l'étage où les cours d'eau chantent plus fort, je me souviens que, dans cette réserve de biosphère du Fangu, vivent quelques-unes des plus rares espèces d'Europe : la salamandre de Corse ; le discoglosse sarde et son cousin de Corse ; la rainette verte de Sardaigne ; la tortue cistude (ou émyde) ; le lézard de Tiliguerta, le phyllodactyle d'Europe, l'algyroïde de Fitzinger et la couleuvre à collier de Corse.

Je ne suis pas sûr qu'Antoine Simeoni ait entendu parler de l'algyroïde de Fitzinger : un petit lézard effilé, noirâtre, sans importance apparente. Mais aussi essentiel, pour la variété de la vie, que le mouflon ou le cerf de Corse, le gypaète barbu ou le balbuzard pêcheur... Et la variété de la vie, je sais qu'Antoine y est sensible. Il me l'a dit, en me montrant un crocus de Corse au cœur rose lilas pâle et au dehors veiné d'améthyste :

« C'est ma fleur, mon emblème, a-t-il murmuré. J'en cueillais un chaque printemps, en arrivant à la Bocca di Capronale, avec la transhumance. Je le mettais à sécher entre les pages d'un livre. L'autre jour, en fouillant mon grenier, j'en ai retrouvé un, qui tombait presque en poussière. Il était devenu si fin, si délicat, que j'ai cru y voir le symbole de la fragilité de tous les êtres vivants. »

NOTE SAISONNIÈRE ET RECOMMANDATIONS

Cette balade a été effectuée au printemps : splendeur du maquis, des orchidées sauvages, des lis de mer... L'été, la flore du col de Capronale et de la haute vallée de Lonca offre à voir quelques merveilles endémiques de la Corse : l'ancolie de Bernard, l'armérie à tête multiple, le calament corse, l'œillet de Godron, la violette à feuilles de nummulaire, etc. L'automne fait revivre le maquis par le don de ses pluies. L'hiver, encore doux et méditerranéen au-dessous de 700 mètres, devient montagnard, neigeux, voire redoutable en altitude.

La balade est longue et nécessite, pour être accomplie en totalité, une capacité de marche convenable. Qui trouve sa limite autour de 1 000 mètres de dénivelé aura intérêt à s'arrêter au col, ou à prévoir de passer une nuit au refuge de Puscaghia. Ce qui signifie sac de couchage, vêtements adéquats, vivres et boissons en quantité suffisante. L'été, emportez beaucoup d'eau : les sources ne donnent plus guère ou plus du tout. Même s'il fait chaud en bas, n'oubliez pas votre tricot pour les frimas du col.

# 4. Girolata

## Le balbuzard et le myrte

Magie de lumières et de parfums ; féerie de maquis, de promontoires et de plages secrètes, de grottes marines hantées par les poulpes... Entre Galéria et l'anse de Girolata, deux balades de rêve à travers maquis et forêts. À pied et en bateau, des incursions au paradis terrestre et englouti de la réserve de Scandola.
Trois jours de balades et de plongées.
Carte I.G.N. au 1 : 25 000, 4150 OT, Top 25, Porto, Calanche de Piana.

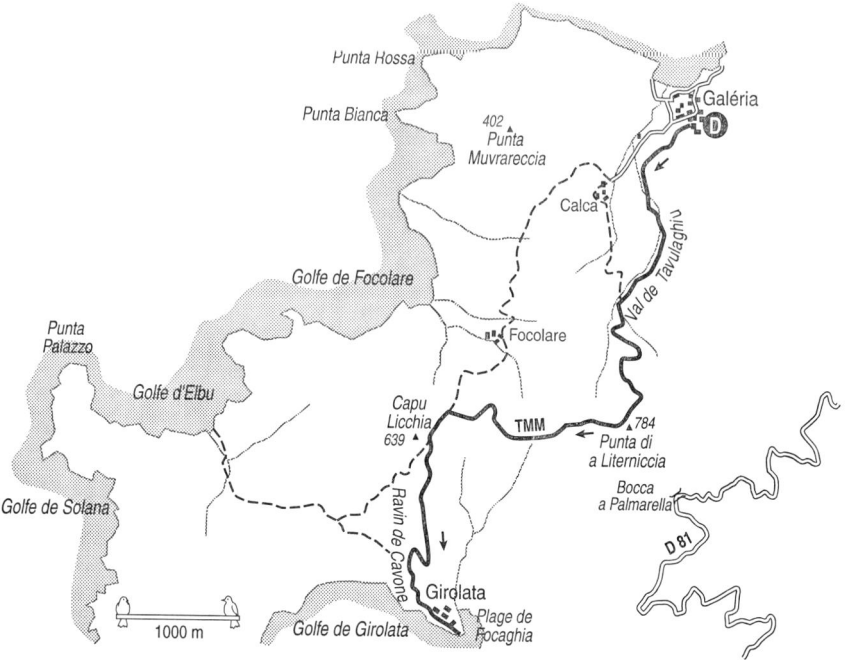

Je goûte la splendeur de la Kallysté adossé aux pierres rouges de la vieille tour de Galéria. Mer d'argent bleu. À l'ouest, la Punta di Stollu, au-delà de laquelle s'étend la réserve de Scandola. Au nord, la Punta di Ciutonne et la plage rose des bouches du Fangu... L'air est saturé d'odeurs. Le printemps caresse les créatures — et moi-même — dans le sens du poil. À l'est, la vallée du Fangu : maquis et forêts jusqu'à la barre enneigée des cimes. Capu Tafonatu, Paglia Orba, Punta Minuta (2 547 mètres)... Mariage des bleus de la mer et des gris de la montagne, par l'entremise des verts du maquis.

Je descends le tertre de la tour, parmi les buissons d'or des calycotomes épineux, les flammes violettes des lavandes stéchades et les chandelles blanches des asphodèles. Sur les rochers marins, je salue les touffes de corolles roses de l'érodium (ou bec-de-grue) de Corse : cousin salé-iodé des géraniums... Je traverse le Fangu : fraîcheur absolue de l'eau sur mes mollets. Je m'assois sur la plage. Le gravier rose se creuse en conque sous mon derrière. Un goéland crie. Une corneille mantelée craille. Je noie mes regards dans les tourbillons de l'embouchure. Je sens le souffle du poème. Je m'imagine en Ulysse ensorcelé sur la plage par Calypso : la nymphe marche sur la rive, métamorphosée en aigrette à cou souple.

 *PREMIER JOUR,*
*BALADE AUX BOUCHES DU FANGU,*
*3 heures*

Je me sens en harmonie avec les minéraux, la vie, les hommes. Avec l'esprit de la Corse. La vallée du Fangu résume l'union de notre espèce et du monde. Je retraverse le fleuve. Je rejoins le sentier qui longe la rive gauche, sous la route. Le delta est un fouillis de bras de rivière et d'îles crêpelées d'aulnes glutineux, avec çà et là d'énormes eucalyptus gommiers bleus. Ces natifs de la lointaine Australie, aux fleurs en pompons blancs et aux fruits soucoupes volantes, mêlent leurs senteurs exotiques à celles du maquis. Des plages de galets se prêtent à la méditation du héron pourpré, et proposent des territoires au gravelot et à la bergeronnette. Les buissons frémissent. Les espaces indécis d'eau et de terre se résolvent en tourbières où les dômes de laîches évoquent des crânes aux cheveux verts. Dans les mares se dissimule une faune étrange. Ce mini-crapaud gris-rose à taches gris-vert est un discoglosse sarde — endémique tyrrhénien, dit le savant. Cet ovale glauque est une tortue cistude ; elle plonge et tiendra une demi-heure en apnée. Ce S est une couleuvre à collier : la sous-espèce corse se singularise par le fait qu'elle n'a (hé ! hé !) justement pas de collier... Avec la couleuvre vert et jaune, c'est le seul serpent de l'île.

Je remonte la rive gauche du Fangu, dans un méli-mélo de forêt alluviale et de maquis. Les cistes à feuilles de sauge (coupes blanches à cœur d'or, feuilles gaufrées) voisinent avec les cistes velus (cœurs d'or, pétales roses chiffonnés comme des jupes d'écolières pas si sages). Les myrtes offrent à l'appétit des grives et des merles leurs baies bleu-noir ovoïdes. Les cistes de Montpellier sont gluants de résine et constellés de crachats ; qui les offense ? Des cicadelles : ces insectes pondent dans une gelée protectrice bulleuse.

Je prends pied sur la départementale 351 et je reviens vers Galéria. André Dhôtel chantait les bords de routes : merveilles méconnues. Un papillon belle-dame palpite. Un hospiton de Corse vole à dextre, une mélittée à sénestre. La huppe déploie l'éventail ocre et noir de sa caboche et le damier de ses ailes. La corneille mantelée s'intéresse à tout.

Dans l'herbe des talus, croît une riche population d'orchidées sauvages. L'orchis papillon, labelles roses à stries purpurines et fourreaux grenat sur tiges charnues, voisine avec la sérapias langue, qui exhibe de façon coquine son appendice incarnat piqueté de poils d'or. La sérapias soc (ou charrue, ou à long labelle) et l'orchis de Provence aux fleurs citron viennent en troupeaux épars, que garde l'orchis bouffon aux ailes violet-mauve (tiens : en voici un tout blanc). Les fossés mouillés sont colonisés par l'ail triquètre (ou à trois angles), aux clochettes blanches et rayures vert pâle (pyjamas de lutins), et par le cyclamen aux fleurs en comètes roses.

Des vulpins bleus (colonnes de fleurs papillons peintes par la mer) contemplent, dirait-on, les cimes de neige où vole le gypaète barbu.

 ***DEUXIÈME JOUR,***
***DE GALÉRIA À GIROLATA,***
*7 heures*

Galéria. Matin douceur. Une brume cotonneuse plane sur la baie. La Corse n'est pas que soleil. Son côté nébuleux me plaît : ne le répétez pas aux offices de tourisme... Devant l'église, je choisis la route de droite, vers le hameau de Calca. Petit pont sur le torrent de Tavulaghiu. Le sentier « *TMM* » *(« Tra Mare e Monti »)* commence un peu plus loin, à gauche. Trois marches de pierre : et j'ai les pieds sur la piste. Reste à suivre les marques orange. Destination : Girolata.

Je foule le chemin, entre deux vieux murs hérissés de fougères et couronnés de cistes velus aux larges corolles roses. J'épouse la substance du maquis. Les roches sont rehaussées de touffes rouge vineux : ces grappes de raisins aux fleurettes d'azur sont des sédums (ou orpins) bleus ; elles alternent avec des lichens d'un orange éclatant. Dans le val de Tavulaghiu, certains arbousiers ont un tronc de 20 centimètres de diamètre. Les fougères arborescentes miment la Voie lactée : fleurs-clochettes blanches aux étamines rose baiser... Les romarins sont les plus bleus du monde. Je plonge dans un dédale de lavandes stéchades, de cistes de trois espèces (de Corse ; à feuilles de sauge ; et de Montpellier). Je salue les calycotomes d'or, les pistachiers lentisques, les chèvrefeuilles étrusques... Dans les clairières d'herbe verte poussent l'asphodèle, le calament chataire et la grande férule aux feuilles jaune-vert, fines comme des cheveux d'ange. Des cohortes zinzinulantes ou flap-flapantes de mouches, de bourdons, d'abeilles, de coléoptères, de papillons s'attablent aux banquets de nectar. Les prédateurs les guettent, notamment sous la forme de lézards : bizarres phyllodactyles à queue épaisse ; lézards de Tiliguerta de charbon et de jade (les femelles lignées, les mâles marbrés) ; ou lézards de Sicile au dos vert feuille.

Le sentier rejoint le torrent dans un sous-bois constellé d'ails à trois angles et de cyclamens. Gazouillis d'oiseaux : pies-grièches, fauvettes de plusieurs espèces, mésanges variées, pouillots, bruants, pipits... Un lac de barrage étale son horizon vert bouteille entre les charmes-houblons, les chênes et les oliviers. Les gerris patinent avec élégance. La rainette sarde se confond avec la feuille de ronce. Les grenouilles vertes donnent un concert : l'espèce a été introduite en Corse et s'y plaît ; amours bruyantes ! Le sentier coupe plusieurs fois le cours d'eau, puis quitte la fraîcheur et s'élève en lacets dans un maquis dru et sec. Vue en perspective sur la baie de Galéria. La brume s'est levée. Soleil. Chaleur. Sueur, dans le parfum des lavandes et des pistachiers rompus. C'est ici qu'il faut boire.

Les falaises grises et rousses qui dominent le sentier composent un univers où l'homme n'a pas sa place. Dans ces parois nichent le pigeon biset (l'ancêtre du domestique), le tichodrome échelette aux ailes écarlates, le faucon pèlerin, le hibou grand duc et le grand corbeau, devenus rares dans la majeure partie de l'Europe. Un faucon pèlerin décolle tandis que j'ahane. Il tourne, s'immobilise dans le fluide atmosphérique et pique, deux accents circonflexes attachés à une flèche ; perfection aérodynamique ; je souffre de ma pesanteur d'*Homo sapiens*... Je n'aperçois du grand duc qu'une plume brun et gris sur un caillou moussu ; je rêve de ses yeux jaunes. Le grand corbeau m'honore en croassant ; il me fascine, avec sa dégaine de mendiant des nuages. Son gros bec est un totem indien. En volant, il inscrit sur le tableau bleu du ciel un message en lettres cursives, où il dénonce l'arrogance des hommes.

La crête de Lucciu, enfin ! Depuis Galéria, j'ai monté 700 mètres. À moi, la gourde et le casse-croûte ! Une forêt lumineuse de grands chênes verts remplace le maquis. Les vaches et les veaux paissent. Une truie passe en grognant, ses pourceaux la suivent en couinant. Une pancarte matérialise la bifurcation du sentier « *Tra Mare e Monti* » : à gauche, le col de Palmarella ; à droite, Girolata.

Je domine de deux côtés la mer. Au nord, la baie de Galéria. Au sud, sublime, l'anse de Girolata : arbres noirs, falaises et mer bleu sombre. On jurerait un paysage de la Chine ou du Japon, peint par Chu Ta ou Hiroshige. À l'est, la crête grise et blanche des cimes. À l'ouest, le moutonnement du maquis et la réserve de Scandola, où tournent trois grands corbeaux. Au midi, plane le prince des rapaces : l'aigle royal. Deux couples nicheurs ont établi leur fief sur les hauteurs de Girolata. Ne le répétez pas aux chasseurs !

Le sentier ondule sur la crête. Punta di a Literniccia. Altitude maximale : 784 mètres. Rocs rehaussés d'immortelles d'Italie. Creux d'herbe bleue. Je franchis une forêt enchantée de chênes verts et d'arbousiers aux troncs tordus comme dans un conte. Descente rapide. Les lacets me mènent aux prairies de Bocca di Fuata. La tour de Girolata semble proche. Sous les rochers gris-roux de Capu Licchia, déchiquetés, usés par la pluie et le vent, le maquis sèche et raccourcit. Buissons lumineux des cistes à feuilles de sauge. Les cistes de Montpellier, aux branches constellées de « crachats » de cicadelles, sont en outre parasités, au sol, par des sortes d'artichauts rouge sombre et jaune lumineux. Ces suceurs de sève, nommés cytinets, sont les seuls membres européens de la famille des rafflésiacées, à laquelle appartient la plus grosse fleur du monde, la rafflésie de Bornéo. Monstrueux cousinage.

Les merles, les grives, les huppes, vingt sortes de petits oiseaux accompagnent ma descente vers le bleu de la mer. Le sentier batifole un moment dans le ravin de Cavone, avant de revenir vers le hameau de Girolata. Rochers rouges, vagues outremer de la plage de Cavone. Odeurs et bruits de hameau. Chien qui jappe. Je passe l'ovale empierré de l'ancienne aire à blé. Les maisons sont là, sous la garde de la vieille tour génoise, le long de la plage de Focaghia. Bout du monde. Eau verte, transparente. Fretin qui paresse. Bancs de mulets et de saupes qui ondulent. Deux voiliers à l'ancre. Peu d'humains : par bonheur, aucune route ne mène encore à ce paradis. Certains voudraient en ouvrir. Je forme des vœux pour qu'on ne les satisfasse jamais.

Il y a 7 heures, environ, que j'ai quitté Galéria. Je m'allonge sur le sable gris pâle, dans l'odeur des posidonies sèches. Un goéland leucophée passe. Des cormorans décollent. Je ferme les yeux au soleil qui décline.

Je mêle mon âme à celle de la Corse.

> **NOTE SAISONNIÈRE ET RECOMMANDATIONS**
>
> L'été, dans le maquis sec, la promenade de Galéria à Girolata est étouffante. Partez très tôt, avant le lever du soleil : vous serez à Girolata à midi, heure exquise pour le bain et la visite des fonds. Emportez beaucoup d'eau à boire.
> Par prudence, évitez de vous lancer dans cette marche les jours de grand vent : si un incendie éclatait, vous pourriez vous trouver en péril, loin de tout, coincé sur le seul sentier praticable...

 ***TROISIÈME JOUR,***
***DANS LA RÉSERVE DE SCANDOLA,***

Matin beauté dans l'anse de Girolata. J'ai passé la nuit dans un gîte d'étape du hameau. J'aimerais rester davantage. Mais j'ai rendez-vous avec mes amis Jean-Marie Dominici et François Arrighi, les responsables de la réserve naturelle de Scandola. Ils viennent me chercher dans leur vedette de surveillance. Privilège du naturaliste ! (J'aurais pu attraper, à l'escale de Girolata, un bateau de tourisme basé à Calvi ou à Porto.)
Mer calme. Reflets d'argent. La tour génoise nargue le goéland leucophée et le pétrel-fulmar. Une bande de dauphins tursiops nous accompagne, tandis que nous doublons la Punta Scandola puis la Punta Muchillina. Nous remontons vers le nord par la Cala di Gattaghia et la baie de Solana. Passage étranglé — quelques mètres à peine — entre l'île de Garganellu et l'île de Gargali d'une part, et la Punta Palazzu de l'autre. Merveilles de rochers grenat, rouges, roux, bruns, jaunes, gris ou noirs, que des plaques de fleurs rehaussent. Un couple d'aigles pêcheurs tourne dans l'azur. Deux aiglons en

duvet gris piaillent dans leur aire perchée sur une aiguille de roche.
   J'ai demandé à me faire déposer au fond de la baie d'Elbu. La géologie locale est un prodige : coulées, dômes, cavernes, lucarnes, dentelures et pics, avec des extrusions, des affleurements, des entrecroisements de couches, des à-plats colorés... Ce paradis est né d'un cataclysme : un volcan explosa ici, à la fin de l'ère Primaire, au Permien, voici plus de 250 millions d'années. Il en subsiste une ceinture de pierre, de prodigieuses orgues de basalte noir et une poche à magma effondrée — une caldeira —, que la mer occupe et enchante.
   La Marina d'Elbu... Jean-Marie Dominici me fait signe : je saute sur un rocher, puis sur le sable. Les responsables de la réserve viendront me récupérer en fin de journée. Nous avons parlé, en venant, du projet de parc national marin dont la Scandola formerait le cœur. La zone protégée irait de la pointe de la Revellata, au sud de Calvi, jusqu'au Capu Rossu, qui borne au midi le golfe de Porto et les Calanche de Piana, et où de monstrueux amas de granit ocre rouge forment les plus hautes falaises de France (331 mètres) après celles du cap Canaille, à Cassis.
   La Corse est sublime, Scandola la résume... Je marche sur le sable rose de la baie d'Elbu, l'œil ouvert à la splendeur des choses et la narine branchée sur un univers de fragrances. Je regarde, à l'ouest, la dentelle de la Punta Palazzu, où les orgues basaltiques obscures plongent dans l'eau bleu pétrole. Des goélands craillent en tournant dans le ciel, puis chipent des brimborions dans l'écume. Un cormoran file comme un trait vert. Je monte sur un rocher battu par le clapot. Je goûte la magie du minéral qui plonge dans le fluide marin. Sensation exquise et inquiétante du corps dressé au bout d'un promontoire : le choc des vagues et l'infini du large introduisent à l'éternité.

J'escalade le sentier vers la tour génoise, dans la confusion collante, piquante et odorante du maquis en robe de fleurs : cistes de Corse aux corolles incarnates à cœur d'or ; cistes de Montpellier au pied desquels les cytinets posent leurs artichauts parasites rouge et jaune ; cistes à feuilles de sauge, pistachiers, genévriers, bruyères arborescentes, arbousiers, romarins, lavandes...

Je redescends sur la plage. Je longe l'enclos de pierre en suivant le ruisseau né des ravins d'Elbu et de Canalette. Des murets, d'anciens champs, des bergeries de pierres sèches et au toit de terre surgissent du maquis conquérant. Vestiges de vie humaine. Ici, le voyageur curieux peut contempler une architecture des siècles passés, que les responsables de la réserve ont décidé de restaurer. Dans ce bout du monde, des bergers gardèrent vaches et chèvres ; des paysans labourèrent des mouchoirs de poche en terrasses, semèrent du blé, battirent des épis mûrs...

Des lézards de Sicile détalent. Les anciens champs se hérissent de férules jaune-vert, sur lesquelles pond le papillon hospiton de Corse jaune et noir. Je détaille le cynoglosse de Crète, aux corolles mauves réticulées de pourpre ; la vipérine de Crète violet-rouge ; l'aristoloche pistoloche, aux fleurs jaune pâle en forme de saxophones... Je musarde. Je redescends à la mer. Je songe que, naguère, des phoques venaient sur ce sable aboyer, se disputer, s'aimer et mettre au monde leurs petits. Des phoques moines. Hélas ! L'espèce a été massacrée. La voici au bord de l'extinction. Représentée par moins de 500 individus, de la Turquie à la Mauritanie. Mais justement : pourquoi le moine de mer ne se réinstallerait-il pas en Corse — ici, à Scandola ? Je rêve du jour où celui qui fut le modèle des sirènes d'Ulysse chantera à nouveau dans son royaume.

J'erre de mer en maquis. J'ai ma journée à perdre,

c'est-à-dire à gagner. Dans l'eau du ruisseau, ondule la couleuvre à collier de Corse. Les myrtes mûrissent leurs fruits bleu-noir dont se gobergent grives et merles. Je remonte derechef le vallon. Je foule des rochers roux vêtus d'orpins bleus. Je traverse des haies de cistes de Corse roses, de lavandes, de genévriers, de pistachiers... Je m'enfonce dans un dédale d'arbousiers qu'enlacent le smilax (ou salsepareille) d'Europe, l'asperge sauvage et le chèvrefeuille étrusque. Dans une clairière humide, se côtoient le cyclamen rose, l'asphodèle et le bel ail à trois angles. Je grimpe en suant les derniers lacets identifiables d'un sentier qui se perd sous des falaises rousses. Là-haut, nichent le faucon pèlerin et le pigeon biset. Et patrouille le grand corbeau.

Me revoici devant la mer.

J'ai mon matériel. J'enfile mes palmes, j'ajuste mon masque, j'embouche mon tuba, je m'immerge dans le bleu. J'ai choisi une crique dominée par un gros rocher qui ressemble à un phoque moine. Je survole l'herbier de posidonies : j'aime ces fleurs qui miment des algues, avec leurs longues feuilles en lanières vert bouteille. J'y vois brouter des saupes rayées de vert et de jaune. Une troupe de mulets joue à cache-cache. Des oursins violets rampent. Des escargots escaladent. Je plane sur cette mini-forêt. Des étoiles de mer orange tordent leurs bras. Une pinne (ou nacre, ou jambonneau : le plus gros coquillage d'Europe ; jusqu'à 90 centimètres de hauteur), est plantée par la pointe dans un carré de sable rehaussé d'algues padines en éventails et d'algues acétabulaires pareilles à de délicats champignons. Un labre mâle fait son nid dans le sédiment et tente d'y attirer une femelle. Une girelle royale passe, en habit de lumière à sinusoïde orange, près d'un rocher où patrouillent des barbiers aux écailles rose chair.

Je ne me lasse pas de voir. J'ai toujours vécu sensuellement l'idée que la Méditerranée est un unique système où chaque élément importe. Un superorganisme où le cachalot, le mérou, le goéland et l'orchidée, sans oublier l'homme, sont unis par les liens d'une beauté nécessaire... Je contemple un hippocampe accroché par la queue à une gorgone. Je lis, dans l'œil du poulpe, qu'en effet cette mer est unique. Je songe au corail rouge. J'envoie mes amitiés au dauphin.

Le soir, le bateau vient me chercher. Jean-Marie Dominici le pilote avec précaution dans une fissure de falaise envahie par la mer, sur les flancs de laquelle, sur plus de 100 mètres de longueur, des algues calcaires lithothamnes ont édifié un étrange et fragile « trottoir » à fleur de vague... Nous passons la Cala Scandola, les îles de Porri puis la baie de Foccolara, au fond de laquelle glougloute une source pure. Je contemple, sur les pentes de lave, les pins d'Alep couchés par le vent, et des peuples de lis de mer — pancraces d'Illyrie aux corolles virginales et au parfum de Bible. Un martin-pêcheur file dans l'anse d'Elpa Nera. Un faucon pèlerin enchante la Punta Rossa, un merle bleu la Punta di Stollu. Des hirondelles des rochers saluent notre entrée dans le golfe de Galéria.

Le roi de la Scandola reste l'aigle de mer. Le balbuzard pêcheur... Je m'envole avec lui dans le bleu mêlé de la mer et du ciel. Je songe à quel point j'aime la Corse. J'y renouvelle ma ration de bonheur. J'y reconstitue ma réserve de couleurs et de senteurs. J'y regarde fuir le temps dans une euphorie qu'entretient la perfection des orchidées ; avec, pour saluer le soleil, le coup d'ailes de la huppe, le jet de sépia du poulpe et la parfaite trajectoire de l'aigle de mer.

# 6. Mare a mare

# Le chemin des deux mers

*De baie à baie. D'un outremer l'autre. De la Méditerranée occidentale à la mer Tyrrhénienne, par les villages austères de l'Alta Rocca, le gris-vert du maquis, le véronèse des chênes verts et le sombre émeraude des pins laricios... Fleuves à franchir, Incudine à contempler.* « Da Mare a Mare, Sud » — *une traversée de l'âme corse.*
*De Propriano à Porto-Vecchio : cinq jours de balade, cinq gîtes, cinq tranches de bonheur.*
*Carte Didier Richard au 1 : 50 000, Corse du Sud.*

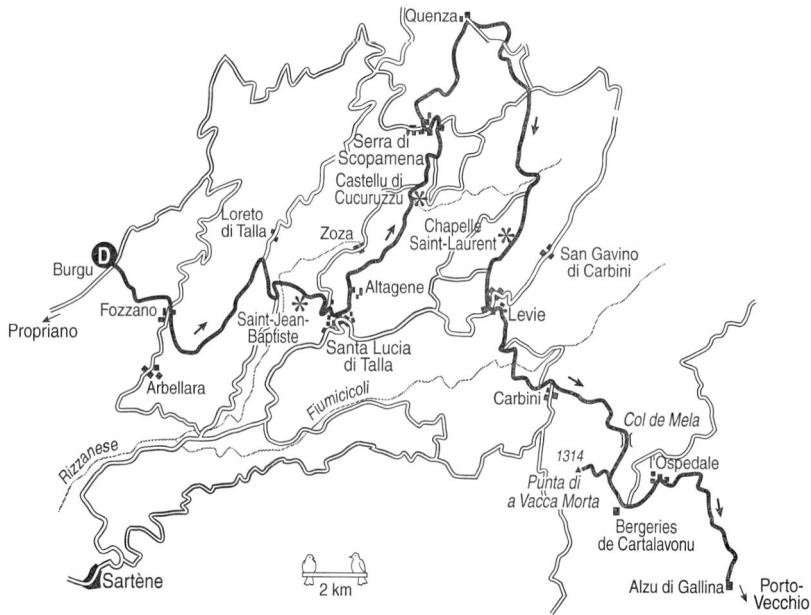

J'aime la Corse de toute la force de mon nez, qui s'y enchante, et de mes yeux qui s'y perdent avec délices. Je veux la prendre à bras-le-corps cinq jours durant dans la splendeur de son grand sud, de mer à mer — *Da Mare a Mare* —, sous l'œil ironique de la corneille mantelée.

La corneille mantelée... En voici une, en habit noir et gilet gris. Elle me fait signe. Mais qui est l'homme et qui incarne l'oiseau ? Je me sens aussi emplumé qu'elle. Le duvet de mon poitrail frissonne. Les parfums du maquis me montent à la tête. J'ai des narines au bec. Je croasse. Je m'envole.

 ***PREMIER JOUR,***
***DE BURGU À SANTA LUCIA DI TALLA,***
*6 heures*

Je me suis baigné, ce matin, dans la Méditerranée occidentale, à l'embouchure du fleuve U Baraci, dans le golfe de Valincu. Je me tremperai, dans cinq jours, dans la mer Tyrrhénienne.

Si tout va bien.

J'aurais pu marcher depuis le camp des goélands et des mouettes. J'ai contemplé les fleurs de la plage — la matthiole tricuspide en croix mauve et la luzerne marine jaune, l'euphorbe des rivages, le silène soyeux, le liseron soldanelle et le lis de mer au parfum virginal. J'ai salué la houppe du cormoran et le busard des roseaux qui plane sur les marais. Mais je suis venu en voiture jusqu'au vrai départ du « *Mare a Mare, Sud* » : le gîte d'étape de Burgu (altitude : 190 mètres).

Sac au dos, de l'impatience dans les jambes, de la lumière et des senteurs dans la tête (drôle de physico-chimie : mon cerveau s'égare), je trouve le panneau :

« Fozzano, 1 heure 30 ; Santa Lucia di Talla, 6 heures. » Balisage en traits orange, jusqu'au bout de ces cinq étapes... Sous la bergerie ocre de San Quircu, je goûte le vert acide de la prairie piquetée d'asphodèles, de grandes férules en dentelle vert jaune et parfum d'anis, et d'orchis papillons rose baiser. Je plonge, à gauche, dans les lacets qui mènent au fleuve Baraci. Chênes verts au pied desquels luisent les comètes purpurines des cyclamens... J'inspecte un buisson de fragon (ou ruscus) petit-houx, aux fruits en cerises collées sous les feuilles. L'eau vert et rouille du Baraci bouillonne dans une jungle. Après la passerelle, je monte vers le ruisseau de Campannajola. Un effort, et je suis au village de Fozzano (altitude : 400 mètres). Tour du XVe siècle. Et tombeau de la belle et vindicative Colomba. Je n'insiste pas. Le folklore de la vendetta n'intéresse plus guère.

Au-dessus du village de l'héroïne aux yeux noirs, le sentier contourne la colline a Costa. Deux milans promènent leur queue fourchue dans le ciel du vallon qui aboutit aux ruines d'Altanarja. Coup d'œil sublime : à l'ouest, le golfe outremer de Valincu ; au loin, vers le nord-est, les aiguilles déchiquetées de Bavella. Sous le village de Loreto di Talla (Loreto-de-Tallana), le chemin coupe la départementale 69 et descend dans les chênes verts, les clématites, les aubépines, les pommiers sauvages et les salsepareilles épineuses, lourdes de grappes vermillon. Le fleuve Rizzanese est puissant : il recueille les eaux de l'Incudine. L'immense étang brun et vert qui luit sous le pont de Piombato (altitude : 120 mètres) invite à la baignade ; mais pas sous la cascade : remous furieux. Je traverse sur les grosses planches disjointes et je monte la pente en direction de la chapelle Saint-Jean-Baptiste — romane et du XIIe siècle —, puis du hameau de Poggio et de Santa Lucia di Talla (Sainte-Lucie-de-Tallano). Altitude : 450 mètres. Moulin à huile (U Franghju). Couvent et tour du XVe siècle. Gîte d'étape : cuisine corse et chants. La corneille écoute.

**DEUXIÈME JOUR,
DE SANTA LUCIA DI TALLA
À SERRA DI SCOPAMENA,
5** *heures*

Le démarrage du deuxième jour est difficile ; surtout après la coppa de la veille ; le vin de Sartène ; et (chut !) la grappa qui exalte le goût du brucciu frais... Je trouve, au sommet du village de Santa Lucia, le départ du sentier vers Serra di Scopamena (« 5 heures »). Je passe Sant'Andrea et Altagene. Je cherche la « pierre aux yeux » *(Petra Oghjata)*, que le géologue appelle « corsite » ou « diorite orbiculaire », et qui ressemble à un Janus à cent regards. Sur la piste, je salue divers papillons argus, citrons, vulcains et (dans une prairie de férules) le beau porte-queue hospiton de Corse.

Le sentier rétrécit et grimpe dans un maquis saturé d'odeurs et de lumières, où l'arbousier aux fruits fraises rouge-vert et la bruyère arborescente aux mini-clochettes blanc rosé voisinent avec la lavande stéchade aux flammèches violettes, le calycotome qui explose de jaune clair, le pistachier au parfum tonique et les cistes — de Corse, de Montpellier, à feuilles de sauge.

Après la source et le col de Tavara (720 mètres), entre le Monte Grossu et la Punta Tighiarella, je me laisse à nouveau guider par la corneille. Elle me désigne la source de Latachi, mais elle m'abandonne lâchement dans la forêt, à l'approche du Rizzanese. Le fleuve-torrent est admirable : rapides, cascades, vastes gouilles vert, jaune et roux, avec des mares secondaires où patinent les gerris et que survolent les libellules. Une bergeronnette printanière se moque. Parce qu'il n'y a plus de pont. Il faut traverser à gué. Je fais cette balade au printemps : les eaux sont hautes. Glaciales... Je m'engage. Courant puissant : j'en ai à la taille. Je me demande si ça passera : ça passe. En été, à l'étiage, pas de problème. En cette saison, je n'y aurais pas trempé un gosse.

Je foule la petite départementale 20, au sortir de la prairie de Campu. Je la quitte pour attaquer, à gauche, les lacets qui conduisent aux ruines de Memma ; puis, par des champs et de vieux vergers en terrasses, entre châtaigniers et cerisiers, jusqu'à l'étonnant village de Serra di Scopamena (Serra-de-Scopamène). Altitude : 850 mètres ; 450 mètres au-dessus du Rizzanese. Balcon perché... Le gîte d'étape jouxte la gendarmerie.

Depuis la place de l'église, le panorama ressemble aux montagnes bleues du Sichuan ; on y rêverait le grand panda ; avec, à l'horizon, le plomb fondu mêlé de cuivre d'un coucher de soleil sur le golfe de Valincu.

 ***TROISIÈME JOUR,
DE SERRA DI SCOPAMENA À LEVIE,***
*6 heures*

La balade commence au sommet du village, derrière la petite chapelle ocre et rouge. Panneau : « Quenza, 2 heures 30 ; Levie, 5 heures 30 ». Je prévois un peu plus de temps pour m'offrir un détour au castel de Cucuruzzu. Je marche vers le nord, dans une vieille châtaigneraie, puis entre les chênes verts. Je touche Bocca di Paradisu (le col du Paradis), Arja la Foce et les bergeries perdues de Lavu Donacu (altitude : 1 061 mètres) — le point septentrional extrême de ce sentier *« Mare a Mare »*. Dans une succession de déserts de pierres et de maquis bas où le hêtre se substitue peu à peu au chêne vert, j'ai le sentiment d'entrer dans un autre monde — plus pur, plus lumineux, plus essentiel. Sorte de sphère oubliée des origines.

Mystères de l'Alta Rocca... Ici, la vue porte au nord

sur l'immense plateau de Coscionu, qui garde l'austère Monte Incudine (2 134 mètres), encore poudré de neige au printemps. L'aigle royal y loge, ainsi que le mouflon de Corse. Chance insigne : je contemple le vol du gypaète barbu — le plus grand et le plus beau de nos vautours.

Aux bergeries de Jallicu, je file à nouveau vers le sud. Le pont sur le ruisseau de San Petru domine un trou d'eau vert et brun où il est impossible de ne pas plonger. La truite frétille. La libellule se promène comme un concentré de vent. Je visite le village de Quenza (altitude : 820 mètres), sa fontaine, sa simple et sublime chapelle romane de l'an 1000... Je plonge avec la piste vers le ruisseau de Saint-Antoine. Les bâtisses de Campu di Bertu. Le domaine où les naturalistes du parc régional réintroduisent le vif, ingambe et léger cerf de Corse, exterminé par les chasseurs en 1970, mais heureusement préservé en Sardaigne... La bergerie de Saint-Antoine, le torrent homonyme et la pente à remonter jusqu'à la jonction de la variante du « Mare a Mare » qui passe par Zonza.

Dans des floraisons d'anémones des Apennins bleu-mauve, de cyclamens, de violettes et de véroniques d'azur, tandis que la couleuvre vert et jaune fouette l'herbe et que giclent sur les murs des lézards de Tiliguerta gris et des lézards de Sicile vert pomme, je gagne la jolie chapelle Saint-Laurent. De là, le castel de Cucuruzzu. Amoncellements de rocs et cabanes de pierre de l'âge du Bronze. Du haut de ces tumulus, trente-cinq siècles nous contemplent... Un moment plus tard, je suis à Levie (Livia). Altitude : 610 mètres. Église, chapelle, gîte d'étape, figatelli et compagnie.

*QUATRIÈME JOUR,
DE LEVIE À CARTALAVONU,
5 heures 30*

Le panneau promet : « Carbini, 2 heures 30 ; L'Ospedale, 5 heures 30 ». C'est reparti dans la descente : jardins, terrasses, anciens champs abandonnés. Je caresse le feuillage d'argent des oliviers et le rude tronc des châtaigniers. Je saute divers ruisseaux. Des grives, des merles, des bruants, des pinsons, des chardonnerets, des fauvettes, des mésanges pépient l'harmonie vert et bleu de la vallée du Fiumicicoli. En face, là-haut, s'étend le plateau vert pistache du village de Carbini, sous les rochers ocre rose de la Punta di a Vacca Morta. À l'instant où je franchis le petit fleuve, la corneille mantelée paraît et me croasse que je suis ici à 300 mètres d'altitude, tandis que le col de Mela m'attend à plus de 1 000... Je remonte vers Carbini dans l'ombre douce d'une superbe sylve de chênes verts : parfums toniques. Et nécessaires, car la pente est raide. Une buse tournoie. Des geais se répondent. À Carbini, le stade est une pâture pour les vaches. Un veau joue dans les buts, à l'ombre de l'incroyable clocher pisan, séparé de son église San Giovanni Battista du XII$^e$ siècle. Témoignage architectural d'une tragédie : ici, en l'an 1365, la secte hérétique des « purs » Giovannalli fut massacrée par des sbires du pape Urbain V.

Je file sur la route de terre, au-delà du ruisseau de Vacca Morta. J'attaque, à droite, les lacets du col de Mela : blocs de granit énormes, sculptés par la pluie et le vent, que séparent des chênes verts tordus comme des bonsaïs, des calycotomes, des bruyères et la cohorte des arbustes du maquis. La huppe décolle, se pose sur une branche et fait des effets de huppe : à quoi s'attendre d'autre ? Je gagne le col (altitude : 1 068 mètres), et c'est la surprise. En deux minutes, je change de royaume. Je viens de la lumière, des rochers, des buissons (le jaune, le sec, l'ocre) ; j'entre dans l'ombre bleu-vert, la mousse, l'humidité relative de la futaie de pins laricios. Une frontière écologique...

Je marche vers le sud, jusqu'au point culminant de ce sentier « Mare a Mare » : Foce Alta ; 1 171 mètres. D'ici, impossible de ne pas grimper jusqu'à la Punta di a Vacca Morta (1 314 mètres) — où le panorama tient du poème. À l'ouest, la vue porte jusqu'à l'argent du golfe de Valincu, où j'ai commencé ma balade voici quatre jours. Au nord, trône le Monte Incudine enneigé, et danse la sarabande bleu-violet des aiguilles de Bavella. Au sud, la vue se perd dans une enfilade de buttes rocheuses et d'espaces de maquis confus, jusqu'aux bouches de Bonifacio et à la Sardaigne. À l'est, la forêt de l'Ospedale et le lac de barrage émeraude qui l'orne semblent plonger vers l'outremer du golfe de Porto-Vecchio, que borde le chapelet des îles Cerbicale...

Je dévale la pente, vers les anciennes bergeries de Cartalavonu, dans des galaxies de crocus de Corse rose-mauve à parements violets. Au gîte d'étape (altitude : 1 020 mètres), je goûte l'accueil d'amis que je ne connaissais pas ce matin.

 *CINQUIÈME JOUR,*
*DE CARTALAVONU À PORTO-VECCHIO,*
*4 heures*

Reste à basculer vers l'autre horizon, jusqu'au bleu quasi saphir de la mer Tyrrhénienne. Un dernier coup d'œil à l'énorme pin laricio qui garde le gîte d'étape de Cartalavonu (on jurerait deux nuages de chlorophylle superposés) ; une caresse aux hellébores de Corse ; et je file vers l'Ospedale. Vaste forêt de laricios, dont des lézards animent l'écorce. J'examine les cônes mûrs de ces arbres dessinés par un maître de l'estampe orientale : les pignes sont noisette dehors, chocolat dedans ; comme les deux crèmes Mont-Blanc de mon enfance (publicité gratuite). Je m'immobilise : ce passereau au dos bleu ardoise et au ventre blanc, qui descend un tronc la tête la première, mais oui ! c'est la rare et endémique sittelle de Corse. Le dernier volatile d'Europe que les ornithologues aient décrit. En 1883.

Je traverse le village de l'Ospedale (altitude : 850 mètres). Le sentier file vers l'est, puis pique au sud en coupant cinq fois la route forestière 11. Sur les pentes orientales, hélas ! l'admirable forêt de l'Ospedale — la plus vaste qu'on connaisse en laricios — a brûlé en 1994. Sous les falaises de Finaggia et de Pineta Piana, les troncs calcinés tendent des moignons de branches. Je veux oublier ce malheur. Une grive et une huppe me le suggèrent. Le soleil de la Corse caresse chaque animal et moi-même dans le sens du plaisir. Je passe la pinède de pins maritimes et le maquis mélangé d'oliviers et de chênes verts.

Voici les chênes-lièges, c'est-à-dire la plaine côtière. Alzu di Gallina (altitude : 140 mètres) — le vrai départ oriental du « *Mare a Mare, Sud* ». Le port de Porto-Vecchio est à 1 heure 30, après le camp naturiste U Furu et le village de Muratello.

J'ai vécu cinq journées de corneille, le bec empli de fruits de myrte et le cœur gonflé de lumière.

NOTE SAISONNIÈRE ET RECOMMANDATIONS

Chaussures de marche et équipement sérieux : on ne part pas cinq jours sans biscuit, même si l'on est sûr de trouver chaque soir un gîte... Toutes les saisons sont bonnes, pour ce « *Mare a Mare, Sud* » où il ne tombe jamais beaucoup de neige. En hiver, attention à la glace sur les sentiers rocailleux. Le printemps se glorifie de fleurs, tandis que le maquis explose d'oiseaux ; mais gare à la fonte des neiges et à la crue du Rizzanese, qu'il faut franchir à gué. L'été, bruissant d'insectes, est agréable au-dessus de 800 mètres, mais cuisant au-dessous ; gare aux orages, qui peuvent gonfler les torrents ; ne jamais oublier une réserve d'eau à boire, surtout si l'on emmène des enfants. L'automne est lourd de fruits du maquis, de châtaignes, de champignons...

# 7. Cagna

# Le Lion de Roccapina

*Une balade lumineuse et parfumée autour du Lion de Roccapina, colossale statue de granit rose sculptée par la fantaisie géologique du temps... Maquis, dunes et plages, au bonheur du scarabée sacré et du lis de mer. Dans le grand sud de la Corse. Non loin de Bonifacio, avec au cœur l'orchidée cœur...*
  *En boucle autour de Bocca di Curali, 4 heures 30.*
  *Carte I.G.N. au 1 : 25 000, 4254 OT, Top 25, Sartène, montagne de Cagna.*

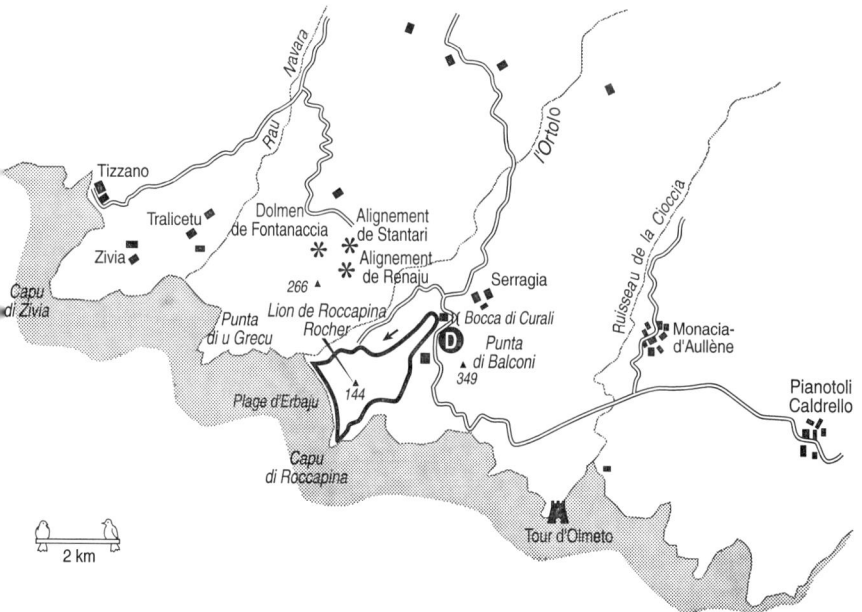

Il trône sur la crête, entre deux plages blanc-bleu, allongé dans l'épais maquis vert comme en une savane ; la tête haute ; la crinière hérissée : le Lion de granit rose de Roccapina veille sur la Corse du Sud. La pluie, le vent, la chimie secrète de la planète l'ont ciselé des milliers d'années avant l'apparition de l'homme ; avant même le temps où l'éléphant nain hantait l'île. Je veux croire que c'est en souvenir du dramatique assèchement de la Méditerranée qui, il y a 6 millions d'années, permit au lion à dents de sabre d'aller à pied sec d'Afrique du Nord en Europe.

 ***DE BOCCA DI CURALI AU FLEUVE ORTOLO,***
*1 heure 30*

Me revoici, un an après, sur cette terre de Corse où je laisse à demeure une partie de mon âme. L'air est doux. De frais parfums montent du maquis revigoré par une averse. Le ciel joue au soleil en pointillés. Un milan se désigne lui-même avec la flèche de sa queue : oiseau Narcisse ! Je commence de marcher devant l'auberge du col *(Bocca)* di Curali, sur la nationale 196, entre Sartène et Bonifacio. Je veux boucler le tour du cap de Roccapina *(Capu di Roccapina)*. La piste de terre qui descend à l'ouest se divise. Je prends à droite, en direction des prairies et des bâtisses de bergers d'Asinaja.

J'herborise dans la couleur du printemps. Je rends hommage aux fleurs. La vipérine de Crète expose ses corolles en cornets écarlates frangés d'améthyste, d'où jaillissent des feux d'étamines. Le trèfle étoilé évoque une constellation rouge gainée de duvet gris. Le lupin à feuilles étroites est un essaim de papillons d'azur. L'urosperme de Daléchamp, cousin du pissenlit, allume la prairie de ses soleils jaune pâle. En avril-mai, je

cherche ici l'ophrys araignée noir, avec ses H cabalistiques roses sur velours grenat. L'ophrys jaune et l'ophrys brun (rares personnages botaniques) me font signe. L'orchis bouffon se prend pour un synode : chacune de ses fleurs est une mitre violette. L'orchis papillon étale, sous des casques cramoisis, les ailes roses d'un vol de lépidoptères qui se butineraient eux-mêmes.
 La piste rousse est aisée, agréable au pied, coupée de flaques d'eau terreuse où se mirent les chênes verts. Une corneille mantelée décolle : la cousine orientale de la corneille noire — élégante charognarde — a passé son gilet gris... Deux buses planent sur le val du Vangone, vers l'anse *(Cala)* de Roccapina. Deux huppes à la gorge orange et aux ailes en échiquiers disputent un tournoi d'éventails avec leur tête. Je quitte un moment le chemin pour me frotter aux arbustes du maquis. J'aime ce contact sensuel. Je caresse des mains, des bras, du ventre les cistes de Montpellier constellés de fleurs blanches ; les cistes à feuilles de sauge aux larges corolles immaculées ; les cistes de Corse dont l'incarnat des pétales et l'or des étamines surpassent ceux des roses. Les arbousiers agitent des fleurs-clochettes mères de fruits-pendeloques. Voici la filaire aux feuilles en scalpels ; la lavande stéchade dont chaque épi brûle de quatre flammes violettes ; le calycotome aux fleurs papillons jaunes, dont les tiges bardées d'épines supplicient le randonneur.
 Le maquis corse est pervers. Attirant, mais brutal. Hostile. Inviolable. Il exige de la sueur et du sang (voyez ces égratignures !). Il excite et sature les cinq sens. Les torture et les exalte. Les couleurs, les parfums et les sons s'y haussent à leur intensité maximale. Le cerveau s'y perd et l'âme s'y dissout. Simulacres chers à Lucrèce. À droite, des romarins de miel bleu auréolés d'abeilles. À gauche, des nuages de bruyères arborescentes et des chevelures rougeâtres de pistachiers. Plus loin, des

myrtes dont des fleurs blanches explosent d'une vapeur d'étamines... Chaque fois que je replonge dans cette profusion végétale, j'ai l'impression de n'en être jamais sorti.
 Je reviens au sentier. Je chemine en riant du rire des merles et de la mélodie des grives. J'avance entre des vagues de buissons poudrés d'argent vert, avec à l'horizon l'outremer Méditerranée. Un criquet égyptien décolle, décrit un huit et se repose sur le rameau d'où il est parti : que fais-je d'autre, avec cent milliards de neurones ? Un lézard de Bedriaga (dos de velours vert chiné de brun-noir) ignore innocemment son statut de sous-espèce endémique rare. Un couple de lézards de Tiliguerta (femelle rayée, mâle réticulé de jade et de carbone) paresse sur le tronc d'un chêne.
 La piste de terre est ponctuée de bouses de vache. La vérité scientifique oblige à écrire qu'un fascinant spectacle gît dans l'excrément. Chaque amas brun est un chantier. Des scarabées taillent la pâte fertile à pleines mandibules, à pleines pattes, à plein corps. Deux espèces de ces coléoptères obscurs, au front quatre fois crénelé, exploitent la ressource. Le scarabée à cou large, plus petit, est caparaçonné d'élytres aux rayures longitudinales grises. Le scarabée sacré, plus costaud, a des élytres quasi lisses. Je me réincarne un instant sous la cape de Jean-Henri Fabre : mais je suis né trop tard, dans un siècle trop matériel... Les insectes confectionnent leur boule de fumier avec le même soin, j'ose dire le même amour idéal des générations futures, que l'oiseau fait son nid. Ils y pondront, bien sûr. Leurs larves se nourriront de l'offrande scatologique. Le scarabée à cou large pétrit une sphère éloignée de l'idéal ; bâclée, gondolée, patatoïde... Au contraire, le scarabée sacré est un maniaque : la boule qu'il sculpte est lisse, léchée, irréprochable aux yeux du géomètre. Les deux espèces font ensuite rouler cette promesse de descendance vers

leur trou. En marche arrière. Les pattes postérieures guident la charge. Celles du milieu poussent. Celles de devant font levier sur le sol... Ho ! hisse... Rien n'arrête ce Sisyphe hexapode ! Je suis fasciné (nonobstant mon darwinisme primaire) par l'intelligence de l'acide désoxyribonucléique.

Puisque ces problèmes nous dépassent, feignons de les croire mal posés. À l'étage des scarabées, je détaille les artichauts, d'abord carmin puis vermillon et jaune vif, des cytinets : ces parasites se branchent sur les racines des cistes de Montpellier, dont ils pompent la sève. Je cesse d'aller à quatre pattes. Je me dresse. Je respire à pleines bronches sur la piste des hommes. Je salue, à gauche, la face ouest du Lion de Roccapina. Le monument naturel de granit est moins léonin sous cet angle.

 *DU FLEUVE ORTOLO AU CAP DE ROCCAPINA, 1 heure 30*

Je descends vers le fleuve Ortolo. Me voici dans la plaine. Sous mon pied, la molle alluvion remplace la roche dure. Au nord, le regard file sur le maquis de Serragia, jusqu'aux collines ocre de Punta di Solaria. À l'ouest, la Punta di u Grecu : quel émule d'Ulysse aborda cette côte ? Au sud, la barre de dunes et la lumière rayonnante de la plage d'Erbaju... Je hume le fumet — anis et fenouil — de la grande férule jaune-vert, cousine de la carotte, mais de 3 mètres de hauteur. Je mets le nez dans un capitule rose-mauve de chardon laiteux (ou galactite) : dix espèces d'insectes y sont attablées. Les ails triquètres (à trois angles) balancent leurs clochettes blanches à raies vertes. Des boutons d'or introduisent au peuple des asphodèles : la plaine entière est une mer de ces plantes raides, aux corolles blanc et brun en étoiles à six branches. Désolé de contredire Victor Hugo (*Booz endormi*) : aucun « frais parfum » n'en sort. Le fleuve Ortolo serpente entre des saules. A-t-il oublié les anémones et les cyclamens de la montagne de Cagna, d'où il procède ? Eau pure. Un héron cendré décolle. Une aigrette garzette allonge la jambe dans un fouillis de renoncules aquatiques et de composées jaune d'or, semblables à des cœurs de marguerites privés de lames blanches (je cherche dans ma *Flore* : ce sont des cotules à feuilles de sénebière ; immigrées d'Afrique du Sud !). Un pluvier, deux gravelots, trois corneilles mantelées s'envolent. Cet estuaire est un havre des merveilles où la lumière étincelle, et où les êtres frémissent leur simple bonheur au rythme de l'eau vive. Je longe les méandres en direction des tamaris fleuris de rose qui bornent la plage. J'imagine, dans cette beauté, une princesse antique en train de laver son linge à la rivière : ô Nausicaa ! Mais la Phéacienne de *l'Odyssée* a été métamorphosée en batracien ou en reptile. Coassent la grenouille verte et la rainette sarde, le crapaud vert et le discoglosse sarde. Ondulent la couleuvre à collier de Corse, qui n'a justement pas de collier ; et la couleuvre vert et jaune qui, en Corse, est parfois noire à taches bleues.

Je débouche sur la grève d'Erbaju. C'est comme une apparition. Le sable est d'une finesse irréelle, gris pâle vers le haut, ocre roux dans l'espace que l'écume des vagues baise et rebaise. Des nymphes sont étendues. Belles, blanches, douces et lisses. Langoureusement affalées. La peau tiède et l'œil bordé de longs cils. Je veux parler d'un troupeau de vaches. Elles ruminent ou dorment à sabots fermés. Les veaux bâillent contre leur mère. La Corse reste ce pays magique où le bovidé profite plus que le touriste de la beauté des rivages. Je marche sans déranger personne. L'Ortolo a cessé de se

jeter à l'endroit qu'indique la carte. Il allait vers l'extrémité nord-ouest de la plage. Il a percé un chenal direct, par où il vidange son fluide avec force. Incessant jeu géologique. Coquillages. Un œuf de roussette rectangulaire orne une banquette de posidonies sèches.
 Je dérive vers les dunes en suivant les zigzags d'un goéland. Leucophée (commun) ou d'Audouin (rarissime) ? Impossible de distinguer la couleur de son bec. Le second l'a corail... Les petites fleurs du sable conquièrent mon être. Je les invite à me coloniser comme un sédiment sec. La luzerne marine, empapillonnée de jaune, est trop parfumée pour être honnête. Le panicaut de mer (ou éryngium, ou chardon bleu) pique le cœur autant que le pied nu. Le silène soyeux est une tremblotante enluminure rose. Voici, pêle-mêle, la matthiole tricuspide (ou giroflée des plages), aux corolles crucifères de velours violet. Le liseron soldanelle aux fleurs en entonnoirs roses. Le cakile maritime. L'euphorbe des rivages. Le lotier de Crète. L'immortelle stéchade aux feuilles gris-bleu et à l'entêtante odeur de safran... À la crête des dunes, les oyats ébouriffent leurs chevelures peignées en brosse. D'admirables genévriers oxycèdres à gros fruits rouges tordent leurs troncs comme des bonsaïs.
 Un milan noir me survole. Un faucon pèlerin file vers le Lion de Roccapina. Je foule les rochers roses du cap homonyme. Ils sont pétris d'un matériau proche de celui des Calanche de Piana : un granit (appelé « granulite ») auquel divers feldspaths confèrent une inimitable nuance de chair. Chaque pierre ressemble à quelque chose : un ours, un dinosaure, un chien, un homme politique, un clown, que sais-je ? Une casserole ou un ordinateur... L'érosion dite « en *taffoni* » crée ce caravansérail de légende. On l'explique en disant que la rosée s'accumule dans des cavités et désagrège le minéral de façon aléatoire. Je sillonne ce chaos. Je me perds

dans ce labyrinthe. Je salue, sur un roc battu par les vagues, un congrès de cormorans huppés. Je songe que, naguère, le phoque moine venait sur cette côte mettre bas ou se reposer : pauvre moine de mer, persécuté, exilé, anéanti !

Derrière un rocher aux allures de girafe, je tombe sur une station de lis de mer en fleur. Des pancraces d'Illyrie. Comme ne l'indique pas leur nom vulgaire, ce sont des cousins des narcisses. Ils offrent à l'œil et au nez subtils du naturaliste de profondes coupes odorantes, immaculées, à peine striées de vert pâle au-dehors. J'y plonge en zinzinulant comme un moucheron. Je règle un compte avec mes rêves. Je forme, en ressortant, le projet d'écrire une *Philosophie du lis de mer*. Sur papier blanc. À l'encre de nectar.

 *DU CAP DE ROCCAPINA À BOCCA DI CURALI, 1 heure 30*

Difficile, sauf sur de vieux sentiers presque impossibles à trouver, et qui souvent ne mènent à rien, de franchir le maquis jusqu'à l'anse de Roccapina. La végétation est impénétrable et donne sur des falaises escarpées. Je reviens sur mes pas jusqu'à l'extrémité sud-est de la plage d'Erbaju. Un chemin monte en direction de la vieille tour génoise, bâtie sur un rocher jumeau du Lion de pierre. Je l'emprunte. Je grimpe entre les cistes, les lavandes, les bruyères, les calycotomes et les arbousiers. (Le maquis : cette inséparable famille végétale !) Je me prosterne devant des orchidées adorables : sérapias cœurs et sérapias langues... Les premières ont un labelle pareil à un Sacré-Cœur d'image d'Epinal ; du reste, rouge sombre, presque noir. Les secondes, sur le même bâti végétal de papier rose, tirent des langues effilées rose pâle, lisérées d'un rose sanglant comme un baiser de Colomba. De la vieille tour génoise (dont je déconseille l'escalade : pierres instables), le point de vue sur le Lion de Roccapina au nord et la Sardaigne au sud défie toute description ; sauf sous la dictée du goéland. Je dévale la pente vers l'anse bleue. Rochers grenat et rose, sable blanc, pins maritimes vert sombre : splendeur rêvée (et pour une fois réelle) de vacances idéales. Impossible de ne pas barboter : Mère Méditerranée l'exige. Il y a environ 25 ans, paraît-il, un cachalot s'échoua et mourut sur cette plage. Il me semble que je vois, là-bas, souffler son frère.

Je remonte vers le col de Curali par l'étang et le ruisseau de Vangone. Le Lion de Roccapina devient cramoisi quand le soleil se couche. Mon cœur cramoisi bat comme un labelle rouge de sérapias cœurs. Toute la Corse est un cœur écarlate, offert sur un plateau de mer bleu.

> NOTE SAISONNIÈRE ET RECOMMANDATIONS
>
> Cette balade a été effectuée au début du mois de mai. Elle est admirable toute l'année, évidemment plus chaude et plus altérée en été. N'oubliez pas de prendre de l'eau ! Ne vous préoccupez pas trop des horaires : j'ai compté large. Trouvez le temps de humer les plantes, d'observer les insectes et de vous baigner.
> Les buissons du maquis se couvrent de cent mille corolles au printemps : saison de gloire. La plupart des fleurs les imitent, notamment les orchidées sauvages et les lis de mer d'Illyrie, dont les mois de canicule ne livrent plus aux regards que des fruits secs. L'hiver, la huppe, le milan et la pie-grièche sont en migration en Afrique, tandis que les insectes ne sont plus que larves.

Les amphibiens et les reptiles se terrent. Les scarabées sacrés roulent leur boule de mars à mai, et à nouveau en août et septembre. Les vaches hantent les plages en toute saison.

# 20

# OUTRE-MER

1. *Guadeloupe* : Les diables de la Soufrière
2. *Martinique* : La presqu'île aux alizés

# 1. Guadeloupe

# Les diables de la Soufrière

La Soufrière : une boîte de Pandore où rugit la folie de la Terre ; fumées d'Enfer et vapeurs de la mer. Cet itinéraire dans la forêt du parc national de la Guadeloupe s'élève comme un songe jusqu'à la cime du volcan. Au loin, le bleu parfait de la mer Caraïbe. Sur les chemins — les « traces » — de liberté des esclaves en fuite.

En boucle autour des Bains Jaunes, 7 heures.

Ou — au choix —, depuis le parc de la Savane à Mulets, un itinéraire court de 3 heures.

Carte I.G.N. au 1 : 25 000, 4605 G, Bouillante, la Soufrière, Capesterre-Belle-Eau.

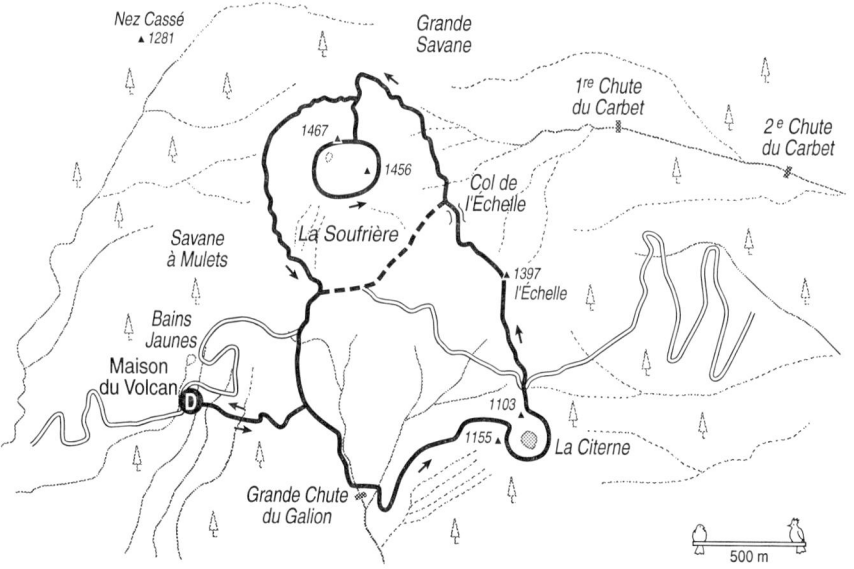

Je désire marcher. Marcher et souffrir. Marcher à plaisir. Plonger à cœur et à corps dans l'une des ultimes forêts vierges des Antilles, dans le parc national de la Guadeloupe, jusqu'à la cime de la Soufrière où se mêlent l'haleine sulfureuse du volcan et les vapeurs des vents alizés. Je veux avancer, les pieds dans l'humus, en butant sur les racines et les pierres, en pataugeant dans la boue, les épaules aspergées par les gouttes qui dégoulinent des feuillages ; avec l'idée que la sueur de ma peau a la même origine que celle de la végétation. Je veux, comme on dit ici, suivre une « trace » — l'ancien mot français pour « chemin ». Je m'apprête à grimacer et à sourire sur un sentier malaisé mais sublime, entre les arbres et les lianes sinueuses, en humant le parfum des orchidées, en frôlant les fougères arborescentes, les châtaigniers des Antilles, les mangles-montagne. Au giron de la sylve des tropiques, qui semble la matrice même du monde.

 ***DES BAINS JAUNES À LA CHUTE DU GALION,***
*1 heure*

Je me figure en esclave évadé. J'ai fui la plantation de canne à sucre. Je sens, à mes trousses, l'haleine des gens et des chiens de Monsieur Not' Maît', qui me fera bastonner jusqu'au sang si je suis pris. Je sais pourquoi je m'imagine cette « belle ». L'itinéraire que je projette d'arpenter comporte une étape appelée « trace de l'Armistice », qui fut parcourue en 1802 par Louis Delgrès. Cet officier noir avait, avec trois cents hommes, déserté le fort Saint-Charles pour protester contre le rétablissement de l'esclavage décrété par Bonaparte. Les mutins remontèrent le ruisseau du Galion, passèrent la Citerne puis la Soufrière, et redescendirent au village du

Matouba, où ils résistèrent deux jours avant de se faire sauter avec leurs munitions, aux cris de « Vivre libre ou mourir ! »... Je me sens proche de ces révoltés, dans ce décor de rêve qu'enchante la lumière des plumes d'un colibri madère à la gorge purpurine et aux ailes de sombre émeraude.

Je me mets en route à la Maison du Volcan, aux Bains Jaunes. Altitude : 950 mètres. Le chemin (panneau) file vers l'est, dans le fouillis de la forêt pluviale, le long d'un bassin d'eau sulfureuse jadis utilisé pour les cures thermales, et qui vaut au lieu son nom. Je foule le pas du Roy, ouvert en 1887 par l'infanterie de marine. C'était alors l'unique accès au volcan. On le pava avec soin. Le temps a disjoint les blocs. Mai 68, pavés défaits, niques à l'autorité !... La Soufrière est là-haut, dans la brume, déesse caraïbe adorable et colérique. J'espère la contempler tout à l'heure dans sa gloire nue : elle se laisse rarement voir sans nuages. Cette éminence née des fureurs de la planète est aussi l'un des lieux les plus arrosés de la Terre : de 10 à 12 mètres de pluies par an. Je chemine sur les pierres glissantes. Avec l'illusion d'être suivi. Traqué. Esclave marron ou soldat mutin. Je joue à me faire peur.

De part et d'autre de la « trace », des bananiers aux vastes feuilles craquelées exposent leurs grappes de fleurs de velours mauve. Des philodendrons géants (ou siguines blanches) étalent leurs immenses limbes de la même forme que ceux de l'arum. Des fougères cyathées arborescentes, hautes de 7 à 8 mètres, déploient leurs parasols de dentelle antédiluviens : on cherche forcément le dinosaure. Une liane grosse comme la cuisse s'enroule sur un tronc d'acomat-boucan, puis se lance et passe sur un gommier blanc : un pont pour la grenouille éleuthérodactyle, la grive trembleuse ou le coléoptère pyrophore (« porte-feu »), nommé ici « tac-tac ». À la bifurcation (petit panneau), je laisse le pas du Roy qui, sur la gauche, monte vers la Savane à Mulets — le parc à voitures et le point de départ des cortèges de promeneurs pour le sommet de la Soufrière. Je redescendrai par cette branche, si j'échappe aux gens d'armes.

J'ai planifié une balade plus sportive. Je vais à droite, vers les chutes du Galion et l'ancien volcan de la Citerne. Le sentier est bien tracé, quoique piégé par les racines, les blocs de lave et la boue. Terrain d'entraînement pour les chevilles. Partout, des sources, l'eau qui sourd, le murmure de la vie. Les géants de la sylve enguirlandent de plantes épiphytes leurs géométries bizarres. J'essaie d'identifier quelques essences de la Guadeloupe. Le gommier blanc et son homonyme rouge. L'élégant bois-canon. Le goyavier-montagne. Le magnolia aux limbes lisses et ovales. Les châtaigniers, d'ailleurs d'une tout autre famille que ceux d'Europe, et dont on trouve ici plusieurs espèces : petit-coco, à grandes feuilles, à petites feuilles... Tous ont le tronc étayé à la base par des arcs-boutants qui semblent des voiles gonflées par le vent, et dans le creux desquelles on rêve de se lover. Il me semble que voici le palmiste-montagne et sa houppe de feuilles ; le bois-côtelette noir ; le bois rouge carapate ; le palétuvier jaune. Cet autre, là, est célèbre ; non pas sous ses noms scientifiques *(Richeria grandis)* et commun (« marbri ») ; mais sous son appellation coquine de « bois-bandé ». Tel est, avant la lettre, le Viagra des Caraïbes. Médecine des signatures ? Je ne m'étonne ni de son tronc raide et nu, ni de la texture caverneuse du tissu situé sous l'écorce et qui (dit-on) induit, renforce ou rénove l'émotion masculine.

Le sentier descend en lacets jusqu'à la gorge du Galion. Le ruisseau chante. Petite cascade et bassin de jade et de topaze, environné de lave orange, de siguines et de fougères arborescentes. La chute du Galion ? Non. Il faut remonter côté rive gauche. Des rocs, une corde à main : puis le spectacle ! L'eau s'abat de plus de 40 mètres, avec la grâce d'un tutu de ballerine, et compose à mes pieds un grand étang vert et rose, dont elle ressort pour dévaler deux autres marches de titan. Éclaboussures. Poudre liquide. Se mettre nu. Plonger. Nager dans la tiédeur tropicale. L'arc-en-ciel né des embruns de la chute entre en correspondance baudelairienne avec l'arc-en-ciel du poitrail de la « perdrix-croissant » qui décolle. En vérité, un pigeon géotrygon. Mais on peut imaginer des poitrines différentes.

 ***DE LA CHUTE DU GALION À LA CITERNE**,*
*1 heure 30*

Je me suis laissé caresser un quart d'heure par les cheveux d'ange de la cascade. Je me sens bien. Rhabillé, rechaussé pour la marche, je redescends vers la bifurcation. C'est ici que commence la « trace de l'Armistice ». En montée. Droit dans la pente raide. Des papillons dryas aux longues ailes orange et des anartias gris et blanc m'invitent. Grimper. Se cramponner. Saisir une racine ou une branche. Se hisser. Caler ses pieds dans l'humus. Recommencer. Le chemin semble un escalier coupé de marches trop hautes, parfois un canyon luisant de glaise. J'ahane. Je souffle. Je pousse sur mes mollets. Je tire sur mes biceps. Je songe aux esclaves échappés, aux soldats de Delgrès. Je progresse parmi les arbres, les fougères géantes et de superbes fleurs de balisiers (ou héliconies) en zigzags orange ou vermillon. Cœur qui cogne. Je me faufile sous des branches. Des lézards anolis verts se moquent : ils sont capables d'escalader les troncs à toute allure. Je crois entrevoir, dans la pénombre, la silhouette serpentine d'une mangouste ; ou celle, plus rondouillarde, d'un raton-laveur — le *racoon* aux yeux maquillés de khôl. Ces deux espèces ont été introduites dans l'île et y prospèrent. Je cherche l'iguane vert : une gageure, dans ce surcroît d'émeraudes, de jades et de véronèse. Je n'ai nulle peine à saluer les insectes. Le papillon monarque roux et noir passe l'été au Canada et l'hiver au Mexique ou aux Antilles. Le coléoptère dynaste hercule, parfois long de 18 centimètres, doit aux deux imposantes lames dentées de ses mandibules son surnom de « scieur de long ».

Par une trouée d'arbres, je contemple à nouveau la chute du Galion et la Savane à Mulets. Je grimpe de racine en pierre. J'utilise la force de la sylve pour conquérir la sylve. Une rasade à ma gourde. Je salue la splendeur des broméliacées épiphytes — corbeilles de feuilles à même les troncs, et qu'on appelle « ananasbois ». De somptueuses orchidées enluminent les branches : la brassavole blanche ; l'épidendron de la Jamaïque... Puis le mangle-montagne l'emporte : ce gros buisson aux feuilles ovales, dures et cirées, forme des peuplements mélangés, puis denses, puis impénétrables, qui annoncent la cime.

 ## DE LA CITERNE AU SOMMET DE LA SOUFRIÈRE,
*2 heures 30*

D'un coup, la forêt laisse la place à la lande ouverte des « hauts ». J'ai atteint la cime de la Citerne. Altitude : 1 155 mètres. Lumière. Caresse du vent. Révélation de la splendeur caraïbe. Vers le nord-ouest, au-delà du pain de sucre de la montagne de l'Échelle, le volcan de la Soufrière se dévoile. Rien que pour moi (et prouvez donc le contraire !), les nuées se dissipent et le sommet se détache sur le ciel bleu. Chaos plutonien, hérissé de tours et de remparts, tapissé de vert et de grenat, et qui exhale une haleine sulfureuse par son cratère sud... Vers l'est, l'ouest et le midi, le regard embrasse la totalité de la côte méridionale de la Guadeloupe, les villes et villages qui s'y pressent (Capesterre, Basse-Terre...), le Grand Étang, l'outremer de la mer, l'archipel des Saintes, Marie-Galante, la Dominique et même (par temps clair) la Martinique.

J'accomplis le tour complet de la Citerne que (dans tous les sens du terme) hérisse un relais de télécommunications. Je comprends le nom de cet ancien volcan : le fond du cratère est occupé par un lac rond, teint de violet-mauve. Je m'agenouille. Je détaille les espèces botaniques de la lande d'altitude. De superbes lycopodes (cousins des mousses) vert pâle ont l'apparence de petits épicéas. Des fuchsias-montagne posent les touches incarnates et améthyste de leurs fleurs comètes. Je frôle du doigt les ananas-montagne : il existe deux espèces de ces broméliacées, l'une citron, l'autre rouge vif. Leurs touffes de feuilles en épées forment des vasques où s'accumule une eau pure ; leurs fleurs en épis raides ont l'apparence de plumeaux repeints par le vent. Je repère de jolies composées jaune solaire. Quant à ces plantes endémiques des hauts, dotées de corolles purpurines en cupules délicates, ce sont les thyms-montagne. *Tibouchina ornata*. Leurs limbes étroits ont bien l'allure de ceux du thym d'Europe ; mais leurs fleurs aux larges pétales étalés les font classer dans une autre famille.

En cinq minutes, de nouvelles nuées nées de l'océan sont venues masquer la Soufrière : la déesse a remis ses voiles. Je descends un bout de la petite route qui conduit à la Savane à Mulets. Au virage à gauche, je repère la « trace de l'Échelle » (panneau), qui escalade la montagne homonyme. En avant dans la pente ! Je compte les lacets. Le treizième est éboulé : le malheur frappe toujours les mêmes. Au trente-troisième, je goûte le fruit rouge clair du framboisier caraïbe (goût suret). Au cinquante et unième, la frêle violette bleue des Antilles me regarde avec pitié. En tout, soixante-dix virages ! Qui trouve un autre nombre est prié de m'écrire.

La cime de l'Échelle. Altitude : 1 397 mètres. En face, la Soufrière dans son austère splendeur à nouveau découverte... Puis recouverte... Puis découverte... Théâtre de vapeurs. Représentations de l'éphémère... Je m'octroie un repos (et un casse-croûte) en contemplant les nuages qui passent. Mis en scène par Baudelaire. Des rocs tapissés de lichens orange bordent la trace incertaine que je descends ensuite (à-pics à droite), dans une jungle confuse de mangles-montagne. Je passe l'ancienne cabane en ruine des volcanologues. Voici le col de l'Échelle (1 264 mètres) et la Roche Fendue, témoin rugueux de la dernière éruption du monstre — cette violente crise phréatique de 1976 durant laquelle on évacua soixante-dix mille personnes, et qui suscita une tout aussi rude polémique entre Haroun Tazieff et Claude Allègre.

Je pourrais, d'ici, gagner la première et sublime chute du Carbet : mais un panneau qualifie l'itinéraire de « dangereux » ; et j'ai déjà bien marché... En suivant les traces rouge et blanc du G.R., je continue sur la « trace Carmichaël ». Je contourne le quart nord-est de la Soufrière. À la bifurcation, je laisse le G.R. qui mène au Carmichaël, au Morne du Col et au Matouba. Louis Delgrès et ses mutins passèrent par ici. Je salue leur sacrifice, en cette année 1998 où l'on commémore l'abolition de l'esclavage. À gauche toute, pour une ultime grimpette au bord de la Grande Faille. La cime de la Soufrière est à deux souffles.

**VERS LA CIME, PUIS DESCENTE AUX BAINS JAUNES,**
*2 heures*

Contrairement à la Citerne, le sommet du volcan majeur de la Guadeloupe ne ressemble guère au « classique » cratère qu'on se figure. C'est un chaos. Une convulsion de lave. Un amas de rocs. Un temple de la nature en ruine, que la nature même saccagea à mesure qu'elle le bâtissait. Une folie de pitons, de gouffres, de murailles et de mornes tapissés de végétation basse et drue, de mousses vert tendre, de fougères vert-bleu et d'ananas-montagne rouge sang, avec des camps de soufre et des perspectives sublimes sur l'azur de la mer. Je me fie au balisage jaune du sol. Je gagne l'abri de ciment proche du sommet. Et la cime. Avec ce panneau : « La Découverte, 1 467 mètres. » Je longe l'éboulement Faujas, le piton Saussure, le piton Dolomieu et le petit lac du Diable, où l'on murmure que les esprits ricaneurs de l'Enfer dansent avant chaque colère du volcan. J'avance dans l'odeur âcre des fumerolles.

Un bruit de forge m'attire : les vapeurs jaillissent du cratère sud avec une force titanesque. Grises, acides, brûlantes : à 96 °Celsius au sortir de la terre. Revigorant pour la peau et les bronches, à condition d'être locataire habituel de Satan ! Je suis sidéré par la vigueur de ce souffle. J'entrevois, à travers les vapeurs, le piton Breislack et le piton Napoléon. Je descends vers les gouffres jumeaux, baptisés « Tarissan » et « Dupuy », entre lesquels, dit-on, eut jadis lieu un duel à l'épée qui s'acheva par la glissade mortelle de l'un des combattants dans le gouffre Tarissan. Je boucle mon itinéraire de découverte du sommet.

Lorsque la nuit menace de tomber, je me résous à quitter la magie des diables de la Soufrière. Je dévale le sentier qui me conduit à la Savane à Mulets. Je trouve l'étroite « trace » du pas du Roy. Après un fouillis d'herbes géantes, le chemin me remet au fourreau tiède de la forêt vierge, que hantent le pic noir et le discret colibri vert. Les pavés disjoints, glissants, me ramènent au parc des Bains Jaunes, où il me semble encore humer le soufre des hauteurs béantes, mêlé au parfum de l'ananas-montagne, dont le jet de fleurs rouges fut emprunté, voici longtemps, aux éruptions de lave qui créèrent la Guadeloupe.

### NOTE SAISONNIÈRE ET RECOMMANDATIONS

Toutes les saisons sont bonnes pour voir la Soufrière et sa forêt. À condition de choisir son jour ! Trois fois sur quatre, on a le plaisir et l'honneur de recevoir une petite (ou grosse) averse, et on ne discerne pas une seconde le volcan sans voiles. Indispensable : casse-croûte, boisson, solides chaussures et vêtements de pluie ! Gare à la nuit : elle tombe d'un coup, sous les tropiques. Calculez vos temps de marche.

Le sentier, autour du cône, est marqué de panneaux d'information rédigés par les responsables du parc national, et « signés » malignement du « docteur Tarissan » — l'un des premiers géologues qui étudièrent le lieu. Ne les ratez pas. Humour et science.

*Itinéraire « court »*

L'itinéraire de 7 heures décrit ici n'est pas recommandé aux marcheurs moyens, ni aux enfants. Pour découvrir la Soufrière sans suivre le flot des touristes, partez comme eux du parc à voitures de la Savane à Mulets, mais pour accomplir le tour complet du volcan dans le sens contraire à celui des aiguilles d'une montre. Par la petite route qui va vers la Citerne, puis par le sentier qui monte au col de l'Échelle.

# 2. Martinique

# La presqu'île aux alizés

Tel un voilier d'autrefois qui accosterait aux Antilles, la presqu'île de la Caravelle touche à la Martinique, mais semble encore voguer dans l'Atlantique. Au nord-est de l'île, sous la caresse des alizés, elle est devenue réserve naturelle. Autour des ruines de l'étrange château Dubuc, une flore et une faune précieuses.

En boucle autour du parc et du phare de la Caravelle, 4 heures 30.

Carte I.G.N. au 1 : 25 000, 4502 MT, Top 25, le Lamentin, presqu'île de la Caravelle.

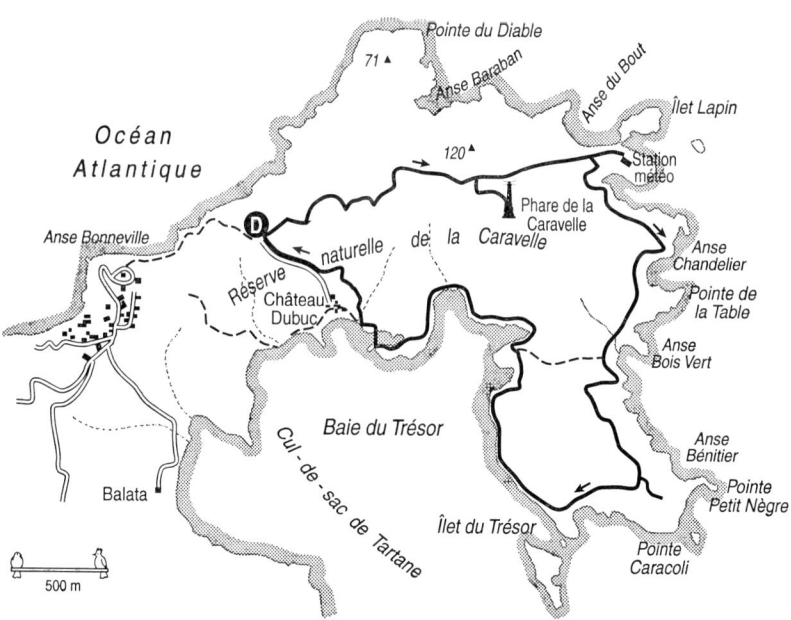

L'incomparable lumière de la Martinique. Un scintillement d'argent bleu sur la mer comme au ciel. Sortilège antillais... Comment ne pas me rappeler ce que disait hier Léon, pêcheur de profession, au marché de la Trinité ? « La mer s'allume le matin et peint la peau des poissons, c'est pour ça qu'ils sont bons !... » Et Léon de rire en présentant ses dorades coryphènes bleu-vert, ses poissons-anges jaune et bleu, ses capitaines rose-rouge, couleur d'aube sur l'océan. J'ai plaisanté avec Léon. Mais, comme le poisson voyage mal en sac à dos, j'ai acheté pour ma balade un ananas, une banane, une mangue et une papaye à sa voisine Joëlle, dont l'objectivité m'oblige à écrire qu'elle était bien plus belle. J'ouvre, je lèche, je mords, je mange la mangue pour petit déjeuner. Je pense à Joëlle, à son sourire Gauguin, à ses lèvres, à la tiédeur de sa peau café noir. Conviendrait que je reste correct. Mais rien, mieux que la chair juteuse de la mangue, ne met en jambes sur un sentier de la Martinique.

 ***DU PARC À VOITURES AU PHARE DE LA CARAVELLE,***
*0 heure 30*

Cinq heures du matin. Les étoiles pâlissent au-dessus de l'océan. Vénus semble plus grosse sous les tropiques. Les arbres bruissent et les pierres du chemin crissent. Des myriades de minuscules grenouilles sifflent avec une incroyable force sonore dans les frondaisons : une obsession, je dirais presque une pollution, si la poésie de la nature pouvait jamais devenir excessive. Les lucioles allument dans l'ombre leurs phares vert pâle (lumière froide ; dialectique de la lucifiérine et de la luciférase). J'aime ces insectes dont chaque clignotement symbolise une pensée qui s'envole. Les chauves-souris insectivores les apprécient pour des raisons plus concrètes. La piste ondule sur la crête. Le phare se profile contre le ciel sombre. J'ai l'illusion d'être le premier homme sur l'île. Après les Indiens Caraïbes, mais avant la colonisation, la traite des Noirs, les pirates et les horreurs de la guerre.

J'active mes jambes. Un vol de seize frégates magnifiques (je les compte) file vers la pointe du Diable et le rocher de la Caravelle. Elles sont déjà réveillées, les belles pillardes ; prêtes à chiper la pêche si durement acquise de la sterne ou du phaéton paille-en-queue. Un colibri huppé (ô cet émeraude et ce reflet violet !) décolle d'un gommier rouge dont l'écorce couleur chair répond à la teinte du ciel oriental. Une coulée d'or préfigure le soleil. Le jour se lève sur la mer. D'un coup. À la mode des tropiques. Comme un papillon jaune et bleu qui écarterait ses ailes au-dessus de la corolle ténébreuse de la nuit. Les lucioles s'éteignent. Les grenouilles se taisent.

Je grimpe la rampe qui mène au phare peint en rouge sombre. Je m'installe devant la table d'orientation en arc de cercle. Géographie d'une île. À 150 mètres au-dessus de la mer, je découvre la majeure partie de la côte Atlantique, depuis Basse-Pointe au nord-ouest jusqu'à la pointe du Vauclin au sud-est. À l'ouest, les pitons du Carbet et la puissance plutonienne de la montagne Pelée, dans leur nimbe de nuées. Là-bas, l'île de la Dominique. À mes pieds, la péninsule de la Caravelle, tel un iguane dans l'océan. Les pointes du Diable, de la Table, Petit Nègre et Caracoli. Des forêts de mystère. Au cœur du système, le trésor turquoise de la baie du Trésor.

***DU PHARE DE LA CARAVELLE
À LA POINTE CARACOLI,***
*1 heure 30*

Je redescends du phare vers le sentier de la crête. Je croise un petit homme à la peau sombre et au chapeau de paille. Il sourit et me parle en créole. Trop vite. Il traduit : « Tu es matinal comme le didine. » Le didine. Un oiseau : la paruline jaune à tête vermillon, un passereau antillais. On dirait un bonbon acidulé. J'accepte la comparaison : ce n'est pas tous les jours qu'on me traite d'animal rare. J'avance sur la piste qui file dans la forêt sèche — un ultime lambeau de la sylve sublime qui drapait autrefois la reine Martinique. Les buissons sont envahis de filaments vert-jaune : les cassythes parasites aspirent la sève de leurs hôtes. Je m'efforce de mettre un nom sur les arbres, au moins sur certains : le bois rouge, l'acomat bois de fer franc, le courbaril, la savonnette, le raisinier grandes feuilles ou encore le poirier, bien différent du faiseur de poires du Vieux Monde puisqu'il n'appartient pas à la famille des rosacées, mais à celle des bignognacées. Un carouge, ou oriole de la Martinique, unit deux branches d'un trait d'ailes et se moque de mes hésitations botaniques. Un père noir laisse voir son plumage d'encre de Chine et sa bavette écarlate. Un merle quiscale, obscur comme un copeau de nuit, sautille sur le chemin.

Au bout de la descente, l'anse du Bout, l'îlet Lapin et la station météo. L'océan bat la roche comme une obsession élémentaire. Les alizés envahissent l'âme du voyageur. Soudain rétréci, le sentier vire à droite, s'ensauvage, ondule, hésite, monte ou descend en longeant le bord de la falaise. Les vagues se brisent sur les murailles de lave, et parfois lancent par un orifice un panache de vapeur qui semble un souffle de baleine.

Je foule les roches roses en suivant les balises

bleues. Je traverse l'espace ouvert de ce qu'on baptise ici une « savane » : une étendue d'herbes amies du vent, graminées (« herbe à moutons ») et cypéracées (« herbe fine », « barbe à mulâtre »), que rehaussent des buissons d'oseille des bois jaune, de raisinier bord de mer, de ti baume et d'acacia odorant, entre lesquels la chance du voyageur inscrit une orchidée rare *(Spiranthes torta)*, et sur lesquels volent des papillons roux et jaunes — juniones et agraulis.

Les patates bord de mer (des ipomées), sortes de liserons aux glorieux cornets floraux bleu-violet, rampent sur les rochers de l'anse Chandelier et de la pointe de la Table, dont la base attaquée par la mer se compose de couches volcaniques âgées de 30 millions d'années. Les fondations, la prime enfance de la Martinique... Les responsables de la réserve ont disposé, de place en place, des panneaux explicatifs où je nourris ma science : « géologie », « faune des falaises », « flore des savanes », « faune des savanes, « flore des falaises », etc. J'avance sur les rocs érodés, délités, étranges, qui dominent l'anse Bois Vert. Un phaéton à bec rouge fait le Saint-Esprit dans la brise. Des mouettes et des sternes fuligineuses tournoient. Plusieurs sources pétrifiées ont l'air de couler pour l'éternité sur les murailles de lave. Des orgues de basalte aux couleurs de l'Érèbe inscrivent leurs géométries bizarres, je veux croire message mystérieux du dernier Indien Caraïbe.

Je marche jusqu'au vertige de la pointe Caracoli. Je m'y dresse. J'ai l'illusion de communier avec l'île entière. Les alizés me saoulent. Je regarde passer la frégate magnifique dans le fluide. Bec crochu. Ailes en flèches. L'esprit du vent.

***DE LA POINTE CARACOLI AU CHÂTEAU DUBUC,***
*1 heure 30*

Je plonge vers l'ouest et la ligne de rivage. L'îlet du Trésor garde l'entrée de la baie homonyme — dite aussi « cul-de-sac de Tartane ». Des cactus-cierges du Mexique se mêlent aux fourrés de ti coco, de bois-madame et de merisiers (ou myrcias) constellés de baies rouges, puis noires. Je marche jusqu'à l'écume du ressac, sur une plage de galets. La moindre pierre peut, ici, prendre l'apparence du précieux jaspe rose. Un pêcheur a échoué sa barque bleu et jaune. Ce n'est pas Léon, mais son cousin Jérémie. Il examine le fruit des filets qu'il a relevés. Un poisson-perroquet vert. Des poissons-anges français aux écailles grises bordées de noir. Un mérou strié de Nassau. Un capitaine rougeâtre. Des poissons-soldats. Un poisson-ballon qui s'est gonflé d'eau dans un ultime réflexe de défense.

Je m'enfonce dans la mangrove. Sable ou vase sous les pieds. Fouillis de la sylve des fonds. En une minute, l'ambiance change. La lumière cède à l'ombre. Le parfum du vent fait place aux exhalaisons organiques et aux décompositions fertiles. Panneaux d'information : « flore des mangroves », « faune de l'arrière-plage », etc. Je repère le roi bois. Le bois chique. Le bois lait. L'olivier pays... Poésie des noms créoles. Les princes de cette flore aux pieds trempés sont les palétuviers : palétuvier rouge, palétuvier noir, manglier gris, manglier blanc. Pour respirer, leurs racines envoient hors de la vase des sortes de piques verticales qu'on appelle « rhizophores ». Leurs embryons pendent des branches et tombent comme des massues pour se ficher dans le sédiment mou. Je caresse un buisson d'énivrage, baptisé de la sorte parce que sa sève est saoulante : les Indiens Caraïbes en usaient pour de fructueuses pêches chimiques. Le mancenillier abonde, et c'est un danger. Un bel assassin au tronc de velours ! Famille des euphorbiacées. Il exsude un latex blanc incroyablement corrosif. Qui brûle la peau et peut aveugler. Nul ne doit se laisse tenter par les petites « pommes » vert-jaune qu'il sème sur le sol : poison violent.

Une mangouste traverse le sentier : flèche gris-brun qu'achève une queue touffue. Un oiseau dit « gorgeblanche » perche sur une branche de bois de campêche (floraison jaune solaire de janvier à mai). Des lézards anolis de toutes les nuances du vert escaladent les troncs. Des crabes terrestres crème et bleu ciel, ou jaune et mauve, se précipitent dans leur trou à mesure que j'avance. Des bernard-l'hermite promènent çà et là leur coquille d'emprunt. Lorsque je patauge dans la boue (plaisir dont jamais je ne me prive), je terrorise des crabes mantous et touloulous. Et des centaines de leurs cousins violonistes, dits aussi « appelants » ou, aux Antilles, « c'est-ma-faute ». Le mâle de l'espèce est affublé d'une pince colorée et hypertrophiée (droite ou gauche), qu'il agite comme un archet ou une main en contrition. Le geste séduit — en principe — la femelle, qui descend pondre dans le trou du bellâtre.

Un échassier tringa pattes-jaunes fouille la vase. Un héron bihoreau caiali s'intéresse au contenu d'une mare. Aménagé en caillebotis, le sentier sinue à travers les palétuviers, jusqu'à la mer. La baie du Trésor... Le trésor de la mangrove, bien sûr, et non celui du pirate ! Les huîtres plates constellent les racines. Dans l'eau, virevoltent de jolis crabes ciriques et des poissons — adultes ou alevins — de vingt espèces. Un lambi, ou strombe géant, échoué sur le sable, attend la prochaine marée haute : ce colosse des escargots de mer, trop pêché, est en danger aux Caraïbes.

***VISITE DU CHÂTEAU DUBUC ET RETOUR AU PARC,***
*1 heure*

Je passe par la cabane. Je remonte le sentier forestier sous l'œil du carouge — l'oriole de la Martinique —, auquel le merle de Sainte-Lucie fait subir le même parasitage qu'en Europe le coucou à la fauvette. Le viréo à moustaches justifie son nom de « cuek » : je lui renvoie son cri. Le pipiri, ou tyran de la Dominique, volette dans le poirier au moment où je rejoins la piste du château Dubuc. L'élégante tourterelle zénaïde gris-rose et l'ortolan colombine picorent l'herbe tondue et m'invitent à visiter les ruines.

Je parcours ce qui subsiste de cette sucrerie de la deuxième moitié du XVII$^e$ siècle. Quelques murs. Le moulin à bœufs. Les six chaudières en enfilade où le sucre de canne s'affinait : la « grande », la « propre », la « lessive », le « flambeau », le « sirop » et la « batterie »... Avant la distillation. Avant que ne coule le rhum dans les verres...

Une goutte d'alcool sur la langue, un air de danse à l'oreille : la Martinique est une belle fille brune aux yeux de volcans et aux habits de forêts, de mangroves et de plages. Au vent... Sous le vent... Demain, je jouerai avec l'alizé. Je deviendrai colibri. Je m'enivrerai de nectar comme d'autres de rhum. La brume se dissipera sur la montagne Pelée, j'en ferai l'escalade et je dévoilerai de haut le sourire éclatant d'une île sortilège.

Mettons que je finis cette balade à la Caravelle et au château Dubuc dans le cachot des esclaves.

NOTE SAISONNIÈRE ET RECOMMANDATIONS

Rien de difficile, physiquement, dans ce parcours qui permet à la fois d'observer l'une des plus belles contrées de la Martinique, ses reliques de forêts sèches et sa plus luxuriante mangrove.

Attention à la chaleur en été : couvre-chef et crème solaire ! Gare aux pluies soudaines : un poncho est indispensable. Dans les fourrés, mieux vaut prendre garde aux endroits où l'on pose le pied ou la main : le venimeux serpent fer-de-lance *(Bothrops lanceolatus)* n'est pas une légende.

L'autre ennemi du promeneur est un arbre : le mancenillier, fréquent dans la partie supérieure de la mangrove. Ce végétal, de la famille des euphorbiacées, exsude un latex d'une agressivité incroyable. Ne pas toucher, ne jamais risquer de recevoir ce lait dans les yeux, ne jamais goûter les petites « pommes » jaune-vert de l'arbre.

# Remerciements

Je tiens à rappeler, ici, que je dois beaucoup aux guides (gardes des réserves naturelles ou des parcs nationaux, agents de l'Office national des Forêts...) qui m'ont accompagné dans ces balades aux six coins de la France ; ainsi qu'aux photographes de *Terre sauvage*, avec lesquels j'ai souvent endossé le sac.

Je voudrais remercier Frédéric Cappelle et l'équipe de *Terre sauvage* (Olivier Ognibene, Anne-Marie Getten et les autres) qui a servi mes élucubrations dans le magazine.

Par-dessus tout, je tiens à écrire ma gratitude envers Elena Adam, l'âme de ce qui fut le *Terre sauvage* de la grande époque. La première, elle crut en cette littérature à base d'horizons et de vie. Elle m'a offert un soutien sans faille dans cette entreprise.

*Photocomposition Nord Compo*
*59650 Villeneuve d'Ascq*

*Impression réalisée sur CAMERON par*

**BRODARD & TAUPIN**

GROUPE CPI

*La Flèche*
*en avril 2001*

*Imprimé en France*
Dépôt légal : avril 2001
N° d'édition : 13120 – N° d'impression : 6972